HISTOIRE GÉNÉRALE DE PARIS

COLLECTION DE DOCUMENTS

FONDÉE

AVEC L'APPROBATION DE L'EMPEREUR

PAR M. LE BARON HAUSSMANN, SÉNATEUR

PRÉFET DE LA SEINE

ET PUBLIÉE SOUS LES AUSPICES DU CONSEIL MUNICIPAL

LES ANCIENNES BIBLIOTHÈQUES

DES

ÉGLISES, MONASTÈRES, COLLÉGES, ETC.

HISTOIRE GÉNÉRALE DE PARIS

LES

ANCIENNES BIBLIOTHÈQUES

DE PARIS

ÉGLISES, MONASTÈRES, COLLÉGES, ETC.

PAR

ALFRED FRANKLIN

DE LA BIBLIOTHÈQUE MAZARINE

TOME DEUXIÈME

PARIS

IMPRIMERIE IMPÉRIALE

M DCCC LXX

SOMMAIRES.

SOMMAIRES.

CARMES DE LA PLACE MAUBERT. — Origine de l'ordre; son installation à Paris. — Commencements de la bibliothèque; legs de Michel du Bec. — Bienfaiteurs divers : Mathieu de Paris, Nicolas de Saint-Marcel, Jean Goulen, Jean de Vernon. — Laurent Bureau. — La famille Corrozet. — Collection du baron de Boves. — Décadence de la bibliothèque. — Jean Cuiville. — Jean Truchet. — Reproches adressés aux Carmes. — État de la bibliothèque au moment de la Révolution. — Estampilles et inscriptions manuscrites sur les volumes qui en proviennent.................................. 1

FACULTÉ DE MÉDECINE. — Enseignement de la médecine à Paris au moyen âge. — Établissement de l'école dans la rue de la Bûcherie. — Commencements de la bibliothèque. — Inventaire dressé lors de l'élection de chaque doyen. — Liste des volumes qui composaient la bibliothèque en 1395. — Règlement de la bibliothèque. — Livres donnés en garantie de sommes prêtées à la Faculté. — Legs important fait à la bibliothèque par le doyen Jacques Despars. — Prêt d'un ouvrage à Louis XI. — Livres provenant de donations et d'acquisitions. — Vols commis à la bibliothèque. — Agrandissement des bâtiments de la Faculté. — État actuel des anciens bâtiments dans la rue de l'Hôtel-Colbert. — Offre de Bonnet-Bourdelot à la Faculté. — Picoté de Belestre, fondateur de la bibliothèque actuelle. — Don fait à la bibliothèque par la veuve d'Amelot de Beaulieu, et augmenté par des legs de Philippe Hecquet et de H.-T. Baron. — Rédaction d'un catalogue. — Ouverture de la bibliothèque au public. — La Faculté fait rechercher les ouvrages qui composaient l'ancienne bibliothèque; énumération de ces ouvrages. — Dispositions des statuts relatives à la bibliothèque. — Nomination de Claude Bourru comme bibliothécaire. — Installation de la Faculté dans les bâtiments de la rue Saint-Jean-de-Beauvais, puis dans le local qu'elle occupe aujourd'hui. — Liste des bibliothécaires, de 1746 à la Révolution. — *Commentaires* de la Faculté. — Thèses de diverses catégories soutenues devant la Faculté. — Comptes des recettes et des dépenses. — Manuscrit de Pajon. — Manuscrit de Bertrand. — Synopsis anonyme. — Insignes et estampilles de la Faculté. — Préface du catalogue dressé par Claude Bourru... 13

COLLÉGE DE TOURS. — Sa fondation. — Sa bibliothèque............... 67

COLLÉGE D'AUTUN. — Son origine. — Pierre Bertrand. — Dispositions relatives à la bibliothèque de l'établissement. — Legs de Pierre du Colombier et du président Oudard de Moulins. — Liste des ouvrages dont se composait la bibliothèque en 1462. — Quittances constatant des acquisitions de livres faites par la bibliothèque. — Anéantissement presque complet de la bibliothèque par suite de vols; pièce de vers latins écrite à ce sujet par Pierre de Montchal.............................. 69

COLLÉGE DE CHANAC OU DE SAINT-MICHEL. — Sa fondation. — Origine de sa bibliothèque. — Inscription placée sur les livres...................... 87

CÉLESTINS. — Introduction de leur ordre en France. — Charles V fondateur de leur église à Paris. — Don de livres précieux par Louis d'Orléans. — Libéralités de Philippe de Maizières. — Autres bienfaiteurs. — Règlement de la bibliothèque. — Nouveaux dons. — La bibliothèque s'enrichit de la confiscation des livres hétérodoxes. — Testament de Charles de Hénaut en faveur de la bibliothèque. — Ouvrages rares que renfermait cette collection. — Son catalogue. — Estampilles et inscriptions manuscrites sur les livres. — Vente de la majeure partie de la bibliothèque................ 89

COLLÉGE DE JUSTICE. — Son origine. — Disposition des statuts relative à la bibliothèque. — Libéralités du président Lizet. — Énumération des principaux ouvrages compris dans l'inventaire de la bibliothèque....................... 101

COLLÉGE DE BOISSY. — Son origine. — Condition de sa fondation. — Gervais Lenoir, son principal. — Sa bibliothèque............................ 105

BIBLIOTHÈQUE DU ROI. — Pépin le Bref et Charlemagne. — Bibliothèques d'Aix-la-Chapelle, du monastère de Saint-Gall et de l'île Barbe. — Louis le Débonnaire et Charles le Chauve. — Bible de ce dernier prince. — Louis IX et ses premiers successeurs. — Jean II, protecteur des lettres; ses livres. — Agrandissement de cette collection sous Charles V. — Traductions exécutées par l'ordre de ce prince. — Installation de la bibliothèque au château du Louvre. — Gilles Malet, bibliothécaire. — Éloge que Christine de Pisan fait de la bibliothèque. — Inventaire dressé par Gilles Malet. — Récolement de cet inventaire après la mort de Charles V. — La bibliothèque s'enrichit de livres appartenant aux Juifs. — Antoine des Essarts succède à Gilles Malet comme bibliothécaire. — Garnier de Saint-Yon et Jean Maulin. — La reliure sous Charles V. — Le duc de Bedford s'empare de la bibliothèque. — Rétablissement de cette collection par Louis XI. — Charles VIII. — Charles d'Orléans et le comte d'Angoulême. — Translation de la bibliothèque à Blois. — Acquisition de la collection de Louis de Bruges. — Essor que prend la bibliothèque sous le règne de François Ier. — Adam Laigre. — Guillaume Budé. — Manuscrits grecs recherchés en Orient. — Obstacles que rencontre Pierre Gilles dans cette mission. — Pierre Duchâtel. — Translation de la bibliothèque à Fontainebleau. — Lefèvre d'Étaples, Jean de La Barre et Mellin de Saint-Gelais. — Inventaire rédigé à l'occasion du transport de la bibliothèque. — Magnificence de la nouvelle collection. — Modifications apportées à la reliure au temps de François Ier et de Henri II; blasons sur les plats. — Pierre de Mondoré et Gosselin. — La reliure sous François II. — Translation de la bibliothèque à Paris sous Charles IX. — Jacques Amyot, maître de la librairie. — La reliure sous Charles IX et Henri III. — Dangers que court la bibliothèque pendant la Ligue. — Guillaume Rose, Pigenat, le président de Neuilly, le président Brisson, Jacques-Auguste de Thou. — Translation dans la rue Saint-Jacques. — Manuscrits de Catherine de Médicis. — Nouvelle translation. — Ornements des livres sous Henri IV. — Casaubon. — Projet de Louis XIII. — Abel de Sainte-Marthe. — Manuscrits de Philippe Hurault. — La bibliothèque est transférée dans la rue de la Harpe. — Jérôme Bignon. — Catalogue sous Louis XIII. — Mouvement dans le personnel au commencement du règne de Louis XIV. — Bibliothèque de Béthune offerte au roi. — Carcavi. — Translation dans la rue Vivienne. — Cabinet des médailles. — Cabinet des estampes. — La bibliothèque sous Colbert. — Acquisitions importantes. — Recherche de documents en France et à l'étranger en vue de la bibliothèque. — La reliure sous Colbert. — La reliure pendant la régence d'Anne d'Autriche. — Estampille des livres. — Acquisition de manuscrits. — L'abbé de Louvois. — Nouvelles acquisitions. — Nicolas Clément; catalogues de 1688. — Manuscrits dérobés par J. Aymont. — L'abbé Bignon. — Manuscrits de Baluze. — Installation de la bibliothèque à l'hôtel de Nevers. — Manuscrits du président de Mesme. — Médaille frappée en l'honneur de Louis XV. — Collection de Colbert. — Armand-Jérôme Bignon. — Ouverture de la bibliothèque au public. — Collections du maréchal d'Uxelles et du médecin Falconet. — Ouvrages provenant des bibliothèques des Jésuites. — Changement dans l'organisation de la bibliothèque à l'époque de la Révolution. — Liste du personnel depuis le règne de Charles V. — Notice contenant un résumé de l'histoire de la bibliothèque... 107

COLLÉGE DE LA MARCHE. — Sa fondation. — Legs de Beuvin de Winville en faveur de cet établissement. — Inventaire de ses biens. — Legs de Nicolas Warin. — Marque d'un des volumes de la bibliothèque................................. 219

COLLÉGE DE MAÎTRE GERVAIS. — Son origine. — Charles V le protége et lui donne des livres. — Bulle d'Urbain V en faveur de l'établissement. — Donation de Robert de la Porte. — Gosselin, principal........................... 225

COLLÉGE DE FORTET. — Testament de Pierre Fortet. — Document relatif à la bibliothèque de l'établissement. — Liste des ouvrages dont elle se composait à l'origine. — Ouvrages dont elle s'enrichit..................................... 229

COLLÉGE DE SÉEZ. — Grégoire Langlois; inventaire des livres laissés par lui à l'établissement. — Dispositions des statuts relatives à la bibliothèque........... 233

CAPUCINS DE LA RUE SAINT-HONORÉ. — Installation de l'ordre en France. — Sa bibliothèque à Paris. — Donation de Jean Dubois. — Les PP. Athanase de Mégrigny et Héliodore. — Richesse de la bibliothèque. — Inscriptions sur les volumes. — Extrait du catalogue.. 235

COLLÉGE DE LOUIS-LE-GRAND. — Installation des Jésuites en France. — Guillaume Duprat. — Bibliothèque à Paris. — Legs de Varade et de Pierre de Saint-André. — Règlement. — Expulsion des Pères et pillage de leur bibliothèque. — Rétablissement de l'ordre et reconstitution de la bibliothèque; legs du cardinal de Joyeuse, de Cramoisy et de la dame Diez. — Collection de Desportes. — Portrait de Fouquet sur les livres. — Louis XIV protége le collége. — Prospérité de l'établissement. — Achille de Harlay. — Le P. Garnier. — Description de la bibliothèque. — Bibliothécaires. — Nouvelle expulsion de l'ordre et vente de la bibliothèque. — La bibliothèque du nouveau collége se confond avec celle de l'Université. — Estampilles et marques. — État de la vente des livres, médailles et curiosités appartenant au collége........... 245

COLLÉGE DES GRASSINS. — Sa fondation. — Commencement de sa bibliothèque. — Décadence de cette collection. — Marque des livres..................... 267

MAISON PROFESSE DES JÉSUITES. — Son origine. — Le cardinal de Bourbon. — Établissement d'une bibliothèque dans la maison. — Daniel Huet, bienfaiteur de la bibliothèque; *ex libris* de sa collection. — Personnel de la bibliothèque. — Elle est vendue aux enchères. — Marques des livres. — Contrat de donation entre Daniel Huet et les Pères de la maison.................................. 269

FEUILLANTS DE LA RUE SAINT-HONORÉ. — Jean de la Barrière. — Installation de l'ordre à Paris. — Commencement de la bibliothèque. — Augmentation de cette collection. — Jacques le Bossu, de Vassan. — Catalogue. — Marques, estampilles et inscriptions manuscrites. — Installation d'une partie des bureaux de l'Assemblée nationale dans les bâtiments du couvent.............................. 281

PÉNITENTS DE PICPUS. — Leur origine. — Leur bibliothèque, due à la libéralité du cardinal Duperron. — Dispositions du règlement relatives à la bibliothèque. — Legs du P. J. Hélyot. — Catalogue. — Marques et inscriptions sur les livres...... 287

FRÈRES DE LA CHARITÉ. — Installation de l'ordre à Paris par Marie de Médicis. — Bibliothèque. — Inscriptions manuscrites et marque des livres............. 293

RÉCOLLETS. — Installation de l'ordre à Paris. — La bibliothèque. — Le P. Jean Damascène Lebret. — Énumération des pièces du mobilier de la bibliothèque. — Formalités relatives au prêt des livres. — Principaux ouvrages de la collection. — Inscriptions manuscrites sur les livres.. 297

AUGUSTINS DÉCHAUSSÉS. — Leur introduction à Paris par Marguerite de Valois. — Le P. Amet. — Commencements de la bibliothèque. — Le P. Bonaventure. — Les

SOMMAIRES

PP. Germain et Léonard de Sainte-Catherine. — Le P. Eustache de Sainte-Agnès. — Formalités relatives au prêt des livres. — Description du local de la bibliothèque. — Cabinet d'antiquités. — Description des médailles. — Nombre des volumes. — Facilité d'accès. — Inscriptions manuscrites sur les livres.................. 301

CARMES DÉCHAUSSÉS. — Leur origine et leur installation à Paris. — Leur bibliothèque. — Devoirs du bibliothécaire. — Catalogue. — Estampilles et inscriptions manuscrites.. 311

JACOBINS DE LA RUE SAINT-HONORÉ. — Leur ordre à Paris. — Commencements de leur bibliothèque. — Legs de Bruslé de Montplainchamp, de F. de Bosquet, de Dufour et de Louis Piques. — Description du local de la bibliothèque; curieux tableau qu'elle renfermait. — Cabinet de médailles et d'histoire naturelle. — Bibliothécaires. — Estampilles et inscriptions manuscrites. — Installation d'un club dans le local. 315

MINIMES DE LA PLACE ROYALE. — Établissement de l'ordre à Paris. — Formation de la bibliothèque. — Cette collection s'enrichit des donations de quelques membres de la communauté. — Legs de Letenneur, de Decombes, du célestin de Goussencourt, de Jean de Launoy et de l'abbé de Montigny. — Nombre des volumes. — Mauvais état du local à l'époque de la Révolution. — Catalogue. — Inscriptions manuscrites et marques.. 323

ORATOIRE. — Origine de la congrégation. — De Bérulle. — Bibliothèque. — Achille de Harlay, bienfaiteur. — Autres donateurs. — Le P. Lelong. — Le P. Desmolets. — Le P. Adry. — Nombre des volumes. — Richesse de la bibliothèque en manuscrits orientaux. — Catalogues. — Inscriptions manuscrites et marques........... 337

PETITS AUGUSTINS. — Installation de leur ordre à Paris par Marguerite de Valois. — Anne d'Autriche. — Leur bibliothèque. — Legs de Gilbert Mauguin et de Jean Pontas. — Catalogues. — Visite du Provincial à la maison de Paris. — Nombre des volumes. — Raretés possédées par la bibliothèque. — Inscriptions manuscrites sur les livres... 345

CONGRÉGATION DE LA MERCI. — Situation du couvent. — Bibliothèque; devoirs des bibliothécaires. — Inventaire officiel du mobilier de la bibliothèque. — Marques et inscriptions manuscrites.. 351

CAPUCINS DE LA RUE SAINT-JACQUES. — Fondation de leur maison. — Bibliothèque. — Extrait de l'inventaire du mobilier........................ 357

BLANCS-MANTEAUX. — Établissement de l'ordre des Serfs de la Vierge et son remplacement par l'ordre des Guillelmites. — Bibliothèque des Guillelmites. — Rue des Blancs-Manteaux. — Maxence Favre, bienfaiteur de la bibliothèque. — Remplacement des

Guillelmites par des Bénédictins de Saint-Maur.—Augmentation de la bibliothèque.— Résistance opposée par la communauté à la saisie de la bibliothèque. — Catalogues. — Inscriptions sur les volumes.................................... 359

SÉMINAIRE DE L'ORATOIRE. — Les Frères Pontifes. — Établissement du séminaire. — Bibliothèque. — Pierre Delaplanche. — Legs du P. Thomassin. — Autres bienfaiteurs. — Inscriptions sur les volumes............................... 365

BÉNÉDICTINS ANGLAIS. — Leur installation à Paris. — Formation de leur bibliothèque. — Catalogue. — Inventaires partiels. — Estampille et inscriptions manuscrites... 369

CAPUCINS DU MARAIS. — Le P. Athanase Molé. — Commencements de la bibliothèque. — Bienfaiteurs. — Énumération des principaux ouvrages de la bibliothèque. — Catalogues. — Inscriptions sur les volumes........................ 373

SÉMINAIRE SAINT-FIRMIN. — Son origine. — Dispositions du règlement relatives à la bibliothèque. — Lectures recommandées aux élèves. — État de la bibliothèque au moment de la Révolution. — *Ex libris* et inscriptions manuscrites.......... 377

ÉGLISE SAINTE-MARGUERITE. — Son origine. — Jean-Baptiste Goy. — Les deux bibliothèques. — Nombre des volumes de la grande bibliothèque. — Inscriptions manuscrites sur les volumes. — Testament de Jean-Baptiste Goy. — Délibération prise par la Fabrique au sujet du testament de Goy.............................. 381

CONGRÉGATION DE LA DOCTRINE CHRÉTIENNE. — Son institution; son installation à Paris. — Bibliothèque. — Catalogue. — Legs de Jean Miron. — Interprétation des conditions du legs de Jean Miron par ses exécuteurs testamentaires. — Ouverture de la bibliothèque au public. — Frais de l'inauguration. — Legs de Jacques Pinsonnat. — Le P. Baizé, bibliothécaire. — Dépenses d'organisation et d'entretien de la bibliothèque. — Catalogue. — Estampille, marque et inscriptions sur les volumes. — Extrait du testament de Jean Miron................................... 391

ORIGINE

DES

SUJETS GRAVÉS SUR BOIS ET SUR ACIER.

CARMES DE LA PLACE MAUBERT.

	Pages.
I. Le couvent et ses environs. — *Fac-simile héliographique.* Plan de Vassalieu (1609)..	1
II. Inscription extraite d'un volume légué au couvent par Mathieu de Paris. — *Bois.* Bibliothèque Mazarine, manuscrits, n° 526.................................	3
III. Note extraite d'un volume relié sur les fonds légués au couvent par Laurent Bureau. — *Bois.* Bibliothèque Mazarine, manuscrits, n° 408.............................	4
IV. Marque bibliographique de B. Bernard, baron de Boves. — *Bois.* Bibliothèque de l'Arsenal, sciences et arts, in-4°, n° 281.........................	6
V. Inscription collée dans les volumes légués au couvent par B. Bernard, baron de Boves. — *Bois.* Bibliothèque de l'Arsenal, sciences et arts, in-4°, n° 281...............	7
VI. Inscription collée dans les volumes légués au couvent par J. Cuiville. — *Bois.* Bibliothèque Mazarine, imprimés, n° 34833.............................	8
VII. Première estampille du couvent. — *Bois.* Bibliothèque Mazarine, incunables, n° 1460 A............................	10
VIII. Seconde estampille du couvent. — *Bois.* Bibliothèque Mazarine, manuscrits, n° 2079.............................	10
IX. Marque bibliographique du couvent. — *Bois.* Bibliothèque Mazarine, incunables, n° 1460 A............................	11

FACULTÉ DE MÉDECINE.

X. La Faculté et ses environs. — *Fac-simile héliographique.* Plan dit de Turgot (1739)....................................	13
XI. Fac-simile de la première page des *Commentaires.* — *Bois.* Bibliothèque de la Faculté de médecine, manuscrits...............	18
XII. Lettre de la Faculté au roi Louis XI. — *Planche sur acier gravée par E. Tavernier.* Bibliothèque de la Faculté de médecine, manuscrits...............	22
XIII. Marque d'Amelot de Beaulieu. — *Bois.* Bibliothèque Mazarine, imprimés, n° 5897 B............................	32

	Pages.
XIV. Ex libris manuscrit de Ph. Hecquet. — *Bois*.	
Bibliothèque Mazarine, nouveau fonds, Philosophie, in-8°, n° 1723...............	33
XV. Estampille de H.-Th. Baron. — *Bois*.	
Bibliothèque Mazarine, nouveau fonds, Philosophie, in-8°, n° 1430...............	33
XVI. Médaille frappée lors de l'ouverture de la bibliothèque en 1746. — *Bois*.	
Bibliothèque impériale, cabinet des médailles.................................	38
XVII. Note écrite par Gui Patin en tête du premier volume des Commentaires. — *Bois*.	
Bibliothèque de la Faculté de médecine, manuscrits............................	50
XVIII. Note écrite par Gui Patin en tête du second volume des Commentaires. — *Bois*.	
Bibliothèque de la Faculté de médecine, manuscrits............................	50
XIX. Grande estampille de la bibliothèque. — *Bois*.	
Bibliothèque Mazarine, imprimés, n° 5897 B.................................	60
XX. Petite estampille de la bibliothèque. — *Bois*.	
Bibliothèque Mazarine, nouveau fonds, Littérature, n° 887....................	60
XXI. Ex libris de la bibliothèque. — *Bois*.	
Bibliothèque de la Faculté de médecine, manuscrits............................	61
XXII. Estampille ovale de la bibliothèque. — *Bois*.	
Bibliothèque de la Faculté de médecine, imprimés.............................	61
XXIII. Estampille actuelle de la bibliothèque. — *Bois*.	
Bibliothèque de la Faculté de médecine.......................................	62

COLLÉGE DE TOURS.

XXIV. Le collége et ses environs. — *Fac-simile héliographique*.	
Plan de Lacaille (1714)..	67

COLLÉGE D'AUTUN.

XXV. Le collége et ses environs. — *Fac-simile héliographique*.	
Plan de Jouvin de Rochefort (1690)...	69
XXVI. Titre de l'inventaire dressé en 1462. — *Bois*.	
Archives de l'Empire, série M, carton n° 80.................................	70
XXVII. Quittance de 1467. — *Bois*.	
Archives de l'Empire, série M, carton n° 80.................................	83

COLLÉGE DE CHANAC.

XXVIII. Le collége et ses environs. — *Fac-simile héliographique*.	
Plan de B. Jaillot (1717)..	87

CÉLESTINS.

XXIX. Le couvent et ses environs. — *Fac-simile héliographique*.	
Plan de Vassalieu (1609)..	89
XXX. Ex libris manuscrit de Charles V. — *Bois*.	
Bibliothèque de l'Arsenal, manuscrits in-folio, n° TL 4°.....................	90
XXXI. Ex libris manuscrit de Philippe de Maizières. — *Bois*.	
Bibliothèque impériale, manuscrits fonds latin, n° 17330....................	91

ORIGINE DES SUJETS GRAVÉS SUR BOIS ET SUR ACIER. XV
Pages.

XXXII. Ex libris manuscrit de Charles de Hénaut. — *Bois.*
    Bibliothèque Mazarine, nouveau fonds, Littérature, n° 429............ 97

XXXIII. Ex libris manuscrit d'Antoine Becquet. — *Bois.*
    Bibliothèque Mazarine, nouveau fonds, Histoire, in-4°, n° 2553........ 97

XXXIV. Marque bibliographique du couvent. — *Bois.*
    Bibliothèque Mazarine, doubles, n° 784.......................... 99

COLLÉGE DE JUSTICE.

XXXV. Le collége et ses environs. — *Fac-simile héliographique.*
    Plan de Jouvin de Rochefort (1690)............................. 101

COLLÉGE DE BOISSY.

XXXVI. Le collége et ses environs. — *Fac-simile héliographique.*
    Plan de Lacaille (1714)....................................... 105

BIBLIOTHÈQUE DU ROI.

XXXVII. La bibliothèque et ses environs. — *Fac-simile héliographique.*
    Plan dit de Turgot (1739)..................................... 107

XXXVIII. Ex libris manuscrit du roi Jean. — *Bois.*
    Bibliothèque impériale, manuscrits, fonds français, n° 67........... 109

XXXIX. Signature et note autographe de Charles V. — *Bois.*
    Bibliothèque impériale, manuscrits, fonds français, n° 437.......... 111

XL. Ex libris manuscrit de Jean Corbechon. — *Bois.*
    Bibliothèque Mazarine, manuscrits, n° 313........................ 112

XLI. Titre du catalogue rédigé en 1373 par Gilles Malet. — *Planche sur acier gravée par E. Tavernier.*
    Bibliothèque impériale, manuscrits, fonds français, n° 2700......... 114

XLII. Premier feuillet du catalogue rédigé par Gilles Malet. — *Planche sur acier gravée par E. Tavernier.*
    Bibliothèque impériale, manuscrits, fonds français, n° 2700......... 115

XLIII. Catalogue des livres donnés en 1409 par le duc de Guyenne. — *Bois.*
    Bibliothèque impériale, manuscrits, fonds français, n° 2700......... 121

XLIV. Titre de l'inventaire dressé en 1410. — *Planche sur acier gravée par E. Tavernier.*
    Bibliothèque impériale, manuscrits, fonds français, n° 2700......... 122

XLV. Reçu donné en 1411 par Ant. des Essarts. — *Bois.*
    Bibliothèque impériale, manuscrits, fonds français, n° 2700......... 123

XLVI. Premier feuillet de l'inventaire dressé en 1413. — *Bois.*
    Bibliothèque impériale, manuscrits, fonds français, n° 9430......... 125

XLVII. Reçu donné le 10 janvier 1415 par Jean Maulin. — *Bois.*
    Bibliothèque impériale, manuscrits, fonds français, n° 9430......... 127

XLVIII. Ex libris manuscrit de Jean, comte d'Angoulême. — *Bois.*
    Bibliothèque impériale, manuscrits, fonds français, n° 437.......... 132

XLIX. Inscription placée sur les volumes provenant de la bibliothèque de Pavie. — *Bois.*
    Bibliothèque impériale, manuscrits, fonds français, n° 755.......... 132

L. Inscription extraite d'un volume provenant de la bibliothèque de Blois. — *Bois.*
  Bibliothèque impériale, manuscrits, fonds français, n° 970.......................... 137

LI. Titre de l'inventaire de la bibliothèque de Blois en 1544. — *Bois.*
  Bibliothèque impériale, manuscrits, fonds français, n° 5660....................... 138

LII. Reliure aux armes de Louis XII et d'Anne de Bretagne. — *Planche sur acier gravée par E. Tavernier.*
  Bibliothèque Mazarine, imprimés, n° 11578................................. 140

LIII. Reliure aux chiffres de Henri II et de Diane de Poitiers. — *Planche sur acier gravée par E. Tavernier.*
  Bibliothèque Mazarine, Buffets... 141

LIV. Reliure aux armes de François Iᵉʳ. — *Bois.*
  Bibliothèque impériale, manuscrits, fonds français, n° 2261..................... 141

LV. Reliure aux armes de Diane de Poitiers. — *Bois.*
  Bibliothèque de l'Arsenal, manuscrits in-folio, n° TF 98....................... 142

LVI. Reliure au chiffre de François II. — *Bois.*
  Bibliothèque impériale, manuscrits, fonds français, n° 1186.................... 144

LVII. F couronnée pris sur un volume relié pour François II. — *Bois.*
  Bibliothèque impériale, manuscrits, fonds français, n° 1186.................... 144

LVIII. Fleur de lis couronnée prise sur un volume relié pour François II. — *Bois.*
  Bibliothèque impériale, manuscrits, fonds français, n° 1186.................... 145

LIX. Deux C entrelacés pris sur un volume relié pour Charles IX. — *Bois.*
  Bibliothèque impériale, manuscrits, fonds français, n° 868..................... 146

LX. Reliure au chiffre de Charles IX. — *Bois.*
  Bibliothèque impériale, manuscrits, fonds français, n° 750..................... 147

LXI. Reliure portant la devise de Charles IX. — *Bois.*
  Bibliothèque de l'Arsenal.. 148

LXII. Reliure exécutée pour Henri III. — *Planche sur acier gravée par E. Tavernier.*
  Bibliothèque Mazarine, Buffets... 149

LXIII. Reliure au chiffre de Henri III. — *Bois.*
  Bibliothèque Mazarine, nouveau fonds, Jurisprudence, in-8°, n° 56............. 149

LXIV. Reliure au chiffre de Henri IV. — *Bois.*
  Bibliothèque impériale, manuscrits, fonds français, n° 236..................... 156

LXV. Inscription frappée sur les volumes reliés pour Henri IV. — *Bois.*
  Bibliothèque impériale, manuscrits, fonds français, n° 236..................... 156

LXVI. H couronnée prise sur un volume relié pour Henri IV. — *Bois.*
  Bibliothèque impériale, manuscrits, fonds français, n° 236..................... 156

LXVII. M couronnée prise sur un volume relié pour Marie de Médicis. — *Bois.*
  Bibliothèque de l'Arsenal, manuscrits, in-8°, n° TL 312....................... 158

LXVIII. Reliure aux armes de Marie de Médicis. — *Bois.*
  Bibliothèque de l'Arsenal, manuscrits, in-8°, n° TL 312....................... 158

LXIX. Marque bibliographique de Hurault. — *Bois.*
  Bibliothèque impériale, manuscrits, fonds français, n° 976..................... 162

LXX. Situation de la bibliothèque dans la rue de la Harpe. — *Fac-simile héliographique.*
  Plan de J. Gomboust (1652)... 162

ORIGINE DES SUJETS GRAVÉS SUR BOIS ET SUR ACIER.

LXXI. Situation de la bibliothèque dans la rue de la Harpe. — *Fac-simile héliographique.*
Plan de Jouvin de Rochefort (1690) 163

LXXII. Reliure aux armes de Louis XIII. — *Bois.*
Bibliothèque Mazarine, imprimés, n° 30455 164

LXXIII. Ancienne estampille de la bibliothèque. — *Bois.*
Bibliothèque impériale, imprimés..................................... 165

LXXIV. Autre estampille de la bibliothèque. — *Bois.*
Bibliothèque Mazarine, imprimés, n° 18749 A 165

LXXV. Marque bibliographique de P. et de J. Dupuy. — *Bois.*
Bibliothèque Mazarine, imprimés, n° 6213 167

LXXVI. Monogramme de P. et de J. Dupuy. — *Bois.*
Bibliothèque Mazarine, imprimés, n° 6213 167

LXXVII. Marque bibliographique de Ph. de Béthune. — *Bois.*
Bibliothèque impériale, manuscrits, fonds français, n° 2900.......... 170

LXXVIII. Chiffre de Ph. de Béthune. — *Bois.*
Bibliothèque impériale, manuscrits, fonds français, n° 2900.......... 170

LXXIX. Situation de la bibliothèque dans la rue Vivienne. — *Fac-simile héliographique.*
Plan de Lacaille (1714) 172

LXXX. Monogramme de Gaston d'Orléans. — *Bois.*
Bibliothèque Mazarine, imprimés, n° 17554 175

LXXXI. Autre monogramme de Gaston d'Orléans. — *Bois.*
Bibliothèque Mazarine, imprimés, n° 17816 175

LXXXII. Monogramme de J.-A. de Thou. — *Bois.*
Bibliothèque Mazarine, incunables, n° 5831 E 177

LXXXIII. Marque bibliographique de J.-A. de Thou. — *Bois.*
Bibliothèque Mazarine, incunables, n° 5831 E 177

LXXXIV. Monogramme de Louis XIV. — *Bois.*
Bibliothèque impériale, cabinet des estampes......................... 182

LXXXV. Plats d'une reliure exécutée pour Louis XIV. — *Bois.*
Bibliothèque impériale, cabinet des estampes......................... 182

LXXXVI. Reliure exécutée sous Louis XIV. — *Bois.*
Bibliothèque impériale, cabinet des estampes......................... 183

LXXXVII. Marque bibliographique d'Anne d'Autriche. — *Bois.*
Bibliothèque Mazarine, imprimés, n° 32088 184

LXXXVIII. Monogramme d'Anne d'Autriche. — *Bois.*
Bibliothèque Mazarine, nouveau fonds, Théologie, in-4°, n° 299*...... 184

LXXXIX. Estampille de la bibliothèque. — *Bois.*
Bibliothèque impériale, imprimés..................................... 185

XC. Autre estampille de la bibliothèque. — *Bois.*
Bibliothèque impériale, imprimés..................................... 185

XCI. Estampille des doubles vendus. — *Bois.*
Bibliothèque impériale, imprimés..................................... 185

		Pages.
XCII.	Marque bibliographique de Ch. de Montchal. — *Bois.*	
	Bibliothèque Mazarine, doubles.	187
XCIII.	Signature d'Em. Bigot. — *Bois.*	
	Bibliothèque Mazarine, nouveau fonds, Littérature, n° 4148.	188
XCIV.	Marque bibliographique de L.-E. Bigot. — *Bois.*	
	Bibliothèque Mazarine, nouveau fonds, Théologie, in-4°, n° 89.	188
XCV.	Marque bibliographique de Bignon. — *Bois.*	
	Bibliothèque de l'Arsenal, in-4°, n° 17809 H.	192
XCVI.	Monogramme de Bignon. — *Bois.*	
	Bibliothèque de l'Arsenal, in-4°, n° 17809 H.	192
XCVII.	Signature d'Étienne Baluze. — *Bois.*	
	Bibliothèque Mazarine, nouveau fonds, Littérature, n° 124.	193
XCVIII.	Plan de la bibliothèque en 1754. — *Planche sur acier gravée par E. Tavernier.*	
	Blondel, *Architecture françoise*, t. III, p. 80.	195
XCIX.	Marque bibliographique de de Mesme. — *Bois.*	
	Bibliothèque Mazarine, doubles.	196
C.	Croissants entrelacés qui figurent sur les reliures provenant de de Mesme. — *Bois.*	
	Bibliothèque Mazarine, doubles.	196
CI.	Monogramme de de Mesme. — *Bois.*	
	Bibliothèque Mazarine, doubles.	197
CII.	Médaille frappée en l'honneur de Louis XV. — *Bois.*	
	Bibliothèque impériale, cabinet des médailles.	197
CIII.	Petite marque bibliographique de Colbert. — *Bois.*	
	Bibliothèque Mazarine, nouveau fonds, Théologie, in-4°, n° 362.	198
CIV.	Monogramme de Colbert. — *Bois.*	
	Bibliothèque Mazarine, nouveau fonds, Théologie, in-4°, n° 362.	198
CV.	Grande marque bibliographique de Colbert. — *Bois.*	
	Bibliothèque Mazarine, imprimés, n° 5030 A.	199
CVI.	Autre monogramme de Colbert. — *Bois.*	
	Bibliothèque Mazarine, imprimés, n° 5030 A.	200
CVII.	Ex libris manuscrit de C. Falconet. — *Bois.*	
	Bibliothèque Mazarine, nouveau fonds, Philosophie, in-8°, n° 1483.	203
CVIII.	Estampille de la bibliothèque. — *Bois.*	
	Bibliothèque impériale, imprimés.	208
CIX.	Marque monogrammatique. — *Bois.*	
	Bibliothèque impériale, imprimés.	209

COLLÉGE DE LA MARCHE.

CX.	Le collége et ses environs. — *Fac-simile héliographique.*	
	Plan dit de Turgot (1739).	219
CXI.	Début de l'inventaire des biens de Beuvin de Winville. — *Bois.*	
	Archives de l'Empire, série M, carton n° 171.	220

ORIGINE DES SUJETS GRAVÉS SUR BOIS ET SUR ACIER.

CXII. Titre de l'inventaire des biens de Beuvin de Winville. — *Bois.*
Archives de l'Empire, série M, carton n° 171......................... 221

CXIII. Première partie de la marque du collége. — *Bois.*
Bibliothèque Mazarine, nouveau fonds, Littérature, n° 656............ 224

CXIV. Seconde partie de la marque du collége. — *Bois.*
Bibliothèque Mazarine, nouveau fonds, Littérature, n° 656............ 224

COLLÉGE DE MAÎTRE GERVAIS.

CXV. Le collége et ses environs. — *Fac-simile héliographique.*
Plan de Ducerceau (1560)... 225

COLLÉGE DE FORTET.

CXVI. Le collége et ses environs. — *Fac-simile héliographique.*
Plan dit de Tapisserie (1540).. 229

CXVII. Titre de l'inventaire des livres de Pierre Fortet. — *Bois.*
Bibliothèque impériale, manuscrits, fonds français, n° 8630.......... 230

COLLÉGE DE SÉEZ.

CXVIII. Le collége et ses environs. — *Fac-simile héliographique.*
Plan de Lacaille (1714).. 233

CAPUCINS DE LA RUE SAINT-HONORÉ.

CXIX. Le couvent et ses environs. — *Fac-simile héliographique.*
Plan de Lacaille. (1714)... 235

CXX. Marque bibliographique du couvent. — *Bois.*
Bibliothèque Mazarine.. 239

COLLÉGE LOUIS-LE-GRAND.

CXXI. Le collége et ses environs. — *Fac-simile héliographique.*
Plan de Bullet et Blondel (1676)..................................... 245

CXXII. Inscription placée dans les volumes légués au collége par la mère de Fr. Diez. — *Bois.*
Bibliothèque Mazarine, doubles, n° 1346.............................. 251

CXXIII. Signature latine de Desportes. — *Bois.*
Bibliothèque Mazarine, incunables, n° 2054........................... 251

CXXIV. Signature française de Desportes. — *Bois.*
Bibliothèque Mazarine, incunables, n° 2054........................... 251

CXXV. Monogramme de Desportes. — *Bois.*
Bibliothèque Mazarine, nouveau fonds, Littérature, n° 1575........... 251

CXXVI. Marque bibliographique de F. Fouquet. — *Bois.*
Bibliothèque Mazarine, imprimés, n° 6453............................. 253

CXXVII. Autre marque de F. Fouquet. — *Bois.*
Bibliothèque Mazarine, nouveau fonds, Histoire, in-4°, n° 2675....... 254

CXXVIII. Marque bibliographique d'A. de Harlay. — *Bois.*
Bibliothèque Mazarine, doubles....................................... 255

CXXIX. Monogramme d'A. de Harlay. — *Bois.*
Bibliothèque Mazarine, doubles.................................... 256
CXXX. Inscription placée dans les volumes légués au collège par A. de Harlay. — *Bois.*
Bibliothèque Mazarine, doubles.................................... 256
CXXXI. Estampille du collège. — *Bois.*
Bibliothèque Mazarine, nouveau fonds, Histoire, in-4°, n° 2675............... 262
CXXXII. Marque bibliographique. — *Bois.*
Bibliothèque Mazarine, imprimés, n° 599 A............................ 262
CXXXIII. Estampille du Prytanée. — *Bois.*
Bibliothèque de l'Université, imprimés, n° HF.a.u. 89..................... 262

COLLÉGE DES GRASSINS.

CXXXIV. Le collège et ses environs. — *Fac-simile héliographique.*
Plan de Jouvin de Rochefort (1690)................................. 267
CXXXV. Marque bibliographique du collège. — *Bois.*
Bibliothèque de l'Arsenal, imprimés, in-4°, n° 18756..................... 268

MAISON PROFESSE DES JÉSUITES.

CXXXVI. Le couvent et ses environs. — *Fac-simile héliographique.*
Plan de Vassalieu (1609)... 269
CXXXVII. Marque bibliographique de D. Huet. — *Bois.*
Bibliothèque Mazarine, imprimés, n° 6728 B........................... 271
CXXXVIII. Ex libris de D. Huet. — *Bois.*
Bibliothèque de l'Arsenal... 272
CXXXIX. Inscription collée dans les volumes donnés par D. Huet. — *Bois.*
Bibliothèque Mazarine, imprimés, n° 1117 C........................... 272
CXL. Autre ex libris de D. Huet. — *Bois.*
Bibliothèque de l'Institut, imprimés, n° M 342......................... 273
CXLI. Marque bibliographique de la maison professe. — *Bois.*
Bibliothèque Mazarine, imprimés, n° 18242 B.......................... 276
CXLII. Autre marque. — *Bois.*
Bibliothèque Mazarine, imprimés, n° 18242 B.......................... 276

FEUILLANTS DE LA RUE SAINT-HONORÉ.

CXLIII. Le couvent et ses environs. — *Fac-simile héliographique.*
Plan de Vassalieu (1609)... 281
CXLIV. Marque bibliographique des Feuillants. — *Bois.*
Bibliothèque Mazarine, nouveau fonds, Histoire, in-4°, n° 2360............... 284
CXLV. Autre marque. — *Bois.*
Bibliothèque Mazarine, manuscrits, n° 3156........................... 285
CXLVI. Estampille des Feuillants. — *Bois.*
Bibliothèque Mazarine, manuscrits, n° 2759........................... 285

ORIGINE DES SUJETS GRAVÉS SUR BOIS ET SUR ACIER.

PÉNITENTS DE PICPUS.

Pages.

CXLVII. Le couvent et ses environs. — *Fac-simile héliographique.*
Plan de Lacaille (1714)... 287

CXLVIII. Marque bibliographique des pénitents de Picpus. — *Bois.*
Bibliothèque Mazarine, imprimés, n° 617 L........................... 291

FRÈRES DE LA CHARITÉ.

CXLIX. Le couvent et ses environs. — *Fac-simile héliographique.*
Plan de Gomboust (1652)... 293

CL. L'hôpital au XVII° siècle. — *Fac-simile héliographique.*
Plan de Mérian (1615)... 293

CLI. Marque bibliographique de l'hôpital. — *Bois.*
Bibliothèque Mazarine, manuscrits, n° 2973.......................... 295

RÉCOLLETS.

CLII. Le couvent et ses environs. — *Fac-simile héliographique.*
Plan de Lacaille (1714)... 297

AUGUSTINS DÉCHAUSSÉS.

CLIII. Le couvent et ses environs. — *Fac-simile héliographique.*
Plan dit de Turgot (1739)... 301

CARMES DÉCHAUSSÉS.

CLIV. Le couvent et ses environs. — *Fac-simile héliographique.*
Plan de Lacaille (1714)... 311

CLV. Estampille des Carmes. — *Bois.*
Bibliothèque Mazarine, doubles...................................... 313

CLVI. Autre estampille. — *Bois.*
Bibliothèque Mazarine, nouveau fonds, Jurisprudence, in-8°, n° 338.. 313

JACOBINS DE LA RUE SAINT-HONORÉ.

CLVII. Le couvent et ses environs. — *Fac-simile héliographique.*
Plan de B. Jaillot (1717)... 315

CLVIII. Estampille des Jacobins. — *Bois.*
Bibliothèque Mazarine, nouveau fonds, Jurisprudence, in-4°, n° 522.. 320

CLIX. Indications qui figurent sur les volumes provenant des Jacobins. — *Bois.*
Bibliothèque Mazarine, nouveau fonds, Littérature, n° 723........... 320

CLX. La bibliothèque des Jacobins en 1792. — *Planche sur bois gravée par E. Deschamps.*
Millin, *Antiquités nationales*, t. I", p. 54....................... 320

MINIMES DE LA PLACE ROYALE.

CLXI. Le couvent et ses environs. — *Fac-simile héliographique.*
Plan de J. Gomboust (1652).. 323

CLXII. Inscription placée dans les volumes légués par Alex. Letenneur. — *Bois.*
Bibliothèque Mazarine, nouveau fonds, Philosophie, in-4°, n° 227 324

CLXIII. Inscription placée dans les volumes légués par Decombes. — *Bois.*
Bibliothèque Mazarine, doubles 324

CLXIV. Marque primitive du couvent. — *Bois.*
Bibliothèque de l'Arsenal 333

CLXV. Marque destinée aux volumes in-folio. — *Bois.*
Bibliothèque Mazarine, doubles 334

CLXVI. Marque destinée aux volumes in-quarto. — *Bois.*
Bibliothèque Mazarine, nouveau fonds, Histoire, in-4°, n° 2388 334

CLXVII. Marque destinée aux volumes in-octavo. — *Bois.*
Bibliothèque Mazarine, nouveau fonds, Littérature, n° 1290 335

CLXVIII. Marque frappée sur le dos des volumes. — *Bois.*
Bibliothèque Mazarine, nouveau fonds, Histoire, in-4°, n° 2388 335

ORATOIRE.

CLXIX. Le couvent et ses environs. — *Fac-simile héliographique.*
Plan de Lacaille (1714) 337

CLXX. Note autographe d'A. de Harlay. — *Bois.*
Bibliothèque Mazarine, manuscrits, n° 1079 338

CLXXI. Inscription placée dans les volumes légués par Payen de Montmor. — *Bois.*
Bibliothèque Mazarine, nouveau fonds, Jurisprudence, in-8°, n° 617 339

CLXXII. Inscription placée dans les volumes légués par A. de Bardonenche. — *Bois.*
Bibliothèque Mazarine, nouveau fonds, Littérature, n° 499 339

CLXXIII. Marque bibliographique du couvent. — *Bois.*
Bibliothèque Mazarine, doubles 343

PETITS-AUGUSTINS.

CLXXIV. Le couvent et ses environs. — *Fac-simile héliographique.*
Plan de Jouvin de Rochefort (1690) 345

CONGRÉGATION DE LA MERCI.

CLXXV. Le couvent et ses environs. — *Fac-simile héliographique.*
Plan de Gomboust (1652) 351

CLXXVI. Marque bibliographique du couvent. — *Bois.*
Bibliothèque Mazarine, nouveau fonds, Jurisprudence, in-4°, n° 375 354

CLXXVII. Autre marque. — *Bois.*
Bibliothèque Mazarine, imprimés, n° 10370 R. 355

CAPUCINS DE LA RUE SAINT-JACQUES.

CLXXVIII. Le couvent et ses environs. — *Fac-simile héliographique.*
Plan de J. Gomboust (1652) 357

BLANCS-MANTEAUX.

CLXXIX. LE COUVENT ET SES ENVIRONS. — *Fac-simile héliographique.*
Plan de Jouvin de Rochefort (1690).. 359

CLXXX. EX LIBRIS MANUSCRIT DES GUILLELMITES. — *Bois.*
Bibliothèque Mazarine, manuscrits, n° 1335............................... 360

CLXXXI. EX LIBRIS MANUSCRIT DES BLANCS-MANTEAUX. — *Bois.*
Bibliothèque Mazarine, incunables, n° 2030 B*........................... 359

CLXXXII. VUE DU COUVENT EN 1706. — *Fac-simile héliographique.*
Icones monasteriorum congregationis Sancti Mauri........................ 362

SÉMINAIRE DE L'ORATOIRE.

CLXXXIII. LE SÉMINAIRE ET SES ENVIRONS. — *Fac-simile héliographique.*
Plan de J. Gomboust (1652).. 365

CLXXXIV. SIGNATURE DE DELAPLANCHE. — *Bois.*
Bibliothèque Mazarine, nouveau fonds, Philosophie, in-4°, n° 380........ 366

CLXXXV. EX LIBRIS DE DELAPLANCHE. — *Bois.*
Bibliothèque Mazarine, nouveau fonds, Philosophie, in-4°, n° 380........ 366

BÉNÉDICTINS ANGLAIS.

CLXXXVI. LE COUVENT ET SES ENVIRONS. — *Fac-simile héliographique.*
Plan de B. Jaillot (1717)... 369

CLXXXVII. ESTAMPILLE DU COUVENT. — *Bois.*
Bibliothèque Mazarine, nouveau fonds, Théologie, in-4°, n° 13........... 371

CAPUCINS DU MARAIS.

CLXXXVIII. LE COUVENT ET SES ENVIRONS. — *Fac-simile héliographique.*
Plan de Jouvin de Rochefort (1690)...................................... 373

CLXXXIX. MARQUE BIBLIOGRAPHIQUE DES CAPUCINS. — *Bois.*
Bibliothèque Mazarine, nouveau fonds, Littérature, n° 550............... 376

SÉMINAIRE SAINT-FIRMIN.

CXC. LE SÉMINAIRE ET SES ENVIRONS. — *Fac-simile héliographique.*
Plan de B. Jaillot (1717)... 377

CXCI. EX LIBRIS DU SÉMINAIRE. — *Bois.*
Bibliothèque Mazarine, nouveau fonds, Théologie, in-8°, n° 307.......... 379

ÉGLISE SAINTE-MARGUERITE.

CXCII. L'ÉGLISE ET SES ENVIRONS. — *Fac-simile héliographique.*
Plan de Jouvin de Rochefort (1690)...................................... 381

CONGRÉGATION DE LA DOCTRINE CHRÉTIENNE.

CXCIII. LE COUVENT ET SES ENVIRONS. — *Fac-simile héliographique.*
Plan dit de Turgot (1739)... 391

CXCIV. *Ex libris* de J. Pinsonnat. — *Bois.*
   Bibliothèque Mazarine, nouveau fonds, Théologie, in-4°, n° 1030.............. 395

CXCV. Signature du P. Baizé. — *Bois.*
   Bibliothèque Mazarine, nouveau fonds, Philosophie, in-8°, n° 369............. 396

CXCVI. Estampille du couvent. — *Bois.*
   Bibliothèque Mazarine, doubles....................................... 398

CXCVII. Marque bibliographique du couvent. — *Bois.*
   Bibliothèque Mazarine, doubles....................................... 398

LES
ANCIENNES BIBLIOTHÈQUES
DE PARIS.

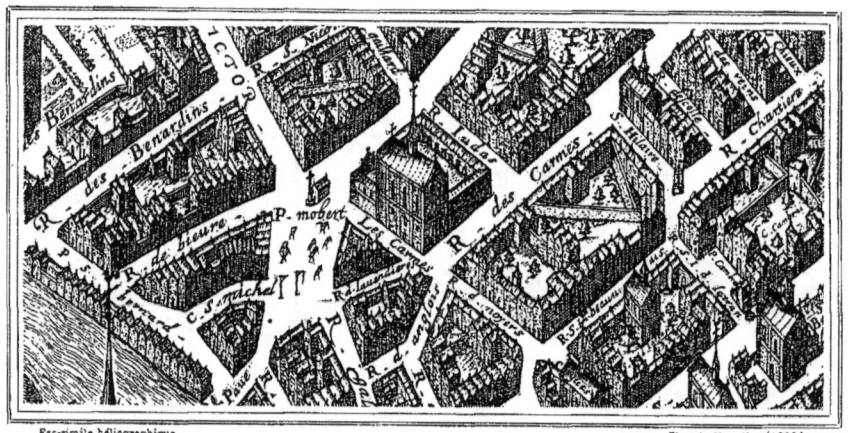

Fac-similé héliographique.   Plan de Vassalieu (1609).

CARMES DE LA PLACE MAUBERT.

On sait que les Carmes regardaient comme leur fondateur le prophète Élie, « pour autant, dit Aubert Lemire, qu'il a été le premier qui a mené vie solitaire « au mont Carmel [1]. » Ce qui est moins douteux, c'est que, quelques ermites s'étant réfugiés sur cette montagne pour se dérober aux attaques des Sarrasins, Albert, patriarche de Jérusalem, leur donna, en 1112, une Règle qui fut approuvée en 1171 par Honoré III [2]. Saint Louis, pendant son séjour en Palestine, eut l'occasion de visiter ce couvent : il emmena avec lui six des religieux; puis, aussitôt de retour à Paris (1259), « il leur acheta une place sur Seinne devers « Charenton, fist fere leur méson, et leur acheta vestemens, calices, etc. [3] » L'endroit qu'avait choisi le roi pour installer ses protégés était situé au port Saint-Paul, sur l'emplacement qu'occupèrent plus tard les Célestins. Les Carmes se

---

[1] Aub. Lemire, *Histoire de l'origine et institution de divers ordres*, au lecteur, p. ix.
[2] Piganiol de la Force, *Description historique* de la ville de Paris et de ses environs, t. V, p. 147.
[3] Joinville, *Vie de saint Louis*, édit. Michaud, p. 322.

plaignirent bientôt des inconvénients que leur causait le voisinage de la Seine; il paraît qu'elle débordait chaque hiver, et que l'eau s'avançait alors jusqu'à la porte du couvent, d'où l'on ne pouvait plus sortir qu'en bateau. Philippe V écouta ces doléances; il acquit de Gui de Livriac, l'un de ses secrétaires, une maison qui était située au bas de la grande rue Sainte-Geneviève, et, par lettres patentes de décembre 1317, en fit don aux Carmes : «Domum nostram, dit-il, «quæ fuit dilecti magistri Guidonis de Livriaco, clerici nostri, et quam ab eodem «comparavimus, sitan in magno vico Sanctæ Genovefæ,..... perpetua dona- «tione largimur[1].» Ce changement de résidence fut autorisé par une bulle de Boniface VII[2].

De nombreuses libéralités permirent aux Carmes d'augmenter leurs bâtiments et d'élever une vaste église. Ils eurent aussi de très-bonne heure une bibliothèque.

En août 1318 mourut à Avignon Michel du Bec, cardinal-prêtre du titre de Saint-Étienne *in Celio-Monte*, qui voulut être enterré chez eux, et qui, pour obtenir cette faveur, leur légua mille livres parisis et tous les volumes qu'il possédait[3]. Un extrait, sur vélin, du testament de Michel du Bec est conservé aux Archives de l'Empire, et l'on y trouve énumérés les ouvrages, au nombre de vingt-cinq environ, qui composaient la bibliothèque du prélat. On y remarque : une bible en deux volumes, *valde pulcra*, dit le texte; une bible en dix volumes, commentée; une autre bible, de format plus portatif; plusieurs ouvrages de saint Augustin, entre autres la *Cité de Dieu* et les *Commentaires sur la Genèse;* le traité *De casu diaboli* d'Anselme de Cantorbéry; la *Somme des vertus et des vices;* les *Méditations* de saint Bernard; le *Decretum* de Gratien et les *Décrétales;* les *Œuvres* de Pierre de Tarantaise (Innocent V), en deux volumes; l'*Histoire ecclésiastique* de Pierre Comestor; les *Lettres* de Pierre de Blois; la *Somme* de saint Jean-de-Dieu; un *Commentaire sur les Épîtres canoniques* et sur le *Cantique des cantiques*[4]. Tous ces ouvrages furent déposés et enchaînés dans la bibliothèque du couvent[5].

Vingt ans après, le sous-prieur Mathieu de Paris donna aux religieux une

---

[1] J. Dubreul, *Theatre des antiquitez de Paris*, p. 428.

[2] Cette bulle est reproduite dans Félibien, *Histoire de Paris*, t. III, p. 219.

[3] Extrait du testament : «Reverendi patris do-«mini Michaelis, bone memorie, tituli sancti Ste-«phani in Celio Monte presbiteri cardinalis,.... «[qui] in sua ultima voluntate elegit sepulturam in «ecclesia nostra nova..., suosque libros... pro «communi libraria et usu fratrum nostri ordinis Pari-«sius studencium, necnon et mille libras parisienses «pro edificatione ecclesie nostre nove... legavit...» (Archives de l'Empire, série L, carton n° 928.)

[4] «Biblia in duobus voluminibus valde pulcra; «biblia in decem voluminibus glossata; alia biblia «manualis; Augustinus super Geneses, cum aliis «multis in eodem volumine; Augustinus de Civitate, «cum multis aliis; Anselmus de Casu; de Vitiis et «Virtutibus ; Meditationes Bernardi; Decretum; «Decretales; Scripta Petri Tarantensis, in duobus «voluminibus ; Ystorie scolastice ; Epistole Petri «Blesensis; Summa magistri Johannis de Deo; Pos-«tilla super Epistolas canonicas et Canticum Canti-«corum.»

[5] «Librique omnes predicti in communi libra-«ria deponantur et incatenentur.»

table des matières du *Speculum historiale* de Vincent de Beauvais; on lit en effet à la fin de ce manuscrit [1] :

Il faut encore mettre au nombre des bienfaiteurs de la bibliothèque, pendant cette période : Nicolas de Saint-Marcel, qui lui donna le *Commentaire* d'Origène *sur la Genèse* [2]; et Jean de la Charité, religieux du couvent de Pont-Audemer [3].

Plusieurs volumes furent encore laissés à la bibliothèque de la place Maubert par Jean Goulen, Goulein ou Goulain, provincial des Carmes en France, personnage considérable sous Charles V, et qui traduisit pour ce prince quelques ouvrages [4]. Les inscriptions que portent les manuscrits provenant de Jean Goulen sont longues et détaillées [5].

Le prieur Jean de Vernon fit au même couvent des libéralités assez importantes. Suivant le *Bibliotheca Carmelitana*, il l'enrichit à la fois des ouvrages qu'il achetait et de ceux qu'il composait [6]. Le seul de ces volumes que nous connaissions est un commentaire de saint Augustin sur les psaumes, en tête duquel on lit : « Istud psalterium, de dono domini Stephani de Breban, procuravit huic con- « ventui famosus in sacra pagina professor magister Johannes de Vernone [7]. »

---

[1] « Istam tabulam dedit huic librarie Parisiensi « venerabilis pater noster frater Matheus de Pari- « sius, tunc proprior provincialis per Franciam. « Anno Domini m° ccc° xxx viij. Qui eam furatus « fuerit, anathema sit. » (Bibliothèque Mazarine, Manuscrits, n° H 526.)

[2] On lit à la fin : « Hunc librum Origenis dedit « librarie conventus Parisiensis frater Nicholaus de « Sancto Marcello, ordinis fratrum beate Marie de « Carmelo, lector in sacra pagina. » (Biblioth. imp. Manuscrits, fonds latin, n° 17343.) Une note placée au verso du feuillet suivant nous apprend que, en 1389, ce volume appartenait au frère Nicolas Saoul.

[3] On lit sur le second feuillet d'un manuscrit du xiv° siècle : « Frater Johannes Caritatis, lector in « theologia, conventus Pontisaudomarei, dedit hunc « librum communi librarie conventus Parisiensis « Carmelitarum. » (Bibliothèque impériale, Manuscrits, fonds latin, n° 10695.)

[4] Voyez plus bas notre notice sur la bibliothèque du roi.

[5] « Istum librum dedit librarie conventus Pari- « siensis ordinis fratrum beate Dei genitricis Ma- « rie de Monte Carmeli, reverendus magister bone « memorie, magister Johannes Goulen, conventus « Rothomagensis, ac in regno Francie legatus, cu- « jus sepultura habetur magnifice elevata in isto « conventu, infra capellam Sancte Anne. Cujus ani- « ma quiescat in pace. » (Bibliothèque impériale, Manuscrits, fonds latin, n° 17273.) — « Reve- « rendus in Christo pater dominus ac dominus Jo- « hannes Goulen, summi Pontificis in Francia le- « gatus, alumnus et filius conventus Carmelitarum « Rothomagensium, dedit istum Johannis Halensis, « Franciscani, librum librarie Carmelitarum Pari- « siensium. » (Bibliothèque impériale, Manuscrits, fonds latin, n° 17273.)

[6] « Postquam bibliothecam Carmeli Parisiensis « ampliasset, ubi et plurima comparata volumina « vel a se scripta reposuerat.... » (*Bibliotheca Carmelitana*, t. II, p. 138.)

[7] Bibl. imp. Manuscrits, fonds latin, n° 1996.

(Note extraite d'un manuscrit relié sur les fonds légués au couvent par Laurent Bureau).

Laurent Bureau, qui fut évêque de Sisteron, provincial de Narbonne et confesseur de Louis XII, était entré fort jeune dans l'ordre des Carmes, auquel il portait une vive affection, comme le prouve le poëme qu'il a composé à la louange d'Élie[1]. En 1494, il donna quelques volumes au couvent de la place Maubert[2]; puis, en 1498, il lui fournit l'argent nécessaire à la reliure de plusieurs manuscrits. Les religieux, pour perpétuer le souvenir de sa générosité, inscrivirent sur quelques-uns de ces volumes la note suivante : « Orate pro fratre « Laurentio Burelli, Divionensi, Carmelitarum doctore, theologo Parisiensi, pro- « vinciali Narbone, et christianissimi Francorum regis Ludovici XII confessore, qui « hoc volumen et complura alia religari fecit. Anno Dominice salutis m° quad^{mo} « nonage^{mo} octavo. Ad cujus votum, in rei memoriam, ego frater Johannes Chase- « randi, regens conventus Parisiensis, meo manuali signo presens scriptum subsi- « gnavi, anno quo supra. Ita est : CHASERANDI, avec paraphe[3]. » Les Carmes avaient donc déjà un certain nombre de bons manuscrits, et ce premier fonds ne devait pas tarder à s'augmenter. En 1552, un religieux nommé Thomas Sauvée ajouta encore plusieurs volumes à la collection du couvent[4].

Au mois de juillet 1568, on enterrait dans l'église des Carmes le libraire Gilles Corrozet, le premier qui ait eu l'idée de publier en français une description de Paris[5]. Son épitaphe, placée dans le cloître, était conçue en ces termes :

> L'an mil cinq cens soixante huit,
> A six heures avant minuit,
> Le quatriesme de Juillet,
> Deceda Gilles Corrozet,
>
> Agé de cinquante huit ans,
> Qui Libraire fut en son temps.
> Son corps repose en ce lieu cy :
> A l'ame Dieu fasse mercy[6].

La famille Corrozet était fort attachée à la Maison des Carmes, et un parent de Gilles, son fils peut-être, fut en 1571 bibliothécaire du couvent. Il paraît avoir rempli ses fonctions avec un grand zèle; car on trouve sur plusieurs manuscrits des notes bibliographiques écrites de sa main, et qu'il a presque toujours pris soin de signer[7]. Il laissa aussi quelques volumes au monastère, comme l'indique cette inscription : « Ex dono fratris Antho. Corrozet, Parisiensis[8]. »

Nous avons encore à constater vers cette époque diverses libéralités, auxquelles il est impossible d'assigner une date certaine. Parmi celles qui semblent avoir eu le plus d'importance, il faut mentionner le legs dû au frère profès Mathieu Mas-

---

[1] *In laudem Eliœ patriarchœ Carmelitarum.*

[2] Bibliothèque impériale, Manuscrits, fonds latin, n°ˢ 2046 et 2473.

[3] Bibliothèque Mazarine, Manuscrits, n° T 408. Une inscription à peu près identique se trouve dans le manuscrit coté n° 3184, fonds latin, à la bibliothèque impériale.

[4] On lit à la fin : « Istum librum dedit libra- « rie Parisiensi frater Thomas Sauvée, ordinis Carmeli. » (Voyez, entre autres, à la bibliothèque Mazarine, le manuscrit n° 678.)

[5] *La fleur des antiquitez et singularitez de la noble et triomphante ville et cité de Paris, et les noms des rues, églises et collèges*, Paris, 1532, in-8°.

[6] Lerouge, *Curiosités de Paris*, t. I, p. 403.

[7] Voyez à la bibliothèque Mazarine les manuscrits cotés T 44, T 72, T 193.

[8] Biblioth. Mazarine, Incunables, n° 1994 H.

con[1], et aux frères Riochus et Martin, tous deux anciens bedeaux de la Maison[2].

Ce fut là le plus beau temps de la bibliothèque des Carmes. Il nous faut descendre ensuite jusqu'au commencement du xviie siècle pour trouver une nouvelle donation à mentionner. Un sieur Bénigne Bernard, baron de Boves, personnage sans doute assez obscur et sur le compte duquel nous ne possédons aucun renseignement, mourut le 13 septembre 1626. Anne Courtin, sa veuve, abandonna à la Maison des Carmes tous les livres qu'il possédait[3]. Aucune, peut-être, de toutes les libéralités de cette nature que nous avons rencontrées ne témoigne au même degré de l'importance qu'y attachait la donatrice, et de son désir d'en voir le souvenir éternellement conservé. Chacun des volumes qui en proviennent porte, frappées en or sur les plats, ces armoiries, assez peu gracieuses d'ailleurs :

[1] « Ex libris reverendi ac piissimi P. Matthæi « Mascon, hujus conventus professi. » (Bibliothèque Mazarine, Incunables, n°[s] 232 A et 1460 C.)

[2] « Hanc postillam dedit conventui Parisiensi or- « dinis fratrum beate Dei genitricis Marie de Monte « Carmeli. Riochus, quondam bedellus hujus con- « ventus Parisiensis. » (Bibliothèque Mazarine, Manuscrits, n° T 204.) — « Est de libraria Carmelitarum « Parisiensium, et eum dedit Martinus, quondam « bedellus istius conventus Parisiensis, ejusdem ordi- « nis. Delaleu. » (Bibl. Mazarine. Manuscrits, n° T 14.)

[3] Elle fit plus tard d'importantes libéralités au

Elles sont, en outre, reproduites sur un immense *ex libris* gravé qui est collé dans l'intérieur au verso de la couverture. De plus, le premier feuillet de garde est doublé par une grande planche imprimée dont voici le *fac-simile* :

ÆTERNÆ MEMORIÆ
NOBILISSIMVS DOMINVS
BENIGNVS BERNARD
BARO DE BOVES
PRO SVA IN DEVM PIETATE, AC IN
pauperes mifericordia, Collegio Parifienfi Fratrum
Carmelitarum, fupremæ voluntatis
teftamento firmauit.

CLARISSIMA DOMINA
ANNA COVRTIN
DEFVNCTI VIDVA PIISSIMA
TESTAMENTI ARBITRA.
fumma religione adimpleuit.

ORATE PRO EO VT PACE FRVATVR AETERN

Obiit XIII. Septembris, decurfus XV. Luftris, Anno
Salutis reparatæ M.DC.XXVI.

*Beatus vir qui mifereretur & commodat, quia in æternum non
commouebitur.* Pfalm. CXI.

convent des Filles du Saint-Sacrement, rue Caffette. (Piganiol de la Force, *Defcrip. de Paris*, VII, 291.)

Son teftament, daté du 6 juin 1653, a été imprimé, et se trouve aux Archives de l'Empire, sér. L, n° 777.

La bibliothèque des Carmes fut fort délaissée à partir de ce moment; et, en octobre 1672, les religieux acceptèrent avec empressement un échange qui leur fut proposé par M. de Carcavi, garde de la bibliothèque du roi. Moyennant une rente perpétuelle de six minots de sel [1], ils n'hésitèrent pas à se dessaisir de dix-huit incunables et de soixante-sept manuscrits latins très-précieux [2]. Colbert profita de l'occasion pour leur prendre un magnifique exemplaire de la Bible de 1462 [3].

Moins de quarante ans après, Jean Cuiville, docteur en théologie et prêtre de Tulle, chercha à relever de ses ruines la bibliothèque des Carmes. Il mourut le 6 avril 1708, et, par son testament, légua à ces religieux tous ses livres, au nombre de 350 volumes. Il ne semble pas que cette libéralité ait rien changé à l'incurie des bibliothécaires de la Maison; mais celle-ci fit du moins acte de gratitude envers son bienfaiteur. On colla en tête de chacun des volumes provenant de son legs cette inscription imprimée :

IMMORTALITATI.

✠

CLARIS. DD. MAGISTER
IOANNES CUIVILLE
PRESBYTER TUTELENSIS
DOCTOR THEOLOGUS
Die VI. Aprilis An. M. DCCVIII.
DEFUNCTUS
MAJORI CARMELO
PARISIENSI
Hunc & cæteros CCCL. Bibliothecæ suæ
libros testamento reliquit.
QUISQUIS LEGIS
SIC UTERE DONO
UT ORARE PRO DONANTE
MEMINERIS.

---

[1] Piganiol de la Force, *Descr. de Paris*, V, 163.
[2] Jourdain, *Mémoire historique sur la bibliothèque du Roy*, p. xxxvi.
[3] Jacquemard, *Remarques sur les abbayes, collégiales, etc. supprimées*, p. 239.

Il est probable que J. Cuiville eut des imitateurs et que plusieurs donations succédèrent à la sienne, car, en 1722, le couvent possédait environ 10,000 volumes, et avait un bibliothécaire, le frère Jacques Armand [1].

Le célèbre mécanicien Jean Truchet, qui adopta, en entrant aux Carmes, le nom de P. Sébastien, avait formé dans cette Maison un cabinet qui fut longtemps une des curiosités de Paris; il contenait un très-grand nombre de machines de toute espèce, que Truchet avait inventées et habilement exécutées lui-même [2]. Les Carmes, aussi peu amateurs de mécanique que d'érudition, vendirent successivement toutes les pièces qui composaient cette collection [3]. L'argent qu'elles produisirent ne fut, du reste, nullement employé en œuvres pies. Ces religieux avaient une autre manière de le dépenser. On sait que leur nom était devenu un reproche d'incontinence; et, la foudre étant un jour tombée sur leur église, le P. André dit publiquement : «Dieu a fait une grande miséricorde à ces bons «Pères de ne sacrifier à sa justice que le clocher, car, si le tonnerre s'étoit abattu «sur leur cuisine, ils étoient tous en danger d'y périr [4].»

Au moment de la Révolution, la bibliothèque des Carmes occupait une salle assez élégante, et entourée de vingt-cinq armoires remplies de livres [5]. Presque tous les écrivains de l'époque disent que les Carmes avaient alors environ 12,000 volumes [6]; cependant le prieur, dans l'*État* officiel qu'il dut fournir à la municipalité, se contenta de déclarer 1,834 volumes [7]. Il ajoutait que le couvent n'avait plus de manuscrits, ce qui était encore un mensonge, car 18 manuscrits du couvent sont entrés à la bibliothèque nationale [8], et les autres bibliothèques de Paris en ont également reçu. Les religieux s'efforcèrent, par un moyen du même genre, de conserver une collection à laquelle ils paraissaient auparavant tenir si peu. Le 16 avril 1791, le commissaire de police de la section Sainte-Geneviève fut averti qu'un vol avait été commis dans la bibliothèque du couvent des Carmes; il s'y rendit aussitôt et constata «que le cadenas qui étoit à la porte avoit été arraché «avec son piton;» on ne s'était pas arrêté là, la moitié des armoires avaient été ouvertes, et un grand nombre de volumes manquaient. Quels étaient les auteurs de ce vol? Le commissaire, dans son procès-verbal, n'en accuse point les religieux : «A la réquisition dudit sieur Housez [9], et pour la propre satisfaction des «citoyens qui demeurent en ladite Maison, avons visité les chambres par eux

---

[1] G. Wallin, *Lutetia Parisiorum erudita sui temporis*, p. 120.

[2] G. Brice, *Nouvelle description de Paris*, t. II, p. 461.

[3] Piganiol de la Force, *Description historique de Paris*, t. V, p. 163.

[4] *Menagiana*, t. I, p. 196.

[5] *Catalogue des livres de notre bibliothèque.* Archives de l'Empire, série S, carton n° 3734.

[6] Thiéry, *Guide des amateurs et des étrangers voyageurs à Paris*, t. II, p. 290. — Guéroult, *Dictionnaire de la France monarchique*, p. 82.

[7] *État des revenus, rentes, fondations du couvent et collége royal des grands Carmes, place Maubert.* Archives de l'Empire, série S, carton n° 3734.

[8] Voyez, à la Bibliothèque impériale, le catalogue spécial qui en a été dressé.

[9] C'était le procureur du couvent.

« occupées, et n'y avons rien trouvé [1]. » Les ouvrages volés finirent néanmoins par reparaître, puisque, malgré la déclaration faite par le prieur, on constata, lors du transport dans les dépôts littéraires, la présence de 10,000 volumes [2].

Nous ne connaissons qu'un seul catalogue de la bibliothèque des Carmes de la place Maubert, et encore est-il nécessairement fort incomplet; c'est celui qui est joint à l'*État* fourni en 1790 par le couvent. Ce travail, qui se compose de neuf pages in-folio écrites sur deux colonnes, porte en titre : *Catalogue des livres de notre bibliothèque*. On lit à la fin : « Cette collection de livres vient de nos devanciers. « Jadis nous avions des manuscrits, mais M. de Colbert les fit enlever pour les « placer à la bibliothèque du Roy [3]. »

Les Carmes firent successivement graver pour leurs volumes deux estampilles. Nous reproduisons ici celle que nous croyons la plus ancienne :

La seconde est plus grande; l'ovale qui figure sur la précédente et les ornements dont il est entouré sont remplacés par un simple écusson accompagné des lettres S. T. (*Sancta Theresa*); l'exergue est placé entre deux filets et modifié :

L'estampille était presque toujours appliquée au commencement et à la fin des volumes. On la rencontre parfois frappée en or sur le dos, principalement sur les in-folio, où elle figure entre les deux derniers nerfs de la reliure.

---

[1] *Procès-verbal pour vol fait avec effraction à la bibliothèque des Carmes de la place Maubert*. Archives de l'Empire, série S, carton n° 3734.

[3] *État général des livres des maisons ecclésiastiques et religieuses du département de Paris*. Archives de l'Empire, série M, carton n° 797.

[2] *État des revenus, rentes, fondations, etc.* Archives de l'Empire, série S, n° 3734.

On trouve aussi assez souvent, sur les plats des ouvrages reliés, un G et un C entrelacés :

Les inscriptions manuscrites sont très-fréquentes et très-variées :

PRO CONVENTU FRATRUM CARMELITARUM IN URBE PARISIENSI COMMORANTIUM.
EX LIBRARIA CARMELITARUM MAUBERTINORUM.
EX BIBLIOTHECA CONVENTUS ET COLLEGIJ REGIJ CARMELIT. PARISIENSIUM.
ISTE LIBER EST EX LIBRIS CARMELITARUM PARISIENSIUM.
EX BIBLIOTHECA CARMELITARUM PARISIENSIUM MAIORIS CONVENTUS.
MAJORIS CARMELI MAUBERTINI PARISIENSIS.
DE LA BIBLIOTEQUE DU GRAND COUVENT DES CARMES DE PARIS.
AD USUM P. P. CARMELITARUM PARISIENSIUM MAIORIS CONVENTUS.

Les Carmes de la place Maubert furent, en 1790, réunis aux religieux du même ordre qui habitaient la rue de Vaugirard, puis supprimés en 1792. Les bâtiments qu'ils avaient occupés, d'abord transformés en manufacture d'armes, furent démolis en 1814, et sur leur emplacement s'éleva le marché couvert qui existe aujourd'hui.

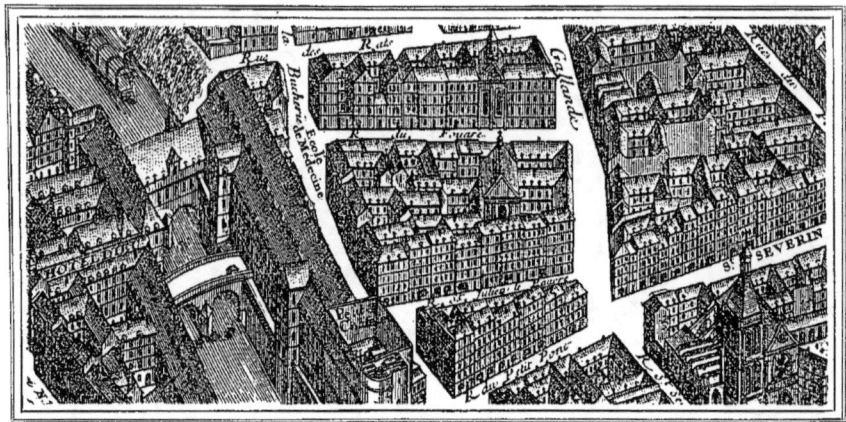

Fac-similé héliographique. Plan dit de Turgot (1739).

FACULTÉ DE MÉDECINE.

La médecine était-elle enseignée dans les écoles palatines? Cette question, longtemps controversée, est aujourd'hui résolue par l'affirmative. Charlemagne n'avait cependant pas une confiance exagérée dans la médecine, puisque, d'après son chroniqueur, « plura arbitratu suo quam medicorum consilio faciebat [1]; » néanmoins, en 805, par un capitulaire daté de Thionville [2], il ordonna que l'art de guérir ferait désormais partie de l'éducation. L'on sait, en outre, qu'il y avait dans le palais d'Aix-la-Chapelle un endroit nommé *Hippocratica tecta* [3].

Il est incontestable aussi que la médecine figurait parmi les cours faits aux écoles de l'église Notre-Dame; les leçons se donnaient alors, dit Riolan, « en une « maison où il y avoit eu des estuves, entre l'Hostel-Dieu et la maison de l'Évesque [4]. » Or c'est précisément là qu'était situé, à cette époque, l'emplacement réservé aux élèves du cloître [5]. Il n'y avait d'ailleurs encore aucune réglementation fixe. Jusqu'au commencement du XII° siècle, les maîtres professèrent presque tous, soit chez eux, soit dans des salles louées à des particuliers qui habitaient la Cité;

---

[1] Éginhard, *Vita Caroli Magni;* dans Duchesne, *Historiæ Francorum scriptores*, t. II, p. 101.

[2] Ét. Baluze, *Capitularia regum Francorum*, t. Ier, p. 421.

[3] E. Duboulay, *Historia Universitatis Parisiensis*, t. II, p. 572.

[4] J. Riolan, *Curieuses recherches sur les escholes en médecine*, p. 91. — « A l'entrée de l'église, au-«dessous de la tour qui est à main droite,» dit l'abbé Lebeuf, *Histoire de la ville et du diocèse de Paris*, t. Ier, p. 15.

[5] Voyez ci-dessus, t. Ier, p. 1 et suiv.

c'était cependant le plus souvent dans la propre chambre du doyen qu'avaient lieu les examens, les actes et les thèses [1].

Le XIIe siècle vit l'enseignement se concentrer à Paris, qui, sous la parole éloquente d'Anselme, de Guillaume de Champeaux et surtout d'Abélard, devint rapidement le foyer intellectuel de l'Europe. Le cloître de Notre-Dame ne put bientôt plus suffire aux milliers d'étudiants qui affluaient dans la capitale; ils envahirent le plateau de Sainte-Geneviève, et allèrent chercher des logements entre la place Maubert et la Seine, et jusqu'à l'abbaye de Saint-Victor. Une organisation nouvelle répondit promptement à ces besoins nouveaux. Vers l'année 1270, les différentes spécialités représentées dans l'enseignement se formèrent en *Facultés* distinctes et indépendantes les unes des autres, quoique toutes rattachées à l'Université, leur mère commune, qui les associa à ses priviléges [2]. La Faculté de théologie était déjà, en fait, transportée à la Sorbonne; la Faculté de droit s'installa au clos Bruneau, rue Saint-Jean-de-Beauvais; et la Faculté des arts, qui comprenait la médecine, ouvrit ses écoles dans une masure située rue du Fouarre [3], une des voies sombres et humides qui avoisinent la place Maubert [4]. C'est en réalité de cette époque que date l'origine de la Faculté de médecine; c'est alors qu'elle commence à avoir ses statuts, ses registres particuliers, et même son sceau d'argent, dont l'achat fut résolu sous le décanat de Jean de Roset: « Quod « sigillum fiet de argento ad majorem confirmationem, » disent les statuts de 1274, qui furent rédigés par maîtres Jean de Parme, Jean Petit, Jean Breton, Pierre de Neuchâtel, Pierre d'Allemagne et Bouret [5], les seuls médecins qu'il y eût encore à Paris [6]. Tous alors enseignaient tour à tour, et pendant la durée de leur exercice portaient le titre de maîtres-régents.

Bien que l'étude de la médecine fût interdite aux prêtres et aux moines [7], les

---

[1] Chomel, *Essai historique sur la médecine en France*, p. 105.

[2] J.-A. Hazon, *Éloge historique de l'Université de Paris*, p. 85.

[3] Cette rue, ouverte au commencement du XIIIe siècle sur le clos Mauvoisin, qui dépendait du fief de Garlande, portait déjà à cette époque le nom de *vicus Straminis* (*Cartulaire de Notre-Dame*, t. IV, p. 387); mais Guillot, en 1300, l'appelle *rue de l'École*, et le manuscrit de la bibliothèque Cottonienne, en 1400, *rue des Escoules*. On la trouve citée dans les écrits de Pétrarque (*Epistolæ de rebus senilibus*, lib. IX, ep. 1e), de Dante (*Paradiso*, c. x, v. 136) et de Rabelais (*Pantagruel*, liv. II, ch. x). Comme l'indique son nom latin, l'expression *rue du Fouarre* est tirée du vieux mot français *fouare* ou *feurre*, qui désigne *paille*.

[4] Les maîtres ne renoncèrent cependant pas encore à donner des leçons et même à faire subir des examens dans leur demeure. Les statuts de 1350 décident que les examinateurs s'assembleront chez le plus ancien des régents. Plus tard, en 1395, nous voyons le doyen Pierre Desvallées déclarer qu'un examen de bachelier a eu lieu chez lui, « in « domo mea. » (Voyez les *Commentaires* manuscrits de la Faculté, t. Ier, p. 3.)

[5] Crevier, *Histoire de l'Université de Paris*, t. II, p. 55.

[6] On voit, dans les *Commentaires* manuscrits de la Faculté, qu'il n'y avait encore à Paris, en 1395, que 31 médecins, 72 en 1550, 81 en 1566, 46 en 1596, 85 en 1626, et 111 en 1652. Or, en 1395, Paris comptait environ 130,000 habitants, 200,000 en 1550, 250,000 en 1596, et 530,000 vers 1700.

[7] A partir du XIIe siècle seulement.

docteurs étaient astreints au célibat, et cette règle subsista jusqu'à la réforme opérée dans l'Université, en 1452, par le cardinal Guillaume d'Estouteville (*Guillelmus Totavilleus*); dix ans auparavant, le doyen Charles de Mauregard, ayant épousé une veuve, avait été pour ce fait dépouillé de tous ses titres [1]. Il va sans dire que les Juifs ne pouvaient exercer la médecine [2]; Grégoire XIII, par une bulle du 30 mars 1581, renouvela la défense qu'avaient faite à cet égard Paul IV et Pie IV. En 1429, un décret du concile de Tortose défendit aux médecins de faire plus de trois visites à un malade qui ne se serait pas confessé. Le concile de Paris, tenu la même année, sous la présidence de Jean de Nanton, archevêque de Sens, leur ordonna d'engager les malades à se confesser, et de leur refuser toute espèce de secours jusqu'à ce qu'ils eussent suivi ce conseil.

Les leçons étaient déjà très-suivies. Ce n'était pourtant pas un séjour attrayant que le local de la rue du Fouarre. Une escabelle, deux chandelles et quelques bottes de paille éparpillées sur la terre nue [3] composaient tout le mobilier des salles basses, où, dès cinq heures du matin, se pressaient les élèves. Le costume des professeurs resta longtemps en harmonie avec ce milieu. On eut beaucoup de peine à obtenir d'eux qu'ils fissent leurs cours vêtus d'une robe convenable et qui leur appartînt; les statuts de 1350, dressés sous le décanat d'Adam de Francheville (*Adamus de Francovilla*), les obligèrent à enseigner « in cappa rotunda, « honesta, propria, non commodata, de panno bono, de brunetta violacea [4]. » En l'absence d'horloge, les étudiants se réglaient sur la cloche des églises voisines : la messe des Carmes, qui se célébrait à cinq heures, donnait le premier signal, puis venait, une heure après, la sonnerie de *prime* à Notre-Dame. Quant aux réunions solennelles de la Faculté, elles avaient lieu soit à l'église des Mathurins, soit à Sainte-Geneviève-des-Ardents, soit à Notre-Dame, autour d'un des grands bénitiers de pierre qui se trouvaient au pied des tours, « in ecclesia « Parisiensi supra cuppam, » dit Héméré [5].

Cependant, en 1369, l'école de médecine, devenue plus nombreuse et moins pauvre, songea à se procurer un local spécial, distinct de celui qu'elle occupait en commun avec la Faculté des arts. Elle acheta dans ce but, le 24 mai, une petite maison située au coin de la rue de la Bûcherie et de celle des Rats [6]; puis,

---

[1] E. Duboulay, *Historia Universitatis Parisiensis*, t. V, p. 541.

[2] *Ibid.* t. III, p. 400.

[3] Cet usage de faire asseoir les écoliers par terre sur de la paille fut, en 1366, approuvé par Urbain V, qui en donna une explication assez singulière : « Scholares Universitatis Parisiensis, au- «dientes suas lectiones, sedeant in terra coram ma- «gistris, non in scamnis vel sedibus elevatis a terra; «ut occasio superbiæ a juvenibus secludatur. »

[4] Hæc sunt statuta Facultatis medicinæ Parisius... anno Domini 1350, die 14 mensis Octobris.

[5] Cl. Héméré, *De Academia Parisiensi*, p. 50. — Voyez encore Dubreul, *Theatre des antiquitez de Paris*, p. 451; et l'abbé Lebeuf, *Histoire de la ville et du diocèse de Paris*, t. Ier, p. 21.

[6] J. Dubreul, *Theatre des antiquitez de Paris*, p. 562. — En octobre 1600, en faisant l'inventaire des papiers de la Faculté, on trouva une *epistola latina* qui mentionnait l'acquisition de «la place des

16 LES ANCIENNES BIBLIOTHÈQUES DE PARIS.

aussitôt installée dans cette demeure, elle s'occupa d'y réunir quelques volumes. La pensée était bonne, et on juge que son exécution ne devait pas exiger beaucoup de place, à une époque où l'école basait tout son enseignement sur des traductions d'Hippocrate et de Galien, sur les préceptes de l'École de Salerne, les vers de Gilles de Corbeil, et quelques traités arabes d'Avicenne, d'Averroës et d'Isaac [1]. Ce furent à peu près là, en effet, les seuls ouvrages classiques jusqu'à Fernel, qui, dit Hazon, « eut le rare honneur de voir ses livres enseignés de son vivant [2]. » Nous avons cependant une preuve certaine de l'existence d'un commencement de bibliothèque à la Faculté dès l'année 1391 : le premier volume des *Commentaires* nous apprend que, sous le décanat de Richard de Baudribosco [3], l'école avait donné en gage à Guillaume Boucher, médecin de Philippe de Bourgogne et de Charles VI, en retour d'une somme de 22 francs prêtée à la Faculté, les trois ouvrages suivants :

Les *Concordances* de Pierre de Saint-Flour [4] ;

L'*Antidotarium* d'Albucasis [5] ;

Le *Totum Continens* de Rhasès [6], en deux volumes [7].

Lors de l'élection de chaque doyen, on dressait, en séance solennelle, un inventaire de tous les objets que la Faculté allait lui confier. Le nouvel élu en donnait décharge à son prédécesseur, et s'engageait à les représenter lui-même intacts à la fin de son exercice. Dans le premier inventaire de ce genre qui nous ait été conservé, Pierre Desvallées (*Petrus de Vallibus*), nommé doyen en 1395, déclare

« ecoles des medecins qui sont en la ruë des Rats, en « datte du 24 mai 1369. » (T.-B. Bertrand, *Annales medici ms.* p. 83.)

[1] Chomel, *Essai historique sur la médecine en France*, p. 117.

[2] Hazon, *Éloge historique de la Faculté de médecine de Paris*, p. 3.

[3] Doyen de 1391 à 1392, suivant Chomel.

[4] Il fut, vers 1325, député de la Faculté dans des conférences relatives à la collation des bénéfices.

[5] On le trouve désigné sous les noms suivants : *Abulcasis, Buchasis, Bulchasim, Azzahrawi, Azaravius, Alzharavius.* Il était d'Azzabra près de Cordoue, et vécut au xi° siècle ; cependant Casiri le fait mourir en 1122, et Freind au xiv° siècle seulement. Cet *Antidotarium* est sans doute une des divisions de son *Al-Tassrif*, qui a été publié par Grimm, en 1519, in-folio, sous ce titre : *Liber medicinæ theoricæ necnon practicæ Alsahravii.* Il se divise en deux parties dont chacune comprend quinze sections. Dès 1497, plusieurs traités d'Albucasis avaient été imprimés à Venise.

[6] Rhasès ou Rasis exerça la médecine à Bagdad et à Ray, et mourut vers 940. Son *Continens*, qui est divisé en dix livres, a été imprimé à Brescia, en 1486, sous ce titre : *Continens Rhasis, ordinatus et correctus per clarissimum artium et medicinæ doctorem, magistrum Hieronymum Surianum, nunc in Camaldulensi ordine dicatum*, 2 vol. in-folio. C'est très-probablement cette version que possédait la Faculté. Ce traité, qui embrasse la médecine et la chirurgie, est en grande partie tiré d'Aëtius et de Paul. Rhasès n'en est évidemment pas le seul auteur, car on y rencontre les noms de plusieurs médecins grecs moins anciens que lui, et qu'il n'a par conséquent pu connaître. Il est donc probable que ses disciples auront achevé et complété son livre ; ils ont toutefois négligé de le mettre en ordre.

[7] « Magister Guillelmus Boucherii habet Con- « cordancias Petri de Sancto Floro, Antidotarium « Albucasis, et Totum Continens Rasis in duobus « voluminibus, in vadio dicto xxii francorum, ut « continetur in alia papiro, in decanatu magistri « Richardi de Bodri Bosco. » (*Commentarii ms. medicinæ Facultatis Parisiensis*, t. Ier, p. 1.) — Voyez ci-dessous la note 1, p. 18.

avoir reçu les anciens statuts de l'école, un registre contenant ses privilèges, le sceau de l'Université, plusieurs clefs, dont six à usage inconnu, etc. etc. et en outre tous les livres qui composaient alors la bibliothèque de la Faculté; c'étaient :

Un *Abrégé des synonymes* de Simon de Gênes [1];

Un *Traité de la thériaque* [2];

Une traduction du cinquième livre du *Colliget* d'Averroës [3];

Un ancien *Commentaire* sur Avicenne;

Le second et le troisième livre des *Canons* d'Avicenne [4];

Les *Concordances* de Jean de Saint-Amand [5];

Deux traités de Jean Mesué : les *Médicaments simples* et la *Pratique* [6];

L'*Antidotaire clarifié* de Nicolas Myrepse [7];

Un grand volume contenant plusieurs traités de Galien;

Les *Concordances* de Pierre de Saint-Flour;

L'*Antidotarium* d'Albucasis;

Le *Totum Continens* de Rhasès.

---

[1] Il est indifféremment nommé, dans les manuscrits, *Simo Januensis* ou *Geniastes*. Il était de Gênes et exerça quelque temps la médecine à Rome. Il fut en même temps médecin et chapelain du pape Nicolas IV; il s'établit sans doute plus tard en France, car vers 1296, époque de sa mort, il était chanoine de Rouen.

[2] Galien a écrit un *Traité de la thériaque*, Περὶ τῆς Θηριακῆς, πρὸς Πίσωνα, mais cet ouvrage lui a été contesté. Il y a également un livre sur cette matière dans les œuvres d'Averroës et dans celles de Bernard Gordon.

[3] *Averroës*, *Averrhoës*, *Averroys* ou *Averois* était de Cordoue, et vivait au XIe siècle. Le *Colliget*, son œuvre capitale, est divisé en sept livres; il fut imprimé pour la première fois à Venise en 1482, in-folio. Ses œuvres complètes, traduites en latin par le médecin juif Jacob Mantinus, forment onze volumes in-folio, qui ont été publiés à Venise par les Juntes, en 1552. Une grande partie des ouvrages d'Averroës est encore inédite.

[4] Avicenne mourut en 1037. Son *Canon medicinæ* fut d'abord imprimé en arabe à Rome en 1593. Avant la fin du XVe siècle, on connaissait déjà quatorze traductions latines de cet ouvrage; la plus ancienne est due à Gérard de Crémone, et la première édition ne porte ni date, ni lieu d'impression.

[5] Il était chanoine de Tournai, et vécut vers l'an 1200. Il écrivit un long commentaire sur l'*Antidotaire* de Nicolas Myrepse. On donnait peut-être le nom de *Concordanciæ* à ses nombreux travaux sur Hippocrate, dont un beau manuscrit était autrefois conservé à la bibliothèque de l'abbaye de Saint-Victor. (Voyez Chomel, *Essai historique sur la médecine en France*, p. 177 et 178.)

[6] Mesué était fils d'un apothicaire persan. Son *Traité des médicaments simples* a beaucoup de rapports avec l'*Antidotaire* de Nicolas Myrepse; il a été traduit en latin et imprimé à Venise en 1471, sous ce titre : *Canones universales de consolatione medicinarum simplicium, ex arabico in latinum translati*. Le mot *Practica* désigne un ouvrage plutôt astrologique que médical. Les œuvres complètes de Mesué, qui mourut vers 846, ont été publiées à Venise en 1558, in-folio.

[7] Il naquit à Alexandrie, et rédigea en grec son *Antidotarium* vers l'an 1300. Cet ouvrage fut traduit en latin par Léonard Fuchs, qui le publia à Bâle en 1549; une autre version, beaucoup moins exacte et très-incomplète, avait été imprimée dès 1541 à Ingolstadt par Nicolas de Reggio. C'est un véritable *Codex pharmaceuticus*, qui fut presque aussitôt traduit en latin et adopté par la Faculté. Tous les apothicaires furent alors obligés d'avoir cet ouvrage chez eux et de se conformer à ses prescriptions. (Voyez A.-A. Monteil, *Histoire des Français des divers états*, t. Ier, p. 38, note.)

Ces trois derniers volumes étaient encore en la possession de Guillaume Boucher [1].

L'inventaire qui fut dressé l'année suivante pour l'élection de Jean de Marle comprend exactement les mêmes ouvrages.

Dès cette époque, la bibliothèque avait un règlement, qui a été retrouvé par Sabatier dans un recueil de pièces manuscrites. Voici ce document, curieux à bien des titres :

>Spectatores manu sinistra ne utantor.
>Libri suis forulis et ordinibus ne moventor.
>Nemini, nisi sub chirographo mutuo, præbentor.
>Commodati, ne ultra mensem retinentor.
>Integri et intaminati in suos loculos referentor.
>Plures quatuor semel huc ne ingrediuntor.
>Duas ultra horas ne immorantor.
>Qui libros rariores noverint, eorum titulos
>bibliophylaci relinquuntor [2].

On voit que la Faculté de médecine avait suivi le généreux exemple déjà donné par la cathédrale et la Sorbonne, et qu'elle mettait ses richesses bibliographiques à la disposition des travailleurs. Nous montrerons plus loin que, comme

(1) *(Commentarii ms. Facultatis medicinæ Parisiensis, t. I, p. 1.)*

(2) J.-C. Sabatier, *Recherches historiques sur la Faculté de médecine de Paris*, p. 9.

la Sorbonne, elle exigeait de l'emprunteur un gage équivalent au prix du volume prêté.

Ces livres, dons splendides accordés par des souverains ou légués par des savants, étaient considérés comme le véritable trésor de la Faculté, et c'est à eux qu'elle avait recours quand ses coffres étaient vides. Plus d'une fois elle les engagea pour de fortes sommes, dans le cas, par exemple, où il s'agissait d'envoyer des députés aux conciles, aux états généraux [1]. En avril 1397, le médecin Guillaume Boucher (*Guillelmus Carnificis* ou *Boucherii*), dont nous avons parlé, prêta une somme de quarante-huit livres à la Faculté, et reçut de nouveau en garantie les *Concordances* de Pierre de Saint-Flour et le *Continens* de Rhasès. La quittance délivrée à cette occasion par le doyen Jean de Marle nous a été conservée dans un recueil manuscrit, qui se trouve aujourd'hui à la bibliothèque de l'école : *Quittance du doyen de la Faculté, du dernier avril 1397, par laquelle il reconnoît avoir reçu de venerable et discret homme Me Guillaume Carnificis, M^e ez artz et en medecine, actuellement regent, la somme de 48 francorum auri de cuno regis, sur laquelle ledit M^e a engagé 2 livres : Totum Continens et les Concordances de Saint-Flour, lesquels livres il avoit déjà engagés* [2] . . . . La Faculté ne put restituer ces quarante-huit francs d'or que treize ans après, en mars 1410, presque au moment de la mort de son créancier [3]; un autre recueil manuscrit nous en donne la preuve, et nous apprend que, dans l'intervalle, sans doute pour répondre des intérêts de la somme prêtée, on avait, cette fois encore, ajouté au nantissement l'*Antidotarium* d'Albucasis [4].

A peine rentré à la bibliothèque, le *Continens* de Rhasès fut de nouveau donné en gage; cette fois à Jean Lelièvre (*Johannes Leporis*), qui avait avancé trente livres à la Faculté [5]. Enfin, quelques années après, ce volume fut prêté au doyen Étienne de Rouvroy [6], qui mourut sans l'avoir restitué. La Faculté fit des démarches, et dut, en 1446, envoyer une réclamation à Bourges, où demeuraient alors les héritiers du défunt [7].

---

[1] Hazon, *Éloge historique de la Faculté de médecine de Paris*, p. 65.

[2] *Instrumenta tum publica, tum privata in arca Facultatis servata*, p. 334. Ce recueil, dont un double existe aux Archives de l'Empire, est d'autant plus précieux qu'il peut, jusqu'à un certain point, remplacer les premiers volumes des *Commentaires* manuscrits de la Faculté qui, comme on sait, sont perdus. Voyez plus bas la notice sur les documents historiques conservés à la bibliothèque de l'école.

[3] «Die Dominica, sexta julii 1410, obiit bonæ «memoriæ magister Guillelmus Carnificis seu Bou-«cherii.» (T.-B. Bertrand, *Annales medici ms.* p. 14 et 299.)

[4] «Die martis 15 mensis martii 1410, fue-«runt ...: recuperati et redempti libri omnes Fa-«cultatis quos magister Guillelmus Boucherii habe-«bat in pignore pro summa 48 lib. turonens. id est «Totum Continens Rhasis in duobus voluminibus; «Concordantiæ Petri de Sancto Floro, et Antidota-«rium Albucasis. Facultas integre satisfecit M. Bou-«cherii de prædicta summa.» (T.-B. Bertrand, *Annales medici ms.* p. 15.)

[5] *Synopsis ms. rerum memorabilium*, p. 22. — T.-B. Bertrand, *Annales medici ms.* p. 300.

[6] Doyen de 1416 à 1417.

[7] «15 octobris 1446 ... Meminit decanus im-«pensarum 8 fr. pro litera passata per duos nota-

Cette même année 1410, la bibliothèque s'enrichit du traité de Galien *De utilitate partium* [1], qui lui fut légué par Pierre d'Auxonne, médecin de Charles VI. Il exigeait, dans son testament, que ce volume fût confié à tous les docteurs qui voudraient en prendre copie; mais à charge par ceux-ci de dire ou de faire dire une messe de *requiem* pour le repos de son âme [2]. L'année précédente, on avait fondé une messe du Saint-Esprit, en faveur du médecin de Charles V, Évrard de Conti [3], qui venait de mourir, et laissait à la Faculté quelques traités de Galien, qu'il lui avait d'ailleurs promis depuis longtemps [4].

Mais, si la bibliothèque acquérait des livres, elle en perdait aussi. Deux doyens, Henri Thiboust [5] et Pierre Colomb [6], avaient prêté de l'argent à la Faculté, qui ne savait comment le leur rendre. Pour s'acquitter, elle se décida, le 2 décembre 1437, à mettre en vente les œuvres de Turigianus, dont elle eut six écus d'or [7]. Deux ans après Pierre Colombi mourut; il avait emprunté à la bibliothèque des livres qui ne se retrouvèrent pas dans sa succession. Ses héritiers, il est vrai, offrirent de payer en argent la moitié de leur valeur [8], et la Faculté semble avoir très-volontiers accepté cette transaction.

«rios pro mittendo Bituris, ad recuperandum librum «de Totum continens, erga hæredes M. Stephani de «Rouvroy.» (*Synopsis ms. rerum memorabilium*, p. 41.)

[1] Περὶ χρείας τῶν ἐν ἀνθρώπου σώματι μορίων; c'est en physiologie l'œuvre capitale de Galien.

Riolan (*Curieuses recherches sur les escholes en médecine*, additions, p. 2) et G. Patin (*Lettres*, 30 décembre 1650; édit. Reveillé-Parise, t. II, p. 578) mentionnent, d'après les *Commentaires*, un manuscrit *De utilitate membrorum*, qui aurait été légué à la Faculté en 1090. L'erreur est évidente, car les *Commentaires* ne contiennent rien de semblable. Riolan et Patin ont mal lu la date, et veulent certainement parler de la donation de Pierre d'Auxonne.

[2] «Die festo Decollationis S^{ti} J. B. 1410, obiit «magister Petrus de Aussonno, qui legavit Facultati «medicæ librum Galeni de Utilitate Partium, qui «manebit penes decanum, et eum decanus concedet «magistris qui voluerint legere; et qui ejus volebit «habere copiam, tenebitur dicere aut facere dicere «missam *de requiem* pro redemptione animæ suæ.» (T.-B. Bertrand, *Annales medici ms.* p. 299; reproduit en d'autres termes, p. 14. — *Synopsis ms. rerum memorabilium*, p. 18.)

[3] Évrard de Conti était très-instruit; il fit pour Charles V une traduction des *Problèmes* d'Aristote. (Voyez G. Naudé, *De antiquitate et dignitate scholæ medicæ Parisiensis*, p. 44, et plus bas notre notice sur la bibliothèque du roi.)

[4] «Die 29 maij 1402, Evrardus de Conty pro-«misit se dare in testamento suo Facultati librum «8e textus Galeni, quod quidem fuit recuperatum «in decanatu magistri Yvonis Levis anno 1409. «Fuit instituta de Sancto Spiritu missa ob legatio-«nem supradictam.» (T.-B. Bertrand, *Annales medici ms.* p. 11.)

«Die 15 martii 1410,... Falcutas diligenter «inquisivi de recuperandis quibusdam libris, quos «suo testamento sibi legaverat magister Evrardus «de Conti.» (T.-B. Bertrand, *Annales medici ms.* p. 298. — *Synopsis ms. rerum memorabilium*, p. 16.)

[5] Il avait été recteur de l'Université. Il fut trois fois doyen, de 1430 à 1431, de 1431 à 1432 et de 1439 à 1440.

[6] Doyen de 1434 à 1436.

[7] «Die 2 decembris 1437, pro acquitanda Facul-«tate erga magistros Henricum Thibout et Petrum «Columbi, magistri deliberaverunt unanimiter li-«brum Turigiani exponere venditioni, ex quo ma-«gister Henricus Thiboust dicebat, quia Facultas «haberet sex scuta aurea.» (*Synopsis ms. rerum memorabilium*, p. 38. — T.-B. Bertrand, *Annales medici ms.* p. 317.) — *Sur Turigianus*, voyez plus loin page 40, note 1.

[8] Hazon, *Éloge historique de la Faculté de médecine de Paris*, p. 65.

En revanche, nous trouvons deux donations à constater. Le doyen Jean Lévêque légua à l'école, en 1456, un manuscrit d'Avicenne [1]; et, vers 1462, Guillaume Musnier lui laissa un *Compendium medicinæ*, dont nous ignorons l'auteur [2].

Le nombre toujours croissant des élèves rendit bientôt insuffisante la petite maison de la rue des Rats; mais il fut longtemps impossible, faute de fonds suffisants, d'en acquérir une autre. Enfin, le jeudi 26 novembre 1454, sous le décanat de M⁰ Denis-de-Soubz-le-Four, Jacques Despars, chanoine de l'Église de Paris, médecin de Charles VII, et l'un des hommes les plus distingués de son temps, convoqua solennellement la Faculté « autour de l'un des grands benoistiers » pour aviser aux moyens de créer à l'école un logis plus convenable [3]. Despars proposait d'acquérir une nouvelle maison et d'y réserver une place pour la bibliothèque; il offrait, dans ce but, trois cents écus d'or, une grande partie de ses meilleurs livres, « magnam partem suorum meliorum librorum, » et même des meubles, « utensilia [4]. » Despars fut remercié comme il le méritait; mais, bien qu'on pût compter sur une faveur spéciale du roi, le moment fut jugé inopportun, à cause de la guerre alors allumée contre les Anglais. Dans une autre réunion, tenue le 20 mars 1469, l'assemblée arrêta « qu'elle achepteroit des Chartreux une vieille « maison size en la ruë de la Bucherie, ioignant l'autre maison acquise par la- « dite Faculté long temps auparavant : ce qui fut fait pour le prix de dix livres « tournois de rente annuelle payable aux Chartreux [5]. »

Despars était mort quand cette acquisition fut décidée. Il était resté jusqu'à la fin fidèle à sa première pensée; car, outre les libéralités qu'il avait faites de son vivant à la Faculté, il lui laissa par testament son célèbre commentaire sur Avicenne, formant quinze volumes écrits de sa main sur vélin [6].

---

[1] « Anno Domini 1456, le 20° sept., undecima « hora noctis, obiit magister Joannes Episcopi, et « dedit Avicennam Facultati medicinæ. » (*Comment. ms. Facultatis medicinæ Parisiensis*, t. XXI, p. 114.) — Jean Lévêque fut doyen de 1450 à 1453.

[2] On lit dans l'inventaire dressé en 1746 : « Item Compendium medicinæ, legatum Facultati « per M. Guill. Musnerii; » or Guillaume Musnier fut doyen de 1459 à 1462. — Avicenne est auteur d'un *Compendium medicinæ* qui était très-estimé au xv° siècle; on en doit également un à Gilbert l'Anglais, qui vécut vers 1210.

[3] *Commentarii ms. Facultatis medicinæ Parisiensis*, t. II, p. 136.

[4] « Offerebat 300 scuta auri, magnam partem « suorum meliorum librorum et plura utensilia, ad « aptationem loci et librariam in dicta domo perfi- « ciendam. » (*Synopsis ms. rerum memorabilium*, p. 46.)

[5] J. Dubreul, *Theatre des antiquitez de Paris*, p. 562. — En 1486, le doyen Richard Hélain racheta cette rente moyennant cent écus d'or.

[6] « Anno Domini m° cccc° lvii°, die tercia ja- « nuarii, hora prima vel cocirca post prandium, « decessit et debitum suum solvit honorandus, « doctus et recommendacione dignus, magister Ja- « cobus Despars, arcium et medicine doctor eximius, « thesaurarius ecclesie Tornacensis et canonicus ec- « clesie Parisiensis, in domo sua edificata in claus- « tro Nostre Domine; et sepultus est in ecclesia « ejusdem, in capella Sancti Jacobi, retro corum... « Ex testamento legavit Facultati libros sequen- « tes... » Suit l'énumération des volumes, au nombre de quinze, qui composent le Commentaire des œuvres d'Avicenne. (*Commentarii ms. Facultatis medicinæ Parisiensis*, t. II, p. 180.) L'obit de Despars se trouve dans le *Nécrologe de Notre-Dame de Paris*, à la date du iv des ides de septembre. — On

La vieille maison nouvellement achetée fut démolie, et on allait commencer à en édifier une autre sur son emplacement, quand une circonstance grave vint interrompre les travaux.

Louis XI, qui, toujours tremblant pour sa vie, s'intéressait fort à la médecine, désira avoir dans sa bibliothèque les œuvres de Rhasès. On ne connaissait alors à Paris d'autre manuscrit complet de cet ouvrage que celui qui était conservé à la bibliothèque de l'école. Jean de la Driesche, président de la chambre des comptes et trésorier de France, alla donc, au nom du roi, trouver le doyen Jean Loiseau (*Johannes Avis*), et le pria de confier à Sa Majesté les deux petits volumes formant le *Totum Continens Rhasis*; Louis XI s'engageait à ne les conserver que pendant le temps strictement nécessaire pour « en tirer copie. » Cette demande émut beaucoup la Faculté. Comme on l'a vu, elle prêtait volontiers ses livres aux professeurs et aux écoliers; mais elle comprenait qu'un volume, une fois entre les mains du roi, serait bien difficile à recouvrer. Les docteurs tinrent de nombreuses réunions, et finirent par décider qu'ils ne se dessaisiraient de leur cher Rhasès que sous bonne caution, savoir : douze marcs de vaisselle d'argent et un billet de cent écus d'or qu'un riche bourgeois, nommé Malingre, consentait à souscrire pour le roi. Dès que ces gages eurent été fournis, le volume fut remis au président de la Driesche avec la lettre suivante :

Nostre souverain seigneur, tant et si treshumblement que plus povons, nous nous recommandons a vostre bonne grace. Et vous plaise sçavoir, nostre souverain seigneur, que le president des comptes maistre Jehan de la Driesche nous a dit que luy avez rescript quil vous envoyast Totum Continens Rasis pour le faire escrire; et pour ce quil nen a point, sachant que nous en avons ung, nous a requis que luy voulsissons baillier.

Sire, combien que tous jours avons gardé tresprecieusement ledit livre, car cest le plus beau et le plus singulier joyau de nostre faculté, et ne treuve len guerez de tel : neantmoins nous qui de tout nostre cueur desirons vous complaire et acomplir ce quil vous est agreable, comme tenuz sommes, avons delivré audit president ledit livre pour le faire escrire; moyennant certain gaige de vaisselle dargent et autre caution quil nous a baillee en seureté de le nous rendre, ainsy que selon les estatuz de nostre dite faculté faire se doit, les quelz avons tous jurez aux sainctes euvangiles de Dieu garder et observer, ne autrement ne les povons avoir pour noz propres affaires.

Sire, a lonneur et louenge de vous, et a lacroissement de laditte faculté de medicine, nous avons grant desir faire unes escolles et une tresbelle librairie, pour exaulser et eslever la science de medicine en ceste vostre ville de Paris plus que onques mais, comme par ledit president, auquel avons communiqué ceste matiere, se votre plaisir est, serez adverti plus au long. A quoy et pour les accomplir, avons besoing et mestier de votre tresbenigne grace; si vous suplions, sire, que icelle vous plaise nous impartir. Et a tous jours nous continuerons prier Dieu pour vous et la Vierge Marie, afin quelle vous doint santé, bonne vie et longue, avec vray accom-

peut consulter encore sur ses libéralités : T.-B. Bertrand, *Annales medici ms.* p. 28; *Synopsis ms. rerum memorabilium*, p. 50; Hazon, *Éloge historique de la Faculté de médecine de Paris*, p. 65; Hazon, *Notice des hommes les plus célèbres de la Faculté de médecine de Paris*, p. 16, et L. Jacob, *Traicté des plus belles bibliothèques*, p. 593.)

LETTRE DE LA FACULTÉ DE MÉDECINE DE PARIS

AU ROI LOUIS XI.

plissement de voz treshaulx et tresnobles desirs. Escript en vostre bonne ville de Paris le xxix⁰ jour de novembre.

Voz treshumbles et tresobeissans subiectz et serviteurs, les doyen, docteurs et maistres regens de la faculté de medicine en luniversité de Paris.

Au Roy nostre souverain seigneur [1].

A la date de cette lettre, Jean Loiseau écrivait encore sur le registre contenant les actes de son décanat : « Placuit pignus 12 marcarum argenti cum 14 sterlinis, « una cum obligatione Malingre qui constituit se fidejussorem pro 100 scutis auri, « ultra pignus traditum [2]. »

La Faculté avait profité de l'occasion pour apprendre au roi qu'elle était très-pauvre, qu'elle avait depuis longtemps des projets d'agrandissement, et qu'une subvention serait reçue avec reconnaissance; mais Louis XI fit la sourde oreille. Le copiste qui avait été chargé de la transcription ne fut même payé que huit ans après, si toutefois c'est à lui que s'applique la note suivante, extraite des comptes de la chambre du roi : « A Regnault Feulole, escripvain, demourant à « Tours, pour le paiement de neuf cayers de parchemin, escripz en lettre bas-« tarde, de plusieurs chappitres du livre de Rasis, et un petit traictié *Du Regime*, « pour la personne dudit seigneur, pour avoir fait enluminer plusieurs lettres d'or, « d'azur, et pour avoir relié et cousu en ung livre et icelluy avoir couvert de ve-« loux cramoisy, 9 liv. 12 s. 6 d. t. [3] »

Le 24 janvier 1472, les œuvres de Rhasès rentraient à la bibliothèque, et la Faculté restituait les gages qu'elle avait exigés. Elle remerciait en même temps messire Jean de la Driesche de ses peines et soins, et lui rendait l'obligation nota-riée qu'il avait dû signer en recevant le volume [4].

Il semble que le prêt des livres, même aux professeurs de l'école, était alors accordé beaucoup plus difficilement qu'au siècle précédent, et entouré de ga-ranties dont il n'était pas encore question dans le règlement que nous avons donné plus haut. En mars 1471, le doyen avait obligé, sous peine de parjure, tous les docteurs à rapporter les volumes qui leur avaient été confiés [5]. On en vint

---

[1] *Commentarii ms. Facultatis medicinæ Parisien-sis*, t. II, p. 297. — Le commencement de cette lettre a été publié pour la première fois par G. Naudé dans ses *Additions à l'histoire de Louis XI*, p. 38, avec de très-nombreuses variantes, qui ont été successivement reproduites dans les ouvrages suivants : Hazon, *Éloge historique de la Faculté de médecine de Paris*, p. 43; E. Duboulay, *Historia Universitatis Parisiensis*, t. V, p. 885; T.-B. Bertrand, *Annales medici ms.* p. 330; *Synopsis ms. rerum memorabilium*, p. 59; L. Lalanne, *Curiosités biblio-graphiques*, p. 135.

[2] *Commentarii ms. Facultatis medicinæ Parisien-sis*, t. II, p. 298.

[3] Douët d'Arcq, *Extraits de trois comptes de la chambre du roi Louis XI*. Compte de 1481, p. 394.

[4] « Die 24 januarii 1472, restituuntur Facultati « duo volumina Totius Continentis Rhasis per D. præ-« sidem computorum, quæ nuper Magestati commo-« data fuerant. Conclusum est regratiandum esse « domino præsidi de pœnis et laboribus sumptis per « eum pro Facultate erga Majestatem; illique suam « obligationem per notarios confectam reddendam « esse. » (T.-B. Bertrand, *Annales medici ms.* p. 331.)

[5] « Die 20 martii 1471.... Item significandum « omnibus magistris regentibus et non regentibus, « ut libros, quos habent a Facultate, infra diem

à demander aux emprunteurs, non-seulement un reçu comme précédemment, mais encore un gage d'une valeur supérieure à celle du volume[1]. Au mois d'octobre 1471, Regnauld Leroi (*Reginaldus Regis*) ayant voulu emprunter un volume d'Avicenne, sa demande fut repoussée, parce qu'il ne présentait pas en garantie un objet d'un prix plus élevé que celui de ce livre, « quia pignus non erat majoris « valoris[2]. »

Aussitôt que la Faculté eut été remise en possession de son cher Rhasès, elle reprit ses projets d'agrandissement. Sur l'emplacement de la maison achetée aux Chartreux, le doyen Guillaume Bazin[3] fit commencer de nouvelles constructions[4], qui, jusqu'en 1477[5], se continuèrent « petit à petit, des bienfaits des docteurs, « et aussi de l'argent qui devoit leur estre distribué pour leur assistance aux « actes[6]. » En effet, chaque bachelier, après sa réception, était tenu d'aller rendre visite à ses examinateurs et aux autres maîtres régents. Dans le principe ils leur offraient, en témoignage de reconnaissance, des épices telles que de la muscade, du gingembre, du poivre, de la cannelle. Quand ces substances furent devenues communes, on les remplaça par des bourses plus ou moins garnies, qui finirent elles-mêmes par ne plus représenter qu'une somme fixe; au xive siècle les bourses étaient estimées sept sols[7].

Les donations de livres continuaient, mais fort lentement. En septembre 1472, Charles de Mauregard léguait à la Faculté un commentaire sur l'*Ars parva* de Galien, et les régents votaient des remercîments à sa veuve et à ses exécuteurs testamentaires[8]. Durant les treize années suivantes, nous ne trouvons aucune libéralité de ce genre à mentionner; cependant, dans l'inventaire qui fut dressé en 1485, pour le décanat de Richard Hélain[9], on voit figurer, outre les ouvrages que nous avons déjà énumérés, sept sermons très-richement ornés, et deux volumes des fameux *Commentaires* qui nous ont conservé l'histoire de la Faculté[10].

« martis proximum ad decanum mittant, sub pœna « perjurii. » (*Synopsis ms. rerum memorabilium*, p. 59.)

[1] « Die 20 martii 1471, conclusum est. . . . « supplicantes magistros posse habere quemlibet li- « brum Facultatis, sed cum schedula et pignore valo- « ris majoris. » (T.-B. Bertrand, *Annales medici ms.* p. 329.)

[2] *Synopsis ms. rerum memorabilium*, p. 59. — Mentionné par Cl. Héméré, *De Academia Parisiensi*, p. 54.

[3] Doyen de 1472 à 1475.

[4] *Synopsis ms. rerum memorabilium*, p. 61. — Crevier, *Histoire de l'Université de Paris*, t. IV, p. 356; il ajoute : « Je ne puis dire dans quel en- « droit, avant cette construction, les professeurs « donnoient leurs leçons. »

[5] Félibien, *Histoire de Paris*, t. II, p. 867.

[6] J. Dubreul, *Theatre des antiquitez de Paris*, p. 562.

[7] *Commentarii ms. medicinæ Facultatis Parisiensis*, t. I, p. 3.

[8] « Die 24 septembris 1472, post prandium, « . . . . Facultas regratiata est magistris quorum « opera Artem commentatam defuncti M. Caroli de « Mauregart obtinuerunt; item et executoribus ejus « testamenti, atque ipsius uxori, ob acceptum ab « eis libentique animo concessum munus, gratias « egit. » (*Synopsis ms. rerum memorabilium*, p. 61. — T.-B. Bertrand, *Annales medici ms.* p. 331.) — Ch. de Mauregard fut doyen de 1443 à 1445.

[9] Doyen de 1485 à 1488, mort en 1516.

[10] *Commentarii ms. Facultatis medicinæ Parisiensis*, t. III, p. 141.

FACULTÉ DE MÉDECINE. 25

En 1491, Regnier Hannegrève [1] légua encore à l'école deux beaux manuscrits sur vélin, enluminés et bien reliés; l'un contenait un traité intitulé *Alexander* ἰατρός [2], l'autre le *Colliget* d'Averroës [3]. Enfin, en 1500, le doyen Guillaume Bazin [4] lui laissa par testament le seul ouvrage connu du médecin arabe Avenzoar [5]. Mais déjà la petite collection avait tenté la cupidité des voleurs. Un des régents avait pour domestique un sieur Philbert, qui s'introduisit dans la bibliothèque et y déroba plusieurs volumes, dont deux seulement purent être aussitôt recouvrés. Le coupable fut arrêté et mis en prison pour trois mois [6]. La Faculté dut prendre des mesures sévères, et, sans écouter aucune réclamation, elle ferma momentanément la bibliothèque [7]. En même temps, le doyen Richard Hélain donna deux écus d'or pour acheter des chaînes de fer destinées à attacher les livres sur les tables [8]. Ces chaînes étaient encore conservées à l'école de médecine en 1770 [9]; elles ont disparu depuis, avec tant d'autres précieux souvenirs de cette époque.

Cependant la confiance tardait à renaître, et les donations, les legs de livres devenaient de plus en plus rares. La Faculté y suppléa en achetant de ses deniers quelques volumes. En janvier 1526, elle acquit ainsi les œuvres de Galien [10], et en décembre 1527, celles d'Hippocrate [11]. Vingt ans après, Jean Desjardins (*Johan-*

[1] Doyen de 1475 à 1477, mort en 1491.

[2] Certainement l'ouvrage suivant qui fut imprimé à Lyon en 1504 : *Alexandri Iatri practica, cum expositione glossæ interlinearis Jacobi de Partibus et Simonis Januensis*. L'auteur, Alexandre de Tralles, était Lydien, mais on ne sait s'il vécut au IV°, au V° ou au VI° siècle. On croit qu'il voyagea en Gaule, et qu'il exerça surtout à Rome, où il était connu sous le nom d'*Alexandre le Médecin*.

[3] «Die 25 junii 1491, Facultas acceptat duos «libros optimos m. s. in pergamo, bene religatos «in asseribus, et illuminatos : Alexander ἰατρός et «Colliget Averroïs.» (T.-B. Bertrand, *Annales medici ms.* p. 337.)

[4] Reçu docteur en 1466, élu doyen en 1472, mort le 10 mars 1500.

[5] «Die 10 martii 1500, suum diem obiit ma-«gister Guill. Basin... Hic tradidit ex legatione Fa-«cultati librum Avenzoart, concatenandum cum «aliis in bibliotheca scholarum.» (T.-B. Bertrand, *Annales medici ms.* p. 345.) — Le mot Avenzoar est, dit-on, la corruption d'Abou Merwan Ben Abdel Melek Ben Zohr; on prétend aussi que ce médecin vécut cent trente-six ans sans avoir jamais été malade. Ce qu'il y a de plus certain, c'est qu'il était contemporain d'Averroës, qu'il naquit à Séville et y exerça.

[6] «17 januarii 1497, agitur de quodam Phil-«berto, quem M. de Castro commiserat ut domum «suam et scholas servaret. Ille enim suffuratus fue-«rat multos e bibliotheca libros, quorum duo recu-«perantur diligentia decani.» (*Synopsis ms. rerum memorabilium*, p. 82.)

[7] «Die 4 martii 1497,.... queruntur adhuc «quidam quod adhuc clausæ essent scholæ; atta-«men clausa fuit usque dum numerarentur libri.» (T.-B. Bertrand, *Annales medici ms.* p. 342.)

[8] «Die 12 novembris (1509), Facultas egit gra-«tias amplissimas magistro Richardo Helain, quod, «ad ligandos in burello libros cum catenis ferreis, «duo scuta dedisset.» (*Synopsis ms. rerum memorabilium*, p. 101. — T.-B. Bertrand, *Annales medici ms.* p. 355.) — Ces chaînes étaient rivées à une patte de fer solidement fixée par des clous en haut de la couverture, alors presque toujours en bois et fort épaisse. On rencontre très-fréquemment des manuscrits qui portent encore les traces de ces ferrures, mais bien rarement ils ont conservé quelques anneaux de la chaîne qui les attachait. (Voyez à la bibliothèque Mazarine le manuscrit coté T 417.)

[9] Hazon, *Éloge historique de la Faculté de médecine de Paris*, p. 66.

[10] «Die 30 januarii 1526, conclusum est ut «emerentur omnia Galeni volumina græce scripta.» (T.-B. Bertrand, *Annales medici ms.* p. 366.)

[11] «Die 14 decembris 1527.... Facultas voluit

nes de *Hortis* ou *Hortensis*) donna à la bibliothèque un autre volume de Galien [1]. Mais de nouvelles soustractions eurent certainement lieu vers 1555 ; car, à cette date, on reprocha au doyen son incurie, on l'invita à veiller désormais plus soigneusement sur la bibliothèque, et à faire rédiger un catalogue des volumes qui restaient [2]. Ce travail fut-il exécuté? Cela est douteux. Près de dix ans plus tard, en mars 1564, nous voyons encore la Faculté désigner des commissaires pour s'occuper d'un catalogue, et en même temps pour réclamer deux volumes précédemment empruntés par le doyen Jacques Hollier, qui était mort depuis deux ans [3].

Les pertes qu'avait subies la collection semblent avoir produit un découragement général. Les seuls témoignages que nous rencontrions à partir de ce moment nous présentent la bibliothèque comme bien déchue et à peu près abandonnée. Le P. Jacob disait d'elle en 1642 : « Il n'en reste à présent que la mémoire dans « les autheurs [4]. » Un *Guide* de 1716 confirme encore cette assertion : « On voyoit « autrefois, dit-il, aux écoles de médecine une bibliothèque assez curieuse, parce « qu'elle contenoit des livres sur des matières singulières, joint aux manuscrits « dont elle étoit fournie [5]. » Enfin Bourru, dans la préface du catalogue qu'il rédigea plus tard, regrette les beaux manuscrits qui ont disparu de la bibliothèque, et la splendeur dont, dit-il, on peut à peine retrouver les vestiges; il déplore l'état d'abandon dans lequel on l'avait laissée, et n'hésite pas à l'attribuer autant à l'incurie des doyens qu'aux larcins commis du dehors [6].

La Faculté songeait d'ailleurs bien plus alors à augmenter ses bâtiments qu'à conserver sa bibliothèque. En 1519, elle était devenue propriétaire d'une grande maison voisine, « où pendoit pour enseigne les Trois Roys [7]. » Dix ans après, elle faisait élever de trois pieds la salle qu'occupait la bibliothèque, et y installait sa chapelle; les *Commentaires* ne songent même pas à dire dans quel endroit les livres furent alors transportés [8]. En 1568, la Faculté acheta une autre maison,

« ut Hippocratis liber emeretur. » (*Synopsis ms. rerum memorabilium*, p. 121. — T.-B. Bertrand, *Annales medici* ms. p. 367.)

[1] Hazon, *Notice des hommes les plus célèbres de la Faculté de médecine de Paris*, p. 27. — Desjardins fut doyen de 1524 à 1526, et mourut le 31 janvier 1547.

[2] « Die 15 nov. 1555, queritur magister Nico- « laus Vigoureux multos e bibliotheca libros scho- « larum furto ablatos; superstitum catalogum fieri, « aptiusque quam antea clavibus illam occludi petit. « Res ad decanum demandatur. » (*Synopsis ms. rerum memorabilium*, p. 168. — T.-B. Bertrand, *Annales medici* ms. p. 388.)

[3] *Synopsis ms. rerum memorab.* p. 181.—J. Hollier fut doyen de 1546 à 1548, et mourut en 1562.

[4] L. Jacob, *Traicté des plus belles bibliothèques publiques et particulières*, p. 596.

[5] *Le Voyageur fidèle, ou le Guide des étrangers dans la ville de Paris*, p. 300.

[6] « Verum qua mala fortuna acciderit, ut nunc « agnosci vix queant veteris illius splendoris vesti- « gia, animo non capitur; nisi forsan extraneorum « subtilitas in subripiendis clanculum et furtive, « vel codicibus integris, vel librorum paginis, par « fuerit cum incuria eorum quibus tanti thesauri « custodia committebatur. » (E.-C. Bourru, *Catalogus librorum qui in bibliotheca Facultatis saluberrimæ Parisiensis asservantur*, præfatio.)

[7] J. Dubreul, *Theatre des antiquitez de Paris*, p. 563.

[8] « Die 14 novembris 1528, de consilio archi-

donnant sur la rue des Rats, et qui était appelée la *maison du Soufflet* [1]; on l'abattit, et sur son emplacement fut organisé un petit jardin botanique [2]. Quarante ans plus tard, l'école acquit encore, mais cette fois au coin de la rue du Fouarre, « une maison où souloit pendre comme enseigne l'image Saincte Catherine, avec « une grande masure pour y bastir un magnifique theatre anathomique [3]. » Celui-ci tombait en ruine dès 1678; il fut alors restauré de fond en comble, ainsi que les autres bâtiments de la Faculté, grâce à la générosité du chanoine Michel le Masle, abbé Desroches [4], qui dans la suite laissa toute sa bibliothèque à la Sorbonne [5]. Cet amphithéâtre ne dura guère que quatre-vingts ans; on le démolit en 1742, et on en construisit un autre, tout à fait monumental, au coin de la rue de la Bûcherie et de celle des Rats. Ce dernier, devenu propriété nationale pendant la Révolution, fut vendu le 28 décembre 1810.

Il a subi depuis lors d'étranges transformations.

Sur la rue de l'Hôtel-Colbert, qui a remplacé la rue des Rats, on a percé dans l'amphithéâtre une porte qui sert aujourd'hui d'entrée à un estaminet, dont l'unique salle est naturellement de forme à peu près ronde; deux billards y sont établis. Au-dessous, dans les caves voûtées, se trouve un marchand de vins. Tout le reste de l'amphithéâtre a été, jusqu'aux combles, coupé par des planchers, et divisé en quatre étages qui renferment de petits logements; on arrive à ceux-ci par un étroit escalier en bois, dont la niche a été pratiquée au dehors, dans l'espace que la convexité de l'édifice laissait libre.

La façade qui donne sur la rue de la Bûcherie porte le numéro 13, et est occupée du haut en bas par un de ces établissements que Jacques de Vitry, au XIIIe siècle, regrettait de voir si fréquemment installés dans le voisinage des écoles [6]. A côté, une porte cochère, également surmontée du numéro 13, donne accès dans une maison où existe un lavoir public. La cour est très-étroite. A gauche, juste en face de la loge du concierge, apparaît l'entrée principale et assez

---

« lectorum, construitur sacellum in eo loco in quo
« jam videtur antiqua bibliotheca ad tres pedes
« elevata. » (*Synopsis ms. rerum memorabilium*,
p. 123.)

[1] Lemaire, *Paris ancien et nouveau*, t. II, p. 611.

[2] Félibien, *Histoire de Paris*, t. II, p. 867.

[3] J. Dubreul, *Theatre des antiquitez de Paris*, p. 563.

[4] « Illustriss. abbas D. des Roches, in ecclesia
« Parisiensi præcentor, donationem 30,000 lib. turo-
« nensium, membranis pergamenis consignatam....
« ac regio sigillo munitam, misit ad decanum, per
« manus D. Gaudin, baccalaurei theologi... ad in-
« staurationem scholarum vetustate collabentium. »
(*Synopsis ms. rerum memorabilium*, p. 393.) —

Voyez encore : *Remerciement à messire Michel le Masle, conseiller du roi en ses conseils d'État et privé, chantre et chanoine de l'Église de Paris, abbé Des Roches, etc. au nom de la Faculté de médecine de Paris, par l'un de ses docteurs, pour le rétablissement de leurs écoles.* Paris, 1643, in-4°.

[5] Voyez ci-dessus, t. Ier, p. 266 et suiv.

[6] Voyez tome Ier, p. 3, note 1. — Voici un rapprochement assez curieux : en septembre 1493, la Faculté se décida à louer une maison contiguë aux bâtiments de l'école, parce que, disent les *Commentaires*, « in ea meretricibus pernoctantibus una cum « suis lænonibus, lupanar esset maximo Facultatis « dedecori. » (*Synopsis ms. rerum memorabilium*, p. 76.)

élégante de l'amphithéâtre; un peu plus bas que le fronton qui la surmonte, une longue plaque de marbre noir porte, en lettres d'or, l'inscription suivante :

> AMPHITHEATRVM
>
> ÆTATE COLLAPSUM ÆRE SUO RESTITUERUNT MEDICI PARISIENSES
>
> A. R. S. H. M.DCC.XLIV. M° Elia Col de Vilars Decano

La porte d'entrée des autres bâtiments de la Faculté est dans le fond de la cour, à droite de l'amphithéâtre. Les sculptures n'ont rien de remarquable, mais au-dessous de la corniche supérieure se trouve une plaque de marbre, sur laquelle on lit :

> ÆRE D. D. MICHAELIS LE MASLE REGIA
> SANCTIORIBUS CONSILIIS PROTONOTARII APOS-
> TOLICI PRÆCENTORIS ET CANONICI ECCLESIÆ
> PARISIENSIS PRIORIS AC DOMINI DES ROCHES ETC
> M. ANTONIO LE MOINE PARISINO DECANO
> ANNO R. S. H. M.DC.LXXVIII

La Faculté, dit Hazon, « fit placer sur la porte intérieure des écoles un marbre « qui exprimoit, en lettres d'or, sa reconnoissance, avec deux figures de grandeur « naturelle, qui joignoient les armes de la Faculté avec celles de l'illustre abbé [1] » (Desroches). Ces sculptures sont aujourd'hui absolument méconnaissables. Quant aux deux inscriptions que nous venons de rapporter, et qui n'avaient pas encore été recueillies, elles sont devenues presque illisibles, et c'est à grand' peine que nous avons pu déchiffrer la première. Il est indispensable de les faire promptement

---

[1] Hazon, *Éloge historique de la Faculté de médecine de Paris*, p. 74.

enlever, si l'on ne veut voir disparaître ces curieux souvenirs des anciennes écoles de médecine. Leur vraie place est, au reste, tout indiquée d'avance dans la bibliothèque actuelle, qui n'a que trop besoin d'ornements de ce genre.

Retournons sur nos pas.

Les études médicales devenaient chaque jour plus régulières et plus complètes, et l'on songeait fréquemment à reconstituer une bibliothèque spéciale pour la Faculté. Mais d'un côté le manque d'argent, de l'autre l'indolence des doyens, retardaient sans cesse l'exécution de ce projet. Une occasion exceptionnelle finit par se présenter.

Pierre Michon, plus connu sous le nom d'abbé Bourdelot, qui fut médecin du grand Condé, puis de la reine Christine, avait reçu de son oncle, l'orientaliste Jean Bourdelot, une bibliothèque nombreuse [1]. Il la laissa par testament à son neveu Pierre Bonnet-Bourdelot, en exprimant le vœu qu'il la transmît à son tour à l'école de médecine [2]. Bonnet continua à enrichir la collection qu'il venait d'acquérir ainsi [3]; et, en 1691, six ans seulement après la mort de son oncle, il l'offrit à la Faculté [4], sous la seule condition qu'elle serait ouverte tous les jeudis au public [5].

L'école ne se prononça pas aussitôt. Elle nomma huit commissaires, qui, après mûr examen, «re diligenter examinata,» déclarèrent que cette bibliothèque ne pouvait être acceptée [6], la Faculté n'étant pas en mesure de faire face aux frais qu'entraînerait son installation, et redoutant d'ailleurs que, si on lui voyait entreprendre de pareilles dépenses, on ne crût ses finances en trop bon état [7]. La vraie raison de ces craintes n'est pas clairement exprimée dans les registres de l'école; mais Bourru nous la fournit. La guerre que soutenait alors la France avait obéré le trésor; on levait des taxes un peu sur tout, et l'on n'eût pas manqué d'imposer lourdement la Faculté si on lui eût supposé des réserves [8].

---

[1] Legallois, *Traitté des plus belles bibliothèques de l'Europe*, p. 128.

[2] Hazon, *Notice historique des hommes les plus célèbres de la Faculté de médecine de Paris*, p. 127.

[3] *Menagiana*, t. II, p. 111.

[4] «Petrus Bonnetus Bourdelot, regis christia-«nissimi medicus primarius, ... anno 1691 medicis «Parisiensibus numerosam librorum supellectilem «quam ipse collegerat obtulit.» (E.-C. Bourru, *Catalogus librorum saluberrimæ Facultatis*, præfatio.)

[5] «Ea lege ut eorum, commodo loco colloca-«torum, singulis diebus jovis philiatris copia dare-«tur.» (T.-B. Bertrand, *Annales medici ms*. p. 279.)

[6] «Quo quidem optimi viri beneficio potiri «nondum datum fuit, quod quibusdam impensis «tueri necessum fuisset.» (E.-C. Bourru, *Catalogus librorum saluberrimæ Facultatis*, præfatio.)

[7] «Tum... quod, propter ærarii Facultatis «penuriam, oblatam a viro clarissimo D. Bonnet «Bourdelot librorum medicorum bibliothecam non «accipiendam esse a nobis satius existimasset de-«canus; tum ob temporum difficultatem : ne dum «extruendis locis ad libros collocandos idoneis «magnos sumptus fecissemus, hinc occasio sumere-«tur sub opinione optimi rerum nostrarum status, «gravius quoddam a nobis vectigal expetendi.» (T.-B. Bertrand, *Annales medici ms*. p. 277.)

[8] «Timebat etenim Facultas saluberrima ne «propter bellum, quod tunc temporis magnopere «sæviebat, subsidiis vexaretur, si quibusdam sum-«ptibus minus necessariis mentiretur, ut ita dicam, «divitias.» (E.-C. Bourru, *Catalogus librorum qui in bibliotheca Facultatis saluberrimæ asservantur*, præfatio.)

Bourdelot comprit. Il voulut, de ses propres deniers, organiser la bibliothèque [1], et offrit, dans ce but, deux mille livres. Le doyen lui transmit les remercîments de la Faculté, et accepta avec empressement; non toutefois sans revenir de nouveau sur le triste état où se trouvait la caisse de l'école [2].

Toutes ces négociations avaient employé près de deux années. Que se passa-t-il ensuite? On ne sait. Le doyen regarda-t-il comme trop dangereux encore l'arrangement proposé par le donateur, et la bibliothèque ne fut-elle pas livrée [3]; ou bien faut-il s'en prendre à l'incroyable désordre qui régnait alors dans la Faculté? Ce qu'il y a de sûr, c'est que, peu d'années après, il ne restait déjà plus trace de la belle bibliothèque de Bourdelot [4].

Malgré le peu de succès qu'avait eu cette tentative, elle fut bientôt renouvelée. C'est à l'année 1733 que remonte en réalité l'origine de la bibliothèque actuelle de la Faculté, et c'est au savant Picoté de Belestre que revient l'honneur de cette création. Il avait réuni une collection très-précieuse, qu'il laissa à son ami Claude Joseph Prévost, avocat au Parlement. Celui-ci, suivant les dernières volontés de Belestre, était tenu de donner ces livres à un des établissements d'instruction de l'Académie de Paris, afin qu'ils fussent mis à la disposition du public [5]. Cette clause du testament était ainsi conçue : « Je legue à mon executeur testamentaire, « M. Prevost, advocat en Parlement, ma bibliotheque pour estre par luy etablie, « en mon nom, au service public dans l'Université de Paris d'où je suis docteur; « et ce dans le lieu où il trouvera qu'on voudra la recevoir, et estimera le plus « convenable [6]. » Claude Prévost s'en dessaisit aussitôt en faveur de la Faculté de médecine.

---

[1] « Causam recusationis intelligens M. Bourdelot, non satis laudanda largitate, ex suo ære et suismetipsis denariis bibliothecam quam offerebat locavit. » (E.-C. Bourru, *Catalogus librorum saluberrimæ Facultatis*, præfatio.)

[2] « Die 2 aprilis 1693, decrevit Facultas convocata, cum gratiarum actione, accipiendos esse a magistro Petro Bonnet Bourdelot libros quos Facultati vir munificus obtulerat; sed ea lege ut bis mille libellarum summa, quam promiserat, ab ipso concederetur, ad suscipiendos necessario sumptus, ut locandæ huic bibliothecæ locus pararetur, quos Facultas ferre, pro ærarii sui paucitate, non poterat. » (T.-B. Bertrand, *Annales medici ms.* p. 282.)

[3] Hazon, *Éloge historique de la Faculté de médecine de Paris*, p. 66.

[4] « Ast eheu, quænam sunt rerum humanarum vices! Dum nemo hujusce bibliothecæ curam gerit, inde brevi evanuit; jamque ex ea vix quidquam superest, nisi nomen collatoris munificentissimi. » (E.-C. Bourru, *Catalogus librorum saluberrimæ Facultatis*, præfatio.)

[5] « Ab anno itaque 1733 nostræ bibliothecæ repetenda est origo. Nempe M. Franciscus Picoté de Belestre, vir litteratissimus et pretiosissima librorum collectione dives, divitias hasce litterarias, auro cariores, viro consultissimo M. Claudio Josepho Prevost, in Senatu Parisiensi causarum patrono, amico suo, dum viveret, fidelissimo, legavit, ut in Academia Parisiensi litteratorum usui consecrarentur. » (E.-C. Bourru, *Catalogus librorum saluberrimæ Facultatis*, præfatio.) — Ce passage est textuellement copié de l'ouvrage intitulé : *Ritus, usus et laudabiles Facultatis medicinæ Parisiensis consuetudines, authoritate totius ejusdem Ordinis excusa.* Paris, 1751, in-18, p. 130.

[6] H.-T. Baron, *Catalogus librorum Facultatis medicinæ Parisiensis bibliothecam componentium*, p. 1.

Le samedi 4 juillet 1733, tous les professeurs furent convoqués, afin de statuer sur cette donation. Claude Prévost, invité à prendre part à la réunion, renouvela son offre, et exposa les conditions dont il croyait devoir l'accompagner pour réaliser les désirs du défunt. La bibliothèque serait conservée avec soin, et installée de manière que le public pût en jouir; le catalogue, qui avait déjà été dressé, serait signé par le doyen en exercice; de plus, à la fin de chaque décanat, un récolement exact des livres aurait lieu, et décharge serait donnée par le nouveau doyen à son prédécesseur [1]. Ces conditions furent acceptées à l'unanimité, et des remercîments adressés à Claude Prévost au nom de la Faculté [2].

Huit jours après, le doyen H.-Théodore Baron se rendit rue des Deux-Portes, au dernier domicile de Picoté de Belestre. En présence de deux notaires, il signa l'inventaire qui avait été dressé, et prit possession de la bibliothèque [3], ainsi que

---

[1] «[Anno Domini 1733], die sabbati 4° julii, «convocati sunt doctores omnes medici in scholas «superiores, hora decima matutina, per schedulam «ab apparitoribus singulis doctoribus delatam : de «bibliotheca M' Francisci Picoté de Belestre, collegæ «fato functi, recipienda deliberaturi. In hæc comitia «introductus est M" Claudius Josephus Prevost, «celeberrimus in Senatu Parisiensi causarum pa-«tronus, M' Francisci Picoté de Belestre testamenti «curator, qui... his verbis congregatam Facultatem «allocutus est : .... «Nomino, in vim testamenti, «Facultatem medicinæ Parisiensem, ut accipiat «bibliothecam M' Francisci Picoté de Belestre, «ejusdem Facultatis doctoris, publicis usibus, ejus «nomine, instituendam in loco, non solum libris «testatoris et aliis qui, si bene res prosperent, incre-«mento eis poterunt esse, conservandis idoneo, sed «etiam librorum studiosis, ut facillime et iis fre-«quenter utantur, commodo, virisque litteratis digno, «cum tuta et assidua ipsorum custodia, viri litteris «instructi et facili librorum communione, prout de «hoc conveniendum aut statuendum erit; ea etiam «lege, ut vigilantissimus decanus, et qui in ejus «munere ipsi succedent, catalogum, ex decreto «Senatus a notariis et a me subscriptum, et quoties «libri augebuntur augendum, subsignent, salvam «et integram remanere bibliothecam fidejubentes. «Et quoties munus decani in alium transferetur, «is qui illud suscipiet eamdem fidejussionem sub-«scribat, recognita ab ipso integritate bibliothecæ, «de qua Senatus certior fiet per actum qui in suis «tabulis referetur, auditis illustrissimis regiis qua-«drumviris, qui bibliothecam quoties ipsis pla-«cuerit visitabunt; quæque visitabitur a rectore «Universitatis Parisiensis, tanquam patrimonium «academicum, juribus et privilegiis Universitatis «gaudens.» (*Commentarii ms. medicinæ Facultatis Parisiensis*, t. XIX, p. 937.)

[2] «Quibus auditis, re in deliberationem missa, «rogatisque singulorum doctorum sententiis, om-«nes, unanimi consensu, statuerunt accipiendam «esse bibliothecam M' Picoté de Belestre, «collegæ fato functi, juxta verba quæ ad Faculta-«tem habuit M" Claudius Josephus Prevost; ipsi «summas agendas esse gratias pro hoc amplissimo «munere, quo Facultatem medicam Parisiensem «dotare munificentissime voluerit.» (*Commentarii ms. medicinæ Facultatis Parisiensis*, t. XIX, p. 939.)

[3] «Extrait de la minutte de l'inventaire fait «par Gervais Laisné, l'un des notaires soussignés, «et son confrère, le 5 janvier 1733 et jours sui-«vants, après le décès de M° François Picoté de «Belestre, docteur régent de la Faculté de médecine «à Paris.

«Le 13 juillet 1733, au mandement dudit «M° Claude Joseph Prevost, advocat en Parlement, «audit nom d'exécuteur testamentaire dudit Fran-«çois Picoté de Belestre, les conseillers du roy, «notaires à Paris soussignez, se sont transportez «en la maison qui appartenoit au défunt sieur de «Belestre, rüe des Deux-Portes, dans l'appartement «où est resté la bibliothèque, et où estoient pré-«sents M° Hyacinthe-Théodore Baron, docteur «regent et doyen de la Faculté de médecine en «l'Université de Paris, demeurant isle Nostre-Dame, «rüe des Deux-Ponts, paroisse Saint-Loüis, et lade cent cinquante volumes [1] que, par l'intermédiaire de Claude Prévost, la veuve de Jacques Amelot de Beaulieu, premier président à la Cour des aides [2], venait

« ditte veuve Malleray. Ledit sieur Prevost a repré-
« senté le catalogue qui a esté dressé, reveü et
« reconnu par plusieurs personnes lettrés, et nota-
« ment par plusieurs de Messieurs les docteurs de
« la Faculté de médecine, des livres composans la
« bibliothèque. dudit deffunt sieur de Belestre, pour
« estre laditte bibliothèque, conformément à ce qui
« est ordonné par les arrests de la cour du Parle-
« ment des dix mars, vingt-quatre avril et vingt
« et un may, le tout de la présente année, établie
« en l'Université de Paris dans la Faculté de mé-
« decine, à l'endroit dont il sera convenu avec
« Messieurs de laditte Faculté et ledit sieur Pre-
« vost, suivant le décret de laditte Faculté, fait
« entre eux en datte du quatre des présents mois
« et an... » (H.-T. Baron, *Catalogus librorum Facul-*
tatis medicinæ Parisiensis bibliothecam componen-
tium, p. 3.)

[1] Voyez *Catalogus librorum quos Facultatis medicinæ Parisiensis bibliothecæ adjunxit nobilis fœmina
D^a Amelot;* dans le *Catalogue* de H. T. Baron,
p. 106 à 108.

[2] « Illustrissima femina Ammelot, » disent les
Commentaires, t. XX, p. 282. — Voyez aussi Hazon,
*Notice historique sur les hommes les plus célèbres de
la Faculté de médecine de Paris*, p. 214. — Amelot
de Beaulieu avait possédé une très-riche bibliothèque dont le P. Jacob a fait l'éloge (*Traicté des
plus belles bibliothèques publiques et particulières,*
p. 498), et dont les volumes sont reconnaissables
par la marque suivante, qui est presque toujours
frappée en or sur les plats :

Michel de Marolles écrivait un peu plus tard :

L'Amelotte a son prix; d'une maison puissante,
Elle est riche, elle est belle avec tous ses attraits.
Je n'entreprendrai pas d'en faire les portraits;
Mais dans son grand dessein, on la voit excellente.

(M. de Marolles, *Paris ou description succincte et néantmoins
assez ample de cette grande ville*, p. 49.)

d'offrir à la Faculté[1]. Philippe Hecquet[2] y ajouta environ treize cents volumes[3], qu'il tira de sa propre bibliothèque[4].

Mais, pour que, selon le vœu exprimé par les donateurs, la nouvelle collection pût être mise à la disposition du public, il fallait avant tout en rédiger le catalogue. Ce travail fut aussitôt entrepris par le doyen Hyacinte-Théodore Baron[5], et la manière dont il fut exécuté prouve quels sentiments de gratitude l'école conservait pour Picoté de Belestre. On eut soin en effet de faire copier, en tête de la liste de ses livres, toutes les pièces relatives à sa libéralité. Le catalogue de Baron forme un volume in-folio, qui existe aujourd'hui à la bibliothèque de la Faculté.

---

[1] « Libris M. de Belestre accessere, curis ejusdem M. Prevost, libri D. viduæ Amelot. » (E. C. Bourru, *Catalogus librorum saluberrimæ Facultatis*, præfatio.)

[2] Né le 11 février 1661, doyen de 1712 à 1714, mort le 11 avril 1737. Il écrivait presque toujours son nom sur la première page de ses livres :

[3] Voyez *Catalogus librorum qui augendæ Facultatis medicinæ Parisiensis bibliothecæ accesserunt, ex liberalitate magistri Philippi Hecquet, antiqui decani*; dans le Catalogue de H.-T. Baron, p. 109 à 202.

[4] « Huicce librorum collectioni, ex liberalitate M' Philippi Hecquet, antiqui Facultatis decani, adjuncta est nova librorum copia, ex ejusdem bibliotheca deprompta. » (E.-C. Bourru, *Catalogus librorum saluberrimæ Facultatis*, præfatio.)

[5] H.-T. Baron possédait lui-même une assez belle bibliothèque, et il donna plus tard plusieurs précieux volumes à la Faculté; on trouve sur quelques-uns d'entre eux cet *ex libris* :

Il est intitulé :

> *Catalogus*
> *Librorum Facultatis Medicinæ*
> *Parisiensis Bibliothecam*
> *componentium.*
> *Ex Dono et liberalitate M^{ri}*
> *Francisci Picoté De Belestre,*
> *Collegæ clarissimi;*
> *M^i Philippi Hecquet, antiqui*
> *facultatis nostræ Decani;*
> *et Nobilis feminæ Antoniæ*
> *de Brion, Viduæ Magistri*
> *Amelot. in Senatu Parisiensi*
> *Præsidis :*
> *M° Hyacintho Theodoro*
> *Baron, Parisino, tertium*
> *Decano,*
> *anno 1733* [1].

[1] Ce catalogue est compris dans un volume in-folio, dont 265 pages seulement ont été employées.

On lit au verso de la couverture :

« Ce volume est le catalogue original des livres « de la bibliothèque de la Faculté, qui doit rester « dans l'armoire des archives dont M. le doyen a « la clef, pour y inscrire les livres à mesure qu'il « en survient de nouveaux... »

Le volume contient les pièces suivantes :

Extrait du testament de M. François Picoté de Belestre.

Concession de la bibliothèque de M. de Belestre à la Faculté de médecine par M. Prévost, son exécuteur testamentaire.

Décret de la Faculté pour accepter la donation de la bibliothèque de M. de Belestre.

Acte par-devant notaires de la délivrance de la bibliothèque de M. de Belestre, faite par M. Prévost à M. H.-T. Baron, doyen; dont la minutte est restée à M. Gervais, l'un des dits notaires.

Catalogus librorum M^i Francisci Picoté de Belestre, Facultatis medicinæ Parisiensis doctoris.

Catalogus librorum quos Facultatis medicinæ Parisiensis bibliothecæ adjunxit nobilis femina D^æ Amelot.

Catalogus librorum qui augendæ Facultatis medicinæ Parisiensis bibliothecæ accesserunt, ex liberalitate magistri Philippi Hecquet, antiqui ejusdem Facultatis decani.

Reconnoissance de M. Reneaume, doyen, successeur de M. Baron, qui le décharge des livres donnés à la Faculté de médecine de Paris par M. de Belestre, madame la présidente Amelot et M. Hecquet.

M. Michaele Ludovico Reneaume decano, accessere bibliothecæ Facultatis sequentes libri..., ex liberalitate M. Jacques... [et] aliorum doctorum.

Catalogus librorum quos vel dono dedit vel collegit ad augendam Facultatis bibliothecam, decanatus sui tempore, M. Reneaume.

Reconnoissance de M. Bourdelin, qui décharge M. Reneaume, son prédécesseur, des livres de la bibliothèque de la Faculté et de ceux qui y ont été ajoutés jusqu'à la fin de son décanat.

Catalogus librorum quos, n° 100, M^{er} Philippus Hecquet, antiquus Facultatis decanus, testamento suo Facultati saluberrimæ reliquit, anno 1737, M° Ludovico Claudio Bourdelin decano.

Reconnoissance de M. Chomel père, doyen, qui décharge M. Bourdelin des livres composant la bibliothèque de la Faculté et de ceux y ajoutés jusqu'à la fin de son décanat...

Reconnoissance de M. G.-J. de l'Épine, doyen de la Faculté de médecine, qui décharge, en la personne de M. Chomel le fils, la succession et les autres héritiers de M. Chomel père, décédé étant doyen, au mois de juillet 1740, de tous les livres composant la bibliothèque de la Faculté jusqu'à cette époque.

Catalogus librorum veteris bibliothecæ qui extant.

Catalogus librorum qui accesserunt bibliothecæ Facultatis medicinæ Parisiensis, M° Guillelmo Josepho de l'Epine et M° Joanne-Baptista Thoma Martineng successive decanatum gerentibus, a mense novembris 1744 ad mensem novembris 1750 :

Ex dono M^i Eliæ Col de Vilars, antiqui decani.
Ex dono M^i Joannis-Baptistæ Ludovici Chomel.
Ex dono M^i Winslow.
Ex dono M^i Marteau.
Ex dono M^i Jacques.
Ex dono M^i Boyer.
Ex dono M^i Pousse, filii.
Ex dono M^i de la Sone.
Ex dono M^i Liger.

Ce premier fonds s'augmenta rapidement. Le chirurgien Jacques [1] et Michel-Louis Reneaume [2] y ajoutèrent tous leurs livres [3]. Ph. Hecquet, en mourant, donna encore cent volumes [4]; et Élie Col de Vilars [5] légua toute sa bibliothèque [6]. Bien d'autres, dont les noms sont restés inconnus, vinrent successivement apporter leur tribut à la collection de la Faculté [7].

On entendait d'ailleurs cette fois la conserver intacte, et toutes les clauses imposées par P. de Belestre furent pendant longtemps très-scrupuleusement observées. Voici, par exemple, le modèle de la décharge que chaque doyen était tenu de remettre à son prédécesseur lors de son entrée en exercice :

Je soussigné Louis Claude Bourdelin, docteur regent et doyen de la Faculté de medecine en l'Université de Paris, declare qu'au desir du decret de ladite Faculté du 4ᵉᵐᵉ juillet 1733, reconnoissance ayant esté par moy faite sur le present catalogue des livres, tant de maistre François Picoté de Belestre que de ceux de Mᵉ Philippe Hecquet et de madame la presidente Amelot, lesdits livres composant quant à present la bibliotéque de ladite Faculté de medecine, ils se sont trouvés en nature suivant le dit catalogue; reconnoissant qu'ils m'ont été delivrés par Mᵉ Michel Louis Reneaume de la Garanne, cy devant doyen, qui en demeure quitte et déchargé, au terme du dit decret. Fait à Paris dans les Ecoles superieures de la Faculté ce 15ᵉᵐᵉ may 1738.

BOURDELIN, doyen [8].

Reconnoissance de M. Marteau, bibliothécaire en charge, qui, aux termes des statuts, s'est chargé de tous les livres de la bibliothèque, après en avoir fait la révision en présence de M. Baron fils, actuellement doyen, et de MM. de l'Épine et Martineuq, ses prédécesseurs, ainsi que de tous MM. les anciens bibliothécaires, à l'exception de M. de la Cloye, qui étoit décédé le 26 octobre 1748...

Libri qui Facultatis medicinæ Parisiensis bibliothecæ accesserunt, Mᵉ Hyacintho Theodoro Baron decano, a mense novembris anni 1750 ad mensem novembris 1754.

Reconnoissance de M. Paris, bibliothécaire actuel de la Faculté, qui... s'est chargé de tous les livres compris au present catalogue, ainsi que de ceux provenants de l'échange des doubles...

Accesserunt, decano Mᵉ J.-B.-L. Chomel, Parisino, libri qui sequuntur.

État des livres de la bibliothèque de la Faculté..., lesquels se sont trouvés doubles ou triples, et ont été échangés ou vendus pour en acheter de nouveaux, conformément au décret de la ditte Faculté du dix-huit octobre mil sept cens cinquante-trois.

Historia metallica Facultatis medicinæ Parisiensis, sive collectio numismatum, tum argenteorum, tum æneorum, quæ a decanis prædictæ Facultatis excusa sunt; incœpta Mᵉ Hyacintho Theodoro Baron decano, anno 1754.

(Ces deux derniers inventaires sont à la fin du volume, chacun avec sa pagination propre.)

[1] Voyez M. Michaele Ludovico Reneaume decano, accessere bibliothecæ Facultatis sequentes libri, ex liberalitate M. Jacques; dans le Catalogue de H.-T. Baron, p. 207.

[2] Doyen de 1734 à 1736, mort le 27 mars 1739.

[3] Voyez Catalogus librorum quos vel dono dedit vel collegit ad augendam Facultatis bibliothecam, decanatus sui tempore, M. Reneaume; dans le Catalogue de H.-T. Baron, p. 211.

[4] «Centum selecta volumina,» disent les Commentaires, t. XX, p. 282. — Voyez Catalogus librorum quos, n° 100, magister Philippus Hecquet, antiquus Facultatis decanus, testamento suo Facultati saluberrimæ reliquit, anno 1737 : Mᵉ Ludovico Claudio Bourdelin decano; dans le Catalogue de H.-T. Baron, p. 228 à 232.

[5] Né en 1675, doyen de 1740 à 1743, mort le 26 juin 1745.

[6] Hazon, Éloge historique de la Faculté de médecine de Paris, p. 66. — Catalogue manuscrit de H.-T. Baron, p. 237.

[7] «Nostram demum bibliothecam paulatim ad-«auxerunt libri numero multi, legati aut donati a «MM. Elia Col de Vilars, Helvetius, Jaques, Re-«neaume, cæterisque doctoribus qui opera sua typis «demandata ut plurimum in Facultatis bibliotheca «reponi curant, unde huic quotannis novæ fieri «possunt, et revera fiunt accessiones.» (E.-C. Bourru, Catalogus librorum saluberrimæ Facultatis, præfatio.)

[8] Catalogue manuscrit de H.-T. Baron, p. 227.

La Faculté décida encore qu'elle choisirait parmi les docteurs un bibliothécaire, qui serait élu pour deux ans seulement [1]. Cette dernière condition paraît avoir été violée dès le principe en faveur de Jean-Louis-Livin Baude de la Cloye, le premier bibliothécaire qu'ait eu la Faculté. Il se chargea d'organiser la collection et d'en dresser un nouveau catalogue; ces différentes opérations l'occupèrent jusqu'à sa mort, arrivée le 26 octobre 1748 [2]. On lit dans un passage des *Commentaires*, que de la Cloye «pro libris bibliothecæ sponsorem se dederat ac «fidejussorem erga Facultatem [3].»

La nomination de Baude de la Cloye était faite surtout en vue de l'avenir; car, fidèle à l'engagement qu'elle avait pris en acceptant le legs de de Belestre, la Faculté avait résolu d'ouvrir promptement sa bibliothèque au public. Elle crut dès lors devoir adjoindre au bibliothécaire un homme de service, qui resta toujours désigné sur les registres avec le titre d'*apparitor* [4]. Elle fixa en même temps le chiffre des émoluments affectés à chacun de ces fonctionnaires; le premier dut recevoir par an 300 livres, et le second 50 livres [5]. Cette organisation subsista sans changements jusqu'en 1792.

De la Cloye, nous l'avons dit, s'était chargé de la confection d'un second catalogue complet. Ce travail fut achevé en 1745; il forme un volume in-folio, qui est aujourd'hui conservé à la bibliothèque Mazarine. La couverture porte ces mots:

Catalogue pour le service de la bibliothèque publique des Ecoles de médecine de Paris.

Puis on lit sur le premier feuillet de garde:

Catalogus librorum omnium in-folio, in-4°, in-8°, in-12°, et minori forma, qui pertinent ad bibliothecam Facultatis medicinæ Parisiensis; a M° Joanne Ludovico Livino Baude de la Cloye, primo hujus bibliothecæ prefecto, D. M. P. conscriptus, 1745.

Enfin, sur la première page:

Catalogus authorum alphabeticus librorum impressorum manuscriptorumque bibliothecæ Facultatis medicæ Parisiensis, a M° Baude de Lacloy. — P. D. B. designat libros a magistro Picoté de Bellestre, doctore ejusdem Facultatis, legatos. — A. D. vidua Amelot. — H. Hecquet.

---

[1] «Verum, ut novis deprædationibus nullus «deinceps daretur locus, Facultas saluberrima unum «e suis doctoribus bibliothecæ in posterum præfec- «turum fore decrevit anno 1737, M. Ludovico «Claudio Bourdelin decano: qui doctor in biennium «solummodo eligitur, quo perfectissima inter om- «nes doctores servetur æqualitas.» (E.-C. Bourru, *Catalogus librorum saluberrimæ Facultatis*, præfatio.)

[2] *Commentarii ms. medicinæ Facultatis Parisiensis*, t. XXI, p. 258.

[3] *Commentarii ms. medicinæ Facultatis Parisiensis*, t. XX, p. 923.

[4] «Decrevit..., Ordo saluberrimus quolibet cujus- «que hebdomadis jovis die, quo solo vacant scholæ, «bibliothecam aperiendam esse; eidem vero biblio- «thecæ præficiendum esse unum e suis doctoribus... «Censuit eadem Facultas in bibliothecæ ministrum «appellandum esse unum e suis apparitoribus.» (*Commentarii ms. medicinæ Facultatis Parisiensis*, t. XX, p. 333.)

[5] «Doctori quidem, pro suo honorario, sum- «mam trecentarum libellarum quotannis solvendam «esse; apparitori autem, pro sua opera, quinqua- «genta libellarum summam quotannis etiam esse «concedendam.» (*Commentarii ms. medicinæ Facultatis Parisiensis*, t. XX, p. 334.)

— I. Jacques. — R. Reneaume; ut in catalogo a D° Hiacintho Theodoro Baron, antiquo decano, facto reperitur [1].

A la fin de l'année 1745, tout était donc disposé pour recevoir le public. Les livres étaient classés de manière que tout volume demandé pût être aussitôt trouvé; des trois catalogues qu'on avait l'intention de faire, l'un était terminé, les autres commencés; le discours qui devait inaugurer la séance d'ouverture était tout prêt, et l'orateur bien disposé, «parata oratio, paratus orator;» il ne manquait donc plus que l'examen et la permission de l'autorité supérieure [2].

Le 25 janvier 1746, sur les quatre heures, le doyen, accompagné du bibliothécaire, se rendit chez le procureur général Joly de Fleury, pour lui annoncer que la Faculté attendait ses ordres, et le prier de donner aussi promptement que possible l'autorisation nécessaire [3].

Il avait été arrêté que la bibliothèque serait ouverte à tous ceux qui s'y présenteraient, médecins, étudiants, lettrés, érudits [4], les jeudis, de deux heures et demie jusqu'au soir [5], pendant toute l'année scolaire, et fermée seulement pendant les vacances de la Faculté, du 29 juin au 14 septembre [6].

C'est le 3 mars 1746 qu'eut lieu la séance d'ouverture; le public avait été prévenu, et «dès ce premier jour, disent les *Commentaires*, les amis de la médecine, «et bien d'autres personnes, commencèrent à fréquenter notre bibliothèque nais-

---

[1] Bibliothèque Mazarine, Manuscrits, n° 3125.

[2] «Quamvis nondum publici juris facta foret «bibliotheca medica, non deses aut iners remanse-«rat illius præfectus. Ita jam in ordine sibi noto «collocaverat omnes codices, ut quemcumque li-«brum, qui in ea contineretur, ab eo postularemus «(et sæpe postulabamus, ob lites), illico sub manu «repertum ob oculos poneret. E tribus quos medi-«tabatur catalogis, duos, si non perfecerat, saltem «disposuerat; jamjam igitur in gratiam eruditorum «et philiatrorum copiam illius publice facere para-«bamus. Parata oratio, paratus orator (Bourdelin, «ant. decanus). Expectabatur tantum dies a pro-«curatore catholico indicenda, ut recognoscerentur «solemniter et αὐθεντικῶς omnia volumina.» (*Commentarii ms. medicinæ Facultatis Paris*, t. XXI, p. 41.)

[3] «Die martis 25° januarii 1746, circa quar-«tam horam vespertinam, integerrimum hunc ma-«gistratum (Joly de Fleury patrem) adivi, comitatus «laudato M° de la Cloye bibliothecæ præfecto. Ex-«posui penes nos non esse, si nondum esset juris «publici. Libros esse in ordine dispositos; omnes «posse, statim atque vellet, eos recognosci; biblio-«thecæ nostræ præfectum nihil antiquius habere «quam ut copiam illius faceret doctrinæ cupidis; «quotidiana experientia nobis eum comprobasse, «se non promittere plus quam posset... Quod ju-«beret Curia, paratos esse nos exequi; produxisse «nos, et in manus ejus substituti integerrimi D⁵¹ de «Boullenois tradidisse unicum nostrum exemplar «originale catalogi librorum bibliothecæ quod su-«peresset. Si quid amplius postularet, juberet.» (*Commentarii ms. medicinæ Facultatis Parisiensis*, t. XXI, p. 41.)

[4] «Credidimus publicæ rei male nos esse con-«sulturos, si diutius bibliothecam medicam, certe «non aspernabilem, in gratiam philiatrorum, nec-«non eruditorum, aperire et publico usui commo-«dare differremus.» (*Commentarii ms. medicinæ Facultatis Parisiensis*, t. XXI, p. 50.)

[5] Nous suivons toujours les textes manuscrits. Un *Guide* de 1760 dit que la bibliothèque de la Faculté était ouverte de deux à cinq heures en hiver et jusqu'à six heures en été. Voyez Jèze, *État ou tableau de la ville de Paris, considérée relativement au nécessaire, à l'utile et à l'agréable*, p. 196.

[6] «Statuit... Facultas saluberrima, ut biblio-«theca sua litteratis ac philiatris pateret omnibus, «diebus jovis totius anni academici, scilicet a die «14 septembris ad diem 29 junii, cum facili libro-«rum communicatione.» (E.-C. Bourru, *Catalogus librorum saluberrimæ Facultatis*, præfatio.)

« sante et à y travailler [1]. » Cette date mémorable ne fut pas seulement inscrite dans les registres de l'école, une médaille fut frappée pour en perpétuer le souvenir [2]; elle portait, disent les *Commentaires* [3], d'un côté la tête du doyen alors en exercice, de l'autre l'inscription suivante : BIBLIOTHECA PUBLICI JURIS FACTA, DIE JOVIS 3° MARTII, M.DCC.XLVI. G. J. DE L'EPINE DECANO. Nous n'avons pu retrouver cette médaille, et il faut peut-être admettre ici une erreur dans les *Commentaires*. Nous reproduisons le *fac-simile*

de la seule pièce relative à notre bibliothèque que possède le cabinet des médailles de la Bibliothèque impériale. L'inscription citée par les *Commentaires* s'y lit textuellement; mais le revers porte, au lieu de la tête du doyen, une vue du nouvel amphithéâtre [4], qui avait été inauguré par J. B. Winslow, le 18 février de l'année précédente.

Le service de la bibliothèque continua dès lors avec une grande régularité; et chaque année, à l'issue des vacances, une affiche placardée sur les murs de l'école annonçait à tous la réouverture de la salle de travail [5].

Cependant la Faculté se ressouvint qu'elle avait jadis possédé une bibliothèque, peu nombreuse sans doute, car elle ne dépassa jamais trente-deux volumes, « nunquam triginta supra duo volumina superavit [6], » mais dont la valeur n'avait

---

[1] « Assignata igitur aperiendæ singulis hebdomadis bibliothecæ, ex præscripto saluberrimi Ordinis, dies jovis;... et hac illa prima die, commoniti a professoribus scholarum, philiatri aliique bene multi nostram nascentem bibliothecam frequentare cœperunt, in eaque studere a sesqui-secunda ad vesperam. » (*Commentarii ms. medicinæ Facultatis Parisiensis*, t. XXI, p. 50.)

[2] « Non tantum fastis consecrata nostris fuit illa dies, sed insculpta numismate... cum capite decani ex adverso... » (*Commentarii ms. medicinæ Facultatis Parisiensis*, t. XXI, p. 50.)

[3] *Commentarii ms. medicinæ Facultatis Parisiensis*, t. XXI, p. 50.

[4] Voyez ci-dessus, p. 27.

[5] Cette affiche était ordinairement conçue en ces termes : « Anno Domini... die porro jovis 15° mensis septembris, induciarum academicarum revolutis mensibus, saluberrima Facultas, juxta decretum quod latum est die 22 mensis novembris anno 1737, M° Ludovico Claudio Bourdelin decano, philiatrorum utilitati maxime deserviens, bibliothecam qua utitur, publica literatorum, maxime vero candidatorum in commoda, de novo patere voluit, Dyonisio Claudio Doulcet præfecto. » (*Commentarii ms. medicinæ Facultatis Parisiensis*, t. XXII, p. 72.)

[6] *Commentarii ms. medicinæ Facultatis Parisiensis*, t. XXI, p. 119. — Ce sont les termes mêmes dont se sert le doyen dans son compte rendu; il est plus exact que Bourru, qui écrivait pourtant en 1770 : « Bibliothecarum pretium in libris manuscriptis olim constitisse, apud omnes in confesso est: pariterque fatentur rerum Gallicarum scriptores bibliothecam saluberrimæ Facultatis Parisiensis, hisce temporibus, rarioribus fuisse instructam

pu qu'augmenter avec le temps. Elle fit faire des recherches, et ces volumes, que l'on croyait depuis si longtemps absolument perdus, on s'aperçut qu'ils existaient encore, en grande partie du moins [1]. Ces précieux restes de l'antique bibliothèque avaient résisté à bien des ennemis, et étaient munis encore des chaînes de fer qui les attachaient autrefois [2]. Dans un grenier on retrouva vingt d'entre eux, mutilés par les siècles, entamés par les souris et les vers [3]. On les restaura le mieux possible; ils furent placés de nouveau dans la bibliothèque, et la Faculté en inscrivit tout au long l'inventaire sur ses registres. Mais le titre manquait à plusieurs, et, comme on va le voir, il fallut pour les désigner en reproduire les premières ou les dernières lignes.

Voici cette curieuse énumération, qui ne dénote pas d'ailleurs des connaissances bien profondes en bibliographie médicale :

HÆC EST EORUM QUI SUPERSUNT EX VETERI BIBLIOTHECA LIBRORUM PLERORUMQUE MANUSCRIPTORUM SERIES. QUOS VEL A TITULO, VEL A PRIMIS CODICUM VERBIS QUANDO MUTILA INVENTA FUERUNT EXEMPLARIA, INDIGITAVIMUS.

I.

INCIPIT LIBER CANONIS PRIMUS QUEM PRINCEPS ABOLHAY AB AVICENNA DE MEDICINA EDIDIT, TRANSLATUS A MAGISTRO GIRARDO CREMONENSI, etc. M. S. vélin, in-folio, complet [4].

II.

JACOBI DES PARTS, DE TORNACO NATI, EXPOSITIONES PRIMI LIBRI CANONIS AVICENNÆ TERTII, ET PRIMÆ FEN QUARTI. Manuscrit in-folio, 1453 [5].

«istius modi libris qui ad medicinam spectarent... «Tota... bibliotheca medicorum Parisiensium duodecim circa manuscriptorum numero includebatur.» (E.-C. Bourru, *Catalogus ms. librorum saluberrimæ Facultatis*, præfatio.)

[1] «Die veneris 2° septembris 1746, convenimus «instituere catalogum librorum veteris nostræ bibliothecæ, qui non adeo multi erant amissi quam «credebantur.» (*Commentarii ms. medicinæ Facultatis Parisiensis*, t. XXI, p. 100.)

[2] «Qui (*bibliothecarius*) pretiosas veteris bibliothecæ reliquias, quanta potuit diligentia collegit, «et in ordinem disposuit. Codices nempe manuscriptos, plerosque in cartha pergamena exaratos, «catenis ferreis quibus olim alligabantur adhucdum «instructos, eosque bibliothecæ præfectori custodiæ «commisit.» (*Ritus et usus Facultatis medicinæ Parisiensis*, p. 131.)

[3] «Addidimus etiam (qui deerat honos huic bibliothecæ) manuscripta non pauca, quamvis mutila quædam injuria temporum, non tamen ideo «parvi facienda, relliquias antiquæ vestræ bibliothecæ, quæ dum celebritate floruit, nunquam triginta supra duo volumina superavit. Viginti quæ «olim muribus atque tineis, in horreis derelicta, non «sine summo dolore videramus, cura tamen posteriorum decanorum condita... in hoc pulpito, «collegimus, numeravimus, inscripsimusque catalogo.» (*Commentarii ms. medicinæ Facultatis Parisiensis*, t. XXI, p. 119.)

[4] Nous avons vu (page 10) qu'en 1395 la Faculté possédait déjà deux volumes d'Avicenne; tous deux se retrouvent dans cette liste. (Voyez ci-dessous, n° VII.) Par ces mots : *Abolhay ab Avicenna*, qui plus loin sont écrits : *Abholay ab Avicenna*, on veut certainement désigner Avicenne, qui fut longtemps nommé *Aboli-Abiscene*. — On a compté, avant le XV° siècle, treize traductions latines des œuvres de ce médecin, outre celle de Gérard de Crémone.

[5] Jacques Despars, qui était de Tournai, avait,

III.

Turigiani de Florentia, postquam commentatoris, etc. In-folio, moitié papier, moitié parchemin, mal conditionné; finissant par ces mots : « Utrum vita alicujus individui possit prolongari. « Vallain [1]. »

IV.

Avicenna latino idiomate, in cujus primo et ultimo folio se habet hæc formula : « Anno Domini 1456, le 20ᵉ septembre, undecima hora noctis, obiit Mᵉʳ Joannes Episcopi, et dedit hunc « Avicennam Facultati medicinæ; cujus anima requiescat in pace, amen. » In-folio, vélin, complet [2].

V.

Liber in-folio, manuscriptus, in charta, cujus liber incipit hisce verbis : « Capitulum primum « de alopecia. Alopecia est casus capillorum cum ulceribus sive stammis. » Incomplet.

VI.

In-folio, in charta papiracea, manuscriptus, cujus in folio secundo legitur in linea octava quartæ columnæ : « Fen 21, 3ⁱⁱ : De membris generationis in mulieribus [3]. »

VII.

Incipit liber canonis primus quem princeps Abholay ab Avicenna edidit, tractatus a magistro Gerardo Cremonensi, in Toleto, de arabico in latinum. Verba Abholay ab Avicenna. Prologus [4].

VIII.

In-folio, in charta pergamena, in cujus primo folio legitur in litteris purpureis : « Incipit « prologus in Tiphone medicinæ; » incomplet. Ultima verba : « non subsequitur quies est « malus. »

IX.

Colliget Averrhoës. In-folio, parchemin, cujus in folio primo verso legitur : « Caput 17ᵘᵐ, de « accidentibus supervenientibus. » In ultimo legitur : « Explicit liber Colliget Averrhoës. Amen [5]. »

X.

Incipit liber isagoge; in charta pergamena [6].

---

en 1458, légué à la Faculté son *Commentaire sur Avicenne* (voyez p. 21). Chacun des cinq livres du *Canon* de ce médecin est divisé en *fens* ou sections.

[1] Cet article renferme deux erreurs. Par le mot *Turigianus*, on veut évidemment désigner *Cruscianus*, qui était de Florence, et qu'on appelle indifféremment *Trusianus*, *Drusianus*, *Turrisanus de Turrisanis* et *Torrigeno de Florentia*. La seconde bévue du catalogueur confirme la première; au lieu des mots *postquam commentator*, il faut lire *plusquam commentator*, surnom qui fut donné à Cruscianus, à cause, dit-on, de sa subtilité. Ce Cruscianus mourut à la fin du XIIIᵉ siècle; son principal ouvrage, celui sans doute dont il est question ici, est intitulé : *Plusquam commentum in parvam Galeni artem;* il a été imprimé à Venise en 1504.

[2] Voyez p. 21.

[3] Le mot *fen* indique que l'ouvrage désigné ici est le *Canon* d'Avicenne. Le volume commençait donc par la vingt et unième section du troisième livre, qui traite de toutes les maladies qui peuvent affecter chaque organe en particulier.

[4] Voyez la note 4, p. 39.

[5] Sans doute le manuscrit que la Faculté possédait déjà en 1395. Voyez p. 17.

[6] Galien a fait un traité intitulé : Εἰσαγωγὴ ἢ ἰατρός.

XI.

In-folio, in charta pergamena, complet. Cujus prima verba : «Caput primum de divisione «morbi ex, etc. De distinctione febris et divisione ejus, de calore febris, etc.» Ultima verba ultimi folii : «Explicit Compendium medicinæ [1].»

XII.

In-folio, in charta pergamena. Incipit primum folium hisce verbis : «Incipit iste canon.» Desinit per hæc verba : «Expliciunt regimenta acutorum Ypocratis cum commento Galeni [2].»

XIII.

In-quarto, vélin, six cahiers, deficiunt totidem. Post litteras rubras, scripta sunt hæc verba : «Homo enim est princeps omnium animalium [3].»

XIV.

In-folio, parchemin, vingt-cinq cahiers, cujus primi codicis primum folium, numero 1° obsignatum, incipit per hæc verba : «In solutione humoris.»

XV.

In-folio, in charta pergamena, DE CONSERVANDA VALETUDINE [4].

XVI.

INCIPIT LIBER DE CRISI. INCIPIT LIBER DE CRITICIS. En lettres rouges. Très-incomplet. Trois cahiers en mauvais ordre. Vélin [5].

XVII.

In-folio. Douze cahiers dépareillez en parchemin. Quorum folia recta GIL in litteris cæruleis, media purpurea (excepto ultimo codice).

XVIII.

In-folio, petit papier : trois cahiers. In-folio, parchemin, petit modèle : cinq cahiers.

XIX.

Quatre feuilles in-folio, en parchemin : «Caput decimum : De sanguine in intestinis et stomacho retento.»

---

[1] Sans doute le *Compendium medicinæ* qui avait été légué à la Faculté de médecine par Guillaume Musnier en 1462 (voyez p. 21). Les traités de cette époque sur les fièvres sont très-nombreux; les plus estimés étaient ceux d'Averroës, de Jean Actuarius, de Jean de Gaddisden et de Gentilis; tous les quatre ont été imprimés à Venise en 1553, in-folio.

[2] On doit sans doute reconnaître ici le traité suivant de Galien : *De victus ratione in morbis acutis, secundum Hippocratem.*

[3] Peut-être a-t-on voulu désigner ici le *Liber de animalibus* d'Avicenne, qui n'est qu'une paraphrase du Ζωικὴ ἱστορία d'Aristote.

[4] Galien a fait un traité *De regimine sanitatis*, qui a été traduit en latin par Pierre d'Abano. Mais il est plutôt question ici du Manuel de l'école de Salerne, qui fut. croit-on, composé vers 1100 par Jean de Milan, sous ce titre : *Medicina Salernitana, seu de conservandæ bonæ valetudinis præcepta.*

[5] Aben-Ezra (mort en 1174) a fait un opuscule *De diebus criticis.* On doit à Galien deux traités *De crisibus* et *De criticis diebus* qui se trouvent presque toujours réunis.

XX.

Quatre cahiers in-folio en parchemin, quibus prima verba : «Sudor præcipue in fronte et... «capillis, est primum signum in fronte;» ultima verba : «Ex molli inflante [1].»

On supposerait que la Faculté dût conserver dès lors avec un soin pieux ces vingt volumes si pleins de souvenirs, et qui venaient d'échapper ainsi par hasard à la destruction. Il n'en fut rien. Les bibliothécaires qui se succédèrent à l'école furent tous de savants médecins, mais il ne se rencontra parmi eux ni un homme vraiment possédé par la passion des livres, ni un ami des trésors historiques. C'est en vain que vous demanderiez aujourd'hui un de ces vingt manuscrits, qui devraient être l'orgueil de la Faculté, et qui témoignaient de son amour séculaire pour la science : aucun n'a survécu. Ils ont été relégués sans doute de nouveau au fond de quelque grenier, et les rats, cette fois, ont achevé leur œuvre. Ne demandez pas davantage d'anciens documents relatifs à l'école; il ne reste pas une charte, pas une de ces pièces nombreuses que les doyens recevaient jadis dans les *magna scrinia* de l'établissement, et qu'ils juraient de représenter intactes. Tout est perdu, détruit, et l'histoire des origines de la Faculté eût été à peu près impossible, si un remords de conscience n'avait fait rendre à l'école, au milieu du XVIIe siècle, ses *Commentaires* primitifs, c'est-à-dire les registres de sa vie intime, de ses recettes et de ses dépenses. Ils avaient été volés aussi, et il a fallu, pour amener leur restitution, le hasard d'un jubilé réveillant les scrupules d'un dévot; encore les premiers volumes, les plus précieux, avaient-ils été anéantis déjà par les descendants du voleur [2].

Les anciens *Statuts* de l'école, ceux de 1274, de 1350, de 1599 et de 1634 ne contiennent pas une seule disposition relative à la bibliothèque, le mot ne s'y trouve même point. Ces statuts furent revus et complétés en 1751, sous le décanat de H.-Th. Baron, et trois articles, fort sagement conçus, furent alors consacrés à la bibliothèque. Le premier, confirmant une décision déjà en vigueur, arrête que le bibliothécaire sera choisi parmi les docteurs, et pour deux ans, bien que son élection doive être confirmée à la fin de la première année. En outre, chaque bibliothécaire sera désigné un an avant son entrée en fonctions [3]. Aux termes de l'article suivant, il doit, aussitôt désigné, être assidu à la bibliothèque, examiner

---

[1] *Commentarii ms. medicinæ Facultatis Parisiensis*, t. XXI, p. 114. — Reproduit dans le *Catalogue manuscrit* de H.-T. Baron, p. 235.

[2] Depuis leur restitution, ils furent conservés dans une armoire spéciale dont le doyen avait la clef. (*Ritus et usus medicinæ Facultatis*, p. 16.) — Voyez ci-dessous, p. 49.

[3] «Similiter et eligatur unus e doctoribus præ-«sentibus, cujus fidei bibliothecæ præfectura commit-«tatur. Scilicet unus de majori ordine, duo vero de mi-«nori, proponantur ab electoribus; et cujus nomen «sorte ductum erit a decano, in biennium bibliothecæ «præficiatur. At licet biennalis sit bibliothecæ præfec-«tus, singulis tamen annis eligatur sive confirmetur, «decani ad instar; atque professorum more, unum «annum designetur antequam præfecturam gerat.» (*Statuta Facultatis medicinæ Paris. supremi senatus authoritate confirmata anno* MDCCLI, art. LXVII, p. 46.)

les livres et étudier le catalogue. Le bibliothécaire sortant transmet les clefs et les livres à son successeur, en échange d'un reçu par lequel ce dernier déclare, après vérification, que la bibliothèque lui a été remise complète et en bon état [1]. Enfin le bibliothécaire doit être présent les jours de séance publique pendant trois ou quatre heures au moins, et fournir les ouvrages qui lui seront demandés; il lui est aussi enjoint de tenir avec le plus grand soin les catalogues au courant des acquisitions nouvelles [2].

A partir de cette époque, la bibliothèque de la Faculté, placée désormais au nombre de celles « où l'on se fait un plaisir de communiquer les livres aux honnêtes gens [3], » entre dans une période régulière et calme, qui rend son histoire sans intérêt. Les bibliothécaires continuent à se succéder tous les deux ans, sans que d'ailleurs aucun nom célèbre figure parmi eux, et sans qu'aucune mesure importante soit prise sur leur initiative.

Constatons pourtant qu'en octobre 1753 la Faculté, pour assurer la conservation de la magnifique collection de thèses que possédait la bibliothèque, en interdit d'une manière absolue le prêt au dehors, et n'en autorisa même la communication qu'en présence du bibliothécaire [4]. Bourru, en constatant ce fait, termine sa phrase par une exclamation qui nous montre assez l'utilité de cette règle, et nous fait regretter, comme à lui, qu'elle n'ait pas été étendue à tous les ouvrages rares ou précieux [5]. Quelques docteurs gardaient, en effet, si longtemps les livres par eux empruntés, que le doyen fut invité, en juin 1770, à retenir leur traitement jusqu'à ce qu'ils les eussent restitués [6].

La Faculté avait alors deux relieurs, les sieurs Protais et Piot; elle les occu-

---

[1] « Bibliothecæ præfectus, statim atque designatus erit, cum eo præfecto cui debet succedere, bibliothecam assidue frequentet, omnes libros recognoscat et ad catalogum conferat, ut, cum post annum præfecturam ipse gerere incipiet, a prædecessore suo libros omnes et claves accipiat, eique syngrapham concedat, qua testabitur se, facta bibliothecæ revisione, libros omnes catalogo descriptos ab eo recepisse, præsente decano, eoque salvam et integram remanere bibliothecam fide jubente. » (Statuta Facultatis medicinæ Parisiensis, art. LXVII, p. 47.)

[2] « Præfectus bibliothecæ. tempore sui magistratus, assidue bibliothecam frequentet, omnibus iis diebus quibus ipsa publicis usibus patebit, adsitque per tres vel quatuor horas ad minus, et postulatos libros communicet. Sedulo inscribat bibliothecæ catalogo libros omnes qui singulis annis accedunt, eosdem in catalogo qui penes decanum est inscribi curet, omnesque successori suo, exacto præfecturæ tempore, bona fide restituat, præsente et probante decano. » (Statuta Facultatis medicinæ Parisiensis, art. LXIX, p. 47.)

[3] Durey de Noinville, Dissertation sur les bibliothèques, p. 55.

[4] « Inter tot libros, multi sunt rari, quidam rariores, alii demum rarissimi. E postremorum numero sunt Theses in saluberrima Facultate Parisiensi propugnatæ, quarum collectio servatur in bibliotheca ab anno 1539 ad nostra usque tempora, nec alibi reperiunda. Cui pretiosissimæ collectioni servandæ ita providit Facultas, ut, decreto 18 octobris 1753, tulerit nemini unquam commissuram fore ullam partem hujusce collectionis, nisi in ædibus ipsis bibliothecæ dicatis et præsente bibliothecæ præfecto. » (E.-C. Bourru, Catalogus librorum saluberrimæ Facultatis, præfatio.)

[5] « Quod utinam idem etiam valeret decretum quoad raros et rariores ! » (E.-C. Bourru, Catalogus librorum saluberrimæ Facultatis Paris. præfatio.)

[6] « Denique cum his nuperrimis annis constiterit multos doctores, incuria videlicet, creditos

pait fort peu, du reste, car, dans l'espace de dix ans, nous ne voyons appliquer aux reliures qu'une somme de cent trente livres environ [1].

La bibliothèque continuait pourtant à s'enrichir. La donation la plus importante qui eut lieu durant cette période est celle de J.-Cl.-Adrien Helvétius [2], médecin de Louis XIV et de Louis XV : il offrit tous les ouvrages de sa bibliothèque qui ne se trouvaient pas dans celle de l'école [3]. Viennent ensuite des libéralités assez considérables dues à Jacques-Bénigne Winslow [4], à Jean-Baptiste-Louis Chomel [5], à Louis-René Marteau, qui fut bibliothécaire de la Faculté, à Jean-Baptiste Boyer [6] et au docteur Liger [7].

Edmond-Claude Bourru fut nommé bibliothécaire en 1771 [8]. Pendant l'année qui précéda son entrée en fonctions, il avait étudié avec soin la bibliothèque et dressé un catalogue très-complet des ouvrages qu'elle renfermait. Ce travail, qui forme deux volumes in-folio, est aujourd'hui conservé à la bibliothèque de la Faculté ; il a pour titre : *Catalogus librorum qui in bibliotheca Facultatis saluberrimæ Parisiensis asservantur. Ordine authorum alphabetico digestus, cura et studio M. Edmundi Claudii Bourru, ejusdem bibliothecæ præfecti; decano M. Ludovico Petro Felice Renato Le Thieullier.* M.D.CC.LXX. En tête du premier volume se trouve une introduction historique, à laquelle nous avons fait de fréquents emprunts et que nous reproduisons plus loin [9].

Il y avait alors près de quatre siècles que la Faculté de médecine occupait le petit pâté de maisons compris entre les rues de la Bûcherie, du Fouarre et des Rats; et les bâtiments, malgré de continuelles réparations, croulaient de toutes parts. Il fallut les abandonner. La Faculté s'éloigna d'ailleurs fort peu de son berceau. Soufflot avait presque achevé, sur la place Sainte-Geneviève, les nouvelles constructions destinées à l'école de droit. La Faculté de médecine alla s'établir dans le local que la Faculté de droit laissait libre. Il était situé rue Saint-Jean-de-Beauvais [10], petite voie étroite qui aboutissait d'un côté à la rue des

«ipsis bibliothecæ libros apud se retinere per lon-«gissimum tempus, decrevit saluberrimus Ordo, «die 16 junii 1770, hosce doctores mulctandos «fore, atque in posterum emolumenta iis debita «persolvere pœnas decanum non fore, usque dum «commissos ipsis libros in manus bibliothecæ præ-«fecti reponerent.» (E.-C. Bourru, *Catalogus librorum saluberrimæ Facultatis*, præfatio.)

[1] *Commentarii ms. medicinæ Facultatis Parisiensis*, t. XXI, p. 461 et 585.

[2] Né le 18 juillet 1685, mort le 17 juillet 1755.

[3] Hazon, *Notice sur les hommes célèbres de la Faculté de médecine de Paris*, p. 212. — Moréri, *Grand Dictionnaire historique*, article Helvétius.

[4] Né le 6 avril 1669, mort le 3 avril 1760.

[5] Né vers 1700, doyen de la Faculté en 1754 et 1755, mort en 1765.

[6] Né le 5 août 1693, doyen de 1756 à 1760, mort le 2 avril 1768.

[7] Sur toutes ces donations, voyez le *Catalogue* de H.-T. Baron, p. 237 à 246.

[8] *Commentarii ms. medicinæ Facultatis Parisiensis*, t. XXIII, p. 421.

[9] Bourru fut chargé en 1780 du cours de chirurgie, et de celui de pharmacie en 1783. Il fut doyen de la Faculté de 1787 à 1793, et vécut jusqu'en 1823; il a publié l'éloge de Guillotin.

[10] On ignore à quelle époque l'École de droit s'installa rue Saint-Jean-de-Beauvais. Ce fut pourtant avant 1464, car dans le cours de cette année les bâtiments furent réparés aux frais des docteurs.

Noyers et de l'autre à la rue du Puits-Certain. Précisément en face de la porte principale de l'école, Robert et Henri Étienne avaient eu autrefois leur imprimerie, et l'on voyait encore se balancer en l'air leur fameuse enseigne [1], où figurait un olivier entouré de cette devise : « Noli altum sapere, sed time. »

Le 19 septembre 1775, l'affiche suivante fut apposée sur les murs de la Faculté :

La Faculté de médecine en l'Université de Paris étant dans l'indispensable nécessité d'abandonner ses écoles sises rue de la Bucherie, à raison de leur vétusté, avertit le public que l'ouverture de sa bibliothèque, qui, suivant l'usage, devoit se faire le jeudi après la fête de l'Exaltation de la Sainte Croix, se fera cette année dans les anciennes écoles de droit rue Saint Jean de Beauvais, bâtiment qu'il a plu à Sa Majesté lui accorder en attendant, et que la rentrée de la bibliothèque, ainsi que celle des écoles, sera annoncée incessamment par de nouvelles affiches.   JACOBUS LUDOVICUS ALLEAUME, decanus [2].

L'installation définitive eut lieu en 1776, sous l'administration du bibliothécaire Jean Roy [3]. La bibliothèque fut placée au second étage, dans deux salles situées au-dessus de la chapelle [4], et qui mesuraient quatre-vingt-quatorze pieds de long sur dix-huit de large [5].

Cette translation ne modifia en rien l'organisation de la bibliothèque, qui, en 1789, était encore publique le jeudi, et aux heures que nous avons précédemment indiquées [6]; le traitement du bibliothécaire et les gages de l'appariteur n'avaient pas changé non plus [7]. Au commencement de la Révolution, la bibliothèque renfermait environ quinze mille volumes [8] et avait pour bibliothécaire le docteur Delaplanche [9].

La loi du 18 août 1792 anéantit la Faculté de médecine et l'Académie de chirurgie ; celle du 4 décembre 1794 les reconstitua sous le titre d'*École de santé*, bientôt remplacé par la dénomination actuelle. La Faculté fut alors installée dans les bâtiments qu'elle occupe aujourd'hui et qui, avant la Révolution, appartenaient à l'École de chirurgie; on y ajouta bientôt une partie du couvent des Cordeliers, sur les ruines duquel allait s'élever l'*École pratique*.

En 1475, ils achetèrent « deux petites maisons et « jardin en la ruë du Clos Brunel; » ces maisons étaient contiguës au local déjà occupé par la Faculté. La grande porte d'entrée fut entièrement refaite en 1675. Au-dessous d'un buste de Louis XIV, on lisait en lettres d'or ces mots : SCHOLÆ JURIS.

Le percement du boulevard Saint-Germain a fait presque complètement disparaître la rue Saint-Jean-de-Beauvais, et il ne reste plus rien aujourd'hui des bâtiments de l'ancienne École de droit.

[1] Piganiol de La Force, *Description historique de Paris*, t. V, p. 373.

[2] *Commentarii ms. medicinæ Facultatis Parisiensis*, t. XXIII, p. 638.

[3] *Commentarii ms. medicinæ Facultatis Parisiensis*, t. XXIII, p. 735.

[4] Thiéry, *Guide des amateurs et des étrangers voyageurs à Paris*, t. II, p. 301.

[5] Leprince, *Essai historique sur la bibliothèque du roi*, p. 344.

[6] *Almanach royal*, année 1789, p. 502.

[7] *Commentarii ms. medicinæ Facultatis Parisiensis*, t. XXIV, p. 823.

[8] Thiéry, *Guide des amateurs et des étrangers voyageurs à Paris*, t. II, p. 301.

[9] *Commentarii ms. medicinæ Facultatis Parisiensis*, t. XXIV, p. 823.

L'article 6 de la loi de 1794 accordait à la Faculté un bibliothécaire qui, aux termes du décret du 23 mars, avait le titre de professeur.

La bibliothèque de l'École de chirurgie était placée dans la vaste salle qui règne sur toute la façade de l'édifice, et où se trouve aujourd'hui le *Musée Orfila*; elle devait son origine à la générosité de Lapeyronie, qui, en 1747, lui avait légué tous ses livres, avec un revenu suffisant pour assurer leur conservation et le traitement d'un bibliothécaire [1]. On réunit à la bibliothèque de l'École de chirurgie les quinze mille volumes de l'ancienne Faculté de médecine, auxquels vinrent presque aussitôt s'ajouter les livres de la Société royale de médecine [2].

Cette triple collection, désignée dès lors sous le nom de Bibliothèque de la Faculté de médecine, fut, en 1800, transportée dans les salles qui l'abritent aujourd'hui. Fourcroy s'exprimait ainsi à ce sujet dans la séance d'ouverture de la Faculté : « Passerai-je sous silence l'heureux changement de la bibliothèque, res-
« serrée, pendant les années précédentes, dans une galerie qui ne pouvait plus
« contenir les livres dont l'école s'enrichit sans cesse, et qui ne permettait pas de
« les ranger méthodiquement? Une salle grande et mieux disposée, un local plus
« vaste et plus tranquille, vous offrent aujourd'hui la collection la plus riche de
« livres de médecine; l'ordonnance et le classement des ouvrages, si favorables
« aux lectures assidues, aux recherches suivies, au complément de l'étude,
« ajoutent maintenant un nouveau prix au riche dépôt de livres que possède notre
« école. Le lieu qu'elle occupait auparavant laisse maintenant à l'agrandissement
« des cabinets d'anatomie et de pathologie, à l'arsenal chirurgical, une enceinte
« continue qui permettra bientôt de vous en offrir tout le développement, de
« leur donner la disposition régulière et l'arrangement méthodique nécessaires
« pour faire bien juger de leur richesse et bien profiter de leur ensemble [3]. »

Voici, d'après un relevé que nous avons fait sur les *Commentaires*, la liste des bibliothécaires qui se sont succédé à la Faculté depuis la reconstitution de la bibliothèque :

1746 à 1749.

Jean-Louis-Livin BAUDE DE LA CLOYE.

---

[1] *Éloge de M. de La Peyronie*, dans l'*Histoire de l'Académie de chirurgie*, t. IV, année 1753, p. xcviij. — Voyez, à la bibliothèque de la Faculté, l'*Inventaire des livres de feū messire François de la Peyronie, legüés au collége de chirurgie par son testament du 18ᵉ avril 1747*. — L'estampille de la bibliothèque de l'École de chirurgie était très-petite et ovale; au milieu se trouvaient un C et un P entrelacés, puis tout autour cette légende : BIBLIOTH. CHIRUR. PARIS.

[2] Voyez *Inventaire de bibliographie et état des livres de la bibliothèque de la ci-devant Société de médecine, et des livres en feuilles, avec le nombre d'exemplaires transportés dans la bibliothèque des Écoles nationales de chirurgie*, 29 germinal an III. — Archives de l'Empire, carton F¹⁷, 1194, n° 109.

[3] *Séances de l'École de médecine de Paris*, premier volume, séance du 23 vendémiaire an IX.

1749 à 1751.
Charles PAYEN.

1751 à 1753.
Michel-Procope COUTEAUX.

1753 à 1755.
T.-F. PARIS.

1755 à 1757.
Louis-Réné MARTEAU.

1757 à 1759.
Denis-Claude DOULCET.

1759 à 1761.
Alexandre-Louis DIENERT.

1761 à 1763.
Henri-Jacques MACQUART.

1763 à 1764.
Hugues CAPET.

1764 à 1765.
David VASSE.

1765 à 1768.
GERVAISE.

1768 à 1770.
Hugues GAUTHIER.

1771 à 1775.
Edmond-Claude BOURRU.

1775 à 1780.
Jean ROY.

1780 à 1781.
Roussel DE VAUZENNE.

1781 à 1783.
LECLERC.

1783 à 1785.
DUBERTRAND.

1783 à . . . . .
DELAPLANCHE.

APPARITEURS :

1746 à 1764.
François-Louis BRET.

1764 à 1771.
Gaspard-Joseph POITEVIN.

1771 à 1789.
Théodore-Pierre CRUCHOT.

Parmi les manuscrits que possédait alors la bibliothèque, on doit citer en première ligne le précieux recueil connu sous le nom de *Commentaires*[1], et les trois abrégés qui en ont été faits à diverses époques.

Dès l'origine, chaque doyen était tenu de rédiger une espèce de compte rendu ou de journal, sur lequel il inscrivait minutieusement tous les faits relatifs à son décanat : Recettes et dépenses de l'École, ses relations avec l'Université, l'Église et le roi, les décisions prises dans ses assemblées solennelles, les noms des professeurs et des élèves, les examens subis, les thèses soutenues, etc. etc. Cette obligation fut, selon toute apparence, imposée au doyen depuis le moment où la Faculté se forma en compagnie distincte[2], c'est-à-dire depuis la fin du xiii° siècle. Les premiers registres sont malheureusement perdus, et ceux que possède l'école ne commencent qu'à l'année 1395; encore les deux plus anciens, comprenant la période de soixante et dix-sept ans comprise entre 1395 et 1472, ne sont-ils rentrés à la Faculté qu'au milieu du xvii° siècle, sous le décanat de Gui Patin.

Dans le premier de ces précieux comptes rendus, nous voyons le doyen déclarer, le 6 novembre 1395, qu'il a reçu « papirum aliam, immediate preceden- « tem, quinque codices continentem; » et, sans admettre avec Riolan qu'on veuille désigner ainsi « *cinq gros volumes* des affaires de l'eschole[3], » cette phrase prouve bien évidemment qu'il existait des registres de ce genre antérieurs à ceux que nous possédons, et il est très-vraisemblable qu'ils remontaient à l'origine de la Faculté.

On ne saurait trop regretter la perte de ces admirables documents, dont les premiers doyens ne semblent guère avoir compris l'importance. Disons pourtant, à leur décharge, que l'école n'eut qu'assez tard un centre fixe, et que ces registres, conservés chez les doyens, changeaient bien souvent de place et de mains. Puis vinrent les troubles de Paris sous Charles V et Charles VI, la domination anglaise sous Charles VII; les doyens s'enfuyaient et mouraient, abandonnant les papiers

---

[1] Nous avons donné le *fac-simile* (ci-dessus p. 18) des débuts du premier de ces *Commentaires*, et nous l'avons imprimé en entier dans nos *Recherches sur la bibl. de la Faculté de méd.* p. 87.

[2] Hazon, *Éloge historique de la Faculté de médecine de Paris*, p. 25.

[3] Riolan, *Curieuses recherches sur les escholes en médecine*, p. 28.

de la Faculté à des étrangers qui n'en connaissaient pas le prix, ou ne savaient à qui les remettre [1].

Le 20 décembre 1650, Gui Patin était doyen. Un de ses amis, qu'il désigne seulement par ces mots, « virum optimum et medicæ Facultatis Parisiensis aman-« tissimum, » lui apporta « un vieux registre en lettres abrégées et presque go-thiques, dans « lequel étoient marqués, de deux en deux ans, le nombre des « docteurs et des licenciés [2]; » enfin, le 16 février 1651, la même personne res-titua un second volume qui fait suite au précédent, et comprend les années 1435 à 1472. Ce sont les deux plus anciens registres que possède la Faculté, et il y avait cent quatre-vingts ans qu'ils avaient disparu quand ils lui ont été restitués. Les faits qui précèdent sont attestés par Patin lui-même dans une note écrite sur le compte rendu de son décanat [3]. Ces deux volumes étaient, à ce qu'il paraît, restés cachés chez les descendants d'un ancien doyen; ceux-ci, voyant approcher le jubilé de 1650, se firent conscience de les retenir plus longtemps [4]. Mais déjà sans doute les registres antérieurs à 1395 étaient anéantis.

Les *Commentaires* se composent aujourd'hui de vingt-quatre registres. Les six premiers sont de format petit in-folio ; les autres, à partir du tome VII, deviennent subitement grand in-folio. Tous sont reliés en parchemin ; et, jusqu'au tome XVIII, chaque volume est muni de fermoirs très-simples en cuivre.

Ces registres contiennent, sans interruption, tous les comptes rendus rédigés par les doyens depuis l'année 1395 jusqu'à l'année 1786, dans l'ordre suivant :

Tome Ier	1395 à 1435		Tome VII	1557 à 1572
— II	1435 à 1472		— VIII	1572 à 1597
— III	1472 à 1511		— IX	1597 à 1604
— IV	1511 à 1532		— X	1604 à 1612
— V	1532 à 1544		— XI	1612 à 1622
— VI	1544 à 1557		— XII	1622 à 1636

---

[1] Gui Patin termine ainsi une note que nous citerons tout à l'heure : « Hortor itaque decanos omnes « qui mihi in hac administranda provincia sunt suc-« cessuri, imo et obtestor ac enixe rogo singulos, ut « utrumque codicem pro summo ordinis nostri com-« modo exacte custodiant, nec deinceps patiantur « apud privatum quemquam doctorem vagari, ne « iterum perdant. » (*Commentarii ms. medicinæ Facul-tatis Parisiensis*, t. XIII, p. 463.)

[2] Gui Patin, *Lettres*, 30 décembre 1650 ; édit. Réveillé-Parise, t. II, p. 578.

[3] « Est etiam observandum, me, initio mei de-« canatus, mensis decembris die 20 anni 1650, re-« cuperasse per amicum, virum optimum, et medicæ « Facultatis Parisiensis amantissimum, duo codices « vetustissimos ex Commentariis nostræ Facultatis, « quorum primus continet historiam rerum nostra-« rum et acta saluberrimæ Facultatis, ab anno 1395 « excurrens usque ad annum 1435. Secundus est ab « anno 1435 ad annum 1472. Uterque codex latebat « a multis annis, pluribus qui me præcesserunt de-« canis incognitus, et plane inauditus. In utroque au-« tem, multa habentur optima, scholæ nostræ digni-« tatem et supra alias omnes antiquitatem manifeste « probantia atque demonstrantia. » (*Commentarii me-dicinæ Facultatis Parisiensis*, t. XIII, p. 463.)

[4] Riolan, *Curieuses recherches sur les escholes en médecine de Paris et de Montpellier*, additions, p. 1. — Hazon, *Éloge historique de la Faculté de médecine de Paris*, p. 25.

50   LES ANCIENNES BIBLIOTHÈQUES DE PARIS.

Tome XIII.........	1636 à 1653	Tome XIX.........	1723 à 1733
— XIV.........	1653 à 1662	— XX.........	1733 à 1746
— XV.........	1662 à 1672	— XXI.........	1746 à 1756
— XVI.........	1672 à 1690	— XXII.........	1756 à 1764
— XVII.........	1690 à 1712	— XXIII.........	1764 à 1777
— XVIII.........	1712 à 1723	— XXIV.........	1777 à 1786

On lit au verso de la couverture du premier volume :

Hunc Librum A multis Annis latentem Recepi Die 20 Nouembris 1650 Guido Patin Decanus.

Puis au-dessous :

Appertum fit ex inventoriis bonorum Facultatis duos alios libros hunc præcedentes his temporibus extitisse, quorum pluries fit mentio sub his verbis : duas papyros antecedentes præsentem quæ per decanos acta continent.

Reneaume, decanus, 1735.

Le second volume porte la note suivante :

Die Dominico 19 Febr. 1651 recepi hunc librum quem multi ante me Decani nunquam viderunt Guido Patin, Decanus

Ces comptes rendus devinrent bientôt très-détaillés, et, à partir du xvi° siècle, les doyens adoptèrent un titre, une forme et des divisions qui subsistèrent à peu près sans changements jusqu'à la Révolution. Voici, au reste, la composition exacte de chacun de ces documents; pour en donner une idée plus complète, nous ferons suivre chaque titre de quelques lignes choisies dans les différents volumes.

AUXILIUM MEUM A DOMINO [1].

COMMENTARIUS

RERUM

IN SALUBERRIMA MEDICINÆ FACULTATI PARISIENSI

GESTARUM

cum tabulis accepti et impensi.

A die decimo quinto mensis novembris anni M.DCC.LVII
Ad diem quintum mensis novembris anni M.DCC.LVIII

MAGISTRO JOANNE BAPTISTA BOYER

decano [2].

---

[1] Cette formule varie fréquemment, et ne se rencontre guère avant le xvii° siècle : les doyens emploient alors indifféremment : «Gloria in excelsis «Deo.» — «Intende in adjutorium meum, Deus «salutis meæ.» — «Uni et Trino,» etc.

[2] Ce titre est moins complet dans les premiers

Les *Commentaires* débutent toujours de la même manière. Le premier chapitre n'a pas de titre spécial, et il est invariablement consacré au récit de la séance tenue par les docteurs pour la nomination d'un nouveau doyen. Depuis l'origine de la Faculté, l'époque de cette réunion était fixée au samedi qui suivait la Toussaint, « primo sabbatho post festum Omnium Sanctorum [1]. » La séance était ouverte par un discours du doyen sortant, qui rendait ensuite compte de sa gestion.

Voici la formule employée chaque année pour l'entrée en matière :

Anno Domini millesimo septingentesimo trigesimo quarto, die sabbati post festum Omnium Sanctorum sexto novembris, Facultas legitime convocata fuit a Magistro Theodoro Hyacintho Baron, tunc decano, per schedulam ab apparitoribus delatam, decanum et professores electura. Convenere frequentes in scholas superiores doctores medici, hora decima matutina, post sacrum, more solito...

Hugues le Sage, en 1330, fut le premier doyen élu. Jusque-là cette dignité appartenait de droit au plus ancien docteur, usage qui fut conservé par la Faculté de théologie.

NOMINA ET COGNOMINA HONORANDORUM MAGISTRORUM REGENTIUM [2] SALUBERRIMÆ FACULTATIS MEDICÆ PARISIENSIS.

Dans l'origine, les doyens se contentaient d'indiquer sous ce titre le nom et le prénom de chaque docteur :

Marcus Myron, medicus regius [3]. (*Année* 1599.)

Plus tard, on y joignit tous les titres auxquels ceux-ci pouvaient prétendre :

Antonius de Jussieu, regiæ scientiarum Academiæ, regiarumque Societatum Angliæ et Prussiæ socius, botanices in horto regio Parisiensi professor et demonstrator. (*Année* 1733.)

Ludovicus Claudius Bourdelin, Parisinus, antiquus Facultatis decanus, regiæ scientiarum Academiæ, regiæque Societatis Berolinensis socius, in horto regio chimiæ professor, et Galliarum principum medicus primarius. (*Année* 1772.)

DISPUTATIONES QUODLIBETARIÆ.

Ces *Questions* ou *Thèses quodlibétaires* précédaient l'examen de licence. Cette épreuve durait, pour chaque candidat, six heures consécutives, de six heures du

volumes. Voici l'une des formes les plus usitées : « Commentarius eorum quæ acta sunt eo tempore « quo magister Ægidius Heron, Parisiensis, ex de- « creto Facultatis decani munere functus est. » — Gilles Héron fut doyen de 1600 à 1601, et de 1603 à 1604.

[1] *Comment. ms. Facult. medicinæ Paris.* X, 416.

[2] A partir du XV° siècle, on lit seulement : *doctorum*.

[3] Il fut médecin de Henri III, et, en cette qualité, l'accompagna en Pologne. Il mourut le 1er novembre 1608. Quatre de ses ancêtres avaient successivement, et pendant près de deux cents ans, rempli les fonctions de premiers médecins des rois de France.

matin à midi. Le président de la thèse prenait le premier la parole, et argumentait contre le bachelier, qui devait ensuite, de huit à onze heures, répondre à toutes les objections qui lui étaient proposées par neuf docteurs. A onze heures, les examinateurs faisaient au candidat une dernière interrogation qu'ils avaient le droit de choisir en dehors de la thèse; c'est de là que vient le nom de *quodlibétaire*. Après cette longue séance, si l'épreuve était favorable, le président se levait et prononçait ces mots : « Audivistis, viri clarissimi, quam bene, quam apposite, « responderit baccalaureus vester; eum, si placet, tempore et loco commendatum « habebitis. »

Dès l'année 1395, il est question de thèses dans les *Commentaires;* mais ils n'en fournissent les titres qu'à partir de 1574. Elles étaient primitivement in-folio, le format in-quarto fut adopté en 1662. Quelques-unes soulèvent les questions les plus étranges. Voici plusieurs exemples curieux :

19 mai 1586, thèse de Simon Pietre : *An per incantationes fit curatio?*

19 juillet 1668, thèse de Claude Guérin : *An utrum Thobiæ ex piscis felle curatio naturalis?*

1685, thèse de Philippe Hecquet : *An, ut virginatis, sic virilitatis, certa indicia?*

30 juin 1692, thèse de Cl. Bourdelin : *Ex qua parte manaverit aqua quæ profluxit e mortui Christi latere perforato lanceæ acuto mucrone?*

Les *Commentaires* indiquent toujours exactement, outre le sujet de la thèse *quodlibétaire*, les noms du président et du candidat :

Die martis 4 decembris (1577), disputavit de quodlibetaria... M^{er} Nicolaus Marchant, respondente Joanne de Gayette, Lutetiano, de hac quæstione : *Estne fœtus matri quam patri similior?*

Die jovis 17 decembris (1733), disputavit... de quodlibetaria quæstione M^{er} Johannes Baptista Ludovicus Chomel, respondente baccalaureo M° Francisco Felicitate Cochu, Sangermano in Laya. Quæstio fuit talis, affirmative conclusa : *An casti rarius ægrotant, facilius curantur?*

QUÆSTIONES CARDINALITIÆ.

Quand le cardinal Guillaume d'Estouteville vint, en 1452, examiner et réformer l'Université de Paris, il appela l'attention des professeurs de la Faculté sur l'étude de l'hygiène, qui était encore fort négligée. Il ordonna que les bacheliers soutiendraient une thèse sur cette branche importante de l'art médical; et cette épreuve, en souvenir de son fondateur, prit et conserva le nom de *Thesis* ou *Quæstio cardinalitia*, *Thèse cardinale*. Comme la thèse quodlibétaire, celle-ci durait six heures de suite, de six heures du matin à midi. Les *Commentaires* sont également très-complets à cet égard :

Die jovis 14° martii (1577), respondit de cardinalitia quæstione M^{er} Joannes de Gayette, Lutetianus, preside D° Gulielmo de la Barre. Quæstio autem erat : *An in peracutis, turgente materia, eodem die est purgandum?*

FACULTÉ DE MÉDECINE.

Die jovis 8° aprilis (1745), disputavit ... M⁰ʳ Jacobus Antonius Millet de quæstione cardinalitia : *An litteratis vita cœlebs?* et conclusit affirmative. Proponebat Antonius Petit, Aurelianus, a sexta ad meridiem.

ANTIQUODLIBETARIÆ QUÆSTIONES, QUÆ VULGO PASTILLARIÆ NUNCUPANTUR.

Ces *Quæstiones pastillariæ* étaient une des épreuves subies par les licenciés qui aspiraient au doctorat. Elles perdirent d'ailleurs beaucoup de leur importance vers le xvɪɪᵉ siècle, en proportion de celle qu'acquéraient les *Vesperies*. Les Commentaires indiquent ainsi les *Quæstiones pastillariæ* :

Die mercurii 21 novembris (1576), disputavit de pastillaria Mᵉʳ Germanus Courtin, et quæstionem hanc proposuit candidato : *An temperamentum simul cum semine a generante transfunditur?*

Die martis 27° februarii (1608), disputavit de pastillaria quæstione Mᵉʳ Michael Toutain, doctor medicus, qui medicinæ candidato hanc quæstionem proposuit : *An hystericis virginibus Venus?*

QUÆSTIONES IN ACTIBUS VESPERIARUM ET DOCTORATUUM AGITATÆ.

La *Vesperie* précédait de quelques semaines la réception du bonnet de docteur. Le candidat soutenait d'abord sur un point donné une discussion avec deux professeurs. Le président prononçait ensuite un discours latin destiné à exposer au récipiendaire la dignité et l'importance de la profession qu'il allait embrasser, et la meilleure manière d'en remplir les devoirs :

Die martis 8 januarii (1577), vesperisatus fuit Mᵉʳ Dominicus Bourgoing, preside D° Augustino Frondebeuf, qui quidem preses hanc candidato quæstionem proposuit : *Estne cibus calidior hyeme salutaris?*

Die martis 30ᵃ januarii (1601), Mᵉʳ Michael Toutain, licentiatus, respondet de vesperiarum quæstione, preside M° Nicolao Jabot, qui candidato hanc quæstionem proposuit : *An dies nonus criticus?*

QUÆSTIONES MEDICO CHIRURGICÆ.

Ces thèses n'apparaissent que fort tard sur les registres de la Faculté. Elles sont d'ailleurs en général indiquées avec autant de soin que les précédentes :

Die jovis 11° martii (1734), Mᵉʳ Johannes Baptista Boyer, regis consiliarius, et in Senatu Parisiensi medicus ordinarius, disputavit ... de quæstione quodlibetaria chirurgica. Talis fuit quæstio affirmative propugnata, respondente baccalaureo M° Jacobo Francisco Vandremonde, Landraceno : *An fistulæ ani sectio chirurgica?*

ORATIONES PUBLICÆ.

Le titre indique suffisamment à quelles matières ce chapitre est consacré. Voici d'ailleurs deux exemples :

Dieu aidant.

M^tre Élie Col de Vilars, docteur régent de la Faculté de médecine de Paris, conseiller médecin ordinaire du Roy en son Châtelet, professeur de chirurgie en langue françoise, ouvrit ses leçons par un discours public, qu'il prononça dimanche 29 novembre 1733, à 2 heures après midi, et par lequel il prouva que la chirurgie est plus redevable de sa perfection aux anciens qu'aux modernes.

Dieu aidant.

Maître Noel Marie de Gevigland, docteur régent de la Faculté de médecine et professeur de chirurgie en langue françoise, prononça, pour l'ouverture solennelle des écoles de chirurgie, un discours public sur l'origine de la chirurgie, le dimanche 24 novembre 1744, à 4 heures et demie après midi.

Obitus doctorum.

Ce chapitre, qui n'existe malheureusement pas dans les premiers volumes, renferme des documents très-curieux et qu'on chercherait vainement ailleurs. Quelques-unes des notices qu'on y trouve prennent, surtout à partir du xviiie siècle, toutes les allures d'une petite oraison funèbre :

Die sabbati 30ᵃ octobris 1734, M^er Ægidius Adam, Constantiensis, hora sesquiseptima vespertina, obiit, morbo abdominis inflammatorio correptus, annum agens 49um. Ipsius corpus, maxima comitante doctorum caterva, delatum est ad ædem Deo sacram sub invocatione S^ti Severini, et sepultum est in ejusdem ecclesiæ ossuario. Collegæ amicissimo det Deus requiem sempiternam!

Die jovis 29° septembris anni 1763, vitam cum morte commutavit M. Ludovicus Alexander Viellard, San-Laudæus; sacris fontibus ablutus fuerat die 21° mensis maii anni 1714, in ecclesia parochiali Sancti Thomæ San-Laudæi. Repetita per plures continuos dies vasorum pectoris hæmorrhagia correptus, deinde tussi, febre continua usque ad quinquagesimum diem protracta, pulmonum suppuratione confractus, suam mortem præsagiens, hanc vidit impavidus, ad sanctissima religionis sacramenta pie confugit, sagax et bonæ mentis.... Postero die, veneris scilicet, tumulo conditum fuit ejus corpus in ecclesia Sancti Eustachii; ipsius funeri interfuit Facultas.

Demonstrationes anatomicæ.
Opera chirurgica, et galenico-chymica [in amphitheatro celebrata].

D. A. [1]

Jacques-Benigne Winslow,

docteur régent et ancien professeur
de la Faculté de médecine de Paris, professeur en anatomie
et en chirurgie au Jardin roïal, etc.

Fera pour l'inauguration du nouvel amphithéâtre des écoles de médecine [2] un cours public d'anatomie en langue françoise, et exécutera lui-même la dissection et la démonstration des

---

[1] Dieu aidant. — [2] Voyez pages 27 et 38.

parties du corps humain sur un cadavre masculin, comme il a fait cy-devant dans l'ancien amphithéâtre.

Il commencera jeudi 18° février 1745, à 3 heures après midi précises, dans l'amphithéâtre des écoles de médecine, rüe de la Bucherie, vis-à-vis le petit pont de l'Hôtel-Dieu.

Défenses d'entrer avec cannes et épées.

DIEU AIDANT.

M. François Mery, docteur-régent
de la Faculté de médecine
en l'Université de Paris
et ancien professeur de chirurgie en langue françoise,

Expliquera publiquement, en faveur des étudians en chirurgie, tout ce qui concerne les opérations chirurgicales, et les fera exécuter sur le cadavre d'un homme par M° Antoine François Barbault, habile chirurgien juré à Saint-Côme.

Il commencera son cours samedy deuxième décembre 1741, à deux heures précises après midi.

C'est en 1634 que la chaire de chirurgie fut créée à la Faculté, et Antoine Charpentier fut le premier qui l'occupa. Les professeurs, lors de leur nomination, juraient encore de faire leurs leçons « en robe longue, à grandes manches, « ayant le bonnet carré sur la tête, le rabat au cou, et la chausse d'écarlate à « l'épaule. »

Acta, comitia et decreta Facultatis.

C'est le chapitre le plus important et aussi le plus détaillé de chaque compte rendu. On y trouve des renseignements précieux sur les relations de la Faculté avec le Gouvernement et avec l'Église. Pour être intéressantes, nos citations devraient être fort longues; nous ne donnerons que quelques lignes, qui sont relatives aux interminables querelles de la Faculté avec les chirurgiens :

Die jovis 22 mensis novembris (1576), convocatis in scholas superiores doctoribus, ut de refrænanda chirurgicorum publice docendi in Academia facultatem sibi concedi postulantium audacia et pervicacitate denuo concilium iniretur...

Res gestæ in Academia Parisiensi.

Chapitre plein d'intérêt, et qui renferme un grand nombre de faits ignorés relatifs à l'histoire de l'Université :

Die lunæ 8° mensis augusti anni 1763, convocati sunt deputati Universitatis cum adjunctis apud amplissimum rectorem in Grassinæo[1], unde processum est ad majores Sorbonæ scholas; ubi, habita prius eleganti et concinna oratione a M. Louvel, præmia academica distributa fuerunt, præsente illustrissimo Senatu Parisiensi.

[1] Le collége des Grassins.

Die mercurii 7 novembris 1576, habitis apud Mathurinenses comitiis, ut nonnulli seligerentur ex Academia viri, qui de illius privilegiis atque immunitatibus et reliquis ad restituendæ Academiæ rationem pristinumque illius splendorem ac dignitatem pertinentibus... nominati sunt quatuor theologi doctores, fide, integritate, vitæ innocentia, authoritate præstantes, acri judicio et singulari doctrina præditi... quorum fidei res tota fuit demandata...

Res gestæ apud chirurgos Parisienses.

Chapitre presque exclusivement consacré à l'indication des examens subis par les étudiants en chirurgie :

Die jovis 23° septembris (1733), dictus Maisonneuve, inter chirurgos barbitonsores receptus est.
Die veneris 4° decembris 1733, dictus Pouchault filius primo examine tentatus est.

Obstetrices matronæ examine in ædibus Sancosmianis tentatæ et admissæ.

L'instruction des sages-femmes fut très-négligée jusqu'à la seconde moitié du xviiie siècle. Leurs examens, auxquels on attachait fort peu d'importance, avaient lieu dans la maison Saint-Côme, qui appartenait à l'école de chirurgie. Les *Commentaires* donnent chaque année la liste des sages-femmes qui ont subi leurs épreuves :

Obstetrices apud barbitonsores chirurgos examinatæ et ad magisterium admissæ, ... decano ... præsente, annuente et probante :
Die lunæ 8° martii 1734, dicta Duplessis...
Die lunæ 15 junii (1772), dicta Gaumont...

Res gestæ apud pharmacopæos Parisienses.

Les pharmaciens étaient soumis à la Faculté et lui payaient une redevance qu'ils venaient individuellement acquitter chaque année. Le jour de leur réception, ils juraient en outre de consentir à laisser, deux fois l'an, visiter leur officine par le doyen, accompagné de quatre régents :

Die 31 augusti (1772), officinas pharmacopæorum perlustravere MM. Le Thieullier decanus, Bercher et Bellot pharmaciæ professores, cum duobus doctoribus, concomitantibus pharmacopæorum custodibus.
Die martis 30° mensis augusti anni 1763, cum duobus pharmaciæ professoribus et cum tribus pharmacopæorum Parisiensium præfectis... in horto pharmacopæorum interrogavimus ab hora nona matutina ad meridiem, et a tertia vespertina ejusdem diei ad sextam, de utraque pharmacia operationibus. Quibus quidem quæstionibus ubi satisfecit, ipsi designavimus diem mercurii sequentem ad confectionem variarum præparationum.

On voit que les examens subis par les élèves en pharmacie étaient devenus très-sérieux, et roulaient à la fois sur la théorie et sur la pratique.

CODEX RATIONARIUS

ACCEPTI ET EXPENSI ORDINARII ET EXTRAORDINARII.

PARS PRIOR.

TABULA ACCEPTI.

Caput I. — Ex annuo reditu Facultatis[1].
Caput II. — A barbitonsoribus chirurgis[2].
Caput III. — A baccalaureis, in quæstionibus quodlibetariis pathologicis; pro stipendio lectorum et registro.
Caput IV. — A baccalaureis, in iisdem quæstionibus; pro horto.
Caput V. — A baccalaureis, in iisdem quæstionibus; pro anatomia et schedulis non registratis.
Caput VI. — A medicinæ candidatis, antequam ad examen admittantur; pro anatomia.
Caput VII. — A medicinæ candidatis ad baccalaureatum admissis.
Caput VIII. — Ab iisdem, pro sacello et ornamentis.
Caput IX. — A baccalaureis emeritis, antequam ad licentiam admittantur; pro jure bursarum.
Caput X. — A baccalaureis emeritis, pro mulctis irrogatis.
Caput XI. — A baccalaureis emeritis, pro jure præsentationis et sacello.
Caput XII. — Pro primo licentiæ gradu.
Caput XIII. — A licentiatis, pro doctoratu.
Caput XIV. — A licentiatis, pro aulæorum usu.
Caput XV. — A reliqua pecunia, propter absentiam doctorum[3].
Caput XVI. — A medicinæ studiosis, pro jure inscriptionum et sigilli[4].

PARS POSTERIOR.

TABULA EXPENSI.

Caput I. — Pro rebus et negotiis Facultatis.
Caput II. — Pro honorario professorum, ex ære Facultatis.
Caput III. — Pro refusionibus Facultatis.
Caput IV. — Pro anatomia, operibus chirurgicis, pharmaceuticis et chymicis, in amphitheatro celebratis.

---

[1] On lit sur le compte rendu de 1772 : «A M° Guillotin, pro annua locatione majorum Facultatis ædium, accepit decanus... 450 lib.»

[2] On lit dans le compte rendu de 1653 :] «Accepi a societate tonsorum chirurgorum, qui debent Facultati singulis annis quinque libellas, v lib. tur.»

[3] Les docteurs étaient tenus d'assister aux nombreuses messes que faisait dire la Faculté. Leur présence était constatée par le bedeau, qui remettait à chacun un petit jeton en plomb; ceux-ci étaient échangés, le premier samedi du mois suivant, contre une somme déterminée. Les absences étaient punies d'une amende, plus tard répartie entre les docteurs qui avaient été présents.

[4] «A medicinæ studiosis, quorum nomina, propria eorum manu, in codice inscriptionum scripta sunt : per totum mensis januarii 1763, accepi 564 lib.; mensis martii, 522 lib.; mensis maii, 468 lib.; mensis octobris, 534 lib.» Chaque élève inscrivait, en effet, *propria manu*, son nom sur un registre *ad hoc*, et choisissait en même temps deux professeurs qui devaient plus spécialement lui servir de conseillers et de guides. Nous avons retrouvé à la bibliothèque de la Faculté le registre autographe des inscriptions prises de 1753 à 1774.

58   LES ANCIENNES BIBLIOTHÈQUES DE PARIS.

Caput V. — Pro honorario professorum, ex ære Academiæ.
Caput VI. — Pro honorario professorum, a rege concesso et a postarum quæstore solvendo [1].
Caput VII. — Pro rebus sacris [2].
Caput VIII. — Pro rebus Academiæ [3].
Caput IX. — Pro Facultatis bibliotheca [4].
Caput X. — Pro solvendis annuis pensionibus.
Caput XI. — Pro sumptibus factis occasione baccalaurei qui præmium in concursu consecutus est.

Nous avons fréquemment cité dans nos notes trois autres précieux manuscrits relatifs aux *Commentaires* et qui méritent une mention spéciale.

Manuscrit de Pajon.

Nicolas Ellain, dans le compte rendu de son décanat, en 1597, raconte qu'il a retrouvé de vieilles chartes relatives à l'histoire de la Faculté. On n'attacha, paraît-il, nulle importance à ces documents, sur lesquels d'ailleurs Ellain ne fournit aucun détail. A la fin du siècle dernier, Pajon de Moncets, ayant rencontré par hasard ce passage des *Commentaires*, entreprit des recherches, et découvrit dans la sacristie de l'école un vieux coffre, fermé par quatre serrures; il parvint, non sans peine, à l'ouvrir, et y trouva les curieux parchemins qu'avait mentionnés Nicolas Ellain. C'étaient des titres, des statuts, des règlements, des procès-verbaux et des pièces originales, dont la plus ancienne remontait à l'année 1311. Il réussit à les déchiffrer, et les fit transcrire ensuite avec beaucoup de soin sur un registre in-quarto, que possède aujourd'hui la Faculté. Une seconde copie fut sans doute bientôt jugée nécessaire, car M. Ch. Jourdain nous a dit avoir vu aux Archives de l'Empire un double de ce travail. On comprend tout l'intérêt qu'il présente, puisqu'il peut jusqu'à un certain point remplacer la partie des *Commentaires* qui a été détruite.

---

[1] En 1733, les professeurs recevaient : de la Faculté, 90 liv.; de l'Université, 200 liv.; du revenu des postes, 300 liv.

[2] «Pro pane sacro in die Paschali, nomine Facultatis oblato in ecclesia Sancti Stephani a monte, «pro cereis et offertorio, solvit decanus.... 32 lib. «14 s.» — «Ludovico Bret, majori Facultatis apparitori, pro mundatis per annum sacelli linteis, «pro pane azymo et vino ad missarum celebrationem per annum suppeditatis, solvit decanus, 37 «lib. 16 s.» (*Compte rendu de 1763*.)

[3] «Die vi* aprilis (1601), in comitiis apud Mathurinenses habitis, in quibus actum est de admittenda resignatione Christophori Bois, librarii «jurati, in favorem Davidis Douceur, distribuit (decanus) duodecim solidos.» On sait que la corporation des libraires faisait partie de l'Université, qui, en 1259, 1275, 1323 et 1342, lui avait donné des statuts très-détaillés. Les libraires ne pouvaient mettre en vente aucun ouvrage avant qu'il eût été examiné par l'Université, qui en fixait le prix.

[4] «M*ro* Henrico Jacobo Macquart, bibliothecæ «Facultatis præfecto, pro annua pensione, ut aiunt, «seu emolumento quod Facultas in honorarium «largitur, solvit decanus libellas ter centum.» — «Francisco Ludovico Bret, pro data per annum ad «curandam bibliothecam opera, libras quinqua«ginta.» (*Compte rendu de 1760*.)

FACULTÉ DE MÉDECINE.

Le volume est divisé en trois parties, qui ont pour titres :

Instrumenta, tum publica tum privata, in arca Facultatis servata, in hoc codice ordine chronologico inscripta, ad rei memoriam, ad antiquorum Facultatis medicinæ ævorum notitiam inservienda. Ab anno 1311 ad annum 1395.

Alia instrumenta de quibus mentio in primo codice Facultatis, nec non in secundo. Ab anno 1395 ad annum 1441.

Synopsis rerum memorabilium quæ in omnibus Commentariis medicinæ Facultatis Parisiensis habentur, quotquot in manus Nicolaï Ellain ab anno 1322 usque ad annum 1606, tum vero in nostras venire potuerunt ab eodem anno 1606 ad annum 1676.

La première pièce contenue dans ce recueil date donc de 1311; elle est intitulée : *Conquestio querulosa oblata officiali Senonensi a Claricia de Rothomago contra sententiam excommunicationis officialis Parisiensis.* Les dix pièces suivantes sont également relatives à cette Clarisse, qui exerçait la profession de sage-femme.

Manuscrit de Bertrand.

Thomas-Bernard Bertrand, qui fut successivement professeur de chirurgie, de pharmacie et de matière médicale, puis doyen en 1740, songea de bonne heure à rassembler des matériaux pour l'histoire de la Faculté. Sa première pensée fut de résumer pour lui-même, de la manière la plus claire possible, l'immense collection des *Commentaires*. Ce travail, qui forme un volume in-folio de 484 feuillets, l'occupa en réalité pendant près de vingt ans.

On lit sur la couverture :

Annales medici a 1324, seu de rebus medicis Parisiensibus ad medicæ Facultatis historiam pertinentibus descriptis ad 1732, cum indice locupletissimo.

Puis au verso :

Inceptum opus januario, peractum cum indice alphabetico novembri ejusdem anni 1722, a Thoma Bernardo Bertrand, doct. medico Parisiensi.

Le feuillet de garde porte la note suivante :

Annales medici ab anno 1324 ad 1696, et ab anno 1696 ad 1724, ex ipsismet Commentariis excerpti, 1728 maio et julio mensibus, sub decanatu M. Geoffroy, decani de Facultate optime meriti, addito indice alphabetico a 1324 ad 4 novembris 1724 sub decanatu M. Nicolaï Andry, qui decimum nonum primus cepit tomum inscribere Commentariorum Facultatis medicæ Parisiensis. — Iidem Annales ab anno 1324 ad annum 1730 descripti, 1731 incipiente. — Ii Annales medici pro medicis rebus Facultatis commodati decano Mre Martinenq aprili mense 1747, ab ipsomet mihi redditi sunt 22 octobris 1747. Bertrand, D. M. P.

Synopsis anonyme.

Ce manuscrit, exécuté sur le même plan que celui de Bertrand, est beaucoup plus complet. Il forme un volume in-folio dont les pages ne sont numérotées que jusqu'au folio 521. Il est précédé de deux tables très-détaillées et bien comprises. Ce manuscrit a certainement été fait par Pajon de Moncets; Hazon, dans trois de ses ouvrages historiques, lui attribue un abrégé des *Commentaires*, qui ne peut guère être que celui-ci, puisque aucune autre analyse de ce genre n'a jamais été mentionnée. Il faut cependant ajouter que Hazon cite toujours ce manuscrit comme étant in-quarto, et qu'en outre le nom de Pajon ne se trouve pas une seule fois dans le volume que nous décrivons.

Le feuillet de garde a été arraché; on lit en tête de la première page : *Rerum memorabilium quæ continentur in omnibus Commentariis Facultatis medicinæ Parisiensis ab anno 1326 exscriptus.* On trouve ensuite :

1° La liste des messes et des obits célébrés dans la chapelle de la Faculté;

2° Le rang attribué aux congrégations religieuses et aux corporations dans les processions solennelles de l'Université;

3° Une liste alphabétique des docteurs, licenciés et bacheliers mentionnés dans les *Commentaires* depuis l'année 1435;

4° La liste des doyens de la Faculté et celle des censeurs de l'Université jusqu'en 1472;

5° La table générale des matières.

Vient ensuite l'analyse des *Commentaires*, qui est précédée de ce titre : *Synopsis rerum memorabilium quæ in omnibus Commentariis medicinæ Facultatis Parisiensis habentur, quotquot in manus M. Nicolaï Ellain; ab anno 1324 usque ad annum 1606, tum vero in nostras venire potuerunt ab eodem anno 1606 ad annum usque 1676, quo decani munere fungebatur M. Morand.*

Le 11 octobre 1597, la Faculté avait arrêté de prendre pour insignes trois cigognes portant dans leur bec un rameau d'origan, et pour devise ces mots : *Urbi et orbi*[1]. Les trois cigognes figurent sur les deux marques qui se rencontrent dans les volumes provenant de l'ancienne Faculté de médecine :

[1] *Synopsis ms. rerum memorabilium*, p. 260. — Une bulle du pape Nicolas V, datée de Rome, 23 mars 1460, conférait à tous ceux qui avaient reçu le grade de licencié dans l'Université de Paris

on les retrouve encore, mais cette fois avec la devise de l'École, sur un grand ex libris,

qui fut gravé en 1737, mais qui paraît n'avoir été collé que sur un nombre très-restreint de volumes. Il existe au commencement et à la fin du catalogue de Baron.

La Faculté adopta ensuite une estampille ovale sans aucun ornement, et qui portait seulement cette inscription ainsi disposée :

Lors de la reconstitution de l'école en 1799, on fit faire l'estampille actuelle, qui est ovale, très-grande et fort laide, elle représente la tête d'Hippocrate, au-dessous de laquelle on lit : ΙΠΠΟΚΡΑΤΗΣ. Elle eut d'abord pour légende les

le droit d'exercer et d'enseigner en tout lieu du monde, sans aucun examen ni autorisation préalable .... «Ex tunc, absque examinatione et ap-«probatione publica, vel privata, vel aliquo alio «novo principio, regendi atque docendi ubique lo-«corum extra civitatem prædictam, liberam habeat «facultatem.....» C'était un des plus remarquables priviléges de l'Université de Paris. (Voyez Riolan, *Curieuses recherches sur les escholes en médecine*, p. 114.)

mots, *École de santé de Paris, 14 frimaire an III*, qui furent peu de temps après remplacés par ceux-ci : *Faculté de médecine de Paris.*

Comme dans toutes les bibliothèques de fondation moderne qui ont pu posséder de bonne heure une marque gravée, on rencontre très-rarement des inscriptions manuscrites sur les livres appartenant à la Faculté de médecine de Paris.

PRÉFACE DU CATALOGUE DRESSÉ EN 1770

Par Edmond-Claude BOURRU [1].

PRÆFATIO.

Bibliothecarum pretium in libris manuscriptis olim constitisse apud omnes in confesso est : pariterque fatentur rerum Gallicarum scriptores bibliothecam saluberrimæ Facultatis Parisiensis, hisce temporibus, rarioribus fuisse instructam istius modi libris qui ad medicinam spectarent. Neque mirum, quod apud viros litteratissimos reperiretur librorum rarissimorum copia uberior. Nihilominus tamen non putandum est eam aut numerosissimam fuisse, aut sumptuosissimam, quippe cum saluberrimus Ordo Parisiensis talis semper fuerit, qui admirationem hominum in se convertere maluerit quam in suppellectilem suam. Tota itaque bibliotheca medicorum Parisiensium duodecim circa manuscriptorum numero includebatur; quorum unusquisque (fatendum est) tanti erat pretii, quanti difficile emi potuisset vel a regē christianissimo tunc regnante, Ludovico XI. Verum qua mala fortuna acciderit, ut nunc agnosci vix queant veteris illius splendoris vestigia, animo non capitur, nisi forsan extraneorum subtilitas in subripiendis clanculum et furtive, vel codicibus integris, vel librorum paginis, par fuerit cum incuria eorum quibus tanti thesauri custodia committebatur. Fortasse etiam dum inclaruit ars typica sæculo quindecimo, brevi e pretio suo amiserunt medicorum manuscripti, abierunt in desuetudinem, facileque dissipati sunt.

Multum tamen boni publici interesse videbatur, ut alicubi clarissimorum medicorum opera congererentur, quo philiatri ad artem medicam institui facile quirent, magistrorum libros perlegendo, familiarique versando manu. Neque ullus sane huic aptior locus quam in gremio saluberrimæ Facultatis Parisiensis, cui medicos efformare et ad imaginem suam effingere semper cordi fuit.

Hæc sensit M. Petrus Bonnetus Bourdelot, regis christianissimi medicus primarius, qui anno 1691 medicis Parisiensibus numerosam librorum supellectilem quam ipse collegerat obtulit. Quo quidem optimi viri beneficio potiri nondum datum fuit, quod quibusdam impensis tueri necessum fuisset. Timebat etenim Facultas saluberrima ne, propter bellum quod tunc temporis magnopere sæviebat, subsidiis vexaretur, si quibusdam sumptibus minus necessariis mentiretur, ut ita dicam, divitias. Causam recusationis intelligens M. Bourdelot, non satis laudanda largitate, ex suo ære et suismetipsis denariis bibliothecam quam offerebat locavit. Ast eheu, quænam sunt rerum humanarum vices! Dum nemo hujusce bibliothecæ curam gerit, inde brevi evanuit, jamque ex ea vix quidquam superest, nisi nomen collatoris munificentissimi.

Ab anno itaque 1733, nostræ bibliothecæ repetenda est origo. Nempe M. Franciscus Picoté de Belestre, vir litteratissimus et pretiosissima librorum collectione dives, divitias hasce litterarias, auro cariores, viro consultissimo M. Claudio Josepho Prevost, in Senatu Parisiensi causarum patrono, amico suo, dum viveret, fidelissimo, legavit, ut in Academia Parisiensi litteratorum usui consecraretur. Qui quidem M. Prevost commissam fidei suæ bibliothecam Facultati medicinæ concessit, juxta decretum latum die 4 julii 1733, M. Hyacintho Theodoro Baron patre decano. Libris M. de Belestre accessere, curis ejusdem M. Prevost, libri D. viduæ Amelot.

Huicce librorum collectioni ex liberalitate M. Philippi Hecquet, antiqui Facultatis decani,

---

[1] Bibliothèque de la Faculté de médecine, manuscrits. Voyez ci-dessus, p. 44.

adjuncta est nova librorum copia ex ejusdem bibliotheca deprompta. Nostram demum bibliothecam paulatim adauxerunt libri numero multi, legati aut donati a MM. Elia Col de Vilars, Helvetius, Jaques, Reneaume, cæterisque doctoribus qui opera sua typis demandata ut plurimum in Facultatis bibliotheca reponi curant, unde huic quotannis novæ fieri possunt, et revera fiunt accessiones.

Verum, ut novis deprædationibus nullus deinceps daretur locus, Facultas saluberrima unum e suis doctoribus bibliothecæ in posterum præfecturum fore decrevit anno 1737, M. Ludovico Claudio Bourdelin decano : qui doctor in biennium solummodo eligitur, quo perfectissima inter omnes doctores servetur æqualitas. Ut autem tot et tantæ collegarum liberalitates in publicum cederent commodum, publici juris factæ fuerunt, M. Josepho Guillelmo de l'Epine decano, anno 1746; statuitque insuper Facultas saluberrima, ut bibliotheca sua litteratis ac philiatris pateret omnibus, diebus jovis totius anni academici, scilicet à die 14 septembris ad diem 29 junii, cum facili librorum communicatione.

Inter tot libros, multi sunt rari, quidam rariores, alii demum rarissimi. E postremorum numero sunt Theses in saluberrima Facultate Parisiensi propugnatæ, quarum collectio servatur in bibliotheca ab anno 1539 ad nostra usque tempora, nec alibi reperiunda. Cui pretiosissimæ collectioni servandæ ita providit Facultas, ut, decreto 18 octobris 1753, tulerit nemini unquam commissuram fore ullam partem hujusce collectionis, nisi in ædibus ipsis bibliothecæ dicatis et præsente bibliothecæ præfecto. Quod utinam idem etiam valeret decretum quoad raros et rariores!

Denique cum his nuperrimis annis constiterit multos doctores, incuria videlicet, creditos ipsis bibliothecæ libros apud se retinere per longissimum tempus, decrevit saluberrimus Ordo, die 16 junii 1770, hosce doctores mulctandos fore, atque in posterum emolumenta iis debita persolvere pœnès decanum non fore, usque dum commissos ipsis libros in manus bibliothecæ præfecti reponerent.

Dum bibliothecæ Catalogum instauro, non potui temperare mihi quia hæc omnia cum ad historiam bibliothecæ, tum ad præfecti librorum obligationes spectantia non reticerem; ut, si quæ instituti jam ordinis perturbatio deinceps irrepat, hæc potius redundet in præfectum bibliothecæ quam in Ordinem saluberrimum. Nunc vero paucissima subjungam quæ ad distributionem præsentis Catalogi attingunt.

Hiccè Catalogus digeritur juxta ordinem authorum alphabeticum; qui ordo et optimus et facillimus omnium foret, nisi in eo sequendo plurima bibliographis crucem figerent. Adeo certum est nullam esse methodum quæ ab omni parte bona dici queat. Inter authores numero pene dicam infinitos, multi sunt qui nullo, multi qui falso seu potius ficto, multi denique qui simili nomine litteratis quotidie illudunt. Sed et alii sunt non pauci qui, mala impulsi libidine, patruorum nomina latino vel græco vertere idiomate ausi fuerunt, unde novæ creantur bibliographo molestiæ. Hinc liquet quam malefido gressu ineunda mihi fuerit semita, et vepribus hispida, et syrtibus lubrica, et scopulis aspera : citoque citius manum de Tabula, nisi pluries me edocuisset experientia a labore improbo omnia vinci posse. Itaque insudavi per solidum fere annum et in detegendis anonymorum, et in reformandis pseudonymorum, et in distinguendis homonymorum nominibus. Non is tamen sum, fateor, qui omnis oppido erroris immunem me prestitisse putem; opus inchoavi quod fortasse cæteri perficient. Verum si alicujus rei insimulandus sim in hac parte, cuncta tamen ita disponi curavi, ut ex lapsibus meis nullum nasci queat incommodum. Sic errores si non omnino tollantur, saltem minuentur : nec mihi probro, sed fragilitati humanæ vertentur.

Authores omnes appellandos secundum linguam cujusque vernaculam primo decreveram, sepositis illis græcis et latinis quas induerant larvis. Verum exinde plus detrimenti quam emolumenti nasciturum brevi animo concepi, cum notiora sint nomina Campanellæ v. g. quam Thomæ Clochette; Perdulcis, quam Bartholomæi Perdoux; Scaligeri, quam Julii vel Josephi de l'Echelle, etc. Idcirco horum omnium nomina servavi, sive mutuarentur a græcis, sive a latinis. Non idem fuit de authoribus pseudonymis : hos appellavi et secundum nomina fictitia et secundum nomina vera. Homonymos distinxi, nomina cognominibus adjiciendo, ut nullus sit errori locus. Tandem anonymos quorum nomina expiscari non potui, ordinavi juxta materiarum ordinem.

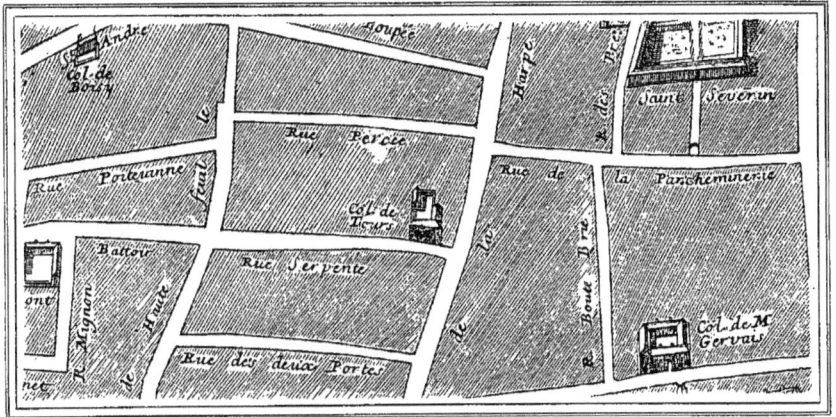

Fac-similé héliographique.   Plan de Lacaille (1714).

COLLÉGE DE TOURS.

Révérend Père en Dieu *Stephanus de Burgolio*, Étienne de Bourgueil, archevêque de Tours, acheta en 1333 une maison dans la rue Serpente, y ajouta une chapelle et y installa un collége[1], dont les écoliers devaient tous être originaires de la Touraine[2]. Ce petit établissement eut aussitôt un commencement de bibliothèque. Nous voyons en effet, dans les Statuts qui lui furent donnés, que le principal était tenu de faire dresser l'inventaire de tous les livres appartenant au collége; ceux-ci devaient être enchaînés dans la bibliothèque et ne pouvaient sortir de la maison sous aucun prétexte[3]. Constatons encore que, d'après les mêmes Statuts, chaque chambre était partagée entre deux écoliers, et que l'on confiait une Bible au plus ancien des deux[4].

Ce collége fut, en 1763, réuni à l'Université.

---

[1] Duboulay, *Historia Universitatis Parisiensis*, t. IV, p. 240.

[2] J. Dubreul, *Theatre des antiquitez de Paris*, p. 518.

[3] «.....Item, ordinamus quod de omnibus li-«bris, ornamentis ecclesiæ, ustensilibus et aliis «rebus dictæ domus in eadem existentibus, fiat in-«ventarium.

«Item, nullus mittat ustensilia et vasa extra «domum, neque libros, aliqua ratione vel causa.... «Omnesque libri collegii incathenentur in libraria, «ut melius conserventur.»

[4] «Item, dictus principalis cameras assignabit «scolaribus, prout sibi melius videbitur faciendum. «Eruntque duo in uno cubiculo, et antiquior re-«ceptus habebit bibliothecam in suo cubiculo exis-«tentem.» (Félibien, *Histoire de Paris*, t. III, p. 420 et 421.)

9.

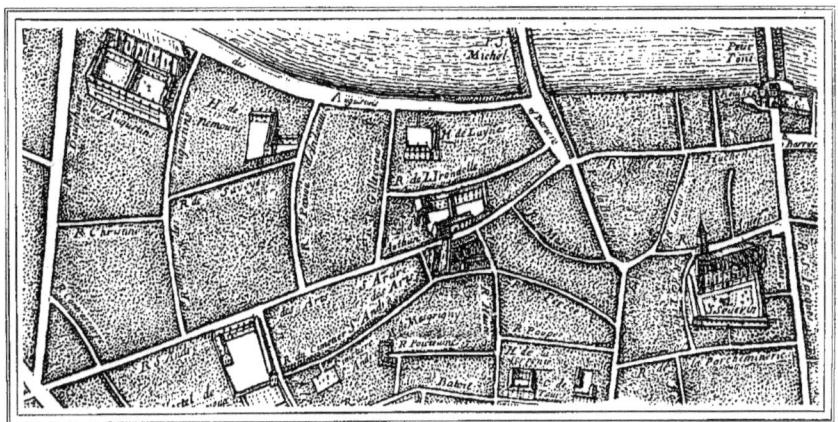

Fac-similé héliographique.   Plan de Jouvin de Rochefort (1676).

COLLÉGE D'AUTUN.

Ce collége doit son origine à Pierre Bertrand, qui fut successivement conseiller au Parlement de Paris, chancelier de Jeanne de Bourgogne, évêque de Nevers, puis d'Autun, et cardinal. Il possédait entre la rue Saint-André-des-Arts et la rue de l'Hirondelle une maison que, dès l'année 1337, il eut l'idée de convertir en collége. Ce généreux projet fut réalisé quatre ans après[1]; le cardinal avait alors acquis plusieurs propriétés contiguës à sa demeure primitive, et il les attribua également à l'établissement qu'il créait. Les Statuts qu'il lui donna datent de la même année; un des articles, le vingt-troisième, était consacré à la bibliothèque, et les termes dans lesquels il est conçu prouvent que le collége possédait déjà des livres, et que le fondateur attachait un grand prix à cette petite collection : « J'ordonne, dit-il, je règle, j'arrête et je prescris que tous les livres pos- « sédés par les boursiers, et tous ceux qu'ils posséderont à l'avenir, seront déposés « et conservés dans la bibliothèque de la maison; ils n'en pourront sortir sous « aucun prétexte, ni être prêtés à personne [2]. »

Le neveu de Pierre Bertrand, Pierre du Colombier, qui fut évêque d'Arras et cardinal, s'intéressa vivement à cette fondation et lui fit d'importantes libéralités.

---

[1] Jaillot, *Recherches critiques, historiques et topographiques sur Paris*, quartier Saint-André-des-Arcs, p. 13.

[2] « Præcipio quoque, dispono ac ordino et sta-« tuo quod omnes libri domus ejusdem, quos ha-« bent et habebunt in posterum; custodiantur et « teneantur in libraria domus ipsius, nec extra « domum eamdem quoquomodo ponantur, vel alicui « commodentur. » (Archives de l'Empire, série M, carton n° 80.)

Un peu plus tard, le président Oudard de Moulins, mort en 1398, lui légua une somme assez considérable [1]. Ni l'un ni l'autre ne semblent lui avoir laissé de livres, et pourtant, à la fin du xve siècle, ce petit collége possédait une des bibliothèques les plus nombreuses et les mieux organisées de Paris; la salle qui lui était affectée était garnie de dix tables doubles, de chaque côté desquelles on pouvait s'asseoir, et qui étaient couvertes de livres enchaînés. La liste de ceux-ci est comprise dans l'inventaire de tous les biens meubles du collége, qui fut dressé en juillet 1462 par deux conseillers du roi, et qui est aujourd'hui conservé aux Archives de l'Empire. Il a pour titre [2] :

---

[1] J. Dubreul, *Theatre des antiquitez de Paris*, p. 525.

[2] *Inventaire des biens meubles trouvez en l'ostel du colliége d'Austun, près Saint André des Ars à Paris. Commancé à faire par nous Jehan Gouge et Guillaume de Vic, conseillers du Roy notre sire en sa court de Parlement et conmissaires en ceste partie, les xxixe et xxxe jours du moys de Juillet, l'an mil quatre cens soixante et deux. Et icellui avons parachevé, ainsi qu'il appert par la continuacion dudit Inventaire, les* x^e *et* xie *jours du moys d'Aoust enssuivant, audit an mil* cccc lxii.

«Et premièrement est assavoir que, en la librairie dudit colliége, a dix bancs doubles, à se seoir d'une part et d'autre, et ung poupitre; esquelz bancs et poupitre ont esté trouvez enchaisnez les livres qui s'ensuyvent, qui sont intitulez sur la couverture d'iceulx. Desquelx le premier s'ensuit.» (Archives de l'Empire, série M, carton n° 80.)

Immédiatement après, suit, en ces termes, le catalogue de la collection du collége [1].

Questiones libri Phisicorum Alberti de Saxonia [2]. Commançant ou second fueillet d'icellui : « Accipitur, » et finissant ou penultime : « Post remissionem. »

Item. Liber dictarum universalium. Commançant ou deuxiesme fueillet : « Et nature, » et finissant ou penultime : « Sumendi. »

Item. Egidius super libro de Anima [3]. Commançant ou deuxiesme fueillet : « Ad evidenciam, » et finissant ou penultime : « Informavit. »

Item. Textus Ethicorum [4]. Commançant ou deuxiesme fueillet : « Pecudum, » et finissant ou penultime : « Non habet for. »

Item. Priscianus minor [5]. Commançant ou deuxiesme fueillet : « Versum, » et finissant ou penultime : « Vero li. »

Item. Thomas super posteriorum et de Anima [6]. Commançant ou deuxiesme fueillet : « Vidua- « cionis, » et finissant ou penultime : « Est levos. »

Item. Philosophie Aristotilice. Commançant ou deuxiesme fueillet : « Dictis, » et finissant ou penultime : « Corporeis. »

Item. Grecismus glosatus [7]. Commançant ou deuxiesme fueillet ou texte : « Cum igitur, » et finissant ou penultime : « Querit. »

Item. Textus Logices Orguani. Commançant ou deuxiesme fueillet : « Obmissis, » et finissant ou penultime : « De diffinita. »

Item. Textus Logices et textus Ethicorum [8]. Commançant ou deuxiesme fueillet : « Omissis, » et finissant ou penultime : « Minor extremitas. » (Non reperitur.)

Item. Albertus super libro Thopicorum [9]. Commançant ou deuxiesme fueillet : « Eum metite, » et finissant ou penultime : « Dici at. » (Non reperitur.)

Item. Priscianus minor. Commançant ou deuxiesme fueillet : « Super astra vatis ymago, » et finissant au penultime : « Ejusdem. »

Item. Textus Aristotilis. Commançant ou deuxiesme fueillet : « Primorum sunt, » et finissant ou penultime : « Sepe. »

PRIMA BANCA DUPLA A PARTE CAPPELLE.

Primo. Questiones super primum librum Sententiarum [10]. Incipiens in secundo folio : « Taxa, » et finiens in penultimo : « Eis. » (Non reperitur.)

---

[1] Cet inventaire a été déjà publié, mais avec de très-nombreuses variantes, par M. H. Cocheris, dans son excellente édition de l'*Histoire du Diocèse de Paris*, de l'abbé Lebeuf, t. III, p. 291.

[2] Commentaire, encore inédit, sur la *Physique* d'Aristote, par le dominicain Albert de Saxe.

[3] Gilles Colonna, dit Gilles de Rome (*Ægidius Romanus*), général de l'ordre des Dominicains. Un commentaire sur le traité *De anima* d'Aristote a été imprimé à Pavie, 1491, in-folio.

[4] Le sixième livre de l'*Éthique* d'Aristote.

[5] On appelait ainsi le recueil des traités les plus élémentaires du grammairien Priscien. Ils ont été réimprimés à Leyde, sous ce titre : *Opera minora*.

[6] Commentaire de saint Thomas d'Aquin sur deux ouvrages d'Aristote.

[7] *Græcismus, de figuris et octo partibus orationis, sive grammaticæ regulæ versibus latinis explicatæ*, par le grammairien flamand Ébrard de Béthune. Cet ouvrage, alors très-répandu, et dont on rencontre de nombreuses copies, a été imprimé en 1487.

[8] La *Logique* et l'*Éthique* d'Aristote.

[9] Commentaire d'Albert le Grand sur les *Topiques* d'Aristote; ils sont ordinairement divisés en huit livres.

[10] Sur les *Sentences* de Pierre Lombard et leurs commentateurs, voyez t. I, p. 16 et 17.

Item. Concordancie Biblie [1]. Incipiens in secundo folio : «Ose,» et finiens in penultimo : «Inferos.»

Item. Quidem textus Institute sine glosa [2]. Incipiens in secundo folio : «Justicia,» et finiens in penultimo : «De falsis.»

Item. Quidem liber de Actibus prophetarum. Incipiens in secundo folio : «Michi,» et finiens in penultimo : «Juda.»

Item. Historia scolastica [3]. Incipiens in secundo folio : «Tantum,» et finiens in penultimo : «Resignans.»

Item. Liber Job. Incipiens in secundo folio : «Maxime,» et finiens in penultimo : «Non vincit.»

Item. Epistole Pauli. Incipiens in secundo folio : «Miror,» et finiens in penultimo : «Autem.»

Item. Actus Apostolorum. Incipiens in secundo folio : «Dei,» et finiens in penultimo : «Amen.»

Item. Psalterium glosatum. Incipiens in secundo folio : «Almos,» et finiens in penultimo : «Cornu.»

Item. Sermo beati Augustini. Incipiens in secundo folio : «Lacius,» et finiens in penultimo : «In medio.»

Item. Aliud Psalterium. Incipiens in secundo folio : «Bono in se,» et finiens in penultimo : «Cythara.»

Item. Inventorium Sirurgie [4]. Incipiens in secundo folio : «Olivaria,» et finiens in penultimo : «Scrophulatus.»

Item. Textus Sentenciarum. Incipiens in secundo folio : «Sed,» et finiens in penultimo : «Cul.»

Item. Gesselinus de [5]... Incipiens in secundo folio : «Quo casu,» et finiens in penultimo : «Petito.»

Item. Liber intitulatus Aqua super Lucam. Incipiens in secundo folio : «Rend,» et finiens in penultimo : «Universum.»

Item. Tabula Phisicorum. Incipiens in secundo folio : «Colores,» et finiens in penultimo : «Credunt.»

Item. Liber Historiarum scolasticarum. Incipiens in secundo folio : «Posteriora,» et finiens in penultimo : «Navis.»

Item. Tractatus de Jurisdictione temporali et ecclesiastica Petri Bertrandi [6], in papiro. Incipiens in secundo folio : «Intersunt,» et finiens in penultimo : «Pertinet ad.»

SECUNDA BANCA DUPLA.

S'EN SUYVENT LES LIVRES TROUVEZ OU SECOND BANC DOUBLE ENSUYVANT.

Primo. Ung livre appellé Prima pars Apparatus super Sexto et Clementinis domini Petri

---

[1] Voyez t. I, p. 17, note 10.
[2] Les *Institutes* de Justinien.
[3] Voyez t. I, p. 17, note 9.
[4] *Inventarium partis chirurgicalis medicinæ*, par Gui de Chauliac, imprimé pour la première fois en 1490.

[5] Il y a eu ici un mot oublié. On a sans doute voulu désigner Genselinus ou Gaucelinus de Cassanhis, célèbre jurisconsulte, qui fut chanoine de Béziers et professeur à Toulouse et à Montpellier.
[6] Par le cardinal Pierre Bertrand, fondateur du collége. Cet ouvrage a été imprimé.

Bertrandi [1]. Commançant ou deuxiesme fueillet : «Dictis,» et finissant ou penultime : «Ex eventu.»

Item. Tercia pars Apparatus domini Petri Bertrandi super Sexto et Clementinis. Commançant ou deuxiesme fueillet : «Omnino in tex,» et finissant ou penultime : «Dominus.»

Item. Apparatus domini Mathei super Clementinis et Paulus de Lazaris [2]. Commançant ou deuxiesme fueillet : «Tas,» et finissant ou penultime : «Ei.» (Non reperitur.)

Item. Digeste vieil. Commançant ou deuxiesme fueillet du texte : «Eis,» et finissant ou penultime : «Essent.»

Item. Ung livre appellé Azo [3]. Commançant ou deuxiesme fueillet : «Ita,» et finissant ou penultime : «Valebit.»

Item. La Digeste vieille sans glose. Commançant ou deuxiesme fueillet : «De marati,» et finissant ou penultime : «Donaverit.»

Item. La Digeste nove. Commançant ou deuxiesme fueillet : «Scripsit,» et finissant ou penultime : «Est.»

Item. Parvum volumen super Jure civili. Commançant ou deuxiesme fueillet : «Labore,» et finissant ou penultime : «Sacris.»

Item. La Digeste vieille. Commançant ou deuxiesme fueillet : «Non vis,» et finissant ou penultime : «Di.» (Non reperitur.)

Item. La Digeste nove. Commançant ou deuxiesme fueillet : «Paulus,» et finissant ou penultime : «Quod.»

Item. Lectura [4] Chini super C. [5]. Commançant ou deuxiesme fueillet : «Nitur,» et finissant ou penultime : «Ypothecam.»

Item. Une Inforsade [6]. Commançant ou deuxiesme feuillet : «Sunt,» et finissant ou penultime : «Probant.»

Item. Textus Clementinarum. Commançant ou deuxiesme fueillet : «Officio,» et finissant ou penultime : «Eum.» (Non reperitur.)

Item. Encores une Digeste nove. Commançant ou deuxiesme fueillet : «In parte,» et finissant ou penultime : «Demonstramus.»

Item. Libellus de Blanesco [7]. Commançant ou deuxiesme fueillet : «Vo,» et finissant ou penultime : «Interesse.» (Non reperitur.)

Item. Rofredus [8]. Commançant ou deuxiesme fueillet : «Precor,» et finissant ou penultime : «Dilectus.»

Item. Ung Code cum glosa. Commançant ou deuxiesme fueillet : «Nobis,» et finissant ou penultime : «Accusatore.»

Tercia banca dupla.
S'en suyvent les livres trouvez ou tiers banc.

Primo. Summa Raymundina [9]. Commançant ou deuxiesme fueillet : «Vigilia,» et finissant ou penultime : «Ingratum.»

---

[1] Sur le sort qu'eurent plusieurs de ces manuscrits dus à la plume de Pierre Bertrand, voyez plus loin. Quelques-uns d'entre eux ont cependant été reproduits dans la *Bibliothèque des Pères*.

[2] *Apparatus super Clementinis*, par Paulus de Liazariis ou Leazariis.

[3] Le jurisconsulte Portius Azon jouissait encore à cette époque d'une très-grande réputation.

[4] Voyez t. I, p. 20, note 1.

[5] Cino de Pistoie mourut en 1337. L'ouvrage désigné ici a été imprimé en 1483 sous ce titre : *Lectura Cini de Pistorio super codice*.

[6] L'*Infortiat*.

[7] Un des nombreux ouvrages du savant jurisconsulte Jean de Blanay.

[8] Le jurisconsulte Rofredo, né à Bénévent, et professeur à Bologne.

[9] La *Somme* de Raymond de Penafort sur la

Item. Lectura antiqua super Sexto. Commançant ou deuxiesme fueillet : «........,» et finissant ou penultime : «Januarii.»

Item. Lectura Guillermi super Clementinis [1]. Commançant ou deuxiesme fueillet : «XIIe,» et finissant ou penultime : «Ut supra.»

Item. Summa Confessorum [2]. Commançant ou deuxiesme fueillet : «De inquisitionibus,» et finissant ou penultime : «Inani se.»

Item. Summa Lamberti super Decreto. Commançant ou deuxiesme fueillet : «Jus naturale,» et finissant ou penultime : «Supra.»

Item. Notabilia Chini [3]. Commançant ou deuxiesme fueillet : «Reis,» et finissant ou penultime : «Urbani.» (Non reperitur.)

Item. Henry Bouhic [4], en deux volumes. Le premier commançant ou deuxiesme fueillet : «Vel,» et finissant ou penultime fueillet : «De illa;» et le second volume commançant ou deuxiesme fueillet : «Excuset,» et finissant ou penultime : «Glosa secunda.»

Item. Johannes Andre [5], en quatre volumes. La premiere partie commançant ou deuxiesme fueillet : «CI,» et finissant ou penultime : «Si;» la seconde partie commançant ou deuxiesme fueillet : «In famam,» et finissant ou penultime : «Duplica;» la tierce partie commançant ou deuxiesme fueillet : «De Juda,» et finissant ou penultime : «Ut;» la quarte partie commançant ou deuxiesme fueillet : «Qui,» et finissant ou penultime : «Dii.»

Item. Decretum glosatum. Commançant ou deuxiesme fueillet : «Quedam,» et finissant ou penultime : «Refrigeria.»

Item. Apparatus domini Guillermi super Clementinis. Commançant ou deuxiesme fueillet : «Possit,» et finissant ou penultime : «Notatarum.»

Item. Archidiaconus [6] super Sexto. Commançant ou deuxiesme fueillet : «Alias,» et finissant ou penultime : «In fi.»

Item. Lectura Lamberti super Decreto. Commançant ou deuxiesme fueillet : «Sub uno,» et finissant ou penultime : «Gracianus.»

Item. Compendium Rubricarum. Commançant ou deuxiesme fueillet : «Liberum,» et finissant ou penultime : «Adulter.»

Quarta banca dupla.
S'en suyvent les livres trouvez ou quart banc.

Primo. Speculum juris [7]. Commançant ou deuxiesme fueillet : «Fides,» et finissant ou penultime : «Invidiam.»

Item. Apparatus domini Johannis Andre super Sexto [8]. Commançant ou deuxiesme fueillet : «Ut,» et finissant ou penultime : «Fuit.» (Non reperitur.)

---

pénitence et le mariage; elle est inédite, quoiqu'elle ait été savamment commentée au xiiie siècle par le dominicain Guillaume de Rennes.

[1] Probablement l'*Apparatus Constitutionum Clementis V,* par le bénédictin Guillaume de Laon.

[2] On connaît une multitude d'ouvrages qui portent ce titre; il est donc impossible de déterminer lequel on a voulu désigner ici.

[3] Voyez ci-dessus, p. 73, note 5.

[4] Voyez t. I, p. 55, note 4.

[5] Certainement un des ouvrages du célèbre canoniste italien Jean André sur les *Clémentines* ou les *Décrétales*.

[6] Soit Guido Baisius, archidiacre de Bologne, un des principaux commentateurs des *Décrétales;* soit Guillaume de Champeaux, archidiacre de Paris, dont la glose sur le sixième livre des *Décrétales* fut longtemps célèbre.

[7] Sans doute le *Speculum judiciale* de Guillaume Duranti, le célèbre évêque de Mende; il a eu trente éditions de 1473 à 1668.

[8] Voyez ci-dessus la note 5.

COLLÉGE D'AUTUN.

Item. Questiones mercuriales. Commançans ou deuxiesme fueillet : «Multis,» et finissans ou penultime : «Quis.» (Non reperitur.)

Item. Questiones Frederici, en papier. Commançant ou deuxiesme fueillet : «Benedicti,» et finissant ou penultime : «Prebendas.»

Item. Epistole Clementis. Commançant ou deuxiesme fueillet : «In,» et finissant ou penultime : «Sub.»

Item. Decretum. Commançant ou deuxiesme fueillet : «Tificum,» et finissant ou penultime : «Omnium.»

Item. Lectura Innocencii [1]. Commançant ou deuxiesme fueillet : «Consuetudo,» et finissant ou penultime : «Quoniam.»

Item. Casus Bernardi [2]. Commançant ou deuxiesme fueillet : «Uni,» et finissant ou penultime : «Appellacio.»

Item. Textus tocius Juris civilis. Commançant ou deuxiesme fueillet : «Materia,» et finissant ou penultime : «Reminiscentibus.»

Item. Summa Raymundi [3]. Commançant ou deuxiesme fueillet : «Forte,» et finissant ou penultime : «Casibus.» (Non reperitur.)

Item. Apparatus Johannis Andree [4] super Sexto. Commançant ou deuxiesme fueillet : «Cumque ad,» et finissant ou penultime : «Uti.»

Item. Lectura Archidiaconi super Sexto. Commançant ou deuxiesme fueillet : «Non,» et finissant ou penultime : «Necessarii.»

Item. Lectura Compostellani [5]. Commançant ou deuxiesme fueillet : «Fuit,» et finissant ou penultime : «Sine.»

Item. Lectura Autentiquorum [6]. Commançant ou deuxiesme fueillet : «Hiis,» et finissant ou penultime : «De hoc.»

Item. Lectura Goffredi [7]. Commançant ou deuxiesme fueillet : «Mago,» et finissant ou penultime : «Propositum.»

Item. Summa Goffredi. Commançant ou deuxiesme fueillet : «Erit,» et finissant ou penultime : «Absolvendus.»

Item. Textus Sexti Decretalium. Commançant ou deuxiesme fueillet : «Habere,» et finissant ou penultime : «Suis.»

Item. Lectura Innocencii. Commançant ou deuxiesme fueillet : «Inter,» et finissant ou penultime : «In Fi.»

Item. Libellus Rofredi [8]. Commançant ou deuxiesme fueillet : «Ut,» et finissant ou penultime : «......» (Non reperitur.)

Item. Textus sexti libri Decretalium. Commançant au deuxiesme fueillet : «Aqua,» et finissant ou penultime : «Dignitatum.»

QUINTA BANCA DUPLA.

S'EN SUYVENT LES LIVRES TROUVEZ OU CINQUIESME BANC.

Premierement. La lecture Hostiensis [9], en quatre volumes. Le premier commançant ou

---

[1] Sans doute le célèbre commentaire d'Innocent IV sur les *Décrétales*.

[2] C'est le commentaire de Bern. de Compostelle sur les *Décrétales : Casus Bernardi supra Decretales*.

[3] Voyez ci-dessus, p. 73, note 9.

[4] Voyez ci-dessus, p. 74, note 5.

[5] Encore le commentaire de Bernard de Compostelle sur les *Décrétales*.

[6] Les *Novelles* de Justinien; c'est, dit-on, Accurse qui leur avait donné le nom d'*Autentiques*.

[7] *Summa super titulis Decretalium*, par le canoniste italien Geoffroi de Trano.

[8] Voyez ci-dessus, p. 73, note 8.

[9] Il s'agit ici du cardinal Henri de Bartholomeis, plus connu sous le nom d'Henri de Suze,

deuxiesme fueillet : «Ut,» et finissant ou penultime : «Statim;» le second volume commance ou deuxiesme fueillet : «Seva,» et finist ou penultime : «In;» le tiers volume commance ou deuxiesme fueillet : «Mentem,» et finist ou penultime : «Fu;» le quatriesme volume commance ou deuxiesme fueillet : «Salibus,» et finist ou penultime : «Timeant.»

Item. Summa Hostiensis. Commançant ou deuxiesme fueillet : «Gracie,» et finissant ou penultime : «Arpi.»

Item. Décrétales antiques. Commançans ou deuxiesme fueillet : «Benius,» et finissans ou penultime : «Cujus.»

Item. Rosarium super Decreto [1]. Commançant ou deuxiesme fueillet : «Igitur,» et finissant ou penultime : «Cuilibet.»

Item. Decretales glosate. Commançans ou deuxiesme fueillet : «Prolapsus,» et finissans ou penultime : «Canonice.»

Item. Prima et tercia pars Apparatus domini Petri Bertrandi super Sexto et Clementinis. Commançant ou deuxiesme fueillet : «Generosissimum,» et finissant ou penultime : «Electis;» et tercia pars, commançant ou deuxiesme fueillet : «Conjugati,» et finissant ou penultime : «Dilectus.»

Item. Unum Repertorium dudit Pierre Bertrand, en quatre volumes. Le premier commançant ou deuxiesme fueillet : «Diaconum,» et finissant ou penultime : «Bone;» le second volume commançant ou deuxiesme fueillet : «Non,» et finissant ou penultime : «Instimavi;» le tiers volume commançant ou deuxiesme fueillet : «....,» et finissant ou penultime : «Oupice;» le quatriesme volume commançant ou deuxiesme fueillet : «Sacerdoti,» et finissant ou penultime : «Passio.»

Item. Lectura Innocencii. Commançant ou deuxiesme fueillet : «Demum,» et finissant ou penultime : «Et si.»

Sexta banca dupla.

Item, ou sixiesme banc ont esté trouvez et inventoriez les livres qui s'en suyvent.

Premierement. Ung livre de théologie appellé Compendium theologie. Commançant ou deuxiesme fueillet : «Et 1,» et finissant ou penultime : «De confessione.»

Item. Ung autre livre appellé Methaphisica et Phisica sancti Thome [2]. Commançant ou deuxiesme fueillet : «Qui,» et finissant ou penultime : «Ideo.»

Item. La Légende dorée [3]. Commançant ou deuxiesme fueillet : «Bria,» et finissant ou penultime : «Subjugatus.»

Item. Euvangelia Mathei. Commançant ou texte du deuxiesme fueillet : «Filii,» et finissant ou penultime : «Pontifici.»

Item. Summa Egidii de Roma [4] super de Generatione. Commançant ou deuxiesme fueillet : «Colorem,» et finissant ou penultime : «Quoniam.»

Item. Summa Raymundi. Commançant ou deuxiesme fueillet : «In,» et finissant ou penultime : «.....» (Non reperitur.)

Item. De Regimine principum [5]. Commançant ou deuxiesme fueillet : «Dictis,» et finissant ou penultime : «Immundi.»

---

qui fut un des plus célèbres canonistes du xiii° siècle; il mourut évêque d'Ostie. L'ouvrage désigné ici, le *Commentarius in epistolas decretales*, a été souvent réimprimé.

[1] Titre exact d'un ouvrage de Guido Baisius.
[2] Ce sont les commentaires de saint Thomas d'Aquin sur la *Métaphysique* et la *Physique* d'Aristote.

[3] Par Jacques de Voragine; très-souvent réimprimée et même traduite en français.
[4] Egidio Colonna, déjà cité plus haut.
[5] Le plus célèbre des ouvrages d'Égidio Colonna.

Item. Habundancia exemplorum. Commançant ou deuxiesme fueillet : «Aliquando,» et finissant ou penultime : «Credebant.»

Item. De actis et de exilio beati Thome Cantuariensis [1], in papiro. Commançant ou deuxiesme fueillet : «Existens,» et finissant ou penultime : «Habundancia.»

Item. Epistole de sompno Pharaonis [2]. Commançant ou deuxiesme fueillet : «Nemo,» et finissant ou penultime : «P. a.»

Item. Liber Philosophorum moralium. Commançant ou deuxiesme fueillet : «Fui,» et finissant ou penultime : «Cum.»

Item. Lucas glosatus. Commançant ou deuxiesme fueillet : «Scribere,» et finissant ou penultime : «De hiis.»

Item. Flores Historiarum. Commançant ou deuxiesme fueillet : «Rex,» et finissant ou penultime : «Tum.»

Item. Secunda Secunde beati Thome [3]. Commançant ou deuxiesme fueillet : «Ad,» et finissant ou penultime : «Per edificationem.» (Non reperitur.)

Item. Prima Summe de theologia. Commançant ou deuxiesme fueillet : «Quolibet,» et finissant ou penultime : «Anime.»

Item. De Miseria condicionis humane [4]. Commançant ou deuxiesme fueillet : «Non,» et finissant ou penultime : «Inquit.»

Item. Manipulus florum [5]. Commançant ou deuxiesme fueillet : «Sunt,» et finissant ou penultime : «Novit.»

Item. Cronice romanorum Pontificum. Commançant ou deuxiesme fueillet : «Si,» et finissant ou penultime : «Mundi.»

Item. Epistole Senece [6]. Commançant ou deuxiesme fueillet : «Finite,» et finissant ou penultime : «Que.» (Non reperitur.)

Item. Textus Ethicorum [7]. Commançant ou deuxiesme fueillet : «Aliquid,» et finissant ou penultime : «Ne.»

Item. Textus Sententiarum [8]. Commançant au deuxiesme fueillet : «De Trinitate,» et finissant ou penultime : «Gaudia.»

Item. Questiones Ethicorum. Commançans ou deuxiesme fueillet : «Meta tanquam,» et finissans ou penultime : «Ne.»

Item. Distinctiones Mauricii [9]. Commançans ou deuxiesme fueillet : «Abissi,» et finissans ou penultime : «Ponuntur.»

Item. Les Sermons saint Bernard [10]. Commançans ou deuxiesme fueillet : «Ergo,» et finissans ou penultime : «Lucta.» (Non reperitur.)

Item. Sermones sancti Jacobi [11]. Commançant ou deuxiesme fueillet : «Censu,» et finissans ou penultime : «Ordines.»

---

[1] Thomas Becket.

[2] *L'exposition sur le songe de Pharaon*, par Jean de Limoges, moine de Clairvaux, a été souvent imprimée. Daunou en a publié l'analyse dans l'*Histoire littéraire de la France*, t. XVIII, p. 393.

[3] La seconde SECONDE de saint Thomas d'Aquin.

[4] *De contemptu mundi, sive de miseriis humanæ conditionis*, par le pape Innocent III.

[5] *Manipulus florum, seu historia Mediolani, ab origine urbis usque ad annum 1371*, par Galvaneo Fiamma.

[6] Sans doute les 124 *epistolæ ad Lucilium*.

[7] D'Aristote.

[8] Voyez t. I, p. 16.

[9] *Distinctiones super omnia fere nomina, seu dictionarium scripturæ divinæ*, par le dominicain irlandais Maurice. Voyez l'*Histoire littéraire de la France*, t. XXI, p. 132.

[10] On possède de saint Bernard 340 sermons.

[11] Ce sont les sermons attribués à saint Jacques de Nisibe; ils ont été publiés en arménien et en latin.

Item. Questiones Phisicorum[1], in papiro. Commançans ou deuxiesme fueillet : «Quesitura,» et finissans ou penultime : «Innocens.»

Item. Proverbia socratorum. Commançans ou deuxiesme fueillet : «Que constans,» et finissans ou penultime : «Adolescentia.»

Item. Questiones Adam[2]. Commançans ou deuxiesme fueillet : «Ez,» et finissans ou penultime : «.....»

Item. Johannes Crisostomus. Commançant ou deuxiesme fueillet : «Ille,» et finissant ou penultime : «Qui sic.»

Item. Tractatus de Abstinencia. Commançant ou deuxiesme fueillet : «Mortem,» et finissant ou penultime: «L. I. in tabula.»

Septima banca.

Item, ou septiesme banc ont esté trouvez les livres qui s'en suyvent.

C'est assavoir : Primus Sententiarum secundum Egidium de Roma. Commançant ou deuxiesme fueillet : «Quoniam tacte,» et finissant ou penultime : «Sed mereor ergo.»

Item. Quartus Sentenciarum seu Quolibeta. Commançans ou deuxiesme fueillet : «Ex hoc,» et finissans ou penultime : «Ejus.» (Non reperitur.)

Item. Prima pars Summe sancti Thome. Commançans ou deuxiesme fueillet : «Opera,» et finissans ou penultime : «Genera.»

Item. Une Bible abrégée Petri Commestoris[3]. Commançant ou deuxiesme fueillet : «Que «lucem,» et finissant ou penultime : «Occidentem triplicandum.»

Item. Tertia pars Summe sancti Thome. Commançant ou deuxiesme fueillet : «Lor et est ille,» et finissant ou penultime : «Operis.» (Non reperitur.)

Item. De Proprietatibus rerum[4]. Commançant ou deuxiesme fueillet : «Tine retenta,» et finissant ou penultime : «Tatoris.»

Item. Quartus Sententiarum sancti Thome[5]. Commançant ou deuxiesme fueillet : «Quod,» et finissant ou penultime : «Supponitur.» (Non reperitur.)

Item. Secunda Secunde sancti Thome. Commançant ou deuxiesme fueillet : «Humana,» et finissant ou penultime : «Monito.» (Non reperitur.)

Item. Itinerarium Clementis pape[6]. Commançant ou deuxiesme fueillet : «Ac diffinicionis,» et finissant ou penultime : «Misterium.»

Item. Sermones Innocencii pape[7]. Commançans ou deuxiesme fueillet : «Modum,» et finissans ou penultime : «Verba.»

Item. Secunda Secunde Thome. Commançant ou deuxiesme fueillet : «Lumen,» et finissant ou penultime : «Judicem.» (Non reperitur.)

Item. Euvangelia Johannis glosata. Commançans ou deuxiesme fueillet, ou texte : «Et «Verbum erat,» et finissans ou penultime, ou texte : «Quid a te.»

---

[1] D'Aristote.

[2] *Quest. quodlibetales*, par Adamus Hibernicus.

[3] C'est l'*Historia scolastica* de Pierre Comestor. Voyez t. I, p. 17.

[4] C'est la célèbre encyclopédie de Barthélemy de Glanville; il en a été fait douze éditions entre 1479 et 1494. Voyez plus loin notre notice sur la bibliothèque du Roi.

[5] Le commentaire de saint Thomas d'Aquin sur les *Sentences* de Pierre Lombard : il a eu cinq éditions pendant le xve siècle.

[6] Ouvrage attribué à saint Clément. (Voyez t. I, p. 18, note 2.)

[7] Ce sont certainement les *Sermons* du pape Innocent V.

Item. Meditaciones Bernardi [1]. Commançans ou deuxiesme fueillet : «Secundum,» et finissans ou penultime : «Pulcritudo.»

Item. Tabula circa libros sancti Thome. Commançant ou deuxiesme fueillet : «Zar ab,» et finissant ou penultime : «Vel potentia.»

Item. Manipulus florum. Commançant ou deuxiesme fueillet : «Factis,» et finissant ou penultime : «Dixi.»

Item. Declarationes difficilium doctorum in theologia. Commançans ou deuxiesme fueillet : «Secundum quos,» et finissant ou penultime : «Grammatico.»

Item. Dyalogues sancti Gregorii [2]. Commançans ou deuxiesme fueillet : «Venatii,» et finissans ou penultime : «Desiderat.»

Item. Textus Sentenciarum. Commançant ou deuxiesme fueillet : «Utrum,» et finissant ou penultime : «Lucem.»

Item. Historia scolastica. Commançant ou deuxiesme fueillet : «De creatione,» et finissant ou penultime : «Priora.»

Item. Prima pars Summe de Théologie. Commançant ou deuxiesme fueillet : «Dignitatem,» et finissant ou penultime : «Alimenti.» (Non reperitur.)

Item. Prima Secunde, cum Summa contra Gentiles [3], in uno volumine. Commançant ou deuxiesme fueillet : «Ad septimum,» et finissant ou penultime : «Per ven.»

Item. Questiones antique super librum Sentenciarum. Commançans ou deuxiesme fueillet : «Vel aliquod,» et finissans ou penultime : «Dispensandum.»

Item. Liber Catholicon [4]. Commançant ou deuxiesme fueillet : «Auffero, abstuli,» et finissant ou penultime : «Sic circumspectus.»

Item. Quedam lectura Sentenciarum. Commançant ou deuxiesme fueillet : «In foro penitencie,» et finissant ou penultime : «Quod continuatur in eis sic.»

OTTAVA BANCA.

ITEM, EN HUITIESME BANC ONT ESTÉ TROUVEZ LES LIVRES QUI S'EN SUYVENT.

C'est assavoir : Liber Moralium Gregorii [5] super Job. Commançant ou deuxiesme fueillet : «Solitarius,» et finissant ou penultime : «Mala.»

Item. Tractatus de Exempcione. Commançant ou deuxiesme fueillet: «Eciam monere,» et finissant ou penultime : «Cum causis.»

Item. Soliloquium Augustini beati [6], cum pluribus aliis tractatibus. Commançant ou deuxiesme feuillet : «Paro,» et finissant ou penultime : «Eligere.»

Item. Expositio Cantiqua Cantiquorum [7]. Commançant ou deuxiesme fueillet : «Sullimis,» et finissant ou penultime : «Vitare.»

Item. Repertorium beati Gregorii. Commançant ou deuxiesme fueillet : «c° xix°,» et finissant ou penultime : «Tenebra.»

---

[1] Sans doute le recueil des douze traités théologiques ou moraux de saint Bernard.

[2] Ouvrage faussement attribué à saint Grégoire. (Voyez t. I, p. 17, note 8.)

[3] La première SECONDE de saint Thomas d'Aquin et son célèbre *Summa catholicæ fidei contra Gentiles*. Ce dernier ouvrage, imprimé cinq fois pendant le xv° siècle, a été tout dernièrement traduit en français.

[4] Ouvrage de Jean de Balbi, dit Johannes Januensis; il a eu une multitude d'éditions sous ce titre : *Summa grammaticalis valde notabilis quæ catholicon nominatur;* c'est une véritable encyclopédie des connaissances humaines au xiii° siècle.

[5] C'est le commentaire à la fois historique et allégorique du pape Grégoire I⁰ʳ sur le livre de Job.

[6] Les *Soliloques* de saint Augustin sont divisés en deux livres; ils furent composés en 387.

[7] Peut-être d'Isidore de Séville.

Item. Summa Thome contra Gentiles. Commançant ou deuxiesme fueillet : «Consideratio,» et finissant ou penultime : «Per.»

Item. Diversi libri beati Augustini. Commançans ou deuxiesme fueillet : «Scire,» et finissans ou penultime : «Gratia.»

Item. Sermones domini Petri Bertrandi. Commançans ou deuxiesme fueillet : «Dilectus,» et finissans ou penultime : «Circumveniamus.»

Item. Quedam Expositio psalterii ad modum sermonum [1], in parvo volumine, usque ad illum psalmum : «Qui regis Israël, intende, etc.» Incipiens in secundo folio : «Nominum psalterium,» et finiens in penultimo : «Ita ab uno.»

Item. De Exemplis Sancte Scripture [2]. Commançant ou deuxiesme fueillet : «Item sanavit,» et finissant ou penultime : «Ysaac.» (Non reperitur.)

Item. Tercius summarum Thome. Commançant ou deuxiesme fueillet : «Qui sic,» et finissant ou penultime : «Post.» (Non reperitur.)

Item. Concordancie Biblie [3]. Commançant ou deuxiesme fueillet : «Pharisei consilium,» et finissant ou penultime : «Induit rex.»

Item. De Civitate Dei, seu Expositio [4]. Commançant ou deuxiesme fueillet : «Re iterum,» et finissant ou penultime : «Animum.»

Item. Questiones super potestate appostolorum. Commançant ou deuxiesme fueillet : «Hiis,» et finissant ou penultime : «Verum.»

Item. Textus glosatus super Job [5]. Commançant ou deuxiesme fueillet : «Erranti,» et finissant ou penultime du texte : «Nobis amen.»

Item. Prima pars Speculi historialis [6]. Commançant ou deuxiesme fueillet : «Plicandum,» et finissant ou penultime : «Coma.»

Item. De Civitate Dei Augustini. Commançant ou deuxiesme fueillet : «Postulat,» et finissant ou penultime : «Tenuimus.» (Non reperitur.)

Item. Statuta collegii [7]. Commançant ou deuxiesme fueillet : «Opperibus,» et finissant ou penultime : «Procurator.»

Item. Racionale divinorum officiorum [8]. Commançant ou deuxiesme fueillet : «Sic igitur,» et finissant ou penultime : «Invenitur.»

Item. Johannes Damascenus. Commançant ou deuxiesme fueillet : «Sic igitur,» et finissant ou penultime : «Alium.»

Item. De Trinitate Augustini [9]. Commançant ou deuxiesme fueillet : «Lecturas,» et finissant ou penultime : «Fugit.»

Item. Regule beatorum Benedicti et Augustini [10]. Commançant ou deuxiesme fueillet : «Mo,» et finissant ou penultime : «Obedienciam.»

Item. Aurelii Aug. Gan [11]. Commançant ou deuxiesme fueillet : «De luce,» et finissant ou penultime : «Nisi me.»

---

[1] Par Jean de Limoges, moine de Clairvaux.

[2] Ouvrage de Nicolas de Hannapes, le dernier des patriarches latins de Jérusalem; il a été publié en 1533 sous ce titre : *Virtutum vitiorumque exempla ex sacris litteris excerpta.*

[3] Voyez t. I, p. 17.

[4] Le traité de saint Augustin.

[5] Ce commentaire peut être attribué soit à saint Thomas, soit à Pierre de Blois, soit à Pierre de Chartres.

[6] Par le dominicain Vincent de Beauvais, lecteur de saint Louis et précepteur de ses fils.

[7] Ils dataient de 1341.

[8] Titre exact du célèbre ouvrage de Guillaume Duranti, évêque de Mende.

[9] Ce traité est divisé en 15 livres; il se trouve dans le tome VIII des OEuvres complètes de saint Augustin.

[10] Voyez t. Ier, p. 18, note 5.

[11] Sans doute un ouvrage de saint Augustin, dont le prénom était Aurelius.

Item. Postilla super Cantica Canticorum. Commançant ou deuxiesme fueillet: « Sacra Scriptura, » et finissant ou penultime : « Et magis. »

Item. Liber de Unitate catholice fidei. Commançant ou deuxiesme fueillet : « Consideracio, » et finissant ou penultime : « Per. » (Non reperitur.)

Item. Textus Summarum. Commançant ou deuxiesme fueillet : « Facultatem, » et finissant ou penultime : « Mo. »

Item. Sermones Petri Damiani et Epistole ejusdem [1], in papiro. Commançant ou deuxiesme fueillet : « Tunc suscitavit, » et finissant ou penultime : « Potenciam. »

Nona banca.

Item, ou neufviesme banc ont esté trouvez les livres qui s'en suyvent.

Primo. Milleloquium Augustini [2]. Commançant ou deuxiesme fueillet: « Dulce, » et finissant ou penultime : « Salomon. »

Item. Prima pars Milleloquii Augustini. Commançant ou deuxiesme fueillet : « Ecclesiam, » et finissant ou penultime : « Exponi. »

Item. Ung livre appellé *Epistole canonice Jacobi* [3]. Commançant ou deuxiesme fueillet, ou texte : « Nichil, » et finissant ou penultime : « Et auge. » (Non reperitur.)

Item. Liber de Doctrina fidei [4]. Commançant ou deuxiesme fueillet : « Vitatis, » in textu, et finissant ou penultime : « Qui. »

Item. Epistole Pauli [5]. Commançant ou deuxiesme fueillet, en glose : « Proprias, » et finissant ou penultime : « Eoque. »

Item. Concordancie sine originale Andree de Cultili. Commançant ou deuxiesme fueillet : « Obedienciam, » et finissant ou penultime : « Servire. »

Item. De Laudibus Marie, cum pluribus. Commançans ou deuxiesme fueillet : « Vos autem, » et finissans ou penultime : « Zaca. »

Item. Genesim glosatam. Commançant ou deuxiesme fueillet, ou texte : « Celum, » et finissant ou penultime : « Tabernaculum. »

Item. Sermones beati Augustini [6]. Commançans ou deuxiesme fueillet : « Ut erraverit, » et finissans ou penultime : « Cum contra. »

Item. Le premier et second volume de la Bible. Le premier commançant ou deuxiesme fueillet : « Secula, » et finissant ou penultime : « Mortem ; » le second volume commançant ou deuxiesme fueillet : « Eorum, » et finissant ou penultime : « Et men. »

Item. Textus Biblie secundum antiquam translacionem. Commançant ou deuxiesme fueillet : « Apperit, » et finissant ou penultime : « Vo. »

Decima banca.

Item, et ou dixiesme et derrenier banc ont esté trouvez les livres qui s'en suyvent.

Et premièrement. De *Lyra*, en troys volumes [7], très beaulx. Le premier volume commançant ou deuxiesme fueillet : « Questionibus, » et finissant ou penultime : « Execucione ; » le deuxiesme

---

[1] Les Sermons et les Lettres du cardinal Pierre Damien ou Damiani, imprimés en 1642 et en 1663.

[2] Par Barthélemy, évêque d'Urbin. Il a été imprimé en 1544; ce sont des pensées extraites des œuvres de saint Augustin, et classées par ordre alphabétique.

[3] La célèbre Épître encyclique attribuée à saint Jacques le Mineur.

[4] Peut-être le traité de la Doctrine chrétienne de saint Augustin.

[5] Les Épîtres de saint Paul.

[6] Les Sermons de saint Augustin, au nombre de près de 700, forment le tome V de ses OEuvres complètes.

[7] Ce ne peut être que son célèbre commentaire sur la Bible. Voyez t. I, p. 13, note 1.

volume commançant ou deuxiesme fueillet : «Omnia sint,» et finissant ou penultime : «Satis-
«facionem;» et le troisiesme volume commançant ou deuxiesme fueillet : «Sationis,» et finissant
ou penultime : «Et di;» et sont touz escripz d'une main.

Item. Le Dictionari [1], en troys volumes escripz de lettre courant. Le premier volume commançant ou deuxiesme fueillet : «Vi et alibi,» et finissant ou penultime : «Dominus;» le deuxiesme volume commançant ou deuxiesme fueillet: «Facta sunt,» et finissant ou penultime : «Hominum;» et le tiers volume commançant ou deuxiesme fueillet : «Fantibus,» et finissant ou penultime : «Transivit.»

Item. Textus Sententiarum. Commançant ou deuxiesme fueillet : «Nos enim,» et finissant ou penultime : «Invenit.»

Item. Formularium litterarum. Commançant ou deuxiesme fueillet : «Necesse,» et finissant ou penultime : «Illam.»

Item. De Verbis domini beati Augustini. Commançant ou deuxiesme fueillet : «Dixit,» et finissant ou penultime : «Non credunt.»

Item. Catholicon [2]. Commançant ou deuxiesme fueillet : «In T. desinens,» et finissant ou penultime : «Ille ab.»

S'EN SUYVENT AUTRES BIENS TROUVEZ EN LA CHAPPELLE DUDIT COLLIEGE COMME COFFRES,
LIVRES D'EGLISE ET AUTRES CHOSES.

Et premièrement. Ung coffre de noyer d'environ quatre piez, en serrure et sans clefz.

Item. Ung autre coffre de chaigne [3] assis emprès l'autel à cousté senestre, long de quatre piez ou environ.

Item. Ung autre coffre de noyer, derriere l'autel dessus dict assis, ouquel on met le missel et le calice là où on chante chascun jour, lequel coffre a de longueur quatre piez ou environ.

Item. En la dicte chapelle ont esté trouvez ung Bréviaire, enchesné ou poupitre de la senestre partie de la dicte chappelle. Commançant ou deuxiesme fueillet du psaultier : «Corde,» et finissant ou penultime : «Inestimabiles.»

Item. Ung autre Bréviaire de demy temps, noté, pareillement enchesné oudict poupitre. Commançant ou deuxiesme fueillet du psaultier : «Permanebunt,» et finissant ou penultime : «Sicut.»

Item. En l'autre poupitre, de l'autre cousté de la dicte chappelle, ung Breviaire de demy temps. Commançant ou second fueillet : «Miserere,» et finissant ou penultime : «Manus.»

Item. Ung Psaultier glosé, enchesné oudict poupitre. Commançant ou troisiesme fueillet: «Sur-
«gunt impii,» et finissant ou penultime, in textu : «Dominum.»

Item. Ung Breviaire noté, enchesné. Commançant ou deuxiesme fueillet du psaultier : «Audi-
«vit,» et finissant ou penultime : «Requestam.»

Item. Ung livre des Passions, noté. Commançant ou second fueillet de la Passion : «Et illi,» et finissant ou penultime : «Impleretur.»

Item. Deux Grès [4] à chanter, notez. Le premier commançant ou deuxiesme fueillet : «Am,» et finissant ou penultime : «Con;» et l'autre commançant ou second fueillet : «Pervenit,» et finissant ou penultime : «Honestatis.»

Item. Ung demy temps d'antiphone, noté. Commançant ou deuxiesme fueillet : «Pro ut,» et finissant ou penultime : «Erat in.»

Item. Les Cantiques. Commançans ou troisiesme fueillet : «In mandatis,» et finissant ou penultime : «Vincula;» et n'est pas complet.

[1] Voyez ci-dessus, p. 79, note 4.
[2] Voyez ci-dessus, p. 79, note 4.
[3] De chêne.

[4] L'ancienne langue disoit *Grael, Greal, Greel, Grè*, pour *Graduel*.

Item. Ung Psaultier, enchesné en l'autre poupitre. Commançant ou second fueillet : « Talem, » et finissant ou penultime : « Cum. »

Item. Ung petit Missel à fermouers d'argent. Commançant ou second fueillet : « Et ne, » et finissant ou penultime : « Ab omni inquinamento. »

Item. Ung autre grand Missel. Commançant ou second fueillet : « Honoribus, » et finissant ou penultime : « Interna pocius. »

Item. Ung Prosel[1] noté. Commançant ou second fueillet : « Supera, » et finissant ou penultime : « Pervenitur. »

Item. Deux chandeliers moyens de cuyvre, estans sur ledict autel et servans cothidiennement à icellui.

Item. Ung autre petit chandelier de cuyvre.

On voit que le cardinal Bertrand avait légué ses ouvrages au collége. La plupart des autres manuscrits avaient certainement été achetés des deniers de la Maison. On conserve, en effet, aux Archives de l'Empire, treize quittances écrites sur parchemin, et qui sont aussi précieuses pour l'histoire littéraire du xve siècle que pour l'histoire particulière du collége. Nous les reproduisons textuellement, en nous contentant de les classer par ordre de dates [2].

Ego Johannes Versoris, presbiter Sagiensis diocesis[3], confiteor vendidisse venerabilibus magistris de collegio Augustodunensi Quartum scripti sancti Thome, sic incipientem in 2° folio : « Potest patere, » et in penultimo ante tabulam sic finientem : « Egredientium intelligibilia ; » item, primam partem Summe dicti doctoris, in 2° folio sic incipientem : « Humanos ordinat, » et in penultimo ante tabulam sic finientem : « Quia sic coram hominem, » pro precio viginti octo

---

[1] On nomme *prose* le chant rimé qui se dit avant l'Évangile les jours de fêtes solennelles.

[2] « Je Andry Le Musnier, libraire, et l'un des « quatre principaux, congnois et confesse avoir vendu « aux maistres et escoliers du coliege d'Autun, de- « vant saint Andry des Ars, le tiers livre de l'escript « de saint Thomas. Lequel livre ce commance au « second feillet : « Erat creabile, » et finissant au « penultime feillet : « Respicit pe ; » pour le pris est « somme de quatre escus et demy ; laquelle somme « j'ay receu, et m'en tiens pour coptant. Et le promet « garentir envers tous et contre tous ; tesmoing « mon signet manuel cy mis le ixe jour de mars mil « cccc lxvii. Andry le Musnier. » (Archives de l'Empire, série M, carton n° 80.)

[3] Le diocèse de Séez.

scutorum, que ab eis recepi per dominum principalem dicti collegii, et promisi dictos libros erga omnes guarantisare, teste meo signo hic apposito. 10ª martii, anni 1467.

Versoris.

Ego Laurencius Poutrelli, presbiter, principalis bidellus Facultatis theologie Parisiensis Universitatis, confiteor vendidisse venerabilibus magistris et scolaribus collegii Eduensis Questiones de potentia Dei sancti Thome, sic incipientes in secundo folio : « Modum intelligendi, » et in penultimo ante tabulam sic finientes : « A nulla alia. » Item, Questiones de malo et virtutibus in communi, in eodem volumine, dicti doctoris, sic incipientes in 2° folio : « Actionem nec, » et finientes ante tabulam in penultimo folio : « Humanitas; » precio decem scutorum ambos, que ab eis recepi per manus magistri Guillelmi Ericii, et promicto dictos libros erga omnes garentizare, teste signo meo manuali hic apposito. Anno Domini millesimo quadringentesimo sexagesimo septimo, die vero vicesima tercia mensis marcii.

L. Poutrelli.

Je Pasquier Bon Homme, l'ung des quatre principaulx libraires de l'Université de Paris, confesse avoir vendu aux maistre et escoliers du collège d'Autun une Nouvelle Jehan Andrée[1] sur le Sexte, avec les Mercuriales d'iceluy, tout en ung volume; commencent ou second fueillet : « Immutat, » et finissent ou penultime : « Gloria super; » pour le pris et somme de treize escus; la quelle somme j'ay receu, et m'en tieng pour content et bien payé, et promès iceulx desusnommés envers tous et contre tous garentir. Item, depuis j'ay receu dix sols pour avoir relié la première partie saint Thomas et pour avoir garny le Quart dudict saint Thomas, tesmoing mon signe manuel cy mis. Le xxiiiiᵉ jour de mars avant Pasques mil cccc lxvii.

Bon Homme.

Ego Johannes Marescali, in artibus magister et in jure canonico licentiatus, confiteor vendidisse magistris et bursariis collegii Eduensis, fundati Parisius, quasdam Decretales incipientes in secundo folio anteriori, in textu : « Et illa non est generans neque genita, » et finientes in penultimo folio : « In diocesi tua vaca; » pro precio et summa viginti sex scutorum auri, quam confiteor recepisse, ac de eadem quitto dictos magistros et bursarios, et garantisare promitto adversus quoscumque, teste signo meo manuali hic apposito. Anno Domini millesimo cccc° lxviii°, die prima mensis junii.

Marescali.

Ego Bellengarius Mercatoris, presbiter, magister in theologia ac magister venerabilis collegii Justicie, diocesis Rothomagensis oriundus, confiteor vendidisse venerabilibus magistro et scolaribus bursariis collegii Eduensis, Parisius fundati, quatuor scripta Johannis Scoti, quorum primum incipit in secundo folio : « N.... est, » et finit in penultimo : « Sed non; » item, secundum incipit in secundo folio : « Verbo et, » et finit in penultimo : « Non vult; » item, tercium incipit in secundo folio : « Et infinitas, » et finit in penultimo ante tabulam : « Nova in quantum; » item, quartum incipit in secundo folio : « Peccator est, » et finit in penultimo : « Preter illum. » Et hoc pro precio viginti scutorum auri que realiter et manualiter ab eis recepi; et promisi promictoque dictos libros erga omnes garantizare, teste signo meo manuali hic apposito. Anno Domini millesimo ccccᵐᵒ sexagesimo octavo, die vero xxviiª mensis junii.

Berengarius Mercator.

Ego Stephanus Gervasii, presbiter, in theologia magister et venerabilis collegii Arecurie[2] prin-

---

[1] Voyez ci-dessus, p. 74, note 5. Jean André a intitulé *Novellæ* ses commentaires sur les Décrétales et sur le Sexte.

[2] Pour *Harcuriæ* ou *Haricuriæ*, le collège d'Harcourt.

cipalis magister ac provisor, confiteor vendidisse venerabilibus magistro et scolaribus bursariis collegii Eduensis, Parisius fundati, quendam librum in pergameno, vocatum : Terciam partem Summe sancti Thome de Aquino, incipientem in secundo folio : «Angustias,» et finientem in penultimo ante tabulam : «Sicut linea;» pro precio decem scutorum, que ab eisdem magistro et scolaribus confiteor recepisse, et eos quieto; et dictum librum promisi et promicto garentisare adversus quoscumque, teste signo meo manuali hic apposito. Anno Domini millesimo quadringentesimo sexagesimo octavo, et die tercia mensis decembris.

Gervasii.

Je Pasquier Bon Homme, l'un des quatre principaulx libraires de l'Université de Paris, confesse avoir vendu aux maistres et escoliers du colliége d'Authun deux livres en parchemin, nommez : Le Premier et le Second de l'escript de saint Thomas; le Premier commençant au second feullet : «Finem proporcionenti,» et finissant devant la table au penultime : «De ista ratione;» et le Second commençant au second feullet : «Mundus constat,» et finissant devant la table au penultime : «Absolvente sed de;» pour le pris et somme de neuf escus et seze solz parisis, la quelle somme j'ay receu et m'en tiens pour content et bien paié; et promectz iceulx dessus nommez envers et contre tous garentir, tesmoing mon seing manuel cy mis. Le vii° jour de décembre, l'an mil quatre cens soixante et huit.

Bon Homme.

Je Jehan Guymier, l'un des quatre principaulx libraires de l'Université de Paris, confesse avoir vendu aux maistre et escoliers du colliége d'Authun, c'est assavoir : Métaphisique, Ethiques, Politiques et la Réthorique d'Aristote, tout en ung volume escrips en parchemin en lectre de forme, commençant le dit total volume au second feullet : «Levia homini noscere,» et finissant au penultime : «Si ipsi nostri;» pour le pris et somme de quatre escus d'or, la quelle somme j'ay receu et m'en tiens pour content et bien paié; et promectz iceulx dessus nommez envers tous et contre tous garentir, tesmoing mon seing manuel cy mis. Le xx° jour d'avril, l'an mil quatre cens soixante neuf.

J. Guymier.

Ego Bardinus Heredis, dyocesis Rothomagensis, vendidi magistro et bursariis collegii Eduensis, Parisius fundati, Quolibeta sancti Thome, in pergameno, incipientia in 2° folio : «In Christo «non fuit,» et finientia in penultimo ante tabulam : «Humanitatem;» precio quatuor scutorum auri, que realiter recepi, et eos quitto; quem quidem librum promitto eis garantizare apud quoscumque, teste signo meo manuali hic apposito. Anno Domini m° cccc sexagesimo nono, et die vicesima secunda januarii.

Bardinus.

Je Pasquier Bon Homme, l'un des quatre principaulx libraires de l'Université de Paris, confesse avoir vendu aux maistre et escoliers boursiers du colliége d'Authun quatre livres de la Somme de frère Asteuxe[1], de l'ordre des frères Mineurs, en parchemin et en cayers, commençant au second feulliet : «Dicturi ergo in hoc libro,» et finissant au penultime devant la table : «Utrum hoc sacramentum in antiquo;» pour le pris et somme de seze escuz d'or, laquelle somme j'ay receue et m'en tiens pour content et bien paié; et promectz iceulx dessus nommez livres garentir envers tous et contre tous, tesmoing mon seing manuel cy mis. Le xvii° jour de may, l'an mil cccc soixante dix.

Bon Homme.

[1] Le minorite Astesano. L'ouvrage cité ici a pour titre tantôt *Summa Astesana*, tantôt *Summa de casibus conscientiæ*; il a été imprimé en 1469.

Je Pasquier Bon Homme, l'un des quatre principaulx libraires de l'Université de Paris, confesse avoir vendu aux maistre et escoliers boursiers du colliége d'Authun unes Clémentines, en parchemin, avec la glose ordinaire, commençans au second feullet : « Vobis sub nostra, » et finissans au penultime : « Et articulos ad causam; » et ce pour le pris et somme de six escuz et demy d'or, la quelle somme j'ay receue et en quicte les dits maistre et escoliers; et leur promectz garentir les dites Clémentines envers tous et contre tous, tesmoing mon seing manuel cy mis. Le xx° jour de juillet, l'an mil quatre cens soixante unze.

Bon Homme.

Ego frater Estephanus Brulefer, ordinis fratrum Minorum, confiteor vendidisse magistro et scolaribus bursariis venerabilis collegii Eduensis, Parisius fundati, quedam Quollibeta Johannis Scoti, in pergameno scripta, incipientia in 2° folio : « Intelligitur per diffinitionem id quod in- « telligitur per diffinitum, » et finientia in ante penultimo : « Et totaliter cui talia; » et hoc precio quadraginta solidorum Parisiensium, quos vero quicto, et dicta Quollibeta garentizare promicto; et in fidem et testimonium promissorum meum signum manuale hic Parisius apposui. Anno Domini millesimo cccc^{mo} septuagesimo quarto, et die septima mensis septembris.

F. Stephanus Brulefer.

Cette bibliothèque, rassemblée au prix de tant de soins et de tant de dépenses, fut, en 1576, presque anéantie par des voleurs; au nombre des ouvrages enlevés figuraient, entre autres, tous les manuscrits du fondateur. Il paraît que les voleurs furent arrêtés et poursuivis; car, suivant J. Dubreul, Pierre de Montchal, alors boursier du collége, adressa au rapporteur de l'affaire les vers suivants :

Donec Palladium Trojana mansit in arce,
   Non sunt victrices Pergama passa manus.
Hoc ubi nocturno Diomedes abstulit astu,
   Concidit, heu! Danaum Troia superba dolis.
Quid nisi venturum expectes, domus Heddua[1], casum,
   Heddua Palladio (proh dolor!) orba tuo?
Cui tot priscorum preciosa volumina Patrum
   Subripuit vafra furcifer arte latro.
Vos, o purpurei, veneranda oracula, Patres,
   Quos penes est tanti criminis arbitrium,
Vos pietas, vos jura rogant, succurrite rebus,
   Ut cadat in dirum debita pœna caput[2].

Ici s'arrête pour nous l'histoire de la bibliothèque du collége d'Autun. Il est probable que cet événement ralentit beaucoup le zèle des boursiers en faveur de leur collection, et que ce qui restait de celle-ci au xviiie siècle devint la propriété du collége Louis le Grand, qui, en 1764, absorba la vieille fondation du cardinal Bertrand. Les bâtiments de ce collége furent alors affectés à l'école gratuite de dessin; ils ont été aliénés en 1807.

---

[1] Pour *Edua*.
[2] J. Dubreul, *Theatre des antiquitez de Paris*, p. 524.

Il nous a été impossible de trouver dans la *Bibliothèque des Pères* le passage auquel renvoie Dubreul avant de citer ces vers.

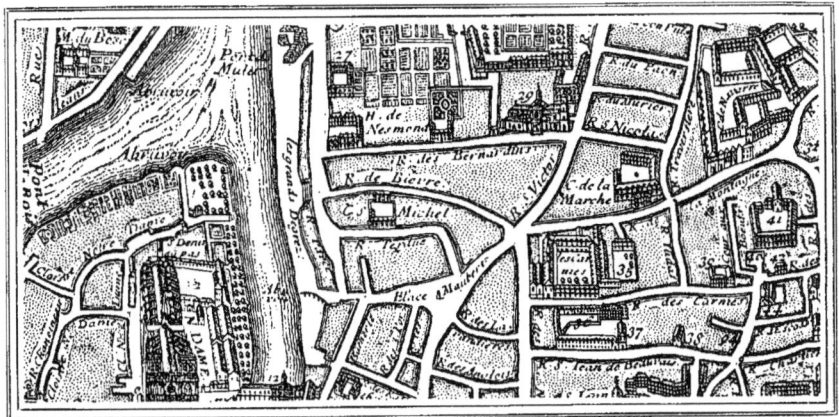

Fac-similé héliographique. Plan de B. Jaillot (1717).

COLLÉGE DE CHANAC OU DE SAINT-MICHEL.

Le collége de Chanac fut fondé, vers 1348, dans la rue de Bièvre, *in vico de Bievria*, par Guillaume de Chanac[1], quatre-vingt-quatrième évêque de Paris, qui lui laissa par testament 100 livres de revenu annuel, des ornements pour la chapelle, et « des livres de diverses sciences, avec inhibition et défense d'en alié- « ner. » Ce commencement de bibliothèque fut placé dans une salle située au-dessus de la chapelle[2].

Trente-six ans après, un neveu du fondateur[3], nommé, comme lui, Guillaume de Chanac, et qui fut cardinal et évêque de Mende, légua au collége 200 livres tournois, sa crosse, sa mitre « et certains livres pour estre enchaisnez « en la librairie[4]. » Cette prescription ne fut malheureusement pas observée, car, dès les premières années du xviie siècle, il n'y avait plus un seul volume dans la bibliothèque de ce collége[5].

Nous ne connaissons aucune estampille au nom de cet établissement, mais nous avons rencontré sur un certain nombre de volumes l'inscription suivante:

BIBLIOTHECÆ S[ti] MICHAELIS.

---

[1] Guérard, *Cartul. eccl. Paris.* t. IV, p. 59.
[2] Cl. Malingre, *Antiquitez de Paris*, p. 331.
[3] Piganiol de la Force, *Description historique de Paris*, t. V, p. 346.
[4] Malingre, *Antiquitez de Paris*, p. 331. — Sauval, *Histoire de Paris*, t. II, p. 377.
[5] J. Dubreul, *Theatre des antiquitez de Paris* (1639), p. 529.

Ce collége, dans lequel le cardinal Dubois avait fait ses études[1], fut, en 1763, réuni à l'Université; une partie des bâtiments qu'il occupait existe encore entre la rue de Bièvre et la rue Maître-Albert (ancienne rue Perdue).

[1] Crevier, *Histoire de l'Université de Paris*, t. II, p. 407.

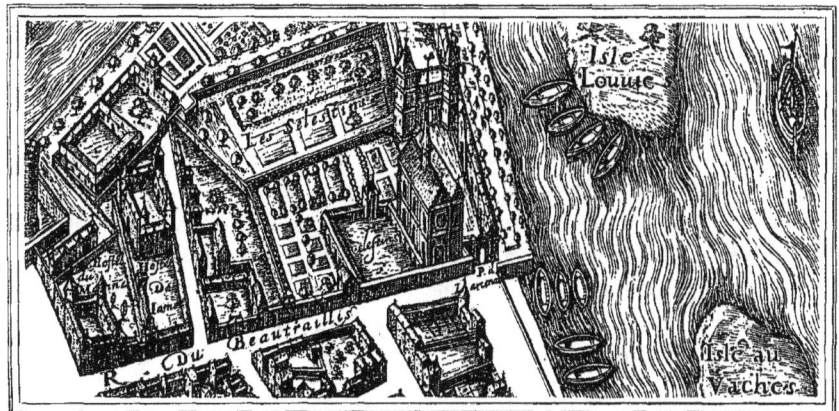

Fac-similé héliographique.   Plan de Vassalieu (1609).

CÉLESTINS.

Créé en 1244 par Pierre de Moron, qui devint pape sous le nom de Célestin V, l'ordre des Célestins fut introduit en France au commencement du xive siècle; mais il n'y prit réellement quelque extension qu'après son installation à Paris, sur un terrain situé aujourd'hui entre la rue Saint-Antoine et le quai Morland. C'est là que les Carmes avaient eu d'abord leur couvent; ils l'abandonnèrent en 1318[1], pour aller s'établir au bas de la grande rue Sainte-Geneviève (place Maubert). Un riche bourgeois de Paris, nommé Jacques Marcel, l'acheta et y mit deux chapelains; puis, en 1352, Garnier, son fils, le donna à six frères Célestins qui étaient restés jusqu'alors près de Compiègne[2]. Cinq ans après, Charles V posa la première pierre d'une église destinée à remplacer la chapelle primitive, que ces religieux trouvaient déjà trop humble.

Voisins de l'hôtel Saint-Paul, où résidait Charles V, les Célestins eurent une large part aux dévotes libéralités de ce prince[3]. Il les « renta moult richement, « fist fere leur esglise tant belle et notable[4], » vint lui-même la consacrer, et lui fournit les livres liturgiques nécessaires à l'office divin[5]. Il fut en réalité le vrai fondateur de ce couvent, et les religieux le mentionnèrent à ce titre dans leur nécrologe : « Obitus regis Karoli quinti et domine Johanne de Borbonio, ejus con- « sortis, qui edificaverunt hoc monasterium[6]. »

---

[1] Voyez ci-dessus, p. 1.

[2] Piganiol de la Force, *Description historique de Paris*, t. IV, p. 181.

[3] Voyez J. Dubreul, *Theatre des antiquitez de Paris*, p. 678. On trouve dans Félibien, *Histoire de Paris*, t. III, p. 473, la Charte par laquelle le roi Charles V prend les Célestins sous sa protection.

[4] Christine de Pisan, *Histoire de Charles V*, 3e partie, ch. xi.

[5] Piganiol de la Force, *Description historique de Paris*, t. IV, p. 183.

[6] Le nécrologe des Célestins est conservé à la

90 LES ANCIENNES BIBLIOTHÈQUES DE PARIS.

Louis d'Orléans, fils puîné de Charles V, hérita de la prédilection de son père pour les Célestins, en même temps que de son amour pour les lettres et les arts; on sait qu'il réunit une belle collection de livres, qui, transmise à Charles d'Orléans et à ses successeurs, devint la bibliothèque de Blois, une des plus précieuses acquisitions qu'ait faites celle du Roi. Louis d'Orléans ne donna aux Célestins que trois ouvrages, mais d'une grande valeur. Ce fut d'abord une magnifique Bible in-folio sur vélin, que Charles V avait fait exécuter pour son usage personnel, et qu'il lisait, dit-on, tout entière chaque année, nu-tête et à genoux[1]. Ce précieux volume, conservé aujourd'hui à la bibliothèque de l'Arsenal[2], porte encore cette double inscription autographe :

Le duc d'Orléans offrit un peu plus tard aux Célestins une autre Bible très-

bibliothèque Mazarine; c'est un volume in-folio, sur vélin, qui porte le n° H 574. Une copie très-incomplète de ce manuscrit, et composée seulement de treize feuillets de vélin, existe aux Archives de l'Empire, série S, carton n° 3743; on lit en tête : *Modus fundationis conventus Celestinorum Beate Marie de Parisius, ordinis Sancti Benedicti... Sequuntur misse bene fundate.*

[1] «Biblia sacra, Caroli V, Francorum regis sapientissimi jussu, in membranis vitulinis egregie descripta, quæ per singulos annos, nudo capite et flexis genibus, teste Philippo Mazerio, venerabundus lectitabat rex.» (D. Becquet, *Gallicæ Cœlestinorum congregationis monasteriorum fundationes*, p. 17.)

[2] Manuscrits in-fol. n° TL 4°.

riche, en quatre volumes in-folio, « escripte en veelin par des religieuses [1] », et qui, jusqu'au XVIIe siècle, servit pour les lectures du réfectoire [2]. Il leur donna, enfin, un beau bréviaire destiné à l'infirmerie [3]. Les religieux mentionnèrent en ces termes les libéralités du prince sur leur registre des fondations pieuses : « Fundatio unius misse quotidiane... pro domino Ludovico, duce Aurelianensi, « filio domini regis Karoli quinti... a quo habuimus c libras pro reditu... cum « pluribus jocalibus... et pluribus libris [4]. »

Nous trouvons dans le même manuscrit la mention suivante : « Fundatio unius « misse alte in anno, in cappella domini Philippi de Maiseriis... Dimisit etiam « nobis plures reditus et multa volumina librorum [5]. » Pendant l'année qui précéda la mort du roi Charles V, un de ses plus fidèles serviteurs, devenu son conseiller intime, le brave et intelligent Philippe de Maizières, avait dit adieu au monde, et, renonçant à servir son pays autrement que par la plume, avait choisi pour retraite le couvent des Célestins, sans doute en raison de l'affection que leur portait son maître. Il y composa, sous le nom du *Pauvre pèlerin*, des ouvrages inspirés par un ardent amour de l'humanité, et y mourut le 29 mai 1405, après avoir disposé de la presque totalité de ses biens en faveur du monastère qui lui avait servi d'asile. Nous avons trouvé parmi les manuscrits de la Bibliothèque impériale une copie du curieux testament de Philippe de Maizières [6]. On n'y voit spécifié aucun legs de livres; mais il est probable que la bibliothèque du Pauvre pèlerin avait été l'objet d'une donation antérieure, car on rencontre, à la fin de quelques volumes provenant des Célestins, la note suivante, qui date de la fin du XIVe siècle [7] :

: ihs :

iste liber est dni phi de maseriis
cancellarij regni

---

[1] J. Dubreul, *Theatre des antiquitez de Paris*, p. 684.

[2] L. Jacob, *Traicté des plus belles bibliothèques*, p. 504.

[3] J. Dubreul, *Theatre des antiquitez de Paris*, p. 680.

[4] *Fundationes Celestinorum*, p. 5. Bibliothèque Mazarine, manuscrits, n° 1285.

[5] Page 4.

[6] « La copie du testament de messire Philippe « de Maisières, chancelier de Cypre, qui, par hu-« milité, se nomme luy mesme en ses escrits le « povre vieil pélerin... Supplie le couvent des Cé-« lestins que, tantost et sans arrest que l'âme sera « partie du corps, la charogne du pélerin soit des-« pouillée toute nue, excepté que une petite pièce « de sac ou d'un touillon de cuisine en forme d'un « escu soit mise et bien attachée sur les membres « honteux... Escrit tellement quellement de la main « du povre pélerin en sa celle des Célestins de Paris, « non pas sans paour attendant son jugement, en-« viron l'an de grace 1392. » (Bibliothèque impériale, manuscrits, fonds latin, n° 15077, ancien fonds de Saint-Victor, n° 999.)

[7] Bibliothèque impériale, manuscrits, fonds latin n° 17330, ancien fonds des Célestins, n° 15.

Le nécrologe des Célestins nous révèle plusieurs autres libéralités, faites vers la même époque en faveur de la bibliothèque du couvent. Les seules auxquelles nous puissions assigner une date certaine sont presque contemporaines. En 1370, Adam de Melun et son frère Guillaume, archevêque de Sens, donnèrent à la Maison des livres de théologie et de philosophie : « Missa quotidiana pro « domino Adam de Melduno, milite, et pro domino Guillermo, archiepiscopo « Senonensi, fratre suo, a quibus habuimus ccccc francos... cum certis libris theo- « logie et philosophie. » Cet exemple fut bientôt imité par l'évêque Claude de Grandmont, qui, suivant le *Gallia christiana*, mourut en 1301 [1] : « Obitus domini « Clementis de Grandimonte, quondam episcopi Lodovensis, de cujus bonis « habuimus plures libros [2] et octoginta francos. »

Le dépouillement du nécrologe nous fournit encore les mentions suivantes :

« Obitus magistri Martini Senescali... qui dedit in libris juris canonici et civilis « circiter centum francos. »

« Obitus Petri Barbou, civis Parisiensis [3], qui dedit ... unam Bibliam glosatam « in xiiij voluminibus. »

Aux indications qui nous sont fournies par le nécrologe, il faut joindre celles que nous avons puisées dans l'examen d'un nombre considérable de volumes provenant du monastère des Célestins.

En 1483, après la mort de Jean Cœur, quatre-vingt-septième archevêque de Bourges [4], Geoffroi Cœur, son héritier, donna au couvent un manuscrit sur lequel on trouve cette note : « Notum quod hunc librum dedit huic monasterio dominus « Goffredus Cordis, miles, et dominus de la Chaucée, post mortem domini archie- « piscopi Bituricensis, tanquam heres ipsius; presentibus et acceptantibus Fr. « Helya Forelli, priore, et Fr. Thomas Sablon, procuratore Celestinorum de Pari- « sius [5]. » Le 4 février 1489, douze ans avant sa mort, Jean Budé, secrétaire du roi, audiencier de la chancellerie de France et père du savant Guillaume Budé, le bibliothécaire de François Ier, voulut avoir part aux prières des religieux, et leur offrit dans ce but un très-beau volume, à la fin duquel on écrivit : « Anno « Domini m° cccc° octogesimo nono, iiij februarii, honorabilis ac discretus vir ma- « gister Johannes Bude, notarius et secretarius domini nostri regis, ac cancellarii « Franciæ audientiarius, hunc librum dedit nobis Celestinis de Parisius, in puram « elemosinam, ut sit particeps precum nostrarum [6]. »

En 1514, autre libéralité, faite par le conseiller Jean Lecoq, à l'instigation de

---

[1] *Gallia christiana*, t. VI, col. 559.
[2] Le manuscrit de la bibliothèque Mazarine porte : «... certos libros theologie.»
[3] Le manuscrit de la bibliothèque Mazarine ajoute : «... et uxoris sue.»
[4] Il mourut le 25 juillet, et fut enterré à l'église des Célestins, dans la chapelle dite depuis des ducs de Gesvres. (Voyez le *Gallia christiana*, t. II, p. 88, et Beurier, *Histoire du monastère des Célestins*, p. 384.)
[5] Bibliothèque Mazarine, manuscrits, n° 1112.
[6] *Ibid.* incunables, n° 915 M.

son fils Jacques, religieux célestin : «Hunc librum donavit conventui Celestino-
«rum Beate Marie de Parrhisius, devotissimus senator ejusdem urbis, Johannes
«Le Coq, ordini nostro deditissimus, intuitu filii sui fratris Jacobi Le Coq, pro-
«fessi. Anno Domini 1514, die 10 mensis septembris. Orate pro eo[1].» Enfin,
le 18 juillet 1544, Jean Legrain offrit au couvent un manuscrit des œuvres de
Galien, qui fut placé à l'infirmerie; on lit à la fin : «Donné à l'enffermerie
«par M° Jehan le Grain. L'an 1544, ce 18 juillet[2].»

Les inscriptions suivantes ne portent pas de date, et il nous a été impossible de
leur en assigner :

«Iste liber est Celestinorum Beate Marie de Parisius, quem dedit magister
«Nicholaus de Mehetz, Sancti Martini Turonensis prepositus, ob amorem fratris
«Johannis Pouchin, intus professi[3].»

«Iste liber est Celestinorum Beate Marie de Parisius, quem dedit magister
«Ludovicus de Mehetz, prepositus ecclesie Sancti Martini Turonensis, ob amo-
«rem fratris Johannis Pouchin, intus professi[4].»

«Iste liber est magistri Joh. Yseberti de Autissiodoro, quem dedit, cum pluri-
«bus aliis bonis, conventui Celestinorum de Parisius[5].»

«Hec Biblia optime impressa et totaliter completa, cum interpretationibus no-
«minum hebraïcorum, signataque..., est de monasterio Celestinorum... Hanc
«dederunt huic monasterio parentes fratris Petri Sohier, pro suo usu quamdiu
«placuerit patri priori[6].»

«Iste liber est Celestinorum... quem dedit frater Guillermus Finet, ante pro-
«fessionem suam[7].»

«Celestinorum... ex dono fratris Jo. Roches, ante professionem suam[8].»

«Hoc volumen, cum aliis quam plurimis, dedit nobis Celestinis Parisius, ante
«suam professionem, frater Droco Charron[9].»

«Iste liber est Celestinorum... ex dono fratris Guillelmi Charpentier, ante
«suam professionem[10].»

«Celestinorum... per fratrem Stephanum Rousselli de Pontisara apportatum[11].»

«Iste liber est Celestinorum... acquisitus per fratrem Petrum la Vache huic
«monasterio[12].»

Un frère profès, nommé Gui de Vitry, donna au monastère un grand nombre
d'ouvrages précieux, et, en tête de chacun d'eux, on plaça une note ainsi concue :
«Hunc librum dedit huic monasterio frater Guido de Vitry, professus ejusdem

---

[1] Bibliothèque Mazarine, incunables, n° 24348.
[2] Ibid. manuscrits, n° 1281.
[3] Ibid. incunables, n° 1537 B.
[4] Ibid. incunables, n° 2055 G.
[5] Ibid. manuscrits, n° 1083.
[6] Biblia sacra, Venise, 1483, in-4°. Bibliothèque Mazarine, incunables, n° 617 H².

[7] Bibliothèque Mazarine, incunables, numéros
11470*, 1474 G, 12178 A.
[8] Ibid. incunables, n° 26653 G.
[9] Ibid. incunables, n° 16571 A.
[10] Ibid. incunables, n° 1279 H.
[11] Ibid. manuscrits, n° 1244.
[12] Ibid. manuscrits, n° 1315.

« Celestinorum de Parisius [1]. » Une autre libéralité, considérable aussi, fut faite au couvent par un religieux de la même famille, Ambroise de Vitry : « Iste liber, « lit-on à la fin, est Celestinorum Beate Marie de Parisius, quem dedit frater « Ambrosius de Vitry, ante professionem suam [2]. » Cette formule « ante profes- « sionem suam » se rencontre dans la plupart des inscriptions de cette nature; on est donc fondé à supposer que pendant longtemps on exigea des nouveaux religieux qu'avant de prononcer leurs vœux ils fournissent un volume à la bibliothèque; c'était une règle adoptée dans quelques monastères, chez les frères de la Sainte-Croix, par exemple [3].

Nous ne possédons point d'autres détails sur l'origine de la bibliothèque des Célestins. Nous sommes encore plus heureux que Maichel, qui déclare qu'il n'a rien découvert sur ce sujet, et que le bibliothécaire lui-même n'a pu lui fournir aucun renseignement [4].

La bibliothèque avait cependant déjà un règlement fort détaillé, inséré dans les *Constitutions* de l'ordre. Voici la traduction du chapitre XIV, qui est consacré aux devoirs du bibliothécaire [5] :

« Le bibliothécaire doit classer tous les livres du couvent dans la bibliothèque,

---

[1] Bibliothèque Mazarine, incunables, n°⁵ 472, 1560 C*, 1862 F.

[2] *Ibid.* incunables, n°⁵ 14160 A, 1863 C** et 12236 B*.

[3] Voyez t. I", p. 332.

[4] « Ejus originem atque progressum non æque « ac antecedentium historica enarratione persequi « possum, quia fontes, ex quibus ea coaluit, mihi a « bibliothecario nunquam fuerunt indicati, neque « eos investigando alibi invenire potui. » (Maichelius, *Introductio ad historiam literariam de præcipuis bibliothecis*, p. 108.)

[5] DE OFFICIO BIBLIOTHECARII.

« Ad bibliothecarium pertinet omnes libros mo- « nasterii eo ordine in bibliotheca collocare, ut sin- « gulis facultatibus suus sit certus locus proprio ti- « tulo inscriptus; et libri ipsi singuli singulis etiam « tum auctorum tum subjectorum titulis exterius « insigniti. Omnium librorum catalogum ordine al- « phabetico digestum habere, et libros ipsos, ne « injuria aut ignorantia monasterio pereant, ipsius « monasterii et congregationis nomine interius in- « scribere. Libris studentibus, ut opus fuerit, de « prælati licentia distribuere, et, ne distrahantur « aut perdantur, cautionem a sumentibus accipere, « et tandiu retinere donec libros reddiderint. Libros « de prælati licentia externis mutuo forte conces- « sos, diligenter annotare, cum eorum nominibus « quibus concessi fuerint, eosque suo tempore se- « dulo requirere et recipere. Bibliothecam mundam « et compositam tenere, ex libris subinde pulverem « excutere, et cavere ne aliquo eventu quomodolibet « corrumpantur. Sane in loco publico, præsertim in « majoribus monasteriis, extent quidam communio- « res libri, quos unusquisque pro ratione studiorum « suorum libere adire et consulere possit. Fratres « autem nostri ne in cellis suis libros habeant, nisi « quos eis prior permiserit; nec in his aliquid scri- « bant, notent aut deleant. Nullus etiam libros ul- « los exportet aut exportari curet extra monaste- « rium, neque vero etiam de novo in monasterium « importet aut importari faciat, nisi conscio et con- « sentiente majore. Libri autem prohibiti non com- « burantur quidem aut projiciantur, sed sub clave « recludantur. Qui etiam provinciali suo tempore « exibeantur, ut prævio diligenti examine, quinam « ex ipsis reservari debeant, ipse de prioris et sa- « pientum consilio prudenter statuat. Ejusdem curæ « sit ut aliquid, juxta monasterii facultatem, quot- « annis emptioni librorum tribuatur. Denique clavis « bibliothecæ sit tantum penes bibliothecarium, et « (ut summum) patres priorem et suppriorem; « qui etiam nullum librum inde sibi aut alteri su- « mant, nisi adhibita cautione supradicta. » (*Constitutiones fratrum Celestinorum provinciæ franco-gallicanæ*, pars XII, liber II, p. 88.)

« de manière que chaque matière occupe un endroit spécial et clairement dési-
« gné; les livres eux-mêmes porteront chacun extérieurement inscrit le nom de
« l'auteur et le titre du sujet qui y est traité. Le bibliothécaire possédera un ca-
« talogue rédigé par ordre alphabétique; de plus, afin d'éviter les pertes que l'in-
« justice ou l'ignorance pourraient faire subir à la Maison, le nom du couvent et
« celui de la congrégation figureront dans chaque volume. Le bibliothécaire prê-
« tera, avec l'autorisation du supérieur, des livres à ceux qui en auront besoin
« pour leurs travaux; mais, afin de prévenir les détériorations ou les pertes, il
« exigera des emprunteurs une caution qu'il conservera jusqu'à ce que les volumes
« aient été restitués. S'il arrivait que, de l'avis du supérieur, des livres eussent
« été prêtés à des étrangers, le bibliothécaire prendrait exactement les noms des
« emprunteurs, et aurait soin, au moment voulu, de réclamer les volumes et de
« les recouvrer. Il veillera à ce que la bibliothèque soit toujours propre et bien
« rangée, battra fréquemment les livres et s'assurera qu'aucun risque ne les me-
« nace. Dans les monastères importants surtout, il pourra être mis en commun
« un certain nombre de volumes dans un endroit accessible à tous les religieux;
« et chacun aura le droit de venir librement les consulter pour ses travaux. Nos
« frères ne pourront avoir des livres dans leur cellule qu'avec la permission du
« prieur, et ils auront soin de n'y rien ajouter, noter ou effacer. Que personne
« n'emporte ou ne laisse emporter des livres hors du couvent, que personne n'en
« introduise ou n'en laisse introduire sans l'autorisation du supérieur. Les ouvrages
« défendus ne seront ni brûlés ni jetés, mais enfermés sous clef. On les présentera
« au provincial lors de sa visite, afin que, prenant conseil du prieur et de per-
« sonnes prudentes, il décide en dernier ressort quels sont ceux qui doivent être
« mis à part. Le bibliothécaire veillera à ce que tous les ans une certaine somme,
« proportionnée aux ressources du couvent, soit affectée à l'achat de livres. Enfin
« le bibliothécaire seul, ou tout au plus le prieur et le sous-prieur, auront une
« clef de la bibliothèque; mais ces derniers ne pourront emprunter de livres sans
« fournir la caution ordinaire. »

Les prescriptions si nettement exposées dans ce règlement n'ont certainement pas toujours été observées; mais il est certain que le monastère consacrait tous les ans une petite somme à l'acquisition d'ouvrages qui lui manquaient. La bibliothèque de l'Arsenal possède, en effet, un registre in-4° qui est intitulé : *Catalogue des livres achetés par les Célestins; table de quelques-uns* [1], et qui renferme la liste d'une partie des livres achetés par la Maison entre 1661 et 1670. Au reste, les donations continuaient encore à cette époque. Le 15 mars 1661, le P. Obry offrit au couvent deux cent cinquante volumes environ, dont le catalogue est aujourd'hui conservé à la bibliothèque Mazarine [2]. Constatons encore pour

---

[1] Biblioth. de l'Arsenal, manuscrits, n° 839 L.
[2] *Catalogue des livres que le R. P. Obry a mis à la bibliothèque le 15 mars 1661.* Bibliothèque Mazarine, manuscrits, n° 3188.

mémoire le don d'un beau missel du xve siècle sur lequel on lit : « Ce présent
« messel a été donné aux Pères Célestins de Paris par Monsieur Le Noir, apoticaire,
« en 1674 [1]. »

Michel de Marolles, ordinairement si emphatique, est très-sobre d'éloges pour cette collection :

> On peut considérer aussi la Célestine,

dit-il [2]. Il est vrai que Marolles écrivait en 1676, et que la bibliothèque était sans doute alors en assez mauvais état, car, en 1682, elle dut être entièrement remise à neuf [3]. Comme composition, c'était pourtant déjà l'une des plus riches collections de Paris; elle renfermait, vers 1700, sept à huit mille volumes [4], près de douze mille en 1722 [5], et avait alors pour bibliothécaire le P. Becquet [6], bibliographe instruit, qui l'éleva rapidement au chiffre de dix-sept mille volumes [7]. Les Célestins passaient d'ailleurs pour être fort peu assidus au travail; en revanche, ils possédaient la plus belle batterie de cuisine qu'on pût voir [8], et les omelettes à la Célestine furent longtemps célèbres.

Au milieu du xviiie siècle, deux personnages éminents contribuèrent à enrichir la bibliothèque des Célestins. Marc-René Voyer d'Argenson, qui remplit pendant près de vingt ans les fonctions de lieutenant général de police, envoyait à ce couvent la plupart des ouvrages hétérodoxes dont il ordonnait la confiscation [9]. Disons en passant que ce magistrat fut le grand-père de Marc-Antoine-René de Paulmy d'Argenson, dont la riche collection, achetée en 1785 par le comte d'Artois, est devenue la bibliothèque actuelle de l'Arsenal.

En février 1741, Charles de Hénaut, conseiller au grand conseil, « vir bene « litteratus, » dit Becquet, laissa par testament sa bibliothèque aux Célestins [10];

---

[1] Bibliothèque Mazarine, manuscrits, n° 223.

[2] Michel de Marolles, *Paris ou description succincte de cette grande ville*, p. 47.

[3] D. Becquet, *Gallicæ Celestinorum congregationis monasteriorum fundationes*, p. 16.

[4] J. C. Némeitz, *Le séjour de Paris, c'est-à-dire instructions fidèles pour les voyageurs de condition*, t. Ier, p. 272.

[5] G. Wallin, *Lutetia Parisiorum erudita sui temporis, hoc est annorum hujus sæculi xxi et xxii*, p. 120.

[6] « Quod summam rei attinet, præstare possum « lectori hanc bibliothecam libris instructissimam « esse; in qua ornanda præclare hactenus munere « suo perfunctus est dominus Becquetus, hujus or- « dinis atque conventus socius, qui jam per plures « annos huic bibliothecæ præest, eamque elegantioris « literaturæ notitiam tenet, quæ huic officio perfecte « respondet. » (Maichelius, *Introductio ad historiam literariam de præcipuis bibliothecis Paris*. p. 109.) — Germain Brice écrit de son côté : « Le R. P. An- « toine Becquet, né à Paris, qui en est bibliothé- « quaire, fort entendu dans le choix des bons livres, « apporte tous ses soins pour la rendre plus ample « qu'elle n'a été jusqu'ici, quoique le nombre des « livres qu'elle contient soit déjà assez considérable. » (*Nouvelle description de la ville de Paris*, t. II, p. 303.)

[7] Piganiol de la Force, *Description historique de Paris*, t. IV, p. 261.

[8] Jordan, *Histoire d'un voyage littéraire fait en 1723*, p. 116.

[9] Piganiol de la Force, *Description historique de Paris*, t. IV, p. 261.

[10] D. Becquet, *Celestinorum monasteriorum fundationes*, p. 18.

elle se composait de quatre mille volumes choisis avec soin et bien reliés [1]. Presque tous portent la note suivante, écrite d'une main déjà tremblante :

> Ex
> Bibliothecâ &
> munificentiâ
> Caroli DeHenaut
> In Magno Galliæ Consilio
> Senatoris
> Anno M.DCC X

Nous ne pouvons d'ailleurs expliquer cette date de 1710, qui est contraire à celle que fournissent Piganiol de la Force et même Becquet, le bibliothécaire alors en fonctions. La bibliothèque Mazarine possède le catalogue manuscrit de la collection de Hénaut; il forme deux volumes in-4° qui ont pour titre : *Catalogus librorum Cl. V. D. Caroli de Henaut, in magno Galliæ consilio senatoris, anno 1693* [2].

Becquet donna ou légua sans doute aussi ses livres au couvent, car l'inscription :

> Ex Libris Antonij Becquet 1673.

se rencontre fréquemment sur les volumes de la Maison. Il mourut en 1730, et nous ne savons quel fut son successeur, dont Jordan disait en 1732 : «Le biblio-«thécaire est fort peu chargé de science, et n'a pas l'air fort spirituel [3].»

La bibliothèque des Célestins était située au-dessus de l'un des dortoirs [4]; elle se composait d'une galerie assez élégante [5] et décorée de pilastres ioniques sculptés avec soin. Au fond, de plain-pied avec la galerie, s'ouvraient deux arrière-cabinets [6]. Outre les ouvrages que nous avons cités déjà, on remarquait dans cette bibliothèque un grand nombre d'ouvrages imprimés pendant le XVe siècle [7]. Citons, avant tout, l'édition princeps (en caractères mobiles) du célèbre *Speculum humanæ salvationis*, dont on ne connaît que quatre exemplaires; celui des Célestins fut acheté par le duc de La Vallière et est aujourd'hui à la

---

[1] Piganiol de la Force, *Description de Paris*, t. IV, p. 261.

[2] Bibliothèque Mazarine, manuscrits, n°ˢ 3174 et 3175.

[3] Jordan, *Histoire d'un voyage littéraire*, p. 116.

[4] G. Brice, *Description de la ville de Paris*, t. II, p. 303.

[5] Maichelius, *Introductio ad historiam literariam*, p. 111.

[6] Piganiol de la Force, *Description de Paris*, t. IV, p. 261. — Le cabinet des estampes de la Bibliothèque impériale possède six grandes esquisses au crayon relatives à cette bibliothèque (*Topographie de Paris*).

[7] Antonini, *Mémorial de Paris*, t. Ier, p. 203.

Bibliothèque impériale de Vienne[1]. On remarquait encore la glose de Nicolas de Lyra sur la Bible, édition de 1472 [2], et la Bible latine de Gering, Crantz et Friburger [3], la première qui ait été imprimée à Paris. Le cabinet des manuscrits était relativement moins riche. On y voyait pourtant l'original du Songe du vieux pèlerin, composé par Philippe de Maizières pour l'instruction de Charles VI [4]; le cardinal Du Perron faisait tant de cas de cet ouvrage qu'il se rendait, dit-on, souvent au couvent des Célestins exprès pour le lire [5]. Parmi les manuscrits modernes figuraient presque tous les travaux de l'avocat Étienne Carneau, qui se retira chez les Célestins en 1630 [6]. Puis un volume qui rappelle la passion que ces religieux avaient pour la musique [7] : « C'étoit, dit « Pernetti, un traité des articles de foi selon leur analogie avec la musique, ou « la musique de la foi. L'auteur prétend que tout ce qui appartient à la foi con- « siste dans le poids et la mesure; il dérive de là le rapport de la foi avec la « musique. Le bécarre et le bémol y ont leur comparaison; la basse, la taille et la « haute-contre désignent la foi, l'espérance et la charité; les articles de foi sont « marqués par les jointures des doigts; c'est la tablature des sons [8]. » Le Lyonnais François de Larbent, auteur de ce singulier travail, l'avait légué à Charles de Lorraine, archevêque de Reims, qui le donna aux Célestins.

On avait joint à cette bibliothèque, dont l'accès était assez facile pour les savants [9], un cabinet de curiosités, où l'on voyait deux momies d'une très-belle conservation [10].

Le dernier bibliothécaire des Célestins fut le père L.-F. Daire, qui donna plusieurs manuscrits au couvent [11].

Nous ne connaissons qu'un seul catalogue de la bibliothèque des Célestins. Il est rédigé par ordre alphabétique, ne porte pas de date, et forme un volume in-folio qui a pour titre : *Bibliotheca Cœlestinorum Parisiensium*. On trouve à la suite : *Catalogue des Livres que le R. P. Obry a mis à la Bibliothèque le 15 mars 1661*; puis, *Appendix Bibliothecæ PP. Celestinorum Parisiensium, ordine alphabetico per auctorum agnomina* [12].

---

[1] J.-M. Guichard, *Notice sur le Speculum humanæ salvationis*, p. 36.

[2] D. Becquet, *Celestinorum monasteriorum fundationes*, p. 17.

[3] A. Chevillier, *Origine de l'impr. de Paris*, p. 79.

[4] Le véritable titre de ce manuscrit, qui forme trois volumes in-folio, est ainsi conçu : *Cy est le livre appelé le Songe, adressant au blanc faucon à bec et pieds dorés*.

[5] Piganiol de la Force, *Description de Paris*, t. IV, p. 264.

[6] Hurtaut et Magny, *Dictionnaire historique de Paris*, t. II, p. 132.

[7] Jordan, *Histoire d'un voyage littéraire fait en 1723*, p. 116.

[8] Pernetti, *Recherches pour servir à l'histoire de Lyon*, t. Ier, p. 331.

[9] Durey de Noinville, *Dissertation sur les bibliothèques*, p. 50.

[10] *Le géographe parisien*, etc. t. Ier, p. 328. — Jèze, *État ou tableau de la ville de Paris relativement à l'utile*, etc. p. 197.

[11] Voyez le *Catalogue des manuscrits déposés chez les Célestins par le P. Daire*. Bibliothèque impériale, manuscrits, fonds français, n° 15290.

[12] Bibliothèque Mazarine, manuscrits, n° 3188.

Les Célestins avaient pour armoiries : « d'azur à une longue croix entortillée « d'une S d'argent et accostée de deux fleurs de lis d'or; » ces différentes pièces se retrouvent dans l'estampille de la bibliothèque :

L'S désigne la ville de Sulmone où était le monastère du Saint-Esprit, chef-lieu de l'ordre, et les deux fleurs de lis avaient été accordées aux Célestins par Philippe le Bel. L'estampille que nous venons de reproduire était frappée en or sur les plats des volumes. On ne la rencontre jamais dans l'intérieur; elle y est remplacée par des inscriptions manuscrites qui, conformément aux termes du règlement de la bibliothèque, indiquent à la fois le nom de la congrégation et celui du couvent :

ISTE LIBER EST DE CENOBIO CELESTINORUM DE PARISIUS.

ISTE LIBER EST MONASTERII CELESTINORUM BEATE MARIE DE PARISIUS.

CELESTINORUM PARISIENSIUM.

ISTE LIBER EST DE CONVENTU FRATRUM CELESTINORUM DE PARISIUS.

DES CELESTINS DE PARIS.

Les Célestins poussèrent si loin le désordre et l'immoralité, qu'en 1778 on fut contraint de les supprimer; ils obtinrent plus tard de rentrer dans leur couvent.

Mais, pendant l'année qui précéda leur disgrâce, ils vendirent en secret un grand nombre de volumes [1], dont la majeure partie fut achetée par le duc de La Vallière et le marquis de Paulmy [2].

L'église des Célestins, remplie de monuments historiques de la plus haute importance, a été démolie après la Révolution, et ce qui restait des bâtiments fut alors converti en caserne.

[1] *Mémoires secrets, dits de Bachaumont*, 22 avril 1776, t. IX, p. 133.

[2] Millin, *Antiquités nationales*, Célestins, t. Ier, p. 167.

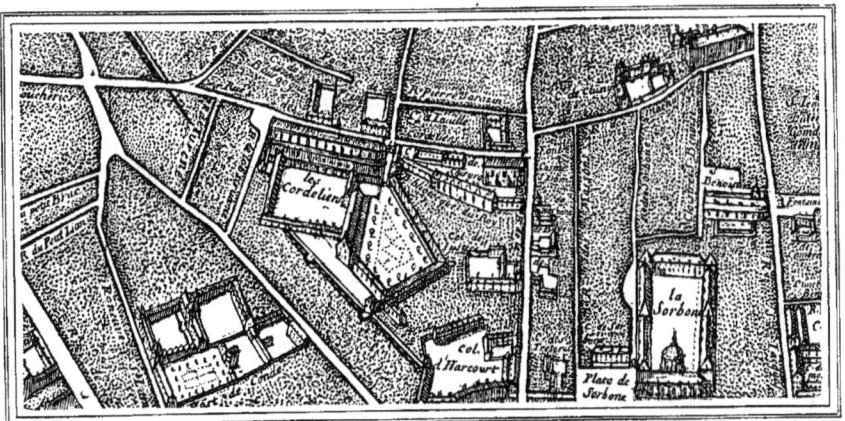

Fac-similé héliographique. Plan de Jouvin de Rochefort (1676).

COLLÉGE DE JUSTICE.

Jean de Justice, chantre de Bayeux et chanoine de Notre-Dame de Paris, mourut en 1353. Il ordonnait par son testament qu'un collége, destiné à des étudiants des diocèses de Rouen et de Bayeux, serait établi dans quelques maisons qu'il avait acquises de l'Hôtel-Dieu, et qui étaient situées rue de la Harpe, presque en face du collége de Sens. Ses intentions furent réalisées, dès l'année suivante [1], par ses exécuteurs testamentaires, Denis Ducler et Guillaume Racine. Ceux-ci rédigèrent, quatre ans après, les statuts du collége, et l'un des articles qui y figurent nous prouve qu'il y avait déjà dans cette maison un commencement de bibliothèque: « Chacun, y est-il dit, jurera de conserver fidèlement « comme siens les livres de l'établissement, et de ne les prêter au dehors à per- « sonne. Ces livres seront déposés et enchaînés dans une librairie, où tous ceux « qui en auront besoin pourront entrer et étudier. Nous voulons qu'on inscrive « avec soin sur un registre conservé dans la librairie les titres des volumes et les « noms de ceux qui les auront offerts [2]. »

Nous manquons ensuite de renseignements jusqu'au milieu du XVIe siècle. Le

---

[1] Jaillot, *Quartier Saint-André-des-Arcs*, p. 85. — Voyez J.-V. Le Clerc, dans l'*Histoire littéraire de la France*, t. XXIV, p. 246.

[2] « Item quilibet jurabit libros domus sicut suos «fideliter custodire, nec extra domum alicui com- «modare. Qui siquidem libri in una libraria inca- «tenati ponantur, ubi omnes qui loquetum quærere «voluerint intrare poterunt et studere. Et volumus «quod nomina librorum scribantur in libraria in «registro specioso, et nomina illorum qui prædic- «tos libros erogaverunt. » (Archives de l'Empire, série M, carton n° 137.)

fameux président Lizet, mort abbé de Saint-Victor en 1554, fit de grandes libéralités au collége de Justice, et lui légua sa bibliothèque, dont le très-curieux inventaire est conservé aux Archives de l'Empire. Il débute ainsi : « Dudict jour « de vendredy, quinziesme jour des dicts mois et an [1] .... furent inventoriez les « livres trouvez en l'estude de la maison du dict deffunct et autres lieux en icelle « maison, apportez et inventoriez en icelle estude. ... par Gaillot du Pré et Jehan « de Roigny, libraires jurez en l'Université de Paris, après serment par eulx faict « en la manière accoustumée, eu égard au temps qui court [2]. »

Nous citerons quelques-uns des ouvrages mentionnés dans cet inventaire.

PREMIÈREMENT, LES LIVRES DE THEOLOGIE ET SAINCTES LECTRES.

Une Bible de Anvers, impression, relié en ung moyen volume. Prisée quinze sols tournoys.

Les œuvres sainct Grégoire, impression de Paris, relliés en ung volume. Prisez vingt solz tournois.

Les œuvres sainct Jehan Crisostome, impression d'Allemaigne, relliés en cinq volumes. Prisez cent solz tournois.

Les œuvres de Berchorius [3], relliés en quatre volumes. Prisez vingt solz tournois.

Les œuvres de sainct Cirille, impression de Paris. Prisez sept solz six deniers tournois.

Les œuvres sainct Hillaire, impression de Paris. Prisez sept solz six deniers tournois.

Les œuvres sainct Clément, impression d'Allemaigne. Prisez douze solz six deniers tournois.

Les œuvres de Nicolas Cusanus [4], reliés en deux volumes. Prisez vingt solz tournois.

Theophilatus [5] : sur les Evangilles, impression d'Allemaigne. Prisé dix solz tournois.

Les œuvres sainct Ambroise, relliés en trois petitz volumes. Prisez quinze solz tournois.

Opuscula sancti Crisostomi, tous relliés en cinq volumes. Prisez ensemble quinze solz tournois.

Ung volume des Concilles généraulx, impression d'Allemaigne. Prisez vingt solz tournois.

AULTRES LIVRES TANT DE GRAMMAIRE, POISIE, PHILOZOPHIE QUE HISTOIRES.

Vitæ Plutarchi, impression de Paris. Prisé douze solz six deniers tournois.

Opera Platonis, impression de Paris. Prisé douze solz six deniers tournois.

Cornelius Tacitus, en ung grant volume. Prisé douze solz tournois.

Paulus Emilius, grant volume. Prisé douze solz six deniers tournois.

Baptista Fulgosus, grant volume. Prisé dix solz tournois.

Titus Livius, impression de Paris. Prisé dix sept solz six deniers tournois.

Appianus Alexandrinus, Angelus Politianus, Livius, Eutropius, Amonius monachus, Dionisius Halicarnassus, relliez en six volumes. Ensemble prisez trente solz tournois.

Strabo : de Citu orbis. Prisé troys solz tournois.

Alexander ab Alexandro, relié en ung grant volume. Prisé douze solz tournois.

---

[1] Juin 1554.

[2] Archives de l'Empire, série M, carton n° 137.

[3] Savant bénédictin du XIVᵉ siècle, premier traducteur de Tite-Live. — Voyez plus loin, p. 110.

[4] Le célèbre cardinal Chryfftz ou Krebs, connu sous le nom de Nicolas de Cusa.

[5] Il ne s'agit pas ici de Théophylacte, l'historien byzantin; mais de son homonyme, qui fut archevêque d'Acride en Bulgarie, et mourut vers 1070.

AUTRES LIVRES EN HUMANITÉ, GRAMMAIRE ET HISTOIRES.

Opera Xenophentis, rellié en ung volume couvert de perchemyn. Prisé quinze solz tournois.
Marrobius : de Bello Gothorum..., en quatre petitz volumes. Prisez ensemble dix solz tournois.

AUTRES LIVRES TANT EN DROICT CANON QUE CIVIL.

La lecture [1] de Panorme [2], rellié en neuf petitz volumes. Prisé six livres tournois.
Lambertus : de Jure patronatus, impression de Rome, rellié en ung volume. Prisé trente solz tournois.
La lecture de Jo. de Turre Cremata [3], super Decreto, rellié en quatre volumes. Prisé quatre livres dix solz tournois.
Innocentius : super Decretales. Prisé huict solz tournois.
Cinq volumes de la lecture de Panorme, telz quelz. Prisez ensemble vingt solz tournois.

LIVRES EN DROICT CIVIL.

Ung cours de droict, première impression, avec les Institutes sans sommaire, rellié en six grans volumes telz quelz. Prisez dix solz tournois.
Ung autre cours avec les glozes et sommaires..., relié en cinq moyens volumes. Prisez sept livres dix solz tournois.
Angelus [4] : super Instituta. Prisez dix solz tournois.
Jo. Fabri [5] : super Instituta. Prisez huict solz tournois.
Matheus de Afflictis [6] : in Usibus feudorum, impression de Venise [7], rellié en trois volumes. Prisé cinquante solz tournois.
Lectura Fulgosi, ung volume. Prisé sept solz six deniers tournois.
Lectura Francisci Aretini, relié en deux volumes telz quelz. Prisez douze solz six deniers tournois.
Quarente cinq grans volumes tant de traictez que répétitions que lectures de plusieurs docteurs, non parfaictz... Prisez ensemble dix livres tournois.

AUTRES LIVRES TANT DU DROICT CANON QUE CIVIL, RELLIÉS EN PARCHEMYN.

Ars notariatus. Prisé sept solz six deniers tournois.
Placentinus super Codice, d'Allemaigne [8]. Prisé sept solz six deniers tournois.

AUTRES LIVRES EN MÉDECINE.

Arnaldus de Villa Nova [9], tel quel. Prisé dix solz tournois.

---

[1] Le mot *lectura* était à peu près synonyme de *glossa* ou *commentarius*.
[2] Sans doute Antoine Benaccelli, dit *Panormita*.
[3] Jean de Torquemada.
[4] Le jurisconsulte Angelo.
[5] Jean Lefèvre, jurisconsulte français qui mourut en 1340.
[6] Matthieu d'Afflitto, mort vers 1510.
[7] 1534; in-folio.
[8] Sans doute l'édition de Mayence, 1536, in-folio.
[9] Les œuvres d'Arnauld de Villeneuve furent publiées pour la première fois à Lyon, en 1504, in-folio.

AUTRES LIVRES TANT EN DROICT CANON QUE CIVIL, RELLIEZ EN PARCHEMYN ET COUVERS DE PARCHEMYN.

Lectura Hipoliti de Marciliis [1], rellié en ung volume. Prisé quinze solz tournois.

Concilia Stephani Bertrandi de Carpentras, rellié en trois vollumes [2]. Prisé quarente cinq solz tournois.

Quatre volumes de répétitions imprimez à Venise. Prisé cent solz tournois.

Concilia Alexandri de Imola [3], rellié en deux volumes. Prisé trente solz tournois.

Lectura Marci Mantue [4]. Prisé vingt solz tournois.

. . . .

LIVRES EN THÉOLOGIE, RELLIEZ ET COUVERTZ DE PARCHEMYN.

Le répertoire des œuvres sainct Augustin et sainct Jhérosme, relliez en deux volumes. Prisé ensemble dix solz tournois.

Cassidiorus : de Annima. Prisé dix solz tournois.

. . . .

LIVRES EN THÉOLOGIE, BLANCS, NON RELLIEZ.

Glossa ordinaria intellinaria, dernière impression de Lyon, non rellié, en sept volumes. Prisé quinze livres tournois.

Deux opera Lizeti, impression de Lyon et Paris. Prisez ensemble vingt solz tournois.

. . . .

LIVRES EN DROICT, AUSSI BLANCS, NON RELLIÉS.

Opera Alciati, impression d'Allemaigne, avec le répertoire en six volumes. Prisé soixante solz tournois.

Practica criminalis. Prisé sept solz six deniers tournois.

. . . .

AUTRES LIVRES TANT EN HUMANITÉ, HISTOIRES QUE POISIE, NON RELLIEZ.

Les œuvres de Cicero, impression d'Allemaigne. Prisé soixante solz tournois.

Opera Aristotelis, impression d'Allemaigne, trois volumes. Prisé cinquante solz tournois.

. . . .

LIVRES EN FRANÇOIS.

Perceval le Gallois. Prisé six solz tournois.

Les Coustumes de Bretaigne et Poictou. Prisez ensemble quatre solz tournoiz.

Trente-cinq volumes tans grans, moyens, que petis, escriptz à la main, tant en parchemyn que papiers, telz quelz. Prisez le tout ensemble cinquante solz tournois.

Plusieurs meschans papiers tant escriptz à la main que imprimez. Prisez ensemble cinq solz tournois.

Le collége de Justice fut reconstruit en 1761 et réuni à l'Université en 1764.

---

[1] Imprimé à Bologne, 1501, in-folio.

[2] Les *Conseils* et non les *Conciles* d'Étienne Bertrand, jurisconsulte originaire de Carpentras, ont été imprimés en 1532 en six tomes in-folio.

[3] Alexandre de Imola mourut en 1487.

[4] Marc Benavides, surnommé Marco Mantuano, mort en 1582.

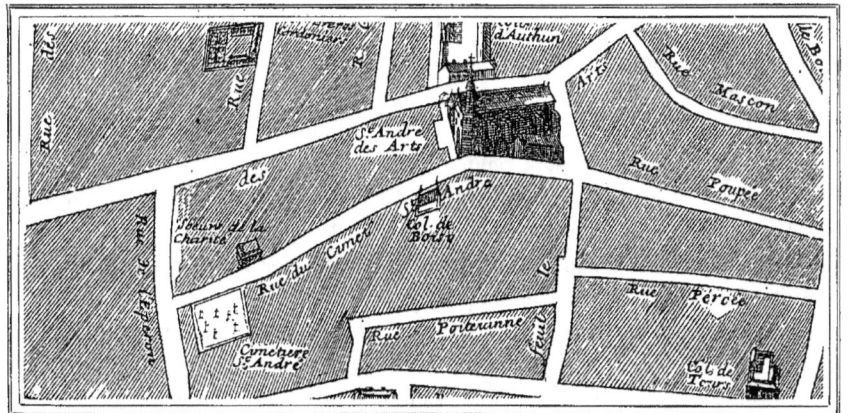

Fac-similé héliographique.   Plan de Lacaille (1714).

COLLÉGE DE BOISSY.

Par son testament, daté de 1353, Godefroy de Boissy, chanoine de Chartres et clerc du roi Jean, ordonna qu'aussitôt après sa mort tous ses biens seraient vendus et la somme qui en proviendrait distribuée aux pauvres de Paris et de Boissy-le-Sec; à moins, ajoutait-il, que ses exécuteurs testamentaires n'en trouvassent un meilleur emploi. Son neveu, Étienne Vidé de Boissy, ajouta à cette libéralité une partie de sa propre fortune, et fonda en 1358, dans la rue du cimetière Saint-André, un collége qu'il destina à des membres de sa famille[1]. C'est de tous les colléges de Paris le seul qui ait été établi sous une condition de ce genre. A défaut de membres de la famille Vidé, les boursiers devaient être pris dans le village de Boissy ou sur la paroisse Saint-André-des-Arts; mais, dit la charte de fondation que nous traduisons textuellement, «pourvu qu'ils soient du «petit peuple, point nobles et pauvres, comme nous et nos pères l'avons été.» Les statuts ne mentionnent pas la présence d'une bibliothèque dans ce collége; ils ordonnent seulement[2] la lecture de la Bible pendant les repas. L'établissement eut, plus tard, de riches protecteurs, Michel Chartier et Guillaume Hodey, entre autres, qui, sans doute, s'efforcèrent de combler cette lacune; mais le collége fut si mal administré, qu'au XVIIe siècle il ne possédait plus un seul volume.

Son principal, Gervais Lenoir, y vécut pendant quarante-six ans comme dans une maison qui lui eût appartenu et sans y admettre aucun écolier; «le collége

---

[1] *Abrégé chronologique de la fondation et histoire du collége de Boissy*, 1724, in-fol. p. 1. — [2] Article 7.

« était alors dans une telle obscurité, qu'il n'était point connu, même dans la rue
« où il est situé. »

Des réclamations surgirent enfin. Un arrêt du 27 janvier força Lenoir « à mettre
« un écriteau sur la porte » et à rendre compte des revenus de l'établissement.
Cette dernière clause était fort embarrassante, puisque le principal avait employé
les rentes du collége à ses dépenses personnelles. Il mourut sur ces entrefaites,
et le procès traîna en longueur; ses héritiers furent cependant condamnés, le
27 septembre 1686, à restituer au collége une somme de 14,500 livres et à
lui abandonner la bibliothèque que Lenoir y avait rassemblée pour son propre
usage[1].

Cette collection semble avoir eu une réelle importance. On conserve, en effet,
aux Archives de l'Empire un volume in-folio de 174 pages, couvert en parchemin,
qui est intitulé *Catalogue des Livres de la bibliotèque du collége de Boissy*, et qui
comprend la liste de cinq mille volumes environ. Ceux-ci sont classés avec beaucoup de soin suivant l'ordre des matières. Vient ensuite le catalogue des manuscrits, au nombre d'une centaine, puis une table détaillée par noms d'auteurs;
enfin une liste des ouvrages anonymes.

---

[1] *Abrégé chronologique de la fondation du collége de Boissy*, p. 5. — [1] Archives de l'Empire, série MM, carton n° 368.

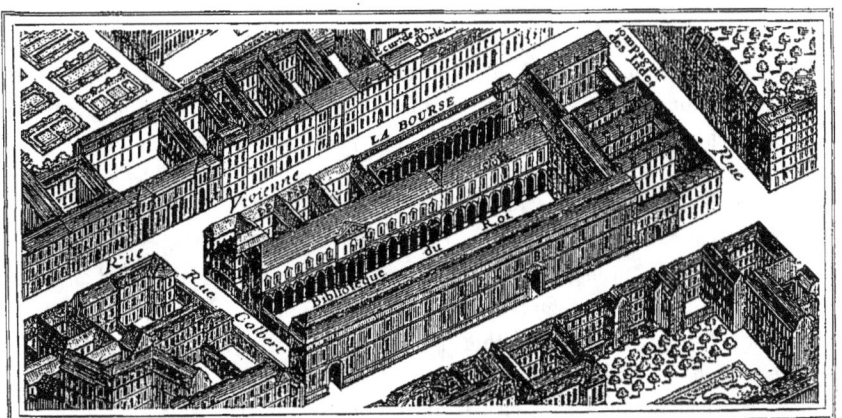

Fac-similé héliographique. Plan dit de Turgot (1739).

BIBLIOTHÈQUE DU ROI.

I.

Pépin le Bref semble être le premier roi de France qui ait songé à réunir quelques volumes ; on cite comme lui ayant appartenu un Antiphonier, un Responsal, la Dialectique d'Aristote et les livres de saint Denis l'Aréopagite, présents du pape Paul Ier [(1)]. Son fils Charlemagne rassembla dans son palais, à Aix-la-Chapelle[(2)], une bibliothèque vraiment considérable pour l'époque, « magnam « copiam librorum, » dit Éginhard, et qui, suivant Maichelius, renfermait plusieurs ouvrages composés ou écrits par lui, « in qua plures codices manu ejus exarati « continebantur[(3)]. » On dit que Gernandus servit de bibliothécaire à Charlemagne[(4)], qui eut aussi des livres au monastère de saint Gall et à l'île Barbe[(5)] ; Leidrade, puis Agobard, tous deux archevêques de Lyon, furent successivement à la tête[(6)] de

---

[(1)] On lit dans une lettre du pape Paul Ier à Pépin : « Direximus etiam Excellentissimæ Præcellen-« tiæ vestræ et libros, quantos reperire potuimus, « id est, Antiphonale et Responsale, insimul Artem « grammaticam Aristotelis, Dionysii Ariopagitæ li-« bros, geometricam, orthographiam, grammati-« cam, omnes græco eloquio scriptores, necnon et « horologium nocturnum. » (Voyez D. Bouquet, *Recueil des historiens des Gaules*, t. V, p. 513.)

[(2)] « Nam ut nunc omittam Carolum Magnum, « illustrissimi vestri generis auctorem, qui et biblio-« thecam singularem in suo palatio instituit, etc... » (C. Gesner, *Bibliotheca instituta et collecta*, epistola nuncupatoria, p. 3.)

[(3)] Maichelius, *Introductio ad historiam literariam de præcipuis biblioth.* p. 1. — Sur les connaissances littéraires de Charlemagne, voy. J.-J. Ampère, *Hist. litt. de la France avant le* xiie *siècle*, t. III, p. 36, et B. Hauréau, *Charlemagne et sa cour*, p. 20 et suiv.

[(4)] Morhoff, *Polyhistor*, t. I, lib. I, p. 46.

[(5)] *Bibliotheca veterum Patrum*, t. XIV, p. 233.

[(6)] *Histoire de la bibliothèque du Roy*. Bibliothèque Sainte-Geneviève, manuscrit Z f 1. Ce manuscrit n'a point de pagination.

cette dernière collection. Mabillon cite un diplôme de Charlemagne qui autorise les religieux de Saint-Bertin à tuer dans ses forêts les cerfs et les daims dont les peaux seraient nécessaires pour la reliure des ouvrages appartenant à l'abbaye[1]. L'empereur ordonna en mourant que tous ses livres seraient vendus, et l'argent qui en proviendrait distribué aux pauvres[2].

Louis le Débonnaire et Charles le Chauve possédèrent quelques volumes, « libri in thesauro. » Le premier eut successivement pour bibliothécaires Ebbon, archevêque de Reims, et le poëte Garward[3]. La bibliothèque du second était sous la garde d'Hilduin[4], abbé de Sithiu, puis de Saint-Denis, qui avait compilé pour Louis le Débonnaire la Vie de saint Denis. Charles partagea ses livres entre son fils et les abbayes de Saint-Denis et de Compiègne[5]. Dans le nombre se trouvait le magnifique manuscrit encore connu sous le nom de Bible de Charles le Chauve, et qui est un des plus précieux monuments littéraires de la seconde race; le début de chacun des livres de l'Écriture sainte, et parfois des pages entières, sont tracées en lettres d'or qui ont conservé leur lustre et leur éclat[6]. Possédé longtemps par l'abbaye de Saint-Denis, les religieux, au XVIe siècle, songèrent à se défaire de cet admirable manuscrit; Henri IV le leur confisqua, et, le 20 août 1595, un arrêt du Parlement ordonna qu'il serait déposé à la bibliothèque du Roi. Il en a été récemment enlevé, et est aujourd'hui conservé au Musée des souverains.

Les témoigages de l'amour de Louis IX pour les livres sont nombreux[7]. Il

---

[1] « Concessimus Autlando abbati et monachis « ex monasterio... ubi sancti Audomarus atque « Bertinus Christi confessores corpore requiescunt, « ut ex nostra indulgentia in eorum proprias sil- « vas licentiam haberent eorum homines venatio- « nem exercere, unde fratres consolationem habere « possint, tam ad volumina librorum tegenda... « Data VII kal. aprilis, anno XX regni nostri. » (Mabillon, De re diplomatica, lib. VI, p. 611, n° CXCIX. — Voyez encore le Cartulaire de l'abbaye de Saint-Bertin, t. Ier, p. 75.)

[2] « Statuit ut' ab his, qui eos habere vellent, « justo pretio fuissent redempti, pretiumque in « pauperes erogatum. » (Éginhard, Vita Caroli imperatoris, cap. XXXIII.)

[3] Histoire littéraire de la France, t. IV, p. 223.

[4] Morhoff, Polyhistor, t. I, lib. I, p. 46. — Struvius, Introductio ad notitiam rei litterariæ, p. 65.

[5] « Libri nostri qui in thesauro nostro sunt, si- « cut dispositum habemus, inter Sanctum Diony- « sium et Sanctam Mariam in Compendio et filium « nostrum dispertiantur. » (Ét. Baluze, Regum Francorum capitularia, t. II, col. 264.)

[6] On le trouve décrit dans le nouveau Traité de diplomatique, t. III, p. 88.

[7] Voici l'un des plus naïfs : « Li benoiet saint « Loys entendanz que l'en ne doit pas despendre le « tens en choses oiseuses ne en demandes curieuses « de cest monde, lequel tens doit estre emploié en « choses de pois et meilleurs, sestude li metoit a « lire sainte escriture; car il avoit la bible glosée, « et originaux de saint Augustin et dautres sainz, et « autres livres de la sainte escripture, esquex il « lisoit et fesoit lire moult de foiz devant lui el tens « dentre disner et heure de dormir, cest a savoir, « quant il dormoit de jour; mès pou li advenoit « que il dormist a tele heure; et quant il convenoit « que il dormist, si demoroit il pou en son dormir. « Et ce meemes fesoit il moult de foiz apres dormir « jusques a vespres, quant il nestoit embesoigné de « choses pezans... Chascun jour... il sen raloit en « sa chambre; et adoncques estoit alumee une chan- « dele de certaine longueur, cest a savoir de trois « piez ou environ; et endementieres que ele duroit, « il lisoit en la bible ou en un autre saint livre; et quant « la chandele estoit vers la fin, un de ses chapelains

autorisa les savants à venir consulter un certain nombre d'ouvrages qu'il avait réunis dans une salle spéciale à la Sainte-Chapelle. Lui-même s'y rendait parfois, à ses heures de loisir, pour y lire quelques traités des Pères de l'Église qui avaient été copiés par ses ordres; mais, en mourant, il partagea cette collection entre les quatre communautés religieuses qu'il affectionnait le plus [1].

C'est pour Philippe le Hardi que le dominicain Laurent composa, en 1279, la *Somme des vices et des vertus*, qui resta si longtemps célèbre.

Philippe le Bel et ses trois fils léguèrent leurs livres à des couvents. Au reste, dans l'inventaire qui fut dressé après la mort de Louis le Hutin, on ne voit figurer, en dehors des ouvrages de dévotion, que cinq volumes [2] : le *Roman du Reclus*, le *Tournoiement de l'Antechrist*, un *Traité des Échecs* et deux *Chroniques*.

Philippe VI aima trop la guerre pour songer à rassembler une bibliothèque. Le roi Jean, au contraire, protégea les lettres et encouragea les essais qui se produisirent sous son règne. Il recherchait déjà les beaux livres alors qu'il n'était que duc de Normandie, car un acte du 24 octobre 1349 nous apprend que Thomas de Maubeuge, libraire à Paris, lui avait vendu « un roumant de « ralité sur la Bible » quatorze florins d'or [3]. On conserve à la Bibliothèque impériale un volume à la fin duquel est écrit [4] :

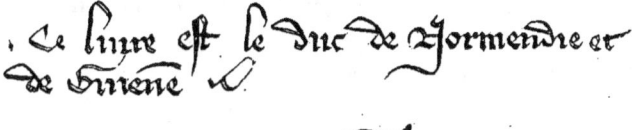

et ces lignes sont d'autant plus précieuses qu'on ne connaît d'autres signatures du roi Jean que celle-ci et celle qui figure au bas d'une lettre adressée à son fils le 19 juillet 1357 ou 1358. Il avait avec lui, le jour du désastre de Poitiers, un exemplaire de la Bible qui est aujourd'hui au *British Museum*, et sur lequel on lit : « Cest livre fust pris ove le roy de Fraunce à la bataille de Peyters [5]. »

Pendant sa captivité, il montra les mêmes préoccupations. Le 25 janvier 1358, on voit figurer dans ses comptes, pour 32 deniers, « Marguerite la relieresse, pour

---

« estoit apelé, et lors il disoit complie avecques lui. » (*Vie de saint Louis*, par le confesseur de la reine Marguerite, dans le *Recueil des historiens des Gaules*, t. XX, p. 79.)

[1] Voyez, t. I", p. 213, la notice sur la bibliothèque de la Sainte-Chapelle.

[2] *Histoire de la bibliothèque du Roy;* manuscrit de la bibliothèque Sainte-Geneviève. (Voyez à la fin de cette notice.)

[3] L. de Laborde, *Les ducs de Bourgogne*, t. I", p. 459.

[4] Bibliothèque impériale, manuscrits, fonds français, n° 67.

[5] Documents inédits, rapport au ministre, p. 118.

« relier un livre où la Bible en françois estoit contenue, et le couvrir tout de neuf,
« et mettre quatre fermoirs neuxs; » et pour 3 sols 6 deniers, le 12 mars, « Jacques
« le relieur de livres, pour relier un des bréviaires de la chapelle, mettre unes
« ais toutes neuves, et le couvrir d'une pel vermeille, le broder et blanchir; »
puis « pour avoir mis quatre clés de laiton et les petits clous à les estachiers à
« un roman de Guilon [1]. » L'année suivante, « afin que Philippe, son quart fils,
« duc de Bourgoigne, évitast le péchié d'oiseuse, » Jean commande à son premier
chapelain Gaces de la Buigne un poëme sur la chasse. A Londres, au moment de
rentrer en France après la paix de Brétigny, il achète un manuscrit de Garin le
Loherain « pour un noble ou 6 sols 8 deniers, » et le *Tournoiement de l'Antechrist*
pour 10 sols.

Jean ne possédait cependant au moment de sa mort qu'une douzaine de
volumes : deux Bibles latines, remarquables par l'élégance de l'écriture, le fini
des vignettes et la beauté du vélin, des fragments de la version française de la
Bible commencée par Jean de Sy; la *Moralité des nobles hommes sur le jeu des
échecs* et le *Miroir historial* de Vincent de Beauvais, traductions qui furent présen-
tées au roi par Jean de Vignay, religieux de Saint-Jacques du Haut-Pas [2]; un
dialogue latin composé par Guillaume de Conches, et où Henri II, duc de Normandie, figure comme interlocuteur; un très-riche *bréviaire*; un extrait des *Chroniques* de Nangis et de Guillaume de Tyr; le *roman du Saint-Graal*; la traduction
de *Tite-Live* [3] faite, sur l'ordre du roi, par le bénédictin Pierre Bercheure [4]; un
missel; enfin *Garin le Loherain*, le *Roman du Renard* et le *Tournoiement de l'Antechrist*,
tous trois achetés par le roi en Angleterre.

Cette petite bibliothèque ne pouvait que s'augmenter entre les mains de
Charles V, qui montrait un vif amour pour l'étude et les dispositions les plus
bienveillantes en faveur des lettres [5]. Robert Gaguin, et après lui le P. Jacob et

---

[1] Henri d'Orléans (duc d'Aumale), *Notes et documents relatifs à Jean, roi de France, et à sa captivité en Angleterre*, p. 97 et 109.

[2] « A très noble et excellent prince, Jehan de
« France, duc de Normandie, et aisné fils de Phi-
« lippe, par la grâce de Dieu roy de France, je
« Jehan de Vignay, vostre petit religieux entre les
« aultres de voustre seigneurie, paix, santé et joye,
« et victoire sur vos ennemis. Très cher et redoubté
« seigneur, pour ce que j'ay entendu et sçay que
« vous véez et ouez volentiers choses proufitables
« et honnestes, et qui tendent à l'information de
« bonnes meurs, ay je mis un petit livret de latin en
« françoys, lequel m'est venu à la main nouvelle-
« ment... » (*Les Echecs moralisés*, prologue.)

[3] « C'est le rommans de Titus Livius, et premiè-
« rement s'ensuit le prologue du translateur. A
« prince de très souveraine excellence, Jehan, roy
« de France par grace divine, frère Pierre Berceure,
« son petit serviteur, prestre à présent de Saint-Eloy
« de Paris, toute humble révérence et subjection. »

[4] Pierre Berceure ou Berchoire, et plus exactement Bersuire, du nom de Bressuire, sa ville natale.

[5] « Dès le temps que vous eustes premièrement
« cognoissance, vous avez tousjours aymé science, et
« honnoré les bons clercs, et estudié continuelle-
« ment en divers livres et sciences, se vous n'avez
« eu aultre occupacion. Et avez fait faire et trans-
« later plusieurs livres, tant pour plaire à vous,
« comme pour proufiter à vos subgectz. » (Raoul de
Presles, *Traduction de la Cité de Dieu*, prologue du
translateur.)

E. Duboulay, ont dit que ce prince ignorait la langue latine; mais cette assertion, très-invraisemblable, est démentie, de la manière la plus formelle, par Christine de Pisan [1]. Il faut cependant reconnaître que les ouvrages entrepris sur l'initiative de Charles V sont presque tous des traductions du latin et du grec en français : « de si grant providence fu, pour la grant amour qu'il avoit à ses successeurs, que « au temps à venir les volt pourveoir d'enseignemens et sciences introduisibles à « toutes vertus, dont pour celle cause fist par solennelz maistres, et souffisans en « toutes les sciences et ars [2], translater de latin en françoiz tous les plus notables « livres [3]. » Son précepteur, Nicolas Oresme, devenu grand maître du collége de Navarre [4], traduisit les *Politiques*, les *Éthiques*, les *Économiques* et le *Traité du ciel et du monde* d'Aristote [5], ainsi que les *Remèdes de l'une et l'autre fortune* de Pétrarque. Évrard de Conty, médecin du roi, entreprit une version des *Problèmes* d'Aristote [6]. Jean Golain, Goulain ou Golein, provincial des Carmes, mit en français le *Rational des divins offices* [7], les *Collations* de Jean Cassien, plusieurs opuscules de Ber-

[1] *Le livre des fais et bonnes meurs du sage roy Charles V;* voyez le chapitre xii, intitulé *Ci dit comment le roy Charles aimoit livres et des belles translacions qu'il en fist faire :* «...Mais non-obstant que bien en-« tendist le latin, et que ja ne fust besoing que on lui « exposast... » et encore chapitre iii : « Il étoit ameur « de la sapience et mesmes imbué en ycelle... Et pour « ce que peut estre n'avoit le latin, pour la force des « termes soubtilz, si en usage comme la langue fran-« çoise, fist de théologie translater plusieurs livres de «S. Augustin et autres docteurs.» Voyez aussi l'abbé Lebeuf, *Dissertations sur l'histoire ecclésiastique et civile de Paris*, t. III, p. 390.

[2] «Il fist en tous pays querre et cherchier et « appeller à soy clercs solennels, philosophes fondez « en sciences mathématiques et spéculatives. » (Christine de Pisan, *Le livre des fais et bonnes meurs*, etc. 1re partie, chap. xv.)

[3] Christine de Pisan, *Le livre des fais et bonnes meurs*, etc. 3e partie, chap. xii.

[4] Duboulay, *Hist. Universitatis Parisiensis*, t. IV, p. 977.— «Oresme... fit prendre [à Charles] le goust « des belles lettres, c'est pourquoy ce prince luy donna « ordre de chercher des livres pour en composer une « bibliothèque. » (*Histoire de la bibliothèque du Roy*, manuscrit de la bibliothèque de Sainte-Geneviève.)

[5] Oresme reçut cent francs, en 1371, pour la traduction des *Éthiques;* celle des *Politiques* fut récompensée par une pension : voyez Crevier, *Histoire de l'Université de Paris*, t. II, p. 427, et Van Praet, *Inventaire ou catalogue des livres de l'ancienne bibliothèque du Louvre*, p. 46. Enfin Oresme termine en ces termes sa version des livres *du ciel et du monde :* «Et ainsi, à l'aide de Dieu, j'ay accompli le livre « du ciel et du monde, à commandement de très « excellent prince Charles, quint de cest nom, par « la grace de Dieu roy de France; lequel, en ce fai-« sant, m'a fait évesque de Lisieux. »

[6] G. Naudé, *De antiquitate et dignitate scholæ medicæ Parisiensis*, p. 44.

[7] L'exemplaire original, qui est aujourd'hui à la Bibliothèque impériale (fonds français, n° 437), porte la signature de Charles V :

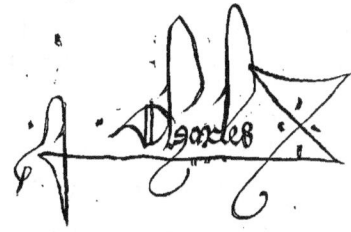

Et ces lignes également tracées de la main du roi :

nard Gui, et les *Chroniques* de Guillaume de Burgos. Jean Corbechon[1] ou Corbichon, religieux augustin et chapelain du roi, donna une version de la compilation encyclopédique que Barthélemy de Glanville avait publiée sous le titre *de Proprietate rerum*. Cet ouvrage fut très-souvent réimprimé dans la suite[2]; à la fin d'un exemplaire sans date qui est aujourd'hui conservé à la Bibliothèque impériale, on lit :
« Cestuy livre des Propriétez des choses fut translaté de latin en françoys l'an de
« grace mil ccc.lxxii, par le commandement de très puissant et noble prince Charles
« le quint de son nom, régnant en ce tems en France puissamment. Et le translata
« son petit et humble chapelain frère Jehan Corbichon, de l'ordre Saint-Augustin. »
Simon de Hesdin offrit à Charles V une traduction des sept premiers livres de Valère Maxime[3], version qui fut terminée en 1401 par Nicolas de Gonesse; on conserve à la bibliothèque Mazarine un magnifique manuscrit (xiv⁰ siècle) de cet ouvrage. Raoul de Presles fit pour le roi la première traduction française de la *Cité de Dieu* de saint Augustin[4]; commencée le jour de la Toussaint 1371, elle fut achevée le 1ᵉʳ septembre 1375, et récompensée par une pension de 400 livres, plus tard portée à 600 livres. Charles V commanda encore à Jacques Bauchant une traduction des *Voies de Dieu*, et à Denis Foulechat le *Polycratique* de Jean de Salisbury. Ces ouvrages, et beaucoup d'autres « que plusieurs sçavans per-
« sonnages présentèrent encore à Charles V, et qu'il recevoit très volontiers[5], » prirent place dans sa bibliothèque.

Charles V avait employé des sommes considérables à la restauration du château du Louvre qu'il voulait transformer en manoir d'habitation. Il y installa sa bibliothèque, qui était restée jusque-là dans le palais de la Cité; deux étages d'abord, puis les trois étages de l'une des tours, furent consacrés aux livres du roi.

M. Le Roux de Lincy a publié, d'après un manuscrit de la bibliothèque de l'Arsenal, le compte des dépenses faites par Charles V au château du Louvre[6]; et ce

---

[1] Ce Jean Corbechon paraît avoir eu une bibliothèque assez nombreuse; on lit en effet, sur plusieurs manuscrits du xiv⁰ siècle, la mention suivante :

Voyez, entre autres, à la bibliothèque Mazarine les manuscrits cotés 169 et 313.

[2] « Le grand propriétaire de toutes choses très
« utiles et profitables pour tenir le corps humain en
« santé, contenant plusieurs et diverses maladies, et
« dont ils procèdent, et aussi les remèdes; idem,
« les propriétés du ciel, de la terre, des bestes, des
« oyseaulx... translaté de latin en françois par
« par M. Jean Corbechon, docteur en théologie. »
Paris, 1556, in-folio.

[3] « Cy commence la translation de Valère le
« Grant, faite et compilée par frère Simon de Hes-
« din, de l'ordre de Saint Jehan de Jérusalem, doc-
« teur en théologie à Paris, à la requeste de très
« hault et très puissant prince Charles le quint, roy
« de France. »

[4] C'est le premier livre imprimé à Abbeville, 1486, 2 vol. in-folio.

[5] L. Jacob, *Traicté des plus belles biblioth.* p. 443.

[6] *Revue archéologique*, année 1852.

document, qui renferme plusieurs particularités intéressantes, nous apprend que l'appropriation du nouveau local fut entreprise dans les premiers mois de l'année 1367. Par un marché passé le 14 mars, Jacques du Parvis et Jean Grosbois, huchiers, se chargèrent, moyennant 50 francs d'or, de diminuer d'un pied et de transporter à la tour du Louvre les pupitres et les roues qui garnissaient la bibliothèque de la Cité; ils fournirent en même temps d'autres siéges « de merien « nuef » pour remplacer les anciens qui furent trouvés « trop viez [1]. » Le nouveau local fut organisé avec un grand luxe; les murs de la salle du premier étage furent entièrement lambrissés de bois d'Irlande sculptés, et les voûtes recouvertes de bois de cyprès. Le 4 mai 1368, on paya 18 francs d'or au « cagetier. » Pierre Lescot, qui avait garni les deux étages de grillages destinés à défendre les livres des atteintes des « oyseaux et autres bestes [2]. » Les volumes, suivant la coutume de cette époque, étaient enchaînés et posés à plat sur des lettrins ou pupitres disposés tout autour de la pièce [3]. Enfin, ce qui tendrait à faire supposer que le roi venait parfois travailler au milieu de ses livres, il avait voulu que trente chandeliers et une lampe d'argent y restassent allumés pendant la nuit [4].

La situation de la tour qui renfermait cette bibliothèque a été déterminée de la manière la plus rigoureuse par M. A. Berty dans son travail sur la *Topographie historique du vieux Paris* [5]. Appelée d'abord « tour de la Fauconnerie [6], » elle occupait l'angle nord-ouest du Louvre, et prit le nom de « tour de la Librairie » après que Charles V y eut installé ses livres.

[1] « A Jacques du Parvis et Jean Grosbois, hu- « chiers, pour leur peine d'avoir dessemblé tous les « bancs et deux roes qui estoient en la librairie du « Roy au palais, et iceux faict venir aud. Louvre, « avec les lettrins et icelles roes estrécies chacune « d'un pied tout autour; et tout rassemblé et pendu « les lettrins es deux derraines estages de la tours, « devers la Fauconnerie, pour mettre les livres du « Roy; et lambroissié de bois d'Illande le premier « d'iceux deux estages tout autour par dedans, au « pris de L francs d'or, par marché faict à eux par « led. maistre Jacques, xiv° jour de mars 1367. Et « depuis, pour ce que les siéges estoient trop viez « ont esté faictz de merien nuef que lesd. huchiers « ont quis, dont led. marché leur a esté creu de viii « francs, tant pour ce que pour courbe et siages de « LX pièces de grans bois. » (*Compte des dépenses faites par Charles V au château du Louvre*, n° 106, p. 28.)

[2] « A Pierre Lescot, cagetier, pour avoir faict et « treillissé de fil d'archas au devant de deux croisiées « de chassis et de deux fenestres flamengés ez deux « derrains estages de la tour devers la Fauconnerie, « aud. Louvre, où est ordonné la librairie du Roy, « pour deffense des oyseaux et autres bestes, à cause « et pour la garde des livres qui y seront mis; pour « fil d'archas, crochet de fer et peine de ce, par « marchié faict à luy par led. maistre Jacques, « 4° jour de mai 1368, et quictance 3 juin ensui- « vant, en xviii francs d'or xiiii l. vii s. p. » (*Compte des dépenses faites par Charles V au château du Louvre*, n° 108, p. 29.)

[3] « A Andrieu du Verger, febvre, pour x treillis « de fer, deux cents petits gons et deux cents cro- « chets de fer, pour la librairie du Roy, et illec « ferré deux forts huis, et plusieurs autres besognes « de son mestier par lui faictes et livrées aud. chastel « du Louvre, laquelle le Roy nostred. seigneur luy « doit xxiiii l. iiii s. vi d. » (*Compte des dépenses faites par Charles V au château du Louvre*, n° 117, p. 31.)

[4] Sauval, *Histoire des antiquités de la ville de Paris*, t. II, p. 15. Il faut cependant remarquer que cette dépense se trouve portée, non au compte de la tour de la Librairie, mais à celui de la grosse tour.

[5] T. I", p. 145. Voyez aussi le plan qui accompagne la page 129.

[6] Voyez ci-dessus les notes 1 et 2.

Gilles Malet, valet de chambre préféré [1], puis maître d'hôtel de Charles V, joignit à ces titres celui de bibliothécaire; et il dressa, en 1373, un inventaire des livres dont il avait la garde. Ce travail, qui est conservé à la Bibliothèque impériale [2], forme un volume in-folio de 130 feuillets; il est en papier, écrit en lettres de note à longues lignes, et relié en maroquin rouge aux armes de France.

Le titre, en lettres de forme, est ainsi conçu : « Cy après en ce pappier sont « escrips les livres de très souverain et très excellent prince Charles, le Quint de « ce nom, par la grace de Dieu Roy de France, estans en son chastel du Louvre, en « troiz chambres l'une sur l'autre. L'an de grace M.CCC.LXXIII. Enregistrés de son « commandement par moy, Gilet Malet, son varlet de chambre. » Cinq lignes d'une autre écriture portent ces mots : « Les livres contenus cy après en ce livre « ont estés inventoriés par maistre Jehan Blanchet [3], secretaire du Roy, du com- « mandement de mons. de Bourgoigne, le vj^e de novembre mil ccc iiij^{xx}. Et tous y « ont estez trouvez, exceptez ceulx qui sont signez et escrips sur les marges avoir « estez bailliez par le Roy, dont Diex ait l'ame. Et ce fait ledit maistre Jehan a prise « la clef desdictes iij chambres, et portée au Roy avecques un roule [4] qu'il a fait « de la coppie des diz livres. » Enfin au-dessous : « Plusieurs des livres cy après « contenus ont esté recouvers depuiz que ce présent inventoire fu fait, si que il « ne se fault pas arrester aux couverturez. »

Gilles Mallet consacre à chaque salle un chapitre spécial. La « première chambre « par bas » renfermait 274 manuscrits; la « chambre du milieu, » 255, et la « iij^e « chambre au plus hault, » 444; ce qui donne un total de 973 volumes.

Ce catalogue est un document précieux pour notre histoire littéraire. On y trouve des Bibles latines et françaises, des Missels, des Psautiers, des Heures, des Bréviaires, la Légende dorée, les Vies des Saints, des relations de miracles; peu d'ouvrages des Pères, mais un grand nombre de traités d'astrologie, de géomancie et de chiromancie, sciences dans lesquelles Charles V avait une grande foi. La médecine comprenait seulement quelques ouvrages d'Hippocrate, des fragments d'Avicenne et des traductions de l'arabe. La jurisprudence était représentée par les Décrétales, le Digeste et trois ou quatre coutumes de diverses provinces. Les livres d'histoire étaient assez nombreux. La plupart de ces volumes contenaient d'ailleurs de magnifiques miniatures, étaient revêtus de riches étoffes et garnis de fermoirs en métal précieux [5]. Aussi Christine de Pisan parle-t-elle avec admi-

---

[1] « Le roy Charles avoit un sien varlet de « chambre, lequel, pour cause que en lui savoit « plusieurs vertus, moult amoit. Celluy, par especial « sur tous autres, souverainement bien lisoit et « ponctoit, et entendens homs estoit. » (Christine de Pisan, Le livre des fais et bonnes meurs du sage roy Charles, 3e partie, chap. XXI).

[2] Ce manuscrit appartenait, au commencement du XVIIe siècle, à l'archevêque de Rouen; il passa de là dans la bibliothèque de Colbert, où il était enregistré sous le n° 1008. Acquis par le roi, il fut d'abord coté 8354^3; il fait aujourd'hui partie du fonds français, et porte le n° 2700.

[3] Voyez ci-dessous, p. 119.

[4] Voyez ci-dessous, p. 120.

[5] De tous « les lieurs de livres » qui ont travaillé

Cy nous en ce papier / estis le lung / de tres
souuerain et tres excellent prince Charles le quint
de ce nom par la grace de dieu Roy de France
en son hostel de louure xj iors d'anuier l'an
sur huitor... l'an de grace m.ccc.lxxij. Que presens
de son commandement par moy Gilles mallet
garde de son livres

[illegible lines]

Apres sont tiescus les liures qui estoient
en la premiere chambre par vers
Parement

ration de « la belle asssemblée de notables livres et belle librairie qu'avoit
« Charles V de tous les plus notables volumes qui par souverains aucteurs ayent
« esté compillez, soit de la saincte Escripture, de théologie, de philosophie, et de
« toutes sciences, moult bien escripts et richement adornez; et tout temps les
« meilleurs escripvains que on peust trouver occupez pour luy en tel ouvrage [1]. »

Le court extrait qui suit suffira pour donner une idée du travail de Gilles Malet :

Une Bible historiée [2] grant en un volume, et est en françois, à iiij fermoers d'argent des armes de la royne de Bourbon [3], couverte de cuir rouge à empraintes [4]. *En marge* : Le Roy [5] l'a prise le xxix° de décembre iiij^{xx} et xviij.

Une Bible en un volume, en françois, et est couverte de cuir rouge à empraintez. *En marge* : Donnée par le Roy à Monss. d'Alençon [6] quant l'arest de la confiscacion de la duchié de Bretagne fu pronuncié [7].

Une Bible en un volume, en françoiz, couverte de soie à queue [8], à deux fermoers d'argent. *En marge* : Portée à S. Germain en Laye l'an lxxvij, et mise pour le Roy en son estude.

Une Bible en un volume, en françois, couverte de cuir rouge à empraintes, à iiij fermoers. *En marge* : Bailliée au comte de Flandre [9], xxviij° de janvier iiij^{xx} et i.

La Bible historiée toute à ymages, qui fu de la royne Jehanne d'Evreux [10], historiée toute à ymages et toute figurée.

Le premier livre de Tristan de Léonnoys et du roy Marc de Cornouaille, en un estuy de cuir blanc.

L'original de Titus Livius, en françois, la première translacion qui en fu faite [11], escript de mauvèse lettre, mal enluminé et point ystorié. *En marge* : A Monss. de Bourbon, xiij° d'ottobre iiij^{xx} et xij.

Les Gestes du roy Peppin et de sa femme Berthe au grant pié, et les Gestes de Charlemaine, rymés, bien escript, en ij coulombez [12], bien ystorié, et en très grant volume. *En marge* : A la Royne, xxix° d'aoust iiij^{xx} et x. — Le Roy les lui a ostées, et données à Monss. de Coucy.

Le Livre du Trésor [13], le Bestiaire [14], l'Ymage du monde [15], tout figuré et historié.

Code en françois, couvert de soie ynde [16] et vermeille, et fermoers d'argent.

Décrettalez en plus petit volume, et fermoers d'argent.

Unez Croniques de France, en françois, couvertes de veluyau [17] à fleurs de liz et boullions [18] d'argent, bien escriptes. *En marge* : Le Roy les prinst xvj° de décembre iiij^{xx}, il les a rendus.

---

pour Charles V, Mathieu Congnée est le seul dont le nom soit venu jusqu'à nous.

[1] Christine de Pisan, *Le livre des fais et bonnes meurs du sage roy Charles*, chap. xii.

[2] Enrichie de miniatures.

[3] Blanche, femme de Pierre le Cruel, roi d'Espagne.

[4] Ornements frappés à froid sur le cuir.

[5] Charles VI.

[6] Pierre II, troisième fils de Charles II, comte d'Alençon.

[7] Le 18 décembre 1378.

[8] Lanière attachée à la couverture pour la lier.

[9] Louis de Male.

[10] Jeanne d'Évreux, troisième femme de Charles le Bel.

[11] Par Pierre Bercheure. (Voyez ci-dessus, à la page 110.)

[12] Colonnes.

[13] Par Brunetto Latini.

[14] Par Richard de Fournival.

[15] Par Gautier de Metz.

[16] Soie azur.

[17] Velours.

[18] Ornements façonnés avec des fils d'or et d'argent.

Les Espitrez Sénèque à son amy Lucile; et en la fin du livre est la table de ce qui contenu y est, escripte de plus menue lettre. *En marge* : A monss. d'Anjou; ... vj^e de mars iiij^xx.

Les Espistres et Evangiles, couvertes de veluyau ynde, lesquellez furent translatez par maistre Jehan de Vignay; [et ne sont pas enluminez] [1], mais, ellez sont bien escriptes.

Un Livre faisant mencion de Dieu, des Angelz [2] et du Ciel, des Elémens, des vij Sages, des Métaulx, des Bestes, de Paradis, d'Enffer, et autres choses, couvert de cuir à queue.

Le Governement des Roys et des Princes, selon Gile l'Augustin [3]. *En marge* : Le Roy le print xiiij^e d'ottobre iiij^xx et i.

Cirurgie de maistre Guigo [4], en un très gros livre bien escript, que donna au Roy Monss. d'Angiou.

Regnart, rymé et historyé [5], couvert de cuir rouge à empraintes.

Le Governement des Roys et des Princes, avecques plussieurs autres choses de médecine, à savoir son corps garder en santé; escript de lettre boulenoise [6].

Un Psautier en françois et en latin, couvert de veluyau sanguin fourré de cendal jaune.

Le Livre du Trésor, appellé maistre Brunnet Latin [7].

Le Procès messire Robert d'Artòiz [8], en lettre de note, couvert de drap de soie.

La Vie S. Loys, roy de France, et les Faiz de son Voyage d'oultremer. *En marge* : Le Roy l'a devers soy.

Les Fables Ysopet [9], le Bestiaire maistre Richart de Furnival d'Amiens, ystorié et rymé.

Le Jeu des Eschez moralisé, qui s'appelle Moralité des noblez hommes, em prose.

La Vie S. Loys et ses Miracles, couvert de drap d'or marramas, à fermoers d'argent, et em prose.

Messire Guillaume de Maureville, qui parle d'une partie des merveilles du monde et des pays, couvert de veluyau ynde; et le donna au Roy maistre Gervaise Chrestien [10], son premier phisicien. *En marge* : Le Roy l'a prins xxe. de novembre iiij^xx et xij.

Végesse : de Chevallerye [11], couvert de drap d'or, à fermoers d'argent.

La misérable Condicion humaine [12], couverte de veluyau vert, en un petit livret.

De l'Angnelet qui pour Dieu fu rosty; où sont oroisons et dévocions em prose, couvert de veluyau vermeil à fermoers d'argent.

Le Livre des Eschez moralisé [13], couvert de veluyau vermeil à queue, à fermoers d'argent à cignez blanz; et le donna au Roy monss. de Berry son frère.

Le Livre du sacre des Roys, en latin et en françois, tous les mistèrez, vestures et officiers, figurez et historiez, couvert d'un drap dor, et fermoers d'argent. *En marge* : Le Roy l'a prins pour son sacre, v^e d'otobre iiij^xx [14].

Le Miroer de l'Eglise, translaté par frère Jehan de Vignay.

La Vie S. Martin de Tours, très parfaitement bien escripte et ystorié, em prose, à fermoers d'argent esmaillé de France et Bourgongne.

---

[1] Ces mots sont rayés dans l'original.
[2] Par François Ximenès.
[3] *De regimine principum* de Gilles de Rome.
[4] Guy de Chauliac, chirurgien du xive siècle.
[5] Le roman du Renard.
[6] Écriture lourde et arrondie.
[7] Brunetto Latini.
[8] Condamné, le 19 mars 1332, au bannissement perpétuel.

[9] Les fables d'Ésope.
[10] Maître Gervais Chrétien, fondateur d'un collége dont il sera parlé plus loin.
[11] Végèce, *Epitome rei militaris*.
[12] *Liber miseriæ conditionis humanæ*, par le pape Innocent III.
[13] Voyez ci-dessus, p. 110.
[14] Charles VI fut sacré le 4 novembre 1380.

Un livre appelé les Voiez de Dieu, que trainslata un sergent d'armes du Roy, nommé Jacques Bauchant de S. Quentin, et est couvert de veluyau ynde.

Végesse: de Chevallerye, em prose, très bien escript et ystorié, couvert de veluyau célestin[1], et fermoers d'argent des armes d'Auceirre.

Chançons, Pastourelles, Couronnéez, Demandes d'amours, Serventois de Nostre Dame, en un livre couvert de parchemin.

Motès et Conduiz[2], en un cayer couvert de parchemin.

Avaluement[3] des Monnoyes, en un cayer très petit.

Un livre de la Cité de Dieu[4], en deux volumes très grans, couvert de soie à queue, à iiij fermoers d'argent chascun. *En marge*: A monss. d'Anjou, xvij° de novembre iiij^{xx}.

Le Romant de la Rose, le Testament maistre Jehan de Meung, rymé, très bien escript et ystorié.

Un livre à une chemise de soie longue, nommé le Racional de l'Église[5], à fermoers d'argent esmaillez, et le translata maistre Jehan Goulain. *En marge*: A monss. d'Anjou, viij d'ottobre iiij^{xx}.

Un livre nommé Polithiques et Yconomiques[6], couvert de soie à queue, à ij fermoers d'argent haschiez des armes de France. *En marge*: A monss. d'Anjou, vij° d'ottob. iiij^{xx}.

Un livre dont les aiz sont couvers de brodeure à fleurs de liz et deux fermoers d'or: de la Perfection S. Jeh. l'Évengéliste. *En marge*: Donné au Roy par mad. d'Orléenz[7].

Un Messel en françois, couvert de brodeure à aigles, à deux fermoers d'or aus armes de la Royne. *En marge*: A monss. de Bourgongne[8], m.cccc et iij, xviij° d'avril, par commandement du Roy.

Policraticon[9], translaté en françois par frère Denys Foulechat, couvert de belle soie à queue, et fermoers d'argent.

De Celo et Mundo, en françois, translaté par maistre Nicole Oresme, évesque de Lixiex; couvert de soie vermeille à queue, à ij fermoers d'argent dorés, haschiés aus armes de France. *En marge*: A monss. d'Anjou[10].

Valerius Maximus[11], couvert de soie vermeille à queue, très bien escript et ystorié. *En marge*: A monss. d'Anjou, vj° de mars iiij^{xx}.

Un livre de Code en françois, couvert de cuir rouge à iiij fermoers, du conte de Saint Pol. *En marge*: Rendu par le Roy au conte de Saint Pol.

Du roy Artus, de la Table Ronde, et de la Mort dudit roy, très bien escript et enluminé, et de grant volume, à ij coulombes. *En marge*: Le Roy l'a fait bailliér à la Royne[12]; iiij^{xx} et iiij, xx° d'avril.

Les Croniques d'Outremer, et comment Mahommet conquist presque toute la terre de Surye, et Godeffroy de Billon.

Croniques assembléez de Julius Cessar et de Goddefroy de Billion, en pappier, en prose.

Le livre de Proprietatibus rerum, de frère Barthélemy, Angloiz, de l'ordre des Frères Meneurs, couvert de cuir noir, à iiij fermoers[13].

---

[1] Jaune.
[2] Cantiques.
[3] Évaluation.
[4] Traduit par Raoul de Presles. (Voyez ci-dessus, p. 112.)
[5] Le *Rational des divins offices* de Durant, évêque de Mende. (Voyez ci-dessus, p. 111.)
[6] Traités d'Aristote, traduits en françois par Nicolas Oresme. (Voyez p. 111.)
[7] Valentine de Milan, morte à Blois, en 1408.
[8] Philippe le Hardi.
[9] *Policraticon seu de nugis curialium*, par Jean de Salisbury. (Sur Denis Foulechat, voyez p. 112.)
[10] Voyez ci-dessus, p. 111.
[11] Traduction commencée par Simon de Hesdin et achevée par Nicolas de Gonesse.
[12] Isabelle de Bavière.
[13] Voyez ci-dessus, p. 112.

La Passion et Résurrection de Jhésuchrist, Viez de plusieurs Sains, em prose, très bien escript, et es marges les armes de Chambly [1]. *En marge* : A mad. de Bar, xxvj° de février iiij^xx et xij.

Digeste vielle, en françois.

Enforçade [2], sans aiz, couvert d'une pel [3] de parchemin.

Alixandre [4], rymé et ystorié d'encre sans couleurs [5].

La Guerre du roy de France et du roy d'Angleterre [6], et les Faiz du roy de Navarre [7] et de ceulx de Paris quant ils furent contre le Roy, escript en un pappier, sans aiz, couvert de parchemin.

Le Jeu qui se fait par le Jeu des Dez, bien ystorié et bien escript.

Guillaume d'Orenge [8], rymé.

Le Reclus de Morléenz, en un caier, rymé.

La Vie et les Faiz de César, em prose, en deux coulombez, bien escript. *En marge* : Le Roy l'a à Beauté [9], xij° de septembre iiij^xx et xij.

Un livre du Sacre des roys de France, en françois et latin, couvert de drap d'or.

Des vij Péchiez mortelz, en un petit livre, em prose, et Comment on se doit confesser.

Un livre de Chant, bien noté, bien escript et enluminé, en latin, et à point d'orgue.

Médecine et Cirrurgie pour oyseaux de proie.

Le Coustumier de Normandie. *En marge* : Baillé par le Roy au bailli de Rouen [10].

Un livret des Monnoyes [11], bien escript.

Solinus : des Merveilles du monde.

Un livre nommé Institude [12].

Un Messel grant, noté, en un volume, à l'usage de Rouen, couvert d'une chemise de soie à queue; que donna au Roy le cardinal de Beauvaiz [13]. *En marge* : Baillé par le Roy à monss. de Guienne, son ainsné filz, le viij° d'avril mil iiij^xx et x, pour sa chappelle.

Ethiques glozéez, couvert, et à ij fermoers. *En marge* : Donné aus escolles maistre Gervèse.

Ethiques, couvert de cuir noir, à iiij fermoers. *En marge* : Donné par le Roy à maistre Gervèse [14].

Hypocras [15], couvert de cuir blanc à j fermoer.

Un petit livret couvert de cendal vermeil à queue, où sont les Heurez Nostre Dame et autres choses, à ij fermoers d'argent. *En marge* : Baillé à mad. Katerine [16], iiij° de février iiij^xx et iiij.

Les Heurez de Chevalerye, couvert de soie à queue, en un petit volume. *En marge* : A monss. le Dauphin [17].

Introductoire Alkabice [18], interprète de Jehan d'Yspalence [19], en un caier, sans aiz, couvert de cuir vert, fermé à ij lasnières.

Arishmétique, couvert d'une pel velue dont le poil est cheu.

Un petit livret en françois : de la nature du Zodiaque, couvert de parchemin.

---

[1] Famille de la femme de Gilles Malet.
[2] Infortiat.
[3] Peau.
[4] Roman en vers de Lambert le Court.
[5] Dessins à l'encre et non enluminés.
[6] Jean II et Édouard III.
[7] Charles le Mauvais.
[8] Guillaume de Bapaume.
[9] Un des châteaux de Charles V, près du bois de Vincennes.
[10] Oudard d'Otteville, ou Guy Chrétien.
[11] Par Nicolas Oresme.
[12] Les *Institutes* de Justinien.
[13] Le cardinal Dormans, fondateur du collége de Beauvais à Paris.
[14] Au collége fondé par maître Gervais Chrétien. (Voyez plus bas.)
[15] Hippocrate.
[16] Catherine, fille de Charles V, morte en 1388.
[17] Charles VI.
[18] L'astrologue Alchabitius.
[19] Jean de Séville.

La Vie S¹ᵉ Bautheult⁽¹⁾, jadiz royne de France, très bien escripte, en un caier couvert de parchemin.

Un petit livret plat, en latin, nommé Bestiaire, figuré, que Gilet⁽²⁾ a donné au Roy.

Un très viez caier intitulé : Incipit præfacio Petri Abælardi⁽³⁾.

La Vie S¹ᵉ Crotilde⁽⁴⁾, en latin, couvert de soie, à ıj fermoers d'argent.

Un très bel Psaultier, en grant volume, escript de grosse lettre et ancienne, que on a donné au Roy à Nogent le Roy, à une chemise blanche à queue, à ıj fermoers d'argent. *En marge* : Presté par le Roy à messire Philippe de Maisières sa vie durant.

Un Psaultier à mendre⁽⁵⁾ volume, à une chemise pertuisée⁽⁶⁾, très bien ystorié et très bien escript.

Géomencie, en un viex livre dont les aiz ne sont point couvers, à ıj fermoers.

Un livre couvert de veluyau ynde, très plat, qui se nomme Lamentacio super Jherusalem, de Negligencia christianorum, qui vint de messire Philippe de Maisièrez⁽⁷⁾.

La moitié d'un Bréviaire, dont les aiz sont couvers de brodeure de France et de Bourgongne endentées, à ıj fermoers d'or esmaillez de France.

Le Psaultier pappe Urbain⁽⁸⁾, en un quaier de pappier couvert de parchemin.

Ars notaria⁽⁹⁾, dont les aiz ne sont point couvers de cuir, mais est lié de cordez.

Autres plussieurs caiers touchans Astronomie, liez en un troussel de nulle value.

Une piau de parchemin, où sont plussieurs ystoires que fist maistre Jehan de Lignan⁽¹⁰⁾.

Charles V mourut au château de Beauté le 16 septembre 1380. Presque aussitôt Philippe le Hardi, duc de Bourgogne, associé à la régence, chargea le secrétaire du roi, Jean Blanchet, de faire un récolement de l'inventaire dressé par Gilles Malet. Celui-ci se transporta au Louvre le 6 novembre, et constata que tous les volumes portés sur l'inventaire étaient encore en place, à l'exception de ceux qui avaient été donnés ou prêtés par le feu roi⁽¹¹⁾. Il fit en même temps exécuter une copie du catalogue et le remit au roi avec la clef des trois chambres. Cette copie, en forme de rouleau, existe à la Bibliothèque impériale⁽¹²⁾ ; elle se compose de dix-neuf feuilles de parchemin cousues ensemble, et chaque feuille a environ soixante et dix centimètres de longueur. Sur le premier feuillet, on lit ces mots à demi effacés : *Inventoire des livres du Roy Charles le Quint*. Le titre est à peu

---

⁽¹⁾ Sainte Bathilde, femme de Clovis II.
⁽²⁾ Gilles Malet.
⁽³⁾ Pierre Abélard.
⁽⁴⁾ Sainte Clotilde.
⁽⁵⁾ Moindre.
⁽⁶⁾ Trouée.
⁽⁷⁾ Sur Philippe de Maizières, voyez ci-dessus p. 91.
⁽⁸⁾ Urbain V.
⁽⁹⁾ *Tractatus de arte notaria*, par Rolandinus.
⁽¹⁰⁾ L'astronome Jean de Lignano.
⁽¹¹⁾ On lit page xʟ v° du catalogue de Mallet : «..... Item, comme après le trespassement dudit «feu roy Charles, qui fut en septembre mil ccc «ıııjˣˣ, ledit inventaire, ainsy fait et escript par ledit «feu messire Giles, fut récolé le vıᵉ jour de no-«vembre oudit an ıııjˣˣ par feu maistre Jehan «Blanchet, secrétaire du roy nostre dit seigneur, «du commandement de feu monsseigneur le duc de «Bourgoigne derrenièrement trespassé, et y furent «touz iceulx livres trouvez, exceptez ceulx qui es-«toient signez, sur les marges dudit inventoire, «avoir esté baillez à diverses personnes par ledit «feu roy Charles ou de son ordonnance, comme «il est escript ou ıj° fueillet dudit présent livre ou «inventoire.»
⁽¹²⁾ Bibliothèque impériale, manuscrits, fonds de Baluze, n° 397.

près le même que celui de l'inventaire de 1373 : *Cy après en ces roillez sunt escrips les livres de très souverain et excellent prince Charles, le quint de son nom, par la grace de Dieu roy de France, lesquielz estoient en son chastel du Louvre, en trois chambres l'une sus l'autre, l'an de grace mil cccc soissante et treze, enregistrés de son commandement par moy Gilet Malet.*

Le duc de Bourgogne approuva la gestion de Malet et le confirma dans ses fonctions de bibliothécaire [1]. Malheureusement on continua à prêter des volumes aux seigneurs de la cour, qui ne se firent aucun scrupule de les garder ; la plupart des ouvrages que prit le duc d'Anjou, à son départ pour l'Italie en 1380, ne repassèrent point les Alpes. En revanche, lorsque les Juifs furent chassés de Paris en 1395, on découvrit au faubourg Saint-Denis, dans une maison qui leur appartenait, cent quatorze volumes et une quantité d'extraits de la Bible et du Talmud ; tous furent, par ordre du trésorier de France, transportés au Louvre et délivrés à G. Malet [2]. Quelques années après, vingt volumes furent donnés à la bibliothèque par le duc de Guyenne, fils aîné du roi, et alors chef du conseil de régence. G. Malet les catalogua à la suite de l'inventaire général ; il eut seulement soin de placer en tête de la liste l'avertissement suivant : « Ce sont les livres que noble « et puissant prince monss^r le duc de Guyenne, ainsné fils du roy Charles, le vj^e « de ce nom, roy de France, a envoiez en la librarye du roy mondit seigneur au « Louvre, par maistre Jehan Daussonval, confesseur et maistre d'escolle de mon « dit seigneur de Guienne, et les quelz ont esté receuz et mis en la dicte librarye « par moy Gilet Malet, maistre d'ostel du roy mon dit seigneur, et garde de ladicte « librarye, le vij^e de jenvier mil iiij^e et nuef [3]. »

---

[1] « ... Item, que assez tost après, c'est assavoir « le cinquiesme jour du mois de novembre l'an « mil ccc iiij^{xx}, et fut à Reins le Roy nostre sire, qui « à présent est, bien acertené par mess. ses oncles et « autres de son conseil de la bonne garde que avoit « faicte ledit feu messire Giles des livres dessus ; et « oy le rapport dudit maistre Loys Blanchet, voult « et ordonna, par ses lettres données ledit jour, « transcriptes en la fin de ce présent compte, que « icellui messire Giles feust tenu pour quitte et des- « chargié de touz les livres qui par l'ordonnance « dudit feu roy Charles avoient esté bailliez, sanz en « demander autre quictance ou enseignement que « lesdictes lettres, desquelles lettres ladicte vefve et « enfans ont entencion de eulz aidier en plusieurs « parties de ce présent compte. » (*Inventaire de G. Malet*, p. XL v°.)

[2] Sauval, *Histoire de la ville de Paris*, t. II, p. 250. — Velly, *Histoire de France*, t. XII, p. 191 : Mais ce fait est contesté par Jourdain, *Mémoire historique sur la bibliothèque du roy*, p. v.

[3] *Inventaire de Gilles Malet*, p. xxxvij. — Voici la liste des ouvrages cités dans le *fac-simile* que nous donnons ci-contre :

« Une Bible en françois, en très grant volume, « couverte d'une chemise de soie à queue, à ij fer- « moers d'argent à testes dorées.

« Josephus, escript en françois, en lettre de note, « couvert de veluyau azuré, à ij fermoers de cuivre « dorez, à tissuz de soie.

« Titus Livius, en françois, en très grant volume, « couvert de cuir, qui autres feiz fu au Roy, à ij fer- « moers d'argent esmaillé à fleurs de liz, très bien « ystorié et escript.

« La première partie de la Cité de Dieu, en fran- « çois et lettre de note, couvert de cuir à emprainstes, « à ij fermoers de latton dorez.

« L'autre partie, paroillement escripte en françois, « et aussi couvert, et ij telz fermoers.

« Le livre des Propriétés des choses, en françois, « escript de lettre de note, couvert de cuir à em- « praintes, à ij fermoers d'argent des armez de Mon-

Catalogue des livres donnés à la bibliothèque du Roi, en 1409, par le duc de Guyenne, chef du conseil de régence.

Gilles Malet mourut en janvier 1410 [1], et Antoine des Essars, « escuyer, varlet « trenchant du Roy, » lui succéda. Malet laissait deux fils : Jean, « chevalier et « maistre d'ostel du Roy, » et Charles, « licencié en lois; » conjointement avec leur mère Nicole de Chambly, ils remirent tous les volumes au nouveau bibliothécaire [2]. Un autre inventaire fut aussitôt dressé par trois officiers de la chambre des comptes, et transcrit à la suite du catalogue de Malet, sous ce titre : « Inventaire des livres « du roy Charles nostre sire, vj^e de ce nom, estans en une tour de son chastel du « Louvre en trois chambres ou estaiges l'une sur l'autre. Commencé à faire le « xxiiij^e jour de janvier l'an mil cccc et dix et autres jours ensuivans, par sire « Michiel de Laillier, et maistre Nicolas des Prés, conseiller maistre, et Jehan Le- « begue, clerc, notaire, et secrétaire et greffier en la chambre des comptes du Roy, « nostre dit seigneur, à Paris, à ce commis par le commandement de bouche de « nosseigneurs desdiz comptes. En la présence de messires Guillaume de Senliz, « seigneur de Praelles, exécuteur, et Jehan Malet, chevalier, héritier en partie « de feu messire Giles Malet, qui, par l'ordonnance de feu le roy Charles, derre- « nièrement trespassé, en avoit eu la garde : apres ce, toutes voyes, que lesdiz

« tagu, par avant grant maistre d'ostel du Roy.

« Ovide Methamorphoseos, en françois, de lettre « de note, couvert de cuir à empraintes, et ij fer- « moers de laton.

« Un Greel (*Graduel*) pour une église, noté, et « couvert de cuir à queue, à ij fermoers de laton.

« Ethiques, en françois, et lettre de note, couvert « de cuir à empraintes, et ij fermoers de laton. »

[1] On a découvert, vers 1854, dans l'église de Soisy-sous-Étioles (Seine-et-Oise), une pierre consacrée à rappeler le souvenir de G. Malet. Cette pierre est gravée en creux et rehaussée de couleurs dont le dessin enluminé forme tableau. Un Christ en croix occupe le centre, et autour de lui sont rangés divers personnages, parmi lesquels figurent Gilles Malet, recouvert d'une armure, et sa femme, en jupe et riche corsage. L'inscription suivante est gravée sur l'encadrement de la pierre : MONSEIGNEUR GILES MALET, CHEVALIER, SEIGNEUR DE VILLEPESCLE, CONSEILLIER ET MAISTRE DOSTEL DU ROY, CHASTELLAIN DE PONT SAINTE MAXANCE, VISCONTE DE CORBEIL ET SEIGNEUR DE SOISY. MADAME NICOLE DE CHAMBLY SA FEME. Cette pierre, dit M. de Guilhermy, est peut-être aujourd'hui le seul monument où Gilles Malet soit représenté. (Voyez L. Lacour, *Annuaire du bibliophile*, année 1862, p. 142, et le *Magasin pittoresque*, année 1861, p. 170 et 236, où la pierre a été reproduite.)

[2] « ...C'est le compte de madame Nichole de « Chambly, vefve de feu messire Giles Malet, à son « vivant chevalier et maistre d'ostel du Roy nostre « sire, de messire Jehan Malet, chevalier et maistre « d'ostel dudit seigneur, et de maistre Charles Malet, « licencié en lois, enfans dudit feu messire Giles et « de ladicte dame, des livres estans ou chastel du « Louvre, en trois chambres l'une sur l'autre, dont « ledit messire Giles a eu la garde : c'est assavoir « depuis l'an mil ccc lxxiij jusques ou mois de jan- « vier mil cccc et dix, qu'il est alé de vie à trespas- « sement; après lequel trespassement ladicte vefve « et enfans ont rendu lesdiz livres à Anthoine des Es- « sars, escuier, commis de par le Roy nostre dit « seigneur à la garde d'iceux, par inventoire nouvel- « lement fait, et commencé par messeigneurs sire « Michiel de Laillier, conseiller et maistre des « comptes dudit seigneur, maistre Nicolas des Prez, « conseiller et correcteur desdiz comptes, et Jehan « Le Bègue, greffier de la Chambre d'iceulz comptes, « et achevé par ledit Le Bègue...; lequel inventoire « nouvel commence ou lij^e fueillet de ce présent « volume ou livre. Touz lesquelz livres estans en « l'ancien inventoire... ont esté trouvez esdictes « chambres, exceptez toutesvoyes ceulz qui sont es- « cripz en ce présent compte, lesquelz ont esté « baillez et délivrez tant par feu le roy Charles le « Quint, dont Dieux ait l'ame, comme par le roy « notre sire qui à présent est... » (*Inventaire de Gilles Malet*, p. XL.)

Reçu donné par Antoine des Essars, le 11 mars 1411.

« exécuteur et héritier orent premièrement juré et affermé ausdiz commissaires
« qu'ilz n'avoient onques veu ne sceu que ledit deffunct eust eu aucun inventoire
« desdiz livres devers lui, et que s'aucun inventoire en y avoit, on le devroit
« trouver en l'une desdictes trois chambres. En la présence aussy de Anthoine des
« Essars, escuier, varlet trenchant du Roy nostredit seigneur, et commis de nouvel
« par lui à la garde d'iceulz livres, et de sire Bureau de Dampmartin, bourgoys
« de Paris, qui le plus du tems y vacqua à reprendre lesdiz livres, pour et ou
« nom et du consentement dudit Anthoine, et lequel les reprint au plus près que
« faire ce pot, et non mie au juste selon l'ordre de l'ancien inventoire fait par
« ledit feu messire Giles, commençant ou iij^e fueillet de ce présent livre; lequel
« livre fut lors trouvé en la basse desdictes chambres, en la présence des susdiz;
« et ne porent lesdiz commis en tout garder l'ordre dudit ancien inventoire
« pour la grant multitude de livres et difficulté qui y estoit, mesmement que
« lesdiz livres n'estoient mie de renc et en ordre esdiz trois estages, et que
« plusieurs d'iceuz livres, qui devoient estre ou bas estage ou chambre d'icelle
« tour, estoient en l'un des deux autres, et semblablement des autres qui
« devoient estre es autres deux estages. Ce présent inventoire parfait et achevé
« par ledit Bègue, par l'ordonnance de nosdiz seigneurs des comptes, pour les
« grandes occupations desdiz sire Michiel et des Prez, en la présence toutesvoyes
« et du consentement dudit messire Jehan Malet, et dudit Anthoine des Essars ou
« Bureau. Apres la parfection duquel inventoire, en fut le double baillé audit An-
« thoine, comme il est escript et signé de sa main en la fin de ce présent inven-
« toire, ou vj^{xx}xiij^e fueillet de ce livre [1]. » Au revers du dernier feuillet du nouvel
inventaire, Antoine des Essars écrivit en effet ce récépissé, dont nous donnons
le *fac-simile* [2] : « Je Anthoine des Essars, escuier, varlet trenchant, conseiller
« et garde des deniers de l'espargne et de la librairie du Roy nostre seigneur,
« confesse avoir eu et receu de Messieurs des comptes du Roy, nostredit seigneur,
« en six cayers de parchemin contenans LXXIJ foillez, le double de ce présent inven-
« toire, deuement collationné par maistre Jehan Le Bègue, notaire et secrétaire
« du Roy, nostredit seigneur, et greffier en ladicte chambre, avec les livres contenuz
« et déclairez en icellui, depuis le LIIJ^e fueillet dudit présent inventoire jusques cy.
« Lesquelz livres sont en une tour du chastel du Louvre, en trois chambres ou estaiges
« l'une sur l'autre, desquelles chambres ou estaiges les clefs me furent baillées par
« l'ordonnance desdictes gens des comptes dès le vij^e jour de juillet derrenier passé.
« Tesmoing mon saing manuel cy mis le xj^e jour de mars, l'an mil cccc et unze.
« ANTHOINE DES ESSARS. » Deux cent sept volumes étaient absents, et l'on comptait
environ deux cents acquisitions nouvelles, ce qui plaçait la bibliothèque dans le
même état que quarante ans auparavant.

---

[1] *Inventaire de Gilles Malet*, p. LIIJ. — [2] Voyez page 123.

Premier feuillet de l'inventaire dressé en 1413.

126 LES ANCIENNES BIBLIOTHÈQUES DE PARIS.

 Un extrait des *Mémoriaux de la chambre des comptes*, qui nous a été conservé par J. Dubreul [1], nous apprend que, le 12 mai 1412, Charles VI remplaça des Essars par Garnier de Saint-Yon; celui-ci est qualifié de «commissus ad «custodiam librariæ Regis in Lupara, et aliorum etiam librorum, quocumque loco «fuerint,» ce qui prouve bien que le roi possédait encore des livres ailleurs qu'au Louvre [2].

 Moins d'un an après, Jean Maulin, clerc du roi, succéda à Garnier de Saint-Yon, destitué, comme son prédécesseur, pour avoir pris parti contre la maison d'Orléans [3]. On dut dresser un autre inventaire qui, cette fois, ne fut pas inscrit à la suite de celui de Gilles Malet; il forme un petit in-folio, écrit sur vélin en lettres de note et à longues lignes [4]. Il commence ainsi :

 «Inventoire des livres du roy Charles nostre sire qui à présent est, estans en «sa librairie du Louvre. C'est assavoir en une tour, en trois chambres l'une sur «l'autre. Commencié le mercredy xviij° jour d'octobre l'an mil cccc et xıij par «maistres Thomas Daunoy et Jehan Delacroix, conseilliers et maistres des comptes «d'icellui seigneur, et Jehan Le Bègue, notaire et secrétaire dudit seigneur, et «greffier en la chambre desdiz comptes, à ce commiz par les gens des comptes «d'icellui seigneur; en la présence de Guillaume des Molins, frère de la femme «Garnier de Saint Yon, qui derrenièrement en avoit la garde, et de maistre Jehan «Maulin, clerc d'icellui seigneur en laditte chambre des comptes, auquel Maulin «ledit seigneur en avoit de nouvel baillé la garde. Toutesvoyes n'y fu mie ledit «Guillaume présent tout au long, ainçois quant esté y ot par aucuns jours se «excusa de plus y venir, disant qu'il s'attendoit à ce que fait en seroit par lesdiz «commiz, et semblablement lesdiz maistres Thomas et Delacroix, pour autres «charges et occupacions qu'ilz orent es affaires du Roy et autrement, n'y porent «mie longuement vaquer. Si fu ledit inventoire achevé par ledit Bègue, présent «ledit Maulin, et y furent trouvez les livres qui ensuivent.»

 Jean Maulin écrivit à la fin la déclaration suivante :

 «Je Jehan Maulin, clerc du Roy nostre sire en sa chambre des comptes à Paris, «et garde de sa librairie estant au Louvre, congnois et confesse avoir eu et receu

---

[1] «Garnerius de S. Yon, scabinus villæ Pa-«risiensis, commissus ad custodiam librariæ Regis in «Lupara, et aliorum etiam librorum, quocumque «loco fuerint, loco Antonij de Essartis, causis certis «ad hoc ipsum regem moventibus exonerati, per «eius literas datas octavo maij 1412, sic signatas: «Par le Roy, presens messire Philippe de Poictiers, «messire Girard de Graneual, et autres. Calot. Duo-«decimoque mensis eiusdem præstitit solitum iura-«mentum.» (Dubreul, *Theatre des antiquitez de Paris*, p. 781.)

[2] Voyez d'ailleurs Van Praet, *Inventaire des joyaulx, reliques et autres choses estant en lEstude du Roy, en la tour du boys de Vincennes, empre la haulte chambre, en la presence de monss. de la Rivière, Giles Malet et Hennequin Duvivier, orfevre et varlez de chambre du Roy. Fait le xj° jour davril ccc iiij^{xx}*.

[3] Pierre des Essars, frère d'Antoine, fut condamné à mort et exécuté le 1ᵉʳ juillet 1413.

[4] Bibliothèque impériale, manuscrits, autrefois Supplément français, n° 178¹², aujourd'hui, Fonds français, n° 9430. Nous donnons, page 125, le *fac-simile* du premier feuillet.

Reçu donné par Jean Maulin le 10 janvier 1415.

« en ma garde touz les livres et autres choses contenuez et déclairéez en ce présent
« inventoire, contenant soixante neuf fueillez escripz, exceptez ceulz qui sont
« contenuz et déclairez cy dessoubz es cinq prouchains fueillez ensuivans. Duquel
« inventoire le double contenant quatre vins dix huit fueillez en papier, avecques
« les clefz d'icelle librarie, m'ont esté baillez par maistre Jehan Le Bègue, clerc,
« notaire et secrétaire d'icellui seigneur, et greffier en ladicte chambre des comptes,
« qui par messeigneurs desdiz comptes avoit esté commis audit inventoire faire,
« moy présent. Tesmoing mon saing manuel cy mis, le xe jour de janvier, l'an mil cccc
« et quinze [1]. Maulin. »

Un nouvel inventaire fut rédigé à l'avénement de Charles VII, en 1423, par trois commissaires de la chambre des comptes; en présence de Garnier de Saint-Yon, redevenu bibliothécaire en juillet 1418, ils passèrent cinq jours à ce travail. La collection ne renfermait plus que huit cent cinquante-trois volumes, et trois libraires experts jurés les estimèrent deux mille trois cent vingt-trois livres quatre sols.

L'original de cet inventaire semble aujourd'hui perdu, mais la bibliothèque Sainte-Geneviève en possède une copie [2] faite au xviie siècle. On lit à la fin : « Le deuxiesme jour de mars 1636, un certain escrivain me vint apporter un
« gros cahier de papier contenant soixante huict feullets, pour le voir et en
« prendre copie.... Je trouvay que c'estoit l'inventaire original fait par trois com-
« missaires députez l'an 1423, les 11, 12, 13, 14 et 15 d'avril, des livres de
« la bibliothèque du Roy estant au chasteau du Louvre en trois chambres, après le
« décez du roi Charles sixiesme, avec la prisée qui en fut faite par trois libraires,
« Garnier de Saint Yon estant garde de ladite bibliothèque ou librairie. Le nombre
« des volumes desdits livres, tous manuscrits, la plus part en parchemin, se monte
« à huit cent cinquante trois, et l'évaluation de la prisée à deux mil trois cent
« vingt trois livres quatre solz [3]. »

---

[1] *Inventaire de 1413*, p. LXIII].

[2] Bibliothèque Sainte-Geneviève, manuscrits, n° Q, f. 5. Une autre copie, également du xviie siècle, existe à la bibliothèque Mazarine, manuscrits, n° H, 1934. Dans les deux manuscrits, chaque article est accompagné d'une estimation indiquant le prix de l'ouvrage. Ce catalogue vient d'être publié par M. Douët-d'Arcq, sous ce titre : *Inventaire de la bibliothèque du roi Charles VI fait au Louvre en 1423, par ordre du Régent, duc de Bedfort*. M. Douët-d'Arcq a emprunté au manuscrit de la bibliothèque Mazarine la désignation des volumes et leur prix d'estimation, et en même temps il a relevé leur titre exact sur l'inventaire de Gilles Malet.

[3] En 1830, J. Barrois estimait que cette somme pouvait représenter 241,592 francs de notre monnaie (voyez *Bibliothèque protypographique*, p. xij). Voici comment débute cet inventair : « L'an de
« grace mil cccc vint et trois, les xj^e, xij^e, xiij^e, xive et
« xve jours du mois d'avril avant Pasques, par l'or-
« donnance de messieurs les commissaires ordonnez
« par le Roy nostre sire sur le fait des obsecques,
« funérailles et inventoire de feü nostre sire le roy
« Charles VIe de ce nom, dernier trépassé, et en la
« présence de messieurs maitres Philippes de Ruilly,
« conseiller du Roy nostre sire en sa cour de Parle-
« ment et thrésorier de la Saincte-Chapelle du Palais
« royal à Paris, Jacques Branlart, aussy conseiller
« dudit seigneur en sa cour de Parlement, de sire
« Michel de Cailler, conseiller et maître des comptes

On a pu voir, par l'extrait que nous avons donné du catalogue dressé par Malet, quelles riches reliures portaient presque tous les volumes de cette collection. On employait surtout alors, pour recouvrir les livres, le cuir blanc ou vermeil, le velours, les draps de soie et de satin. Une belle reliure empruntait à la fois l'art de l'orfévre, de l'émailleur et de l'imagier. De forts clous de cuivre préservaient du frottement les étoffes qui garnissaient les plats et les pierres précieuses qui y étaient parfois enchâssées. Les fermoirs en or, en vermeil, en argent, en cuivre, ou même en fer, avaient surtout pour objet de tenir sans cesse en presse le vélin, qui se dilate au contact de l'air chaud; ces fermoirs étaient presque toujours émaillés et ornés soit de figures finement gravées, soit des armes du seigneur auquel le livre appartenait.

La précieuse collection rassemblée par Charles V allait disparaître au milieu des orages qui bouleversèrent la France au commencement du règne de Charles VII. Le duc de Bedford, régent du royaume au nom de Henri VI, fut plus qu'un général habile, il aima les lettres et sut les protéger; de superbes manuscrits exécutés par ses ordres existent encore [1]. Les livres réunis au Louvre devaient naturellement exciter sa convoitise; il vint les visiter dès 1425, s'en fit présenter l'inventaire, mais n'osa point encore s'en emparer. Il fallut quatre années pour dissiper ses scrupules : en 1429, il donna une décharge complète à Garnier de Saint-Yon, compta douze cents livres à Pierre Thiéry, entrepreneur du mausolée de Charles VI [2], et fit passer en Angleterre les ouvrages que contenait la tour du Louvre. Tous ces faits étaient attestés par des notes écrites à la fin de l'inventaire de 1423.

On y lit :

Le vendredy xxij jour de juin mil cccc xxv, très haut prince et mon très redouté seigneur mons. Jehan, régent du Royaume de France, duc de Bedford, demoure content de tous les livres cy dessus désignez et spécifiez, montans par prisée à la somme de deux mil trois cent vingt et trois livres quatre sols parisis, lesquels il a receus de Garnier de Saint-Yon, jadis garde desdits livres, et en acquitte et décharge ledit Garnier; et en témoin de ce, j'ay, par son ordonnance et commandement, escript de ma main cest présent article, et signé de mon seing manuel, l'an et jour dessusdits.

PETMEL.

«d'iceluy seigneur, et de M° Andry Courtevache, «clerc desdits comptes, commissaires, avec autres, «sur le fait desdits obsecques; par Girard Maucler «et Adam Deschamps, clers notaires jurez d'iceluy «seigneur en son Châtelet de Paris, fut fait inven«toire des livres appartenans audit feu seigneur. «estans et trouvez en sa librairie du chastel du «Louvre à Paris, et montrez par Garnier de Saint «Yon, garde de ladite librairie. Et les livres qui «trouvez ont esté, prisez par maîtres Jean Merles,

«Denis Coutillier et Jean de Sautigny, libraires jurez «en l'Université de Paris, après qu'ils ont juré de «les priser bien et justement.»

[1] Voyez le *Magasin pittoresque*, année 1839, p. 300, et Vallet de Viriville, *Notice de quelques manuscrits précieux sous le rapport de l'art, écrits et peints en France durant l'époque de la domination anglaise.*

[2] Boivin, *Dissertation sur la bibliothèque du Louvre*, dans les *Mémoires de l'Académie des ins-*

130   LES ANCIENNES BIBLIOTHÈQUES DE PARIS.

Depuis la quittance et décharge desusdites, mondit sieur le Régent a baillé en garde tous les livres en ce présent papier escriptz et désignez, lequel Garnier l'a tenu et obligé de luy en rendre compte bon et loyal. Escript de ma main ledit xxij° jour de juin mil cccc xxv, sous mon seing manuel.

PETMEL.

Le samedy xv° jour doctobre, l'an mil cccc xxix, très hault et puissant prince mons^r le Régent du royaume de France, duc de Bedford, se tient comptant de tous les livres désignez et déclarez cy devant en cest présent inventaire, et en quitta en ma presence Garnier de St Yon, et veut qu'il en fut et demourât quitte et deschargé, en tesmoing de laquelle chose j'ay, par l'ordonnance et mandement de monseigneur le Régent, escript cest présent article de ma main et signé de mon seing manuel, l'an et jour dessusdit.

J. SALVAIN [1].

Charles VII ne songea point à réparer cette perte. Mais Louis XI, qui, suivant les expressions mêmes de Robert Gaguin, «callebat litteras, et supra quam «regibus mos est, erat eruditus [2],» s'efforça de rétablir la bibliothèque du Louvre. Il y plaça d'abord quelques volumes épars, depuis Charles V, dans différentes maisons royales. Ce premier fonds reçut, en mai 1472, un accroissement assez considérable par la mort de Charles, duc de Berry, qui avait institué pour héritier Louis XI, son frère [3]; Charles aimait les lettres, et il avait été un des premiers à former une collection de livres imprimés [4]. A ces volumes le roi réunit presque aussitôt la bibliothèque des ducs de Bourgogne, dont les États furent alors réunis à la France; cette bibliothèque, fondée par Philippe le Hardi [5], était devenue rapidement, grâce à la prodigalité de ses possesseurs, l'une des plus belles et des plus considérables de l'Europe. Elle s'augmenta d'abord, sous son fondateur, d'une collection rassemblée par son beau-père, Louis de Male [6], comte de Flandre; les immenses richesses et les goûts littéraires de Philippe le Bon con-

---

criptions, t. II, p. 760. Boivin reproduit là une circonstance également affirmée par Sauval et par Félibien, mais dont l'authenticité nous semble contestable. Nous n'en avons pas trouvé trace d'ailleurs dans les documents manuscrits.

[1] L'auteur anonyme de l'histoire manuscrite de la bibliothèque du Roi dit : «J'ay veu un Tite «Live, à la fin duquel ces mots estoient escritz : «Ce livre a esté envoyé des parties de France par «le duc de Betfort, régent, au duc de Glocestre, «son beau frère, en Angleterre, l'an 1424; il a esté «rapporté depuis en France par hazard.» (Bibliothèque Sainte-Geneviève, manuscrits, Z f 1.)

[2] Rob. Gaguin, *Compendium super Francorum gestis*, lib. X, p. CXLI.

[3] Voyez le Catalogue des livres qui paraissent avoir composé la bibliothèque de Louis XI. Bibliothèque impériale, manuscrits, fonds français, n° 2912, in-folio. Voici comme cet inventaire est désigné dans le manuscrit : *Livres en françois escriptz à la main à Tours devant l'hostel monseigneur de Dunois*.

[4] Vallet de Viriville, *Histoire de l'instruction publique en France*, p. 207.

[5] Voyez, dans la *Bibliothèque protypographique* de J. Barrois, p. 105, l'*Inventaire des livres roumans de feu monseigneur Philippe le Hardi, que maistre Richart le Conte, son barbier, a euz en garde à Paris*.

[6] Voyez, dans Barrois, p. 110, *Inventoire de Marguerite de Male, héritière de Flandre, veuve de Philippe le Hardi*.

tribuèrent encore à l'enrichir[1]; Charles le Téméraire avait fait aussi d'importantes acquisitions[2].

Louis XI eut pour sa bibliothèque un enlumineur en titre, Jean Fouquet, et successivement deux bibliothécaires, Laurent Palmier et Robert Gaguin[3]. L'emprunt qu'il fit à la Faculté de médecine des œuvres de Rhasès, dont il voulait avoir une copie, et les difficultés que rencontra cette demande, sont restés célèbres dans l'histoire de la bibliographie[4].

Charles VIII, malgré les guerres continuelles qui remplirent son règne, contribua à augmenter le dépôt du Louvre. Depuis Robert d'Anjou, le protecteur de Pétrarque et de Boccace, Naples possédait une bibliothèque qui, sous Alphonse Ier et Ferdinand d'Aragon, princes aussi éclairés que cruels, était devenue réellement précieuse. Charles VIII, pendant sa rapide expédition en Italie, put s'emparer d'une partie de cette collection; il la rapporta en France, où Robert Gaguin[5] l'ajouta aux livres rassemblés par Louis XI.

Mais déjà la maison d'Orléans possédait à Blois une bibliothèque, précieuse surtout par la beauté des volumes que le duc Louis, fils de Charles V, avait fait exécuter à ses frais. Charles d'Orléans eut pour les livres le même goût que son père, et s'efforça d'augmenter la collection que celui-ci avait laissée. Un premier inventaire en fut rédigé au mois de mai 1417, par P. Renoul, secrétaire du prince[6]. Dix ans après, on songea à l'aliéner pour payer la rançon du prince; un nouvel inventaire fut alors dressé (31 mai 1427) par maître Jehan de Tuillières, «licencié en lois[7]. » Cet inventaire comprend quatre-vingts volumes, parmi lesquels figurent des bibles, des évangiles, des missels, des ouvrages théologiques, des romans, et quelques poëtes latins, mais pas un livre grec. L'année

---

[1] Voyez A. Pinchart, *Miniaturistes, enlumineurs et calligraphes employés par Philippe le Bon et Charles le Téméraire*, 1865, in-8°.

[2] Voyez Gabriel Peignot, *Catalogue d'une partie des livres composant la bibliothèque des ducs de Bourgogne au xve siècle*, et J. Barrois, *Bibliothèque protypographique*, p. 117.

[3] L. Jacob, *Traicté des plus belles bibliothèques*, p. 448. — On a contesté ce titre à Robert Gaguin. Cependant sur son épitaphe, longtemps conservée au couvent des Mathurins, il était qualifié de *Selectæ Ludovici XI bibliothecæ authoris et præfecti*. (Voyez Piganiol de la Force, *Description de Paris*, t. VI, p. 293.)

[4] Voyez ci-dessus notre notice sur la bibliothèque de la Faculté de médecine.

[5] Robert Gaguin mourut le 22 mai 1501, et non en 1502, comme le disent toutes les biographies. Voyez un extrait de son épitaphe reproduit dans G. Brice, *Description de Paris*, t. III, p. 32.

[6] Archives de l'Empire, série K, n° 534.

[7] Il a été publié avec des notes intéressantes par M. Le Roux de Lincy dans la *Bibliothèque de l'École des chartes* (1re série, t. V, 1843, p. 59). Voici le titre de ce précieux document :

«S'ensuient les livres de monseigneur le duc
«d'Orliens, par maistre Jehan de Tuilies, licencié
«en lois, et lieutenant de monsieur le gouverneur
«de Blois, devers lequel ilz ont esté en garde bailliés
«et délivrés le dernier jour de may l'an mil quatre
«cens vingt sept, à messire Jehan de Rochechouart,
«chevalier, seigneur de Mortemar, chambellan, et
«maistre Pierre Sauvage, secrétaire et conseiller de
«mon dit seigneur le duc, par lui ordonnés et
«commis à yceulx livres retraire et rassambler, pour
«en faire et disposer par le dit seigneur de Mor-
«temar, selon ce que mon dit seigneur le duc lui
«doit avoir naguères ordonné et commandé. »

suivante, le duc d'Orléans ayant appris que les Anglais préparaient une expédition sur les bords de la Loire, craignit que sa collection de livres et d'objets d'art ne tombât au pouvoir de l'ennemi; il les fit transporter d'abord à Saumur, puis à la Rochelle, où on les installa dans l'hôtel de Jean de Rochechouart, sire de Mortemart.

Charles d'Orléans et son frère Jean, comte d'Angoulême, retenus captifs pendant vingt-cinq ans, cherchèrent dans les lettres une consolation aux peines de l'exil. Tous deux, instruits pour leur époque, s'efforcèrent de racheter quelques-uns des manuscrits que le duc de Bedford avait enlevés de la tour du Louvre; et, quands ils revinrent en France (1440), ils rapportèrent une soixantaine de volumes que Charles d'Orléans expédia à Blois, où les livres de son père avaient été replacés en 1436. On conserve à la Bibliothèque impériale quelques manuscrits provenant de la bibliothèque de Charles V, et qui, après avoir été emportés à Londres par Bedford, y furent rachetés soit par Charles d'Orléans, soit par Jean d'Angoulême, et revinrent avec eux en France. Le plus curieux peut-être de ces précieux monuments de notre histoire littéraire est le *Rational des divins offices*, exécuté en 1374 pour Charles V[1]. Il porte l'*ex libris* et la signature de ce prince[2], et on lit en outre sur la couverture ces mots :

Cest livre est a Johan conte Dengolesme lequel l'acheta a Londres en engleterre l'an de grace 1441

Louis XII, fils de Charles d'Orléans, avait conservé pour Blois, sa ville natale, une prédilection très-marquée; il y transporta tous les ouvrages que renfermait encore la Tour du Louvre[3], les réunit à la bibliothèque de son père, et plaça celle-ci sous la direction de François du Refuge, son aumônier. Pendant son éphémère conquête du Milanais, il trouva le temps d'envoyer à Blois (1499) la belle bibliothèque que les Visconti et les Sforze avaient formée à Pavie, et qui ne comptait pas moins de mille manuscrits grecs, latins, italiens et français[4]. Sa campagne contre les États vénitiens lui permit de s'emparer d'une partie de la précieuse collection qui avait fait les délices de Pétrarque; l'infatigable érudit l'avait rassemblée avec des peines extrêmes; il la traînait avec lui dans tous ses voyages, et avait fini par la donner, en 1362, à la république de Venise. Louis XII enrichit encore sa bibliothèque d'une collection appartenant à Louis de Bruges,

---

[1] Bibliothèque impériale, manuscrits, fonds français, n° 437.

[2] Nous les avons reproduits ci-dessus, p. 111.

[3] G. Naudé, *Additions à l'hist. du roy Louis XI*, p. 37. — Jourdain, *Mémoire historique sur la bibliothèque du Roy*, p. vij.

[4] Sur presque tous les volumes provenant de cette collection, et qui sont aujourd'hui à la Bibliothèque impériale, on lit ces mots, que nous empruntons au volume coté fonds français, n° 755 :

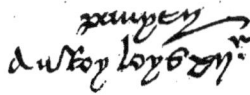

seigneur de la Gruthuyse. Le cabinet de ce savant bibliophile était, après celui des ducs de Bourgogne, le plus beau et le plus nombreux de toute la Flandre. Louis de la Gruthuyse avait fait exécuter lui-même, à Bruges et à Gand, la plupart des manuscrits qu'il possédait. Le format des volumes, la beauté du vélin et de l'écriture, la richesse et la quantité des miniatures, le luxe des reliures en velours garnies de coins, de clous et de fermoirs dorés, attestent que rien de ce qui peut rendre des livres précieux n'avait été épargné par leur opulent possesseur. Après sa mort (1492), cette collection passa à son fils Jean de Bruges, qui la donna ou la vendit à Louis XII; on ne sait rien de précis à cet égard, mais la dernière supposition est la plus vraisemblable. En effet, afin de transmettre à la postérité le souvenir de son amour pour les livres, le seigneur de la Gruthuyse avait multiplié dans les siens ses armes et sa bannière, avec son chiffre et sa devise [1]; or tous ces emblèmes furent, lors de la réunion des deux bibliothèques, effacés où recouverts par les armes du roi [2].

Nous avons une preuve certaine de l'importance que ces acquisitions avaient donnée au dépôt de Blois; car, le monarque l'ayant montré à L. Bolognini, qu'Alexandre VI venait de lui envoyer comme ambassadeur, celui-ci le fit figurer dans l'ouvrage qu'il consacra, quelques années après, aux *Quatre merveilles de la France* [3].

François Ier, sous qui les arts allaient briller d'un si vif éclat, portait aux lettres un réel intérêt, que la création du Collège de France suffirait à prouver. La bibliothèque du Roi prit, pendant son règne, un rapide essor.

Au moment où François Ier monta sur le trône, la collection de Blois avait pour bibliothécaire l'aumônier de la reine, Adam Laigre, qui touchait par an soixante livres tournois [4]. Il fut remplacé en 1518 par le dominicain Guillaume

---

[1] Gruthuyse portait: au 1 et 4 d'or, à la croix de sable, qui est Gruthuyse; au 2 et 3 de gueules, au sautoir d'argent, qui est Van der Aa. Son cimier était un bouc ou capricorne issant de sable, accolé d'azur et accorné d'or dans un vol d'hermine de trois rangs. Pour supports deux licornes, et au-dessus la devise : *Plus est en vous;* en flamand : *Meer es in u.*

[2] Voyez Van Praet, *Recherches sur Louis de Bruges, seigneur de la Gruthuyse; suivies de la notice des manuscrits qui lui ont appartenu, et dont la plus grande partie se conserve à la bibliothèque du Roi.*

[3] Hic est bibliotheca novis plena artibus : atque
Pluribus antiquis.....

L'ouvrage est intitulé : *De quatuor singularitatibus in Gallia repertis;* il fut adressé par l'auteur à Symphorien Champier, qui l'inséra dans son livre *De triplici disciplina,* Lyon, 1508, in-8°; le volume n'a point de pagination.

[4] La pièce suivante a été publiée dans le *Bulletin du Bibliophile* du mois d'août 1868, p. 445 :
«Je Adam Laigre, prebstre, aumônier de la Royne «et garde de la librayrie du Roy nostre sire, es- «tant en son chasteau de Bloys, confesse avoir eu «et receu de maistre Jacques Viart, recepveur du «dommaine de la conté du dit Bloys, la somme «de quinze livres tournois à moy ordonnée pour «la garde de la dicte librayrie pour les moys d'oc- «tobre, novembre et decembre icelluy inclus. De «laquelle somme de xv L. L. t' me tiens pour con- «tent et bien paié, et en quicte le dit seigneur, re- «cepveur et tous autres, tesmoing mon seing ma- «nuel cy mys, le xxix° jour de descembre l'an mil «cinq cens et seze.
ADAM LAIGRE. »

Petit, qui fut successivement évêque de Troyes et de Senlis, et qui dressa un inventaire de la bibliothèque. Ce travail, transporté, on ne sait comment, à la Bibliothèque impériale de Vienne, a été récemment publié par M. H. Michelant; il porte pour titre : *S'ensuit le répertoire, selon l'ordre de l'alphabete, de tous les livres, volumes et traictez en françoys, italien et espaignol, couvers de veloux et non couvers, de la librairie du très chrestien roy de France Françoys, premier de ce nom, estant pour le présent à Bloys; lequel répertoire a esté commencé, moyennant la grâce de Nostre Seigneur, parfaict et accomply par frère Guilielme Peruy*[1], *de l'ordre des frères Prescheurs, indigne chapelain, très obéissant subject et immérité confesseur dudict seigneur, l'an de grâce mil cinq cens et XVIII, et de son règne le quatriesme* [2].

Mais bientôt, trouvant la bibliothèque de Blois trop éloignée, François Ier en commença une nouvelle à Fontainebleau, et, s'il faut en croire le P. Dan, la confia d'abord au savant Pierre Gilles [3].

Le personnel de la bibliothèque du Roi s'était composé jusque-là d'un bibliothécaire en titre et de quelques copistes. François Ier créa en 1522 une place supérieure à celles-ci, celle de MAÎTRE DE LA LIBRAIRIE DU ROI. Cette charge, destinée surtout à récompenser le mérite littéraire, fut aussitôt considérée comme une des plus honorables et des plus élevées de l'État. Le savant Guillaume Budé [4] en fut pourvu le premier, et le roi ne pouvait, sous tous les rapports, faire un meilleur choix. Le goût des livres était héréditaire dans la famille de Budé : son père était, dit un biographe, «librorum emacissimus;» lui-même ne voulut pas regarder comme une sinécure la haute position qui venait de lui être accordée. Passionné, ainsi que le roi, pour la littérature grecque, il mit tout en œuvre pour se procurer des manuscrits en cette langue [5], et obtint à cet égard de François Ier l'appui le plus complet. Jean de Pins, évêque de Rieux, et Guillaume Pellicier, évêque de Montpellier, successivement ambassadeurs de France à Venise, emportèrent, avec leurs instructions diplomatiques, l'ordre d'acheter tous les manuscrits grecs qu'ils pourraient trouver, et de faire copier ceux qu'on refuserait de leur vendre [6].

---

[1] *Parvi* (Petit).

[2] *Catalogue de la bibliothèque de François Ier, à Blois, en 1518, publié d'après le manuscrit de la Bibliothèque impériale de Vienne, par H. Michelant*, 1863, in-8°.

[3] «Apres la description de ces bains et de ces «estuves, ie viens au dernier estage de ce departe-«ment, qui est la gallerie où a esté autrefois la «librairie que le grand roy François avoit dressé «en cette maison royale avec un grand soin et cu-«riosité, dont il donna la charge au docte Pierre «Gillius.... C'estoit bien une des choses les plus «considerables de ce lieu, où ce Prince n'avoit rien «epargné pour recouvrer tous les livres et tous «les manuscrits les plus rares et les plus curieux «qui fussent point ailleurs, ayant pour cet effet «envoyé ledit Gillius et plusieurs autres person-«nages en Asie, en Grece et en diverses parties du «monde.» (P. Dan, *Le tresor des merveilles de la maison royale de Fontainebleau*, p. 98.)

[4] Génébrard, *Chronographiæ libri IV*, p. 718.

[5] «M. Budé, l'un des doctes personnages de la «chrestianté, en fut quelque temps le premier gar-«dien et rechercheur, pour de jour en jour l'em-«bellir de nouveaux volumes.» (Brantome, *Vies des grands capitaines*, édit. Jannet, t. III, p. 247.)

[6] Charron, *Mémoires pour servir à l'histoire de Jean de Pins.* — D'Aigrefeuille, *Histoire ecclésiastique*

Jérôme Fondule, envoyé à la recherche de documents du même genre, rassemble soixante volumes qu'il paye douze cents écus, et François Ier lui compte quatre mille écus d'or pour ses dépenses de voyage. Le roi, d'ailleurs, contre l'avis de son bibliothécaire, préférait encore les manuscrits orientaux aux manuscrits grecs; Guillaume Postel, Juste Tenelle et Pierre Gilles partent pour le Levant, munis de sommes importantes, de puissantes recommandations, et pleins d'ardeur pour la mission qui leur est confiée[1]. Pierre Gilles, oublié en Asie Mineure, voit ses ressources épuisées; la misère le force à vendre les manuscrits qu'il avait achetés; il est mis en prison[2], doit s'engager dans les troupes de Soliman II et faire avec lui une campagne contre les Perses[3]. Des secours arrivent enfin et lui permettent de racheter sa liberté. Quoique malade déjà, il recommence ses recherches; arrêté de nouveau par le manque d'argent, il sollicite sans relâche l'intercession de puissants protecteurs[4], et ne peut revoir la France que sous Henri II. A la même époque, les savants étrangers payaient l'accueil qu'ils recevaient à la Cour, en enrichissant la bibliothèque du Roi; parmi les plus célèbres ou du moins les plus généreux, on cite : Antoine Éparque, le poëte de Corfou[5], Jean Gaddi et François d'Asola, le beau-père du fameux Alde Manuce[6]. La collection de Fontainebleau fut encore augmentée des volumes appartenant au connétable de Bourbon[7], dont tous les biens furent confisqués en 1523; le cata-

---

de Montpellier. — Pellicier, dans une lettre qui nous a été conservée, écrivait au roi, le 29 août 1540, qu'il avait à grands frais réuni un nombre considérable d'ouvrages syriaques, hébreux et grecs, et qu'il occupait huit écrivains pour faire copier les manuscrits qu'il ne pouvait se procurer à prix d'argent. A son retour en France, Pellicier quitta la Cour et se retira à Montpellier, où il forma une bibliothèque très-précieuse. (Teissier, *Vies des hommes illustres tirées de de Thou*, t. Ier, p. 200.)

[1] A. Chevillier, *Origine de l'imprimerie de Paris*, p. 296. — G. Naudé, *Additions à l'histoire du roy Louis XI*, p. 165. — Maichelius, *Introductio ad historiam literariam de præcipuis bibliothecis*, p. 10. — B. G. Struvius, *Introductio ad notitiam rei litterariæ et usum bibliothecarum*, p. 87. — *Histoire manuscrite de la bibliothèque du Roy*.

[2] Sc. de Sainte-Marthe, *Gallorum doctrina illustrium qui nostra memoria floruerunt elogia*, lib. I, p. 13.

[3] Teissier, *Vies des hommes illustres tirées de de Thou*, t. Ier, p. 249.

[4] «Sire, il y a environ huit ans qu'il pleut au «feu Roy, de saincte memoire, envoyer un des miens «à Constantinople et autres lieux de Grece, cher-«cher et amasser des livres anciens, pour l'accom-«plissement de sa librairie. Il y a mis si grande di-«ligence qu'il en a arresté un grand nombre, et «l'eust envoyé par delà si les deniers que ledit Sei-«gneur avoit ordonné luy eussent esté délivrez. «Parce, Sire, que ce seroit dommage de perdre un «si grand thresor, à faute de si petite somme, j'en «ay bien voulu donner cet advertissement à vostre «Majesté, pour entendre son bon plaisir, et suivre «son saint vouloir. Monsieur de Mascon, qui est «auprés de vous, a conduit cet affaire; il vous en «poura donner plus certain advis, et à moy decla-«ration de vos commandemens, lesquels attendant, «ic vais continuer mes prieres à Dieu pour vostre «santé et prosperité. De Rome, ce 11 janvier 1547. «*Signé* le cardinal d'Armagnac.» (G. Ribier, *Lettres et mémoires d'Estat des roys, princes, ambassadeurs et autres ministres sous les règnes de François Ier, Henri II et François II*, t. II, p. 99.)

[5] Voyez Fabricius, *Bibliotheca græca*, t. X, p. 470.

[6] Renouard, *Annales de l'imprimerie des Aldes*, t. III, p. 85.

[7] Jourdain, *Mémoire historique sur la bibliothèque du Roy*, p. xi.

logue des livres fut dressé, le 19 septembre, par un commissaire du roi nommé Pierre Antoine; il a été publié par M. Le Roux de Lincy [1].

Budé mourut en 1540, après avoir pleinement justifié ces deux vers du vieux Lascaris :

> Augusti ut Varro, Francisci bibliopolam
> Auget Budæus, Palladis auspiciis.

Il eut pour successeur Pierre Duchâtel, alors évêque de Tulle, et l'un des plus nobles caractères de cette époque. Le cardinal du Bellay l'avait recommandé à François Ier, qui le prit auprès de lui, et le chargea, dit-on, de l'endormir chaque soir par la lecture de quelque auteur [2]; il ne tarda pas à reconnaître son mérite, et sut le récompenser.

Une mesure importante marqua le début de l'administration de Duchâtel; il décida François Ier à réunir à sa collection de Fontainebleau la bibliothèque qui était restée à Blois, et que, comme on le verra tout à l'heure, François Ier n'avait pas entièrement perdue de vue. Lefèvre d'Étaples, le célèbre helléniste, en était bibliothécaire à la fin de mai 1530, et venait de rédiger l'inventaire des volumes qu'elle renfermait; c'est du moins ce qui résulte de la lettre que Marguerite de Navarre écrivait alors au connétable Anne de Montmorency : « Le bon homme « Fabri m'a escript qu'il s'est trouvé ung peu mal à Bloys..., et pour changer « d'air yroit voulentiers veoir ung amy sien pour ung temps, si le plaisir du « Roy estoit luy vouloir donner congié. Il a mis ordre en sa librairie, cotté les « livres et mis tous par inventaire, lequel il baillera à qui il plaira au Roy [3]. » La démission de Lefèvre d'Étaples fut acceptée, et on le remplaça par Jean de la Barre, qui avait été attaché à la maison de François, comte d'Angoulême. Jean de la Barre eut lui-même pour successeur Mellin de Saint-Gelais, abbé du Reclus. Ce fut sans doute à la sollicitation de ce dernier que François Ier rendit l'ordonnance du 8 décembre 1538, dont les sages dispositions sont encore en vigueur. Par cette ordonnance, le roi prescrivait aux libraires de remettre un exemplaire de toutes leurs publications « en grand ou petit livre, ès mains, disait-« il, de nostre amé et féal conseiller et aumosnier ordinaire l'abbé de Reclus, « Mellin de Saint-Gelais, ayant la charge de nostre dicte librairie estant en nostre « chateau de Blois, ou aultre personnage qui par ci-après pourra avoir en son lieu « ladicte charge et garde.... le tout à peine de confiscation [4]. »

Mellin de Saint-Gelais fut le dernier garde de la librairie de Blois; des lettres patentes du 22 mai 1544 ordonnèrent que la collection tout entière serait transportée à Fontainebleau. Deux maîtres des comptes, Jean Grenaisie et Nicolas Dux,

---

[1] *Catalogue de la bibliothèque des ducs de Bourgogne*, 1850, in-8°.

[2] Bayle, *Dictionnaire historique*, article Chastel (du).

[3] Bibliothèque impériale, manuscrits, fonds de Béthune, n° 8514, p. 79.

[4] Renouard, *Annales de l'imprimerie des Aldes*, t. I, p. 43.

allèrent dresser l'inventaire des « livres, sphères, globes et autres choses » conservés à Blois; le tout fut mis en ballots, et, par les soins de Mellin de Saint-Gelais, transporté à Fontainebleau. Mathieu La Bisse, chargé, avec Mellin de Saint-Gelais, de veiller sur la nouvelle collection, prit possession, le 22 juin 1545, des livres provenant de la bibliothèque de Blois. Ceux-ci d'ailleurs restèrent reconnaissables. Les bibliothécaires de Blois, Jean de la Barre surtout, avaient été très-prodigues d'inscriptions sur les volumes; on y trouve encore aujourd'hui mentionnées, tantôt la date de leur acquisition, tantôt diverses circonstances importantes, telles que la demande que le roi en avait faite, tantôt même des indications assez naïves, celle-ci par exemple [1] :

destinées à faire connaître la place qu'ils occupaient dans la bibliothèque,

L'inventaire rédigé à l'occasion de ce transport a pour titre : *Inventaire original de la bibliothèque de Blois lors du transport à Fontainebleau*[2]; et il commence ainsi : « Inven- « taire fait par nous Jehan Grenaisie, licencié en loix, et Nicollas Dux, conseillers « du Roy et maistres ordinaires de ses comptes à Blois, à ce commis par la cham- « bre, en vertu des lectres patentes dudit seigneur, données à Sainct Germain en « Laye le vingt deux^{me} jour de may dernier passé, signées François, et au des- « soubz, par le Roy, de Laubespine, seellées de cyre jaune du grant seel dudit « seigneur, de tous les livres estans en la librarye de Blois, tant en langue latine, « grecque, hébraïque que vulguaires, ensemble des sphères théoriques et autres « corps d'astrologie, pour iceulx transporter dudit Blois à Fontainebleau, selon « qu'il est mandé par ledit seigneur par ses dictes lectres. A veoir faire lequel « inventaire ont assisté vénérable maistre Mellin de Sainct Gelaiz, conseiller dudit « seigneur, abbé commandataire de Reclus, Jehan de la Barre, commis à la garde « de la librairie dudit Bloys. »

On lit sur le dernier feuillet : « Le quatriesme jour de l'an mil cinq cens qua- « rante et quatre, noble et discrète personne maistre Melin de San Gelais, con- « seiller du Roy nostre sire, son aulmosnier ordinaire, abbé commendataire de « Reclus en Brye, a confessé avoir receu de nobles hommes maistres Jehan Gre- « naisie et Nicolas Dux, aussi conseillers dudit seigneur... les livres, sphères, « globbes et autres choses contenues et déclairées par les inventaires cy dessus « escriptz... » Cet inventaire se compose de 128 feuillets, et nous y voyons que

---

[1] Bibl. imp. manuscrits, fonds français, n° 970. Un double de cet inventaire existe dans le même
[2] *Ibid.* manuscrits, fonds français, n° 5660. fonds, n° 12999.

Inventaire fait par nous Jehan
grolier et Lucurye en Lyon et nicollas
Duc conseillers du Roy et maistres ordres
de ses comptes absente des comme par
la chambre en vertu des lettres patentes
dud seigneur donnees a Sainct germain en laye
le vingt et unyesme jour de May dernier passé
Signees picart et audes soubz par le
Roy blanbosme colles de livre
fame du avant col dud seigneur
de tous les livres estans en la
librairie de bloys tant en langue
latine grecque hebraicque que
vulgaires Ensemble les spheres
theoricques et autres corps d'astrologie
pour estre transportes dud bloys a
Fontainebleau selon quil est ordonne
par les signatures des lectres de bon
faire lesquelz inventaires ont esté faictz
pardevant maistre mellin de Sainct gelais
conseiller dud seigneur abbe et mandataire
de Reconse Jehan de la Barouci
comme a la garde de la librairie dud
Bloys

la bibliothèque de Blois renfermait alors 1,890 volumes, dont 109 imprimés seulement. Il faut y ajouter une quarantaine de manuscrits grecs que le vieux Constantin Lascaris venait d'apporter de Naples[1].

Nous ne pouvons déterminer aussi exactement le nombre de volumes que possédait à ce moment la bibliothèque de Fontainebleau. Un catalogue des manuscrits grecs fut dressé, sous François Ier, par le célèbre calligraphe Ange Vergèce, dont l'écriture était si belle qu'elle servit de modèle pour la fonte des magnifiques caractères grecs de Robert Estienne :

> Ange Vergèce grec, à la gentile main,
> Pour l'écriture grecque écrivain ordinaire
> De vos granpère et père et le vostre...

dit Baïf dans une épître dédicatoire à François Ier.

Le catalogue dressé par Vergèce contient la liste de 260 manuscrits[2]. Quelques volumes dédiés au roi, d'autres qui lui furent donnés par Louise de Savoie sa mère et Marguerite de Valois sa sœur, augmentèrent encore la bibliothèque de Fontainebleau, qui ne renferma cependant jamais plus de 200 volumes imprimés, en y comprenant ceux qui avaient été apportés de Blois.

Nous avons dit déjà que la bibliothèque de Fontainebleau était installée au « dernier estage » du château. Tous les écrivains de l'époque ont célébré sa magnificence et l'affable hospitalité qu'y recevaient les savants de tous les pays. C'est là que Ramus persécuté allait chercher un studieux asile, tandis que ses ennemis pillaient à Paris sa propre bibliothèque, déposée au collége de Presles[3]. François de Belleforest, qui écrivait au milieu du XVIe siècle, décrit ainsi les magnificences de la collection de Fontainebleau : « Celle librairie et superbe bibliotheque, dressée « iadis par les roys Égyptiens en Alexandrie, ne fut onc plus belle ny plus riche « que celle que Françoys, premier du nom, a ordonné en ceste sienne maison, « n'ayant espargné frais aucun ny la peine d'un grand nombre d'hommes de « grand sçavoir, qu'il a envoyez par toute la Grece et Asie pour recouvrer les

---

[1] On sait que ce savant rassembla une très-précieuse bibliothèque qu'il légua au sénat de Messine. Elle a été depuis transportée en Espagne, et fait aujourd'hui partie de la bibliothèque de l'Escurial. (Voyez Villemain, *Lascaris*, note C, et les *Elogia* de Paul Jove.) « Il faut remarquer, dit G. « Naudé, que Janus Lascaris Rhyndacenus, exilé « de Constantinople, a le premier trouvé, ou au « moins restably et remis en usage les grandes let- « tres, ou pour mieux dire majuscules et capitales « de l'alphabet grec, esquelles il fit imprimer l'an « 1494 des sentences morales et autres vers qu'il « dédia à Pierre de Médicis, avec une fort longue « épitre liminaire où il l'informe de son dessein et « de la peine qu'il avoit euë à rechercher la vraye « figure de ces grandes lettres parmy les plus « vieilles médailles et monumens de l'antiquité. » (G. Naudé, *Additions à l'histoire du roy Louis XI*, p. 136.)

[2] Bibliothèque impériale, manuscrits, fonds grec, n° 3064.

[3] Voyez J. E. Freigius, *Vita Petri Rami*, et Antoine Teissier, *Éloges des hommes savans tirez de l'histoire de M. de Thou*, t. II, p. 409.

« meilleurs livres qu'on pourroit trouver pour l'enrichissement de ceste biblio-
« theque, que les Princes estrangers ont souhaité de voir venans en France plus-
« tost que les plus exquis thresors et plus riches ioyaux qui soyent en ce royaume.
« Quoy plus? Ce grand Roy, sçachant que les Muses ayment les solitudes, et
« Pallas les lieux de repos, et que la laborieuse Dyane fuit les villes oiseuses, a
« aussi fait dresser icy le temple des Muses et la retraite de Pallas, et les courses
« boscageres de Diane la chasseuse; et au reste, si i'estoy quelque grand poëte ou
« disert orateur, ie bastiroy aussi quelque belle œuvre sur le los tant du Roy qui a
« fondé ce temple Palladien, que de la magnificence du bastiment et richesse
« des livres, tableaux, effigies et choses rares qui sont en ceste bibliothecque,
« mais ayant defaut de ce, et laissant ceste charge à ceux qui ont gousté l'eau
« caballine et aux bons livres, et en la faveur des Roys, et qui ont le cœur haucé
« et hardy pour se voir recompensez de leurs peines, je passeray outre [1]. »

Duchâtel survécut cinq ans à François Ier. Ne trouvant pas chez Henri II des
dispositions aussi généreuses que chez son père [2], il renonça à augmenter le
nombre des volumes de la bibliothèque, et chercha surtout à assurer la conservation de ceux qui restaient en multipliant les reliures. Celles-ci, d'ailleurs,
étaient devenues depuis longtemps moins riches et moins pesantes; il avait fallu
renoncer aux pierres précieuses, au velours, aux belles étoffes, quand on s'était
trouvé en présence de plusieurs centaines de volumes à pourvoir. Le fer et le
cuivre avaient disparu aussi; le carton remplaça les lourds ais de bois, et les
armes du souverain en devinrent presque le seul ornement. Un exemplaire des
poésies latines de Fausto Andrelini, que l'auteur fit relier pour l'offrir à Louis XII,
porte sur sa couverture en veau fauve estampé un porc-épic avec la devise du roi
cominus et eminus. On sait que l'ordre du Porc-Épic avait été institué par Louis
d'Orléans, grand'père de Louis XII. La bibliothèque du Louvre possède un volume dont la reliure a pour seul ornement au milieu des plats une bande où
alternent les armes de France et des porcs-épics. Le très-précieux exemplaire sur
lequel nous avons fait exécuter le *fac-simile* que nous donnons ci-contre, appartient à la bibliothèque Mazarine [3]; outre l'écu de France et les porcs-épics, on y
voit figurer les hermines, pièce principale des armoiries d'Anne de Bretagne.
La plupart des volumes qui furent reliés à Blois sous le règne de Louis XII
sont l'œuvre d'un prêtre nommé Gilles Hannequin.

Les reliures exécutées sous François Ier sont en général très-simples; le cuir et
le maroquin noir y furent presque seuls employés par Jean le Faulcheur, qui se

---

[1] Séb. Munster, *La cosmographie universelle de tout le monde;* édition revue et complétée par Fr. de Bellefarest, t. I, p. 333.

[2] « Henry II, quoy que bien instruit en sa jeu-
« nesse, fut tellement diverty par les guerres qu'il

« continua avec Charles Quint, qu'il n'eut gueres
« moyen de caresser ou favoriser les muses. » (G. Naudé, *Additions à l'histoire du roy Louis XI*, p. 167.)

[3] Imprimés, n° 11578.

RELIURE AUX ARMES DE LOUIS XII.

RELIURE EXÉCUTÉE POUR HENRI II.

qualifiait de « libraire et relieur ordinaire du roi. » Les F couronnés, parfois suivis de la lettre R, figurent sur presque toutes; assez fréquemment, les plats sont ornés des armes de France, au-dessous desquelles s'étend une salamandre [1] :

Le blason de Claude de France accompagne quelquefois celui du roi; et les dauphins unis aux salamandres indiquent que le volume a été relié sous François Ier, mais pour le Dauphin.

Avec le règne de Henri II s'ouvre une des plus belles époques de la reliure. L'amour du roi pour Diane de Poitiers vint se manifester jusque sur les livres de la bibliothèque. Autour des armes de France, accompagnées d'ornements exécutés avec un goût exquis, sont semés des H et des D entrelacés, des croissants, des arcs, des carquois et d'autres emblèmes de la chasse. Parfois les armes de France sont remplacées sur les deux plats par la devise équivoque que Henri II avait adoptée :

DONEC
TOTVM
IMPLEAT
ORBEM

mais alors les croissants dominent, et sont beaucoup plus nombreux que les monogrammes. Les mêmes initiales et les mêmes symboles se rencontrent encore sur

[1] Bibliothèque impériale, manuscrits, fonds français, n° 2261.

les volumes, extrêmement rares, qui furent reliés aux armes de la favorite. Le manuscrit sur lequel nous avons pris cet élégant blason [1] :

appartient à la bibliothèque de l'Arsenal, et nous a été signalé par M. Jules Cousin.

Pierre Duchâtel mourut le 2 février 1552, regretté de tous les savants, qui se souvenaient qu'il avait osé défendre Robert Estienne contre la Sorbonne, et Ét. Dolet contre le roi. Pierre de Mondoré devint maître de la librairie, et la place de garde fut, peu de temps après, donnée au mathématicien Jean Gosselin.

---

[1] Bibliothèque de l'Arsenal, manuscrits in-folio, n° TF 98.

Leprince, tous les historiens qui l'ont précédé et presque tous ceux qui l'ont suivi disent que Henri II, confirmant l'ordonnance rendue en 1536 par François Iᵉʳ, avait enjoint aux libraires de fournir à la bibliothèque du Roi un exemplaire sur vélin et relié de tous les livres qu'ils imprimeraient par privilége. Or cette ordonnance n'a jamais été rendue que par Raoul Spifame, un pauvre diable monomane, qui eut l'étrange idée de composer un recueil de trois cent six arrêts ou règlements qu'il publia vers 1558, sous le nom de Henri II et comme ayant été promulgués par lui. Ces arrêts supposés ont d'ailleurs été pris au sérieux par de véritables érudits, le président Bouhier et Abel de Sainte-Marthe entre autres. Voici le texte de l'ordonnance rendue par Spifame en faveur de la bibliothèque du Roi, ordonnance qui pendant deux cents ans a été regardée comme parfaitement authentique :

« Le Roy, pour l'amplification des bonnes lettres chrestiennes, et toutes choses
« honnestes et profitables, et entretenement de ses librairies et bibliotheques,
« qu'il a establies pour exercer et employer les bons esperitz de ses subiectz, sca-
« vans, et lettrez, et toutes personnes vertueuses, et gens amateurs de bons
« livres, et notables elucubrations, A ordonné et ordonne que doresenavant ne
« sera baillé aucun privilege d'imprimer, que ce ne soit à la charge que tous
« livres qui s'imprimeront luy en sera baillé et presenté un, imprimé en parche-
« min de vellin, relié et couvert comme il appartient luy estre présenté, pour estre
« mis en sa bibliotheque et librairie de son chasteau de Fontainebleau ; et apres
« icelle bibliotheque de Fontainebleau fournie, estre mis en sa librairie de son
« chasteau de Bloys, et consequemment aux autres, ainsi qu'il sera par luy advisé
« et ordonné [1]. »

Deux catalogues des manuscrits grecs de la bibliothèque de Fontainebleau furent dressés sous Henri II par Constantin Palæocappa, et recopiés par Vergèce. L'un est disposé par ordre alphabétique, l'autre par ordre de matières ; tous les deux sont conservés à la Bibliothèque impériale [2].

François II régna une année à peine, et c'est de cette époque que datent les persécutions religieuses qui assombrirent si longtemps notre histoire ; la seule acquisition que la bibliothèque ait faite sous ce prince a précisément cette triste origine. Le président Aimar de Ranconnet, un des hommes les plus savants du XVIᵉ siècle, fut, sous prétexte de religion, jeté à la Bastille par le cardinal de Lorraine ; il y mourut de chagrin en 1559, et ses livres confisqués entrèrent à la bibliothèque de Fontainebleau [3].

Les reliures au chiffre de François II sont naturellement assez rares. Au milieu

---

[1] R. Spifame, *Dicœarchiæ Henrici regis christianissimi progymnasmata*, 8ᵉ arrêt. Le volume n'a point de pagination.

[2] Manuscrits, fonds grec, nᵒˢ 3065 et 3066.

[3] Maichelius, *Introductio ad historiam literariam*, p. 12. — A. de Sainte-Marthe, *Discours au Roy sur le rétablissement de la bibliothèque royale de Fontainebleau* (sans pagination).

des plats un écusson ovale renferme les armes de France, au-dessous desquelles sont deux F couronnées et parfois suivies du nombre II[1] :

Sur le dos, entre les nerfs de la reliure, alternent des F

[1] Bibliothèque impériale, manuscrits, fonds français, n° 1186.

et des fleurs de lis toujours surmontées d'une couronne :

Plusieurs de ces reliures, commencées sous François II, ne furent achevées que sous Charles IX; celles-ci portent semés sur les plats plusieurs C entrelacés et couronnés; on peut en voir un exemple dans la marque que nous venons de reproduire.

A l'avénement de Charles IX, protecteur de Ronsard et poëte lui-même, on pouvait espérer une ère favorable aux lettres; mais les luttes religieuses en décidèrent autrement. La bibliothèque du Roi n'acquit sous ce règne aucune collection nouvelle, et elle perdit un de ses chefs. Pierre de Mondoré, soupçonné d'attachement au calvinisme, dut en 1567 se retirer à Sancerre, où il mourut trois ans après [1].

Contrairement à une assertion universellement acceptée jusqu'ici, ce fut vers cette époque, et en tout cas sous le règne de Charles IX, que la bibliothèque du Roi fut transportée de Fontainebleau à Paris. Le fait est établi d'une manière irréfutable par une lettre très-touchante de Gosselin, adressée plus tard à tous les amis de la littérature : « Il y a, dit-il, trente quatre ans et plus que j'ay la « charge de garder la librairie du Roy, qui est un des plus beaux thrésors de ce « royaume; durant lequel temps je l'ay gardée plusieurs années dedans le chas- « teau de Fontainebleau, et puis, par le commandement du roy Charles IX, je la « feis apporter dans ceste ville de Paris [2]. » Nous ne savons d'ailleurs où la bibliothèque fut alors installée. Gosselin demeurait près de l'église Saint-Nicolas-des-Champs, mais il résulte des termes mêmes de sa *Remonstrance* qu'il ne logeait pas à la bibliothèque.

Pierre de Mondoré eut pour successeur le savant Jacques Amyot, qui avait été le précepteur du roi et celui de ses deux frères. Le célèbre helléniste fut le pre-

---

[1] Pierre de Mondoré s'était formé à Orléans une riche bibliothèque, où dominaient les auteurs grecs et les ouvrages de mathématiques; elle fut pillée pendant la Saint-Barthélemy : « Sed ob reli- « gionis causam, quum Sanceras ad Ligurim con- « fugisset, contracto ex mœrore morbo, animam « Deo reddidit. Bibliotheca etiam ejus, omnium li- « brorum copia instructa, mathematicis præsertim « et græcis, illisque majorem partem manuscriptis, « atque ipsius studio emendatis, barbara ista im- « manitate direpta est. » (Corn. Tollius, *De infelicitate litteratorum*, à la suite des *Analecta de calamitate litteratorum*, p. 462.) — Voyez aussi, sur ce point, J.-A. de Thou, *Historiæ sui temporis*, lib. LII.

[2] *Ensuit une remonstrance touchant la garde de la librairie du Roy, addressée à toutes personnes qui ayment les lettres, par Jean Gosselin, garde d'icelle librairie;* publiée par Édouard Fournier, *Variétés historiques et littéraires*, t. I, p. 1.

mier, dit-on, qui songea aux services que ce précieux dépôt pouvait rendre aux érudits, et il consentit à communiquer à quelques-uns d'entre eux les manuscrits dont ils avaient besoin[1].

On fit relier sous Charles IX un assez grand nombre de volumes, et tous sont faciles à reconnaître. Quelques-uns portent au milieu des plats deux C entrelacés, et sur le dos un semis du même monogramme[2] :

Quand les plats sont ornés du fer que nous reproduisons à la page suivante, le chiffre IX qui s'y trouve est parfois remplacé par deux C, et, alors, sur le dos figure, entre chaque nerf, un double C surmonté d'une couronne.

[1] Leprince, *Essai historique sur la bibliothèque du Roi*, p. 28.

[2] Bibliothèque impériale, manuscrits, fonds français, n° 868.

Les reliures les plus élégantes sont ornées des armes de France placées au sommet d'un ovale; au-dessous de l'écu se trouvent deux petits C entrelacés et suivis du chiffre IX, puis le titre de l'ouvrage [1]:

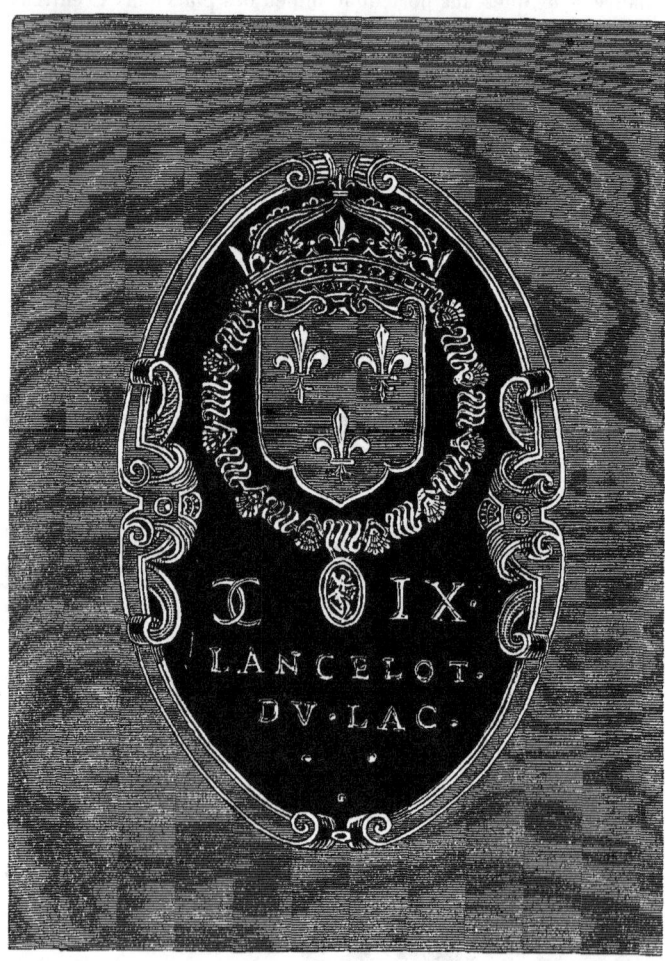

Quand le titre de l'ouvrage n'existe pas sur les plats, l'ovale est rempli par plusieurs C couronnés, et au bas figure le nombre IX.

Enfin, sur quelques reliures, infiniment plus rares, on rencontre l'emblème

[1] Bibliothèque impériale, manuscrits, fonds français, n° 750.

que le chancelier de l'Hôpital avait fourni au roi : deux colonnes surmontées d'une couronne et accompagnées de cette devise : *Pietate et justitia*[1].

Henri III eut pour les belles reliures le même goût que son père. Son ordonnance somptuaire du 24 mars 1583, qui défendait aux bourgeoises de porter des pierreries, les autorisait à en orner leurs livres d'heures. Le roi lui-même n'alla cependant pas jusque-là. La marque distinctive des reliures exécutées sous son règne est un double écusson aux armes de France et de Pologne, entouré

---

[1] Bibliothèque de l'Arsenal.

LES ANCIENNES BIBLIOTHÈQUES DE PARIS.

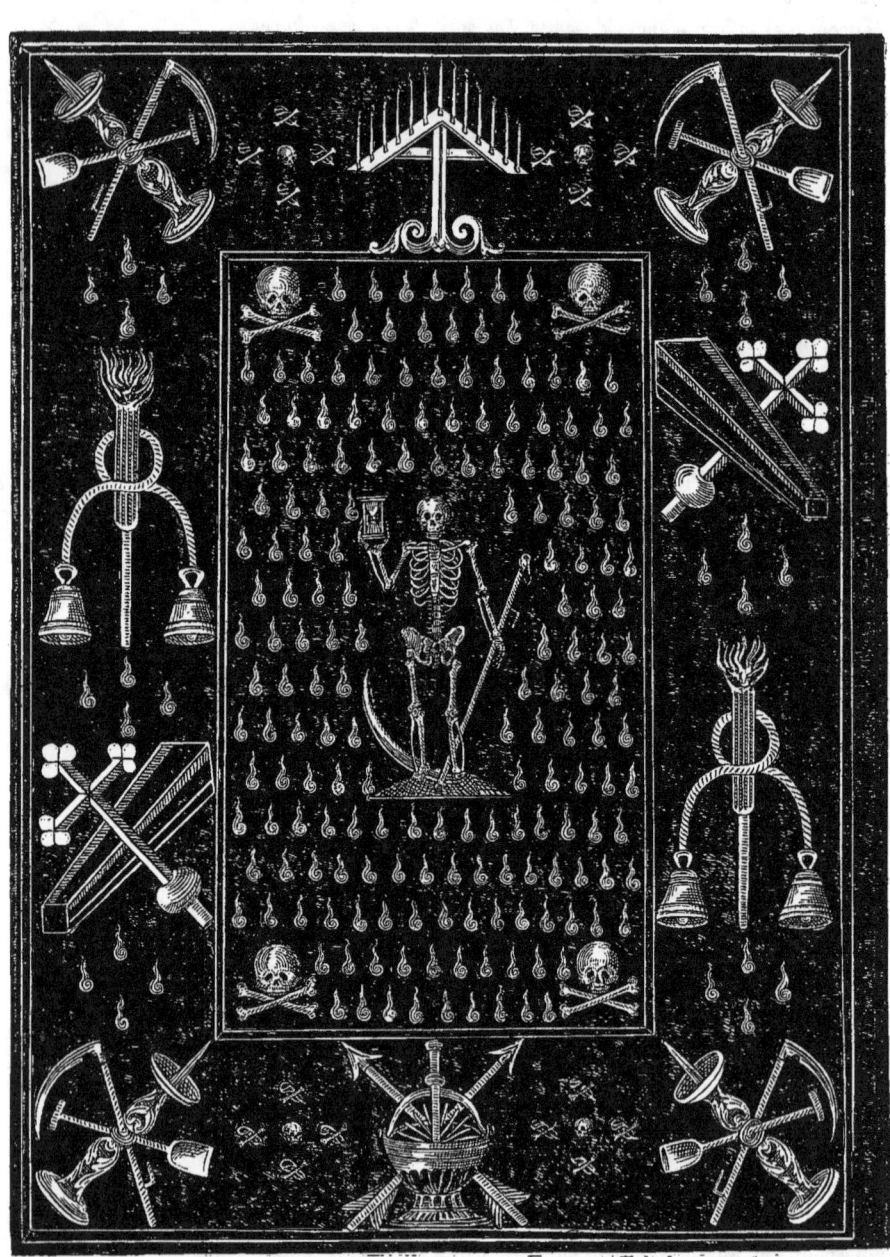

RELIURE EXÉCUTÉE POUR HENRI III.

du collier de l'ordre du Saint-Esprit, avec la devise *Spes mea Deus* ou *Manet ultima cœlo*; au-dessous de l'écu se trouve une H couronnée [1].

On sait dans quel désespoir fut jeté Henri III par la mort de la princesse de Condé, Marie de Clèves; c'est alors qu'il institua l'ordre des Pénitents et ses lugubres processions, en même temps qu'il couvrait de têtes de morts ses vêtements et jusqu'aux aiguillettes de ses chaussures. Les reliures faites pour lui, à cette époque, portent les traces de cette singulière monomanie. Les plats sont couverts de squelettes, de crânes desséchés, de larmes, de croix, d'ossements dorés, argentés ou estampés sur maroquin noir. Parfois, d'un côté du volume se trouve le nom de Jésus et de l'autre celui de Marie, puis la devise *Memento mori*. Ces reliures, où le deuil est loin d'exclure le luxe, sont aujourd'hui très-recherchées. Le volume qui a fourni le *fac-simile* que nous publions appartient à la bibliothèque Mazarine; les ornements funèbres y ont été frappés en argent; ils sont en or sur un exemplaire, identiquement semblable pour tout le reste, que possède la bibliothèque du Louvre, dans la collection Motteley.

La bibliothèque du Roi faillit être anéantie pendant la Ligue. Tandis que la collection particulière de Henri III était vendue à l'encan devant l'Hôtel de Ville [2], deux ligueurs forcenés, Guillaume Rose, évêque de Senlis, et le curé François Pigenat, firent plusieurs tentatives pour s'emparer des livres du roi; un peu plus

---

[1] Bibliothèque Mazarine, nouveau fonds, jurisprudence, in-8°, n° 56.

[2] Leprince, *Essai historique sur la bibliothèque du Roi*, p. 33.

tard, ce fut le tour de deux maîtres des comptes, MM. de Joëlmy et Dupré. Gosselin, qui avait alors près de quatre-vingt-dix ans, semble avoir montré peu d'énergie dans cette circonstance. Il fit d'abord appel à l'influence du président Brisson; mais il craignit sans doute ensuite de se voir compromis avec les ligueurs, car, deux mois avant le siége de Paris, il se retira auprès du roi à Saint-Denis, puis à Melun. Avant son départ, il eut cependant soin de « très bien fermer « la porte d'icelle librairie avec une bonne serrure et un bon cadenat, et par dedans « avec une forte barre. » Mais le président de Nully, peu scrupuleux sur le choix des moyens, ne recula point devant l'effraction; il fit tout simplement « rompre la « muraille pour entrer en la dicte librayrie, » et, une fois en possession, il la garda six mois, jusqu'à la fin de mars; quand il dut la rendre, il manquait déjà bien des volumes. Tous ces faits nous sont attestés par le pauvre Gosselin, qui, réduit à l'impuissance, protesta du moins par écrit et voulut conserver à la postérité le souvenir de ces attentats, en même temps que les noms des misérables qui les avaient commis; il a raconté tous ces faits en tête d'un des manuscrits de la bibliothèque, les *Marguerites historiales* de Jean Massue [1]. Voici cette note, le plus précieux document qui existe sur l'histoire de la bibliothèque du Roi pendant la Ligue :

« Mémoire que le président de Nully, durant la Ligue et durant la trève, s'est « saisi de la librairie du Roy, environ la fin de septembre, ayant fait rompre la « muraille pour entrer en la dicte librairie, laquelle il a possédée jusques environ « la fin du mois de mars en l'an 1594 [2], qui sont six mois; durant lequel temps « on a couppé et emporté le premier cayer du présent livre, auquel cayer estoient « contenues choses remarquables [3]. Item, durant le temps susdict ont esté emportez « de ceste dicte librairie plusieurs livres dont le commissaire Chenault feist enqueste « bientost aprez que ledit président eut rendu icelle librairie. Gosselin, *ita est*. »

---

[1] Ce volume est aujourd'hui à la Bibliothèque impériale. D'abord coté 7292, il porte maintenant le numéro 955 dans le fonds français; c'est un bel in-quarto sur vélin, qui a pour titre : *La Marguerite des vertus et vices, composé par frère Jean Massue*. Une note de M. P. Paris porte de plus : *domestique de Jehan de Chabannes, comte de Dampmartin, composé en 1497*. Sur le dernier feuillet, on lit : *Les margarites hystorialles composées par ung prieur, contenantes plusieurs faictz et dictz vertueux ou vicieux de certaines personnes tant grandz seigneurs que aultres*.

[2] « Au président de Nully, qui ce jour se pré-« senta pour faire la révérence à Sa Majesté, elle « fist demander par Sanssi en quelle qualité il la lui « vouloit faire, auquel ledit président ayant respondu « que c'estoit en qualité de son très-humble et très-« obéissant sujet et serviteur, le Roy l'ayant entendu, « lui renvoya dire par Sanssi qu'il ne tenoit point « pour ses sujets ni pour ses serviteurs ceux qui l'es-« toient de l'Espagnol, et qu'il ne laissast pas, si « bon lui sembloit, de s'en aller avec eux. » (Lestoile, *Journal de Henri IV*, 22 mars 1594.)

« Ce jour on escrivit en grosses lettres sur la « porte du president de Nulli : « François, pendés c'est « homme meschant. » Il avoit eû un billet deux jours « auparavant, ayant esté escondult de la requeste « qu'il avoit presentée, qui portoit qu'attendu son « âge et sa qualité il lui fust permis de se retirer « en l'abbaye Saint-Victor-lez-Paris ou en quel-« qu'autre Moinerie des Fauxbourgs. » (Lestoile, *Journal de Henri IV*, 27 mars 1594.)

[3] Il contenait une généalogie de la Maison de Chabannes, dont il ne reste plus, en effet, que les deux derniers feuillets.

« Item, ung docteur de Sorbonne et évesque de Senlis, nommé monsieur Rose,
« familier amy du president susdict, a faict amende honorable en la cour de parle-
« ment, par arrest de la dicte cour, pour avoir prononcé... durant la Ligue, et
« encores depuis, paroles indignes d'ung homme de sa qualité; il feist celle amende
« le ve jour de septembre 1598.

« Davantage ledict évesque et ung docteur de Sorbonne, nommé Pégenac [1], ont
« faict ce qu'ilz ont peu pour posséder ladicte librairie; mais feu de bonne mémoire
« le président Brisson, à ma requeste et solicitation, a empesché leur intention.
« Lesquelz, par après, sont allez inssiter la chambre des comptes pour venir mettre
« les (?) en ladicte librairie. Monsieur de Joelmy et Monsieur Dupré, maistres des
« comptes en ladite chambre, ont vouleu entreprendre ce que lesdits docteurs
« n'avoient peu faire; mais mondict seigneur président leur a encores rompu leur
« desseing comme il avoit faict auparavant. »

Dans une lettre publiée plus tard, Gosselin raconte les mêmes faits, mais avec quelques variantes qui ne manquent pas d'importance. « Dieu m'a faict la grace
« d'avoir fidellement gardé icelle librairie, et d'avoir empesché plusieurs fois qu'elle
« n'ayt esté dissipée ou ruynée, et signamment depuis le commencement des der-
« niers troubles, que quelques-uns des supposts de la Ligue ont voulu s'ingérer
« d'entrer en icelle, souz couleur d'y vouloir donner ordre selon leur façon, lesquels
« j'ay empesché, par la grace de Dieu et par l'ayde de Messeigneurs et amis, et,
« voyant que je ne pourois plus résister contre la force de tels supposts, estimant
« aussi qu'ils auroient plus de hardiesse d'entrer en la dicte librairie en ma pré-
« sence, me contraignant, par emprisonnement de ma personne, leur en faire
« ouverture, qu'ils n'auroient pas en mon absence, j'ay très bien fermé la porte
« d'icelle librairie avec une bonne serrure et un bon cadenat, et par dedans avec
« une forte barre, et me suis absenté de ceste ville de Paris deux mois devant
« qu'elle ait esté assiégée, et me suis retiré à Saint-Denis, où estoit Sa Majesté, et
« par après me suis réfugié en la ville de Meleun, qui estoit en l'obéissance du
« roy, là où j'ay esté jusques à la dernière trève, durant laquelle le président de
« Nully, qui pour lors avoit moult d'autorité en ceste ville de Paris, meu d'une
« particulière affection, s'est adressé à la dicte librairie, a fait crocheter la serrure
« et le cadenat dont la porte d'icelle était fermée; et ne pouvant ouvrir icelle
« porte, à cause qu'elle estoit fermée par derrière avec une forte barre, il a fait
« rompre la muraille afin d'ouvrir la dicte porte, est entré en icelle librairie avec
« telle compagnie qu'il luy a pleu, et y est allé plusieurs fois avec ses gens, qu'on
« a veu s'en aller avecques luy portans d'assez gros pacquets soubs leurs man-
« teaux, et a possédé la dicte librairie, ainsi qu'il l'a voulu, jusques au temps que
« ceste ville a esté réduite en l'obéissance du roy, et que Sa Majesté lui a mandé

---

[1] François Pigenat.

« de me rendre les clefs d'icelle librairie, et remettre en la dicte librairie les livres
« d'icelle si aucuns en avoit pris, et le dict président m'a seulement rendu les clefs,
« disant qu'il n'avoit pris aucune chose dedans la dicte librairie [1]. »

On voit que, dans cette nouvelle rédaction, Gosselin passe sous silence le rôle si honorable qu'il avait auparavant attribué à Barnabé Brisson. Gosselin avait sans doute été trompé, comme bien d'autres, par la conduite dissimulée du savant président, qui, au dire de Mezeray, s'efforça pendant la Ligue de « nager entre « deux eaux, » soutenant tout haut les Seize et protestant en secret de son attachement au roi; on sait d'ailleurs que cette politique ne lui réussit guère. S'il faut en croire quelques écrivains, pas plus que le président de Nully, il ne respecta la bibliothèque; mais il mit moins de franchise dans ses vols et se garda bien de renverser aucune muraille. Suivant l'abbé Tricaud, Brisson alla prendre des livres à la bibliothèque, et, « les ayant portez chez lui, suivant sa coutume, pour « les examiner plus à loisir, et dans le dessein de les remettre ensuite à leur rang, « fut prévenu par la mort...; et sa veuve, qui trouva ces livres parmi ceux de « son mari, sans démêler s'ils estoient de la bibliothèque Royale ou non, les vendit « avec les autres [2]. » Scaliger dit tout crûment que Brisson emporta chez lui une bonne partie de la bibliothèque du Roi, et que sa veuve les vendit ensuite pour presque rien, pour un morceau de pain [3].

Amyot était mort pendant l'année qui précéda ces événements, et Jacques-Auguste de Thou, un des hommes les plus instruits et un des caractères les plus respectés du XVIe siècle, venait de lui succéder. Les dangers qu'avait courus la bibliothèque au milieu des derniers troubles déterminèrent Henri IV à la transporter en un lieu plus sûr. Des lettres patentes du 14 mai 1594, qui ne purent d'ailleurs recevoir leur exécution qu'en mai 1595, ordonnèrent qu'elle serait installée rue Saint-Jacques, dans les bâtiments du collége de Clermont, aujourd'hui lycée Louis-le-Grand [4]. Il appartenait aux jésuites, qui, chassés de France à la suite de l'attentat de Jean Chastel, venaient de l'abandonner; eux-mêmes avaient réuni dans cette maison une bibliothèque composée d'au moins vingt mille volumes,

---

[1] *Ensuit une remonstrance touchant la garde de la librairie du Roy, addressée à toutes personnes qui ayment les lettres, par Jean Gosselin, garde d'icelle librairie.*

[2] *Essais de littérature pour la connoissance des livres*, t. I, p. 15.

[3] « Barnabas Brissonius bonam partem librorum regiorum in domum suam transtulit. Post casum ejus, vidua avara frusto panis, si ita loqui fas est, divendidit. » (Jos. Scaliger, *Epistolæ*, lib. I, epist. LXIII.)

[4] « Du mercredy IV octobre. La Cour, après avoir oy les commissaires commis par icelle, qui ont faict proceder aux reparations de ce qui estoit necessaire au college de Clermont, pour y mettre la bibliothèque du Roy, a ordonné et ordonne que des deniers procedans de la vente des meubles des Jesuistes et revenus des immeubles, les massons, menuisiers, charpentiers, serruriers et autres manœuvres qui ont travaillé ausdits ouvrages, reparations, et ce qui a esté faict de l'ordonnance desdicts commissaires, seront les premiers et avant tous autres payez de leurs ouvrages, salaires, etc.... » (*Destination du collége de Clermont pour la bibliothèque du Roy*, dans Félibien, *Histoire de Paris*, t. V, p. 28.)

qui furent en grande partie dispersés[1]. La seule acquisition importante que fit la bibliothèque du Roi pendant son séjour dans ce local eut pour objet les manuscrits provenant de la succession de Catherine de Médicis.

Le cardinal Ridolfi, neveu de Léon X, avait possédé une riche bibliothèque, presque exclusivement composée de manuscrits; après sa mort, elle fut achetée par le maréchal Strozzi[2]. Celui-ci périt au siége de Thionville en juin 1558; il laissait un fils, à qui Catherine de Médicis, sa parente éloignée, enleva la collection, en donnant pour prétexte que celle-ci provenait de la bibliothèque des Médicis[3], et en promettant d'ailleurs de la payer un jour, ce qu'elle se garda bien de faire[4]. Catherine mourut perdue de dettes; on ne trouva rien chez elle, dit Brantome, « rien, pas mesme un seul sol... elle estoit endebtée de huit cent mille « escus[5]. » A cette époque, la collection se composait de huit cents volumes environ; Jean-Baptiste Benciveni[6], abbé de Bellebranche, aumônier et bibliothécaire de Catherine, les avait apportés du château de Saint-Maur, et les gardait chez lui rue Plâtrière[7]. Jacques de Pleurs et Barnabé de Ceriziers, maîtres de la chambre des comptes, chargés de faire l'inventaire de tous les biens meubles laissés par la reine, dressèrent aussitôt (19 août 1589) la liste de ces manuscrits, qui furent confiés à la garde de l'abbé de Bellebranche. Mais les nombreux créanciers de la reine ne voulaient pas laisser échapper ce gage précieux; ils firent mettre les scellés sur les manuscrits, et ceux-ci allaient être vendus[8], quand le président de Thou intervint, déclarant qu'ils devaient faire retour à la couronne. Pierre Pithou rédigea une déclaration[9], aux termes de laquelle le roi ordonnait « que « tous les anciens exemplaires hebreux, grecqs, en latin et en françois, italiens et « autres, trouvez entre les meubles de la deffuncte royne, mere des roys ses pre-

---

[1] Voyez ci-dessous notre notice sur la bibliothèque du collége Louis-le-Grand.

[2] « Il paroissoit bien aussy que ce grand capi-« taine estoit bien amateur des lettres, car il avoit « une tres belle bibliotheque de livres. Je ne diray « pas de luy comme le bon rompu le roy Louis XI di-« soit d'un prelat de son royaume, qui avoit une « tres belle librairie et ne la voyoit jamais, qu'il « ressembloit un bossu qui avoit une belle grosse « bosse sur son dos et ne la voyoit pas. Mais M. le « mareschal visitoit, voyoit et lisoit souvent sa belle « librairie; elle estoit fort venue du cardinal Ridolphe, « et acheptée apres sa mort, qui estoit un tres sçavant « prelat. Elle estoit estimée plus de quinze mille « escus pour la rareté des beaux et grands livres « qui y estoient. » (Brantome, Vies des grands capitaines, édit. Jannet, t. II, p. 249.)

[3] L. Jacob, Traicté des plus belles bibliothèques, p. 458. — Catherine était fille de Laurent de Médicis, qui avait, en effet, acheté plusieurs de ces manuscrits après la prise de Constantinople par Mahomet II.

[4] « Du despuis la mort dudict mareschal, la royne « mere la retira, avecque promesse d'en rescompan-« ser son fils et la luy payer un jour; mais jamais « il n'en a eu un seul sol. Je sçay bien qu'il m'en a dict « d'autres fois, en estant mal contant. » (Brantome, Vies des grands capitaines, t. II, p. 249.)

[5] Brantome, Vies des dames illustres, t. I, p. 85. — Voyez Debtes et créanciers de la royne mère Catherine de Medicis, documents publiés par l'abbé C. Chevalier, 1862, in-8°.

[6] Le nom de ce personnage a été fort défiguré : le Parlement l'appelle Bencheviny, Félibien Benc-mouy, L. Jacob Bencivigni, Maichelius Beneiregnius, et M. B. Hauréau, Bencivenny.

[7] Histoire de la bibliothèque du Roy, manuscrit de la bibliothèque Sainte-Geneviève.

[8] Grosley, Vie de P. Pithou, t. I, p. 324.

[9] Grosley, ibid.

154   LES ANCIENNES BIBLIOTHÈQUES DE PARIS.

« decesseurs.... seroient mis és mains du sieur d'Emery, conseiller d'Estat, que
« le dit seigneur a choisy et nommé pour maistre de sa librairie, qui les prendra
« par inventaire, pour demeurer le tresor uny aux meubles de la couronne de
« France [1]. » Ces lettres patentes sont du 14 juin 1594; le 17 août suivant, elles
furent enregistrées au Parlement, qui arrêta que « la dicte bibliotheque seroit
« transportée avec celle du deffunct roy, sans aucune innovation ou dérogation des
« droits et hypoteques des creanciers, lesquels, nonobstant ledict transport, de-
« meureront en leur force et vertu [2]. » Malgré cette assurance, les créanciers formèrent opposition. Les choses traînèrent fort en longueur, mais de Thou ne se
décourageait point; en mars 1597, il fit nommer trois commissaires : Pellerin,
Lassilé et François Pithou, qui furent chargés de dresser un autre inventaire [3] et
de faire l'estimation de la collection. Ils déclarèrent qu'elle valait cinq mille quatre
cents écus, « encores, ajoutaient-ils, qu'elle ne se puisse assez estimer, tant pour
« la rareté et bonté des ditz livres, qui ne se pourroient trouver ailleurs, que pour
« estre une bonne partie d'iceulz non imprimez [4], et les ditz livres originaux et
« non copies, dignes d'estre reservez en France pour la posterité, conservation
« des bonnes lettres, et pour l'honneur du royaulme, et impossibilité de pouvoir
« colliger et assembler à present une telle bibliotheque pour quelque prix et en
« quelque pays que ce soit [5]. » L'estimation avait donc été fixée surtout en vue de
l'acquisition que méditait le roi. Aussi de nouvelles difficultés surgirent, et, le
4 novembre 1598, Henri IV mandait encore à de Thou : « Je vous ay cy devant
« escript pour retirer des mains du nepveu du feu S[r] abbé de Bellebranche la
« librairie de la feue Roine, mere du Roy mon seigneur; ce que je vous prie et
« commande encores un coup de faire, si jà ne l'aviés faict, comme estant chose
« que je desire, affectionne et veulx, affin que rien ne s'en esgare, et que vous la
« faciés mettre avec la mienne. Adieu [6]. » Benciveni venait en effet de mourir; le
procureur général en donna avis au Parlement, qui déclara qu'il ne regardait plus
les volumes comme en sûreté, et rendit (25 janvier 1599) un arrêt ordonnant que,

---

[1] Félibien, *Histoire de Paris*, t. II, p. 1239, et t. V, p. 25.

[2] Félibien, *Histoire de Paris*, t. II, p. 1239, et t. V, p. 25.

[3] Un extrait de cet inventaire a été publié par M. Le Roux de Lincy dans le *Bulletin du bibliophile*, année 1858, p. 926.

[4] Publiés.

[5] « Nous soubzsignez, commis et nommez pour « la prisée et evaluation de la bibliotheque et livres « hebreux, arabes, grecs, latins, françois et italiens « qui ont appartenu à la reine mere deffuncte Ca-« therine de Médicis, certifions à tous ceux qu'il ap-« partiendra avoir veu, visité, feuilleté ensemble-« ment, au logis du sieur abbé de Bellebranche, tous « et ung chascun les volumes, livres, papiers des-« quelz le catalogue et indice est cy dessus trans-« cript, qui sont pour la pluspart grecz, escriptz à la « main, antiens, et nous ont estez representez par « ledict sieur abbé, et que tous les dictz livres, vo-« lumes, papiers à nous representez vallent bien, « argent contant, cinq mil quatre cens escus.... « Faict ce xxe mars mil cinq cens quatre vingtz dix « sept. »

[6] Bibliothèque impériale, manuscrits, fonds de Dupuy, n° 407. — Berger de Xivrey, *Recueil des lettres missives de Henri IV*, t. V, p. 62. — De Thou, *Historiæ sui temporis*, lib. XCIV, p. 387.

« à la conservation des droicts de qui il appartiendra, » la bibliothèque de Catherine serait déposée au collége de Clermont, mais à part, pour ne pas être confondue avec celle du roi, et confiée à Gosselin, garde de la librairie, qui s'en chargerait « sur l'inventaire cy-devant faict[1]. » Pierre Dominique Benciveni, neveu de l'abbé de Bellebranche, fit encore quelque résistance, et il fallut un nouvel arrêt pour le déterminer à céder. Le 30 avril, le conseiller Denis de Here, délégué à cet effet, se fit représenter tous les volumes provenant de la succession de Catherine de Médicis[2], et surveilla leur transport au collége de Clermont, où ils furent installés dans une salle contiguë à celle qui renfermait la bibliothèque du Roi[3]. Maichelius se trompe quand il avance que « multi ex illis libris in pulcherrimo « maroquino ligati erant[4]; » ils furent, en effet, reliés magnifiquement, mais un peu plus tard, et même, dit-on, du produit d'une rente qui appartenait aux Jésuites, et que le roi toucha pendant tout le temps que dura leur expulsion[5]. A l'époque de la mort de Catherine, très-peu de volumes étaient reliés. Parmi ceux-ci, les uns portaient un semis de K et de C entrelacés et couronnés; les autres montraient sur leurs plats le curieux emblème que la reine avait adopté depuis la mort de Henri II, une montagne de chaux vive sur laquelle tombent des larmes, et comme devise ces mots : *Ardorem extincta testantur vivere flamma*. Cet ornement était, au reste, non pas frappé en or par le relieur, mais peint en miniature, et placé soit aux coins de la reliure, ainsi qu'on le voit sur un manuscrit de la bibliothèque de l'Arsenal, soit au milieu de la couverture, comme le prouve un magnifique exemplaire conservé à la bibliothèque du Louvre, dans la collection Motteley.

Les Jésuites ayant obtenu leur rappel en 1604, la bibliothèque du Roi dut

---

[1] « Du lundy xxv janvier M.D.XCIX. Sur ce que « le procureur general du roy a remonstré à la « cour le decez n'agueres advenu de l'abbé de Bel-« lebranche, au logis duquel avoit esté mis en dé-« post la bibliotheque de la feuë royne mere du « deffunct roy, ordonnée par le roy regnant estre « mise ès mains de messire Jacques-Auguste de « Thou, conseiller au Conseil d'Estat et president « en ladicte cour, non encores executées, au moyen « de l'opposition des creanciers d'icelle deffuncte « dame royne, pretendans que icelle bibliotheque « doit estre vendue à leur proffict; requerant, at-« tendu que le logis où est de present icelle biblio-« theque est loüé à personnes estranges, n'y seroit « seurement, qu'il y fust pourveu par la cour.... « A ordonné et ordonne que, à la conservation des « droicts de qui il appartiendra, ladicte bibliotheque « sera transportée au college de Clermont, proche « et separé la bibliotheque du Roy, et mise en la « garde de M. Gosselin, garde de la librairie dudict « seigneur, qui s'en chargera sur l'inventaire cy-« devant faict, lequel à cette fin sera représenté et « receu en présence dudict procureur general du « roy ou de l'un de ses substituts, le syndic des « créanciers appellé, pour y demeurer jusques à ce « que lesdicts creanciers oys sur leur dicte opposi-« tion en soit ordonné. Et pour l'execution du pre-« sent arrest a commis maistre Denis de Tiere, « conseiller du roy. » (Félibien, *Histoire de Paris*, t. V, p. 38. Voyez aussi même ouvrage, t. II, p. 1252.)

[2] Voyez *Inventaire de la bibliothèque de Catherine de Médicis, fait en 1599*. Bibliothèque impériale, manuscrits, fonds de Baluze, n° 10010⁶.

[3] Leprince, *Essai historique sur la bibliothèque du Roi*, p. 38.

[4] Maichelius, *Introductio ad historiam literariam de præcipuis bibliothecis*, p. 13.

[5] L. Jacob, *Traicté des plus belles bibliothèques*, p. 462.

abandonner la rue Saint-Jacques. Elle fut transportée dans une salle du cloître du grand couvent des Cordeliers [1], situé sur l'emplacement occupé aujourd'hui par les cliniques de l'École de médecine. Lestoile, qui visita alors cette collection, nous dit que l'on y voyait « force manuscripts de la main de messire Angelot [2] « (la première du monde en matière de græcq [3]), et des reliures magnifiques et « exquises de toutes sortes, dont y en a beaucoup qui valent mieux que le dedans [4]. » Ce n'était, d'ailleurs, là, aux yeux de Henri IV, qu'une installation provisoire. Par son ordre, le cardinal du Perron, le duc de Sully, le président de Thou et un conseiller du Parlement allèrent, le 23 décembre 1609, visiter les colléges de Tréguier et de Cambray, qu'il était question de supprimer, « et à la place d'iceux « colleges, dit Lestoile, Sa Majesté veut faire édifier un autre plus magnifique, « qui sera appellé College royal, dans lequel sera mise la biblioteque du Roy [5]. » Mais la mort de Henri IV vint interrompre tous ces projets.

Un grand nombre de volumes avaient été reliés sous ce règne, et presque tous en maroquin rouge. Les ornements qui les couvrent sont très-variés. Tantôt les armes de France et de Navarre, accompagnées d'une H couronnée, figurent des

---

[1] Piganiol de la Force, *Description historique de Paris*, t. III, p. 142.
[2] Ange Vergèce.
[3] Voyez ci-dessus, p. 139.
[4] *Journal du règne de Henri IV*, 17 octobre 1607.
[5] Lestoile, *Journal du règne de Henri IV*, 23 décembre 1609. — Voyez encore : *Histoire de la bibliothèque du Roy*, manuscrit de la bibliothèque Sainte-Geneviève; — Cl. Malingre, *Antiquités de Paris*, p. 363; — *Le Mercure françois*, année 1611, p. 407; — Piganiol de la Force, *Description historique de Paris*, t. V, p. 386.

deux côtés de la couverture; tantôt elles ne se trouvent que sur l'un des plats, et sur l'autre on lit cette inscription :

Le dos porte, en général, des H surmontées d'une couronne :

La même lettre, parfois suivie du nombre IIII, se rencontre assez fréquemment aux quatre coins de la couverture.

Le relieur du roi sous Henri IV était Nicolas Eve ou Clovis, son fils, qui moururent entre 1610 et 1620 [1].

---

[1] Pendant près d'un siècle, la famille Eve a brillé dans la reliure et la typographie. Clovis Ier fut, croit-on, relieur seulement. Nicolas se fit de plus imprimeur, et sa marque typographique, assez rare d'ailleurs, représente le groupe d'Adam et Ève. On suppose que Nicolas mourut vers 1610. Clovis II, son fils, lui succéda et exerça jusque vers 1620.

Les reliures aux armes de Marie de Médicis portent son chiffre sur le dos et son blason sur les plats [1] :

on ne le trouve guère, au reste, que sur les ouvrages qui lui furent offerts, et sur quelques-uns de ceux qui furent reliés pendant les quatre années de sa régence.

Au moment où la bibliothèque du Roi fut transportée rue des Cordeliers, elle était sous la garde d'Isaac Casaubon, désigné, dès 1601, pour remplacer Gos-

[1] Bibliothèque de l'Arsenal, manuscrits in-8°, n° TL, 312.

selin, qui mourut presque centenaire en 1604. Les dernières années de ce vieux serviteur, successivement bibliothécaire sous quatre rois, furent abreuvées d'amertumes. Il avait fui Paris à l'époque de la Ligue, et, pendant son absence, « aucuns « de ceux qui estoient en ceste ville vinrent en son logis, auprès de Sainct « Nicolas des Champs, où il avoit laissé sa femme, et ravirent tout son bien, « tellement qu'il ne luy demeura rien. » Il réclama auprès de Henri IV. Celui-ci finit par écouter ses doléances, et ordonna au trésorier de l'épargne de lui payer seize cent soixante-six écus deux tiers[1], que Gosselin eut encore bien de la peine à obtenir, si toutefois il les obtint[2]. Sa mort fut, selon toute apparence, le résultat d'un accident; il mourut « tout bruslé, dit Scaliger, estant tombé dans son feu, « et à cause de son âge, estant seul, ne s'est pu relever[3]. » On soupçonna d'abord son domestique, mais il fut relâché faute de preuves; voici, au reste, le récit trèscomplet que Lestoile donne de cet événement: « Gosselin, gardien de la librairie « du Roy, âgé de près de cent ans, homme de bien et grand mathématicien, fust « en ce temps trouvé mort dans une chaise près de son feu, tout havi et bruslé et « déjà vert, ayant esté aissé seul par son homme, qui gagna tout aussitost le haut « et s'enfuist, ayant veu ce prodigieux accident, et craignant qu'on ne luy voulust « imputer. De fait, son corps, porté au Chastelet, fust visité des chirurgiens, qui « lui trouverent un coup à la teste, mais ne vouloient asseurer que ledit coup fust « de cheute ou d'effort qu'on lui eust fait. Ce qui rendist le valet plus soubçonné, « estoit qu'il sembloit malaisé qu'un homme de son âge tombé dans le feu se « peust, tout bruslé qu'il estoit, relever et asseoir dans une chaise, comme il « avoit fait. A quoi on respondoit que le serviteur, qui avoit toujours esté tenu « pour fidele et esprouvé tel de son maistre, avant que s'en aller le voulust, tout « mort possible, l'asseoir dans sa chaise, pour lui rendre ce dernier service. Mais « la descharge principale du valet fust qu'on ne trouva faute aucune, ni à son « argent, ni à autre chose quelconque qui lui appartinst[4]. »

Après l'assassinat de Henri IV, Casaubon qui était protestant, ne se crut pas en sûreté à Paris; il gagna l'Angleterre, où il conserva, jusqu'à sa mort, arrivée en 1614, ses pensions, ses appointements de trois mille livres[5], et son titre de

---

[1] *Ensuit la copie du mandement par lequel le Roy mande tres expressement à maistre Balthasar Gobelin, thresorier de l'Espargne, qu'il paye à Jean Gosselin, garde de la librairie Royale, les gages qui lui sont deuz et les deniers qu'il a desboursez pour l'entretenement de la dicte librairie.* Pièce publiée par M. Édouard Fournier, *Variétés historiques et littéraires*, t. I, p. 7.

[2] *Ensuit une remonstrance touchant la garde de la librairie du Roy, addressée à toutes personnes qui ayment les lettres, par Jean Gosselin, garde d'icelle librairie.*

[3] *Scaligerana*, p. 173.

[4] Lestoile, *Journal du règne de Henri IV*, 20 novembre 1604.

[5] Michel de Marolles, dit « cinq à six mille « livres » :

Casaubon et Rigaud eurent le soin des livres
Sous les deux derniers rois, qui les traitèrent bien,
Ordonnant à tous deux un honnête entretien,
A chacun tous les ans cinq à six mille livres.

(*Paris ou description succincte et néantmoins assez ample de cette grande ville*, p. 42.)

Marolles exagère certainement, et il n'a pas ici

garde de la bibliothèque du Roi. On voit dans son *Journal* qu'il n'avait pas encore quitté la France à la fin de septembre 1610, car, le 29 de ce mois, il fit les honneurs de la bibliothèque au jeune Louis XIII, qui, dit-il, parut examiner avec un très-vif intérêt les trésors qu'on lui montra [1].

Nicolas Rigault, qui remplit les fonctions de garde de la bibliothèque pendant l'absence de Casaubon, fut nommé à sa place en 1615. Deux ans après mourut le président de Thou, et le titre de maître de la librairie échut à son fils François de Thou, qui n'avait encore que neuf ans. La direction absolue de l'établissement se trouva donc concentrée entre les mains de Rigault.

Le moment était, d'ailleurs, peu favorable. La régente ne se préoccupait guère de bibliographie, et quant au roi, dépourvu de toute initiative, il comprit bientôt que, sous ce rapport encore, il devait laisser l'autorité à Richelieu.

Le marquis de Brèves, qui avait été pendant vingt-deux ans ambassadeur à Constantinople, en avait rapporté de beaux manuscrits syriaques, arabes, persans et turcs, ainsi que d'admirables caractères typographiques pour l'impression de ces différentes langues. Vitré fit l'estimation de toutes ces richesses, et, sur l'ordre de Richelieu, les acheta au nom du roi [2]. Mais le cardinal commençait à réunir pour lui-même une bibliothèque; il ne laissa entrer ni caractères ni manuscrits dans celle du Roi; il s'empara de tout, et refusa de rien payer [3]. Plus tard, après la prise de la Rochelle, il y ajouta la bibliothèque publique de cette ville.

Louis XIII eut cependant l'idée assez étrange de rétablir une bibliothèque royale à Fontainebleau. Est-ce encore Richelieu qui s'y opposa? on ne sait. Ce qu'il y a de sûr, c'est que le roi se contenta de faire revivre le titre de garde de cette bibliothèque. Il fut donné en 1627 à Abel de Sainte-Marthe [4], qui, le 2 mars, prêta

son excuse ordinaire, car le vers eût été aussi mauvais, mais aussi juste, s'il eût dit : «deux à trois «mille livres.»

[1] «Jussus sum a rege bibliothecam ipsi osten- «dere. Vidit optimus rex illos thesauros, et sibi id «gratissimum esse spectaculum ostendit.» (Casaubon, *Éphémérides*, IV kalend. septembris 1610.) — Lestoile raconte ainsi le même fait : «Le dimanche «29, le Roy alla aux Cordeliers, où, estant entré «dans le réfectoire, prist plaisir à voir disner les «moines..... Il alla après voir la bibliothèque, où il «fut conduit par le père Cotton et Casaubon, qui «entrèrent en dispute et conférence ensemble de la re- «ligion.» (*Journal du règne de Henri IV*, août 1610.)

[2] L. Jacob, *Traicté des plus belles biblioth.* p. 480.

[3] Sur cette affaire, qui donna lieu à de longues contestations, consulter une brochure anonyme intitulée : *Histoire du procès que l'on renouvelle de temps en temps à Vitré, à cause de l'achat que le roi l'a obligé*

de faire des poinçons, des matrices et des manuscrits turcs, arabes et persans que M. de Brèves avoit apportés du Levant.

[4] «Aujourd'huy huitième fevrier mil six cens «vingt sept, le Roy estant à Paris, et ayant mis en «consideration les services que le sieur de Sainte- «Marthe l'aisné luy a faits en plusieurs occasions, «pour le merite desquels Sa Majesté luy auroit cy- «devant fait expedier un brevet de conseiller en «son Conseil d'Estat; desirant en outre le gratifier «et favorablement traitter, et estant pleinement sa- «tisfait de ses écrits faits pour la grandeur et gloire «de son nom, ensemble de sa suffisance et fidelité. «Sadite Majesté luy a fait don de la charge et office «de conseiller en son Conseil d'Estat et garde de «sa bibliotheque royale de Fontainebleau, à la- «quelle elle auroit joint et affecté la somme de «quinze cens livres de pension; que Sadite Majesté «luy auroit cy-devant accordé pour gages dudit

serment en cette qualité[1]. Au mois d'août 1646, Abel donna sa démission en faveur de son fils; mais celui-ci ne voulut pas se contenter d'une sinécure, et il supplia le roi de reconstituer la bibliothèque, puisqu'il avait nommé un bibliothécaire; c'est l'objet d'un mémoire qu'il publia en 1648 sous ce titre: *Discours au Roy sur le rétablissement de la bibliothèque royale de Fontainebleau*. « On tireroit, dit-il, un avantage « tres considerable du restablissement de cette bibliotheque pour l'instruction de « Monseigneur le Dauphin pendant son sejour à Fontainebleau. Comme cette ins- « truction est de la derniere importance et pour luy-mesme et pour l'Estat, et « qu'elle demande une infinité de connoissances pour orner et pour enrichir avec « plus de succez la seconde teste du monde, il seroit presque impossible que l'on « s'acquitast d'un employ si difficile sans le secours d'une ample bibliotheque, « puisque les sciences sont liées les unes aux autres, et que souvent une mesme « matiere est répanduë en plusieurs volumes et traitée differemment par differens « auteurs. A cét entretien muet on pourroit faire succeder l'entretien des doctes, « qu'une bibliotheque attireroit en cette maison royale, et s'exerçant avec eux « donner plus d'action à son esprit pour agir avec plus d'effet. J'ajoûteray qu'à la « veuë de tant de livres et de gens qui s'y attacheroient, ce prince en un âge plus « avancé seroit encore invité à la lecture, qu'il seroit à souhaiter qu'il eust moyen « à toute heure de s'y divertir et d'apprendre; et qu'enfin il en sera de mesme de « Messeigneurs les enfans de France qui pourront naître à l'avenir. » Nous avons dit que ce galimatias obtint tout le succès qu'il méritait: la bibliothèque de Fontainebleau ne fut point rétablie, et Abel (II) de Sainte-Marthe, mort en 1706, n'eut point de successeur.

La bibliothèque du Roi ne s'enrichit guère, sous Louis XIII, que des manuscrits de Philippe Hurault, évêque de Chartres. Il les tenait de son père, le chancelier de Chiverny, qui lui-même les avait reçus de Jean Hurault, seigneur de Boistaillé, conseiller d'État et ambassadeur à Constantinople sous Charles IX. Cette collection se composait de quatre cent dix-huit volumes, dont cent cinquante en langue grecque. Pierre Dupuy et deux experts désignés par les héritiers en firent l'esti-

---

« office de garde de la bibliotheque, pour en estre « payé sur les deniers tant ordinaires qu'extraordi- « naires de son espargne, voulant pour cet effet « que toutes lettres necessaires luy en soient expe- « diées, et cependant le present brevet qu'elle a « voulu signer de sa main, et fait contresigner par « moy conseiller en son Conseil d'Estat et secre- « taire de ses commandemens et finances. Signé « Louis, et plus bas Le Beauclerc. »

Brevet d'Abel de Sainte-Marthe de la charge de Garde de la Bibliotheque royale de Fontainebleau; dans A. de Sainte-Marthe, *Discours au Roy sur le rétablissement de la bibliotheque royale de Fontainebleau,* preuves, p. 19.

[1] « Aujourd'huy deuxiéme jour de mars mil six « cens vingt sept, M. Abel de Sainte-Marthe a fait « et presté le serment qu'il estoit tenu de l'estat et « office de garde de la bibliotheque royale de Fon- « tainebleau, és mains de Monseigneur de Marillac, « garde des sceaux de France, moy conseiller se- « cretaire de Sa Majesté et de ses finances pre- « sent. Signé Le Coq. » (*Discours au Roy sur le rétablissement de la bibliotheque royale de Fontainebleau,* preuves, p. 21.)

mation (1622), et fixèrent le prix à douze mille livres[1]. Presque tous portaient sur les plats les armes de la famille de Hurault :

d'or à la croix d'azur, cantonnée de quatre ombres de soleil de gueules. L'on trouve, en outre, au commencement de plusieurs d'entre eux, le nom de leur premier possesseur et des renseignements écrits de sa main sur l'origine du manuscrit et même sur le prix qu'il l'avait payé.

La même année, la bibliothèque du Roi changea encore une fois de local. Les Cordeliers, qui tenaient à en débarrasser leur cloître, offrirent au roi de la faire transporter rue de la Harpe, au-dessus de l'église Saint-Côme, dans une maison qui leur appartenait, et dont, au reste, ils exigèrent un loyer. Deux des anciens plans de Paris indiquent cette maison et mentionnent la destination qui venait de lui être donnée : celui de Gomboust, dressé en 1652,

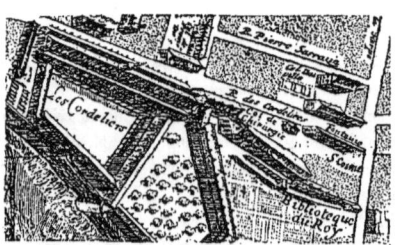

---

[1] L. Jacob, *Traicté des plus belles bibliothèques publiques et particulières*, p. 465. — Voyez encore à la Bibliothèque impériale : *Procès-verbal de Nicolas Rigault et Pierre Dupuy, portant évaluation des livres*, etc. fonds des cinq cents Colbert, numéro 54.

et celui de Jouvin de Rochefort, qui fut dressé vers 1690 ;

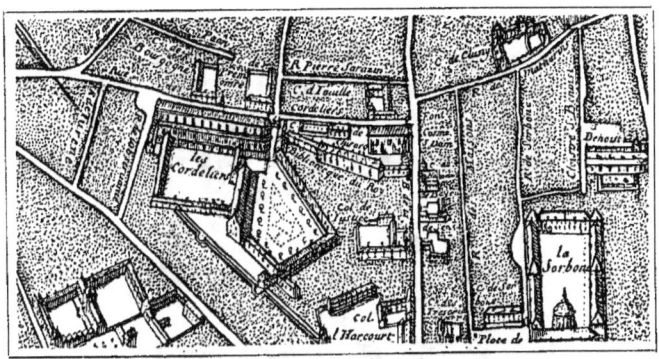

il y avait cependant alors près de quarante ans que la bibliothèque du Roi avait abandonné la maison de la rue de la Harpe. Les livres y furent placés dans la longue galerie que reproduisent les deux plans; à son extrémité était une petite salle destinée aux manuscrits [1]. Un peu plus tard, la bibliothèque agrandie occupa le premier et le second étage; de là les noms de « haute et basse librairies » qui se rencontrent dans quelques actes de cette époque. Nicolas Rigault obtint, près de la bibliothèque, un logement qu'il conserva jusqu'en 1635; il fut alors nommé conseiller au parlement de Metz, et les deux frères Pierre et Jacques Dupuy devinrent gardes de la bibliothèque [2]. Enfin François de Thou, ayant été décapité en 1642, fut remplacé par le savant Jérôme Bignon [3]. La bibliothèque du Roi ne renfermait encore à cette époque que six mille volumes [4].

On se plaignait depuis longtemps de l'imperfection des catalogues. Isaac Casaubon, trois ans, il est vrai, avant d'être nommé bibliothécaire, s'exprimait ainsi au sujet du catalogue alors en usage : « Video multos libros in album illud non « esse relatos, neque est quicquam eo catalogo ineptius [5]. » Casaubon ne paraît cependant pas s'être occupé de remédier au désordre qu'il signalait si énergiquement. Cette tâche échut à Nicolas Rigault.

Avant de quitter la bibliothèque, il termina avec l'aide de Saumaise, de Hautain et de Pierre Dupuy, un catalogue complet de la collection. Ce travail, conservé encore aujourd'hui à la Bibliothèque impériale [6], forme deux volumes petit

---

[1] *Histoire de la bibliotèque du Roy*, manuscrit de la bibliothèque Sainte-Geneviève.

[2] D. Huet, *Commentarius de rebus ad eum pertinentibus*, lib. I, p. 66.

[3] Toisand, *Vies des Jurisconsultes*, p. 71. — Maichelius, *Introductio ad historiam literariam de præcipuis bibliothecis*, p. 14.

[4] *Mémoires sur quelques bibliothèques de Paris*, rassemblés par le P. Léonard de Sainte-Catherine. Bibliothèque impériale, manuscrits, fonds français, n° 22592 (ancien fonds des Petits Pères, n° 17).

[5] J. Casaubon, *Epistolæ*, t. Ier, p. 130.

[6] Fonds latin, n°° 10364 et 10365.

in-folio, reliés en maroquin rouge, aux armes de Louis XIII ;

il a pour titre :

CATALOGUS
BIBLIOTHECAE
REGIS CHRISTIANISS.

DESCRIPTUS ANNO CIƆ IƆC XXII.

On lit au-dessous :

Pars I. Continet libros manuscriptos Hebraïcos, Graecos, Arabicos et vetustiores Latinos.
Pars II. Continet libros manuscriptos Latinos recentiores.
Pars III. Continet libros manuscriptos Gallicos, Ital. Hisp.
Pars IIII. Continet libros impressos typis antiquis Hebraïcos, Graecos, Latinos.
Pars V. Continet libros impressos typis antiquis Gallicos, Ital.

Le catalogue des livres d'impression moderne forme trois autres volumes in-folio, intitulés :

CATALOGUS
LIBRORUM
TYPIS IMPRESSORUM

BIBLIOTHECAE REGIAE.

Ils sont conservés également à la Bibliothèque impériale, mais parmi les imprimés.

En tête de chacun de ces cinq volumes se trouve l'inscription suivante, qui est imprimée sur une feuille double, et collée sur onglet :

LVDOVICVS·REX·CHRISTIANISS.
PIVS·FELIX·SEMPER·AVG.
INTER·GRAVES·BELLI·CIVILIS·CVRAS
SCRIPTORVM·VETERVM·BIBLIOTECAM
AB·LVDOVICO·XII·FRANCISCO·I
HENRICO·II·CAROLO·IX
HENRICO·MAGNO·CONGESTAM
INSTAVRAVIT
ATQ·AD·VSVS·PVBLICOS
SEDE·COMMODISSIMA·CONLOCATAM
CODICIB·EXQVISITISSIMIS·COMPLVRIB
AMPLIFICARI
REGIA·MVNIFICENTIA·IVSSIT

On se tromperait étrangement si, aux termes de cette inscription, on croyait que la bibliothèque du Roi fut publique dès 1622. Le projet de publicité existait sans doute déjà, mais il ne reçut son exécution que beaucoup plus tard. Vingt ans après, dans une lettre datée de Paris, 22 août 1643, H. Grotius s'engageait encore à employer tout son crédit pour faire pénétrer Isaac Vossius dans cette bibliothèque [1].

Mais ce fut, croyons-nous, vers cette époque que l'on commença à marquer d'une estampille les livres de la bibliothèque. Le premier modèle employé laisse, au reste, fort à désirer sous le rapport de l'exécution :

on le trouve toujours imprimé en rouge, ainsi que celui-ci :

qui, probablement, lui succéda.

---

[1] *Præstantium ac eruditorum virorum epistolæ*, epist. DLXXXVIII, p. 824.

II.

De nouveaux mouvements eurent lieu dans le personnel durant les premières années du règne de Louis XIV. Bignon obtint, en 1651, la survivance de sa charge en faveur de son fils, nommé Jérôme comme lui. En 1645, Rigault avait traité de la sienne avec les frères Dupuy; mais, Pierre Dupuy étant mort au mois de décembre 1651, son frère Jacques resta seul en possession de la place qu'ils occupaient ensemble, aux appointements de quatre cents livres par an [1]. Lui-même mourut le 17 novembre 1656, et légua au roi la riche bibliothèque qu'il avait rassemblée, et qui se composait de neuf mille volumes imprimés et d'environ trois cents manuscrits [2]; il suppliait en même temps Louis XIV de vouloir bien donner une charge militaire à son neveu, seul héritier du nom de Dupuy. Le roi, par lettres patentes enregistrées au Parlement le 7 avril 1657 [3], accepta ce legs [4]. MM. Talon, Fouquet et Bignon se rendirent au domicile de Dupuy et chargèrent

---

[1] L. Jacob, *Traicté des plus belles bibliothèques publiques et particulières*, p. 472.

[2] *Nouvelle biographie générale*, t. XV, p. 377. — Leprince, *Essai historique sur la bibliothèque du Roi*, p. 157. — Jourdain, *Mémoire historique sur la bibliothèque du Roy*, p. xxiv, dit DEUX CENTS manuscrits seulement, et Petit-Radel, *Essai sur les bibliothèques anciennes et modernes*, p. 245, donne le chiffre de DEUX CENT VINGT-TROIS.

[3] « Veu par la cour les lettres patentes du roy « données à Paris le 20 mars dernier, par lesquelles « ledit seigneur, après avoir fait voir en son conseil « le testament de feu son amé et feal conseiller en « ses conseils Jacques du Puy, vivant garde de la « bibliotheque dudit seigneur roy, attaché soubs « le contre scel desdites lettres, auroit agréé et con- « firmé ledit testament, et accepté le legs fait à son « profit par iceluy; et en consequence, conforme- « ment aux clauses et conditions y contenues, veult « et luy plaist que la bibliotheque, ensemble les « manuscrits et autres livres, cartes et tableaux à « luy leguez par ledit feu sieur du Puy, soient et « demeurent unis inseparablement à sa bibliothèque « pour n'en composer à l'advenir qu'une seule; qui « demeurera soubs la garde de son amé et feal con- « seiller en ses conseils, le sieur Colbert, prieur de « la maison de Sorbonne, auquel et à ses succes- « seurs en ladite charge il deffend le transport « desdits livres hors du lieu destiné pour leur con- « servation, enjoinct à ses amés et feaux conseillers, « ses advocats et procureur general, et maistre de « sa bibliotheque, et à leurs successeurs, de la visiter « deux fois l'année, et de tenir la main à la con- « servation d'icelle, conformement à l'intention du- « dit sieur du Puy. LADITE COUR a ordonné et or- « donne que lesdites lettres seront registrées au « greffe d'icelle pour être executées selon leur forme « et teneur. »

[4] Les catalogues de cette collection sont très-nombreux; nous citerons seulement : *Inventaire des titres et chartes de M. Dupuy*, 2 vol. in-folio, Bibliothèque impériale, manuscrits, fonds français, nos 13004 et 13005; — *Catalogue des manuscrits de la bibliothèque de du Puy*, 2 vol. in-folio, Bibliothèque impériale, manuscrits, fonds français, nos 24482 et 24483 (ancien fonds des Missions, n° 205); — *Inventaire général des volumes manuscrits de M. du Puy*, 2 vol. in-folio, Bibliothèque impériale, manuscrits, fonds français, nos 23426 et 23427 (ancien fonds de Mortemart, nos 59¹ et 59²); — *Inventaire des manuscrits faisant partie de la collection rassemblée par Pierre du Puy*, 2 vol. in-folio, bibliothèque Mazarine, manuscrits, n° 1811 E.-F; — *Catalogue des manuscrits de M. du Puy*, 3 vol. in-folio, Bibliothèque impériale, manuscrits, fonds français, nos 22577 à 22579 (ancien fonds de la Sorbonne, nos 1126 à 1128); — *Table alphabétique des manuscrits de MM. du Puy*, 1 vol. in-folio, Bibliothèque impériale, manuscrits (ancien fonds des catalogues, n° 220). Dans tous ces inventaires figure le précieux recueil de pièces historiques dont nous parlerons plus loin.

un substitut du procureur général de faire l'inventaire de la bibliothèque, opération rendue facile par l'existence d'un catalogue que Jacques avait dressé lui-même. Ce travail ne fut cependant achevé que le 1ᵉʳ octobre, et les livres furent alors délivrés à Nicolas Colbert, qui avait remplacé Dupuy comme garde de la bibliothèque du Roi. Les volumes provenant de cette collection sont faciles à reconnaître; ils portent en général sur les plats les armes de leur premier maître,

et sur le dos, entre chaque nerf de la reliure, figurent deux Δ entrelacés :

En outre, la signature de Dupuy se trouve très-fréquemment sur la première page des manuscrits [1].

[1] Peu d'érudits ont laissé un nom plus universellement estimé que les deux frères Dupuy, « quorum « certe nomen vera laus est, » dit Huet. Leur père, Claude Dupuy, jurisconsulte distingué, élève de Turnèbe et de Cujas, était parent de l'illustre de Thou. Comme lui bibliophile, il avait réuni un certain nombre de manuscrits anciens qu'il légua à ses deux fils, Pierre et Jacques.

Ceux-ci eurent presque en tout des destinées communes. Tous deux donnèrent leurs soins à l'admirable collection du président de Thou; tous deux furent gardes de la bibliothèque du Roi; tous deux

Le grand Colbert, en faisant donner la place de garde à son frère, entendait avoir bientôt un pouvoir absolu à la bibliothèque du Roi, et son infatigable génie rêvait déjà pour elle des destinées que le temps s'est chargé d'accomplir. En effet, Nicolas Colbert fut nommé évêque de Luçon en 1661, et son frère, déjà surintendant des bâtiments du roi, eut, sans titre officiel, la direction de la bibliothèque, qui ne possédait encore que 16,746 volumes [1].

Sous l'énergique impulsion donnée par Colbert, elle prit un rapide accroissement. Nous allons voir les dons et les achats se succéder sans interruption.

En 1663, Hippolyte, comte de Béthune, chevalier d'honneur de Marie-Thérèse, offrit au roi la riche bibliothèque que son père, Philippe de Béthune, frère du fameux duc de Sully, avait réunie au prix des plus grands sacrifices pécuniaires, pendant plusieurs années de missions diplomatiques dans toute l'Europe [2].

eurent pour les livres une véritable passion, et composèrent le plus riche recueil de pièces historiques qui ait jamais existé.

Quand de Thou sentit la mort approcher, il songea à assurer l'avenir de la riche bibliothèque qu'il avait réunie avec tant de sollicitude. Il tenait à ce qu'elle ne fût ni vendue ni dispersée, et voulait qu'un homme instruit et sûr se chargeât de la surveiller jusqu'au jour où elle pourrait être remise entre les mains de ses enfants. Personne n'était plus digne et plus capable de remplir cette tâche que Pierre Dupuy : «[Ejus bibliothecæ], dit de Thou «dans son testament, custodiam Petro Puteano, co-«gnato meo, et multis nominibus mihi caro, donec «filii adolescant, committo...» Ces volontés furent ponctuellement observées; Pierre Dupuy continua d'administrer la collection du président, tandis que son frère en dressait le catalogue.

Ils formèrent en même temps une belle bibliothèque destinée à leur propre usage, et pour laquelle ils dépensèrent jusqu'à vingt mille écus. Ajoutons qu'ils communiquaient volontiers les richesses bibliographiques qu'ils avaient ainsi acquises, et qu'ils étaient liés avec tous les savants de leur époque; ce fut Pierre Dupuy qui mit Naudé en relations avec le cardinal Bagni. Ils ne vinrent habiter la bibliothèque du Roi que vers 1645, et ils y installèrent alors leurs livres. Tous deux tinrent à honneur de perpétuer les savantes conférences dont de Thou avait pris l'initiative, et qui avaient lieu tous les jours à la bibliothèque.

Pierre Dupuy, en mourant (14 décembre 1651), légua une partie de ses manuscrits au fils du président de Thou. Jacques Dupuy mourut cinq ans après, le 17 novembre 1656.

On peut consulter sur l'histoire de cette bibliothèque : Huet, *Commentarius de rebus ad eum pertinentibus*, lib. I, p. 65; — Lestoile, *Journal de Henri IV*, 1er octobre 1594; — Scévole de Sainte-Marthe, *Gallorum doctrina illustrium qui nostra memoria floruere elogia*, lib. IV, p. 120; — Leprince, *Essai historique sur la bibliothèque du Roi*, p. 156; — L. Jacob, *Traicté des plus belles bibliothèques*, p. 558; — *Illustrissimi viri J.-A. Thuani testamentum*, à la suite des *Commentarii de vita sua*, p. 104; — Naudé, *Bibliographie politique*, traduct. de Ch. Challine, p. 6; — Mich. de Marolles, *Mémoires*, t. II, p. 218; — Taisand, *Vies des Jurisconsultes*, p. 738; — Vigneul-Marville, *Mélanges d'histoire et de littérature*, t. II, p. 219; — Struvius, *Introductio ad notitiam rei litterariæ*, p. 497; — Nic. Rigault, *Vita Petri Puteani*.

[1] Leprince, *Essai historique sur la bibliothèque du Roi*, p. 46.

[2] Philippe de Béthune, comte de Selles et de Charost, remplit sous Henri IV et sous Louis XIII de nombreuses missions diplomatiques. Envoyé successivement en Italie, en Savoie, en Écosse et en Allemagne, il put se livrer à sa passion pour les documents historiques, et recueillit toutes les lettres et toutes les pièces authentiques qu'il put se procurer. Il y ajouta, dans la suite, des tableaux, des statues, des antiquités de tous les genres; et, en 1652, Christine de Suède offrit cent mille écus de la collection complète. Loret le constate en ces termes dans sa *Gazette* du 10 mars :

> L'illustre reine de Suède,
> Qui, comme chacun sçait, possède
> Un esprit haut et généreux,
> Des belles-lettres amoureux,
> Ayant apris, des fois plus d'une,

La collection, dont Christine de Suède avait offert cent mille écus, renfermait alors mille neuf cent vingt-trois manuscrits modernes, « des tableaux originaux, « et crayons aussy des plus excellens peintres d'Italie et de France, antiens et « modernes, et des statües et bustes de marbre et de bronze antiques[1]. » Cette donation fut acceptée par lettres patentes du 21 décembre 1663[2]; les ouvrages

> Que le sieur comte de Béthune
> Dans son cabinet de Paris
> Avoit d'excellents manuscrits,
> Comme aussi pluzieurs antiquailles,
> Sçavoir : quantité de médailles,
> Reliefs, portraits, crayons, tableaux,
> Des plus rares et des plus beaux,
> A fait proposer audit comte
> Une somme d'or qui se monte,
> Tant en justes qu'en quart-d'écus,
> Justement à cent mille écus,
> S'il vouloit vendre sa boutique
> A cette reine magnifique.

Hippolyte de Béthune, qui avait hérité des goûts de son père, refusa cette offre et travailla à augmenter sa précieuse collection. Il ne se borna pas à rassembler les manuscrits relatifs à la politique et à l'histoire; il forma une bibliothèque complète, où étaient richement représentées la théologie, la jurisprudence, la philosophie, les sciences et les belles-lettres. Michel de Marolles, qui s'était intéressé à la formation de ce cabinet, s'exprime ainsi dans ses mauvais vers sur les bibliothèques de Paris :

> ....
> Les recueils à la main du comte de Béthune
> Où je pourrois encore prendre quelqu'interet,
> Pour l'avoir augmentée en maniere de pret,
> Dont la commodité seconda sa fortune.

On peut consulter sur l'histoire de cette bibliothèque : Michel de Marolles, *Paris ou description succincte et néantmoins assez ample de cette grande ville;* — Loret, *La Muze historique*, n° du 10 mars 1652; — J.-F. Jugler, *Bibliotheca historiæ litterariæ selecta*, t. I, p. 214; — Leprince, *Essai historique sur la bibliothèque du Roi*, p. 161; — Moréri, *Grand dictionnaire historique*, article Béthune; — Mich. de Marolles, *Mémoires*, t. III, p. 239; — *Catalogue des lettres originales contenues dans les manuscrits de Béthune*, 2 vol. in-folio, Bibliothèque impériale, manuscrits (ancien fonds des catalogues).

[1] Lettres patentes du 21 décembre 1663. Bibliothèque impériale, manuscrits, fonds des 500 Colbert, n° 54, feuillets 322 et 323.

[2] «Louis, par la grâce de Dieu roy de France « et de Navarre, à tous présens et à venir, salut.

«La mémoire des recommandables services qu'a «rendus à la France, sous les règnes des roys «Henry 3, Henry 4 surnommé le Grand, et Louis 13 «nostre très honoré seigneur et père, le feu s' comte «de Béthune de Néelles et de Charosts, chevalier «de nos Ordres, gouverneur de la personne de «notre très cher et très amé oncle le duc d'Orléans, «second fils du roy Henry le Grand, premier gen- «tilhomme de sa chambre, et surintendant de sa «maison, et lieutenant de sa compagnie des gens «d'armes, lieutenant du roy en Bretagne, chef du «conseil des despesches estrangères, et plus antien «conseiller d'Estat, l'ayant esté 56 ans; lesquels «services ont signalé son zèle, sa prudence et sa «capacité, tant par ses diverses ambassades ordi- «naires et extraordinaires à Rome, Venise et Savoye, «en Alemagne, Angleterre et Escosse, et autres «tres grands emplois dont il a esté honoré, notam- «ment celuy qu'il eut dans le royaume, d'une si «particulière confiance, par l'envoy vers la reine «Marie de Médicis nostre grand mère, s'estant re- «tirée de Blois à Angoulesme en l'année 1619, les- «quels l'ont occupé presque toute sa vie, ne nous «doit pas moins estre agréable que ses laborieux et «utiles soings, que marque le recüeil de très grand «nombre de manuscrits originaux qu'il a laissez, «montant à 2000 volumes et plus, et que nostre «amé et féal chevalier de nos ordres et chevalier «d'honneur de la reine nostre très chère espouse et «compagne, le sieur comte de Béthune son fils aisné, «nous a supplié vouloir accepter. Comme c'est une «recherche et un travail de 70 années, bien avancé «par le père, amplifié et achevé par le fils, et que «la dignité et la rareté des matières dont il est «remply a donné subject aux princes estrangers «de luy en faire proposer le transport hors le «royaume, avec des avantages qu'un autre moins «zelé et fidèle que luy eust peu n'en estre pas seu- «lement tenté, mais les eust volontiers acceptez, il «a creu aussy qu'un ouvrage de cette nature et de «cette importance devoit estre conservé en son en- «tier, et que, pour empescher qu'après sa mort il «ne fust divisé par ses héritiers en autant de por- «tions qu'il y aura de testes au partage desdits

imprimés furent intercalés avec ceux de la bibliothèque du Roi, et les manuscrits formèrent un fonds spécial, encore désigné il y a quelques années sous le nom de *Fonds de Béthune*. La plupart des volumes qui en font partie sont luxueusement reliés en maroquin rouge et portent sur les plats les armes de la famille de Béthune,

et sur le dos un double P surmonté d'une couronne de comte :

A la même époque, on achetait, par les soins de Colbert, l'incomparable recueil connu sous le nom de *Manuscrits de Brienne;* son histoire, encore assez obscure, doit trouver place ici. Il semble ressortir des opinions souvent contradictoires qui ont été émises à cet égard, que quatre personnes ont concouru à la

« biens, ces manuscrits devoyent estre uuys et incor-
« porez aux autres pièces rares de nostre Courone...
« Donné à Paris, au mois de décembre, l'an de
« grâce 1663, et de nostre règne le 21. Signé Louis,
« et sur le reply par le Roy : DE GUÉNEGAUD, et scellés
« sur lacqs de soye du grand sceau de cire verte. »

création de ce recueil. Nicolas Lefèvre, précepteur de Louis XIII, avait rassemblé plusieurs manuscrits curieux, qu'il légua au président de Thou[1]. Celui-ci les prêta à Pierre Dupuy, et les lui abandonna quand il mourut[2]. D'un autre côté, Pierre Pithou avait commencé un recueil de traités et de pièces rares relatifs à notre histoire[3]. Ce travail fut, après lui, transmis à Dupuy, qui le continua. Enfin plusieurs manuscrits peu connus, appartenant à Peiresc, augmentèrent encore cette collection[4], qu'Antoine de Loménie allait rendre sans rivale. Ce ministre avait réuni un nombre immense de documents originaux rares ou uniques; il les confia à Dupuy, afin qu'il les mît en ordre. Celui-ci en fit faire sous ses yeux une copie par un sieur Vallier; M. de Loménie s'en contenta et laissa les originaux à Dupuy[5]. Ces deux recueils eurent chacun une fortune différente. Pierre Dupuy, en mourant, légua tous ses manuscrits au président de Thou[6]; les ORIGINAUX des pièces historiques en faisaient partie. Ils furent donc achetés en 1680 par M. de Ménars, avec la bibliothèque de de Thou[7]. Ils passèrent de là entre les mains du procureur général Joly de Fleury[8], qui, en 1754, les céda au roi, avec les manuscrits que lui-même avait rassemblés[9]. Quant à la COPIE faite sous les yeux de Dupuy, elle fut reliée par Le Gascon en trois cent cinquante-huit volumes, et Antoine de Loménie la donna à Henri Auguste, son fils, qui, dès 1615, avait la survivance de la charge de secrétaire d'État. Richelieu lui acheta, moyennant quarante mille livres[10], tous ces manuscrits pour le roi; ils entrèrent ensuite, on ne sait comment, dans la bibliothèque de Mazarin. Après l'arrêt de vente de cette bibliothèque, le 29 décembre 1651[11], le roi écrivit au procureur général Fouquet pour ordonner que ces manuscrits fussent déposés chez le comte de Brienne, à qui il les confiait. Le procureur général les garda en dépôt et en fit faire l'inventaire par Denis Godefroy. Mazarin, revenu au pouvoir, les reprit à Fouquet; et, quand le cardinal fut mort, Colbert, nous venons de le voir, les restitua à la bibliothèque du Roi.

Cet établissement s'enrichit encore, en 1662, de la collection de Raphaël Trichet du Fresne[12], qui, successivement bibliothécaire de Gaston d'Orléans et de Chris-

---

[1] Scévole de Sainte-Marthe, *Gallorum doctrina illustrium qui nostra memoria floruere elogia*, lib. V, p. 161.

[2] Leprince, *Essai historique sur la bibliothèque du Roi*, p. 159.

[3] J. Boivin, *Vita Petri Puteani*, p. 22. — *Dissert. historique touchant la biblioth. de P. Pithou*, p. 75.

[4] Leprince, *Essai historique sur la bibliothèque du Roi*, p. 160.

[5] *Dissertation historique touchant la bibliothèque de P. Pithou*, p. 78.

[6] Mich. de Marolles, *Mémoires*, t. II, p. 219. — Voyez *Catalogue des manuscrits que P. Dupuy a légués au président de Thou*. Bibliothèque Mazarine, manuscrits, n° 3205.

[7] Lemaire, *Paris ancien et nouveau*, t. III, p. 288. — Vigneul-Marville, *Mélanges d'histoire et de littérature*, t. I, p. 27.

[8] Mich. de Marolles, *Mémoires*, t. II, p. 218.

[9] Leprince, *Essai historique sur la bibliothèque du Roi*, p. 157.

[10] Nic. Rigault, *Petri Puteani vita*, p. 52.

[11] Voyez plus loin notre notice sur cette bibliothèque.

[12] J.-F. Jugler, *Bibliotheca historiæ litterariæ selecta*, p. 214.

172   LES ANCIENNES BIBLIOTHÈQUES DE PARIS.

tine de Suède [1], avait parcouru l'Europe pour réunir des livres curieux. Sa bibliothèque particulière était composée d'environ douze cents volumes, qui allaient être vendus par sa veuve [2] quand Colbert les fit acheter pour le roi [3].

Colbert, bibliophile passionné, se formait dans le même temps une bibliothèque qui bientôt égala presque celle du roi. Le soin en était confié à un bibliographe très-instruit, M. de Carcavi, qui avait abandonné une charge de conseiller au grand conseil pour se livrer exclusivement à la recherche des ouvrages précieux. Colbert, voulant récompenser son zèle, le nomma, en 1663, commis à la bibliothèque du Roi. Depuis le départ de Nicolas Colbert, le service avait été fait par l'historien Antoine Varillas, qui, ami des deux frères Dupuy, leur avait été donné comme adjoint [4].

Mais des modifications plus importantes se préparaient. Les nouvelles acquisitions dont la bibliothèque venait de s'enrichir l'avaient tellement augmentée, que le local de la rue de la Harpe ne pouvait plus lui suffire. Colbert, qui tenait à l'avoir sans cesse sous les yeux, la fit, en 1666, transporter rue Vivienne, dans une vaste demeure dont il était propriétaire, et qui se trouvait presque contiguë à son propre hôtel [5].

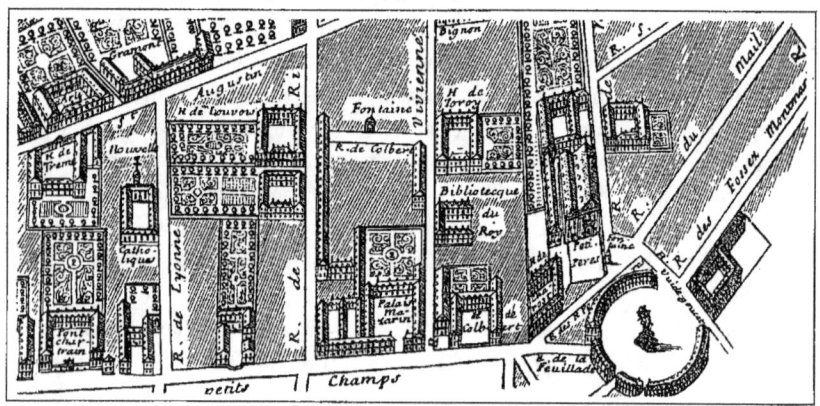

C'est de cette même année 1666 que date l'installation à la bibliothèque de

---

[1] D. Huet, *Commentarius de rebus ad eum pertinentibus*, lib. II, p. 111.

[2] Le catalogue avait même déjà été publié : *Catalogus librorum bibliothecæ Raphaelis Tricheti du Fresne, Parisius, apud viduam et hæredes, ruë du Mail*, 1662, in-4°. En tête est un joli portrait de Trichet.

[3] J.-F. Jugler, *Bibliotheca historiæ litterariæ selecta*, t. I, p. 214.

[4] Congédié en 1663, Varillas, qui avait toujours eu un logement à la bibliothèque, ne voulut pas s'en éloigner; il se retira dans la communauté de Saint-Côme, avec une pension de 1,200 livres que le roi lui accorda.

[5] Voyez G. Brice, *Nouvelle description de Paris*, t. I, p. 344; — Félibien, *Histoire de la ville de Paris*, t. II, p. 1493; — Duchesne, *Recherches sur une ancienne galerie du palais Mazarin*, etc. p. 3; — et le plan de Lacaille dont nous donnons un fragment en *fac-simile*.

deux spécialités qui y forment aujourd'hui des départements importants, celui des médailles et celui des estampes. Rappelons en quelques mots leur origine.

François Ier est le premier de nos rois qui ait eu l'idée de réunir des médailles; il en fit déposer près de deux cents au garde-meubles, où elles étaient conservées, dit le P. Dumolinet, dans un coffret de vermeil « fait en manière de livre [1]; » d'autres étaient enchâssées dans des coupes, dans des salières, dans des aiguières, dans des plats d'argent ciselé. Henri II ajouta à ce premier fonds une assez belle collection provenant des grands-ducs de Toscane, et que Catherine de Médicis, sa femme, avait apportée d'Italie. On réunit cette collection à celle de François Ier, et toutes deux furent placées à la bibliothèque du Roi, alors au château de Fontainebleau. Charles IX enrichit ce cabinet par l'achat de celui qu'avait formé à Lyon le célèbre bibliophile Grolier [2]; en même temps il enleva toutes les médailles de Fontainebleau, les fit transporter au Louvre dans un local spécial, et créa une place de « maistre des cabinets, médailles et antiquités de Sa Majesté. » Antoine Rascas de Bagarris, gentilhomme provençal, en fut, croit-on, pourvu d'abord [3]. Henri IV lui acheta les médailles qu'il avait rassemblées, et l'autorisa à acquérir tout ce qui lui serait présenté dans ce genre. Bagarris a raconté lui-même les entretiens pleins d'intérêt qu'il eut à ce sujet avec le roi [4]. Il fut moins heureux auprès de l'indolent Louis XIII et se retira. Sa place resta vacante pendant trente-trois ans, et fut donnée, vers 1644, à un conseiller d'état nommé Jean de Chaumont [5].

En 1657, Gaston d'Orléans légua au roi le riche cabinet de médailles qu'il possédait à Blois, et l'abbé Bruneau, son bibliothécaire, fut nommé intendant du cabinet du Louvre, en remplacement de Chaumont. Mais, Bruneau ayant été, deux ans après, assassiné dans le Louvre même par un voleur, on craignit pour le dépôt qui lui était confié; le roi réunit alors, sur la tête de Nicolas Colbert, la charge d'intendant des médailles à celle de garde de la bibliothèque, et, en 1667, la collection fut transportée rue Vivienne, dans les bâtiments de la bibliothèque [6], où Carcavi se chargea de les classer.

Colbert, pour augmenter ce précieux dépôt, envoya des savants à l'étranger, avec ordre de rechercher des monnaies et des médailles. M. Vaillant parcourut

---

[1] Voyez le *Mercure de France*, n° de mai 1719, p. 46.

[2] J.-A. de Thou, *Historiarum sui temporis lib.* xxxviii, p. 104. — Une histoire manuscrite du *Cabinet des médailles du Roy*, qui appartient à la bibliothèque Sainte-Geneviève, cite parmi les personnes qui avaient alors à Paris des collections de médailles : le prince de Condé, le chancelier de l'Hospital, les cardinaux de Bourbon, de Lorraine, de Tournon, d'Armagnac, de Châtillon, de Givry, les ducs de Nevers, de Lorraine, de Montmorency, le président Brisson, la princesse de Condé, Diane de Poitiers, etc. etc.

[3] Marion-Dumersan, *Histoire du cabinet des médailles*, p. 147.

[4] Voyez R. de Bagarris, *Nécessité de l'usage des médailles*, Paris, 1611, in-4°.

[5] Niceron, *Mémoires pour servir à l'histoire des hommes illustres*, etc. t. XL, p. 190.

[6] Jourdain, *Mémoire historique sur la bibliothèque du Roy*, p. xxix. — E.-J.-B. Rathery, *Notice historique sur l'ancien cabinet du Roi*, p. 6.

l'Italie, la Grèce, l'Égypte et la Perse; tout l'Orient fut exploré par MM. de Monceaux, Wansleben, Petis de la Croix, Ant. Galland, de Nointel et P. Lucas. On achetait en même temps les collections réunies par l'abbé Séguin, doyen de Saint-Germain-l'Auxerrois; par MM. Tardieu, lieutenant de police; Lauthier, acquéreur de celles de Peiresc, de Sère, conseiller d'État, le comte de Brienne, Charron, auditeur à la cour des comptes, et de Trouenne, intendant du duc d'Épernon. Après la mort de Colbert, Louvois fit transporter (1684) le cabinet des médailles à Versailles [1] « près de l'appartement de Sa Majesté, qui prenoit plaisir à y « venir presque chaque jour au sortir de la messe [2]. » Après avoir reçu, dans l'espace de soixante et dix ans, des accroissements considérables, ce cabinet fut, en 1741, replacé à la bibliothèque du Roi, où on lui avait ménagé un grand salon faisant suite à la galerie qui longe la rue Richelieu [2].

Le cabinet des estampes n'a pas d'histoire; un legs de Gaston d'Orléans (1667) en composa le premier fonds, qui s'augmenta bientôt de l'admirable collection rassemblée par Michel de Marolles [4] et de nombreuses gravures exécutées par l'ordre de Louis XIV [5]. Il s'enrichit ensuite successivement par des achats, et des donations émanant de MM. de Gaignères, Clément, de Beringhem, maréchal d'Uxelles, Fevret de Fontette, Bégon, comte de Caylus, etc. [6]

Revenons maintenant à Colbert et aux trésors qu'il continuait d'accumuler rue Vivienne.

Dans le Luxembourg, alors palais d'Orléans, Gaston, frère de Louis XIII, avait réuni une bibliothèque dont les contemporains se sont plu à célébrer les merveilles. Elle était installée dans le grand pavillon de droite [7], à l'extrémité de la longue galerie où Rubens avait peint la vie de Marie de Médicis. Les boiseries, d'une extrême délicatesse de travail, étaient ornées de riches peintures, et chaque tablette, bordée de crépines d'or, était entièrement garnie de velours [8]. Enfin les volumes, reliés presque tous par Le Gascon [9], étaient couverts, d'une manière

---

[1] Maichelius, *Introductio ad historiam literariam de præcipuis bibliothecis*, p. 48. — G. Brice, *Nouvelle description de Paris*, t. I, p. 349.

[2] Leprince, *Essai historique sur la bibliothèque du Roi*, p. 275.

[3] Marion Dumersan, *Histoire du cabinet des médailles*, p. 158.

[4] On lit dans la préface du catalogue qu'il publia en 1666 : « ... de toutes lesquelles choses, « j'ay recueilly cent vingt trois mille quatre cents « pièces de plus de six mille maistres, en quatre « cents grands volumes, sans parler des petits qui « sont au nombre de plus de six vingts, ce qui ne « seroit pas indigne d'une bibliothèque royale, où « rien ne se doit négliger. » (Voyez encore Michel de Marolles, *Mémoires*, t. Ier, p. 153, 198, 288, 289.)

[5] G. Duplessis, *Le cabinet du Roi, collection d'estampes commandées par Louis XIV*, dans le *Bibliophile français*, numéro du 1er juin 1860, t. III, p. 87.

[6] J. Duchesne, *Description des estampes exposées dans une galerie du palais Mazarin*, etc. avertissement, p. VI, VIII et IX. — G. Duplessis, *Le département des estampes à la Bibliothèque impériale*, passim.

[7] Il porte encore le nom de *Pavillon de la Bibliothèque* sur le plan du Luxembourg publié par J. Mariette.

[8] L. Jacob, *Traicté des plus belles bibliothèques*, p. 477.

[9] Éd. Fournier, *Histoire de la reliure en France*, p. 140.

uniforme, en veau fauve, et portaient, tantôt sur le dos, tantôt sur les plats, le chiffre de leur maître, un double G surmonté soit d'une couronne,

soit d'une fleur de lis,

Gaston mourut en février 1660, et laissa au roi par testament toute sa collection, dont les manuscrits étrangers, au nombre de cinquante et un, faisaient la principale richesse [1].

L'infortuné Fouquet possédait à Saint-Mandé trente mille volumes précieux, qui furent mis en vente après sa disgrâce. Carcavi dressa aussitôt un inventaire des livres compris dans cette collection, et qui ne se trouvaient pas à la bibliothèque du Roi; celle-ci acquit ainsi plus de onze cents volumes, dont la plupart étaient reliés aux armes du malheureux ministre [2].

Christine de Suède cherche à acquérir la bibliothèque de Gilbert Gaulmin, doyen des maîtres des requêtes; elle recule devant le prix exorbitant, « immane

---

[1] Gaston ne se contentait pas de réunir des volumes; par ses ordres, Trichet du Fresne entreprit plusieurs voyages d'où il rapporta des médailles antiques, des objets d'art et de précieux manuscrits, que Bruneau, médecin et bibliothécaire du prince, se chargeait d'examiner et de classer. Du reste, Gaston possédait, à ce qu'il paraît, une connaissance approfondie des médailles : « Je puis dire sans flatterie, écrit naïvement le P. Jacob, que ni Alexandre « Sévère, empereur romain, ni Atticus, grand ami « de Cicéron, ni le docte Varron » ne l'ont dépassé en cette science. Mais le duc d'Orléans apportait dans son amour pour les livres la même bassesse de sentiments qui l'a déshonoré en politique : on verra plus loin avec quelle mesquine jalousie il s'efforça, pendant la Fronde, de presser la vente de la bibliothèque du cardinal Mazarin.

Gaston eut pour bibliothécaire le malheureux poëte Lasserre, celui dont Boileau s'est tant moqué; puis l'abbé Bruneau, savant numismate, qui devint intendant du cabinet des médailles au Louvre, et y fut assassiné en 1666.

Parmi les ouvrages légués au roi par Gaston se trouvait une admirable collection de planches d'histoire naturelle; le prince les avait fait peindre en miniature et sur vélin par Nicolas Robert, d'après les plantes de son jardin botanique et les animaux de sa ménagerie à Blois. Colbert ordonna de poursuivre ce travail; il fut repris par Jean Joubert, qui eut pour continuateurs Nicolas Aubriet, puis Madeleine de Basseporte. Au moment de la Révolution ce précieux recueil comprenait près de six mille planches, qui font aujourd'hui partie de la bibliothèque du Muséum.

[2] Sur la bibliothèque de Fouquet, voyez plus loin la notice consacrée au collége Louis-le-Grand.

« pretium [1], » qu'on lui en demande. Mais Colbert n'hésite pas; il fait donner aux héritiers de Gaulmin 2,685 livres, en échange desquelles 127 manuscrits hébraïques, 461 manuscrits arabes, persans ou turcs, deux manuscrits grecs et 615 volumes imprimés [2] viennent enrichir la bibliothèque du Roi [3]. Celle-ci acquiert encore, dans le courant de la même année 1667, la collection particulière de M. de Carcavi [4].

Colbert était un des exécuteurs testamentaires de Mazarin. Un arrêt du 12 janvier 1668 l'autorise à échanger, contre des doubles de la bibliothèque du Roi, les précieux manuscrits provenant de la succession du cardinal. Il s'empare ainsi de 2,096 manuscrits, qui furent payés tant bien que mal [5].

MM. de Monceaux et Laisné, qui voyageaient alors dans le Levant, reçoivent de Colbert des instructions spéciales, et ils envoient à Paris non-seulement des manuscrits, mais jusqu'à des peaux de maroquin destinées aux reliures.

Le petit-fils du président de Thou désirait alors vendre l'incomparable bibliothèque de son grand-père [6]. Colbert la laissa échapper, et M. de Ménars finit par l'emporter sur le roi [7]; mais une lettre adressée à ce sujet par le vendeur à

---

[1] D. Huet, *Commentarius de rebus ad eum pertinentibus*, lib. II, p. 106.

[2] Jourdain, *Mémoire historique sur la bibliothèque du Roy*, p. xxxi.

[3] J.-F. Jugler, *Bibliotheca historiæ litterariæ selecta*, t. Ier, p. 215.

[4] Leprince, *Essai historique sur la bibliothèque du Roi*, p. 52.

[5] Voyez plus loin tous les détails de cette opération, dans notre notice sur la bibliothèque du collége Mazarin.

[6] D. Huet, *Commentarius de rebus ad eum pertinentibus*, lib. VI, p. 390 à 392.

[7] Jacques-Auguste de Thou, le célèbre historien, était le troisième fils de Christophe de Thou, premier président au parlement de Paris. Destiné d'abord à l'état ecclésiastique, il passa ses premières années dans le cloître de Notre-Dame, auprès de Nicolas de Thou, son oncle, qui était chanoine de cette église et conseiller au Parlement. Celui-ci, nommé bientôt évêque de Chartres, laissa le canonicat à son neveu, qui le conserva près de quatorze ans. Ce fut là, en 1573, que de Thou, âgé de vingt ans à peine, commença à rassembler cette bibliothèque qui était appelée à devenir une des plus célèbres du xviie siècle.

Dès le principe, il ne négligea aucune occasion pour l'enrichir. Le savant Pierre Pithou, qui avait lui-même réuni une assez considérable collection de livres, exprima le vœu, en mourant, que sa bibliothèque fût conservée par sa famille ou livrée en entier à une seule personne. De Thou s'empressa d'acquérir tous les manuscrits, et de s'assurer le concours dévoué de François et de Jacques Pithou. Nicolas Lefèvre, le savant précepteur de Louis XIII, lui légua ses manuscrits, et nous savons par Scévole de Sainte-Marthe et par L. Jacob qu'il en avait une magnifique collection.

Pendant ses fonctions de maître de la librairie, de Thou s'était réservé, dans l'établissement, un cabinet de travail où se réunissaient presque chaque jour les savants les plus célèbres de l'époque, qui tous s'honoraient d'être ses amis; et c'est certainement en souvenir de cette douce et sérieuse intimité qu'il ordonna par testament que sa bibliothèque fût toujours tenue à la disposition de ceux qui pourraient en désirer l'accès.

De Thou a dit avec vérité qu'il avait formé cette « noble » bibliothèque, comme l'appelle Michel de Marolles, « magna diligentia ac sumptu. » Ses fréquentes missions auprès des souverains étrangers, ses fonctions au Parlement, la rédaction même de son admirable histoire, ne lui firent point oublier un instant sa passion pour les livres. Dès qu'il était informé qu'il s'imprimait un bon ouvrage en Allemagne ou en Hollande, il y envoyait du grand papier, fabriqué à Paris exprès pour lui; les volumes lui étaient ensuite expédiés en feuilles, afin qu'il pût mettre à part les plus belles, et composer ainsi un exemplaire sans défauts. Les reliures

M. de Carcavi nous apprend que la bibliothèque du Roi renfermait alors trente

étaient également surveillées avec le soin le plus minutieux; suivant Struvius, il y consacra plus de 20,000 écus. Presque tous les volumes, couverts par Le Gascon en maroquin rouge, vert ou citron, portaient sur le dos le monogramme de leur possesseur,

et sur les plats un écusson, qui fut assez souvent modifié dans ses détails, et dont la dernière disposition offre les armes du président de Thou accolées à celles de Gasparde de la Chastre, sa seconde femme :

Ismaël Boulliau, père de l'astronome du même nom, puis le savant Pierre Dupuy, eurent successivement la garde de cette bibliothèque, qui, au commencement du dix-septième siècle, renfermait près de mille manuscrits précieux et plus de huit mille volumes. Elle avait déjà une telle réputation en 1598, que le pape Léon XI, qui, avant son pontificat, était venu en France pour régler la paix de Vervins, voulut la visiter, et avoua qu'il n'en existait pas une pareille en Italie. Cette magnifique collection était alors installée dans le bel hôtel de la famille de Thou; Christophe l'avait fait construire vers 1580, à l'extrémité de la rue Saint-André-des-Arts, près de l'église de ce nom.

Jusqu'à sa mort, arrivée le 7 mai 1617, de Thou s'occupa d'enrichir sa bibliothèque et d'augmenter une assez belle collection de médailles qu'il avait récemment commencée. Il n'a pas oublié, en écrivant son testament, ces deux objets, qui avaient tenu une si grande place dans sa vie, et la lecture

mille volumes : « Je vous envoie, écrivait M. de Thou, l'extrait du catalogue qu'il de ses dernières volontés à leur égard suffirait pour nous prouver tout l'amour qu'il leur portait : il confie provisoirement sa bibliothèque à P. Dupuy, qui la remettra plus tard aux fils de de Thou, l'intérêt de la famille comme celui des lettres exigeant qu'elle ne soit ni dispersée ni vendue : « Biblio-
« thecam meam, XL amplius annorum spatio,
« magna diligentia ac sumptu congestam, quam
« integram conservari, non solum familiæ meæ, sed
« etiam rei litterariæ interest, dividi, vendi ac dis-
« sipari veto; eamque communem, cum numisma-
« tibus antiquis aureis, argenteis et æreis, inter
« filios, qui litteris operam manabunt, facio, ita
« ut etiam exteris aliisque philologis ad usum pu-
« blicum pateat. Ejus custodiam Petro Puteano,
« cognato meo, et multis nominibus mihi caro, do-
« nec filii adolescant, committo, qui et libros manu-
« scriptos iis qui opus habebunt utendos dare pote-
« rit, modo de illis restituendis idonee caveatur. »
Les volontés de de Thou furent ponctuellement exécutées ; sa bibliothèque passa à ses descendants, et P. Dupuy continua à en avoir la direction, tandis que son frère s'occupait d'en dresser le catalogue. Elle fut bientôt célèbre par toute l'Europe. Peu de temps avant la mort de François-Auguste de Thou, fils aîné du célèbre premier président, et qui fut décapité à Lyon en 1642, son beau-frère M. Picardet, procureur général au parlement de Dijon, avait laissé une certaine quantité de bons livres qui, par les soins de Dupuy, vinrent encore augmenter la bibliothèque de la rue Saint-André-des-Arts. Enfin P. Dupuy mourut en 1651, et légua tous ses manuscrits à la riche collection qu'il avait tant contribué à former; dans le nombre se trouvaient toutes les pièces originales du célèbre recueil connu sous le nom de *Recueil de Loménie*.

L'amour des livres fut longtemps héréditaire dans la famille de Thou. En 1649, quand le Parlement, décidé à ne plus garder aucune mesure contre Mazarin, ordonna la vente de ses biens et de sa riche bibliothèque, du sein même de la cour de justice irritée, une voix s'éleva pour défendre cette précieuse collection; de Thou rappela qu'elle « estoit « desja destinée au public, que par conséquent il « estoit d'avis de la conserver... et que ce seroit « un dommage irréparable pour les lettres de la « dissiper ou diviser. » On sait que ces sages paroles ne parvinrent à calmer que momentanément la colère des Frondeurs, et que la magnifique collection de Mazarin finit par être vendue aux enchères.

En 1670, la bibliothèque de de Thou fut mise en vente par l'abbé de Thou, qui n'avait guère trouvé que des dettes dans la succession de son père; il avait fallu deux ans à Ismaël Bouillau et à Joseph Quesnel pour dresser le catalogue de ce précieux cabinet. Le président de Ménars en donna trente mille livres; et la célèbre *Bibliotheca Thuana*, qui renfermait alors mille manuscrits, tous rares, et plus de neuf mille volumes imprimés, quitta le vieil hôtel de Thou, et, sous le nom de *Bibliotheca Menarsiana* que lui donne Santeuil, fut installée chez M. de Ménars, dont l'hôtel touchait à celui de Colbert. Elle n'y retrouva pas l'affection et les soins que lui avaient si longtemps prodigués le vieux président de Thou et son ami P. Dupuy. Son nouveau propriétaire s'occupa peu de l'augmenter, et en 1706 il la vendit pour 36,300 livres au cardinal de Rohan Soubise, évêque de Strasbourg.

Celui-ci possédait déjà un commencement de bibliothèque; il habitait rue du Chaume l'admirable hôtel qui porte encore son nom, et la collection qu'il venait d'acquérir fut placée dans les appartements du rez-de-chaussée. Le cardinal en avait compris toute la valeur : il choisit pour bibliothécaire l'abbé d'Oliva, Italien d'une grande érudition, qui rendit à la bibliothèque de de Thou une partie de l'éclat dont elle avait joui sous son premier maître; elle devint de nouveau un centre intellectuel, où les savants de toutes les nations étaient sûrs de trouver toujours un affectueux accueil. L'abbé d'Oliva s'occupa surtout de compléter cette riche collection que la négligence de M. de Ménars avait rendue déjà un peu arriérée; il la mit au courant des ouvrages périodiques, et fit venir de l'étranger toutes les productions de quelque valeur et des manuscrits très-précieux. Trente-six années de soins augmentèrent à tel point cette bibliothèque, qu'elle finit par renfermer plus de quinze mille volumes imprimés, dont l'abbé d'Oliva dressa le catalogue en vingt-cinq volumes in-folio. La collection de l'hôtel Soubise, alors « la mieux choisie qu'on put voir, » passa, après la mort du cardinal, à son héritier, le maréchal prince de Soubise, que la déroute de Rosbach a rendu si tristement célèbre. Par une assez étrange coïncidence, ce maréchal choisit pour bibliothécaire C.-F. Dupuis, le savant auteur de l'*Origine des cultes*.

Après la faillite Guémenée, les descendants de

« vous a plu de me communiquer, et suis surpris que, dans les trente mille vo-
« lumes à quoi monte la bibliothèque de Sa Majesté, il en manque encore ce
« nombre.[1]... »

Enfin, l'année suivante, on acheta, moyennant 25,000 livres, la collection tout entière du médecin J. Mentel, savant bibliophile, « admirablement versé, dit « Michel de Marolles, dans la connoissance de tous les beaux livres, aussi bien « que dans les secrets les plus importants de sa profession[2]. » Sa bibliothèque avait eu pour premier fonds une partie de celle de J. Passerat, qui était mort au commencement du siècle; quelques années plus tard, il avait acquis encore une certaine quantité de livres provenant du cabinet du savant professeur J. Grangier, et en 1643 il se trouvait posséder « quatre à cinq mille volumes bien reliés et « bien conditionnés[3]. » Sa bibliothèque s'augmenta rapidement à partir de cette époque; car il recherchait avec une égale ardeur tout ce qui concernait la théologie, la jurisprudence, la philosophie, l'histoire et les belles-lettres; Naudé, son

la famille de Soubise mirent en vente cette splendide bibliothèque, qui comprenait au moins cinquante mille volumes. Les enchères durèrent plus de quatre mois, du 12 janvier au 22 mai 1789; faites sur un mauvais catalogue rédigé à la hâte par le libraire Guillaume Leclerc, elles produisirent seulement 260,000 livres.

On peut consulter sur l'histoire de cette admirable collection : Niceron, *Mémoires pour servir à l'histoire des hommes illustres de la république des lettres*, t. IX, p. 312, et t. V, p. 49; — Grosley, *Vie de Pierre Pithou*, t. II, p. 246; — Lomeir, *De bibliothecis liber*, p. 307; — Scév. de Sainte-Marthe, *Gallorum doctrina illustrium qui nostra memoria floruere elogia*, lib. III, p. 82, et lib. V, p. 161; — L. Jacob, *Traicté des plus belles bibliothèques*, p. 560; — Michel de Marolles, *Mémoires*, t. II, p. 219; — Sauval, *Histoire de Paris*, t. III, p. 52; — Piganiol de la Force, *Description historique de Paris*, t. IV, p. 339; — Vigneul-Marville, *Mélanges d'histoire et de littérature*, t. Ier, p. 26; — G. Naudé, *Advis pour dresser une bibliothèque*, p. 139; — Lemaire, *Paris ancien et nouveau*, t. III, p. 288; — Leprince, *Essai historique sur la bibliothèque du Roi*, p. 56 et 354; — *Illustrissimi viri J.-A. Thuani testamentum*, à la suite des *Commentariorum de vita sua libri sex*, p. 104; — *Dissertation historique touchant la bibliothèque de Pierre Pithou*, p. 71; — *Almanach royal*, année 1709, p. 219; — G. Brice, *Nouvelle description de Paris*, t. II, p. 92; — Lerouge, *Curiosités de Paris*, t. Ier, p. 292; — Thiéry, *Guide des amateurs et des étrangers voya-* geurs à Paris, t. Ier, p. 584; — *Journal contenant ce qui s'est fait et passé en la Cour de Parlement sur le sujet des affaires du temps présent*, p. 81; — J.-C. Némeitz, *Le séjour de Paris, ou instructions curieuses pour les personnes de condition*, etc. t. Ier, p. 276; — *Nouvelle biographie générale*, article *Oliva*; — Éd Fournier, *L'art de la reliure en France*, p. 115; — Struvius, *Introductio ad notitiam rei litterariæ*, p. 93; — P. Lacroix, *Curiosités de l'histoire des arts*, p. 179; — *Journal de d'Ormesson*, t. Ier, p. 173. — *Journal des Savants*, année 1679, p. 229; — Santeuil, *Opera omnia*, 1re partie, p. 156; — D. Huet, *Commentarius de rebus ad eum pertinentibus*, lib. VI, p. 390; — *Bulletin du Bouquiniste*, n° du 15 octobre 1863; — *Mémoires sur quelques bibliothèques de Paris, rassemblés par le P. Léonard de Sainte-Catherine*, Bibliothèque impériale, manuscrits, fonds français, n° 22592 (ancien fonds des Petits-Pères, n° 17); — G. Brunet, *Dictionnaire de bibliologie catholique*, p. 538; — P. Paris, *Les manuscrits françois de la bibliothèque du Roi*, t. IV, p. 189 et suiv. 431 et suiv. — A.-P. Faugère, *Journal d'un voyage à Paris en 1657 et 1658*, p. 86 et 493.

[1] Leprince, *Essai historique sur la bibliothèque du Roi*, p. 56. — Jourdain, *Mémoire historique sur la bibliothèque du Roy*, p. xxxii.

[2] Michel de Marolles, *Mémoires*, t. II, p. 217. — Voyez aussi sa *Description succincte et néantmoins assez ample de Paris*, p. 41 et 44.

[3] L. Jacob, *Traicté des plus belles bibliothèques*, p. 534.

ami intime, lui légua plusieurs ouvrages [1]. Quand Mentel mourut, sa bibliothèque renfermait dix mille volumes [2] et plus de cent manuscrits excellents.

Depuis longtemps la bibliothèque du Roi recevait chaque année, par les soins des ambassadeurs d'Angleterre, de Hollande, d'Allemagne et d'Italie, presque tout ce qui s'imprimait dans ces contrées. En 1670, M. de Verjus, membre de l'Académie française et ambassadeur en Portugal, avait envoyé deux cent cinquante volumes, tous relatifs à l'histoire de la Péninsule, de l'Asie, de l'Afrique et de l'Amérique [3]. Le président Doat a l'ordre de parcourir le midi de la France et de faire copier dans les archives des différentes villes, dans les maisons religieuses, les archevêchés, etc. toutes les pièces relatives soit à la politique, soit à l'histoire. «Nous vous commettons, disaient les lettres patentes, ordonnons et dépu-
« tons, pour vous transporter dans tous les trésors de nos chartes, et dans toutes
« les archives des villes et lieux, archevêchés, évêchés, abbayes, prieurés, com-
« manderies et autres communautés ecclésiastiques et séculières.... et dans les
« archives des archevêques, évêques, abbés, prieurs, commandeurs qui en pour-
« roient avoir de séparées de celles de leurs chapitres, vous faire représenter et
« délivrer tous les titres que vous jugerez nécessaires pour la conservation des
« droits de notre couronne et pour servir à l'histoire, pour en faire des copies,
« que vous ferez collationner en votre présence par votre greffier, dont vous
« signerez les actes..... Voulons qu'à cet effet les gardes des trésors de nos
« chartes et des archives de nos provinces de Guyenne, de Languedoc et pays de
« Foix, et tous autres qui seront chargés desdits titres et qui les auront en leur
« pouvoir, soient tenus de vous les représenter, et vous délivrer ceux que vous
« aurez choisis; pour être les copies ainsi par vous extraites, envoyées au garde de
« notre bibliothèque royale [4]. » Doat part, et, dès 1667, il envoie à Colbert qua-
rante-trois ballots de copies émanant du Béarn et du Languedoc, et représentant plus de trois cents volumes. Alland, président à l'élection de Grenoble, reçoit une mission analogue pour le Dauphiné, tandis que Godefroy, garde des archives de Flandres, est chargé d'opérer dans le nord [5]. Le dominicain Jean-Michel Wansleben rapporte d'Orient six cent soixante manuscrits hébraïques, syriaques, coptes, arabes, grecs, turcs et persans [6]. Petis de la Croix et Antoine Galland vont recueillir des manuscrits à Constantinople, et y traduisent les Confessions

---

[1] Leprince, *Essai historique sur la bibliothèque du Roi*, p. 57.

[2] Chomel, *Essai historique sur la médecine en France*, p. 70 et 71. — Il en existe un catalogue à la Bibliothèque impériale, manuscrits, fonds latin, n° 9370.

[3] Jourdain, *Mémoire historique sur la bibliothèque du Roy*, p. xxxiv.

[4] Leprince, *Essai historique*, p. 205.

[5] Jourdain, *Mémoire historique sur la bibliothèque du Roy*, p. xxxv. — Leprince, *Essai historique*, p. 58 et 206.

[6] Le Journal de son voyage a été imprimé à Paris en 1677, et on le traduisit presque aussitôt en anglais. Il existe manuscrit à la bibliothèque de Gotha et à la Bibliothèque impériale de Paris, fonds des manuscrits italiens, n° 435.

de foi des Églises grecques. Le voyageur anglais Bruce offre au roi une magnifique copie du livre d'Énoch, qu'il a trouvé en Abyssinie. Cassini lui donne huit cents volumes de mathématiques. Le couvent des Carmes de la place Maubert possédait une belle bibliothèque [1]; on négocie avec les religieux, et, moyennant une rente perpétuelle de six minots de sel, ils livrent au roi dix-huit incunables et soixante-sept manuscrits latins [2]. Un peu plus tard, Colbert entreprend de s'emparer de tous les manuscrits de l'abbaye de Moissac; il y envoie l'abbé de Foulhiac, qui travaille le chapitre et obtient son autorisation; celle de l'abbé commendataire de Moissac, M. d'Estrades, alors ambassadeur à Venise, fut accordée plus facilement encore, et, au mois de juin 1678, la collection, composée de cinq cents manuscrits, entrait à la bibliothèque. En 1680, un trésorier de France à Montpellier, nommé Boudon, envoie à Colbert douze tonnes remplies des manuscrits du collége de Foix; et, l'année suivante, il s'empare de la collection appartenant aux chanoines du Puy [3]. En même temps, M. de Rignac, conseiller à la cour des aides de Montpellier, donne au roi cent quatre manuscrits.

Nicolas Colbert, qui, passé de l'évêché de Luçon à celui d'Auxerre, avait toujours conservé le titre de garde de la bibliothèque, mourut en 1676; il fut remplacé par Louis Colbert, fils du ministre. Enfin la bibliothèque du Roi fit, en 1683, deux pertes irréparables : le grand Colbert mourut, et Carcavi se retira. Le marquis de Louvois, surintendant des bâtiments, prit la direction de la bibliothèque, mais il la conserva un an à peine. Il se fit céder la charge de maître de la librairie par Bignon, celle de garde par Louis Colbert, et les réunit toutes deux sur la tête de son fils Camille Le Tellier, alors âgé de neuf ans seulement. Carcavi avait été remplacé par l'abbé Gallois, qui céda presque aussitôt ses fonctions à l'abbé de Varès [4]; celui-ci mourut l'année suivante et eut pour successeur Melchisédech Thévenot, qui administra l'établissement pendant la minorité du jeune surintendant.

Nous avons oublié de mentionner un fait qui eut lieu en 1681, «année, dit «naïvement Leprince, qui sera à jamais remarquable par la visite dont Louis XIV «daigna honorer sa bibliothèque. Sa Majesté y vint, accompagnée de Monseigneur, «de Monsieur, de M. le Prince et des plus grands seigneurs de la Cour. Après «que Colbert eut montré tout ce qui y étoit le plus capable d'attirer l'attention, «le Roi fit aussi l'honneur à l'Académie des sciences d'assister à une de ses assem- «blées qu'elle tenoit encore dans la bibliothèque [5]. »

---

[1] Voyez ci-dessus notre notice sur cette bibliothèque.

[2] Piganiol de la Force, *Description historique de Paris*, t. V, p. 163.

[3] Jourdain, *Mémoire historique sur la bibliothèque du Roy*, p. xxxvii.

[4] «L'abbé de Varcz a été mis à la place de «M. Gallois, pour avoir soin de la bibliothèque du «Roi; cela lui donnera un logement et mille écus de «rente.» (*Journal de Dangeau*, 15 avril 1684.)

[5] Leprince, *Essai historique sur la bibliothèque du Roi*, p. 62.

Colbert, dont le vaste génie embrassait à la fois tous les détails de la tâche immense qu'il s'était imposée, avait accordé à la question des reliures une attention sérieuse, et une immense quantité d'ouvrages reçurent, sous son administration, de magnifiques couvertures de maroquin rouge. Des L entrelacées et couronnées sont frappées sur le dos entre chaque nerf,

mais, sauf le soleil qui figure parfois à l'angle de l'encadrement intérieur de chaque plat,

on n'y trouve plus d'ailleurs aucun emblème.

BIBLIOTHÈQUE DU ROI. 183

Les seuls ornements sont les armes de France. Le *fac-simile* que nous donnons ici

est pris sur un des grands volumes d'estampes qui furent reliés avec les ballots de maroquin rapportés du Levant pour la bibliothèque. A partir de cette époque, on ne trouve guère sur les reliures que les armes de France, accompagnées d'un entourage plus ou moins élégant. Quelques modifications successivement apportées dans la forme des fleurs de lis permettent seules de distinguer les unes des autres les reliures exécutées sous Louis XIV, sous le Régent, sous Louis XV et sous Louis XVI. Une assez grande quantité de volumes reliés pendant la régence d'Anne d'Autriche portent les armes de cette princesse au milieu des plats,

qui sont en outre souvent couverts soit d'un semis de fleurs de lis, soit d'A entrelacés :

Antoine Ruette fut relieur de la bibliothèque depuis la fin du règne de Louis XIII. Dans un registre des dépenses de Louis XIV, qui est conservé aux Archives de l'Empire, on lit, à la date du 3 juillet 1650, que le roi, « voulant gratifier et « favorablement traiter Antoine Ruette, son relieur de livres ordinaire, en consi- « dération des bons services qu'il lui a rendus et au feu roy son père, lui accorde « son logement sa vie durant dans le Collége royal. » Ruette eut pour successeurs Bernache et Nyon, qui, comme la plupart des relieurs de cette époque, étaient établis aux environs de l'église Saint-Hilaire[1]. Les relieurs du roi furent ensuite Dubois, Padeloup, qui demeurait place de la Sorbonne, et Louis Douceur. En-

---

[1] Pradelles, *Les adresses de la ville de Paris* (1691), p. 90.

fin, suivant Leprince, à la fin du xviiie siècle, le « relieur des livres de la biblio-
« thèque » était « M. Durand, relieur du clergé de France, rue du Mont-Saint-
« Hilaire, vis-à-vis le Puits-Certain [1]. »

On se décida, vers la fin du règne de Louis XIV, à modifier l'estampille que l'on apposait sur le premier feuillet de chaque volume. Le nouveau modèle, beaucoup plus petit que le premier, et comme lui toujours imprimé en rouge,

est également loin d'être irréprochable au point de vue artistique. Il fut, dans la suite, remplacé par un timbre aussi laid, mais plus simple,

Les doubles, dont la bibliothèque jugeait à propos de se défaire, recevaient, avant de quitter l'établissement, une autre estampille

qui garantissait les droits de l'acheteur.

La bibliothèque continua, sous Louvois, à s'enrichir de nombreux achats faits au dehors. Pendant que Mabillon adressait d'Italie plus de trois mille volumes au roi [2], M. d'Avaux en envoyait de Hollande, M. d'Obeil d'Angleterre, M. Piquetière de Suède, Galland de Turquie, et Besnier faisait parvenir de Constantinople deux cents manuscrits provenant de la « bibliothèque du Grand Seigneur [3]. » Un arrêt du 31 janvier 1689 confirmait celui de François Ier, et forçait les libraires à exécuter les prescriptions relatives au dépôt légal. On s'occupait en même temps d'un catalogue dont nous parlerons plus loin, et une note écrite de la main même de l'un des employés nous apprend que la bibliothèque possédait alors (1688) quarante-trois mille volumes imprimés.

Le Tellier, archevêque de Reims, oncle du jeune Louvois, avait provisoirement

---

[1] Leprince, *Essai historique*, avertiss. p. xxj.

[2] D. Tassin, *Histoire littéraire de la Congrégation de Saint-Maur*, p. 210.

[3] Jourdain, *Mémoire historique sur la bibliothèque du Roy*, p. xl.

la direction supérieure de la bibliothèque; mais, depuis Colbert, le surintendant des bâtiments du roi y prétendait certains droits. Un arrêt du conseil les annula. Le 21 août 1691, il fut décidé que l'abbé de Louvois aurait le titre de « maître « de la librairie, intendant et garde du cabinet des livres, manuscrits, médailles « et raretés antiques et modernes, et garde de la bibliothèque de Sa Majesté, « sous l'autorité de Sa Majesté seulement, nonobstant qu'il soit porté par ses pro- « visions d'avril 1684 qu'il devoit l'exercer sous l'autorité et direction du sur- « intendant des bâtimens, dont Sa Majesté le décharge et dispense, lui et ses « successeurs en ladite charge..... Et seront les dépenses qu'il conviendra faire « pour la bibliothèque, le cabinet des manuscrits, médailles, raretés et autres, « concernant les fonctions et exercice de ladite charge, ordonnées par Sa Majesté, « et les estats et ordonnances signées d'elle, et contresignées par le secrétaire « d'Estat et des commandemens, ayant le département de sa maison [1]. »

On bâtissait alors la place Vendôme, et Louvois avait résolu d'y transférer la bibliothèque du Roi. Tout un côté de la place était réservé dans ce but, et des plans avaient même été dressés et approuvés [2], puisque, le 12 mars 1691, Michel Germain écrivait à son ami Magliabechi : « Rien n'égalera la magnificence de cet « édifice; on y entrera par huit degrés. Vous prendrez sans doute part à cet auguste « logement des Muses qui font vos uniques délices [3]. » La mort de Louvois fit abandonner ce projet [4]. Les acquisitions continuaient d'ailleurs, et l'établissement commençait à se trouver fort à l'étroit rue Vivienne; on lit, dans la lettre que nous venons de citer, que les volumes « étoient arrangés sur de simples tablettes « dans vingt ou vingt-cinq chambres. »

Le jeune abbé de Louvois, en entrant en fonctions, prit l'initiative d'un projet qui malheureusement échoua; il voulut rendre publique la bibliothèque du Roi. Nous avons vu qu'aucun essai n'avait été fait dans cette voie depuis Amyot, qui consentit à prêter des manuscrits à quelques savants privilégiés. En 1691, *Les adresses de la ville de Paris* publiaient encore des notes comme celle-ci : « Les « curieux, par faveur, peuvent avoir quelque entrée dans la bibliothèque du « Roy, rue Vivienne [5]. » Louvois, l'année suivante, résolut d'ouvrir deux fois par semaine cette bibliothèque « à tous ceux qui voudroient y venir estudier [6], » et, pour fêter le jour de l'inauguration, il « régala plusieurs sçavans d'un magnifique « repas. [7] » Diverses causes firent presque aussitôt interdire l'entrée de l'établissement, qui ne devint définitivement public qu'en 1735.

---

[1] Leprince, *Essai historique sur la bibliothèque du Roi*, p. 67.

[2] Voyez Thiéry, *Guide des amateurs et des étrangers voyageurs à Paris*, t. I, p. 197.

[3] *Correspondance inédite de Mabillon et de Montfaucon*, t. II, p. 317.

[4] Une partie des plans qui avaient été dressés se trouvent au cabinet des estampes de la Bibliothèque impériale, *Topographie de Paris*, quartier de la place Vendôme, I, 4.

[5] *Les adresses de la ville de Paris*, MDCXCI, p. 11.

[6] *Mercure galant*, novembre 1692, p. 320.

[7] *Mercure galant*, novembre 1692, p. 320.

L'abbé de Louvois fut un bon administrateur, tout dévoué au soin de la collection qui lui avait été confiée; mais Colbert n'était plus, et la bibliothèque du Roi ne retrouva jamais les jours brillants que sa prodigieuse activité savait lui préparer. Les donations et les achats devinrent moins multipliés et moins importants. Ils ne cessèrent cependant point. En 1697, l'empereur de la Chine envoya au roi, par l'intermédiaire des missionnaires jésuites, quarante-neuf volumes en langue chinoise; la bibliothèque n'en possédait encore que quatre, qui provenaient des livres de Mazarin[1]. En 1699, on acheta, pour 95 livres, treize manuscrits sortis de la belle bibliothèque de J. Brodeau[2]. En 1700, un médecin arabe, nommé Nosrallah Gildé, offrit au roi un manuscrit du *Pentateuque*, en langue hébraïque, et trois manuscrits arabes renfermant une histoire des Druses. Maurice Le Tellier, archevêque de Reims, donna cinq cents manuscrits précieux[3]. Au mois de septembre de la même année, on acheta trente-cinq manuscrits relatifs à la Lorraine. Le mois suivant, le P. Fontenay rapporta de la Chine douze gros volumes chinois

[1] Jourdain, *Mémoire historique sur la bibliothèque du Roy*, p. XLIII.
[2] Voyez L. Jacob, *Traicté des plus belles bibliothèques*, p. 502.
[3] Ils se divisaient ainsi: 306 manuscrits latins, 111 grecs, 53 français, 14 orientaux, 16 italiens. Ils provenaient presque tous du surintendant Fouquet, et avaient appartenu avant lui à Charles de Montchal, archevêque de Toulouse, dont ils portaient la marque sur les plats :

et tartares. Le célèbre P. Faure avait réuni une nombreuse bibliothèque; il la légua à Le Tellier, qui céda les manuscrits au roi[1]. L'abbé de Louvois parcourait alors l'Italie et y recueillait de curieux ouvrages pour la bibliothèque. En 1703, M. de Sparwenfeld, maître des cérémonies de la cour de Suède, envoya le premier manuscrit en langue russe qu'ait possédé la bibliothèque. En même temps, D. de la Parre, procureur général de la congrégation de Saint-Maur, acquit à Rome le précieux manuscrit qui contenait les textes de Pétrone et de Catulle, et plusieurs morceaux encore inédits de Tibulle, de Properce et de Claudien[2]. Enfin, en 1706, on acheta quatre cent cinquante manuscrits provenant de l'admirable bibliothèque de la famille Bigot[3].

[1] Ils étaient au nombre de 276, et furent payés 1,500 livres. On peut consulter sur la bibliothèque du P. Faure : Lemaire, *Paris ancien et nouveau*, t. I, p. 206; — *Journal des Sçavans*, année 1693, p. 434; — Legallois, *Traitté des plus belles bibliothèques*, p. 129; — *Bibliotheca Telleriana*, avertissement; — *Catalogus manuscriptorum Antonii Faure*, Bibliothèque impériale, manuscrits, fonds latin, n° 17174.

[2] Leprince, *Essai historique sur la bibliothèque du Roi*, p. 72.

[3] Cette bibliothèque fut commencée par Jean Bigot, doyen de la cour des aides de Normandie. Son fils Louis Émeric la compléta et en fit une des meilleures de Paris; il entreprit dans ce but de nombreux voyages en Italie, en Angleterre, en Hollande et aux foires de Francfort. A sa mort, elle comprenait vingt-deux mille volumes environ, et était estimée 40,000 livres. Plusieurs ouvrages provenaient des précieuses collections de Groslier et de de Mesmes.

La signature d'Em. Bigot se trouve sur le titre de plusieurs volumes,

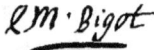

et presque tous portent son *ex libris*, avec ses armes:

Souvent le nom manque au bas de l'écusson, qui est quelquefois soutenu par deux lévriers. Jean Bigot avait employé un autre *ex libris*, semblable, sauf dans quelques détails, à celui que nous reproduisons, mais qui est gravé avec beaucoup moins de soin.

Par son testament, daté de 1682, Em. Bigot recommanda à sa famille de conserver religieusement cette collection, et ordonna même qu'un fonds spécial, pris sur le produit de la vente de ses meubles, fût affecté à son entretien. Ses espérances furent trompées. Ses héritiers conservèrent la bibliothèque quelques années, puis se décidèrent à la vendre; le catalogue, rédigé par Prosper Marchand, fut publié en 1705.

On peut consulter sur l'histoire de cette bibliothèque : Niceron, *Mémoires pour servir à l'histoire des hommes illustres de la république des lettres*, t. VIII, p. 86; — *Ménagiana*, t. I, p. 240 et 292; t. II, p. 311; t. III, p. 63; — Vigneul-Marville, *Mélanges d'histoire et de littérature*, t. I, p. 211; — *Dictionnaire de Bayle*, article *Bigot*; — Leprince, *Essai historique sur la bibliothèque du Roi*, p. 74; — *Journal des Savants*, année 1706, p. 400; —

Nicolas Clément, d'abord employé comme copiste par Carcavi chez Colbert, était entré à la bibliothèque avec le titre de commis adjoint en 1670; son zèle le fit passer sous-bibliothécaire en 1691, après la mort de Melchisédech Thévenot. Clément, plein d'activité et d'ardeur, s'était dévoué à la rédaction du catalogue des livres imprimés de cette immense collection. Commencé vers 1675, il fut achevé en 1684 : l'ordre alphabétique comprend six volumes in-folio; l'ordre méthodique en remplit quatre; ces dix volumes existent encore à la Bibliothèque impériale.

Mécontent de son travail, Clément entreprit presque aussitôt de le refaire, et, quatre ans après, il avait achevé les catalogues dits de 1688, qui furent mis au net par le laborieux écrivain Buvat. L'ordre alphabétique comprenait vingt et un volumes in-folio. Sans cesse interfoliés pour être tenus au courant des acquisitions nouvelles, ces vingt et un volumes en forment aujourd'hui quarante-cinq, qui constituent le catalogue usuel de la Bibliothèque, et sont déposés dans la grande salle de travail. On lit sur le premier feuillet :

Notitia
Vniversalis Alphabetica
Authorum omnium,
Quorum Libri vel Tractatus
Typis impressi,
In Bibliothecâ Regiâ extant ;
In quâ, quantùm fieri potuit,
Singulorum Nomen, Cognomen,
Patria, Ætas, Dignitates,
Instituta præmittuntur;
Varia interdùm de iis
Eruditorum Judicia exhibentur
Lucubrationum Tituli
Recensentur.

Buvat a écrit à la fin du dernier volume : « Hæc notitia authorum alphabetica « describi finita est 21 tomis, sicut et catalogus ordine materiarum dispositus et « 14 tomis digestus, Joannis Buvat Catalaunensis manu, die 29 martii, an. 1714. » Le catalogue méthodique en quatorze volumes dont parle ici Buvat avait été achevé par lui dès 1701, comme l'indique cette note qui termine le dernier volume : « Joan. Buvat Cathalaunensis hoc volumen 14um, ut et alia tredecim catalogi « Bibliothecæ Regiæ, scripsit et finivit anno 1701. »

On s'occupait en même temps, et depuis 1682, de rédiger un nouveau cata-

P. Paris, *Les manuscrits françois de la bibliothèque du Roi*, t. I, p. 95; — G. Brunet, *Dictionnaire de bibliologie*, p. 105; — L. Jacob, *Traicté des plus belles bibliothèques*, p. 680.

logue des manuscrits; il forma huit volumes in-folio et fut complété vers 1690. Le juif Louis de Compiègne et l'abbé Renaudot s'étaient chargés d'inventorier les manuscrits hébreux; les manuscrits turcs et persans l'avaient été par Dipy et Petis de la Croix, les manuscrits arabes par d'Herbelot, les manuscrits grecs par Ducange et Cotelier, et les manuscrits latins par les PP. Mabillon et Placide.

Clément passait à juste titre pour un des meilleurs employés de l'établissement, quand son imprudence devint la cause d'un vol qui eut alors un grand retentissement. Un prêtre du Dauphiné, nommé Jean Aymont, avait abjuré le catholicisme pour se marier, et s'était retiré à la Haye. Il parvint, en 1706, à surprendre la confiance de Clément, et eut, par son entremise, un passe-port pour se rendre en France. Là, il fut présenté au cardinal de Noailles, qui entreprit de le convertir et le fit admettre au séminaire des Missions étrangères. Aymont avait déjà publié quelques ouvrages, et s'occupait de recherches historiques; il obtint, sur les instances de l'archevêque de Paris, la faveur de travailler à la bibliothèque du Roi, où Clément le laissa souvent seul. Après un an de séjour, Aymont retourna subitement en Hollande, et ses propres indiscrétions fournirent bientôt la preuve qu'il avait dérobé une douzaine de manuscrits très-précieux, et qu'en outre il avait arraché et détaché à coups de canif des feuillets et des miniatures dans plusieurs volumes, entre autres dans la magnifique bible de Charles le Chauve. Des poursuites furent commencées, mais elles demeurèrent à peu près sans résultat [1].

Clément ne se consola jamais de cet événement, et pour réparer, autant que possible, le tort qu'il avait causé à la bibliothèque, il lui légua un riche recueil de portraits gravés, qui renfermait plus de dix-huit mille pièces [2].

On gardait à la douane, depuis quinze ans, une caisse que personne ne réclamait; le contrôleur général la fit ouvrir, et on y trouva cent quatorze volumes tartares, qui furent déposés à la bibliothèque. Cet établissement s'enrichit encore, en 1709, des livres appartenant à Haudicquer de Blancourt, gendre de François Duchesne; accusé d'avoir contrefait d'anciens titres de noblesse, il fut condamné à une prison perpétuelle, tous ses biens furent saisis, et un arrêt du 10 juillet 1708 attribua ses manuscrits à la bibliothèque du Roi. L'année suivante, le comte de Pontchartrain y envoya vingt-trois manuscrits grecs, arabes, turcs et persans, qui avaient été rapportés d'Orient par P. Lucas; et M. de Valincourt offrit au roi trois cents cartes manuscrites présentant une topographie complète de l'Irlande. Enfin on acheta, en 1712, huit cent cinquante volumes qu'avait réunis Charles Bulteau, doyen des secrétaires du roi [3]; deux cent quatre-

---

[1] Leprince, *Essai historique sur la bibliothèque du Roi*, p. 78. — Sur toute cette affaire, voyez B. Hauréau, *Singularités historiques et littéraires*, p. 286 et suiv.

[2] B. de Montfaucon, *Éloge de Clément*, en tête des *Hexaples* d'Origène. — G. Duplessis, *Le cabinet des estampes à la Bibliothèque impériale*, p. 7.

[3] Sur l'origine de la bibliothèque de Charles

vingt-dix manuscrits provenant de la collection de Melchisédech Thévenot[1], qui, en 1684, avait remplacé comme garde l'abbé de Varès, et vingt-neuf planches de la description de l'hôtel des Invalides par Boulancourt. Presque en même temps, Caille du Fourny, auditeur de la Chambre des comptes, laissait au roi six portefeuilles remplis de pièces relatives aux duchés de Lorraine et de Bar [2], et Antoine Galland lui léguait cent manuscrits orientaux [3]. La bibliothèque renfermait alors (1714) au moins soixante et dix mille volumes [4].

M. de Gaignières avait donné au roi, dès 1711, sa magnifique collection, qui comprenait des imprimés, des manuscrits, des tableaux, des cartes et des estampes; ces richesses, déposées d'abord chez M. de Clerambault, qui avait été chargé d'en dresser inventaire, entrèrent à la bibliothèque pendant la première année du règne de Louis XV.

Mais plus l'établissement s'augmentait, plus l'insuffisance du local se faisait sentir. Le surintendant obtint du régent l'autorisation de le transporter dans la grande galerie du Louvre; les plans et devis furent arrêtés, et l'on commençait à poser les tablettes, quand l'arrivée de l'infante d'Espagne, qui devait habiter ce palais, vint arrêter les travaux [5]. Louvois mourut sur ces entrefaites (5 novembre 1718), et l'abbé J.-P. Bignon lui succéda [6]. Son premier soin fut de classer à la bibliothèque trois cents volumes environ légués par son prédécesseur; lui-même se défit aussitôt des collections qu'il avait rassemblées, et donna au roi ses manuscrits orientaux. Il eut aussi l'idée de dresser un nouvel inventaire de tout ce que renfermait la bibliothèque; mais ce travail, commencé en octobre 1721, ne fut point achevé. C'est enfin à Bignon que l'on doit la division de l'établissement en quatre départements : celui des manuscrits, celui des imprimés, celui des titres et généalogies, et celui des estampes. Les médailles étaient encore à Versailles. En conséquence de cette nouvelle organisation, Jean Boivin fut nommé garde des manuscrits, l'abbé de Targny eut les imprimés, Guiblet les titres, et Delahaye les estampes.

Bulteau et de son frère Louis, voir la préface du catalogue de la Bibliotheca Bultelliana, qui fut publié en 1712, et le Journal des Savants, année 1712, p. 64.

[1] Sur cette collection, voyez : Ménagiana, t. II, p. 175; — Michel de Marolles, Paris ou description succincte de cette grande ville, p. 50; — Journal des Savants, année 1694, p. 68.

[2] Leprince, Essai historique sur la bibliothèque du Roi, p. 193.

[3] Niceron, Mémoires pour servir à l'histoire des hommes illustres, t. VI, p. 189.

[4] Jourdain, Mémoire historique sur la bibliothèque du Roy, p. LIII.

[5] Leprince, Essai historique sur la bibliothèque du Roi, p. 85.

[6] La famille Bignon régna à la bibliothèque du Roi pendant plus d'un siècle et demi; c'est à elle que Villiers faisait allusion, en 1795, dans un rapport à l'Assemblée nationale, quand il disait que la bibliothèque avait été «réservée à quelques «familles privilégiées dont elle semblait être l'héri- «tage.» Jérôme Bignon, le chef de cette dynastie de bibliophiles, possédait une magnifique bibliothèque, qui «renfermait les meilleurs livres en toutes «sciences.» Quand il mourut, en 1656, il la laissa à Jérôme son fils, qui lui-même la transmit à son fils Jean-Paul. Cette bibliothèque était alors devenue

On acquit encore à cette époque six cents manuscrits provenant de la bibliothèque de Philibert de la Mare, conseiller au parlement de Bourgogne[1], et huit

«l'une des plus nombreuses et des plus accomplies «qu'on puisse avoir.» Composée d'environ soixante mille volumes, elle remplissait toute la partie supérieure de la maison qu'occupait Bignon, rue des Bernardins, et était sous la garde de l'abbé Bornemann.

Une marque fort simple figurait seule sur les plats :

et sur le dos des volumes :

Par une exception assez rare, même à cette époque, Bignon «ne refusait pas l'entrée de sa bibliothèque «aux curieux, et recevait très-bien les étrangers.» On retrouvait en lui le zèle éclairé et la sévère probité qui avait été une des gloires de son grand-père; aussitôt qu'il fut nommé à la bibliothèque du Roi, il songea à se défaire de la sienne, afin de pouvoir se consacrer tout entier à celle dont les intérêts venaient de lui être confiés. Il mit de côté ses livres chinois, tartares et indous, les donna à la bibliothèque du Roi, et vendit tout le reste.

Sur la bibliothèque de la famille Bignon, voyez : Pérau. *Vie de J. Bignon*, Paris. 1757, in-12 ; — J. C. Némeitz, *Le séjour de Paris, etc.* t. 1, p. 274 ; — *Almanach royal*, année 1709, p. 219 ; — L. Jacob, *Traicté des plus belles bibliothèques*, p. 500 ; — *Le Voyageur fidèle, etc.* p. 319 ; — *Mémoires de l'Académie des inscriptions*, t. XVI, p. 376, et t. XL, p. 187 ; — Taisand, *Vies des Jurisconsultes*. p. 71 ; — Maichelius, *Introductio ad historiam literariam de præcipuis bibliothecis*, p. 49 et 50.

[1] Il mourut en 1715. Sa collection fut vendu

cents manuscrits qui avaient appartenu au savant Étienne Baluze. Celui-ci, original jusqu'à la fin, avait institué pour légataire universelle une femme étrangère, quoiqu'il chérît ses livres et qu'il eût, de sa belle écriture, mis son nom presque sur chacun d'eux,

Stephanus Baluzius Tutelensis.

Au lieu d'imiter les bibliophiles de son temps, qui, désireux de voir leur collection leur survivre, exprimaient le vœu qu'elle ne fût pas dissipée après eux, Baluze fit une clause spéciale pour ordonner le contraire : « Je défends et prohibe « expressément, dit-il, la vente de ma bibliothèque en gros, voulant qu'elle soit « vendue au plus offrant et dernier enchérisseur, afin que les curieux en puissent « avoir leur part, y ayant une très-grande quantité de livres rares, difficiles à « trouver, et que les gens de lettres seront bien aises d'avoir l'occasion d'acquérir. » Sa volonté, à cet égard, ne fut point respectée. Les livres imprimés furent, il est vrai, vendus aux enchères, mais Bignon obtint du duc d'Orléans l'autorisation d'acheter les manuscrits pour la bibliothèque du Roi. B. de Montfaucon et le P. Lelong en firent l'estimation, et ils furent payés 30,000 livres [1].

7,000 livres aux libraires Ganeau et Moette. La bibliothèque du Roi leur paya 2,500 livres les manuscrits; encore Ganeau se réserva-t-il ceux qui renfermaient des notes autographes de Saumaise.

[1] Étienne Baluze fut peut-être le plus gai et le plus original de tous les érudits du XVIIe siècle. Savant de premier ordre, mais en même temps ami généreux et joyeux convive, il fit longtemps de sa maison le rendez-vous de tous les hommes distingués de son époque, et c'est surtout à lui que l'on doit l'introduction en France de ces soupers littéraires dont l'usage se prolongea avec tant d'éclat jusqu'à la fin du XVIIIe siècle. Successivement secrétaire de trois archevêques, il remplaça, en 1662, Carcavi, comme bibliothécaire de Colbert, et son zèle éclairé contribua pour une large part à la formation de l'admirable bibliothèque de ce ministre.

Après la mort de Colbert, cette collection passa à son fils, le marquis de Seignelay. Mais Baluze, ne trouvant pas auprès de celui-ci « les mêmes « agrémens, » renonça à cette position et se retira, en 1700, dans une jolie maison dépendante du collége des Écossais. Il y installa avec un certain luxe la belle bibliothèque qu'il s'était formée et dont il dressa alors lui-même le catalogue. Elle renfermait quatorze mille volumes imprimés et près de mille manuscrits, auxquels il faut joindre environ cinq cents recueils de pièces originales, contenant un nombre considérable de bulles pontificales, de chartes, lettres, actes de différents rois et ministres; des titres relatifs aux abbayes, aux monastères, aux églises, aux conciles; des décrets, des ordonnances, des testaments, des délibérations politiques, etc. et enfin toutes les œuvres manuscrites de M. de Marca.

Accusé, en 1709, d'avoir voulu soutenir, dans son *Histoire de la maison d'Auvergne*, les prétentions du duc de Bouillon sur la principauté de Sedan, Baluze fut exilé. Ses livres, pendant son absence, restèrent en dépôt à l'abbaye de Sainte-Geneviève; on les lui rendit en 1713, après la paix d'Utrecht, quand il obtint son rappel. Il mourut en 1718, et le catalogue de sa collection fut publié l'année suivante.

On peut consulter sur l'histoire de cette bibliothèque : Taisand, *Vies des Jurisconsultes*, p. 195; — J. C. Némeitz, *Le séjour de Paris*, etc. t. I, p. 280; — G. Brice, *Nouvelle description de Paris*, t. III, p. 396; — Leprince, *Essai historique sur la bibliothèque du Roi*, p. 196; — *Journal des Savants*, année 1719, p. 257; — Niceron, *Mémoires pour servir à l'histoire des hommes illustres*, etc. t. I, p. 194; — *Lectori*, en tête du catalogue de la

Le local de la rue Vivienne devenait chaque jour plus insuffisant : « Fatendum
« est, disait à cette époque Maichelius, hunc locum non respondere præstantiæ
« atque amplitudini hujus bibliothecæ, neque hic adparere dignum patella oper-
« culum [1]. » On commençait en outre à craindre réellement pour la solidité de
l'édifice, car les planchers pliaient sous le poids immense des livres qu'ils suppor-
taient. Les considérants d'un arrêt rendu le 11 octobre 1720 portent que, « le
« sieur abbé Bignon ayant voulu faire mettre les lieux en état, la maison où ladite
« bibliothèque est actuellement, s'est trouvée si caduque et si surchargée, qu'il
« a fallu en étayer diligemment la plus grande partie [2]. » La chute de la fameuse
banque de Law venait précisément de laisser libre l'hôtel de Nevers, dans la rue
Richelieu; Bignon le demanda pour la bibliothèque du Roi, et le transport des
livres commença aussitôt [3].

Les nouveaux bâtiments, situés entre les rues Neuve-des-Petits-Champs, Vivienne, Colbert et Richelieu, avaient été en grande partie construits par Mazarin,
qui les avait habités pendant toute sa vie et y avait accumulé ses richesses artis-
tiques et sa magnifique bibliothèque [4]. Après sa mort, le palais fut divisé en deux
lots. Le premier, donnant sur la rue Vivienne, fut attribué au duc de la Meille-
raie, époux d'une nièce du cardinal; et porta jusqu'en 1719 le nom d'hôtel de
Mazarin. Le second lot, situé du côté de la rue Richelieu, échut au marquis de
Mancini, et devint l'hôtel de Nevers; la banque de Law y eut ses bureaux, et le
célèbre financier venait de quitter la France quand ce local fut accordé à la bibliothèque du Roi, qui comptait alors quatre-vingt mille volumes imprimés et seize
mille manuscrits [5]. La galerie, qui servait naguère de salle publique de lecture,
avait été élevée par Law et n'était point terminée; du moins les portes ni les
fenêtres n'étaient pas encore posées.

Au reste, il fallut tout le crédit de l'abbé Bignon, appuyé par le comte de
Maurepas, pour faire ratifier cette prise de possession, et c'est en 1724 seulement que l'on put obtenir les lettres patentes en vertu desquelles Louis XIV affec-
tait à perpétuité l'hôtel de Nevers à l'installation de la bibliothèque du Roi. On
eut presque aussitôt l'idée d'agrandir les bâtiments du côté de la rue Richelieu, en
construisant une galerie transversale pour relier les salles de l'est avec celles de
l'ouest; mais ce projet dut être ajourné par suite des réclamations de la marquise

---

Bibliotheca Baluziana; — Piganiol de la Force,
Description historique de Paris, t. III, p. 144; —
G. Brunet, *Dictionnaire de bibliologie*, p. 1061; —
Alf. de Bougy, *Histoire de la bibliothèque Sainte-Ge-
neviève*, p. 103.

[1] Maichelius, *Introductio ad historiam literariam
de præcipuis bibliothecis* (1721), p. 48.

[2] *Arrest du Conseil d'Estat du roy, concernant la
Bibliothèque de Sa Majesté*, p. 2.

[3] En septembre 1721.

[4] Voyez plus loin notre notice sur la bibliothèque du collége Mazarin.

[5] Maichelius, *Introductio ad historiam literariam
de præcipuis bibliothecis*, p. 17. — L'année suivante
(1722), le nombre des imprimés était le même,
mais la bibliothèque possédait deux mille manuscrits de plus; voyez G. Wallin, *Lutetia Parisiorum
erudita sui temporis*, etc. p. 116.

LES ANCIENNES BIBLIOTHÈQUES DE PARIS.

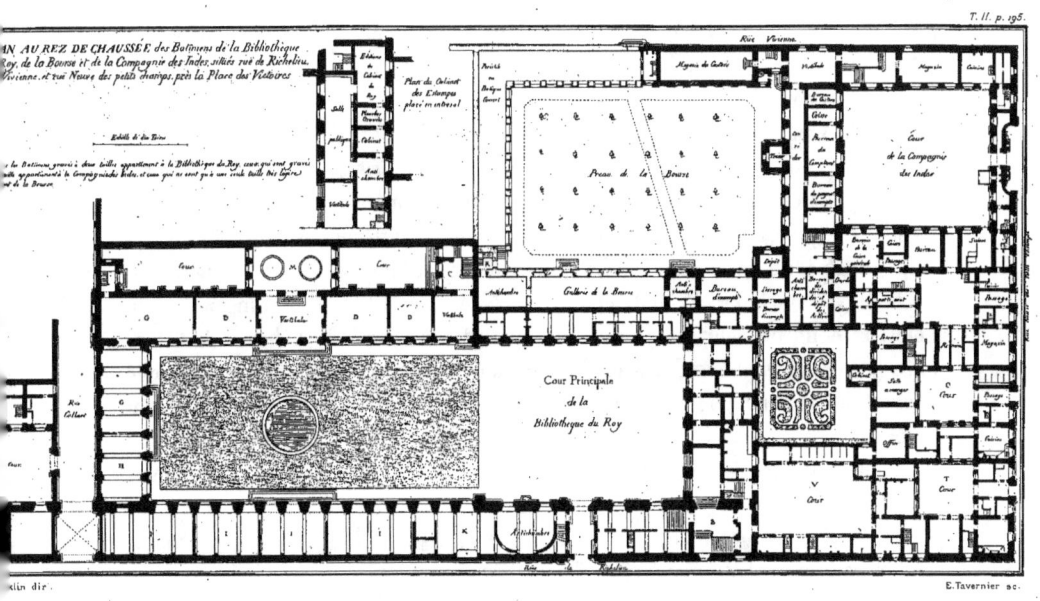

LES BÂTIMENTS DE LA BIBLIOTHÈQUE DU ROI.
1754.

de Lambert [1]. Au mois de mars 1698, le duc de Nevers lui avait cédé l'extrémité de la galerie qui s'avance vers la rue Colbert; elle y avait dépensé des sommes importantes, avait même fait élever à ses frais le corps de logis encore existant rue Colbert, n° 12. Ses droits furent reconnus, et l'on dut, pour agir, attendre la mort de la marquise, qui arriva en 1733 [2].

Les acquisitions, un instant suspendues, reprirent avec d'autant plus d'ardeur que le nouveau local offrait toute facilité pour le classement d'un nombre immense de volumes. On y apporta d'abord les deux vastes globes de Coronelli, offerts à Louis XIV par le maréchal d'Estrées [3], et qui étaient restés jusque-là à Marly [4]. On vit arriver ensuite tous les livres du cabinet du Louvre qui venait d'être réuni à la bibliothèque du Roi [5] (1722); la collection particulière de Dacier, laissée à Louis XV par testament; les cent vingt-neuf gravures des tableaux de Van der Meulen, retraçant le règne de Louis XIV (1724); un recueil de soixante mille pièces diverses imprimées et manuscrites, données par Morel de Thoisy, « trésorier payeur des gages de la cour des monnoyes [6]; » la bibliothèque musicale léguée au roi par Sébastien de Brossard; un nombre considérable de volumes expédiés de Madrid, de Lisbonne, d'Amsterdam, de Venise, de Londres, de la Haye, de Saint-Pétersbourg, ou achetés aux foires de Francfort et de Leipsick; enfin plusieurs ouvrages liturgiques donnés par le P. Lebrun, de l'Oratoire (1727). Les abbés Sevin et de Fourmont furent envoyés à Constantinople pour copier le catalogue de la bibliothèque du Sultan (1728); ils rapportèrent en outre plus de six cents manuscrits. Le directeur de la Compagnie des Indes fut invité à mettre à profit ses relations avec l'Orient pour procurer au roi des

---

[1] Anne-Thérèse de Marguenat de Courcelles, fille d'Étienne Marguenat, seigneur de Courcelles, mort maître des comptes en 1650.

[2] Archives de l'Empire, série Q, carton n° 1158. — Frédéric Lock, dans le *Bulletin du Bouquiniste*, année 1865, p. 381.

Nous reproduisons ci-contre, d'après l'*Architecture françoise*, de Blondel (t. III, p. 80), le plan des bâtiments qui composaient la bibliothèque du Roi en 1754. Les lettres de renvoi sont ainsi expliquées :

A, pieds-droits désignant le commencement d'un mur de séparation entre les deux parties de la cour.

B, escalier conduisant au premier.

C, escalier conduisant au premier.

D, salles renfermant les presses, les papiers d'impression, les doubles des épreuves, etc.

G, atelier occupé par M. Pierre, peintre du roi.

H, atelier occupé par M. Restout, peintre du roi.

I, bureaux, salles de rédaction des catalogues.

K, chapelle. On y dit la messe les dimanches et fêtes seulement.

M, salle des globes.

N, escalier conduisant au cabinet des médailles.

R, escalier.

T, cour autour de laquelle se trouve le logement de M. Bignon.

[3] Voyez le tome I, p. 114.

[4] Voyez Ph. de la Hire, *Description et explication des globes qui sont placés dans le pavillon du château de Marly*, Paris, 1704, in-8°. — La salle qu'ils occupent aujourd'hui à la Bibliothèque impériale fut construite pour eux en 1731.

[5] J.-F. Jugler, *Bibliotheca historiæ litterariæ selecta*, t. I, p. 217. — E.-J.-B. Rathery, *Notice historique sur l'ancien cabinet du Roi*, p. 10.

[6] Les pièces relatives à la jurisprudence forment 385 volumes, la théologie en remplit 172, l'histoire 86, et les belles-lettres 14. — Leprince, *Essai historique sur la bibliothèque du Roi*, p. 222.

25.

manuscrits persans et sanscrits. En 1729, deux cent soixante manuscrits, conservés jusque-là à Versailles, sont transportés rue Richelieu; on acquiert six cents manuscrits appartenant aux héritiers du président de Mesmes[1] (1731), et quatre-vingt mille estampes provenant de l'évêque du Puy, fils du marquis de Beringhen.

[1] De Mesmes eut pour bibliothécaire Florent Chrétien, puis Gabriel Naudé, qui lui dédia son *Advis pour dresser une bibliothèque*. La Croix du Maine, Fauchet, Passerat, Turnèbe et Lambin ont fait l'éloge de cette collection, que Christine de Suède chercha à acquérir. Les ouvrages qui composaient ce cabinet avaient été choisis avec un très-grand soin et se faisaient plutôt remarquer par leur mérite réel que par leur condition. Les reliures étaient, en général, assez simples; plusieurs d'entre elles, cependant, avaient reçu les armoiries du célèbre magistrat, qui portait : écartelé, au 1 d'or au croissant de sable, aux 2 et 3 d'argent à deux lions léopardés de gueules posés l'un sur l'autre, au 4 d'or à une étoile de sable au chef de gueules et en pointe coupé et ondé d'azur.

Sur le dos, entre les nerfs, figuraient alternativement des croissants entrelacés,

Pour perpétuer le souvenir d'acquisitions si nombreuses, l'Académie des inscriptions fit frapper, en 1732, une médaille qui offrait d'un côté le buste de Louis XV et de l'autre ces mots placés au milieu d'une couronne formée de laurier et d'olivier : Quod bono reipublicæ liter. consuluit bibliothecâ regiâ x. millib. codd. mss. auctâ m dcc xxxii. Cette médaille, « témoignage immortel de juste reconnoissance, » comme dit Leprince [1], existe, mais en bronze seulement, au cabinet de la Bibliothèque impériale.

Frapper une médaille en l'honneur de Sallier ou de Sévin nous eût paru beaucoup plus logique. Il est assez étrange de célébrer ainsi le mérite d'un roi qui enrichit sa propre bibliothèque, et l'on sait de reste que Louis XV n'employait pas précisément ses loisirs à des études bibliographiques ou littéraires.

Après la mort de Colbert, l'admirable bibliothèque qu'il avait formée [2] échut

et un monogramme assez élégant :

On peut consulter sur cette bibliothèque : La Croix du Maine, *Bibliothèque françoise*, t. I, p. 369; — J. Passerat, *OEuvres poétiques*, p. 3 et 6; — Burmann, *Sylloges epistolarum*, t. III, p. 161; — Legallois, *Traitté des plus belles bibliothèques*, p. 127; — G. Naudé, *Advis pour dresser une bibliothèque*, p. 6 et dédicace; — Warée, *Curiosités judiciaires*, p. 29; — P. Paris, *les Manuscrits françois de la bibliothèque du Roi*, t. I, p. 16; —Leprince, *Essai historique sur la bibliothèque du Roi*, p. 197; — Michel de Marolles, *Paris ou description succincte et néantmoins assez ample de cette grande ville*, p. 44; — L. Jacob, *Traicté des plus belles bibliothèques*, p. 538 et appendice.

[1] *Essai historique sur la bibliothèque du Roi*, p. 96.

[2] Colbert avait commencé à former sa bibliothèque vers 1658; il y engloutit des sommes im-

à son fils le marquis de Seignelay. On en dressa l'inventaire[1], où nous voyons les volumes imprimés estimés 41,844 livres, et les manuscrits 13,014 livres. Le marquis de Seignelay eut le bon esprit de conserver Étienne Baluze pour bibliothécaire, et il veilla à ce que les acquisitions commencées par son illustre père fussent continuées. Le marquis de Seignelay mourut le 3 novembre 1690, et la bibliothèque devint la propriété d'un autre fils du grand Colbert, Jacques Nicolas, archevêque de Rouen. Celui-ci s'occupa de l'augmenter et en rendit l'accès facile aux érudits, «strenue laborat in augenda et illustranda hæc bibliotheca,» dit Maichelius[2]. Bien que Maichelius prétende encore qu'elle était «non in mole sed «in bonitate Χάρις,» il résulte de l'examen du catalogue qui en fut dressé plus tard[3] qu'elle renfermait environ soixante mille volumes, reliés avec un grand luxe, aux armes

et au chiffre

du célèbre homme d'État.

menses, et employa pour l'augmenter jusqu'à ses agents diplomatiques. En 1674, il acquit la bibliothèque de Chandelier; en 1675, celle d'André Duchesne et les manuscrits de Claude Hardy; en 1676, celle de l'académicien Balesdens. Sa riche collection, qui fut successivement administrée par Carcavi, par Étienne Baluze, par les abbés Duchesne et Guillaume Milhet, était installée dans son hôtel de la rue Neuve-des-Petits-Champs, où, suivant Legallois (*Traité des plus belles bibliothèques de l'Europe*, p. 126), il lui avait réservé une salle «fort propre et fort agréable.»

[1] Bibliothèque impériale, manuscrits, mélanges de Colbert, n° 77.

[2] Maichelius. *Introductio ad historiam literariam de præcipuis bibliothecis*, p. 61.— Voyez aussi l'*Almanach royal*, année 1709, p. 219.

[3] *Bibliotheca Colbertina, seu catalogus librorum*

BIBLIOTHÈQUE DU ROI.   199

Parmi les in-folios, un nombre considérable d'ouvrages étaient revêtus de splendides couvertures de maroquin rouge, qui portaient sur les plats les armoiries de Colbert : d'or à une couleuvre d'azur posée en pal,

bibliothecæ quæ fuit primum illustriss. V. dom. J.-B. Colbert, regni administri, deinde illustriss. V. dom. J.-B. Colbert, marchionis de Seignelay; postea recer. et illustr. d. J.-Nic. Colbert, Rothomagensis archiepiscopi, ac demum illustriss. d. Caroli Leonorii Colbert, comitis de Seignelay, Paris, 1728, 3 vol. in-8°.

et son monogramme à chaque coin :

L'archevêque de Rouen laissa cette magnifique collection à son neveu Charles-Éléonor Colbert, comte de Seignelay. Plus curieux d'argent que de science, celui-ci vendit d'abord les imprimés aux enchères[1], et les manuscrits allaient avoir le même sort, quand le roi intervint. En août 1728, quatre experts furent nommés, l'abbé Sallier et Falconet pour le roi, le P. Montfaucon et Lancelot pour M. de Seignelay; mais ils ne purent s'accorder sur l'estimation de ces trésors, et quatre années se passèrent en contestations. Le petit-fils de Colbert prit alors le parti d'offrir (février 1732) tous les manuscrits au roi, en le priant de régler lui-même la somme qu'il jugerait à propos d'en donner. On s'arrêta au chiffre de 300,000 livres, dont la quittance fut passée le 27 mai 1732 par-devant Mes Bronod et Junot, notaires à Paris; et, le 11 septembre de la même année, la collection fut transportée à la bibliothèque du Roi.

On acheta encore près de huit mille volumes tirés du cabinet de M. de Cangé[2] (août 1733); puis Lancelot donna au roi deux cents manuscrits et cinq cents portefeuilles remplis de pièces détachées. En 1734, l'abbé Sallier fait entrer à la bibliothèque quatre cents chartes du XIe au XVe siècle, presque toutes revêtues de sceaux précieux; M. de Targny obtient tous les manuscrits de l'abbé Drouin. M. de la Bastie, ambassadeur en Italie, envoie un grand nombre de volumes; le

---

[1] La Bibliothèque du roi en acheta mille environ.

[2] Leprince, *Essai historique sur la bibliothèque du roi*, p. 207. — Le catalogue d'Imbert de Cangé a été publié en 1733, in-12; il est aujourd'hui très-recherché. Sauf dans deux ou trois exemplaires, le nom de Cangé ne figure pas sur le titre.

comte de Fronlay, ambassadeur à Venise, tous les livres arméniens que renfermait cette ville; le marquis de Villeneuve, ambassadeur à Constantinople, des manuscrits orientaux; et le marquis de Bonnac, ambassadeur en Suisse, plusieurs manuscrits turcs.

Pendant cette période, quelques changements avaient eu lieu dans le personnel de l'établissement. Boivin, mort le 29 octobre 1726, avait été remplacé par l'abbé Sallier. Le 3 mai 1737, le décès de l'abbé de Targny permit de donner son emploi à l'abbé Sévin, qui lui avait été adjoint depuis longtemps. Celui-ci mourut en 1741, et eut pour successeur Melot, de l'Académie des Inscriptions. Enfin l'abbé Bignon, parvenu à sa quatre-vingtième année, se retira (1741) et laissa la place à son neveu Bignon de Blanzy, qui mourut en mars 1743, et eut pour successeur Armand-Jérôme Bignon, son frère.

Un événement très-important avait eu lieu dans l'intervalle. La bibliothèque du Roi s'était décidée à suivre l'exemple que lui donnaient déjà à Paris quatre bibliothèques; elle avait, en 1735, ouvert ses portes au public.

L'*Almanach royal* de 1709 s'exprime ainsi : «En attendant qu'on luy ait donné «un vaisseau propre pour placer tout le monde, les sçavans qui se font connoître «y sont toûjours aussi bien reçus que dès les premiers jours de cet établisse- «ment[1];» ce qui signifie qu'on n'y pouvait entrer qu'au moyen de puissantes recommandations. L'abbé Bignon résolut de modifier dans le sens le plus libéral cette organisation; il obtint, le 11 octobre 1720, un arrêt du conseil, qui était ainsi conçu : «La bibliothèque du Roy sera ouverte à tous les sçavans de toutes «les nations, en tout temps, aux jours et heures qui seront réglez par le biblio- «thécaire de Sa Majesté, et il sera préparé des endroits convenables pour y rece- «voir lesdits sçavans et les mettre en état d'y vacquer à leurs études et recherches «avec toute commodité. Outre lesdites entrées accordées aux sçavans, ladite «bibliothèque sera ouverte au public une fois la semaine, depuis onze heures du «matin jusqu'à une heure après midi; et seront alors toutes les personnes que Sa «Majesté a déjà attachées à ladite bibliothèque, ainsi que les autres qu'Elle se «propose d'y attacher encore, sous les ordres dudit sieur bibliothécaire, obligées «de se trouver durant ledit temps és sales, cabinets et galleries d'icelle, pour «satisfaire la curiosité de tous ceux que l'envie de s'instruire y attirera [2].» Il faut noter comme un fait très-remarquable, la distinction, déjà jugée nécessaire à cette époque, entre les lettrés et le public proprement dit. Mais toutes ces bonnes

---

[1] *Almanach royal*, année 1709, p. 218.

[2] *Arrest du conseil d'Estat du roy concernant la bibliothèque de Sa Majesté*, articles 3 et 4.

L'article 2 était ainsi conçu : «Il ne sera tiré «de ladite bibliothèque aucun livre, médaille, ni «autre chose quelconque inscrite sur les inven- «taires ou catalogues, sous prétexte de le prêter «à qui que ce puisse être, ou pour toute autre «raison, sans un ordre exprès de Sa Majesté, si- «gné par le secrétaire d'État ayant le département «de sa Maison, et adressé au bibliothécaire de Sa «Majesté.»

intentions restèrent d'ailleurs longtemps encore à l'état de théorie; l'*Almanach royal* de 1721 et celui de 1722 l'avouent avec un certain embarras : « Les biblio-
« thèques, y est-il dit, ayant été de tout tems regardées comme les trésors des
« sciences et des arts, il est juste qu'il y en ait de publiques dans cette capitale du
« royaume, afin que les particuliers qui ont du génie, sans avoir la commodité
« des livres, ne manquent pas de ces moyens pour cultiver et faire valoir leurs
« talens. La bibliothèque du Roy avoit été destinée à cet usage, qui avoit déjà été
« commencé il y a quelques années [1], et qui n'a discontinué qu'à cause de la peti-
« tesse du lieu où elle se trouve, en comparaison de la multitude de volumes
« qu'elle renferme [2]. » Cinq ans après, on déclare d'une manière positive que « la
« bibliothèque SERA ouverte au public trois fois la semaine, depuis onze heures du
« matin jusqu'à une heure après midi [3]. » Mais cette promesse n'était pas encore
réalisée en 1734, car, à cette date, l'*Almanach royal* annonce encore que, « quoique
« les travaux que le Roy a ordonné depuis quelque tems pour l'embellir n'ayent
« pas encore permis de la rendre publique à des jours et heures marquées, les
« sçavans et les curieux françois ou étrangers y trouvent en tout tems un accès
« facile [4]. » C'est l'année suivante que ces projets, si longtemps différés, reçurent
leur exécution; on lit, en effet, dans un *Guide* de 1736 : « Quoique les travaux
« qu'on fait faire à la bibliothèque du Roi ne soient pas encore finis, on ne laisse
« pas d'y recevoir les mardis et vendredis jusqu'à midi ceux qui y vont pour
« étudier; et ceux que la curiosité seule y conduit y trouvent toujours un accès
« facile auprès des personnes à qui M. Bignon en a confié le soin [5]. » L'*Almanach
royal* de 1737 confirme purement et simplement cette assertion [6]. Ajoutons que
les vacances duraient du 8 septembre au 15 novembre, et qu'aucun changement
n'eut lieu dans cette organisation jusqu'à la fin du xviiie siècle.

On travaillait alors activement à l'impression du catalogue des livres imprimés,
dont la rédaction avait été confiée à Capperonnier, Boudot et Sallier. Le premier
volume parut en 1739, le sixième et dernier en 1753 : ils furent l'objet de critiques assez vives [7]. Les trois premiers volumes sont consacrés à la théologie, les
deux suivants aux belles-lettres, le sixième à une partie de la jurisprudence. En
tête se trouve un *Mémoire historique sur la bibliothèque du Roy*, résumé fait avec
soin, mais fort incomplet pour les temps qui précèdent le règne de Louis XIII;
l'auteur [8] a cependant le mérite d'avoir ouvert la voie et facilité la tâche de ses
successeurs. Le *Catalogus codicum manuscriptorum bibliothecæ regiæ* devait paraître

---

[1] Allusion à la tentative faite en 1692.
[2] *Almanach royal*, années 1721 et 1722, p. 253.
[3] *Almanach royal*, année 1727, p. 281.
[4] *Almanach royal*, année 1734, p. 314.
[5] S. de Valhebert, *L'agenda du voyageur à Paris*, p. 68.

[6] *Almanach royal*, année 1737, p. 323.
[7] Voyez J. Saas, *Lettre d'un académicien à M*** sur le catalogue de la bibliothèque du Roi*, s. l. n. d. in-12.
[8] L'abbé Jourdain, entré comme secrétaire à la bibliothèque en juillet 1724.

en même temps que celui des imprimés; quatre volumes seulement furent publiés, de 1739 à 1744.

La retraite et la mort si rapprochées de deux surintendants avaient momentanément ralenti les acquisitions; elles reprirent en 1756 par l'achat de cinquante manuscrits du savant Ducange, presque tous relatifs à la Picardie, et qui furent payés au moyen d'une rente viagère de trois mille livres [1]. Le 3 avril, on eut trois cents précieux volumes appartenant à la cathédrale de Paris [2]. Dans le cours de la même année, la bibliothèque du Roi reçut encore la collection d'estampes du maréchal d'Uxelles, et quatre cents manuscrits de M. de Sérilly qui formaient le plus riche recueil de jurisprudence qu'il y eût alors en Europe. L'année suivante, on acheta pour vingt-deux mille francs les trois mille trois cents médailles rassemblées par M. de Cary [3]. Ce fut bientôt le tour d'un des plus précieux cabinets de Paris, celui du médecin Falconet, qui avait réuni près de cinquante mille volumes [4]. En 1742, il offrit à Louis XV tous ceux de ses livres qui ne se trouvaient pas à la bibliothèque du Roi [5], s'en réservant seulement l'usage pendant sa vie [6]. Falconet mourut en 1762 [7], et Capperonnier fut alors chargé

[1] Leprince, *Essai historique sur la bibliothèque du Roi*, p. 208.

[2] Voyez tome Ier, p. 38 et suiv.

[3] Marion-Dumersan, *Histoire du cabinet des médailles*, p. 161.

[4] *Mémoires secrets dits de Bachaumont*, 9 février et 14 novembre 1762, t. 1, p. 40 et 146. — *Avertissement*, en tête du *Catalogue de la bibliothèque de Falconet*, p. v.

[5] Le Thieullier, *Brevis laudatio C. Falconet*, p. 20.

[6] *Avertissement*, en tête du *Catalogue de la bibliothèque de Falconet*, p. vi.

[7] Le nom de Falconet fut, pendant plus de deux siècles, célèbre dans la médecine. Camille Falconet était le petit-fils d'André Falconet, qu'une intime amitié unissait à Gui Patin, et c'est sans doute dans la fréquentation du savant bibliophile que le jeune homme puisa cet amour des livres qui, autant que ses travaux scientifiques, l'ont recommandé à la postérité. Dès l'âge de vingt et un ans, il commença à former sa bibliothèque, et il poursuivit cette tâche jusqu'à sa mort arrivée soixante et dix ans plus tard. Devenu médecin du duc de Bouillon, il se concilia rapidement l'affection de cette famille, et, quand mademoiselle de Bouillon mourut, elle lui légua la belle bibliothèque qu'elle tenait de son père. Ce n'était au reste pas pour lui seul que Falconet réunissait tant de volumes; comme Gui Patin, il mettait avec empressement ses trésors bibliographiques à la disposition non-seulement de ses amis, mais même de toutes les personnes studieuses. Un de ses biographes nous dit que la célèbre devise de Grollier eût dû figurer sur tous ses livres, et un ouvrage publié de son vivant nous déclare que «sa bibliothèque pourroit être mise au rang des «bibliothèques publiques, puisque les gens de «lettres ont la liberté d'y aller faire les recherches «dont ils ont besoin.» On assure même qu'il lui arrivait souvent de racheter des ouvrages qu'il avait prêtés, supposant que, puisqu'on ne les lui rendait pas, on les avait perdus, ou l'on désirait les garder. Quand l'âge le força de renoncer à sa profession, il se livra tout entier à la recherche des seules richesses qu'il ait jamais souhaitées : «totus «fuit in augendis aviditate splendida divitiis quibus «solis vota excitari potuissent atque cumulari.» Nous n'avons pas rencontré d'*ex libris* gravé sur ses volumes, mais il écrivait souvent au milieu du titre cette phrase;

qui ne présente guère d'autre variante que la date de l'année où il avait acheté le livre.

Outre les ouvrages déjà cités, on peut consulter

de l'examen des volumes; après dix-huit mois de travail, il y prit pour la bibliothèque onze mille soixante et douze volumes [1], estimés au moins vingt mille livres. Le roi n'avait cependant donné à Falconet qu'une rente de douze cents livres réversible sur la tête de sa sœur; les autres héritiers réclamèrent auprès de Bignon, qui fit accorder au sieur Drouet, neveu du défunt, la survivance de la pension de douze cents livres; il obtint en même temps pour Capperonnier une gratification de six cents livres [2].

L'expulsion des Jésuites, qui eut lieu l'année suivante, fit encore entrer rue Richelieu un grand nombre de volumes. Ces religieux avaient à Paris, dans différents établissements, trois bibliothèques [3], et l'abbé Boudot fut chargé d'y prendre les ouvrages que le roi ne possédait pas. Le savant évêque d'Avranches, Huet, avait, en 1691, légué tous ses livres aux Jésuites de la maison professe, rue Saint-Antoine, à condition qu'ils seraient conservés à part, et que, sous aucun prétexte, ils ne seraient déplacés, « sin secus fiat, disait l'acte de donation, irritam esse donationem hanc, et hæredibus suis hæredumve posteris bibliothecæ hujus repetendæ jus auctoritatemque esse voluit. » Ces livres allaient être vendus, quand M. de Charsigné, neveu et héritier de Huet, les réclama, et un arrêt du 15 juillet 1763 les lui attribua. L'impératrice de Russie en offrit cinquante mille écus; M. de Charsigné refusa, et, ne sachant où placer tant de volumes, il pria M. Bignon de les recevoir en dépôt. Celui-ci les fit provisoirement installer dans une des salles de la bibliothèque du Roi; il s'entendit ensuite avec le ministre pour tâcher de les y conserver. Des ouvertures furent faites en ce sens à M. de Charsigné, qui, moyennant une rente de dix-sept cent cinquante livres, céda au roi la bibliothèque de son oncle. Elle se composait de huit mille deux cent soixante et onze volumes imprimés, et de deux cents manuscrits grecs, latins, turcs et arabes.

En 1765, le président de Mesnières offrit à Louis XV soixante et onze cartons remplis de titres originaux. La même année [4], on acquit le cabinet de M. de Fontanieu, riche en imprimés, en manuscrits [5], en estampes [6], et renfermant plus

---

sur cette bibliothèque : *Encyclopédie*, t. II, p. 237; — *Mémoire sur la vie et les ouvrages de MM. Falconet*, p. 14 et suiv. — Leprince, *Essai historique sur la bibliothèque du Roi*, p. 103; — Piganiol de la Force, *Description historique de Paris*, t. III, p. 486; — Lebeau, *Éloge de Falconet*, 1762, in-4°; — Dibdin, *Voyage bibliographique*, t. III, p. 121 et 128.

[1] Le catalogue de la collection entière a été publié sous ce titre : *Catalogue de la bibliothèque de feu M. Falconet, médecin consultant du roi et doyen des médecins de la Faculté de Paris*, Paris, 1763, 2 vol in-8°. Les livres acquis par la bibliothèque sont placés entre deux crochets. Aujourd'hui encore, pour certaines matières, le catalogue de la Bibliothèque impériale renvoie aux numéros du catalogue de Falconet.

[2] Archives de l'Empire, série M, carton n° 794.

[3] Voyez plus loin nos notices sur les bibliothèques du collége Louis-le-Grand, de la Maison professe et du Noviciat des Jésuites.

[4] L'acte de vente est du 27 août. Voyez à la Bibliothèque impériale, manuscrits, fonds français, n° 13006.

[5] L'inventaire général et le catalogue forment sept volumes in-folio, qui sont conservés à la Bibliothèque impériale, manuscrits, fonds français, n°s 13007 à 13013.

[6] Le catalogue des dessins et des estampes se

de soixante mille pièces détachées relatives à l'histoire de France[1]. Presque aussitôt, Capperonnier, qui avait remplacé Melot, mort en 1759, obtint pour le roi, du duc de la Vallière, plusieurs manuscrits précieux; on acheta en même temps cent boîtes pleines de titres généalogiques, qui avaient été rassemblés par Blondeau de Charnage. En 1770, Fevret de Fontette céda à la bibliothèque sa magnifique collection d'estampes; et Dubuisson lui vendit un curieux recueil de titres et de généalogies.

Il fut alors question encore une fois de déplacer la bibliothèque. Louis XV ayant résolu de continuer le Louvre, on songea à l'y installer et à vendre l'emplacement de la rue Richelieu[2]; mais ce projet n'eut pas de suite.

Armand-Jérôme Bignon mourut le 8 mars 1772[3], et son fils Jean-Frédéric lui succéda : Louis XV avait tenu à conserver cette savante dynastie, qui depuis près d'un siècle et demi régnait sur la bibliothèque du Roi.

Pendant la première année du règne de Louis XVI, on acheta pour 300,000 francs les 32,499 médailles de Joseph Pellerin[4]; puis, successivement, une partie du célèbre cabinet d'estampes de Mariette; un grand nombre de volumes et de manuscrits indiens, persans, russes, arabes et chinois; huit mille titres originaux vendus par Jault (1780); les portefeuilles de l'orientaliste Louis de Fourmont; soixante estampes de Finiguerra trouvées à Constantinople (1781), et les manuscrits de Capperonnier, qui était mort en 1775.

Jean-Frédéric Bignon se retira en 1781 et fut remplacé par J.-C.-P. Lenoir, l'ancien lieutenant général de police; trois ans après, Van Praet entrait à la bibliothèque. En dehors de deux cent cinquante-cinq manuscrits provenant de la collection du duc de La Vallière, elle n'acquit guère, durant les années qui suivirent, que des médailles et des antiques. On acheta la collection de M. Cousinery, agent de France à Salonique[5] (1787), et les riches cabinets de MM. Dennery et Tressan.

Mais déjà la Révolution s'annonçait et allait porter le trouble au sein de la bibliothèque du Roi; en revanche, nous la verrons tout à l'heure tripler d'un trait de plume le nombre des volumes qui, depuis le commencement de la seconde race, s'entassaient dans cet établissement. L'Assemblée constituante réduit d'abord de 140,000 à 110,000 livres[6] le budget qui lui est alloué pour les

trouve à la Bibliothèque impériale, manuscrits, fonds français, n° 13014.

[1] Il en existe de très-nombreux catalogues. Voyez à la Bibliothèque impériale, dans le fonds français, les n°° 9436 et 13006 à 13014.

[2] *Mémoires secrets dits de Bachaumont*, 11 et 14 janvier 1768, t. III, p. 281 et 283.

[3] *Mémoires de l'Académie des Inscriptions*, t. XL, p. 187.

[4] Marion-Dumersan, *Histoire du cabinet des médailles*, p. 162. — En 1774, l'impératrice de Russie en avait offert cinq cent mille livres. *Mémoires secrets dits de Bachaumont*, 5 avril 1774, t. VII, p. 155.

[5] Marion-Dumersan, *Histoire du cabinet des médailles*, p. 162.

[6] En 1787, le budget de la bibliothèque avait été augmenté de dix mille livres. Voyez une lettre

honoraires du personnel et les achats de livres[1] (3 septembre 1790); elle lui enlève ensuite son nom, et la *Bibliothèque du Roi* devient *Bibliothèque nationale* (1792).

Lenoir, dont la nomination avait été assez mal accueillie, est forcé de donner sa démission en 1790[2], et Louis XVI confie la direction de la bibliothèque, qui comptait alors 152,868 volumes imprimés[3], au descendant d'une des plus anciennes familles de France, à Anne-Louis-François de Paule Lefèvre d'Ormesson de Noyseau. Rolland le destitua et nomma pour le remplacer Carra et Chamfort; mais, en septembre 1792, ces deux administrateurs, Van-Praet, l'abbé Barthélemy et son neveu de Courçay furent arrêtés et enfermés aux Madelonnettes. Van Praet put s'échapper et trouva un refuge chez le libraire Th. Barrois ; Carra fut guillotiné quelques mois seulement avant d'Ormesson, son prédécesseur, et les deux Barthélemy, mis en liberté, reprirent leur place au cabinet des médailles juste à temps pour empêcher qu'elles fussent toutes envoyées à la fonte, comme l'avait proposé Romme, alors président du comité d'instruction publique[4]. Après la mort tragique de Chamfort, les fonctions de bibliothécaire national furent confiées à Lefèvre de Villebrune, qui les remplit jusqu'en 1795.

La bibliothèque reçut alors une organisation nouvelle. A la suite d'un rapport de Villiers, l'Assemblée nationale, considérant « qu'il existe une place de biblio-
« thécaire créée par un tyran que la flatterie a surnommé le restaurateur des
« lettres... que le mérite, incapable de s'avilir en rampant, fut privé de cette
« position, qui fut réservée à quelques familles privilégiées dont la bibliothèque
« semblait être l'héritage; qu'ainsi, dans les états monarchiques, tout est trafic
« ou prérogatives, mais que le régime républicain ne souffre point de charges
« aristocratiques [5], » déclara supprimée la place de bibliothécaire de la Bibliothèque nationale, et ordonna que l'établissement serait désormais administré par un conservatoire composé de huit membres, et qui choisirait lui-même dans son sein un directeur. Le choix se porta sur Legrand d'Aussy, alors conservateur des manuscrits. Voici le texte de ce décret, qui a régi la bibliothèque jusqu'en 1832 :

de M. d'Ormesson, datée du 17 décembre 1791. Archives de l'Empire, série M, n° 797.

[1] *Lettre à MM. les commissaires des biens nationaux.* Archives de l'Empire, série M, carton 797. — *Observations sur la bibliothèque du Roi,* broch. in-8°, s. d. Archives de l'Empire, série M, carton 794.

[2] Voyez *L'an 1787, précis de l'administration de la bibliothèque du Roi sous M. Lenoir,* in-12 de 16 p. s. l. n. d.

[3] Champollion-Figeac, dans le *Dictionnaire de la conversation,* t. VI, p. 88. — A.-A. Barbier dit 200,000 volumes imprimés et 60,000 manuscrits; *Annuaire administratif du département de la Seine,* par Allard, p. 406.

[4] Marion-Dumersan, *Histoire du cabinet des médailles,* p. 168.

[5] *Rapport présenté au nom du comité d'instruction publique sur l'organisation de la Bibliothèque nationale, dans la séance du 6 vendémiaire an IV.* Archives de l'Empire, série A D, carton n° 220.

La Convention nationale, après avoir entendu le rapport de son comité d'instruction publique, décrète :

Article premier.

La place de bibliothécaire de la Bibliothèque nationale est supprimée.

Art. 2.

Ledit établissement sera désormais administré par un Conservatoire composé de huit membres, savoir :
1° Deux conservateurs pour les livres imprimés [1] ;
2° Trois pour les livres manuscrits [2] ;
3° Deux pour les antiques, les médailles et les pierres gravées [3] ;
4° Un pour les estampes [4].

Art. 3.

Tous les conservateurs auront les mêmes droits et recevront le même traitement, qui sera de six mille livres.

Art. 4.

Il sera nommé dans le sein du Conservatoire, et par les conservateurs eux-mêmes, un directeur temporaire, dont les fonctions se borneront à surveiller l'exécution des règlements et délibérations du Conservatoire, qu'il présidera ; il correspondra, au nom de tous les conservateurs, avec le pouvoir exécutif, pour les affaires générales qui intéressent la Bibliothèque nationale.

Art. 5.

Le directeur sera renouvelé tous les ans ; néanmoins il pourra être continué, mais pour une année seulement.

Art. 6.

Les attributions annuelles, décrétées pour l'établissement, seront remises en masse à un membre du Conservatoire, nommé par ses collègues, pour être réparties sous sa responsabilité.

Art. 7.

L'administration des différents dépôts et tous les détails relatifs à l'organisation particulière du Conservatoire seront l'objet d'un règlement que les conservateurs demeurent chargés de rédiger et de soumettre au pouvoir exécutif.

Art. 8.

La première nomination des membres du Conservatoire sera faite par la Convention nationale, sur la présentation du comité d'instruction publique.

[1] Ce furent Capperonnier et Van Praet.
[2] Langlès, Laporte du Theil et Legrand d'Auss.
[3] Barthélemy de Courçay et Millin.
[4] Joly.

Art. 9.

En cas de vacance d'une place de conservateur par mort, démission ou autrement, le Conservatoire nommera le savant ou homme de lettres qu'il jugera le plus propre à remplir la place vacante.

Art. 10.

Le Conservatoire nommera aux autres places de l'établissement sur la présentation du conservateur dans la partie duquel les places seront vacantes.

Art. 11.

Il sera affecté, sur les fonds de la trésorerie nationale, une somme de cent quatre-vingt-douze mille livres, tant pour le traitement des conservateurs et des employés que pour les dépenses et augmentations de la Bibliothèque [1].

On comprend qu'au milieu de ces bouleversements la Bibliothèque avait dû faire plus de pertes que d'acquisitions. Il avait fallu un décret de la Convention [2] pour empêcher que des mains trop zélées mutilassent toutes les reliures sous prétexte d'en faire disparaître les insignes de la royauté [3]. Le même décret ordonnait que désormais les volumes porteraient comme seule marque «les lettres R F et «les emblèmes de la liberté et de l'égalité;» enfin, aux termes de l'article 7, les fabricants de papiers, imprimeurs, relieurs, graveurs, etc. ne devaient plus «se servir de formes ni d'ornements fleurdelisés ou armoriés.» Rappelons, pour montrer que l'époque révolutionnaire n'eut pas le monopole de ces puérilités, qu'en 1816 M. de Chazet proposa de changer la reliure de tous les volumes qui portaient les armes impériales [4].

Le décret de la Convention n'aboutit qu'à faire modifier encore une fois les marques et les estampilles de la Bibliothèque.

Le premier modèle employé représente un faisceau surmonté du bonnet de la liberté et entouré d'une couronne de laurier; en exergue on lit les mots BIBLIOTHÈQUE NATIONALE. On trouve ensuite une estampille sur laquelle les lettres R F entrelacées figurent seules avec la même inscription :

---

[1] *Loi du 25 vendémiaire an IV* (17 octobre 1795) *relative à l'organisation de la Bibliothèque nationale.*

[2] 24 octobre 1793.

[3] Voyez une brochure fort curieuse intitulée : *Conversation familière entre un homme de lettres et un ancien libraire sur le projet de supprimer les armoiries et autres marques de propriétés féodales empreintes sur la reliure de tous les livres de la Bibliothèque nationale.* Archives de l'Empire, série AD, carton n° 220.

[4] Voyez le *Bulletin de l'alliance des arts*, n° du 10 décembre 1846, p. 201.

Sur le dos d'un grand nombre de volumes reliés à cette époque, on rencontre un monogramme beaucoup plus logique, un B et une N entrelacés :

Les projets de déplacement surgissaient de toutes parts. En l'an IV, Ramel, député de l'Aude, proposa au conseil des Cinq Cents de terminer le Louvre, de placer les tableaux dans la galerie du Nord, et la Bibliothèque nationale dans la galerie qui longe la rivière. Il développait ainsi son programme pour le déménagement : « Les livres de la Bibliothèque nationale seront attachés ensemble avec « un numéro d'ordre. Les tablettes seront transportées dans l'ancienne galerie du « Louvre. Lorsque les tablettes seront établies, les douze nouveaux arrondis- « sements de Paris enverront chacun mille hommes le jour de décade qui sera « indiqué. Ces citoyens seront rangés sur six files dans les rues qui commu- « niquent de la Bibliothèque nationale à la galerie. Il sera défendu ce jour-là « de traverser les rues occupées par les files [1]... » Trois ans plus tard, il fut question d'attribuer à la Bibliothèque l'église de la Madeleine, alors à peine commencée [2], et, en l'an IX, un décret des consuls ordonna sa translation au Louvre [3].

Pendant ce temps, nos généraux se faisaient payer en objets d'art et en livres précieux les triomphes qu'ils remportaient. C'est ainsi qu'arrivèrent successivement à la Bibliothèque nationale de nombreux manuscrits provenant des collections de la Belgique, de la Hollande, du Vatican, de Venise et de Munich [4]. La Révolution venait en outre de mettre à la disposition des bibliothécaires de

---

[1] De Laborde, *Première lettre sur l'organisation des bibliothèques dans Paris*, p. 21.

[2] A.-J.-B. de Gisors, *Projet d'établissement de la Bibliothèque nationale dans l'édifice ci-devant destiné à la paroisse de la Madeleine*.

[3] Sur tous ces projets, voyez L. de Laborde, *Revue critique des projets présentés pour le déplacement de la Bibliothèque royale*, 1845, in-8°; et la *Topographie de Paris*, au cabinet des estampes de la Bibliothèque impériale.

[4] Ces manuscrits nous furent repris en 1815, en vertu du même droit qui nous les avait acquis.

Paris un trésor incomparable, et tel qu'aucune époque n'en avait encore vu. Quand l'Assemblée nationale déclara supprimées les maisons ecclésiastiques, elle ordonna que leurs biens feraient retour à l'État. Presque toutes possédaient de précieuses bibliothèques, et l'on forma des quinze cent mille volumes [1] qu'elles contenaient huit grands dépôts, qu'enrichirent encore les livres confisqués chez les émigrés. Les chefs des bibliothèques conservées furent autorisés à y choisir les ouvrages qui manquaient à leurs collections, et Van Praet y recueillit trois cent mille volumes [2] pour la Bibliothèque nationale. Plus de dix mille manuscrits, arrachés à l'incendie de Saint-Germain-des-Prés [3], y entrèrent à la fois; les autres manuscrits, classés suivant leur origine, composèrent plusieurs fonds spéciaux, qui portèrent, jusqu'à ces dernières années, le nom des communautés religieuses auxquelles ils avaient été enlevés. Tous les manuscrits acquis à cette époque, qu'ils provinssent des maisons ecclésiastiques supprimées ou des collections particulières saisies, viennent d'être réunis à l'ancien fonds de la Bibliothèque, et, comme ceux-ci, classés suivant la langue dans laquelle ils sont écrits.

De nouvelles acquisitions portèrent, en 1818, à huit cent mille [4] le nombre des volumes possédés par la bibliothèque du Roi, qui renfermait en 1860 quinze cent mille volumes [5] environ.

Résumons maintenant rapidement les faits que nous avons racontés.

IMPRIMÉS ET MANUSCRITS.

JEAN (1350 à 1364).	....	À Paris, au palais de la Cité [6]. (1350 à 1367.)
CHARLES V (1364 à 1380). —1373— 973 volumes [8].	Gilles MALET, garde de la librairie. 1368? à 1411..... Antoine DES ESSARTS, garde de la librairie. 1411 à 1412. Garnier DE SAINT-YON, garde de la librairie. 1412 à 1413.	
CHARLES VI (1380 à 1422). CHARLES VII (1422 à 1461). —1423— 853 volumes [9].	Jean MAULIN, garde de la librairie 1413? à 1425..... Garnier DE SAINT-YON, garde de la librairie, 1418 à 1429.	À Paris, à la tour du Louvre [7]. (1367 à 1500.)
LOUIS XI (1461 à 1484). CHARLES VIII (1484 à 1498).	Laurent PALMIER, garde de la librairie. 1472......... Jean PRÉVOST, garde de la librairie. 1473............ Robert GAGUIN, garde de la librairie. 1480........... Jean LASCARIS, garde de la librairie. 1500...........	

---

[1] Champollion-Figeac, dans le *Dictionnaire de la conversation*, t. VI, p. 71.

[2] Paul Lacroix, *Réforme de la bibliothèque du Roi*, p. 69.

[3] Voyez tome Ier, p. 123.

[4] Petit-Radel, *Recherches sur les bibliothèques anciennes et modernes*, p. 345.

[5] Jules Taschereau, *Avertissement*, en tête du premier volume du *Catalogue de l'histoire de France*.

[6] Voyez page 112.

[7] Voyez page 113.

[8] Voyez page 114.

[9] Voyez page 128.

BIBLIOTHÈQUE DU ROI.

LOUIS XII (1498 à 1515). —1544— 1,890 volumes [1].	François du Refuge, *garde de la librairie.* 1504....... Guillaume de Sanzay, *garde de la librairie.* 1509...... Adam Laigre, *garde de la librairie.* 1516........... Guillaume Petit, *garde de la librairie.* 1518......... Jacques Lefèvre d'Étaples, *garde de la librairie.* 1530..	Au château de Blois [2]. (1500 à 1544.)
FRANÇOIS Ier (1515 à 1547).	GUILLAUME BUDÉ, MAÎTRE DE LA LIBRAIRIE. 1522 à 1540. Jean de la Barre, *garde de la librairie.* 1531......... Mellin de Saint-Gelais, *garde de la librairie.* 1534 à 1545. Pierre Gilles, *garde de la librairie.* 1522............	
HENRI II (1547 à 1559). FRANÇOIS II (1559 à 1560). CHARLES IX (1560 à 1574). HENRI III (1574 à 1589). HENRI IV (1589 à 1610). LOUIS XIII (1610 à 1642). —1642— 6,000 volumes.	Mathieu Labisse, *garde de la librairie.* 1544 à 1560.... PIERRE DUCHASTEL, MAÎTRE DE LA LIBRAIRIE. 1540 à 1552. PIERRE DE MONDORÉ, MAÎTRE DE LA LIBRAIRIE. 1552 à 1567. JACQUES AMYOT, MAÎTRE DE LA LIBRAIRIE. 1567 à 1593. Jean Gosselin, *garde de la librairie.* 1560 à 1604..... JACQUES-AUGUSTE DE THOU, MAÎTRE DE LA LIBRAIRIE. 1593 à 1617.................................. Isaac Casaubon, *garde de la librairie.* 1604 à 1614.... Nicolas Rigault, *garde de la librairie.* 1615 à 1645.... FRANÇOIS DE THOU, MAÎTRE DE LA LIBRAIRIE. 1617 à 1642. Pierre Dupuy, *garde de la librairie.* 1645 à 1651...... Jacques Dupuy, *garde de la librairie.* 1645 à 1656..... JÉRÔME I BIGNON, MAÎTRE DE LA LIBRAIRIE. 1642 à 1651..	Au château de Fontainebleau [3]. (1522 à 1567.) A Paris, local inconnu [4]. (1567 à 1595.) A Paris, au collége de Clermont [5]. (1595 à 1614.) A Paris, au couvent des Cordeliers [6]. (1614 à 1622.) A Paris, rue de la Harpe [7]. (1622 à 1666.)
LOUIS XIV (1642 à 1715). —1661— 16,746 volumes. —1669— 30,000 volumes. —1683— 43,000 volumes. —1715— 70,000 volumes.	Antoine Varillas, *garde de la librairie.* 1640 à 1663... JÉRÔME II BIGNON, MAÎTRE DE LA LIBRAIRIE. 1651 à 1672. Nicolas Colbert, *garde de la librairie.* 1656 à 1676.... Jean-Baptiste Colbert, *surintendant des bâtiments du roi.* 1661 à 1683.................................. Pierre de Carcavi, *garde adjoint de la librairie.* 1663 à 1683.................................. Nicolas Clément, *garde de la librairie.* 1670 à 1712..... JÉRÔME III BIGNON, MAÎTRE DE LA LIBRAIRIE. 1672 à 1684. Louis Colbert, *garde de la librairie.* 1676 à 1684...... Jean Gallois, *garde de la librairie.* 1683 à 1684...... CAMILLE LE TELLIER, abbé de Louvois, BIBLIOTHÉCAIRE DU ROI. 1684 à 1718............................ L'abbé de Varès, *garde de la bibliothèque.* 1684....... Melchisédech Thévenot, *garde de la bibliothèque.* 1684 à 1692.................................... Jean Boivin, *garde des manuscrits.* 1691 à 1726....... L'abbé de Targny, *garde des manuscrits.* 1712 à 1737...	A Paris, rue Vivienne [8]. (1666 à 1721.)

[1] Quoique d'une date postérieure à Louis XII, ce chiffre représente le nombre des volumes rassemblés jusqu'à ce prince. Il est, en effet, fourni par l'inventaire de la bibliothèque de Blois, à laquelle on n'avait rien ajouté depuis l'avénement de François Ier.

[2] Voyez page 132.

[3] Voyez page 136.
[4] Voyez page 145.
[5] Voyez page 152.
[6] Voyez page 156.
[7] Voyez page 162.
[8] Voyez page 172.

LOUIS XV
(1715 à 1774).

—1721—
96,000 volumes [1].

—1722—
98,000 volumes [2].

Jean-Paul BIGNON, BIBLIOTHÉCAIRE DU ROI [5]. 1718 à 1741..............................
Michel FOURMONT, garde des imprimés. 1718..........
Claude SALLIER, garde des imprimés. 1721 à 1760.....
François SEVIN, garde des manuscrits. 1737 à 1741....
Jean-Michel MALIN, garde des imprimés. 1730 à 1791...
J. DE LAGNY, garde des imprimés. 1733..............
Anicet MELOT, garde des manuscrits. 1741 à 1759......
BIGNON DE BLANZY, BIBLIOTHÉCAIRE DU ROI [6]. 1741 à 1743...............................
ARMAND-JÉRÔME BIGNON, BIBLIOTHÉCAIRE DU ROI [7]. 1743 à 1772..................................
Jean CAPPERONNIER, garde des imprimés. 1759 à 1775...
François BÉJOT, garde des manuscrits. 1760 à 1787....
Pierre-Jean BOUDOT, garde des imprimés. 176? à 1771..
Nicolas-Théodore LEPRINCE, garde des imprimés. 1765 à 1792...............................
Jean-Augustin CAPPERONNIER, garde des imprimés. 1765..

LOUIS XVI
(1775 à 1793).

—1790—
152,868 volumes [3].

JEAN-FRÉDÉRIC-GUILLAUME BIGNON, BIBLIOTHÉCAIRE DU ROI [8]. 1772 à 1783.................................
DESAULNAIS, garde des imprimés. 1775..............
VAN PRAET, garde des imprimés. 1784..............
J.-P.-C. LENOIR, BIBLIOTHÉCAIRE DU ROI [9]. 1784 à 1790.
Caussin DE PERCEVAL, garde des manuscrits. 1787 à 1792.
LEFÈVRE D'ORMESSON DE NOISEAU, BIBLIOTHÉCAIRE DU ROI [10]. 1790 à 1792..........................

A Paris, rue Richelieu.
(1721 à ....)

RÉPUBLIQUE
(1793 à 1804).

—1795—
450,000 volumes [4].

Jean-Louis CARRA, BIBLIOTHÉCAIRE NATIONAL [11]. 1792 à 1793.................................
SÉB.-ROCH-NICOLAS CHAMFORT, BIBLIOTHÉCAIRE NATIONAL [12]. 1792 à 1794..........................
J.-M. GIREY-DUPRÉ, garde des manuscrits. 1793.......
BÉLISSIN, garde des imprimés. 1793................
LEFÈVRE DE VILLEBRUNE, BIBLIOTHÉCAIRE NATIONAL [13]. 1793 à 1795..................................
LEGRAND D'AUSSY, DIRECTEUR [14]. 1795 à 1800.......
MARTIN, garde des manuscrits. 1796................
Louis-Mathieu LANGLÈS, garde des manuscrits. 1795....
F.-J.-G. DE LA PORTE DU THEIL, garde des manuscrits. 1795...............................

[1] Voyez page 194.
[2] Voyez page 194.
[3] Voyez page 206.
[4] Voyez page 206.
[5] Voyez page 191.
[6] Voyez page 201.
[7] Voyez page 201.
[8] Voyez page 206.
[9] Voyez page 205.
[10] Voyez page 206.
[11] Voyez page 206.
[12] Voyez page 206.
[13] Voyez page 206.
[14] Voyez page 206.

CABINET DES MÉDAILLES.

Antoine-Rascas de Bagarris. 1608............................	A Fontainebleau. (1515 à 1565.)
Jean de Chaumont. 1644....................................	Au Louvre (1565 à 1667.)
Bruneau. 1664...	
Nicolas Colbert. 1666......................................	A la bibliothèque du Roi, rue Vivienne. (1667 à 1684.)
Pierre de Carcavi. 1667....................................	
Louis Colbert. 1676.......................................	
Rainssant. 1684...	
Oudinet. 1685...	
Vincenot. 1712..	A Versailles. (1684 à 1741.)
J.-Fr. Simon. 1712..	
Godonesch. 1716..	
Cl. de Boze. 1719...	
Ladvenant. 1720..	
J.-J. Barthélemy. 1745....................................	
Barthélemy de Courçay. 1772..............................	
Cointreau. 1773...	
Barbié du Bocage. 1785....................................	A la bibliothèque du Roi, rue Richelieu (1741 à ....)
Millin. 1794..	
Mionnet. 1795..	
Th. Marion-Dumersan. 1795...............................	
Fr.-Pascal Gosselin. 1799..................................	
Th.-Fréd. Winckler. 1800.................................	

CABINET DES ESTAMPES.

Nicolas Clément.
De Targny.
Delahay.
Ladvenant.
Coypel.
Delacroix.
Hugues-Adrien Joly.
Bounieu.
Jacques-Adrien Joly.
Duchesne aîné.

L'HISTOIRE DE LA BIBLIOTÈQUE DU ROY[1].

Comme c'est une chose très constante qu'il y a eu des escoles publiques dans le palais de nos rois de la seconde race, on doit aussy tenir pour certain qu'il y avoit des livres pour l'usage des maistres qu'on y faisoit venir de tous costez pour y professer les sciences. CHARLEMAGNE, ayant affection pour les lettres, amassa deux belles bibliothèques : l'une en son palais d'Aix-la-Chapelle, qu'il ordonna par son testament d'estre venduë au proffit des pauvres, et l'autre qu'il donna à l'abbaye de l'Isle-Barbe, auprès de Lion, qu'il avoit fait bastir, où il eut Le Drad pour bibliothéquaire, et, après luy, Agobard, qui furent depuis tous deux archevesques de Lion.

LOUIS LE DÉBONNAIRE donna charge à Amalarius, diacre de l'Église de Metz, de dresser les canons du concile d'Aix-la-Chapelle, dont la pluspart estoient tirez des Pères de l'Église, et luy fournit, pour cet effet, les livres de son palais dont il avoit besoin, «dedit ei Imperator copiam «librorum de palatio suo.»

L'empereur LOTHAIRE avoit aussy des escoles et des livres en son palais, où un certain moine de Luxueil, nommé Angelomus, dit qu'il estoit venu estudier et lire les S^{tes} Escritures : «In «sacro vestro palatio sub obtentu traditionum liberalium artium enucleationemque divinarum «Scripturarum, etc.» Mais en la décadence de cette seconde race, sous les rois qui furent appellez Fainéans, les livres furent bannis de leurs palais aussy bien que les estudes.

Le roy ROBERT, ayant esté élevé par un excellent maistre, sçavoir Gerbert, archevesque de Reims, qui fut depuis pape, se rendit fort sçavant, et r'appella les Muses en son palais, qui en avoient esté chassées. Comme Trithème assure de luy qu'il avoit toujours quelque livre à la main, on ne doit pas douter qu'il n'en ait fait un amas considérable : «de ejus manibus liber nunquam «recedebat.»

On ne trouve pas ce que sont devenus ces livres ni ceux que les autres rois, ses successeurs, avoient pëu amasser. Ils estoient réduits à si peu de choses du temps de Louis HUTIN, que dans son Inventaire, au chapitre de ses livres, on ne trouve que cinq volumes, outre ceux d'église; sçavoir : deux livres de *Chroniques*, le roman du *Reclus*, le livre du *Tournoiment*, un livre de *Comptes* à images, et le *Jeu des Eschetz*.

Cette indifférence pour les livres et pour les estudes continua dans l'esprit de la cour jusqu'à CHARLES V, qui, ayant eu Nicolas Oresme, très habile homme, pour précepteur, il luy fit prendre le goust des belles lettres; c'est pourquoy ce prince luy donna ordre de chercher des livres pour en composer une bibliothèque, dont il eut la direction; l'engagea à faire des traductions de latin en françois, aussy bien que Raoul de Presles, Jean Corbichon, et plusieurs autres, afin que les courtisans et la noblesse, qui n'entendoient pas la langue latine, qui n'estoit alors connuë que des clercs, ne croupissent pas dans l'ignorance, faute de pouvoir entendre les livres.

---

[1] Bibliothèque Sainte-Geneviève, manuscrits, in-4°, n° Z'1.

Cette notice, malgré les nombreuses erreurs qu'elle renferme, nous a paru digne d'être imprimée; c'est d'ailleurs, croyons-nous, la première tentative qui ait été faite pour esquisser d'une manière méthodique l'histoire de la bibliothèque du Roi.

Il eut donc soin de faire traduire les meilleurs autheurs, tant sacrez que prophanes : comme la *Bible*, la *Cité de Dieu*, les *Morales d'Aristote*, *Titelive*, *Valère le Grand* et plusieurs autres, qu'il fit mesme orner de miniatures, pour donner plus d'envie de les lire, ce qui s'appelloit un livre bien historié. C'est ainsy qu'il amassa une belle et curieuse bibliothèque qu'il mit à Fontainebleau.

Le roy Charles VI, son fils, ayant aussy de l'affection pour les sciences, comme on le lit dans le *Songe du Verger*, amassa plusieurs livres qu'il mit au Louvre, y joignant ceux de son père, qu'il fit venir de Fontainebleau pour en composer une bibliothèque royalle, dont il fit Antoine des Essarts le directeur, et après luy Garnier de S¹-Yon, en 1418. Il y avoit environ 860 volumes, qui estoient tous manuscritz, distribuez en trois chambres.

Ce roy estant mort en 1423, pendant que les Anglois tenoient Paris, le duc de Betfort, qui estoit régent en France, fit faire l'inventaire des manuscritz de cette bibliothèque royalle, et la prisée, qui se monta à la somme de 2,323 livres. Il en deschargea S¹-Yon, qui estoit alors eschevin de Paris, et s'empara de tous ces livres, qu'il fit probablement passer en Angleterre, avec les meubles les plus précieux du Louvre. J'ay veu un *Titelive* à la fin duquel ces mots estoient escritz : « Ce livre a esté envoyé des parties de France par le duc de Betfort, régent, au « duc de Glocestre, son beau frère, en Angleterre, l'an 1424. Il a esté rapporté depuis en France « par hazard. »

Louis XI, qui, selon le témoignage de Gaguin, aimoit les lettres et cultivoit les sciences, « cal-« lebat litteras et supra quam regibus mos est erat eruditus, » fit une grande provision de livres à la sollicitation du mesme Gaguin qu'il avoit establi son bibliothéquaire, lequel achepta et fit transcrire les meilleurs qu'il peut rencontrer. On trouve sur les registres de la Faculté de médecine que ce roy leur demanda à emprunter le *Rasis*, qui est un livre d'un médecin arabe, pour le faire copier. Il mit cette bibliothèque au chateau de Fontainebleau.

Charles VIII, son fils, qui luy succéda, fut dès sa jeunesse si occupé à la guerre, et mourut si jeune, qu'il n'eut pas le loisir de cultiver les lettres.

Mais Louis XII les eut en singulière estime, et fit chercher des livres de tous costez pour former une bibliothèque à Blois, où il faisoit sa demeure ordinaire. En effet, il en amassa une si considérable que Symphorien Campier, qui a escrit la vie de ce roy, le compare pour cela à Ptolomée Philadelphe, roy d'Égypte, « est bonarum litterarum amantissimus ac librorum cupi-« dissimus, instar Ptolemæi Philadelphi, nec minus sumptuosam quam ipse Philadelphus bi-« bliothecam extruxit. » Après la prise de Milan, il en fit apporter plusieurs livres, particulièrement pour le droict, en sorte qu'un ambassadeur, nommé Bologninus, voyant à Blois cette bibliothèque, l'estima la première des quatre singularitez qu'il avoit remarquées en France, au raport du mesme Campier.

Quoyque Mr de Thou assure que le roy François Ier n'ait point estudié en sa jeunesse, « quamvis a pueritia nullis litteris imbutus, » il ne laissa pas d'aymer les sciences et de les vouloir apprendre, prenant plaisir de s'en entretenir avec des sçavans, particulièrement avec Jacques Cholin, qui luy tint lieu de précepteur, selon Mr de Thou, Lascaris, Budée et Chastelain. Ce fut à la sollicitation des deux premiers qu'il prit résolution de relever la bibliothèque royalle de Fontainebleau, l'an 1527; qu'il fit le mesme Budée son bibliothéquaire, puis Pierre Chastelain; qu'il envoya Guillaume Postel et Gillius dans le Levant pour achepter des manuscritz des langues orientales, ausquelz il donna 12,000 liv. pour cet effet; qu'il institua en 1531 des professeurs en ces langues orientalles au collége de Cambray; qu'il prit dessein de le rebastir magnifiquement, et de le doter de cinquante mil escus de revenu pour y entretenir six cens escoliers, avec des maistres en toutes les facultez. Mais sa mort arresta l'exécution d'un si généreux dessein.

Henri II succéda à cette noble inclination que son père eut pour augmenter sa bibliothèque, fit venir, comme il y a bien de l'apparence, les livres que Gillius avoit achetez en Grèce par l'ordre de François premier, et donna en 1556 l'arrest qui ordonne aux libraires de fournir à la bibliothèque royalle deux exemplaires de tous les livres qui s'imprimeroient, dont l'un estoit pour la bibliothèque de Fontainebleau, l'autre pour celle de Blois.

Après la mort de Pierre Chastelain, qui fut évesque d'Orléans, Pierre de Mondoré, conseiller au grand conseil, fut choisy pour maistre et directeur de la bibliothèque de Sa Majesté.

Catherine de Médicis apporta en France une partie des manuscritz de la bibliothèque de Florence que Cosme de Médicis avoit eu du débris de celle des empereurs de Constantinople. Elle les mit en la bibliothèque de Fontainebleau avec ceux qui y estoient desjà. Et comme après la mort d'Henry II elle se retiroit souvent à Blois, où elle est morte, elle y fit venir ses manuscritz pour les mettre en ce chasteau, avec ceux que Louis XII y avoit desjà amassez, et elle en donna la garde à l'abbé Bencinenni italien.

Quoyque les troubles des guerres de la Religion qui arrivèrent sous le règne de Charles IX eussent porté grand préjudice aux lettres, toutefois, ce jeune prince ayant esté fort bien instruit par Jacques Amiot, son précepteur, il conserva toujours de l'amour pour les sciences, et particulièrement pour la poësie à laquelle il se divertissoit quelquefois, ce qui fit qu'il ayma toujours les livres et qu'il achepta ceux du président Ranconnet, quoyque ses finances fussent fort courtes en ces temps calamiteux, afin d'en augmenter la bibliothèque royalle, ou plustost pour réparer les pertes qu'elle avoit souffertes durant les désordres de ces guerres civiles. Il en donna la direction au mesme Jacques Amiot, son précepteur, après la mort de Mondoré.

Henry IV estant entré dans Paris et ayant donné la paix à ses sujetz ne pensa plus qu'à leur en faire gouster les fruits et à faire refleurir les arts et les sciences par tout son royaume. Il prit donc résolution de faire venir à Paris ses deux bibliothèques, celle de Fontainebleau et celle de Blois, afin de les joindre ensemble, tant pour les augmenter plus facilement que pour servir plus utilement aux gens de lettres. Il fit donc mettre celle de Fontainebleau dans le collége de Clermont, d'où les Jésuistes estoient sortis, et ensuitte ordonna par arrest au Sr Bencinenni, abbé de Bellebranche, d'y faire aussy apporter ceux de Catherine de Médicis, qu'il avoit desjà fait venir à Paris en son logis, rue Plastrière, au nombre de sept cent soixante trois volumes, dont l'inventaire est encore à la Chambre des comptes; et tant les uns que les autres furent mis entre les mains de Jacque de Thou que Sa Majesté avoit choisy pour maistre de sa librairie, qui les fit relier en maroquin rouge, aux despens d'une confiscation.

Les Jésuistes ayant esté r'appellez à Paris, on leur rendit leur collége de Clermont, et l'on transporta la bibliothèque en une maison qui fut loüée auprès de St Cosme, appartenante aux Cordeliers.

En 1609, le mesme roy Henry IV prit la résolution de faire exécuter, en tout ou en partie, le dessein qu'avoit formé François premier de faire bastir un collége royal en celuy de Cambray, tant pour y faire enseigner toutes les sciences par des professeurs royaux dont il augmenta le

BIBLIOTHÈQUE DU ROI.

nombre et les appointemens, que pour y mettre la plus ample et la plus belle bibliothèque qui se pouroit. Il commit l'exécution de ce projet à quatre grands personnages, au cardinal Du Perron, au duc de Sully, au président de Thou et au Sr Gillot, conseiller de la Cour, qui se transportèrent sur les lieux le 23 décembre de la mesme année, et arrestèrent les desseins et les marchez des bastimens qui estoient à faire. Mais la mort imprévenuë de ce grand roy en fit surseoir pour quelque temps l'entreprise.

Louis XIII, qui luy succéda, y fit travailler dès l'année suivante. Il en mit la première pierre le 8e aoust 1611, et y fit apporter tant de diligence que la principalle face du bastiment fut bientost mise en sa perfection; mais les troubles qui arrivèrent dans l'Estat furent cause que le reste est demeuré imparfait jusqu'à présent; en sorte que, la bibliothèque royalle n'ayant pû y estre placée, comme c'estoit le dessein, elle demeura auprès des Cordeliers, M^r le président de Thou en estant toujours le maistre, et mess^{rs} Gosselin, Casaubon et Rigault successivement les gardes sous luy. Elle ne consistoit d'abord qu'en une grande chambre et une gallerie médiocre auprès, qui contenoient tous les manuscrits.

Ce roy, quoyque fort jeune et quoyqu'il eut peu le loisir d'étudier, ne laissa pas de penser à augmenter sa bibliothèque. Car, ayant appris que Philipes Hurault de Chiverny, évesque de Chartres, avoit laissé par sa mort un nombre considérable de bons livres, et particulièrement plusieurs manuscrits, il les fit retenir pour sa bibliothèque et en paya douze mil livres, suivant la prisée qui en avoit esté faite.

Ensuitte, comme elle se trouva desjà suffisamment remplie en 1628, et qu'il n'y en avoit point d'inventaire, on nomma Mrs Rigault, Hautin et Saumaise pour y travailler, ce qu'ils firent avec une grande assiduité et une application particulière. François de Thou ayant succédé à son père à la charge de maistre de la librairie du roy, et Mr Rigault, qui en avoit la garde, ayant achepté quelques années après une charge de conseiller au parlement de Metz, Pierre Dupuy fut substitué en sa place pour garde de la mesme bibliothèque. En 1642, après la mort de François de Thou, Hiérosme Bignon, advocat général, fut choisy par le roy, pour sa grande probité et son rare sçavoir, affin de remplir sa place; Abel de Ste Marthe eut le soin des livres qui estoient restez à Fontainebleau, et Mr de Chaumont de ceux du cabinet et de la chambre du roy. Pierre Dupuy s'associa Jacques son frère, qui estoit bénéficier et prieur de St Sauveur, aussy homme de lettres, qui le survesquit, et exercea son employ après sa mort. Lequel mesme légua par testament à la bibliothèque royalle tous leurs livres, qui se montèrent à plus de 15,000 volumes, et qui sont marqués de leurs armes.

Après le décès de Hiérosme Bignon, arrivé l'an 16.., le roy Louis le Grand gratifia son fils, qui avoit succédé à sa charge d'advocat général et à ses mérites, de celle de maistre de la librairie de Sa Majesté, et pourveut M^r l'abbé Colbert, docteur en Sorbonne, de la garde de la bibliothèque.

Ce fut alors que Mr Colbert, comme sur-intendant des bastimens ayant la direction des arts et des sciences, voyant que la bibliothèque du Roy ne répondoit pas à la grandeur de Sa Majesté, et qu'il y en avoit dans Paris qui estoient plus nombreuses, prit dessein de l'augmenter, soit de manuscrits, soit de livres imprimez, et, comme le lieu où elle estoit n'en pouvoit contenir davantage, il la fit transporter en deux logis auprès de son hostel, en attendant qu'on ait basty un lieu assez vaste et assez commode pour recevoir le grand amas de livres dont on prétendoit le remplir.

On choisit Mr de Carcavy, ancien conseiller du Grand Conseil, fort versé dans la connoissance des livres, pour en avoir la garde sous Mʳ Colbert, alors évesque de Luçon, qui le fut depuis d'Auxerre; et on luy donna charge de mettre les livres dans les appartemens de ces maisons, ce qu'il fit avec tout l'ordre que le lieu pouvoit permettre. Il s'y trouva d'abord environ 25,000 volumes, tant manuscriptz qu'imprimez, y compris la bibliothèque de Mʳ le duc d'Orléans qu'on fit venir du Louvre pour l'incorporer en celle de Sa Majesté.

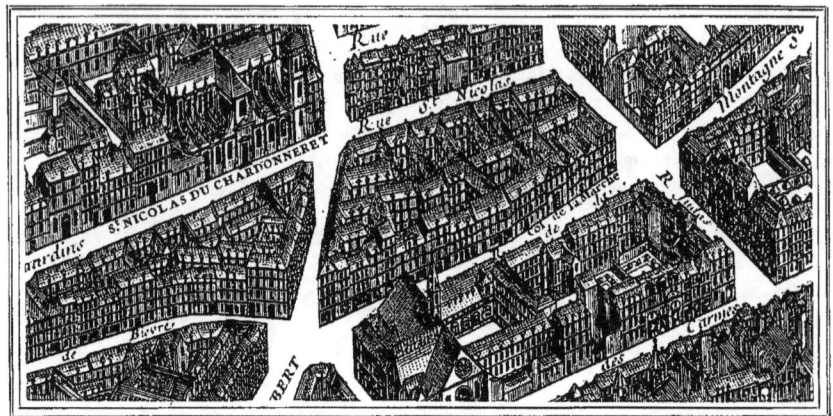

Fac-similé héliographique.   Plan dit de Turgot (1739).

COLLÉGE DE LA MARCHE.

Au coin de la rue Sans-Bout [1] et de la rue d'Amboise qui allait de la place Maubert à la Seine, un patriarche de Constantinople, nommé Pierre, avait fondé un collége qui, mal entretenu, ne possédait plus, en 1362, qu'un seul boursier. Jean de la Marche se présenta à cette époque pour habiter les constructions dépendantes de ce collége; et l'Université y consentit, désirant appliquer à la réparation des bâtiments les revenus de la location. Jean de la Marche mourut peu après, et le bail fut continué à son neveu Guillaume, chanoine de Toul.

Celui-ci consacra tous ses biens à la réorganisation du collége [2], et il désigna pour exécuteur testamentaire Beuvin de Winville, «homme fort riche et opulent, «qui, animé de la même pensée, délibera ériger et faire de son bien propre une «autre nouvelle fondation de ce collége, pour adjoindre à la première [3].» Par son testament, daté du 30 octobre 1423, et dont l'original est conservé aux Archives de l'Empire [4], Beuvin de Winville laissa au collége presque toute sa fortune, et, entre autres legs, l'hôtel qu'il habitait au bas de la rue de la Montagne-Sainte-Geneviève, presque en face du collége de Laon; il ordonnait que les écoliers

[1] Appelé plus tard cul-de-sac d'Amboise.
[2] J. Dubreul, *Theatre des antiquitez de Paris*, p. 552.
[3] Richard de Wassebourg, *Les antiquitez de la Gaule Belgique*, t. I; p. 471 recto.
[4] «In nomine Domini. Amen... Anno Domini «millesimo quadringentesimo vicesimo tertio.... «die vero tricesima mensis octobris... magister «Buevinus de Winvilla, magister in artibus et de-«cretis, baccalarius ac beneficiatus in ecclesia Pa-«risiensi, sanus intellectu, mente et corpore com-«pos...» (Archives de l'Empire, série M, n° 171.)

vinssent s'y installer, la proximité de la Seine rendant le local de la rue Sans-Bout « trop humide et rumaticque, » dit Richard de Wassebourg [1]. Il donnait en outre à l'établissement tous ceux de ses livres qui étaient de nature à y former une bibliothèque, à la condition qu'ils y demeureraient à jamais enchaînés; tels sont, dit-il, mon *Catholicon*, ma *Bible*, ma *Légende dorée*, mon volume de *Nicolas de Lyra* et mon traité des *Propriétés des choses*. En outre, les livres servant à la chapelle du testateur devaient être transportés dans celle du collége [2].

Beuvin de Winville mourut le 8 avril 1432. Les Archives de l'Empire possèdent aussi l'inventaire qui fut dressé après son décès. Le titre est en latin : *Inventarium omnium bonorum mobilium et immobilium bone memorie defuncti magistri Buevini de Winvilla, secundi fundatoris collegii de Marchia et de Winvilla... Obiit autem in dicto collegio anno Domini millesimo cccc°xxxij°, die octava aprilis ante Pascha.*

Le reste de la pièce est en francais [3] :

---

[1] *Antiquitez de la Gaule Belgique*, t. I, p. 471 v°.

[2] « Volo quam libri mei, qui erunt ydonei pro « libraria dicti collegii, in eadem libraria sint et « perpetuo maneant incathenati, ut puta : Catholi- « con, Biblia mea, Legenda aurea, de Lira, de « Proprietatibus rerum, et sic de aliis, ad finem qui « omnes de dicto collegio in eis studere et proficere « possint. Missale vero cum ornamentis capelle mee « in capella dicti collegii volo remanere. » (Archives de l'Empire, série M, n° 171.)

[3] « ...Inventaire par Guillaume de la Halle et « Guillaume Hemonnet, notaires du roy nostre sire,

Titre de l'inventaire dressé après le décès de Beuvin de Winville (1432).

Beuvin de Winville possédait quarante-deux volumes, qui formèrent le premier fonds de la bibliothèque du nouveau collége de la Marche-Winville. Voici, d'après l'inventaire, les plus curieux de ces ouvrages :

> Une Bible à deux fermouers d'argent doré.
> Ung texte de Sentences [1], entre deux aiz.
> Ung livre de Proprietatibus rerum [2].
> Ung petit livret de Confessionibus.
> Ung livre appellé l'histoire de Troyes, en latin [3].
> Ung livre appellé Digeste.
> Ung livre appellé le Répertoire de Durant [4], entre deux aiz.
> Une Légende dorée, entre deux aiz couverts de cuir rouge.
> Ung livre appellé Décrétalles, entre deux aiz.
> Ung livre appellé Clémentines, entre deux aiz.
> Ung livre appellé le Texte de philosophie, entre deux aiz.
> Ung Messel à l'usaige de Paris, entre deux ais, non noté.
> Ung grant Collataire [5], entre deux aiz.
> Quatre livres de médicine, entre deux aiz.
> Ung romand de la Rose en lettre courant, entre deux aiz.
> Ung autre romand de la Rose, de lettres de fourme [6], entre deux aiz.
> Deux petis livres platz : Des quatre vertus de Sénecque translatez en françois.
> Ung Bréviaire à l'usaige de Verdun, entre deux aiz, à deux fermouers d'argent doré.
> Ung livre appellé le Livre de Métafisique Petri de Alvergnia [7].

Un legs de la même nature, et presque aussi important, fut fait au collége, en 1501, par son principal Nicolas Warin, qui mérita le titre de troisième fondateur. Il créa deux bourses nouvelles, et laissa à l'établissement « omnia debita sua « ac bona tam mobilia quam immobilia », sauf pourtant quelques legs particuliers en faveur de sa famille.

« de par lui establiz en son Chastellet de Paris, de « tous les biens, meubles, lectres, debtes et créances « qui appartenoient audit deffunt, trouvez en son « hostel assiz à Paris en la grant rue sainte Gene-« viefve, près et à l'opposite du collége de Laon, « jadiz nommé l'hostel de Joinville, monstré et en-« seignez par Jehan Vaillant, clerc et serviteur d'i-« cellui deffunt, qui jura et fist serement sollempnel « aux saings Euvangilles de Dieu de dire, monstrer « et enseigner auxdiz notaires tout ce qu'il saroit « estre et appartenir à icellui deffunt au jour de « sondit trespas, pour estre mis et escripz en ce « présent inventaire, sur les peines en tel cas intro-« duites, qui lui furent dictes et déclairées par yceulx « notaires, prisez yceulx biens par Jehan de So-« lentes, priseur juré du roy nostre sire à Paris, qui

« jura de tous iceulx biens priser justement, loyal-« ment à son povoir selon le cours du temps. » (Archives de l'Empire, série M, carton n° 171.)

[1] Sans doute l'ouvrage de Pierre Lombard.

[2] Par Barthélemy de Glanville; Jean Corbechon le traduisit en français sur l'ordre de Charles V. (Voy. ci-dessus, p. 112.)

[3] Peut-être le roman d'*Edipus, fils de Laius*.

[4] C'est le *Repertorium juris canonici* de Durant, évêque de Mende.

[5] Nous dirions aujourd'hui : *Collectaire;* c'était le recueil des *collectes* ou oraisons que le prêtre récitait pendant la messe.

[6] Lettres de forme gothique.

[7] Le chanoine de Notre-Dame, Pierre d'Auvergne, a commenté plusieurs ouvrages d'Aristote.

L'inventaire de ses biens fut rédigé en juin 1501 ; c'est un cahier de grand format en parchemin que l'on conserve aux Archives de l'Empire [1]. La prisée des livres fut confiée à « Jehan Richart, libraire juré, après le serment par luy fait. » Cette petite collection se composait de vingt-huit ouvrages, parmi lesquels nous remarquons :

Boèce : de Consolacion, relyé entre deux ays, en papier et impression.
Ung Psaultier à l'usaige de Paris, couvert de rouge, relyé entre deux ays.
Virgille, en impression et papier, relyé entre deux ays, couvert de rouge.
Manipulus curatorum [2], relyé entre deux ays, couvert de rouge.
Exposicio Jacobi de Fortinio super libro Tegni [3], relié entre deux ays, de papier, couvert de cuir rouge.
Une Bible, escripte en parchemyn et à la main, relyée entre deux ays, couverte de rouge.
De Alliaco, sur les Sentences [4], relyé entre deux ays.
Une Institute en impression et papier, reliée entre deux ays, couverte de vert.
La Logicque d'Oquam [5], relyé entre deux ays, couvert de vert.
Ung texte de Térence, relié entre deux ays, avec Perse, couvert de vert.
Ung texte de Sentences [6], en impression et en papier, relié entre deux ays, couvert de rouge.
Liber de Complantu nature [7], relié entre deux ays, couvert de rouge, escript à la main.
Ung Bréviaire à l'usaige de Paris, en parchemyn et à la main, tel quel, relié entre deux ays.
Le texte des Clémentines, escript à la main, relyé entre deux ays, couvert de cuir blanc.
La 2ᵃ 2ᵉ sainct Thomas d'Aquin [8], relyé entre deux ays, en lectre d'impression, en papier.

Le collége de la Marche-Winville acquit dans la suite quelque célébrité, et subsista jusqu'à la Révolution; mais nous n'avons aucun renseignement sur l'histoire de sa bibliothèque pendant cette période de près de trois cents ans. Tous les ouvrages imprimés restent muets à cet égard, et nous n'avons découvert aucune estampille, aucune inscription qui puisse se rapporter à cette collection, pourvue d'un fonds si riche au commencement du XVIᵉ siècle. Nous ne connaissons qu'un seul volume qui porte des traces évidentes de son séjour au collége de la Marche; et encore ce volume, trouvé par nous à la bibliothèque Mazarine [9], était-il, suivant toute apparence, destiné à être donné en prix à l'un des élèves. La reliure

---

[1] Série M, carton n° 172.

[2] Ce *Manuel des curés*, composé en 1333 par Gui de Montrocher (*Guido de Monterocherii*), eut plus de cinquante éditions dans les trente dernières années du XVᵉ siècle. La première est de 1471.

[3] Sans doute l'*Ars parva* de Galien; voyez A.-F. *Recherches sur la bibliothèque de la Faculté de médecine de Paris*, p. 142.

[4] Ce commentaire est un des premiers ouvrages de Pierre d'Ailly.

[5] C'était alors un des traités les plus répandus de Guillaume Ockam.

[6] Par Pierre Lombard.

[7] L'ouvrage ici désigné est du philosophe Alain de Lille (*Alanus de Insulis*); voici son titre complet : *De planctu naturæ ad Deum, sive enchiridion de rebus naturæ*.

[8] La Seconde SECONDE (*secunda SECUNDÆ*) de Saint-Thomas d'Aquin.

[9] Nouveau fonds, Littérature, n° 656.

est en veau rouge, et à chaque coin se trouve une fleur de lis ; on lit sur les plats, d'un côté, ainsi disposé, le mot :

et de l'autre :

Les bâtiments de ce collége furent vendus en 1790, et transformés en caserne. Ils ont disparu complétement par suite du percement de la rue des Écoles.

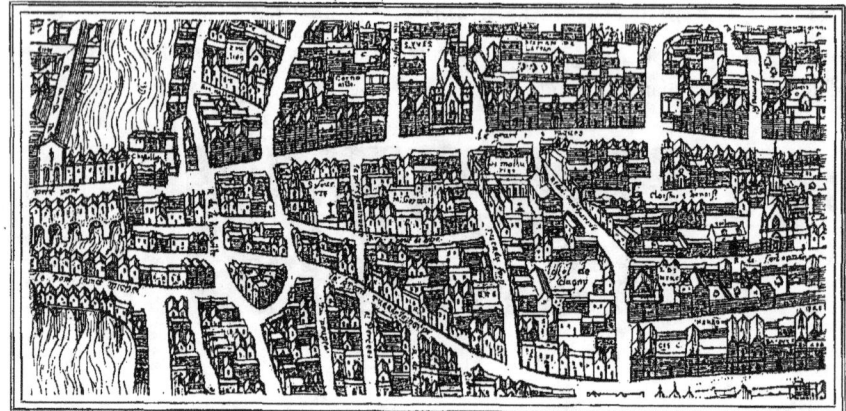

Fac-similé héliographique. *Plan dit de Ducerceau (1560).*

COLLÉGE DE MAÎTRE GERVAIS.

Le 20 février 1370 [1], par acte passé devant notaires, maître Gervais Chrétien, chanoine de la cathédrale de Paris [2], « premier médecin ou physicien [3] du « roy très-chrestien Charles V, acquit plusieurs maisons ès rüe d'Erembourg de « Brie, autrement dicte des Enlumineurs [4], et celle du Foin, derrière les Mathu- « rins : lesquelles il convertit en collége qui retient encore son nom [5]. »

Charles V prit l'établissement sous sa protection ; il voulut qu'on y enseignât la médecine et l'astrologie, et il lui donna dans ce but des instruments et des livres [6]. Deux de ces volumes sont mentionnés sur le catalogue de la bibliothèque de

---

[1] Piganiol de la Force, *Description historique de Paris*, t. VI, p. 271.

[2] Gervais Chrétien, que Chomel appelle Gervais Vany ou Kerany ou Christiani, était encore doyen de la Faculté de médecine de Paris, chanoine de Lisieux, de Bayeux, de Saint-Quentin, et archidiacre de Chartres ; il mourut en 1382. (Voyez Cl. Héméré, *De Academia Parisiensi*, p. 49, et Chomel, *Essai historique sur la médecine en France*, p. 17 et 262.)

[3] Quand l'Université commença à se former, ceux de ses membres qui enseignaient ou pratiquaient la médecine s'appelaient *physiciens*. Le premier médecin du roi prenait le titre de *physicus domini régis*, et cette dénomination s'est maintenue en France pendant près de trois siècles. (Voyez Chomel, *Essai historique sur la médecine en France*, p. 65.)

[4] C'est celle que notre plan nomme *rue Bout de brye*. On écrit aujourd'hui *rue Boutebrie*.

[5] J. Dubreul, *Theatre des antiquitez de Paris*, p. 542. — Voir encore : J. Riolan, *Recherches curieuses sur les escholes en médecine de Paris et de Montpellier*, p. 197 ; et G. Naudé, *De antiquitate et dignitate scholæ medicæ Parisiensis*, p. 44. — Destiné d'abord plus spécialement à des jeunes gens nés dans le diocèse de Bayeux, on l'appela aussi Collége de Notre-Dame de Bayeux.

[6] Velly, Villaret et Garnier, *Histoire de France*, t. XI, p. 120.

Charles V qui fut dressé en 1373 par Gilles Malet[1]; ce sont deux exemplaires des *Éthiques* d'Aristote. Le premier est inscrit sous ce titre : «Ethiques, couvert de «cuir noir, à iiij fermoers;» et on lit en marge : «Donné par le Roy à maistre Ger-«vèse.» Le second est ainsi mentionné : «Ethiques glozéez, couvert de cuir vert et «à ij fermoers;» puis en marge : «Donné aus escolles maistre Gervèse.» Il paraît au reste que Gervais Chrétien offrait aussi des livres à Charles V, témoin cette indication du même catalogue : «Messire Guillaume de Maureville, qui parle d'une «partie des merveilles du monde et des pays, couvert de veluyau[2] ynde[3]; et le «donna au Roy maistre Gervaise Chrestien, son premier physicien.»

A la prière du roi, Urbain V confirma la donation que ce souverain avait faite au collége, et lança l'anathème contre ceux qui oseraient enlever les instruments et les livres qu'il y avait placés[4]. Mais cette menace ne suffit pas pour les protéger; car nous avons trouvé aux Archives de l'Empire l'original sur vélin d'une ordonnance adressée le 6 mars 1501 par le cardinal d'Amboise à l'archidiacre de Bayeux, et dont le but était d'amener la restitution d'objets qui avaient été dérobés au collége; or, dans l'énumération qu'en fait le cardinal, nous voyons mentionnés «libros capelle, thesauri et bibliothecæ[5].»

Parmi ces derniers figuraient plusieurs manuscrits précieux qui provenaient de l'évêque d'Avranches Robert de la Porte, et sur lesquels on lisait ces mots : «Ex dono Roberti Portæ.» Cette donation était antérieure à 1378, car Robert de la Porte était mort en 1379, et ses biens avaient été confisqués l'année précédente[6].

Ces pertes furent réparées dans la suite, soit par des achats, soit par des donations, et J. Dubreul nous apprend, en 1639, que le collége de maître Gervais possédait alors «une belle, riche et magnifique librairie[7].» Nous ne savons, du reste, s'il la conserva, ni ce qu'elle devint quand l'établissement fut réuni à l'Université.

Ce collége eut, pendant quelque temps, pour principal Gosselin, qui, en 1560, devint garde de la bibliothèque du Roi[8]; il a lui-même écrit et signé à la fin d'un volume renfermant les statuts du collége[9] ces mots : «Ille ego Gosselinus, qui «tunc collegii Gervasii principalis eram, postea, videlicet anno Christi 1560, fac-«tus hujus bibliothecæ regiæ custos...[10]»

---

[1] Bibliothèque impériale, manuscrits, fonds français, n° 2700. Voyez ci-dessus, p. 114 et suiv.

[2] Velours.

[3] Bleu.

[4] E. Duboulay, *Historia Universitatis Parisiensis*, t. IV, p. 430. — Lebeuf, *Histoire de la ville et du diocèse de Paris*, t. III, p. 450.

[5] Archives de l'Empire, série M, carton n° 168.

[6] *Histoire littéraire de la France*, t. XXI, p. 481.

[7] J. Dubreul, *Theatre des antiquitez de Paris*, p. 544.

[8] Voyez ci-dessus, p. 150 et suiv.

[9] Bibliothèque impériale, manuscrits, fonds latin, n° 4397 A.

[10] Ce volume a pour titre : *Statuta collegii magistri Gervasii, hic data a Joanne Gosselin, anno Domini 1600*. On lit au-dessous : «Utinam juramen-

COLLÉGE DE MAÎTRE GERVAIS.

Le collége de maître Gervais avait été entièrement reconstruit à la fin du dix-septième siècle; les derniers vestiges des bâtiments qu'il avait occupés ont disparu lors de la création du boulevard Saint-Michel.

«tum horum statutorum pro libraria prudenter «constitutum, etiam in bibliotheca regia perpetuo «servetur.» Ce volume est entré à la bibliothèque du Roi par les soins de Gosselin, qui s'en était rendu acquéreur en 1601. «Quando reperi hæc Statuta «venalia publicaque, quæ auro emi, ut illa in biblio-«thecam regiam servanda darem, ne lapsu tempo-«ris amitterentur in prefato collegio.»

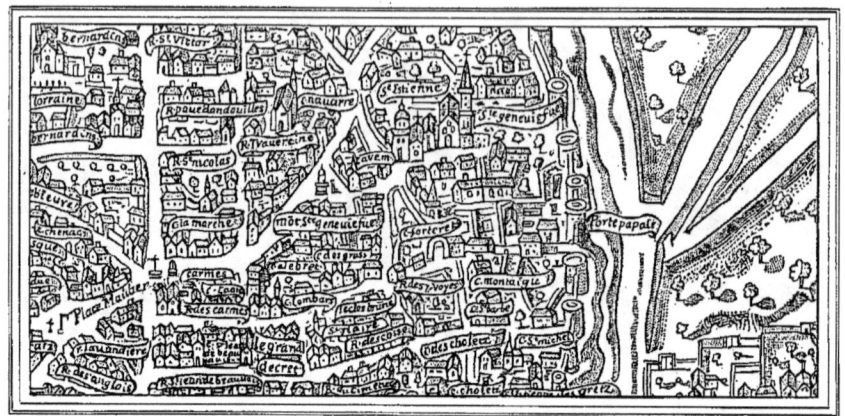

Fac-similé héliographique.   Plan dit de Tapisserie (1540).

COLLÉGE DE FORTET.

Par son testament, daté du 12 août 1391, «venerable et discrette personne «messire» Pierre Fortet[1], d'Aurillac, chanoine de Notre-Dame de Paris, ordonna qu'un collége serait établi, aux frais de sa succession, dans une maison dite *les Caves* qu'il possédait à Paris, et qui était située rue des Cordiers[2].

Pierre Fortet mourut le 24 avril 1394. Le chapitre de Notre-Dame désigna pour remplir les fonctions d'exécuteurs testamentaires Bertrand de Cherne, Jean du Soc et Jean de Chanteprime, tous trois chanoines de l'église. Ceux-ci ne réalisèrent qu'à moitié les intentions du défunt : aucune des maisons laissées par lui n'ayant été jugée propre à l'installation du collége, ils en achetèrent une dans la rue des Sept-Voies[3].

Nous ne connaissons d'autre document relatif à la bibliothèque de ce collége qu'un précieux manuscrit de la Bibliothèque impériale, qui contient le testament de Pierre Fortet et toutes les pièces relatives à sa généreuse fondation[4]. Pierre

---

[1] J. Dubreul, *Theatre des antiquitez de Paris*, p. 546.

[2] Jaillot, *Recherches critiques, historiques et topographiques sur Paris*, quartier Saint-Benoît, p. 226.

[3] Piganiol de la Force, *Description historique de Paris*, t. VI, p. 27.

[4] Bibliothèque impériale, manuscrits, fonds français, n° 8630; autrefois dans le supplément français n° 1492.

Fortet avait réuni une bibliothèque très-nombreuse pour son temps; elle fut inventoriée et mise en vente :

> *Cy apres s'ensuit l'inventoire des livres,*
> *Et la receipte faicte des ceulx qui ont esté venduz,*
> *Après par maistre Olivier St Lempire et autres,*
> *Comme il pourra apparoir par ledit inventoire.*

Fortet, en effet, n'avait disposé que d'une très-petite partie de ses livres : il avait légué à son neveu Girard « *Decretales*, *Sextum*, *Clementinas* et *Johanninas*; » à son autre neveu nommé Pierre « quinque libros legales, videlicet *Digestum vetus*, « *Inforciatum*, *Digestum novum*, parvum volumen, *Codicem*; » mais nous ne voyons pas qu'il ait songé à organiser une bibliothèque dans l'établissement qu'il fondait. Ses exécuteurs testamentaires y pensèrent pour lui, car, à la vente de ses livres, ils achetèrent dans ce but vingt-six volumes; ceux-ci figurent dans l'inventaire avec cette mention : « Baillé au collége. » Voici donc de quels ouvrages se composa, à l'origine, la bibliothèque du collége de Fortet.

Un petit volume qui se commence ou second fouillet : « et jus quo. » Prisé vj s.

Digeste vielle, qui se commence ou second fouillet : « vari precipimus. » Prisé c s.

Innocens, commençant ou second fouillet : « quam spectat. » Prisé xlviij s. par.

Ung messel à l'usaige de Paris, commençant ou second fouillet : « in illo tempore. » Prisé xij lib.

Le livre de Daniel, glosé, commençant ou second fouillet : « viduatus. » Prisé xl s.

Décrétalles en deux volumes de la glose d'Ostiensis [1], dont le premier volume commence ou second fouillet : « ff penultimus; » l'autre volume commence ou second fouillet : « et consilium. » Prisé vj lib.

Une Inforsade [2], commençant ou second fouillet : « quare sit maritus. » Prisé xlviij s.

Le Psaultier glosé, commençant ou second fouillet : « de Christo. » Prisé lxiij s.

Mathé et Marc, glosez, commençans ou second fouillet : « genuit Ysaac. » Prisé xx s.

L'Arcediacre sur le vj[e] [3], commençant ou second fouillet : « unde dico. » Prisé xl s.

Les livres de Genesis, de Exode, glosez, commençans ou second fouillet : « erat quantum. » Prisés xxxij s.

Les livres Levitici, Numeri et Deuteronomii, commençans ou second fouillet : « masculum. » Prisés xxxij s.

Certains escrips de St Thomas sur le livre des Sentences, commençans : « superiorem. » Prisés xl s.

---

[1] Voyez la note 1, p. 231.
[2] L'Infortiat.
[3] Il s'agit ici et dans l'avant-dernier article d'un commentaire sur le *Sexte* (VIe partie des *Décrétales*). Pour les noms des deux commentateurs, voyez ci-dessus, p. 74, notes 5 et 6.

Ung Code, commençant ou second fueillet : « constitucionis. » Prisé viij lib.

Les xij Prophètes, glosez, commençans ou second fueillet : « tavani sive fornicacionem. » Prisé xxiiij s.

Mathé et Marc, glosez, commençans ou second fueillet : « Abraham genuit. » Prisé xxiiij s.

Le livre de Josue, Judicum et Ruth, glosez, commençant ou second fueillet : « me priorem. » Prisé xx s.

La seconde partie de la Somme d'Ostiensis[1], commençant ou second fueillet : « ecclesias- « tico. » Prisé xl s.

Ung livre appelé Methaphesica Aristotilis, commençant ou second fueillet : « fuerit ista. » Prisé x s.

Les Evangilles de Luc et de Johannes, glosez, commençans ou second fueillet : « ex ordine. » Prisé xxiiij s.

Les Épitres de saint Pol, glosées, commençans ou second fueillet : « laudes Deo. » Prisé lxiiij s.

L'autre partie de la Summe d'Ostiensis, commençant ou second fueillet : « Christus ab Adam. » Prisé xxiiij s

Le livre de Job, glosé, commençant ou second fueillet : « nequeunt. » Prisé xx s.

Ung texte de Sentences, commençant ou second fueillet : « sanctus minor. » Prisé xxiiij s.

Digeste nove, commençant ou second fueillet : « non edifficet. » Prisé iiij lib.

Jehan André[2] sur le vj°, commençant ou second fueillet : « patres et duramus. » Prisé xxiiij s.

La première partie de frère Thomas, commençant ou second fueillet : « ad sextum. » Prisé xij s.

Le collége était déjà en exercice quand il reçut encore une trentaine de volumes, dont nous ignorons la provenance. On lit en effet à la fin du manuscrit que nous avons cité : « Premièrement, pour livres baillez audit collége ou mois « de septembre l'an mil quatre cens et douze. »

Nous remarquons dans cette énumération les ouvrages suivants :

Une Digeste vielle, qui se commence ou second fueillet : « nolumus. » Prisié xxiiij s.
Un Code imparfait, commençant : « modo. » Prisié iiij s.
Manipulus florum[3]. Prisié iiij lib.
Un Collectaire. Prisié xxiiij s.
Une Légende dorée[4]. Prisié c s.
Paule sur les Clémentines. Prisé lxiiij s.
Un livre de Collectes[5]. Prisié iiij s.
De Proprietatibus rerum[6]. Prisé vj lib.

---

[1] La *Somme* du cardinal Henri de Bartholomeis, plus connu sous le nom de Henri de Suze, qui fut un des plus célèbres canonistes du xiii° siècle, et qui mourut évêque d'Ostie.

[2] Jean André, savant canoniste italien, a commenté les *Clémentines*, les *Décrétales* et les *Sentences* de Pierre Lombard.

[3] Sans doute l'ouvrage suivant : *Manipulus florum, seu historia Mediolani, ab origine urbis usque ad annum 1371*, par Galvaneo Fiamma. Il a été inséré par Muratori dans son *Scriptores rerum italicarum*, t. XI, p. 553, et t. XII, p. 991.

[4] Le célèbre ouvrage de Jacques de Voragine.

[5] On appelle *collectes* les oraisons que le prêtre récite pendant la messe; elles commencent par cette invitation aux fidèles : *Oremus*.

[6] Par Barthélemy de Glanville. Ce travail a eu douze éditions de 1479 à 1494.

Racionale [1]. Prisié xɩj lib.
Une lecture sur le Décret [2]. Prisé lxɩɩj s.
Les Concordances abrégiées. Prisié c s.
Le Répertoire de Guillaume Durant [3]. Prisé xxxɩj s.
Queḋam pars Dialogorum Gregorii [4], commençant : « neque super. » Prisé vj s.
Un Messel tout nuef. xlv lib. par.
Un gros Bréviaire à l'usage de Paris. Prisié xl lib.
Un Journal [5] à l'usage de Paris. ɩx lib. xɩj s.
De Lira sur le Nouvel Testament [6]. xl lib.
Un Speculum juris [7]. Prisié xɩɩj lib. vɩɩj s.
Un volume contenant les quatre livres des Roys, glosez, commençant : « quid non ego. » Prisé lx s.

Nous ne savons si ce premier fonds fut augmenté dans la suite, car aucun auteur, ancien ou moderne, n'a dit un mot de cette bibliothèque. Le collége de Fortet (*Collégium Forteticum*), réorganisé en 1704 [8], subsista cependant jusqu'à la Révolution, et l'on voit encore, au numéro 21 de la rue des Sept-Voies, quelques traces des bâtiments qu'il occupait.

---

[1] *Rationale divinorum officiorum, libris octo distinctum*, par Duranti, évêque de Mende; il a été imprimé dès 1459.

[2] Les commentaires sur le *Decretum* de Gratien sont innombrables.

[3] C'est le *Repertorium juris canonici* de Guillaume Duranti. Il a été imprimé à Venise en 1496.

[4] Ces *Dialogues* ont été contestés à saint Grégoire. Ce sont des récits d'histoires miraculeuses relatives à différents saints. M. Le Roux de Lincy les a publiés en partie, à la suite de son édition des *Quatre livres des Rois*.

[5] Livre d'église qui contenait l'office de chaque jour; c'est le *Diurnal* actuel.

[6] Nicolas de Lyra commenta toute la Bible : *Postillavit Bibliam a principio usque ad finem*, dit son épitaphe.

[7] Sans doute le *Speculum judiciale*, de Guillaume Duranti; cet ouvrage a eu trente-deux éditions de 1473 à 1668.

[8] *Hist. littéraire de la France*, t. XXIV, p. 251.

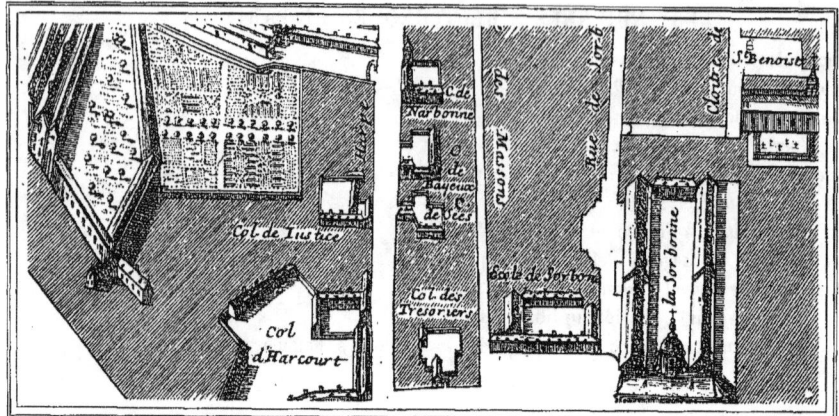

Fac-similé héliographique.   Plan de Lacaille (1714).

COLLÉGE DE SÉEZ.

Grégoire Langlois, évêque de Séez, laissa en mourant la somme nécessaire pour la fondation de deux colléges, dont l'un devait être établi à Angers et l'autre à Paris[1]. Jean Langlois, son neveu et son exécuteur testamentaire, se chargea d'acquitter ce legs, et le nouveau collége fut installé rue de la Harpe, alors rue Saint-Côme, en face du collége de Justice, le 24 février 1427[2].

L'établissement eut aussitôt une bibliothèque, dont le premier fonds fut pris parmi les livres qu'avait possédés Grégoire. On en trouve la liste dans l'inventaire de ses biens, daté du 17 mai 1404, et qui est conservé aux Archives de l'Empire[3]. L'*Inventaire des livres* comprend une vingtaine de volumes, parmi lesquels nous remarquons :

Un cours de droyt canon bien notable.
Un autre cours de droyt canon.
La Règle de Benoist.
Le Rosaire en deux volumes.
Un volume contenant six livres.
Deux cours de droit civil.
Un Digeste nove.
La Somme de Hostience[4].
Le Répertoire Guillaume Durant[5].

[1] Piganiol de la Force, *Description historique de Paris*, t. VI, p. 313.
[2] J. Dubreul, *Theatre des antiquitez de Paris*, p. 553.
[3] Archives de l'Empire, série M, carton n° 191.
[4] Voyez ci-dessus, page 231, note 1.
[5] Voyez ci-dessus, page 232, note 3.

Ce précieux commencement de bibliothèque fut transporté au collége, et l'on eut soin de faire figurer dans les statuts toutes les dispositions nécessaires pour en assurer la conservation. Les livres devaient être placés sur des pupitres, et attachés avec des chaînes, dont les clefs seraient enfermées dans le coffre du trésor. On accordait à chaque boursier une clef de la bibliothèque; mais il leur était interdit d'y laisser pénétrer aucun étranger, à moins qu'il ne leur fût bien connu, et encore fallait-il qu'il fût constamment accompagné par le boursier qui l'avait introduit [1]. Un autre article enjoignait au principal d'examiner fréquemment les livres, et d'en faire dresser l'inventaire à la fin de chaque année scolaire [2]. Ce collége fut reconstruit avec luxe, vers 1730, aux frais d'Alexandre Lallemand, évêque de Séez; en 1763, on le réunit à l'Université.

Ce qui restait des bâtiments a été démoli lors du percement de la rue des Écoles.

[1] «Item, statuimus quod in collegio sit una «libraria, in qua libri debite disponantur in pul-«pitis, et incathenentur cum cathenis fermantibus «ad seras, quarum claves reponantur in archa «thesauri; et de ipsa libraria quilibet bursarius «habeat clavem, nec intret extraneus nisi notus, «et adhuc in presentia continua alicujus bursarii.»

[2] «Item, de libris dispositis in dicta libraria «sepissime fiat visitatio per magistrum et illos de «collegio, ne quid inibi depereat; et saltem in anno «circa finem studii fiat inventarium de dictis li-«bris.» (Archives de l'Empire, série M, carton 191.)

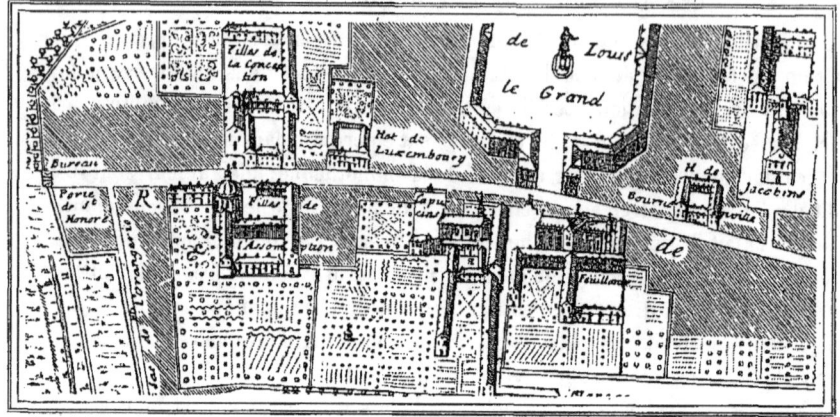

Fac-similé héliographique.   Plan de Lacaille (1714).

CAPUCINS DE LA RUE SAINT-HONORÉ.

Les Capucins, «ainsi nommez, dit Aubert Le Mire, à raison du capuce pointu «qu'ils portent [1], » furent institués en 1525 dans le duché de Spolète par Mathieu Baschi. Vers 1560, le cardinal de Lorraine amena d'Italie quatre religieux de cet ordre et les installa dans son parc de Meudon; mais, à la suite de la mort du cardinal, ils regagnèrent leur pays. Peu d'années après, un ex-cordelier, nommé Pierre Deschamps, fonda à Picpus un petit couvent de Capucins [2]. Leur nombre augmenta peu à peu, et, comme ils passaient pour «austères, dévotieux, «charitables et vivant selon l'esprit pour acquérir Paradis [3], » Henri III les prit sous sa protection spéciale, et leur fit construire un immense couvent, qui renferma plus tard jusqu'à cent trente religieux.

Les Capucins s'y installèrent en 1576; mais c'est en août 1598 que nous voyons leur bibliothèque citée pour la première fois. Sur un volume de Fr. Gonzague, *De origine seraphinæ religionis Franciscanæ*, qui fut publié en 1587, in-folio, nous avons trouvé la note suivante : «Liber iste datus fuit Conventui R^{dorum} Patrum Ca-«pucinorum a R^{ndo} P. fr. Francisco Gonzaga, episcopo Mantuano et nuncio apos-«tolico in Gallia ad Henricum iiij, Galliarum regem, et rogat ut memoriam pro illo «habeant in suis orationibus. Die 29 augusti 1598. Parisiis [4]. » Quarante-deux ans

---

[1] Aub. Le Mire, *Histoire de l'origine et institution de divers ordres de congrégations religieuses*, p. v.

[2] *Chronologie historique des Capucins de la province de France*, p. 19. Bibliothèque impériale, manuscrits, fonds français, n° 25044 (ancien fonds des Capucins Saint-Honoré, n° 4 ter).

[3] J. Dubreul, *Theatre des antiquitez de Paris*, p. 696.

[4] Bibliothèque Mazarine, doubles, n° 141.

après, cette collection était organisée et pourvue d'un bibliothécaire; car on lit, en 1640, dans les *Ordonnances capitulaires de la province de Paris* : « Que les pré-
« dicateurs ne retiennent point dans leur chambre plus de livres qu'ils n'en ont ac-
« tuellement besoin pour faire leurs sermons, affin de ne pas dégarnir les biblio-
« tèques. Ils en donneront une liste au supérieur ou au bibliotéquaire, affin que,
« quand quelqu'autre prédicateur les demandera, on poura sçavoir qui les a pour
« les luy redemander[1]. »

Les renseignements relatifs à cette bibliothèque sont ensuite très-contradictoires. Le P. L. Jacob déclare, en 1643, que « la bibliothèque des Pères Capucins du
« faubourg Saint-Honoré est de considération pour la quantité et la qualité de ses
« livres[2]; » mais, en 1663, les *Ordonnances capitulaires* que nous avons citées rendent, en ces termes, à la même collection un témoignage beaucoup moins favorable : « Les bibliotèques sont tellement négligées, que les livres sont tous pourris
« et mangez des rats et des souris. La poudre et les vers les consomment, de ma-
« nière que tout est dans un triste état. Les Pères gardiens, que cela regarde,
« doivent y avoir l'oëil[3]. » Michel de Marolles pouvait donc avec raison appliquer alors à la bibliothèque de Paris l'épithète de « pauvre » :

Et qu'on y range encor la pauvre capucine.[4]

Il semble, au reste, que le chapitre du couvent s'occupait assez peu de cette pauvre collection, car le recueil de ses délibérations contient fort peu de décisions qui y soient relatives. La seule que nous ayons à citer est de 1674; le chapitre assemblé arrêta que les livres pourraient être prêtés au dehors à des personnes connues par leur piété et leur attachement au monastère. Le provincial de chaque couvent fut en même temps autorisé à envoyer dans une autre maison ou à échanger contre d'autres volumes ceux qui seraient jugés inutiles[5].

En 1686, un sieur Jean Dubois, frère d'un Capucin missionnaire, laissa quelques livres au couvent, comme l'indique cette note que nous avons rencontrée sur un certain nombre de manuscrits : « Ex dono domini Joannis Dubois, fratris
« V^di Patris Basilii Suessionensis Capucini concionatoris et missionarii apostolici.
« 1686. Orate pro eo[6]. » Une donation beaucoup plus considérable fut due, bientôt

---

[1] *Annales des Révérends Pères Capucins de la province de Paris.* Bibliothèque Mazarine, manuscrits, n° H 2879, p. 227.

[2] L. Jacob, *Traicté des plus belles bibliothèques,* p. 503.

[3] *Annales des Révérends Pères Capucins*, etc. p. 267.

[4] Mich. de Marolles, *Paris ou description succincte et néantmoins assez ample de cette grande ville,* p. 46.

[5] « In hoc capitulo fuerunt proposita et resoluta « nonnulla dubia, et sunt.... 11° An possint mutuari « libri bibliothecarum nostrarum alicui devoto seu « religioso per aliquod tempus, absque periculo « excommunicationis. Patres provinciales possunt « libros superfluos transmittere in alium locum, « vel in alios libros commutare. » (*Capitularia generalia Capucinorum* [*1529-1698*], xxxvii^um capitulum, p. 169. Bibliothèque Mazarine, manuscrits, n° 2419.)

[6] Voyez entre autres bibliothèque Mazarine, manuscrits, n° T 615.

après, à un Capucin nommé frère Fulgence; on trouve, en effet, sur une multitude de volumes imprimés qui ont appartenu à cette maison, les mots : « F. Fulgence de Paris, capucin. »

Mais ce qui, plus que tout cela, contribua à relever la bibliothèque des Capucins, ce fut la nomination du P. Athanase de Mégrigny au poste de bibliothécaire. Il s'occupa de classer les volumes suivant les matières qu'ils traitaient, s'efforça d'en acquérir de nouveaux, et commença un catalogue général de la collection. Il fut, sur ces entrefaites, nommé évêque de Grasse; mais on lui donna pour successeur au couvent le P. Héliodore, qui hérita de son zèle et continua le catalogue commencé. Celui-ci forme deux volumes in-folio écrits avec beaucoup de soin. Le premier volume fut terminé en 1725, comme on le voit par ce titre détaillé, dont nous reproduisons textuellement l'orthographe :

CATALOGUS

Librorum Omnium Bibliothécæ

prout positi sunt sub Titulis

habitâ ratione diversarum Matériarum in ipsis contentarum

Primum quidem à Révérendo in Christo Patre

P. Athanasio de Mégrigny Cap.

nunc verò Grassae Episcopo inceptus, et post quadraginta tres circiter annos à P.

Héliodoro Parisino Bibliothécario,

suprà dicti R. P. et Illustriss. Præsulis alumno, Résumptus, Continuatus, Perfectus et Tertiâ feré parte Librorum adauctus,

Atque in præstantiorem formam, ac méliorem ordinem, ut vidére est, rédactus.

Anno Dominicæ Incarnationis

1725 [1].

Le second volume, qui contient l'ordre alphabétique, fut achevé deux ans plus tard. On lit en tête : *Catalogus nominum authorum quorum libri sunt in Bibliothecâ, ordine alphabético dispositus. Opera et studio Patris Héliodori, Parisini, Bibliothécarii. Anno ab Incarnatione Domini nostri Jesu Christi* 1737 [2].

---

[1] Bibliothèque Mazarine, manuscrits, n° 3282. — [2] Bibliothèque Mazarine, manuscrits, n° 3283.

Ce catalogue est précédé d'une *Dédicace*, d'un *Admonitio* émanant du P. Athanase de Mégrigny, et de quatre *Avertissements*. On en trouvera plus loin des fragments, qui renferment plusieurs détails curieux relatifs à la bibliothèque.

Au moment de la Révolution, le vaisseau qui renfermait cette collection était fort beau, long de cent pieds et large de vingt-deux [1]. Au milieu se trouvaient des espèces de bureaux ou de buffets, au nombre de cinq et remplis de livres [2]. On y voyait aussi deux globes exécutés par Coronelli en 1693, et plusieurs curiosités parmi lesquelles figurait une reproduction en nacre de perles de l'église du Saint-Sépulcre à Jérusalem; c'était un présent du comte de Vergennes, qui l'avait reçu lui-même à Constantinople, où il avait été ambassadeur [3].

De nombreuses donations, dont nous n'avons pu retrouver aucune trace, vinrent successivement accroître cette collection, qui, en 1790, était «la plus belle «et la plus volumineuse de toutes celles du même ordre qui se trouvent en «France,» et contenait «de dix-huit à dix-neuf mille volumes,» dit la *Déclaration* officielle; cependant Thiéry, dès 1787, lui en attribuait vingt-quatre mille [4].

Parmi les richesses de cette bibliothèque, on citait un nombre assez considérable de livres orientaux; aussi trouve-t-on parfois inscrit sur le titre de certains volumes ces mots : *Linguarum orientalium academiæ Capucinorum sancti Honorati*. Le rapport adressé par le bibliothécaire à l'Assemblée nationale, décrit ainsi la composition de la bibliothèque des Capucins : « L'Écriture Sainte, y compris les inter-«prètes, est assez complette en tout genre et principalement en langues orien-«tales. Une Bible manuscrite du xive siècle, grand in folio sur vélin, avec de «très belles vignettes, en quatre volumes, est fort estimée. Plusieurs Bibles ma-«nuscrites, in octavo et in douze fort anciennes, ont leur mérite. Un Nouveau «Testament grec, aussy manuscrit, qu'on croit du xe ou xie siècle, n'est pas moins «précieux. La collection des Conciles et des Pères est bien soignée; dans ce qu'elle «contient, plusieurs éditions romaines et angloises n'en font pas le moindre orne-«ment. L'histoire ecclésiastique y est assez étendüe dans toutes ses parties; les «Bollandistes finissent au mois de septembre. L'histoire profane renferme d'excel-«lents morceaux et de bonnes éditions; la Bysantine en 29 volumes in folio est «dans le meilleur état. Les livres moreaux, ascétiques, sermonaires, ouvrages de «piété et de controverse, sont très-nombreux. Les belles-lettres, bibliographes, «dictionnaires, etc. ont aussy leur prix. On peut surtout distinguer la belle col-«lection des antiquités grecques et romaines en 36 volumes in folio, édition d'Hol-«lande; les antiquités de dom Montfaucon en 19 vollumes; plusieurs musées

---

[1] Thiéry, *Guide des amateurs et des étrangers*, t. I, p. 111.

[2] *Déclaration de la maison et établissement des Capucins de la rue Saint-Honoré de la ville de Paris, conformément au décret de l'Assemblée nationale du* 13 *novembre* 1789. Archives de l'Empire, série S, n° 3705.

[3] Thiéry, *Guide des amateurs et des étrangers*, t. I, p. 111.

[4] Thiéry, *ibid.*

« d'Italie, des receuils accadémiques, etc. [1]. » Jordan rapporte un fait qui donne la plus haute idée de l'orthodoxie des Capucins : « On me conta, dit-il, que dans « leur bibliothèque on avoit vu un Nouveau Testament d'Erasme, à la tête duquel « on avoit écrit ces mots : Liber prohibitus primæ classis [2]. »

Nous avons dit que le catalogue de cette bibliothèque datait du commencement du xviiie siècle et formait deux volumes in-folio. Au moment de la Révolution, on s'occupait de refaire ce travail [3].

En 1789, l'Assemblée nationale s'empara de la bibliothèque des Capucins pour y établir cinq de ses bureaux. « On a, dit le bibliothécaire, couvert toutes les faces « de l'emplacement de planches ou de tapisseries, en sorte que nous n'avons plus « eü la jouissance d'aucun livre, excepté de ceux qui se trouvent dans nos cham- « bres et qui sont à notre usage, lesquels sont de peu de conséquence [4]. » Un peu plus tard, ce couvent fut un des locaux désignés pour la centralisation des ouvrages enlevés aux bibliothèques des personnes émigrées et des maisons ecclésiastiques supprimées [5].

La bibliothèque des Capucins n'avait point, à proprement parler, d'estampille. On trouve seulement, frappés en grosses capitales sur les plats de quelques volumes, ces mots :

Les inscriptions manuscrites sont très-fréquentes, mais leur forme varie peu :

PRO CONVENTU CAPUCINORUM PARISIENSIUM SANCTI HONORATI.
DU COUVENT DES CAPUCINS DE PARIS SAINT-HONORÉ.
AUX CAPUCINS SAINT-HONORÉ.

Sur l'emplacement que couvrait cet immense couvent, on a percé la rue Castiglione, la rue du Mont-Thabor, et une partie de la rue de Rivoli.

---

[1] *Déclaration de la maison et établissement des Capucins*, etc. Archives de l'Empire, série S, carton n° 3705.

[2] Jordan, *Histoire d'un voyage littéraire*, p. 75.

[3] *Déclaration de la maison et établissement des Capucins*, etc.

[4] *Déclaration de la maison et établissement des Capucins*, etc. Ce document se termine ainsi : « Ce « que je déclare et certiffie en ma qualité de biblio- « thécaire, et par ordre de mes supérieurs, ce 1er jan- « vier 1790. Et a signé frère Jean-Baptiste de Bouil- « lon, ancien provincial et bibliothécaire. »

[5] Jacquemard, *Remarques sur les abbayes, collégiales, etc. supprimées*, p. 252. — Lenoir, *Description des monuments réunis au musée des Petits-Augustins*, p. 2.

EXTRAIT DU CATALOGUE TERMINÉ EN 1725

PAR LE PÈRE HÉLIODORE[1].

REVERENDO IN CHRISTO PATRI

P. Theodosio Parisino

hujus-ce Conventus Sancti Honorati

Guardiano Vigilantissimo

de Bibliotheca

multis modis bene merito

Oratio Dedicatoria.

Catalogum, quadraginta tribus abhinc annis jam-inde inceptum, et tantum modo, ut verum dicam, delineatum, ac veluti adumbratum, tandem multo studio perfectum, indefessoque labore consummatum, atque in præstantiorem formam, ac meliorem ordinem, ut videre est, Dei gratia reductum R. P. vestræ offerimus; ut quicunque ad cognitionem librorum pervenire cupiet, ejus auxilio atque adjumento utatur. Sicut enim clavis ad apertionem cubiculorum, ita Catalogus ad cognitionem librorum prorsus necessarius est. Sic autem eum disposuimus atque accommodavimus, ut cujuscunque ingenii aut gustus sit ille qui ipsum attrectare voluerit, in eo quod ipsi satisfacere possit facillime atque ad aperturam libri inveniat : sive enim ordinem librorum, sive ordinem authorum, sive ordinem materiarum, sive impressionum seriem desideraverit, hæc omnia suo quæque ordini accommodata ob oculos continuo reperiet; nihil enim in eo desiderandum relinquere voluimus; nam, ut fusius retuli in una ex præfationibus, sive admonitionibus meis gallicis, Catalogus iste non est simplex, sicut fieri solet catalogus; sed ex quatuor catalogis, sibi invicem correspondentibus, atque in unum eundemque finem recta collineantibus, sic conflatus est, ut tam docti quam indocti, tam tyrones quam magistri quod ipsis arridere possit incunctanter indesinenterque inveniant. Hæc ad gloriam unicam Dei, ad Ordinis honorem, Religiosorumque studiosorum utilitatem, Deo afflante ac conducente, excogitavimus, Ipsoque protegente contra adversantia omnia executi sumus

R. Paternitati vestræ

humillimus atque obedientissimus filius
F. Heliodorus Parisinus.

ADMONITIO

R. P. Athanasii de Megrigni hujus-ce Catalogi positionis Authoris primarii.

Lectori.

Ut varias variorum authorum de eodem scribendi argumento lucubrationes facile possis perlustrare, amice lector, omnes qui de eadem re scriptitarunt simul collocavimus.

[1] Bibliothèque Mazarine, manuscrits, n°ˢ 3282 et 3283. Voyez ci-dessus, p. 237 et 238.

Ut unius cujusque scriptoris mentem, collatis inter se ejusdem operibus, intime penetrare valeas, universa cujuslibet authoris scripta ipsius nomini subscripsimus; et, ad majorem facilitatem, duplicem confecimus catalogum : secundus authorum exhibet indicem; primus, servato rerum ac scientiarum ordine, singulos bibliothecæ tractatus enumerat, additis authorum nominibus et, quantum fieri potuit, eorumdem temporibus, editionum quoque annis ac locis, exemplariumque quot hic habemus numero, secundum eam quam inter se obtinent dispositionis seriem, ordinationibus; in qua (dispositione) sequentes servavimus regulas :

1° Incepimus a parte loci magis intima, et ab angulo ejus sinistro pergendo versus partem dextram eo modo quo vulgo scribimus;

2° Ab inferiori parte ad superiorem ascendimus (sed contrarium a pluribus observatur, nam incipiunt a superiori parte descendendo ad inferiorem ea ratione qua scribitur); quid in hac re secuti simus dicemus in nostra admonitione gallica sequenti;

3° Classes octodecim, secundum varia librorum argumenta, distinximus, et unicuique classi suam assignavimus litteram cuilibet volumini inscriptam (sed cum hæc litteræ alphabeticæ multis displicerent et præsertim superioribus, illas subtraximus, et earum loco notas numerales seu arithmeticas substituimus, ut in explicatione ipsarum gallica legentibus clarius innotescet).

....

Premier Avertissement.

Il seroit inutile de répéter icy ce qui est marqué dans l'Avertissement précédent du R. P. Athanase de Mégrigny, puisque j'ay suivi le mesme ordre et que j'ay conservé tout ce que j'y ay trouvé de bon et de bien ordonné. Il ne s'agit plus que de marquer ce que j'y ay ajouté ou changé, et que d'expliquer les raisons que j'ay eu de le faire.

....

Second Avertissement pour servir de mémoires à la bibliotèque.

La bibliotèque étoit autrefois dans le bâtiment qui est du côté de la porte du couvent, au dessus de l'endroit où est le parloir, n'ayant pas plus de largeur ny plus d'étendüe. Comme elle étoit trop petite pour contenir tous les livres, les supérieurs jugèrent à propos de la transférer dans le bâtiment nouveau, à l'endroit où elle est à présent. Mais, nonobstant ce changement et la diférence qui se trouve entre l'étendüe de l'ancienne et de la nouvelle, elle n'est pas encore assés grande. Pour y remédier, il faudra dans la suite, si l'occasion s'en présente, et que le temps devienne plus favorable qu'il n'est maintenant, joindre à la bibliotèque la classe, avec l'escalier qui la précède; cela n'est pas dificile à exécuter, comme je l'ay fait voir à des architectes qui en sont convenu : il n'y a qu'à élever un escalier dans le bout du grenier qui est proche des lieux du premier dortoir du grand bâtiment derrière le poêle, lequel escalier ira rendre vis à vis de la grande porte de la bibliotèque qui doit être transférée derrière la classe, directement à la place où est la chaire du R. P. lecteur; par le moyen de cet escalier, on remédira aux inconvents (sic) qui pourroient résulter du rétranchement du haut de celuy qui monte du poêle à la classe. Mais, en attendant que la Providence nous fournisse les moyens d'exécuter ce dessein, il faut mettre au milieu de la bibliotèque trois tables de trois toises de longeur (sic) chacune, sur trois pieds de largeur, et environ trente pouces de hauteur, sous lesquelles on posera trois rangs de planches, à distances inégales, pour placer les in-octavo et les in-douze qui ne sont pas encore placés. Il faut que ces trois tables soient éloignées l'une de l'autre et de la grande porte d'un espace raisonnable, afin que l'on puisse commodément passer. De plus il est à propos que les deux bouts de ces tables soient fermés par des armoires, dans les quelles on posera cinq ou six rangs de tablettes, à hauteur inégale, afin d'y placer les petits livres in-seize, in-24 et in-32 qui ne peuvent trouver de place ailleurs. Pour les côtez, on peut les faire en armoires à panneaux, comme sont celles qui sont au dessous des fenestres, ce qui seroit sans doute le plus propre et le plus commode, ou à simples chassis fermés avec du fil de fer. Mais il faut remarquer que ces armoires ne doivent avoir qu'un pied de profondeur de chaque côté, parce qu'il est nécessaire que les tables débordent par le haut de l'espace environ d'un demi-pied des deux côtez, afin que ceux qui voudront lire puissent commodément s'asseoir.

De plus j'avertis que, comme le planché du bout de la bibliotèque, du côté des croisées qui regardent le grand jardin, étoit beaucoup plus bas que celuy qui s'étend du côté de la grande porte qui est vis à vis de la classe, on a été obligé d'y faire apporter beaucoup de terre pour l'égaler. Si donc on s'aperçoit, dans la suite, que cette terre pèse trop sur les solives, et qu'elle y fasse quelque impression, il ne faudra pas diférer d'y remédier, de peur que, ce fardeau extraordinaire venant à rompre la charpente ou à pousser le mur, le planché ne vint à tomber.

Je crois qu'il n'est pas hors de propos d'expliquer icy pourquoy j'ay commencé le Catalogue par le second tome, au lieu de le commencer par le premier, comme il semble que je devois faire. Je vais donc en apporter les raisons, et cela d'autant plus volontiers que leur exposition simple et naïve aprendra à la postérité plusieures choses qu'il ne luy sera peut être pas indiférent de sçavoir.

J'ay été établi bibliotécaire en l'année 1718, au Chapitre intermédiat du premier provincialat du R. P. Pacifique de Calais, qui se tint cette année le 17ᵉ du mois de may. Le R. P. Paul de Paris, premier définiteur et gardien de Sᵗ Honoré, m'en mit en possession, de la part de Sa Révérence, la surveille de la Pentecôte, et m'avertit en mesme temps de me disposer à sortir les livres hors de la bibliotèque le lendemain des festes, parce que le mur, du côté du jardin, menaçoit de ruïne. Je fus donc obligé de faire transporter les livres dans des chambres sans avoir eu le temps de remarquer comment la bibliotèque étoit disposée, ny d'examiner de quelle manière les livres étoient arrangés (parce que j'étois confesseur des pages de Sa Majesté, qui pour lors faisoit sa résidence à Paris, et que les Rᵈˢ Pères supérieurs n'avoient encore nommé personne pour me succéder). Quand il fallut rentrer les livres dans la bibliotèque, après qu'elle fut racommodée, je me trouvay dans un très grand embarras, parce que les ouvriers, à qui j'avois dis de ne pas toucher aux titres, les avoient ôtés, et que d'ailleurs il y avoit au dessus de la bibliotèque des chambres où mes prédécesseurs avoient mis tous les livres qui leur étoient survenus depuis que la bibliotèque avoit été arrangée; et, comme les supérieurs avoient donné ces chambres à M. l'Evesque coadjuteur de Québec pour s'y loger, il falloit nécessairement mettre ces livres nouveaux dans la bibliotèque, ce que je ne pouvois faire sans déranger entièrement l'ordre du Catalogue. Je pris donc le parti d'en faire un nouveau, afin d'y insérer tous les titres de ces livres qui n'y étoient pas marqués, et je le commençay sur la fin de l'année 1719. Mais, à peine avois-je fait la moitié de la première partie du premier Catalogue, qui est celuy qui explique l'ordre dans le quel les livres sont placés sous leurs titres, que l'on m'avertit que les supérieurs se disposoient à faire une nouvelle bibliotèque. Cela fut cause que, pour ne pas perdre mon temps et ma peine en travaillant à un ouvrage que le changement de lieu auroit rendu inutile, j'abandonnay cette première partie commencée pour m'apliquer à la seconde, laquelle, étant par ordre alphabétique, étoit indépendante de la situation du lieu et de la disposition des titres : et c'est la première partie du second tome qui fut finie et présentée au mois de juin de l'année 1721. Comme cette partie ne contient que les in-folio et les in-quarto des auteurs et des matières, je travaillay ensuite à faire la seconde qui est des octavo auteurs et matières, et, celle-cy étant réglée, je passay à la troisième qui est des in-douze et des in-16, de mesme que la précédente auteurs et matières. Comme je me disposois à les mettre au net, le Seigneur, qui me conduisoit comme par la main dans l'exécution de ce grand ouvrage, m'inspira l'idée du quatrième Catalogue, qui est celuy qui contient les tables générales des auteurs et des matières distinguées par espèces. Ce dessein me parut si utile et si beau, que je sursis à transcrire les deux parties cy dessus mentionnées, pour m'appliquer à perfectionner celuy-cy : c'est le troisième tome du Catalogue qui fut achevé et présenté au mois de septembre de l'année 1723. Pendant que j'étois occupé à cet ouvrage, le R. P. Pacifique de Calais, qui avoit été élu provincial pour la seconde fois le 12 du mois d'aoust de l'année précédente, travailloit de son côté à faire accommoder la nouvelle bibliotèque; laquelle ayant été mise en l'état où on la voit, il me donna ordre d'y faire transporter les livres, ce que j'exécutay sur la fin de la mesme année 1723. Au commencement de l'année 1724, les titres étant écris et les livres placés, je cru qu'il étoit temps de travailler à la première partie du Catalogue, afin de me déterminer sur l'ordre dans le quel je devois les arranger. Dans ce dessein, je m'apliquay à examiner le Catalogue ancien du R. P. Athanase, que je n'avois fait que parcourir auparavant, et, ayant trouvé que la première partie étoit bonne et bien ordonnée, je me déterminay d'en suivre la méthode en y insérant les titres des livres qui n'y étoient pas écrits, et y ajoutant quelques divisions nouvelles pour y aporter plus de distinction et plus de clarté, et c'est ce que j'ay heureusement achevé, par la grâce de Dieu, au commencement de l'année 1725.

Il reste encore la seconde partie du premier tome... à faire... Cela étant fait, la bibliotèque sera arrangée et le Catalogue sera parfait.

Claudite jam rivos, pueri, sat prata biberunt.

Troisième Avertissement.

La Providence de Dieu s'étant rendu favorable à mes desseins, mes désirs ont étez accomplis au delà mesme de mon esperance.

Les tables dont j'ay parlé dans l'Avertissement précédent ont été faites et posées par le secours du R^d P. Nicolas François de Paris, ancien provincial, et actuellement définiteur, sur la fin de l'année 1729; et, comme les livres augmentoient tous les jours, tant par la mort des religieux que par le don que quelques ecclésiastiques de mérite affectionnés à l'Ordre nous ont fait de leurs livres après leur décès, je fus obligé d'accommoder en bibliotèque la chambre qui est auprès de celle du P. bibliotécaire, où il y avoit déjà beaucoup de livres en piles sur des tables. C'est ce que j'ay exécuté (avec la grâce de Dieu) l'année suivante 1730.

Pour la mesme raison, et pour décharger la chambre de beaucoup de livres inutiles qui remplissoient les tablettes et qui occupoient la place des bons qui pouvoient venir, j'ay fait accommoder en bibliotèque, cette année 1733, le dessus de la chambre du P. bibliotécaire, qui étoit vide et ne servoit à rien, afin de luy procurer de la place pour se débarasser de tout ce qui l'incommodera tant dans la chambre d'en bas que dans la bibliotèque.

Quatrième Avertissement.

Comme depuis que cette première partie du Catalogue a été mise au net, il est venu à la bibliotèque un très grand nombre de livres in-folio et in-quarto, qui valoient mieux et qui étoient mieux conditionés que plusieurs de ceux qui étoient écris sur le Catalogue et arrangés sur les tablettes, il a falu, pour faire place aux nouveaux, en sortir beaucoup des anciens, ce qui ne s'est pu faire sans déranger plusieures des cottes qui se trouvent dans ce Catalogue. J'avertis donc que les livres qui ne se trouveront pas justes à leur cotte ont été transférés dans les chambres de la bibliotèque; ainsi on les trouvera là, ou bien dans les chambres des religieux. Il est vray qu'ils ne sont pas en ordre dans ces chambres, n'y ayant que les in-8° et les in-12 qui soient arrangés et cottés pour demeurer; mais dans la suite, quand les planches seront plaines, on poura les mettre en ordre en faisant un petit Catalogue séparé pour ces chambres, ou bien les arranger sous leurs titres, s'ils y en ont, par ordre alphabétique des matières, afin de les trouver plus facilément.

Je n'ay pas cru pour cela devoir effacer les cottes de ces livres qui ne sont plus dans la bibliotèque, de peur de gaster le Catalogue; je me suis contenté de cotter les nouveaux à leur place, et de faire cet Avertissement pour empêcher qu'on n'y soit trompé. Il en arrivera encore autant dans la suite; on pourra suivre cette méthode si on la trouve bonne, si non la changer, comme on le jugera à propos.

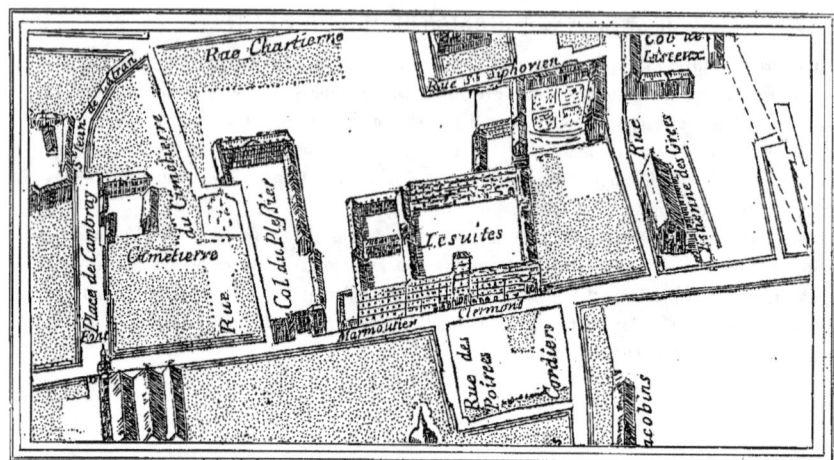

Fac-simile héliographique.   Plan de Bullet et Blondel (1676).

COLLÉGE LOUIS-LE-GRAND.

Les bâtiments délabrés qui abritent aujourd'hui le collége Louis-le-Grand, au sommet de la rue Saint-Jacques, sont les vestiges du premier établissement que les Jésuites aient eu à Paris.

Quoique Ignace de Loyola eût fait dans cette ville ses études de théologie, et que la Société y eût pris naissance, elle ne fut acceptée en France qu'à la suite de longs débats. Guillaume Duprat, évêque de Clermont, installa d'abord quelques-uns de ces Pères dans son diocèse[1]; puis, de concert avec le fameux cardinal de Lorraine, il s'efforça de les introduire à Paris. Le Parlement et la Sorbonne opposèrent à ce projet une vive résistance; enfin, le 5 juillet 1561, après dix années de luttes, l'admission des Jésuites fut prononcée.

Guillaume Duprat, resté jusqu'à la fin fidèle soutien de la Compagnie, lui fit plusieurs legs[2], qu'elle employa à l'acquisition d'une maison située rue Saint-Jacques, et alors nommée la Cour ou l'Hôtel de Langres[3]. L'intention des nouveaux religieux était d'y créer un collége, mais l'Université protesta énergiquement. Les Jésuites réussirent cependant à porter l'affaire devant le Conseil du roi, où ils avaient de puissants appuis, et, en 1564, ils furent autorisés à enseigner la jeunesse, sans être pourtant incorporés à l'Université[4]. Ils ouvrirent

---

[1] J. Dubreul, *Theatre des antiq. de Paris*, p. 556.

[2] Piganiol de la Force, *Description historique de Paris*, t. VIII, p. 372.

[3] Parce qu'elle avait longtemps appartenu à Bernard de la Tour, évêque de Langres. (Voy. Ét. Baluze, *Histoire généalogique de la maison d'Auvergne*, p. 313.)

[4] Cl. Malingre, *Antiquités de Paris*, p. 350.

aussitôt leur établissement, que, par reconnaissance envers leur premier protecteur, ils appelèrent Collége de Clermont.

Ils songèrent dès lors à y établir une bibliothèque. Le médecin Jérôme Varade, échevin de Paris en 1568, en avait une assez nombreuse, qu'il leur légua, et les Jésuites, en retour de cette libéralité, donnèrent à son fils Claude la place de recteur [1]; mais celui-ci, compromis plus tard dans le procès de J. Chastel, fut brûlé en effigie le 25 janvier 1595 [2].

A la fin de l'année 1571, Pierre de Saint-André, président au Parlement, abandonna aux Jésuites sa bibliothèque [3]; il avait lui-même acheté celle du savant Guillaume Budé [4], bibliothécaire du roi sous François Ier.

Soigneux administrateurs, les Jésuites avaient déjà rédigé un règlement fort détaillé pour assurer la conservation de leurs livres. Cette pièce curieuse figure en effet dans les plus anciennes éditions des *Règles de la Compagnie de Jésus*; nous la donnons ici en français, d'après la traduction qui en fut faite en 1620, et nous reproduisons en note le texte latin sur l'édition de 1580.

Regles du prefect de la bibliotheque [5].

I. Qu'il aye en la bibliotheque l'indice des livres deffendus, et de crainte qu'il n'y en eust d'aventure, parmy les bons, quelques uns de ceux la, ou d'autres dont l'usage ne doit pas estre commun, il y prendra garde.

---

[1] L. Jacob, *Traicté des plus belles bibliothèques*, p. 521. — Malingre (*Antiquités de Paris*, p. 661) écrit par erreur que ce legs fut fait à la Maison professe des Jésuites.

[2] Lestoile, *Journal de Henri IV*, 25 janvier 1595.

[3] L. Jacob, *Traicté des plus belles bibliothèques*, p. 521.

[4] Leprince, *Essai historique sur la bibliothèque du Roi*, p. 23. — G. Brice, *Description de Paris*, t. III, p. 61.

[5] Regulæ præfecti bibliothecæ.

« I. Indicem librorum prohibitorum in biblio-
« theca habeat, et videat ne forte ullus sit inter eos
« ex prohibitis, aut alii quorum usus communis
« esse non debet.

« II. Bibliotheca clausa sit, cuius claves ipse ha-
« beat, et illis tradat, qui eas, juxta superioris ju-
« dicium, habere debebunt.

« III. Libri omnes eo ordine in bibliotheca col-
« locentur, ut singulis facultatibus suus certus sit
« locus proprio titulo inscriptus.

« IV. Singuli libri titulis exterius inscribantur,
« ut facile cognosci possint.

« V. Omnium librorum, qui domi sunt, catalo-
« gum habeat, diversarum facultatum auctoribus
« ordine alphabetico in diversas classes distributis.

« VI. In alio catalogo, divisis etiam per classes
« facultatibus, ij libri scribantur, qui in nostrorum
« usum extra bibliothecam concessi sunt; qui vero
« intra dies octo restituendi extrahuntur; in tabula
« in hunc usum parieti appensa notentur; quibus
« redditis, quod fuerat scriptum deleatur.

« VII. Nullum librum ex bibliotheca cuipiam
« dabit sine superioris licentia speciali aut generali,
« et advertat, ne quis librum, etiam cum licentia,
« se inscio accipiat.

« VIII. Curet, ut bibliotheca valde munda et
« composita sit; quam in hebdomada bis verret, et
« semel ex libris pulverem excutiet; cavere etiam
« debet, ne libri humiditate aut alia re lædantur.

« IX. Quando intellexerit domi deesse aliquos li-
« bros necessarios, aut aliquos valde utiles in lucem
« editos esse, certiorem faciat superiorem, ut si
« illi visum fuerit emantur; si vero domi libri inu-
« tiles fuerint, eumdem admoneat, an cum aliis
« melioribus commutandi sint.

« X. In loco publico, præsertim in magnis colle-

COLLÉGE LOUIS-LE-GRAND.

II. Que la bibliotheque soit fermée, et qu'il en aye les clefs, les baillant à d'autres, lesquels suivant le jugement du supérieur les doivent avoir.

III. Les livres seront rengez en tel ordre dans la bibliotheque que chaque faculté soit séparée, et bien distincts par l'inscription de leurs propres tiltres.

IV. Que chaque livre aye ses tiltres en escrit sur la couverture, afin qu'il puisse estre aisément recogneu.

V. Il aura un catalogue de tous les livres qui sont à la maison, les autheurs de diverses facultez y estans distribuez en divers ordres, suivant les lettres alphabétiques.

VI. En un autre catalogue, les facultez estant aussi divisées par ordre, que les livres soient remarquez qui sont concedez pour l'usage des nostres hors la bibliotheque, et ceux qui sont tirez d'icelle pour estre rendus dans huict jours seront marquez dans une tablette penduë au paroy pour ce faire, et les ayant rendus, on effacera ce qui estoit escrit.

VII. Il ne baillera aucun livre de la bibliotheque à qui que ce soit sans licence générale ou speciale du superieur, et prendra garde que personne n'en emporte à son deceu, voire mesme avec permission.

VIII. Il soignera que la bibliotheque soit tousiours fort nette et en bon ordre, et la balliera deux fois la sepmaine, et une fois il espoudrera les livres, et doit pareillement regarder qu'ils ne se gastent à cause de l'humidité ou autres choses.

IX. Quand il entendra que quelques livres necessaires manquent à la maison, ou qu'il y en aura quelques uns fort utiles mis en lumiere, il en donnera advis au superieur, afin qu'ils soient acheptez, s'il le juge à propos; mais, si à la maison il en avoit d'inutiles, pareillement il en advertira le mesme, pour scavoir si on les doit changer à de meilleurs.

X. En un lieu public, spécialement és grands colleges, qu'il y aye quelques livres plus communs, desquels un chacun pourra user, selon que ses leçons le requerront.

XI. Qu'il aye un livre dans lequel soient escripts diligemment, suivant le jugement du superieur, toutes les choses choisies, qui sont publiquement proposées et exposées en son college, comme les comedies, les dialogues, oraisons et autres semblables; qu'il garde aussi les theses ou conclusions de chasque année, qui se deffendront publiquement, et qu'elles soient cousuës ensemble dans la bibliotheque.

XII. Si l'on prestoit quelques livres hors la maison, qu'il face diligence de les recouvrer en leur temps : et ce pendant il notera en un livre quels ils sont, et à qui il les a prestez [1].

L'attentat de Jean Chastel contre Henri IV vint tout à coup arrêter les progrès de cette collection. Jean Chastel avait fait ses études au collége de Clermont, et les Jésuites, complices de son crime, furent condamnés avec lui. Une heure après l'attentat, la maison fut occupée militairement; on mit les scellés sur toutes les pièces, et elles furent le lendemain visitées par des conseillers du Parlement. Dans la chambre du P. Guignard, qui était alors bibliothécaire, on trouva plu-

«grijs, sint quidam communiores libri, quibus unus-
«quisque, pro ratione suorum studiorum, uti possit.

«XI. Habeat librum, in quo ea omnia judicio
«superioris selecta diligenter scribantur, quæ in
«suo collegio publice exhibentur, ut comœdiæ,
«dialogi, orationes, et id genus alia : conclusiones
«vero singulorum annorum quæ publice defenden-
«tur simul consutas in bibliotheca asservet.

«XII. Si aliqui libri externis accommodato du-
«rentur, adhibeat diligentiam, ut recuperentur suo
«tempore; et in aliquo interim libro notabit qui-
«nam illi libri sint, et quibus eos accommodave-
«rit.» (*Regulæ Societatis Iesu*, Rome, 1580, in-12, p. 297.)

[1] *Règles de la Compagnie de Jésus*, Paris, 1620, in-12, p. 363.

sieurs livres défendus, entre autres une apologie de Jacques Clément[1], dont il avoua être l'auteur[2].

Le Parlement, par arrêt du 29 décembre 1594, ordonna «que les prestres et « escholiers du collége de Clermont et tous autres soy-disant de ladicte société, « comme corrupteurs de la jeunesse, perturbateurs du repos public, ennemis du « roi et de l'État, videroient dedans trois jours hors de Paris et autres villes et « lieux où sont leurs colléges.... Seront les biens, tant meubles qu'immeubles à « eux appartenants, employez en œuvres pitoyables[3]. »

Les Jésuites, forcés de quitter la France, abandonnèrent donc leur collége et leur bibliothèque, qui était riche déjà de vingt mille volumes[4]. Le gouvernement la fit saisir et résolut de la vendre aux enchères. Mais les choses se passèrent autrement; suivant Lestoile, « elle fut exposée au pillage, jusques aux revendeus « et plus piestres frippiers de l'Université. On disoit qu'on y avoit trouvé plusieurs « papiers escrits contre le roy, desquels messieurs les revisiteurs ne firent si bien « leur proufit que des bons livres græqs et latins, qui furent jugés de bonne « prise, à la requeste de messieurs les gens du roy, qui s'en accommodèrent les « premiers, selon leurs conclusions; et après, les autres, chacun selon son mérite « et qualité[5]. » Quant au bibliothécaire, il fut étranglé et pendu en place de Grève[6], ce qui, au reste, lui valut l'honneur d'être placé par ses confrères au rang des martyrs[7]. Enfin Henri IV, pour utiliser les bâtiments de l'ex-collége, y fit transporter la bibliothèque du Roi, qui, depuis François Ier, était reléguée à Fontainebleau.

Cependant les Jésuites ne désespéraient pas d'obtenir leur rappel et ne reculaient devant aucun moyen pour arriver à ce résultat. Fouquet de la Varenne, un des plus méprisables favoris du roi, fut gagné par eux et mit tout en œuvre pour séduire son maître. Une multitude de familiers inférieurs, agents secrets de la Compagnie, circonvenaient à toute heure le monarque, qui, effrayé des dangers qu'une opposition persistante pouvait attirer sur sa tête, repoussa les conseils de Sully et annula l'arrêt de 1594.

Le 2 janvier 1604, les Jésuites furent rétablis en France. Mais cette faveur n'entraînait pas la permission de rouvrir leurs établissements, ni d'enseigner la jeunesse. C'est en 1618 seulement, sous le règne de Louis XIII, que cette autorisation leur fut accordée. Ils rentrèrent alors en possession du collége de Clermont, et l'on transporta la bibliothèque du Roi au couvent des Cordeliers, sur l'emplacement occupé aujourd'hui par la clinique de l'École de Médecine.

---

[1] C. E. Jordan, *Recueil de littérature, de philosophie et d'histoire*, p. 77.

[2] Coudrette, *Histoire des Jésuites*, t. I, p. 291.

[3] Coudrette, *Histoire des Jésuites*, t. I; p. 290.

[4] J. Garnier, *Systema bibliothecæ collegii Parisiensis societatis Jesu*, p. 4.

[5] Lestoile, *Journal du règne de Henri IV*, 5 janvier 1595.

[6] Lestoile, *Journal du règne de Henri IV*, 7 janvier 1595.

[7] Par le P. Jouvency, entre autres. Voyez aussi Lestoile, *Journal de Henri IV*, 30 juin 1610.

Les Jésuites auraient fort désiré garder cette belle collection pour remplacer celle qu'ils avaient perdue. Ils l'avaient déjà laissé entendre assez clairement dans une *Tres humble requeste* présentée à Henri IV : « Nous confessons neantmoins, « disaient-ils, que nous avions deux grand thresors, et aussi opulents et riches « qui fussent non seulement en vostre royaume [1], mais encor en toute l'Europe; « c'estoyent deux bibliotheques, l'une estoit en la maison de S. Louys [2]..... « l'autre estoit au College, bibliotheque remplie des plus rares volumes et plus « doctes qui fussent au monde. C'estoit nostre arsenal, nostre munition, nostre « grand magasin, nostre grand thresor et richesse. Ces deux thresors, Sire, nous « avons perdu avec un extreme regret [3]. »

A cet égard, le vœu des Jésuites ne fut point exaucé; mais de généreuses donations leur permirent presque aussitôt d'accroître considérablement l'étendue de leur collége [4], et d'y former une nouvelle bibliothèque, qui fut alors placée sous la direction du savant Fronton du Duc.

Elle se constitua rapidement. Le cardinal François de Joyeuse, archevêque de Rouen, ordonna en mourant que sa bibliothèque serait partagée entre les Jésuites de Pontoise et ceux du collége de Clermont [5]. Le cardinal l'avait composée en achetant trois collections assez nombreuses, parmi lesquelles figurait celle de Pierre Pithou [6]; il n'avait d'ailleurs eu de cette dernière que les livres imprimés, car les manuscrits avaient été acquis par le président de Thou [7].

---

[1] La bibliothèque du Roi ne possédait alors qu'environ six mille volumes. Voyez ci-dessus, page 163.

[2] La Maison professe de la Compagnie, rue Saint-Antoine.

[3] *Tres-humble remonstrance et requeste des religieux de la Compagnie de Iesus au tres-chrestien roy de France Henry IV*, p. 99.

[4] Voyez Piganiol de la Force, *Description historique de Paris*, t. VIII, p. 373.

[5] J. Garnier, *Systema bibliothecæ collegii Parisiensis societatis Jesu*, p. 5.

[6] L. Jacob, *Traicté des plus belles bibliothèques*, p. 521.

[7] L. Jacob, *Traicté des plus belles bibliothèques*, p. 574.

Les Pithou appartenaient à une de ces vieilles familles de robe, comme on en comptait tant au XVII° siècle, qui se léguaient de père en fils une réputation de science, de dévouement au travail et de probité. Celle-ci, par allusion à son nom, avait pris pour devise ces trois mots Τοῖς νόμοις πείθου, *obéissez aux lois*, et certes nulle n'avait plus qu'elle le droit de la porter.

Pierre Pithou, savant et vertueux magistrat de Troyes, laissa en mourant quatre enfants, fermement attachés comme lui au protestantisme, pleins d'ardeur pour l'étude, et dont Scaliger a pu dire : « Messieurs Pithou sentoient les bons livres de loin, « comme un chat une souris. » Leur père avait réuni une assez belle bibliothèque, composée surtout de jurisprudence, de littérature et d'histoire; elle échut par succession à Jean, son fils aîné. On était à la veille de la Saint-Barthélemy, Jean et Nicole son frère, obligés de fuir devant la persécution, n'ayant pas même une demeure fixe, réussirent cependant, à force de peine et de courage, à sauver du naufrage général de leur fortune les livres et les collections de leur père. Revenus à des temps meilleurs, tous deux réussirent à se constituer une bibliothèque nombreuse et bien choisie, qui, à la mort de Nicole, passa à François, son frère, quatrième enfant de Pierre Pithou.

Le troisième, qui portait le même prénom que son père, décida de l'illustration de la famille. Passionné pour le travail, il avait commencé, dès sa jeunesse, à réunir, soit par extraits, soit au moyen de copies textuelles, tout ce que renfermaient de curieux les livres les plus rares, le Trésor des chartes, les registres du Parlement, le dépôt de la chambre

Le libraire Cramoisy et une femme nommée Diez, dont le fils était jésuite, des Comptes, les archives des grandes villes et des principaux monastères. Ces extraits entrèrent plus tard dans la composition du célèbre recueil de pièces que P. Dupuy forma pour M. de Loménie. Repoussé du barreau de Troyes à cause de ses opinions religieuses, Pierre Pithou alla chercher un asile dans les États du duc de Bouillon; il faillit ensuite être victime de la Saint-Barthélemy, et vécut dans la retraite jusqu'au jour où Henri IV le força d'accepter les fonctions de procureur général du Parlement. Au milieu de la tourmente politique, il avait réussi à rassembler une assez riche collection de livres imprimés, vraie bibliothèque de travailleur au reste, car elle laissait beaucoup à désirer sous le rapport de l'élégance, et les volumes étaient, paraît-il, assez mal reliés, «mais c'étoit un amas «de tous livres rares, excellens et singuliers, choi- «sis et triés en toutes sortes de langues et disci- «plines. »

Comme presque tous les savants de cette époque, P. Pithou tenait à la disposition de ses amis ses livres, ses notes, ses extraits, ses recueils; «il me- «noit, dit Scaliger, tout le monde dans sa bibliothè- «que, prêtoit volontiers, et présentoit tout ce qu'il «avoit, si l'on vouloit s'en servir.» Sa mort, arrivée le 1ᵉʳ novembre 1596, jour anniversaire de sa naissance, causa un deuil général parmi les savants et les bibliophiles : l'illustre de Thou, A. de Harlay, Gillot, Casaubon, Scévole de Sainte-Marthe, s'écrivirent mutuellement des lettres de condoléances qui nous ont été conservées.

Pierre Pithou ne laissait que des filles. Il comprit que sa chère bibliothèque serait dissipée, et il rédigea minutieusement, peu de temps avant sa mort, ses volontés à cet égard. Il léguait au roi, pour en enrichir le Trésor des chartes, une collection de pièces rares qu'il avait achetées pendant la Ligue; il ordonnait qu'un certain nombre de volumes auxquels il était plus particulièrement attaché, et qui portaient des notes de sa main, seraient conservés par sa famille; ce qui restait devait être réuni en un seul lot et vendu à une seule personne. Ces prescriptions ne furent observées qu'à moitié. François Pithou garda les livres qui devaient demeurer dans la famille, mais il conserva aussi ceux qui étaient destinés au roi; il est vrai qu'après sa mort Pierre Dupuy se rendit à Troyes, les reprit et les fit déposer au Trésor des chartes. Les autres volumes furent partagés : le président de Thou acheta les manuscrits anciens; le reste, ainsi que les imprimés, fut partagé entre le duc de Joyeuse et François Pithou.

Le catalogue de la bibliothèque de Pierre Pithou n'a pas été dressé; on en possède seulement trois inventaires partiels. Le premier, intitulé *Bibliotheca ecclesiastica Pithœana*, est le dénombrement des livres de théologie; le deuxième contient une liste des manuscrits qui passèrent à François Pithou, et dont il disposa après sa mort; le troisième, écrit tout entier de la main de Pierre, a pour titre : *Mémoires des livres que je désire estre gardez, qui sont brouïllez de ma main pour la pluspart;* il y mentionne 65 volumes in-folio, 43 in-quarto, 74 in-octavo et 17 in-douze.

François Pithou, frère puîné de Pierre, habitait Troyes, sa ville natale, où il devint procureur général. Constamment occupé de l'étude de l'antiquité, c'est par lui que fut découvert le précieux manuscrit qui révéla les fables de Phèdre au monde moderne. Obligé, comme protestant, de fuir un moment la France, il avait visité et étudié toutes les bibliothèques de l'Allemagne, de l'Angleterre et de l'Italie; et, dès son retour, il s'était occupé d'en former une pour lui-même. Son testament fut digne du nom qu'il portait. Il légua à la ville la maison qu'il habitait, à charge par elle d'y faire «dresser «un collége pour enseigner la jeunesse.... sans que «les Jésuites y soient aucunement reçus; autre- «ment, ajoute-t-il, je désire que le tout soit vendu «pour estre employé aux pauvres.... Je lègue audit «collége toute ma bibliothèque et tous les livres qui «se trouveront en ma maison, en oultre tous mes «meubles et argent pour faire bâtir le collége, avec «mes rentes, si peu que j'en ay.» Ce collége fut établi en 1630 seulement, neuf ans après la mort du fondateur, par les Pères de l'Oratoire.

On peut consulter sur l'histoire de cette bibliothèque : Grosley, *Vie de Pierre Pithou;* — *Scaligerana*, p. 315; — P. Pithou, *Épître dédicatoire des Novelles de Théodose;* — Boivin, *P. Pithœi vita;* — Taisand, *Vies des Jurisconsultes*, p. 440; — Loisel, *Vie de Pierre Pithou;* — J.-A. de Thou, *Historiæ sui temporis;* lib. CXVII, p. 704; — Sc. de Sainte-Marthe, *Gallorum doctrina illustrium qui nostra memoria floruerunt elogia*, lib. IV, p. 127; — Niceron, *Mémoires pour servir à l'histoire des hommes illustres*, t. V, p. 49; — L. Jacob, *Traicté des plus belles bibliothèques*, p. 521; — *P. Pithœani vita*,

contribuèrent aussi à enrichir la bibliothèque du collége [1]. Le souvenir de cette donation fut consacré par une bande imprimée,

Ex Libris Collegio Parifienfi Soc. Iꜱsv datis
à Domina Diez matre P. Francifci Diez.

que l'on colla dans tous les volumes qui en provenaient.

Le collége reçut à la même époque une partie de la collection considérable qu'avait rassemblée le poëte Desportes. Sur un grand nombre de volumes qui portent l'estampille de l'établissement, on rencontre sa signature, placée ordinairement en haut du titre, et tantôt en latin,

Ph. Portœus

tantôt en français,

Desportes

Sur les reliures, souvent fort élégantes, on trouve le double Φ Φ qui lui servait de monogramme [2] :

elogia, opera, etc. p. 91; — *Mémoires sur quelques bibliothèques de Paris rassemblés par le P. Léonard de Sainte-Catherine*, Bibliothèque impériale, manuscrits, fonds français, n° 22592 (ancien fonds des Petits-Pères, n° 17), p. 12.

[1] Maichelius, *Introductio ad historiam literariam de præcipuis bibliothecis*, p. 93. — J. Garnier, *Systema bibliothecæ collegii Parisiensis societatis Jesu*, p. 5.

[2] Au xvi° siècle, la République des lettres, comme on disait alors, eut plus d'une ressemblance avec l'État. On vit, à la tête de l'une comme de l'autre, un roi tout-puissant entouré de luxe et de gloire; puis, en bas, des milliers de malheureux sans considération, sans ressources, et souvent fort inquiets de leur pain du lendemain. Sur ce trône, presque aussi envié que l'autre, Desportes succéda à Ronsard. Tandis que dix mille poëtes, suivant le mot de Balzac, imploraient vainement l'appui de la Cour et des grands, Desportes, devenu l'ami de Henri III, puis de Henri IV, après l'avoir été de Charles IX, voyait toutes les faveurs s'accumuler sur lui. Henri III lui donnait les abbayes de Tiron, de Josaphat et de Bon-Port, et dix mille écus pour l'impression de ses œuvres; un seigneur, le duc de Joyeuse, lui payait un sonnet par une abbaye,

Gabriel Lallemant, en 1624, légua au collége sa bibliothèque, qui renfermait quelques manuscrits précieux [1].

Les Jésuites acquirent ensuite, d'une manière assez curieuse, une belle collection de manuscrits grecs et latins. Ces volumes appartenaient à un abbé dont nous n'avons pas retrouvé le nom, et qui vivait en Lorraine. A sa mort, ses héritiers, ne se doutant guère des trésors qu'ils avaient entre les mains, vendirent la collection entière à un relieur, qui lui-même ne crut pas acheter autre chose que du vieux parchemin. Jacques Sirmond, le confesseur de Louis XIII, passant par hasard en Lorraine, «eut avis de ce péril des muses;» il alla trouver le relieur, acheta pour cinquante écus tous les manuscrits, et les envoya au collége de Clermont [2].

Mais cette bibliothèque dut surtout son accroissement à la libéralité du célèbre surintendant Fouquet [3], qui lui donna un grand nombre de volumes, fit construire

et, comblé d'honneurs, il en était littéralement réduit à refuser des archevêchés.

Au reste, Desportes se montra digne de sa fortune et bon prince dans toute la force du terme; sa bourse était ouverte à tous, et sa table aussi hospitalière que somptueuse. «Nullus enim, dit scé-«vole de Sainte-Marthe, eum vel hospitalis mensæ «liberalibus epulis, vel instaurandæ bibliothecæ «sumptu et studio, vel omni denique civilis vitæ «splendore superavit.» Il avait rassemblé, sans épargner ni soins ni argent, une bibliothèque qui, au témoignage du président de Thou, pouvait presque passer pour publique, tant il mettait d'obligeance à en communiquer les richesses.

Quand il mourut, en 1606, après avoir dans sa vieillesse, comme tant d'autres poëtes, fait hommage au ciel d'une détestable traduction des Psaumes, il légua, nous l'avons dit, sa bibliothèque au collége de Clermont; mais elle n'y arriva pas tout entière : Desportes avait un fils naturel qui commença par en dissiper une bonne partie.

On peut consulter sur l'histoire de cette bibliothèque : Scévole de Sainte-Marthe, *Gallorum doctrina illustrium qui nostra memoria floruerunt elogia*, art. *Portœus*, p. 148; — Goujet, *Bibliothèque françoise*, art. *Desportes*; — L. Jacob, *Traicté des plus belles bibliothèques*, p. 524; — Teissier, *Éloges des hommes savants tirés de de Thou*, t. IV, p. 516; — G. Brunet, *Dictionnaire de bibliologie*, p. 1062; — Maichelius, *Introductio ad historiam literariam de præcipuis bibliothecis*, p. 93.

[1] *Catalogus manuscriptorum codicum collegii Claromontani*, p. 265.

[2] L. Jacob, *Traicté des plus belles bibliothèques*, p. 524.

[3] Fouquet avait rassemblé, à sa magnifique résidence de Saint-Mandé, une bibliothèque qui, lors de son arrestation, renfermait plus de trente mille volumes. Il avait successivement acquis les collections formées par Montchal, archevêque de Toulouse, par René Moreau et par Raphaël Trichet du Fresne, bibliothécaire de la reine Christine.

S'il faut en croire Gui Patin, Fouquet eut alors une pensée qui lui fut très-probablement inspirée par son désir d'égaler Mazarin, qu'il s'obstinait à regarder comme un rival plutôt que comme un maître. La France ne possédait encore qu'une seule bibliothèque publique, celle que le cardinal avait ouverte dans son propre palais; Fouquet songeait à faire le même usage de la sienne, «ce qui aura «lieu, ajoute Gui Patin, à moins que les Jésuites, «dont il a été à toute heure entouré, ne la lui at-«trapent pour leur maison, où de tels acquets sont «de bonne prise. Vous savez que tous les moines «sont de gros larrons *in nomine Domini*.» Gui Patin ne se trompait qu'à moitié sous tous les rapports; les Jésuites circonvenaient Fouquet, auquel, pendant le temps de sa prospérité, ils arrachèrent au moins six cent mille livres, et, à l'époque dont nous parlons, le surintendant avait précisément un Jésuite pour bibliothécaire.

Après la disgrâce de Fouquet, environ deux mille de ses volumes furent transportés à la bibliothèque du Roi, et les autres vendus aux enchères à la requête des créanciers du surintendant.

Sur cette bibliothèque, voyez : *Inventaire, prisée*

à ses frais le local qui devait les renfermer [1], et ajouta une rente de mille livres, « mille libras annuas [2], » destinée à régulariser l'achat de publications nouvelles [3]. Les Jésuites se montrèrent reconnaissants; ils placèrent dans la bibliothèque le portrait de l'infortuné ministre, et firent frapper en or, sur les plats

et estimation des livres trouvés à Saint-Mandé appartenant ci-devant à M. Fouquet, Bibliothèque impériale, manuscrits, fonds français, n° 9438, p. 246; — Lettres relatives à cet inventaire, Bibliothèque impériale, manuscrits, fonds français, n° 20867, (ancien fonds Saint-Victor, n° 1096); — Chéruel, Mémoires sur la vie de Nicolas Fouquet, t. II, p. 282 et suivantes; — Gui Patin, Lettres du 16 février et du 13 mars 1657, et du 22 mars 1658; — Leprince, Essai historique sur la bibliothèque du Roi, p. 47, 52, 53; — Niceron, Mémoires pour servir à l'histoire des hommes illustres, t. XXXIV, p. 297; — Jugler, Bibliotheca historiæ litterariæ selecta, t. I, p. 215 et 224; — Jourdain, Mémoire historique sur la bibliothèque du Roy, p. xxx; — P. Paris, Les manuscrits françois de la bibliothèque du Roi, t. I, p. 23; — Legallois, Traitté des plus belles bibliothèques de l'Europe, p. 131; — D. Huet, Commentarius de vita sua, lib. II, p. 111; et les ouvrages cités plus loin.

[1] G. Brice, Description de Paris, t. III, p. 69. — J. Garnier, Systema bibliothecæ Parisiensis societatis Jesu, p. 5.

[2] Lomeir, De bibliothecis liber, p. 312.

[3] Durey de Noinville, Dissertation sur les bibliothèques, p. 51. — Lerouge, Curiosités de Paris, t. I, p. 331. — Piganiol de la Force, Description historique de Paris, t. V, p. 423.

et sur le dos

de la plupart des volumes acquis avec les revenus laissés par lui[1], son chiffre et ses armes, «insignia hujus Mæcenatis,» dit Maichelius.

Mentionnons ici les modifications survenues dans la direction de la bibliothèque : Fronton du Duc, mort en 1624, avait été remplacé par Denis Pétau; celui-ci, en 1652, eut lui-même pour successeurs Philippe Briet et Gabriel Cossart, qui exercèrent conjointement[2].

Jusqu'ici, les Jésuites, fidèles à la mémoire de Guillaume Duprat, avaient conservé sur la façade de leur collége l'inscription primitive :

COLLEGIVM CLAROMONTANVM SOCIETATIS IESV

Mais leur reconnaissance envers ce premier bienfaiteur s'effaça devant les libéralités d'un protecteur présent et tout-puissant. Louis XIV, dirigé par un confesseur jésuite, se montra très-généreux envers tous les établissements qui appartenaient à cette Société; le collége de Clermont en particulier reçut des marques nombreuses de sa sollicitude. Enfin, en 1682, le roi daigna s'en déclarer le protecteur, il le décora du titre de collége royal, il lui accorda le droit de porter ses armes. Dès lors l'ancienne inscription disparut et fut remplacée par celle-ci :

COLLEGIVM LVDOVICI MAGNI[3]

Les affaires du collége n'en allèrent pas plus mal, les pensionnaires y affluaient de toute la France. Les Pères purent aussi ajouter un cabinet de médailles à leur

---

[1] Maichelius, *Introductio ad historiam literariam de præcipuis bibliothecis*, p. 94. — Némeitz, *Le séjour de Paris*, t. I, p. 261.

[2] J. Garnier, *Systema bibliothecæ collegii Parisiensis societatis Jesu*, p. 6.

[3] V. le journal *l'Intermédiaire*, ann. 1865, c. 46.

bibliothèque, qui comptait alors trente-deux mille volumes [1], et dont Michel de Marolles venait de dire :

> La grande de Clermont est une belle chose,
> Elle croist tous les jours, et l'on en prend grand soin,
> Où les Pères savans consolent leur besoin,
> Si chaque esprit le peut comme il se le propose [2].

En cette même année 1682, les Jésuites étendirent encore leurs bâtiments par l'acquisition des colléges de Marmoutiers et du Mans. Puis, en 1717, Achille de Harlay, IVe du nom, qui avait considérablement augmenté la bibliothèque de son arrière-grand-père, l'illustre premier président [3], légua à M. de Chauvelin tous ses manuscrits, et au collège Louis-le-Grand tous ses imprimés [4], comprenant de vingt [5] à vingt-deux mille volumes [6], relatifs surtout à la jurisprudence [7]. Presque tous les volumes qui provenaient de la bibliothèque de Harlay portaient déjà ses armes sur les plats [8].

[1] *Journal des Sçavans*, année 1678, p. 302.— J. Garnier, *Systema bibliothecæ collegii Parisiensis societatis Jesu*, p. 5.

[2] M. de Marolles, *Paris ou description succincte et néantmoins assez ample de cette grande ville*, p. 46.

[3] Sur cette célèbre bibliothèque, voyez ci-dessus, t. I, p. 122.

[4] Saint-Simon, *Mémoires*, t. XV, p. 29. — Maichelius, *Introductio ad historiam literariam de præcipuis bibliothecis*, p. 94.

[5] Antonini, *Mémorial de Paris et de ses environs*, t. I, p. 197.

[6] Piganiol de la Force, *Description historique de Paris*, t. V, p. 423. — G. Brice, *Nouvelle description de Paris*, t. III, p. 69. — Mais Jugler (*Bibliotheca historiæ litterariæ selecta*, t. I, p. 224) et Maichelius (*Introductio ad historiam literariam*, p. 94) donnent le chiffre, évidemment inexact, de MILLE volumes.

[7] Sauval, *Histoire de Paris*, t. III, p. 52.

[8] Ce fer n'a pas été le seul employé; sur d'au-

et son chiffre sur le dos

Les Jésuites ajoutèrent encore au bas du titre une bande imprimée, qui était conçue en ces termes :

> Ex Libris quos Collegio Parifienfi Societatis Jefu, legavit Nobiliff. D. D. ACHILLES DE HARLAY, Comes de Beaumont, Regi à fan-Atioribus Confiliis.

Ces accroissements successifs avaient rendu la bibliothèque de la rue Saint-Jacques une des plus importantes de Paris. Elle devait aussi sa réputation au zèle et à l'érudition du successeur de Cossart, le jésuite Jean Garnier, qui l'enrichit de précieux ouvrages, en même temps qu'il la disposait sur un plan nouveau et méthodique. A l'époque où nous sommes parvenu, cette collection renfermait environ quarante-sept mille volumes[1]. Elle resta alors à peu près stationnaire, car, trente ans plus tard, on y comptait seulement cinquante mille volumes[2], dont environ six cents manuscrits[3], chiffres qu'elle n'a guère dépassé.

La bibliothèque du collége Louis-le-Grand, située dans la seconde cour de l'établissement, avec vue sur le jardin[4], était composée de deux longues galeries. L'une avait été, nous l'avons dit, construite aux frais du surintendant Fouquet; l'autre portait le nom de Harlay. On lisait sur la porte de la première galerie ces mots :

> DEUS SCIENTIARUM DOMINUS EST

Les fresques du plafond représentaient la Renommée s'élançant dans les airs au

---

tres volumes on trouve, outre les armoiries, une couronne de baron, un manteau d'hermine, etc.

[1] Maichelius, *Introductio ad historiam literariam*, p. 94. — Mais G. Wallin, *Lutetia Parisiorum erudita sui temporis* (1722), dit cinquante mille six cents, p. 118. — Sauval, *Histoire de Paris* (1724), se prononce pour vingt mille volumes, t. III, p. 52; l'erreur est évidente. — G. Brice, *Nouvelle description de Paris* (1725), indique quarante-trois mille volumes, t. III, p. 68. — J.-C. Némeitz, *Le séjour de Paris* (1727), donne le chiffre de quarante-six mille, t. I, p. 261.

[2] Antonini, *Mémorial de Paris* (1749), t. I, p. 196.

[3] Jugler, *Bibliotheca historiæ litterariæ selecta* (1754), t. I, p. 224.

[4] G. Brice, *Nouvelle description de Paris*, t. III, p. 68.

milieu d'un groupe de Génies, et laissant tomber ces paroles : « L'illustre Fouquet « a élevé cette bibliothèque, et l'a dotée avec magnificence. » Il y avait deux beaux tableaux aux deux extrémités de la galerie : au-dessus de la porte, la mort d'Agamemnon par Nicolo [1] (*Giovani Baptista de Ferrare*), et, en face, le portrait de Fouquet accompagné de la Foi et de la Justice.

Il fallait monter plusieurs degrés pour arriver à la seconde galerie, qui était soutenue par deux rangs de colonnes et ornée de globes et de tableaux. En regard de chacune des neuf fenêtres se trouvait un portrait sur toile; on y avait représenté Perpinian, Maldonat, Auger, Fronton du Duc, J. Salian, Sirmond, L. Cresol, D. Pétau et Caussin.

Les manuscrits étaient classés à part, ainsi que les livres défendus; ceux-ci occupaient un étroit cabinet, à peine éclairé par une petite fenêtre garnie de barreaux de fer [2].

Cette bibliothèque, dont l'accès était assez facile, même pour les étrangers [3], possédait de véritables raretés bibliographiques et plusieurs éditions *princeps*. Les « livres d'humanitez » étaient très-nombreux, et « l'histoire d'Espagne toute com- « plète [4]. » Les manuscrits atteignaient le chiffre de huit cent cinquante-six [5]; on y remarquait dix manuscrits italiens, quatre espagnols, trois portugais, vingt-sept chinois, deux arméniens, treize hébreux et syriaques, trente-cinq arabes; la plupart de ces derniers avaient appartenu à Guillaume Postel [6]. On y voyait encore un certain nombre d'ouvrages immoraux, « libri contra bonos mores [7], » et les originaux des lettres de Jansenius à Duvergier de Hauranne, qui avaient été saisies chez ce dernier lors de son arrestation [8].

Vers le milieu de la première galerie, à droite, s'ouvrait le cabinet des médailles, qui avait été commencé par le P. Sirmond. On citait surtout parmi les médailles en or Philippe de Macédoine, Tibère, Claude, Agrippine, Néron, Vespasien, Trajan, Heraclius. On y trouvait même une pièce frappée pendant la Ligue, à l'effigie du cardinal de Bourbon, sous le nom de Charles X, roi de France [9]. Venaient enfin diverses curiosités, des pierres gravées, des antiquités égyptiennes, grecques, étrusques et romaines, des sceaux, des poids, etc. [10]

---

[1] Piganiol de la Force, *Description historique de Paris*, t. V, p. 422.

[2] G. Brice, *Nouv. descrip. de Paris*, t. III, p. 70.

[3] J. Garnier, *Systema bibliothecæ Parisiensis collegii societatis Jesu*, p. 7. — J.-C. Némeitz, *Le séjour de Paris*, t. I, p. 261.

[4] *Almanach royal*, année 1709, p. 219. — Durey de Noinville, *Dissertation sur les bibliothèques*, p. 48. — Maichelius, *Introductio ad historiam literariam*, p. 97.

[5] Legallois, *Traité des plus belles bibliothèques de l'Europe*, p. 134.

[6] *Catalogus manuscriptorum codicum collegii Claromontani*, n°ˢ xx, xxi, xxx, xxxiv, xxxvi, xxxviii, lxv, lxvi, lxvii.

[7] J. Garnier, *Systema bibliothecæ Parisiensis collegii societatis Jesu*, p. 7.

[8] Piganiol de la Force, *Description historique de Paris*, t. V, p. 423.

[9] *Mémoires secrets* dits de Bachaumont, 26 juillet 1763, t. I, p. 257.

[10] *Catalogue des médailles et autres curiosités de la bibliothèque du collége Louis-le-Grand*.

Jean Garnier, mort en 1681 [1], eut pour successeur le célèbre P. Hardouin. On sait que ce jésuite, dont les ouvrages, fort savants d'ailleurs, sont semés de paradoxes, mettait en doute toute l'histoire ancienne, niait l'authenticité de la plupart des écrits qui nous sont venus de l'antiquité, et attribuait l'*Énéide* de Virgile et les *Odes* d'Horace à des moines du moyen âge ; ajoutons que ce singulier bibliothécaire n'accordait aucune valeur historique aux médailles [2]. Il fut remplacé par le P. Souciet [3], à qui succédèrent les PP. Thoubeau [4] et Michel Languedoc. Il se présente ensuite dans la liste des bibliothécaires une lacune que nous ne pouvons combler ; nous connaissons pourtant les deux derniers jésuites qui remplirent cette charge : ce fut d'abord Pierre Duval, devenu successivement proviseur du collége d'Harcourt et recteur de l'Université, puis Gabriel Brotier, le célèbre humaniste. En remontant jusqu'à l'origine de l'établissement, nous rencontrons donc les noms suivants :

Jean GUIGNARD,
Fronton DU DUC,
Denis PÉTAU,
Philippe BRIET,
Gabriel COSSART,
Jean GARNIER,
J. HARDOUIN,
Étienne SOUCIET,
THOUBEAU,
Michel LANGUEDOC,
Pierre DUVAL,
Gabriel BROTIER.

M. E.-J.-B. Rathery a eu l'obligeance de nous communiquer trois lettres inédites, écrites de 1727 à 1728 par le général des Jésuites, Tamburini, au recteur du collége Louis-le-Grand, et qui renferment quelques renseignements assez curieux.

On y voit que les Révérends Pères voulurent employer à la restauration de leurs bâtiments une partie des mille livres de rente léguées au collége par Fouquet. Le bibliothécaire se plaignit bien haut, et l'affaire alla jusqu'à Rome. Tamburini dit que lui-même fut appelé à régler «litem ortam inter procuratorem «collegii et præfectum bibliothecæ [5];» il décida que la somme totale des revenus dus à la libéralité de Fouquet devait être exclusivement employée en achat et en restauration de livres [6]. Il voulut enfin que le P. Garnier restituât une somme

---

[1] E. Dupin, *Bibliothèque des auteurs ecclésiastiques*, XVIIe siècle, t. IV, p. 118.
[2] Voy. sa *Chronol. ex nummis antiquis restituta*.
[3] S. de Valhebert, *L'agenda du voyageur à Paris* (1736), p. 74.

[4] Maichelius, *Introductio ad historiam literariam*, p. 97.
[5] Lettre du 14 octobre 1728.
[6] «Census annuus mille librarum gallicarum «bibliothecæ donatus a domino Fouquet semper ac

prise sur les revenus de la bibliothèque, et qu'il avait emportée à son départ pour Rome[1]. La troisième lettre, datée du 8 mai 1727, renferme au sujet de la bibliothèque des dispositions fort sages, mais qui ne font que confirmer le règlement que nous avons donné plus haut.

Les Jésuites furent de nouveau chassés de France en 1762; ils durent donc abandonner encore une fois leurs établissements et les bibliothèques qu'ils renfermaient. Les lettres patentes du 21 novembre 1763 accordèrent les bâtiments du collége Louis-le-Grand à l'Université. Il fut décidé en même temps qu'on établirait dans la vaste maison des Jésuites un collége général, dans lequel seraient réunis les boursiers de tous les petits colléges où il n'y avait pas plein exercice. Un «bureau d'administration» fut nommé, installé au collége, et chargé d'organiser la nouvelle création.

Pendant l'instruction de leur procès, les Jésuites, qui en prévoyaient l'issue, s'étaient défaits petit à petit d'un grand nombre de volumes, dont la majeure partie fut achetée par le duc de Lavallière et le comte de Lauraguais[2]. On procéda cependant contre la Compagnie beaucoup moins arbitrairement qu'en 1595. Les bibliothèques furent vendues, mais suivant les formes légales, et le produit fut destiné à satisfaire aux réclamations des créanciers de l'ordre.

On enleva d'abord du collége Louis-le-Grand tous les manuscrits, qui furent déposés à l'abbaye Saint-Germain-des-Prés. Par ordre du Parlement, trois religieux de ce couvent, D. Pater, D. Housseau et D. Grenier, et trois religieux des Blancs-Manteaux, D. Durand, D. Tassin et D. Clément, furent chargés d'en dresser le catalogue[3], qui parut sous ce titre : *Catalogus manuscriptorum codicum collegii Claromontani. Parisiis*, 1764, in-8°. On imprima ensuite le *Catalogue des médailles antiques, modernes, et autres curiosités de la bibliothèque du collége de Louis le Grand de la rue Saint Jacques, dont la vente se fera le mercredi 13 juin, lendemain des Fêtes de la Pentecôte, et jours suivans*, Paris, 1764, in-8°.

Le catalogue des livres imprimés venait d'être publié sous ce titre : *Catalogue des livres de la bibliothèque des ci-devant soi-disans jésuites du collége de Clermont, dont la vente commencera le lundi 19 mars 1764*[4]. Un incident curieux fit suspendre les enchères.

On se rappelle qu'en 1717 le président de Harlay avait légué une partie de sa bibliothèque au collége Louis-le-Grand. Son héritier, M. de Tingry, mit oppo-

---

«solummodo insumatur in libris emendis, com-
«pingendis, et reficiendis illorum compactionibus
«quando forte usu corrumpentur aut deterentur.»
(Lettre du 14 octobre 1728.)

[1] «Restituatur bibliothecæ pars illa pecuniæ
«quam P. Joannes Garnier, Romam proficiscens,
«secum de reditu bibliothecæ asportavit, necdum
«restituta est.» (Lettre du 14 octobre 1728.)

[2] *Mémoires dits de Bachaumont*, 17 avril 1762, t. I, p. 69.

[3] D. Tassin, *Histoire littéraire de la congrégation de Saint-Maur*, p. 668.

[4] Il comprend 6,752 articles. La bibliothèque de l'Arsenal possède un exemplaire avec les prix de vente indiqués en marge.

sition à la vente, et réclama tous les volumes qui provenaient de cette libéralité. Le Parlement était disposé à faire droit à sa demande [1]; mais, un grand nombre des livres de M. de Harlay ayant été confondus avec ceux du collége sans recevoir d'estampille spéciale, il était fort difficile de les reconnaître. On convint de s'en rapporter au procès-verbal qui avait été dressé lors de la remise aux Jésuites, et suivant lequel le legs était estimé vingt-cinq mille livres; M. de Tingry fut donc autorisé à prélever cette somme sur le produit de la vente [2]. Cependant quelques volumes légués par M. de Harlay portaient soit sa signature, soit ses armes, soit l'inscription imprimée que nous avons décrite; ceux-ci, recherchés avec soin, furent mis à part, et M. de Tingry en fit don à l'Université [3].

D'un autre côté, le nouveau collége ne pouvant rester sans bibliothèque, le bureau d'administration profita de la vente des bibliothèques des Jésuites, et y acheta des livres pour une somme de 17,449 liv. 8 sols [4].

L'Université avait elle-même une bibliothèque qui venait de lui être léguée par le recteur Petit de Montempuis, mais qui, faute d'emplacement convenable, n'avait pu encore être déballée [5].

Le collége Louis-le-Grand et l'Université se trouvèrent donc chacun possesseur d'une bibliothèque distincte, et tous deux avaient le droit de l'installer dans les bâtiments du collége.

Le bureau d'administration prit l'initiative. Il fit proposer à l'Université de réunir les deux bibliothèques de manière à n'en former qu'une seule [6]. L'Université refusa péremptoirement, et nomma pour sa collection un bibliothécaire, M. Lebel, tandis que le collége en nommait un également, M. Guérin, ancien recteur [7].

Les négociations entre l'Université et le collége durèrent près de deux ans. Ils finirent cependant par s'entendre. On lit dans les procès-verbaux des séances du bureau d'administration que « le collége abandonna ses livres à l'Université [8]. » Ceci ne devint absolument vrai qu'un peu plus tard, grâce à l'habileté avec laquelle manœuvra l'Université. Les discussions entre les deux rivales ne furent

---

[1] Il accorda de même à M. de Charsigné, héritier de l'évêque d'Avranches, Huet, tous les livres que ce dernier avait légués à la maison professe des Jésuites.

[2] *Mémoires secrets* dits *de Bachaumont*, 29 juillet 1763, t. I, p. 258.

[3] *Mémoires secrets* dits *de Bachaumont*, 23 janvier 1764, t. II, p. 12.

[4] On trouve le chiffre de 18,109 liv. 8 s. dans le *Recueil de toutes les délibérations prises par le bureau d'administration du collége Louis-le-Grand*, p. 528. Le chiffre que nous avons adopté nous est fourni par le document suivant : *État des livres adjugés à Monsieur l'abbé Fourneau, grand maître du collége de Louis le Grand, pendant le cours de la vente des livres de la Bibliothèque dudit collége.* Archives de l'Empire, série H, carton n° 4253.

[5] *Recueil de toutes les délibérations prises par le bureau d'administration du collége Louis-le-Grand*, p. 530.

[6] Archives du ministère de l'Instruction publique, 15° carton, n° 113, article 20.

[7] *Recueil de toutes les délibérations prises par le bureau d'administration du collége Louis-le-Grand*, p. 528.

[8] *Recueil de toutes les délibérations prises par le bureau d'administration du collége Louis-le-Grand*, p. 530.

closes qu'au mois de février 1765. On rédigea alors un « projet d'arrangement » qui fut accepté d'un commun accord. Ce document est conservé dans les archives du ministère de l'Instruction publique, où l'obligeance de M. Ch. Jourdain nous a mis à même de le consulter [1].

Aux termes de cet arrangement, la collection de l'Université fut installée dans les galeries qu'avait occupées la bibliothèque des Jésuites, et les livres appartenant au collége furent confondus avec ceux de l'Université [2]. Cependant on autorisa le bureau d'administration à faire estampiller ses volumes aux armes de l'établissement, afin qu'ils pussent au besoin être distingués de ceux de l'Université [3]. L'administration et la surveillance de la bibliothèque appartenaient exclusivement à l'Université [4]; le bibliothécaire devait prêter serment entre les mains du recteur [5], et portait le titre de bibliothécaire de l'Université [6]. Il était choisi par celle-ci sur une liste de trois candidats présentés par le bureau d'administration du collége [7]; tous les trois devaient d'ailleurs être membres de l'Université [8]. Nous avons dit que déjà deux bibliothécaires avaient été nommés; on leur conserva à tous deux leur titre et leur traitement; mais M. Guérin eut le droit d'exercer ses fonctions [9]. Ils n'acceptèrent sans doute pas cette décision, et se retirèrent spontanément; car, dès 1766, on procéda à l'installation d'un nouveau bibliothécaire nommé Hamelin [10].

L'Université avait en outre accordé au collége l'autorisation de faire dresser un catalogue spécial de ses livres [11]. Le libraire Barrois demandait une somme de deux mille livres pour l'exécution de ce travail; il fut confié à un cordelier nommé Bonhomme, qui venait de rédiger l'inventaire complet de la bibliothèque de son couvent, et qui ne demandait au collége d'autres honoraires que l'admission d'un de ses neveux comme boursier [12]. Ce catalogue fut terminé le 24 novembre 1768; il est conservé à la bibliothèque actuelle de l'Université, et a pour titre : *Catalogue des livres imprimez, manuscrits, des livres de figures et d'estampes appartenants au collége de Loüis le Grand; fait en 1768* [13].

L'histoire de la bibliothèque du collége Louis-le-Grand doit s'arrêter ici. A partir de cette époque, la collection, quoique conservée dans son local primitif, appartient réellement à l'Université, porte son nom et est exclusivement régie par elle.

---

[1] Les registres et cartons relatifs à l'ancienne Université ont été, depuis peu, transférés à la bibliothèque de l'Université, à la Sorbonne.

[2] *Projet d'arrangement sur la bibliothèque de l'Université*, articles 3 et 4.

[3] *Projet d'arrangement*, etc. article 5.

[4] *Projet d'arrangement*, etc. article 24.

[5] *Projet d'arrangement*, etc. article 11.

[6] *Projet d'arrangement*, etc. article 10.

[7] *Projet d'arrangement*, etc. articles 21 et 23.

[8] *Projet d'arrangement*, etc. article 22.

[9] *Projet d'arrangement*, etc. article 20.

[10] *Recueil de toutes les délibérations prises par le bureau d'administration*, etc. p. 539.

[11] *Projet d'arrangement*, etc. article 8.

[12] *Recueil de toutes les délibérations prises par le bureau d'administration*, etc. p. 538.

[13] Biblioth. de l'Université, manuscrits, n° U 18.

Nous reproduisons ici l'estampille qu'adopta le collége après que Louis XIV l'eut autorisé à prendre les armes royales

Nous avons fait connaître déjà les marques qui se rencontrent sur les reliures provenant de cette bibliothèque. Il faut y ajouter le monogramme de la Compagnie de Jésus

qui figure très-fréquemment sur le dos des volumes, placé entre chaque nerf et alternant soit avec les deux ΦΦ de Desportes, soit avec les Φ entrelacés de Fouquet. Enfin, quand le collége eut reçu le nom de *Prytanée français*, il adopta pour sa bibliothèque une marque nouvelle et toute différente des précédentes :

Les inscriptions manuscrites sont assez rares et en général très-brèves :

COLLEGII CLAROMONTANI PARIS. SOC. IESU.

COLLEGII PARIS. SOC. IESU.

Cette dernière, parfois plus abrégée encore, est très-fréquente.

COLLÉGE LOUIS-LE-GRAND.

BREF ÉTAT POUR COMPTER
DE LA
VENTE DES LIVRES, MÉDAILLES ET AUTRES CURIOSITÉES
DU COLLÉGE DE LOUIS LE GRAND [1].

La vente des livres monte à....................................... 111,037^H 18^s 0^d
Celle des médailles et curiositées à............................. 10,691 4 0

   Total.. 121,729^H 2^s 0

Paiements à déduire, savoir :

Au s^r Samson, gardien aux Jésuittes, pour 196 jours de frais de garde, à compter du 10 février 1764 jusques et compris le 2 septembre audit an qu'il est sorti du collége, suivant ses quittances dont la dernière est du 11 septembre dernier.. 392^H 0^s 0^d

Plus, au s. Lancial, autre gardien, pour 249 jours de garde, à compter du 7 janvier 1764 jusques et compris le 11 septembre dernier, suivant ses quittances dont la dernière est du 9 novembre dernier................ 498 0 0

Plus, au nommé Marion, gagne denier, pour 117 jours à 30 s. à compter du 12 mars 1764 jusqu'au 30 juillet dernier........................ 175 10 0

Plus, au même, pour dépenses de balays, clouds et fisselles........... 2 8 0

Plus, au s. Bertin, vitrier, pour avoir nétoiés et remis des carreaux aux croisées de la salle où s'est fait la vente............................ 6 18 0

Plus, au s. Monguin, maître menuisier, pour avoir posé des tablettes pour mettre les livres lors de la vente................................... 17 0 0

Plus, à des gagnes deniers, qui ont servis à transporter les livres qui étaient dans les chambres, à l'effet d'en mettre en possession le collége de Lisieux.. 4 10 0

Plus, paié pour huit plaques de fer blanc qui ont servies à mettre des chandelles pour éclairer la vente.. 2 8 0

Plus, à MM. Saugrain et Le Clerc, libraires, 12^H par eux déboursées pour frais de voitures et crocheteurs employés aux transports des livres condamnés. 12 0 0

Plus, aux nommés Marque et Baudouin, afficheurs, pour avoir par eux apposés 2,100 affiches indicatives de la vente, suivant leurs quittances des 16 avril, 21 mai, 17 juillet et 13 septembre 1764.................... 31 10 0

Plus, à M. l'abbé Grimod, pour les 18 deniers pour livre lui revenant du montant de la vente des médailles et curiositées, suivant sa quittance du 25 juin dernier... 801 6 6

Plus, à MM. Saugrain et Le Clerc, libraires, pour les causes énoncées en leur quittance du 19 octobre 1764.................................. 10,327 13 0

   Total.. 12,271^H 13^s 6^d [2]

---

[1] Archives de l'Empire, série H, carton n° 4253. — Voyez ci-dessus, p. 259.

[2] Ce sont les chiffres fournis par l'original; mais il y a erreur, l'addition ne donnant que 3 sols au lieu de 13. Cette erreur se prolonge jusqu'à la fin du compte.

Report..................	12,271^{lt} 13^s 6^d

Il faut encore déduire les paiements faits à M. l'abbé Fourneau, suivant ses reçus, savoir :

Le 16 avril 1764.................................	13,002 0 0
Le 21 juin aud. an................................	14,804 0 0
Le 9 juillet......................................	25,200 0 0
Le 28 août.......................................	23,425 0 0
Le 22 octobre....................................	5,001 0 0
Total......................	93,703^{lt} 13^s 6^d

Déduisant encore les adjudications ci-après, savoir :

A M. l'abbé Fourneau.............................	17,449^{lt} 8^s 0^d
A MM. du Bureau d'administration...................	455 0 0
Total.......................	111,608^{lt} 1^s 6^d

Il convient encore de déduire les paiements déboursés et frais de vente qui suivent, savoir :

Pour le droit de déclaration de ladite vente au bureau...............	2^{lt} 0^s 0^d
Pour 118 vaccations employées par l'huissier à la vente des livres et médailles, à 7 livres chacune...............................	826 0 0
Payé au crieur pour ses vaccations à publier les enchères et les recevoir, lors de la vente...................................	172 10 0
Plus, à la personne qui a écrit la minutte pour accellérer.............	172 10 0
Pour l'expédition du procès-verbal de vente, contenant 11,187 articles, dont la moitié sera portée à la communauté des huissiers priseurs, évalué, y compris le papier et droit payé pour la faire, à......................	4,632 0 0
Pour le remboursement du papier de la minute et controlles..........	92 3 0
Pour le remboursement des fiacres qui ont servis à porter l'argent chez M. Fourneau et remboursement des passes des sacs...................	36 13 0
Plus, paié aux commissaires aux ventes pour les trois deniers pour livre à eux revenant du montant de lad. vente.......................	1,525 8 9
Pour les vaccations employées par l'huissier à faire plusieurs grands états d'adjudications faites tant aux libraires qu'à MM. Fourneau, Capronnier et autres, faire les recouvrements des debets, peines et soins extraordinaires, évalués à..	(1)
Plus, pour avoir été faire les états et prisées des meubles et effets des colléges de Beauvais, des Trésoriers, des Cholets, de Bayeux, de Laon, de Narbonne, de Cornouailles, de Bourgogne, d'Autun, de Justice, Me Gervais, Dainville, de Reims, de Séez et du Mans, à la connaissance de MM. Fourneau, Le Neveu, Le Gros, Poan et de S. Fray, évalués à 25 vaccations, ci..	300 0 0
Total......................	118,794^{lt} 5^s 3$^{d(2)}$

---

(1) Le manuscrit ne donne rien à cet endroit qui reste en blanc.

(2) Ici encore nous donnons les chiffres tels qu'ils se trouvent dans l'original, malgré une erreur assez forte. En effet le total, pour être exact, doit s'élever à 119,367^{lt}6^{s}3^d.

COLLÉGE LOUIS-LE-GRAND.

RÉCAPITULATION.

La recette monte à...	121,729^{tt} 2^s 0^d
La dépense monte à...	118,794 5 3
Partant reste dû.....................	2,934^{tt} 16^s 9^d
Sur quoi depuis paié à M. le grand maître, suivant sa quittance du 18 février 1765..	2,605 00 0
	329^{tt} 16^s 9^d

Nous, soussignés, administrateurs du collége de Louis-le-Grand, et autorisés par la délibération du 30 aoust 1764, à l'effet d'arrêter le présent compte, attendu le paiement présentement par led. de Grossy ès mains de M. le grand maître, ainsi qu'il le reconnait, de la somme de trois cens vingt neuf livres seize sols neuf deniers, avons donné pleine et entière décharge aud. s^r de Grossy de la recette par lui faitte, et reconnaissons que les pièces justifficatives ont été remises aud. s^r de Grossy pour être déposées ès archives.

Fait double à Paris, ce 20 mars 1765.

ROLLAND. POAN. FOURNEAU. GROSSY.

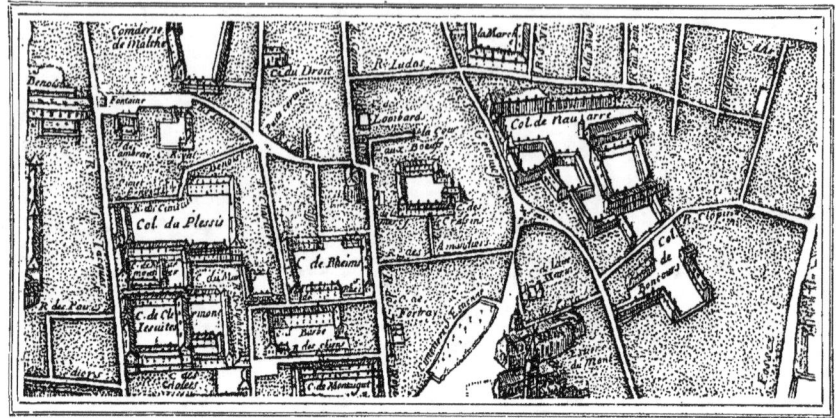

Fac-similé héliographique.   Plan de Jouvin de Rochefort (1690).

COLLÉGE DES GRASSINS.

Par son testament du 16 octobre 1569, Pierre Grassin, sieur d'Albon, conseiller au Parlement de Paris, ordonna qu'une somme de 30,000 livres fût prise sur ses biens et employée à la fondation d'un collége. Il voulait, en outre, que, si son fils mourait sans enfant, cette somme fût portée à 90,000 livres [1]. Ce fils survécut peu à son père; il s'associa à sa pensée et choisit, comme lui, pour exécuteur testamentaire l'avocat Thierry Grassin, son oncle. Celui-ci, désireux de contribuer aussi pour sa part à la création du collége, acheta aussitôt entre la rue des Sept-Voies et la rue des Amandiers six maisons qu'il paya de sa bourse [2]. Enfin, le dimanche 5 février 1584, il fit son testament, qui contient encore de nombreuses libéralités en faveur de la nouvelle fondation; il songe même à la doter d'une bibliothèque, il veut « que tous et chacuns les livres imprimez qui se trou-« veront au jour de son décez en la maison où il est demeurant rue Sainte-Avoye, « tant du feu sieur d'Albon, son frère, que de son neveu et de luy, soient pris « pour en faire une librairie au collége des Grassins, pour l'instruction de ceux qui « habiteront ledit collége; et desquels il veut après son décez estre fait un inven-« taire fidèle, lequel avec la clef d'icelle librairie demeurera en la possession du « principal dudit collége. »

Le collége des Grassins prospéra d'abord. Il passa ensuite en des mains inhabiles et, au commencement du xviiie siècle, ses revenus avaient tellement dimi-

---

[1] J. Dubreul, *Theatre des antiquitez de Paris*, p. 559.

[2] Piganiol de la Force, *Description historique de Paris*, t. VI, p. 51.

nué, que le Parlement dut intervenir. La bibliothèque était alors fort négligée, et il n'en existait point d'inventaire; le Parlement ordonna, le 14 mai 1710, qu'il en serait fait un, et il chargea de ce soin le sieur Cochet, « professeur de lettres « humaines [1]. » Il arrêta en même temps que, jusqu'au jour où le collége serait libéré de toutes dettes, douze de ses bourses resteraient supprimées.

Il existait heureusement encore un descendant de la famille des Grassins; il se chargea d'acquitter les dettes de l'établissement [2], qui resta en exercice jusqu'à la Révolution. Il ne restait plus guère alors de la bibliothèque primitive que les livres qu'y avait mis Thierry Grassin deux siècles auparavant; c'étaient une quarantaine de volumes renfermant plusieurs traités des Pères de l'Église et quelques ouvrages de théologie mystique [3]. Presque tous portaient sur les plats cette marque

qui datait de l'époque où le collége était encore florissant.

La rue de l'École-Polytechnique a coupé les bâtiments de ce collége. Il n'en reste aujourd'hui que quelques-uns et l'ancienne *allée* de la rue des Amandiers (aujourd'hui *Laplace*) avec sa porte monumentale.

---

[1] Félibien, *Histoire de Paris*, t. III, p. 689.
[2] D'Auvigny, etc. *Histoire de Paris*, t. V, p. 470.
[3] Béguillet et Poncelin, *Histoire de Paris* (1781), t. III, p. 217.

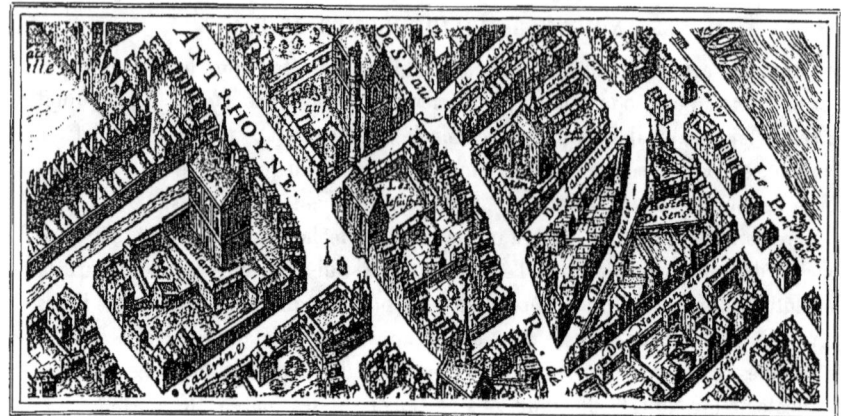

Fac-similé héliographique. Plan de Vassalieu (1609).

MAISON PROFESSE DES JÉSUITES.

Les Jésuites n'avaient obtenu qu'après de longues luttes leur admission en France; aussi, pendant un certain temps, apportèrent-ils dans toutes leurs démarches une extrême discrétion. Mais, quand ils virent leur collége de Clermont en pleine activité et leur enseignement accepté par la capitale [1], ils songèrent à y étendre leur influence. Leur plus ardent désir était d'y posséder une Maison professe. Ils intriguèrent longtemps auprès du cardinal de Bourbon, le fameux Charles X de la Ligue, qui, en 1580, acheta pour 16,000 livres [2] et leur donna « une maison avec toutes ses appartenances et dépendances, scituée en la rue « Saint Anthoine, qui consiste en plusieurs corps d'hostel, cour et jardin, appelée « vulgairement l'hostel d'Anville [3]. » Les bâtiments s'étendaient de la rue Saint-Antoine à la rue Saint-Paul; le cardinal y fit construire une chapelle sous l'invocation de saint Louis, et les Jésuites s'y installèrent. Il leur attribua en outre toute sa bibliothèque, « très-bien reliée en maroquin [4]. » Mais, à la suite de l'attentat de Jean Chastel, les Jésuites durent quitter la France, et cette collection fut dispersée [5].

---

[1] A la fin du xvi° siècle, le collége de Clermont comptait déjà trois cents pensionnaires (D. H. I. Supplément au théâtre des antiquitez de Paris, de Dubreul, p. 36); en 1725, il en renfermait six cents (Germain Brice, Nouvelle description de Paris, t. III, p. 66).

[2] Sauval, Histoire et recherches des antiquités de Paris, t. II, p. 143.

[3] Félibien, Histoire de Paris, t. III, p. 732. — Voyez aussi J.-A. de Thou, Historia sui temporis, lib. LXXXVI.

[4] L. Jacob, Traicté des plus belles bibliothèques, p. 520. — « Excellemment bien reliée, » dit Malingre, Antiquités de Paris, p. 661.

[5] Voyez ci-dessus notre notice sur la bibliothèque du collége Louis-le-Grand.

Ils cherchèrent vainement à s'en faire rendre le prix après leur rappel. Henri IV resta sourd aux doléances qu'ils exprimaient sur la perte de « ce grand thrésor « donné par feu Monsieur le Cardinal Charles de Bourbon, fondateur d'icelle « maison[1]. » En revanche, Louis XIII leur accorda un emplacement assez vaste sur lequel ils élevèrent l'église Saint-Paul actuelle, où l'on voit encore le tombeau du cardinal de Bourbon.

Tranquilles désormais sur leur avenir, les Jésuites revinrent à l'idée d'établir une bibliothèque dans leur Maison professe. Ils firent décorer avec luxe une vaste galerie dont le plafond fut peint à fresque par Gherardini[2]. Ils acquirent ensuite un certain nombre de volumes sur les fonds de la Société. Durey de Noinville prétend qu'un legs du philologue François Guyet vint augmenter leur collection[3]; c'est une erreur. La bibliothèque de Fr. Guyet avait été achetée par Gilles Ménage[4], et celui-ci, en 1692, la légua confondue avec la sienne à la Maison professe[5], en considération des soins qu'avait eus pour lui le P. Ayrault, pendant sa dernière maladie[6].

Trois ans auparavant, le célèbre Daniel Huet avait été nommé évêque d'Avranches. Il était déjà membre de l'Académie française et auteur de plusieurs ouvrages estimés. De puissants intérêts et de nombreuses relations l'appelaient donc souvent à Paris, et les Jésuites de la Maison professe lui offrirent vers cette époque un petit logement dans leur couvent[7]. Huet hésita d'abord : il tenait à habiter une chambre exposée au nord[8], et la Maison professe en avait fort peu; les Jésuites parvinrent cependant à le satisfaire sur ce point. Pour leur témoigner sa gratitude, il leur abandonna d'avance sa bibliothèque[9], composée de huit mille

---

[1] *Tres-humble remonstrance et requeste des religieux de la compagnie de Iesus au tres-chrestien roy de France Henri IV*, p. 99.

[2] Piganiol de la Force, *Description historique de Paris*, t. V, p. 23.

[3] Durey de Noinville, *Dissertation sur les bibliothèques*, p. 51.

[4] D. Huet, *Commentarius de rebus ad eum pertinentibus*, lib. VI, p. 398.

[5] Jugler, *Bibliotheca historiæ litterariæ selecta*, t. I, p. 224.

[6] S. de Valhebert, *L'agenda du voyageur à Paris*, p. 75.

[7] Niceron, *Mémoires pour servir à l'histoire des hommes illustres de la république des lettres*, t. I, p. 57.

[8] *Huetiana*, p. 65.

[9] Le savant D. Huet, qui resta longtemps auprès de Bossuet comme sous-précepteur du Dauphin, eut, dès son enfance, une véritable passion pour les livres, et le hasard le mit à même de la satisfaire de bonne heure. Il entrait dans sa septième année quand il reçut le premier fonds de sa bibliothèque. Resté orphelin très-jeune, il avait été recueilli par une de ses tantes, épouse du mathématicien Gilles Macé. Après la mort de celui-ci, son fils Daniel, devenu tuteur du jeune homme, lui donna tous les ouvrages de mathématiques qui se trouvaient parmi les volumes dont il venait d'hériter, « libros neque paucos, neque spernendos, » écrivait plus tard Huet.

A vingt ans, bien que sa fortune fût plus que médiocre, il résolut de se former une bibliothèque, et se mit à l'œuvre avec autant d'ardeur que d'inexpérience. Naudé, son ami, l'aida de ses conseils, parfois même de sa bourse, « et amice submonuit « ut caveret a calliditate bibliopolarum. » (Voyez Daniel Huet, *Commentarius de rebus ad eum pertinentibus*, lib. I, p. 10, 11 et 68; lib. III, p. 196, et lib. IV, p. 222.)

deux cent soixante et onze volumes imprimés et de deux cents manuscrits[1], et qui, de l'aveu d'un contemporain, « ne contenoit pas un livre qui ne fût fort ex- « cellent [2]. »

La donation eut lieu « solemniter [3], » le 18 avril 1691, par acte passé devant notaires [4], et que Huet renouvela chaque année jusqu'à sa mort.

Huet semble d'ailleurs avoir regardé les Jésuites comme d'assez tristes biblio- philes : il ordonna, en effet, que sa bibliothèque serait toujours conservée dans un local spécial, séparée des autres livres appartenant à la communauté, et qu'on n'en modifierait en aucune manière la composition. Pour empêcher que cette clause ne fût éludée, il prit soin de faire relier presque tous les volumes à ses armes. Une marque fort élégante

[1] « M. Huet, à qui l'Europe avoit donné le sur- « nom de savant des savants, avoit encore aug- « menté le prix de ses livres par les notes manus- « crites dont il les avoit enrichis. » (Leprince, *Essai historique sur la bibliothèque du Roi et sur chacun des dépôts qui la composent*, p. 104.)

[2] « Elle a cela de particulier qu'elle ne contient « pas un livre ny un manuscript qui ne soit fort « excellent, parce que ce grand homme est si sça- « vant et si profond en toutes choses, qu'il luy est

« fort aisé de reconnoistre les bons livres d'avec les « mauvais. On peut dire aussy de luy ce qu'Eusèbe « disoit de son ami Pamphyle, qu'il est luy mesme « une bibliothèque vivante. » (Legallois, *Traitté des plus belles bibliothèques de l'Europe*, p. 128.)

[3] Jugler, *Bibliotheca historiæ litterariæ selecta*, t. I, p. 224.

[4] Cet acte a été publié dans le tome V, p. 164, des *Amœnitates litterariæ* de Schelhorn. Nous le re- produisons ci-après, p. 278.

fut frappée en or sur les plats, et l'on grava deux *ex libris* différents, l'un destiné aux volumes in-8°,

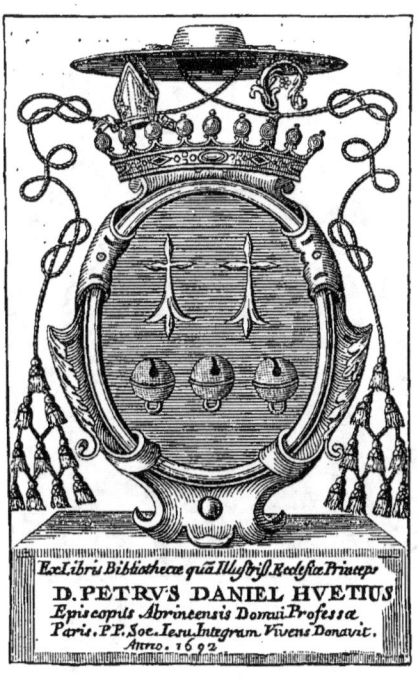

l'autre aux in-folio. Une inscription, placée au bas de chacun d'eux, mentionne l'origine du volume et la manière dont il est entré dans la bibliothèque de la Société.

Une étiquette ainsi conçue :

Ne extra hanc Bibliothecam efferatur. Ex obedientiâ.

fut, en outre, collée au bas du titre de chaque volume.

Dans sa sollicitude pour ses livres, Huet voulait encore que non-seulement ils ne pussent être prêtés au dehors, mais qu'il ne fût même pas permis aux religieux de la Maison de les prendre dans leurs propres chambres. Enfin il mettait pour dernière condition que, à l'endroit le plus apparent de la bibliothèque, on placerait une plaque de marbre noir sur laquelle serait gravée, en lettres d'or, l'inscription suivante :

Hanc Bibliothecam Domui Professæ Parisiensi Societatis JESU dono dedit Petrus Daniel Huet, episcopus Abrincensis; ea lege, ne quis unquam liber quamcumque ob causam ex ea distrahatur, commodetur, vel omnino extra hunc locum efferatur. Sin

MAISON PROFESSE DES JÉSUITES.

Ex Libris Bibliothecæ quam Illustriss. Ecclesiæ Princeps D. PETRUS DANIEL HUETIUS Episc. Abrincensis Domui Professæ Paris. PP. Soc. Jesu Integram Vivens Donavit anno 1692.

SECUS FIAT, IRRITAM ESSE DONATIONEM HANC, ET HÆREDIBUS SUIS HÆREDUMVE POSTERIS BI-
BLIOTHECÆ HUJUS REPETENDÆ JUS AUCTORITATEMQUE ESSE VOLUIT.

Malheureusement, Huet ne fit pas transporter aussitôt sa bibliothèque chez les Jésuites; elle resta dans son logement du faubourg Saint-Jacques, cul-de-sac Saint-Dominique. Tout à coup, pendant une nuit de l'année 1693, la maison s'écroula; livres, papiers, meubles furent engloutis sous les décombres,

Fulcra domus cecidere, simul domus omnis, et una
Casu insperato Bibliotheca ruit[1],

dit Santeuil, de sorte qu'une bonne partie, « non contemnenda pars, » fut volée ou détruite[2]. Ce qui restait fut déposé au couvent de la rue Saint-Antoine. Huet était alors à Avranches, où son ardeur pour le travail lui faisait négliger ses fonctions épiscopales; il donna de lui-même sa démission, et vint s'installer définitivement chez les Jésuites[3]. Il y mourut vingt ans plus tard, heureux de laisser sa bibliothèque dans un sûr asile, et la croyant désormais à l'abri de tout danger. Nous verrons qu'il se trompait.

A l'époque où eut lieu la donation de Huet, l'historien Daniel était bibliothécaire de la Maison professe[4]. Il eut pour successeur le P. Tournemine[5], qui, en 1739, légua à l'établissement sa bibliothèque particulière[6], composée d'environ sept mille volumes[7]. Déjà, deux jésuites célèbres, le P. Lachaise et le P. Chamillard, l'un antiquaire distingué, l'autre numismate instruit, avaient établi dans la Maison un cabinet d'antiquités et un cabinet de médailles qui fut longtemps célèbre[8].

La bibliothèque de cette communauté n'était pas publique, mais les gens de lettres y étaient admis sans difficulté[9]. Riche de vingt mille volumes en 1721[10], de vingt-deux mille en 1727[11], elle en renfermait trente mille en 1754[12]. Suivant Piganiol de la Force, ces livres étaient « d'un choix exquis[13]; » presque tous les manuscrits provenaient d'ailleurs du legs de Huet. Il y avait aussi quelques es-

---

[1] Santeuil, *Bibliotheca Huetiana telluris hiatu absorpta*, dans les *Opera omnia* de Santeuil, première partie, p. 279.

[2] Huet, *Commentarius de rebus ad eum pertinentibus*, lib. VI, p. 396.

[3] *Huetiana*, p. xvj.

[4] Némeitz, *Le séjour de Paris ou instructions curieuses*, etc. t. I, p. 263.

[5] Maichelius, *Introductio ad historiam literariam*, p. 256.

[6] Jugler, *Bibliotheca historiæ litterariæ selecta*, t. I, p. 224.

[7] G. Wallin, *Lutetia Parisiorum erudita sui temporis*, p. 118.

[8] Jèze, *État ou Tableau de la ville de Paris relativement à l'utile, à l'agréable*, etc. p. 197. — Piganiol de la Force, *Description historique de Paris*, t. V, p. 24.

[9] Durey de Noinville, *Dissertation sur les bibliothèques*, p. 48.

[10] Maichelius, *Introductio ad historiam literariam*, p. 97.

[11] Némeitz, *Le séjour de Paris ou instructions curieuses*, etc. t. I, p. 262.

[12] Jugler, *Bibliotheca historiæ litterariæ selecta*, t. I, p. 225.

[13] Piganiol de la Force, *Description historique de Paris*, t. V, p. 23.

tampes; on remarquait surtout, dans le nombre, un martyrologe « formé d'un
« nombre presque infini de gravures qui représentent les saints de l'année avec les
« principaux événements de leur vie, entre lesquelles il y en a bon nombre des plus
« grands maîtres, » dit G. Brice [1].

Les Jésuites furent de nouveau chassés de France en 1762, et leurs biens confisqués. La Maison professe échut aux chanoines réguliers de la Culture-Sainte-Catherine, et tout ce qu'elle renfermait fut vendu aux enchères [2]. On dressa avec soin le catalogue des livres. Celui des imprimés parut en novembre 1763 [3], sous ce titre : *Catalogue des livres de la bibliothèque de la Maison professe des ci-devant soi-disans jésuites;* il comprend 7,252 numéros, qui forment une collection très-complète et très-bien choisie. Le catalogue des manuscrits fut publié l'année suivante; il est intitulé : *Catalogus manuscriptorum codicum bibliothecæ Domus professæ Parisiensis;* on y trouve trois manuscrits hébreux, neuf arabes, trente-trois grecs presque tous provenant de la donation de Huet, dix-huit latins, un malabare écrit sur feuilles de palmier, cinquante français et trois italiens, en tout cent seize manuscrits. On publia enfin le *Catalogue des médailles antiques, modernes et autres curiosités de la bibliothèque de la Maison professe de la rue Saint-Antoine, dont la Vente se fera le lendemain de la Fête de Saint Louis, dans une Salle de ladite Maison, en vertu d'un Arrêt de la Cour de Parlement, les Chambres assemblées, du 14 Mai de la présente année.* La pièce la plus curieuse de cette collection était une médaille du cardinal de Bourbon avec le titre de Charles X, qui avait été frappée pendant la Ligue; cette pièce ne fut pas vendue, mais déposée au greffe du Parlement [4].

On se rappelle quelles minutieuses précautions Huet avait prises en faveur de sa bibliothèque, lorsqu'il la donna aux Jésuites. Prévoyant peut-être que la catastrophe qui avait ébranlé la Société en 1594 pourrait se renouveler, il avait eu soin de déclarer que si, en vertu d'une cause quelconque, ses livres quittaient la Maison professe, la donation se trouverait annulée, et qu'ils reviendraient à ses héritiers ou à leurs descendants. Le seul héritier de Huet était alors M. de Charsigné, abbé de Fontenay; il produisit l'acte de donation rédigé par son oncle, et fit valoir les droits qu'il lui conférait. Il ne pouvait y avoir nulle difficulté pour reconnaître les volumes, puisque, d'après la volonté formelle de Huet, ils avaient été conservés à part, et que tous d'ailleurs portaient le nom du donateur. Un arrêt du Conseil d'État fit droit à la demande de M. de Charsigné, et les livres lui furent remis; on exigea seulement que la mention suivante serait inscrite sur le premier tome de chaque ouvrage : « Paraphé au désir de l'arrest du 15 juillet
« 1763. MESNIL [5]. »

[1] G. Brice, *Nouvelle description de Paris*, t. II, p. 185.
[2] Piganiol de la Force, *Description historique de Paris*, t. VIII, p. 381.
[3] *Mémoires secrets dits de Bachaumont*, 4 novembre 1763, t. I, p. 293.
[4] *Avertissement* en tête du *Catalogue*, p. 4.
[5] Leprince, *Essai historique sur la bibliothèque*

Les Jésuites de la Maison professe n'avaient point d'estampille, et les inscriptions manuscrites sont elles-mêmes peu fréquentes sur leurs volumes; on rencontre cependant parfois celle-ci :

DOMUS PROFESS. PARIS. SOCIET. JESU.

Leur marque, également assez rare, ne reproduit, soit sur les plats,

soit sur le dos des volumes,

que le monogramme de la Société.

du Roi et sur chacun des dépôts qui la composent, p. 216. — L'impératrice de Russie offrit sur-le-champ 50,000 écus de la collection complète. M. de Charsigné refusa, et, ne sachant où placer tous

L'église, placée aujourd'hui sous le patronage de saint Paul et de saint Louis, existe encore, et le collége Charlemagne occupe une partie des bâtiments qui composaient autrefois la Maison professe. On y installa, en 1773, la bibliothèque de la Ville de Paris, qui avait été jusque-là conservée rue Pavée au Marais, dans l'ancien hôtel Lamoignon.

ces volumes, il pria M. Bignon, alors bibliothécaire du roi, de les recevoir en dépôt. Celui-ci les fit provisoirement installer dans une des salles de la Bibliothèque royale. Il s'entendit ensuite avec le ministre pour tâcher de les y conserver. Des ouvertures furent faites en ce sens à M. de Charsigné, qui se déclara heureux de pouvoir offrir cette bibliothèque à Sa Majesté. Il est vrai que Louis XV, de son côté, lui avait promis une rente de 1,750 livres.

CONTRAT DE DONATION

PASSÉ

ENTRE DANIEL HUET ET LES PÈRES DE LA MAISON PROFESSE DES JÉSUITES.

Par devant Nous, Conseillers du Roy, Notaires Gardenotes au Châtelet de Paris soussignés, Fut present Illustrissime et Reverendissime Seigneur Messire Pierre Daniel Huet, nommé par le Roy a l'Eveché d'Avranches, demeurant à Paris, fauxbourg saint Jacques, cul-de-sac saint Dominique, Paroisse saint Jacques du Haut-pas, lequel a par ces presentes donné par donation entre vifs irrevocable, et en la meilleure forme que faire se peut et que donation peut valoir, à la Maison Professe des Reverends Pères Jesuites de cette Ville de Paris, size ruë saint Antoine, et acceptant pour icelle par R. P. Isaac Magnan, Prêtre de la Compagnie de Jesus, comme Procureur de R. P. Loüis Genevray, aussi Prêtre de la Compagnie de Jesus, Provincial de ladite Compagnie en la Province de France, de luy fondé de procuration generale pour toutes les affaires de ladite Province, passée devant Thibert, l'un des Notaires soussignés, et son Confrère, le deuxiéme de Mars dernier, et par R. P. J. de Grieu, Prêtre Religieux de la même Compagnie, Superieur de ladite Maison, lesdits RR. PP. de Grieu et Magnan y demeurans à ce presens et acceptans pour ladite Maison Professe, la Bibliotheque dudit Seigneur Evêque d'Avranches, composée de plusieurs livres contenus au Catalogue et inventaire d'iceux, contenant cent feuillets, qui est demeuré joint à la minute des presentes, aprés avoir été paraphé dudit Seigneur Evêque, desdits RR. PP. de Grieu et Magnan, et desdits Notaires soussignez, à leur requisition, et generalement tous les livres qui appartiendront audit Seigneur Evêque, en quelque lieu qu'ils se trouvent : même les manuscrits et ecritures, qui se trouveront aussi aprés le decez dudit Seigneur Evêque, soit en pacquets, ou dans des porte-feüilles, sur lesquels se trouvera ecrit en abregé de la main dudit Seigneur Evêque, et signé de luy : *Pour la Maison Professe des Iesuites de Paris*. Le tout à l'exception des livres doubles, qui se trouveront dans ladite Bibliotheque, lesquels pour être reputez tels, faudra qu'ils soient imprimés au même lieu, par le même Imprimeur, de la même impression, et en la mesme année. Desquels livres doubles ledit Seigneur Evêque fournira un état signé de luy dans six mois prochains, pour être aussi joints à la minute des presentes : lesquels livres doubles ne sont compris en la presente donation. Pour par lesdits RR. PP. Jesuites joüir de ladite Bibliotheque, ainsy qu'il sera cy-aprés dit : se desaisissant dès à present ledit Seigneur Evêque de la proprieté de tous lesdits livres au profit de ladite maison : voulant iceluy Seigneur Evêque que du jour de son decez ladite Maison soit saisie et mise en possession de tous lesdits livres, en quelque lieu qu'ils se trouvent. Cette donation faite à la charge de la joüissance desdits livres, que ledit Seigneur Evêque se reserve pendant sa vie; se constituant les tenir dès à present à tiltre de précaire; sans que ledit Seigneur Evêque puisse vendre ny engager aucuns desdits livres, mais pourra en échanger et en substituer d'autres de pareille valeur. A l'effet de quoy, ledit Seigneur fera un memoire de ceux qu'il aura substituez en la place de ceux qu'il tirera de ladite Bibliotheque, ainsi que de ceux qu'il acquerra. Le double duquel memoire, signé de luy, il envoira au Supérieur de ladite Maison Professe, pour être joint à la minute tous les ans. Icelle donation faite à la charge que lesdits RR. PP. Jesuites ne pourront vendre, engager ny autrement disposer desdits livres pour quelque pretexte et pour quelque raison que ce soit, ny même les prêter aux Religieux des autres Maisons de ladite Société, tant de cette Ville que d'ailleurs : ny aussy souffrir que les Religieux de ladite Maison Professe les tirent de la salle où sera ladite Bibliotheque pour les porter dans leurs chambres ou ailleurs. Et pour conserver plus régulièrement lesdits livres, lesdits RR. PP. Jesuites seront obligez de les tenir en un corps de Bibliotheque separé, sans être meslez, ny en tout, ny en partie, avec les autres livres de leur Maison : et à cet effet ils placeront dans le fonds de la salle ou Gallerie qu'on bâtit presentement pour servir de lieu de Bibliotheque, et ils separeront la Bibliotheque dudit Seigneur Evêque de la leur par deux saillies de menuiserie qui avanceront de demy-pied de chaque costé, depuis la corniche des tablettes jusqu'en bas. Comme aussi lesdits RR. PP. Jesuites seront tenus, aussi-tost qu'ils seront en possession desdits livres, de les faire mettre dans des armoires fermantes à clef, garnies par devant de fil-d'archal, dont la clef demeurera au Superieur de ladite Maison, ou au Bibliothequaire qui sera par luy choisi. Sur la première page imprimée de chacun desquels livres sera ecrit : « Ex dono Petri Danielis Huet, episcopi Abrincensis : nec extra hanc Bibliothecam « efferatur ex obedientia. » Et il ne sera loisible au Superieur de ladite Maison Professe, ny audit R. P. Provincial, de donner aucune permission à ce contraire, dont leur conscience demeurera chargée. Et afin que lesdites conditions soient plus ponctuellement observées, lesdits RR. PP. Jesuites promettent d'obtenir incessamment du R. P. General de leur ordre l'approbation de ladite donation, laquelle portera defence de contrevenir à ce que dessus, sous peine de désobéissance. Et seront tenus lesdits RR. PP. Provinciaux de ladite Province de France, lorsqu'ils feront la visite de ladite Maison, de visiter specialement ladite Bibliotheque, et de faire observer les choses cy-dessus. Et pour faire connoitre dans tous les siècles que ladite Bibliotheque provient dudit Seigneur Evêque, lesdits PP. Jesuites promettent de faire graver ce qui suit en lettres d'or sur une table de marbre noir : Hanc Bibliothecam Domui Professæ Parisiensi Societatis Jesu dono dedit Petrus Daniel Huet, Episcopus Abrincensis; ea lege, ne quis unquam liber quamcumque ob causam ex ea distrahatur, commodetur, vel omnino extra hunc locum efferatur. Sin secus fiat, irritam esse donationem hanc, et hæredibus suis hæredumve posteris Bibliothecæ hujus repetendæ jus auctoritatemque esse voluit. Laquelle table sera placée dans le lieu où sera ladite Bibliotheque, à l'endroit le plus apparent, afin que ladite inscription puisse être leuë avec facilité par ceux qui verront ladite Bibliotheque. Et en cas que les heritiers dudit Seigneur Evêque trouvent quelques uns desdits livres sur lesquels soit l'inscription cy-dessus, et qu'ils puissent prouver que lesdits RR. PP. Jesuites les ayent pretés, vendus ou changés, ladite donation demeurera nulle. Et pour, si besoin est, faire insinuer icelle au Greffe dudit Chatelet de Paris, et ailleurs où besoin sera, lesdits Seigneur Evêque et RR. PP. Jesuites constituent pour leur Procureur irrevocable le porteur des presentes, auquel ils en donnent pouvoir, et d'en requerir tous Actes que besoin sera. Promettant, etc. obligeant, etc. renonçant, etc.

Fait et passé à Paris en l'Hotel dudit Seigneur Evêque le 18 jour d'Avril 1691, aprés midy; et ont signé la minute des presentes demeurées audit Thibert, l'un des Notaires soussignez.

L'an 1691, le vendredy 4 jour de May, le present contrat de donation a été apporté au greffe du Châtelet de Paris, et y a été insinué, accepté, et eu pour agreable, aux charges, clauses et conditions y apposées, et selon le contenu en iceluy, par maistre Salomon Pothoin, Procureur audit Châtelet de Paris, porteur dudit Contrat, et comme Procureur des parties y denommées, lequel a été registré au 172 volume des insinuations du Châtelet, suivant l'ordonnance. Ce requérant ledit Pothoin pour servir et valloir auxdites parties en temps et lieu ce que de raison. Ce fut fait au Châtelet le jour et an que dessus. Signé Fosse et Saulnier, avec paraphes.

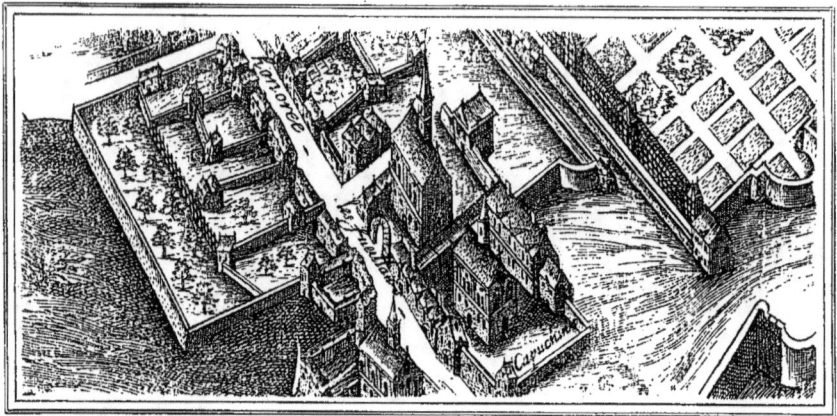

Fac-similé héliographique. — Plan de Vassalieu (1609).

FEUILLANTS DE LA RUE SAINT-HONORÉ.

Jean de la Barrière institua les Feuillants en 1577. Dix ans après, il céda au désir de Henri III, qui le pressait de quitter Toulouse et de s'établir dans la capitale; il rangea ses soixante religieux sur deux colonnes, se mit à leur tête, et vint ainsi avec eux en procession jusqu'à Vincennes, où ils arrivèrent le 9 juillet 1587[1]. Le roi les y attendait, et il les hébergea dans le château, car le monastère qu'il leur destinait n'était pas encore terminé[2]. Il fut prêt le 8 septembre. Il était situé rue Saint-Honoré, à la hauteur de la place Vendôme actuelle. Limité à l'ouest par le grand couvent des Capucins, il s'étendait jusqu'à la partie du jardin des Tuileries qui porte encore aujourd'hui le nom de terrasse des Feuillants.

Les *Constitutions* de cet Ordre se préoccupaient assez peu d'inspirer aux religieux l'amour et le respect des livres; le seul article qui soit relatif à la bibliothèque est conçu en ces termes : « En chaque monastère soit faict inventaire « de tous les livres qui y sont, et soit escrit le nom du monastère en la première « page de chaque livre[3]. » La maison de Paris eut cependant de bonne heure une petite bibliothèque, car nous lisons dans une chronique manuscrite du couvent

---

[1] Lestoile, *Journal du règne de Henri III*, 9 juillet 1587.

[2] J. Dubreul, *Theatre des antiquitez de Paris*, p. 694.

[3] *Les Constitutions de la congrégation de Nostre Dame de Feuillent de l'ordre de Citeaux*. Bibliothèque Mazarine, manuscrits, n° 2422, chapitre XXXII, p. 118.

qu'en 1619 un couvent de Feuillants ayant été fondé à Tours, les religieux de la rue Saint-Honoré donnèrent à leurs nouveaux confrères des chandeliers, des ornements d'autel, des croix et «quelques livres [1]. »

Vingt ans après, le P. Jacob citait avec éloge la bibliothèque des Feuillants et la déclarait «très-jolie [2]. » Elle devait alors ses principales richesses à un bénédictin [3], appelé Jacques le Bossu, d'abord précepteur du cardinal Henri de Guise, et qui pendant la Ligue s'était fait une certaine réputation comme prédicateur. Il mourut à Rome le 7 juin 1626, et laissa par testament à son ami D. Sans de Sainte-Catherine, religieux feuillant, tous ses livres, ainsi qu'un grand nombre de pièces manuscrites fort curieuses [4]; on y remarquait entre autres trois volumes in-quarto renfermant le récit complet de ce qui s'était passé dans la congrégation *de Auxiliis*, à laquelle le P. le Bossu avait assisté par ordre de Clément VII [5].

En 1652, une nouvelle donation vint enrichir cette bibliothèque d'ouvrages qui se rencontraient assez rarement dans les couvents. Un ministre protestant, nommé de Vassan, se convertit au catholicisme et entra chez les Feuillants, où il prit le nom de Jean de Saint-Paul [6]; il apportait à la communauté une bibliothèque assez nombreuse et presque exclusivement composée de livres hétérodoxes [7]. Ces ouvrages, qu'on ne voulut pas laisser à la portée de tous les religieux, furent placés dans l'intérieur même des colonnes corinthiennes qui ornaient la bibliothèque [8]. Elles tenaient une place immense qu'on eut l'idée d'utiliser : on les ouvrit, et elles furent ainsi transformées en autant d'armoires, où se cachèrent «plus de mille volumes, qui sont, dit Sauval, le caractère de cette biblio-«thèque [9]. » Dans la suite, tous ces livres allèrent remplir un petit grenier que l'on désigna sous le nom de *l'Enfer* [10]. D'autres ministres apostats ont-ils contribué à enrichir cette collection? Deux passages de Sauval [11] et une ligne de Piganiol de la Force [12] permettent de le supposer; mais nous avons vainement cherché des renseignements positifs à cet égard.

Nous ne pouvons non plus fixer exactement la date d'une autre donation dont

[1] *Chroniques du Monastère Roial de Saint Bernard des Fueillans, ordre de Cisteaux, situé à Paris à la rue de Saint-Honoré.* Bibliothèque Mazarine, manuscrits, n° 1749, p. 51.

[2] L. Jacob, *Traicté des plus belles bibliothèques*, p. 509.

[3] Leprince, *Essai historique sur la bibliothèque du Roi*, p. 356.

[4] Piganiol de la Force, *Description historique de Paris*, t. II, p. 472.

[5] Millin, *Antiquités nat. de la France*, t. I, p. 68.

[6] Eug. et Em. Haag, *La France protestante*, t. IX, p. 451.

[7] Leprince, *Essai historique sur la bibliothèque du Roi*, p. 356.

[8] Sauval, *Histoire et recherches des antiquités de Paris*, t. III, p. 52.

[9] Sauval, *Histoire et recherches des antiquités de Paris*, t. I, p. 485.

[10] Piganiol de la Force, *Description historique de Paris*, t. II, p. 472.

[11] Sauval, *Histoire et recherches des antiquités de Paris*, t. I, p. 485, et t. III, p. 52.

[12] Piganiol de la Force, *Description historique de Paris*, t. II, p. 472.

le souvenir a été conservé sur un grand nombre de volumes par cette inscription : « Munificentia Viri Clarissimi D. Marc de la Ferté. Orate pro eo. »

La bibliothèque des Feuillants avait pour bibliothécaire en 1667 le R. P. dom Jean de Saint-Anselme, « sçavant personnage dans la connoissance des bons « livres [1]. » Elle était installée dans une salle fort petite, mais bien décorée. On nous la représente comme entourée d'énormes pilastres corinthiens « d'une assez belle « menuiserie [2], » « rehaussée et éclaircie, ajoute Sauval, d'une certaine couleur « bronzée, et réveillée de je ne sai quelle verdure qui fait un assés bon effet, « quoique l'invention n'en soit pas bien rare [3]. » Au-dessus des armoires, on voyait les portraits de tous les généraux de la congrégation depuis Jean de la Barrière [4], et la porte d'entrée était surmontée d'un fort beau bas-relief exécuté par Jean Goujon [5].

Les augmentations successives que reçut cette bibliothèque obligèrent les religieux à joindre à la galerie principale plusieurs petits cabinets. Suivant Thiéry, elle aurait renfermé au moment de la Révolution vingt-quatre mille volumes [6]; cependant, lors de l'inventaire qui fut fait dans les dépôts littéraires, on en trouva seulement 16,504 [7]. Il est vrai qu'un peu plus tard, le 26 thermidor an III, Langlez, conservateur du dépôt des Capucins Saint-Honoré, reconnut avoir reçu vingt mille volumes provenant des Feuillants [8]. On cite parmi les plus curieux une traduction de quarante-quatre sermons de saint Bernard, écrite au XIIe siècle, et, par conséquent, précieuse pour l'histoire des variations de la langue française [9]; ce volume avait été donné à Jean Goulu, général de l'Ordre, par Nicolas Lefèvre, le précepteur de Louis XIII. En tête des volumes imprimés figurait la collection d'ouvrages hétérodoxes dont nous avons parlé, et le célèbre *Catholicon* de 1460 [10], qui passa longtemps pour le troisième spécimen de la typographie naissante [11].

Hænel [12] mentionne un ancien catalogue de cette maison qui était conservé à la bibliothèque de l'Arsenal sous le n° 842, et que nous n'avons pu retrouver. La

---

[1] *Chroniques du Monastère Roial de Saint Bernard des Fueillans*, etc. Bibliothèque Mazarine, manuscrits, n° 1749, p. 179.

[2] Leprince, *Essai historique sur la bibliothèque du Roi*, p. 356.

[3] Sauval, *Histoire et recherches des antiquités de Paris*, t. I, p. 485.

[4] Némeitz, *Le séjour de Paris ou instructions curieuses*, etc. t. II, p. 611. — G. Brice, *Nouvelle description de Paris*, t. I, p. 284.

[5] Millin l'a reproduit dans ses *Antiquités nationales*, t. I, p. 62 et 69.

[6] Thiéry, *Guide des amateurs et des étrangers voyageurs à Paris*, t. I, p. 119.

[7] *Recensement détaillé des livres des bibliothèques du département de Paris*. Archives de l'Empire, série M, carton n° 797.

[8] Voyez le rapport de Langlez, aux Archives de l'Empire, série F¹⁷, carton n° 1203.

[9] Voyez Mabillon, *Sancti Bernardi opera*, præfatio.

[10] *Summa quæ vocatur Catholicon, edita a Joanne de Janua*.

[11] A. Chevillier, *Origine de l'imprimerie de Paris*, p. 14 et 15.

[12] *Catalogi librorum manuscriptorum qui in bibliothecis Galliæ, etc. asservantur.*

bibliothèque Mazarine en possède un autre, écrit avec beaucoup de soin, et qui forme trois volumes in-folio. Il a été rédigé en 1746 et a pour titre [1] :

BIBLIOTHECA
FULIENTINA
seu
Catalogus Librorum Biblio-
thecæ Monasterij Regalis Sancti
Bernardi Parisiensis Ord. Cisterc.
Congregationis B. Mariæ Fuliensis.
Parisiis.

MDCCXLVI.

Le premier volume est précédé d'un *Avertissement* qui offre assez peu d'intérêt. L'auteur expose d'abord le plan qu'il a suivi; il s'occupe ensuite des difficultés que présente le classement des ouvrages suivant l'ordre des matières, et déclare que, pour remédier aux erreurs qu'il doit avoir commises, il a joint au dernier volume une table détaillée par noms d'auteurs; il nous apprend enfin que ce catalogue lui a coûté trois années de travail : «Felices, utinam! si triennus labor «fratribus nostris acceptus utilisque esse possit!»

On trouve la liste de quelques manuscrits provenant de cette bibliothèque dans un volume de la bibliothèque de l'Arsenal inscrit sous le n° 839 F, et dans le catalogue spécial de ceux qui sont entrés en 1794 à la Bibliothèque nationale; ce dernier renferme 63 numéros, qui représentent cent volumes environ.

Nous reproduisons ici la grande marque que les Feuillants faisaient apposer sur les plats de leurs volumes :

---

[1] Bibliothèque Mazarine, manuscrits, n°ˢ 3154 à 3156.

On la rencontre quelquefois un peu modifiée dans les détails, la couronne d'épines, par exemple, placée autour du cœur :

Les religieux avaient en outre une petite estampille destinée à l'intérieur des volumes,

elle portait une S et un B entrelacés, avec ces mots en exergue : FEUILLANS DE PARIS.

Les inscriptions manuscrites ordonnées par le chapitre xxxii des *Constitutions* de l'Ordre sont très-variées. Voici les plus fréquentes :

EX BIBLIOTHECA FULIENSIUM PARISIENSIUM.
EX BIBLIOTHECA MONASTERII SANCTI BERNARDI PARISIENSIS.
EX BIBLIOTHECA FULLIENTINORUM PARISIENSIUM SANCTI BERNARDI.
EX. BIBL. S. BERN. FUL. PAR.
EX BIBLIOTHECA COENOBII D. BERNARDI PARIS. CONG. B. MARIÆ FULIENSIS.
EX BIBLIOTHECA MONACHORUM FULIENSIUM COENOBII PARISIENSIS SANCTI BERNARDI.
EX BIBLIOTHECA FULLIENTINA MONASTERII SANBERNARDI PARISIENSIS.
EGO SUM MONASTERII BERNARDI FULLIENTINORUM.

Le dernier bibliothécaire des Feuillants fut le R. P. dom Vata[1].

[1] Thiéry, *Guide des amateurs et des étrangers voyageurs à Paris*, t. I, p. 119.

Ce couvent fut supprimé en 1790, et; aussitôt que l'Assemblée Constituante eut abandonné l'Archevêché pour se transporter aux Tuileries, elle installa une partie de ses bureaux au sein du monastère. Le prieur s'en plaint énergiquement dans la *Déclaration* qu'il dut présenter à la municipalité : « On ne peut, « dit-il, donner aucun détail des livres qui forment la bibliotèque, vue que le « vaisseau qui renferme la ditte bibliotèque est actuellement occupé par l'Assem- « blée nationale qui y a établi ses archives; ce qui a mis dans l'impossibilité de « faire aucun travail qui pût donner l'idée des volumes qui composent la ditte « bibliotèque [1]. » Peu de temps après, ce couvent servit encore d'asile à une réunion politique qui devint célèbre sous le nom de *Club des Feuillants*.

Toutes les constructions dépendant de ce monastère ont été abattues en 1804 pour faire place à la rue de Rivoli et à la rue Castiglione.

---

[1] *Déclaration que donne le prieur du monastère royal de Saint-Bernard des Feuillans, des biens mobiliers et immobiliers*, etc. Archives de l'Empire série S, carton n° 4166.

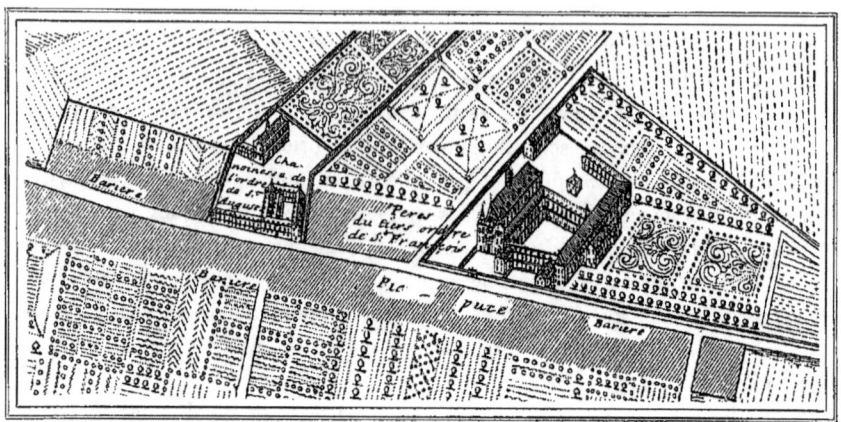

Fac-simile héliographique. Plan de Lacaille (1714).

PÉNITENTS DE PICPUS.

Les nombreuses fondations d'ordres monastiques émanées de François d'Assise ont formé trois branches : la première comprend les Cordeliers, les Capucins et les Récollets; la deuxième, les Filles de sainte Claire; la troisième, les religieux qui s'appelaient eux-mêmes Pénitents du troisième ou du tiers ordre de Saint-François, «fratres tertii ordinis Sancti Francisci de Pœnitentia.» Ces derniers possédaient déjà quelques couvents en France, quand, vers 1600, ils vinrent s'installer «au bourg nommé Piquepuce lez Paris hors la porte Sainct Antoine [1].» Ils n'eurent d'abord qu'un monastère fort humble et une petite chapelle dédiée à Notre-Dame-de-Grâce; mais tous leurs bâtiments furent reconstruits vers 1611.

Ce couvent dut sa bibliothèque au cardinal Duperron. On sait que ce prélat, qui fut un des plus ardents protecteurs du Collége de France [2], aimait et cultivait les lettres. Sur la fin de sa vie, il se retira au village de Bagnolet, et s'y livra tout entier à l'étude; il avait là une maison délicieuse, une «belle bibliothèque [3],» et même une imprimerie. Antoine Leclerc de Laforet, ami du cardinal, et l'un de ses soutiens lors de la fameuse conférence de Fontainebleau, le décida à léguer cette collection presque tout entière aux religieux de Picpus [4]. Ce legs leur fut délivré en 1619.

La RÈGLE des Pénitents de Saint-François avait déjà très-sagement prévu l'or-

---

[1] J. Dubreul, *Theatre des antiquitez de Paris*, p. 1069.

[2] Pelletier, *Histoire abrégée du cardinal Duperron*, p. 21.

[3] L. Jacob, *Traicté des plus belles bibliothèques*, p. 574.

[4] Burigny, *Vie du cardinal Duperron*, p. 368.

ganisation des bibliothèques dans les monastères de l'Ordre; le chapitre xxiv énumère ainsi les prescriptions imposées au bibliothécaire et aux religieux [1] :

« Les supérieurs veilleront à ce que dans chaque couvent il y ait un certain
« nombre de volumes, afin de faciliter autant que possible la tâche des prédica-
« teurs et des religieux qui se livrent à l'étude.

« Cependant (notre vœu de pauvreté l'exige) nous voulons qu'aucun religieux
« ne conserve des livres d'une manière permanente, dès que ses travaux ne
« l'exigent plus.

« Chaque monastère aura, dans un endroit bien disposé, une bibliothèque
« commune, à serrure solide, et dans laquelle seront déposés les livres. La clef
« sera confiée à un prêtre ou à un clerc profès désigné par le supérieur du cou-
« vent, et nul ne prendra de livres à son insu.

« Pour prévenir toute disparition, on ne laissera emporter aucun volume hors
« du monastère aux étrangers, même religieux, même prêtres séculiers. Si quel-
« que bienfaiteur a donné un livre ou tout autre objet à un couvent déterminé,
« avec le désir qu'il y soit conservé, il ne sera jamais permis de le transporter
« dans un autre, afin que la volonté des bienfaiteurs soit respectée.

« Quant à ceux de nos frères qui voudront emprunter un volume à la biblio-
« thèque, ils écriront sur un registre spécial leur nom et le titre de l'ouvrage, de
« cette manière : « Frère N... a pris tel volume le... »

« Le bibliothécaire dressera un double inventaire; il déposera l'un dans les ar-

---

[1] « Curent præterea Superiores ut in unoquo-
« que conventu aliquis librorum numerus sit, ut
« Prædicatorum et eorum qui studiis dant operam
« commodo oportunius prospectum sit.

« Interea vero (quia id paupertatis status exigit)
« nullos apud se perpetuo tempore libros quempiam
« habere volumus, sed ad necessitatis exigentiam
« dumtaxat.

« In opportuno cujuscumque conventus loco erit
« bibliotheca communis, sera obfirmata, in qua
« libri reponentur; cujus clavem sacerdos vel cle-
« ricus professus penes se habebit; nominatus a Su-
« periore locali; in qua nullus, eo inscio, librum
« accipiet.

« Nulli extraneo, etiam religioso, vel sacerdoti
« seculari, concedetur liber ullus extra monasterium
« asportandus, ne libri perdantur. Si quis autem be-
« nefactor conventui particulari librum vel quid
« aliud dederit, ea intentione ut ibi remaneat, num-
« quam licebit alio differre, ne benefactorum intentio
« fraudetur.

« Fratres vero nostri, quibus opus erit libros a
« bibliotheca educere, nomen libri et suum scri-

« bent in libro ad hoc deputato, hoc modo : Frater
« N... talem librum sumpsit die N... mensis N...

« Et qui bibliothecæ curam habet, faciet duo
« librorum inventaria; quorum unum in archivio
« erit, alterum habebit penes se, quibus addet li-
« bros recenter datos vel emptos.

« Quando vero fratres ibunt de uno conventu
« in alium, nullum portabunt librum, nec etiam
« manu propria scriptum, sine Superioris licentia.
« Id quod etiam intelligimus de omnibus alicujus
« momenti rebus.

« Nullus scribet nomen vel cognomen in aliquo
« libro etiam manuscripto; sed solum scribetur no-
« men conventus aut provinciæ cui liber datus est,
« cum nomine dantis, et hoc ab illo qui habet cu-
« ram librorum.

« Optamus insuper honestam paupertatem in
« omnibus rebus nostro usui deputatis parere, ita
« ut Missalia, Breviaria, Psalteria et alia ejusmodi
« nullo modo sint deaurata. »

(*Statuta, constitutiones et decreta generalia congregationis Gallicanæ fratrum et sororum Tertii ordinis
S. Francisci de Pœnitentia nuncupati*, c. xxiv, p. 75.)

«chives du couvent, et conservera le second; il aura soin d'y inscrire les livres
«nouveaux au fur et à mesure des dons ou des achats.

«Quand les frères passeront d'un couvent dans un autre, ils ne pourront, sans
«l'autorisation du supérieur, emporter aucun volume, fût-il même écrit par eux.
«Cette règle s'appliquera à tous les objets de quelque valeur.

«Que personne n'écrive son nom sur les volumes même manuscrits. Le biblio-
«thécaire y inscrira seulement le nom du couvent ou de la province à qui le
«livre a été donné, ainsi que le nom du donateur.

«Adoptons une décente pauvreté pour toutes les choses qui sont à notre
«usage; qu'il n'y ait donc aucune dorure sur nos missels, nos bréviaires, nos
«psautiers, et autres livres du même genre.»

La bibliothèque des religieux de Picpus s'accrut peu à peu, par suite de donations et de legs. Le P. Jérôme Hélyot, oncle du savant auteur de l'*Histoire des
ordres monastiques*, abandonna sa position de chanoine du Saint-Sépulcre pour
entrer à Picpus, et donna à son nouveau couvent un certain nombre d'ouvrages
qu'il avait réunis pour son usage personnel [1]. Ces livres reçurent des inscriptions
très-variées; c'est ainsi qu'on lit sur quelques volumes : «Ex dono nobilis viri
«D. D. Hieronymi Heliot, Parisini, Sancti Sepulchri ejusdem civitatis canonici, et
«postea hujusce conventus de Picpus;» et sur d'autres : «Ex dono D. D. Hiero-
«nymi Helyot, Parisini, possidet conv. Sanctæ Mariæ de Gratia ad Lutetiam, vulgo
«Picpus, FF. Pœnit T^ii ord^is S^ti Franc^ci.» Nous avons très-peu de détails sur les
libéralités de la même nature qui succédèrent à celle-ci; la plupart ne nous sont
connues que par des inscriptions fort laconiques :

EX DONO D. D. GARANGER, 1642.

PAR PRÉSENT DE M^r DE RHODE.

EX DONO D. ANDREÆ DORMY.

Le libraire Coignard laissa aussi au couvent plusieurs volumes et une belle
collection de classiques dits *ad usum Delphini* [2].

Michel de Marolles écrivait en 1676 :

La Picquepuce est belle [3]...

Cinquante ans plus tard, Germain Brice la déclarait «assez nombreuse et assez
«bien assortie [4];» enfin un *Guide* imprimé en 1787 nous la présente avec raison

---

[1] Piganiol de la Force, *Description historique de Paris*, t. V, p. 96.

[2] *Journal des Savants*, année 1782, numéro de décembre.

[3] Mich. de Marolles, *Paris ou description succincte de cette grande ville*, p. 47.

[4] G. Brice, *Nouvelle description de Paris*, t. II, p. 265.

comme « considérable [1], » puisqu'au moment de la Révolution elle renfermait environ douze mille volumes [2].

Le catalogue en avait été dressé avec beaucoup de soin en 1756. C'est un volume in-folio qui a pour titre :

*CATALOGUE ALPHA-
BETIQUE, OU DICTIONNAI-
RE TYPOGRAPHIQUE DE
LA BIBLIOTHEQUE DU
COUVENT DE NOTRE DAME
DE GRACE
SUIVANT LE NOM DES AUTHEURS
ET LE TITRE DES MATIERES* [3].

Au-dessous on lit cette épigraphe : « Labia enim sacerdotis custodiant scientiam, et legem requirant ex ore ejus. » Puis la date : « Anno Domini 1756. » A la suite se trouve le *Systema bibliographicum Bibliothecæ Regii Conventus Sanctæ Mariæ de Gratia, in tres partes distributum.* Enfin on a collé au verso de la couverture une feuille de papier sur laquelle on lit : *Catalogue des livres légués à cette maison de Picpus par Mademoiselle de Lorme en l'année 1784;* cette libéralité comprenait cent vingt et un volumes. Au bas du vingt-quatrième feuillet, on lit ces mots :

Nous, officiers municipaux de la ville de Paris, après avoir examiné la bibliothèque des RR. PP. religieux de cette maison, avons laissé le catalogue en leur garde, quoique le bibliothécaire nous aye observé que plusieurs de ces livres ont été échangés ou égarés.

A Paris, ce 3 mai 1790.

LEJEUNE,
officier municipal.

DESMOUSSEAUX,
officier municipal.

Le dernier bibliothécaire de Picpus se nommait Roisin [4].

Ce couvent possédait en outre une assez précieuse collection de médailles. Le fonds primitif, composé de onze cents pièces, avait été recueilli à Rome et donné ensuite au monastère par le P. Agathon Chirol, procureur général de l'ordre. Ces renseignements nous sont fournis par un *Avertissement* [5] placé en tête du

---

[1] Thiéry, *Guide des amateurs et des étrangers*, t. I, p. 633.

[2] *État général des livres des maisons ecclésiastiques et religieuses du département de Paris.* Archives de l'Empire, série M, carton n° 797.

[3] Bibliothèque Mazarine, manuscrits, n° 3234.

[4] *Procès-verbal d'apposition des scellés sur la bi-* *bliothèque des frères pénitents de Picpus.* Archives de l'Empire, série S, carton n° 4337.

[5] « Nec vero in grati animi monumentum hic « omittendum ducimus hos nummos ad numerum us- « que mille et centum.... Romæ fuisse collectos cu- « ris, studiis et expensis R^{di} patris Agathonis Chirol, « nostræ provinciæ sacerdotis, olim in curia procu-

catalogue de cette collection : *Catalogus nummorum antiquorum bibliothecæ conventus Picpus. M. V. CC. XXXV*[1].

Les volumes provenant de cette maison ne portent pas de marque spéciale, mais on rencontre assez souvent ces mots :

frappés en or sur le dos des volumes in-folio.

Les inscriptions sont très-variées; voici les plus employées :

CONVENTUS S^{tæ} MARIÆ DE GRATIA, VULGO PICPUS.

EX LIBRIS BIBLIOTHECÆ CONVENTUS DE PICPUS.

CONVENTUS S^{tæ} MARIÆ DE GRATIA FF. PÆNITENTIUM TERTII ORDINIS SANCTI FRANCISCI AD LUTETIAM.

DU CONVENT DE NOSTRE DAME DE GRACE A PICPUCE LES PARIS.

CONVENT DES RELIGIEUX PÉNITENTS DU 3e ORDRE DE S. FRANÇOIS A PICPUS LEZ PARIS.

AUX RELIGIEUX PÉNITENS DU COUVENT DE PICPUS.

Quelques-unes sont en italien :

DEL CONVENTO DI NOSTRA SIGNORA DI GRATIA IN VILLA DE PICPUS.

RELIGIOSIS DELL' CONVENTO DE PICPUS.

Le monastère de Picpus, supprimé en 1790, devint propriété particulière, et fut longtemps occupé par un pensionnat de jeunes filles. C'est aujourd'hui l'Oratoire de Picpus, avec le séminaire du même nom et deux couvents de femmes, occupant tout l'emplacement compris entre l'avenue de Saint-Mandé et la rue de Picpus.

«ratoris nostri generalis, postmodum cardinalis «Otthoboni theologi, viri vere religiosi, ac in re «nummaria plurimum versati; qui, anno 1735, «in conventu S^{tæ} Mariæ Miraculorum, de Urbe re- «cedens, cum nostro permissu reliquit hos num- «mos bibliothecæ conventus nostri regii Parisiensis, «vulgo Picpus, destinatos.»

[1] Bibliothèque Mazarine, manuscrits, n° 1911.

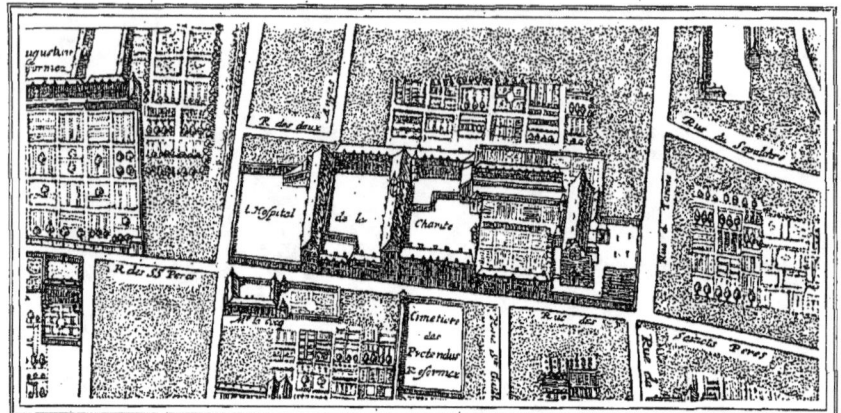

Fac-simile héliographique.   Plan de Gomboust (1652).

FRÈRES DE LA CHARITÉ.

L'ordre de la Charité fut institué à Grenade par saint Jean-de-Dieu. En 1602, Marie de Médicis appela à Paris cinq frères de cette congrégation, et les installa dans la rue Bonaparte actuelle, alors nommée rue de la Petite-Seine[1], et devenue plus tard la rue des Petits-Augustins. Marguerite de Valois, ayant eu besoin de l'emplacement qu'occupaient les frères de la Charité, le leur acheta en 1606, et ils allèrent s'établir près de là, aux environs d'une petite chapelle dédiée à saint Pierre. Celle-ci avait donné son nom à la rue où elle était située[2], qui était déjà appelée par corruption rue des Saints-Pères. Le plan de Mérian, dressé vers 1615,

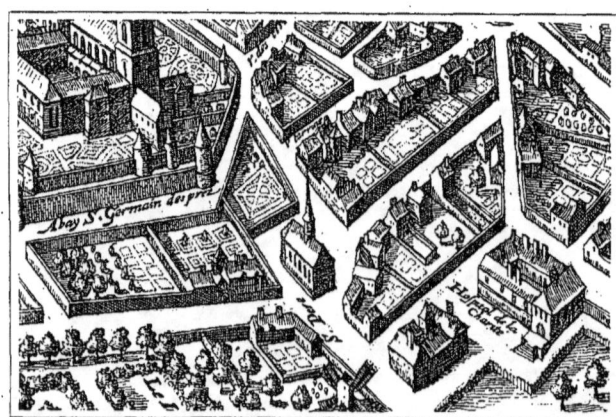

[1] Jaillot, *Recherches sur Paris*, quartier Saint-Germain-des-Prés, p. 5.

[2] Piganiol de la Force, *Description historique de Paris*, t. VIII, p. 289.

indique à la fois la situation de la chapelle et du second domicile des frères de la Charité.

Les religieux acquirent, en 1638, des terrains dépendant de l'abbaye de Saint-Germain-des-Prés, y firent construire de vastes bâtiments auprès de la chapelle, qui venait elle-même d'être agrandie, et s'installèrent à l'endroit qu'occupe encore aujourd'hui l'hôpital de la Charité.

Leur règle leur imposait le devoir de soigner les malades, et, dès 1776, leur maison renfermait près de deux cents lits.

Ils y avaient aussi une pharmacie, un jardin botanique, un très-riche cabinet d'histoire naturelle, des médailles, et, dit Thiéry, « quelques livres, tels que les « ouvrages de M. de Buffon et la nouvelle édition de l'Encyclopédie[1]. »

Les *Constitutions* de l'ordre ne mentionnent cependant que deux fois cette bibliothèque : le chapitre xi, qui traite de l'*Éducation des novices*, renferme ces lignes : « On leur montrera à conserver soigneusement les livres, les vestemens et autres « ustenciles de la maison; » et le chapitre xiv, consacré aux *Cellules des religieux*, défend à ceux-ci d'y conserver « des livres profanes ou deshonestes[2]. »

Le catalogue de la petite collection des frères de la Charité fut dressé en 1790; il est conservé aux Archives de l'Empire sous ce titre : *Inventaire des livres provenant de la Maison dite ci-devant de la Charité, aujourd'hui hospice de l'Unité, rue des Pères, livrés par le citoyen Massinot, gardien desdits livres*[3]. On n'y compte que quatre-vingt-six volumes, qui ne portaient aucune estampille intérieure; mais, à en juger par ceux que nous avons retrouvés, les inscriptions manuscrites y étaient très-fréquentes et très-détaillées :

DE LA BIBLIOTEQUE DES RELIGIEUX DE LA CHARITÉ DE PARIS,
DE L'ORDRE DE SAINT JEAN DE DIEU. CHARITAS.

CE MANUSCRIPT EST DE LA BIBLIOTEQUE DES RELIGIEUX DE LA CHARITÉ,
CHARITAS.

EX BIBLIOTHECA CONVENTUS ET NOSOCOMII
REGALIS S^{ti} JOANNIS BAPTISTÆ RELIGIOSORUM PARISIENSIUM
A CHARITATE NUNCUPATORUM,
ORDINIS S^{ti} JOANNIS DE DEO, SUB REGULA SANCTI AUGUSTINI.

Les frères de la Charité possédaient en outre une marque qui a beaucoup de

---

[1] Thiéry, *Guide des amateurs et des étrangers voyageurs à Paris* (1787), t. II, p. 526.

[2] *Les Constitutions des religieux de la Charité de l'ordre du B. Jean de Dieu*, etc. p. 58 et 72.

[3] Archives de l'Empire, série F 17, carton 1194, pièce n° 121.

rapport avec celle des Minimes, mais qu'on ne rencontre que sur un fort petit nombre de volumes :

Les religieux de Saint-Jean-de-Dieu administrèrent leur hôpital jusqu'à la Révolution.

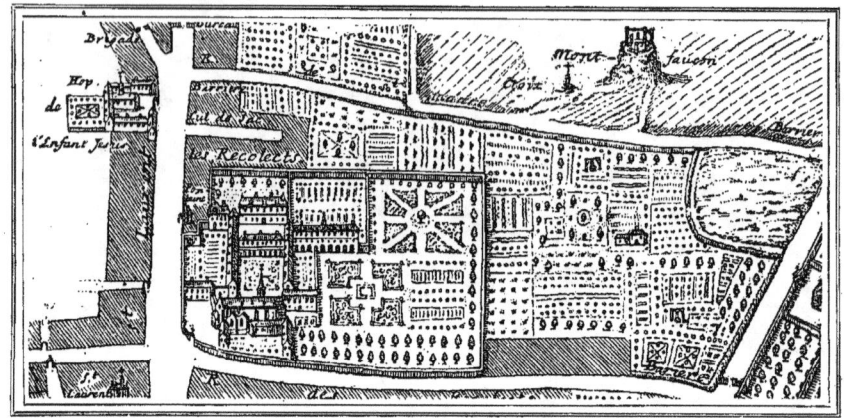

Fac-similé héliographique.   Plan de Lacaille (1714).

RÉCOLLETS.

Issus de la grande famille des Franciscains, les Récollets vinrent, vers l'an 1600, s'établir à Paris. Dès 1603, un marchand tapissier, nommé Jacques Cottard, leur donna une maison située au coin du faubourg Saint-Martin et de la rue actuelle des Récollets[1]. Protégés par Henri IV, ils ne tardèrent pas à étendre leurs bâtiments, et Marie de Médicis leur fit construire, en 1606, une église dont elle posa la première pierre.

Ces religieux songèrent presque aussitôt à se former une collection de livres qu'ils «n'ont cessés de travailler à augmenter et à perfectionner[2],» et qui, comme le dit très-bien Piganiol, «fait honneur à la Providence[3],» puisque, malgré la pauvreté du couvent, on y voyait déjà en 1643 «une grande biblio- «thèque[4].» Elle dut surtout son accroissement aux soins du P. Jean-Damascène Lebret[5], qui s'était acquis une certaine réputation comme prédicateur[6], et qui fut son premier bibliothécaire. Selon toute apparence, il avait adopté dans le couvent le nom abrégé de Damase, et c'est de lui que proviennent les ouvrages sur lesquels on lit : «Au P. Damase,» puis ces mots : «Nunc bibliothecæ Recoll. «Paris.» Nous avons encore trouvé sur un autre volume qui a appartenu aux

---

[1] Lemaire, *Paris ancien et nouveau*, t. II, p. 248.

[2] *État général des biens tant meubles qu'immeubles de la maison des Récollets établis faubourg Saint-Laurent à Paris*. Archives de l'Empire, série S, carton n° 4354.

[3] Piganiol de la Force, *Description historique de Paris*, t. IV, p. 73.

[4] L. Jacob, *Traicté des plus belles bibliothèques*, p. 559.

[5] Lemaire, *Paris ancien et nouveau*, t. II, p. 249. — Piganiol de la Force, *Description historique de Paris*, t. IV, p. 73.

[6] Legendre, *De vita Francisci Harlæi*, p. 69.

Récollets l'inscription suivante : « Tome Ier de la chronique de Saint-Denis que « j'ai acheté, moi Damase, pour la Bibliothèque des Récollets de Paris [1]. »

Le successeur du P. Damascène fut le P. Fortuné Lantier, « très entendu dans « la connoissance des livres [2] ; » il contribua également à enrichir cette bibliothèque, dont on vantait surtout alors l'admirable situation. Installée au deuxième étage, elle n'avait point de rivale pour l'étendue et la beauté des points de vue qu'on apercevait des fenêtres [3]; neuf d'entre elles ouvraient au nord sur la campagne et trois sur Paris; cinq autres croisées, exposées au couchant, éclairaient deux vastes cabinets remplis de livres. La galerie principale avait cent pieds de long sur vingt-huit de largeur et vingt de hauteur [4]; elle était entourée de vingt-sept armoires grillées, en chêne sculpté, et surmontées d'une corniche assez élégante. Le mobilier qui la garnissait est ainsi décrit dans le procès-verbal d'apposition des scellés dressé le 20 décembre 1790; nous conservons l'orthographe officielle :

Trente huit tableaux peint sur toile, représentant divers portraits de Papes, Religieux et autres, le tout avec bordures de bois doré;
Deux échelles de bibliothèques;
Un grand bureau faisant buffet;
Un corp de buffet;
Une table;
Deux forts globes en mauvais état, l'un terrestre et l'autre celeste [5];
Seize tant chassis que fauteuils, le tout couvert de moquette et bazanne [6].

Cette bibliothèque paraît avoir été tenue avec un grand soin. Les livres étaient rangés sur les rayons par ordre de matières et suivant le classement adopté déjà à la bibliothèque du Roi [7]. Le prêt, même aux religieux de la Maison, était soumis à des formalités qui devaient en rendre l'usage très-restreint; voici en effet ce que nous lisons sur un assez beau volume de plans gravés qui a appartenu à ce couvent :

Nous soussigné, ancien lecteur de théologie, et ministre provincial des frères mineurs Récollets de la province de Saint-Denis en France, permettons par ces présentes au vénérable Père Nathanael Belanger, prestre, prédicateur et confesseur de cette province, l'usage du présent livre, intitulé *Les plans et profils de toutes les principales villes de France*, divisé en deux tomes; à condition de ne le prester ny donner à personne du dehors, sous quelque prétexte que ce soit. Fait

---

[1] Biblioth. Mazarine, incunables, n° 5831 A**.
[2] G. Brice, *Nouvelle description de Paris*, t. II, p. 47.
[3] Piganiol de la Force, *Description historique de Paris*, t. IV, p. 73, et t. V, p. 202.
[4] Leprince, *Essai historique sur la bibliothèque du Roi*, p. 361.
[5] Tous deux étaient de Coronelli.
[6] *Procès-verbal d'apposition des scellés sur la bibliothèque des Récollets du faubourg Saint-Martin*. Archives de l'Empire, série S, carton n° 4354.
[7] Leprince, *Essai historique sur la bibliothèque du Roi*, p. 361.

en notre convent de Paris, le neuviesme juin de l'an mil sept cent dix sept. F. Epiphane de Laleu, ministre provincial[1].

Grâce peut-être à de si excessives précautions, cette bibliothèque, qui ne datait cependant que du xviie siècle, renfermait, disent les contemporains, vingt-cinq mille volumes en 1780[2], et environ trente mille en 1786[3]. Malgré ces deux témoignages très-précis, les religieux déclarèrent, en 1790, qu'ils possédaient seulement dix-sept mille cinq cents volumes imprimés et cent soixante-deux manuscrits[4]; après vérification, on en trouva dix-neuf mille deux cent cinquante[5], et on finit par en transporter vingt-trois mille au dépôt des Capucins de la rue Saint-Honoré[6]. Il est probable que les Récollets avaient réussi à faire disparaître ou à vendre les autres.

Cette collection, considérée déjà en 1725 « comme une des mieux assorties « d'entre les bibliothèques ecclésiastiques de Paris[7], » comprenait d'excellents ouvrages. Parmi les manuscrits figuraient deux belles Bibles du xiiie siècle, un catéchisme chinois, un manuscrit éthiopien, « qui avoit été donné à un religieux « de ce couvent par Zaga Christ, fils du prêtre Jehan[8], » quelques missels sur vélin ornés de jolies miniatures, enfin l'original d'un ouvrage dont les exemplaires sont devenus fort rares, et qui fut imprimé de 1663 à 1665 sous ce titre : *Neustria pia, seu de omnibus et singulis abbatis et prioratis totius Normanniæ;* un Récollet, le P. Artus du Moustier, en était l'auteur. Suivant la *Nouvelle biographie générale,* ce manuscrit serait conservé aujourd'hui dans la bibliothèque des Récollets de Rouen[9]. Les imprimés étaient presque exclusivement relatifs à la théologie et à l'histoire, et comprenaient les ouvrages les plus précieux et les plus chers : les grandes Bibles polyglottes, la Bibliothèque des Pères publiée par les Bénédictins, les Ordonnances des rois de France, le *Gallia christiana,* le *Monasticum anglicanum,* la Collection byzantine[10], etc. etc.; mais on ne comptait qu'un très-petit nombre d'incunables.

Dans sa *Déclaration* de 1790, le prieur certifie qu'il existait un catalogue en trois volumes in-folio; il nous a été impossible de le retrouver.

---

[1] Bibliothèque Mazarine, nouveau fonds, histoire, in-8°, n° 3790.

[2] Leprince, *Essai historique sur la bibliothèque du Roi,* p. 361.

[3] Thiéry, *Guide des amateurs et des étrangers,* t. I, p. 526.

[4] *État général des biens meubles et immeubles de la maison des Récollets.* Archives de l'Empire, série S, carton n° 4354.

[5] *Recensement détaillé des livres des bibliothèques du département de Paris.* Archives de l'Empire, série M, carton n° 797.

[6] Archives de l'Empire, série F¹⁷, n° 1203.

[7] G. Brice, *Nouvelle description de Paris,* t. II, p. 47.

[8] Leprince, *Essai historique sur la bibliothèque du Roi,* p. 361. — On peut consulter sur cet aventurier l'ouvrage suivant : *Étranges événemens du voyage de S. A. R. le prince Zaga Christ,* par Rechac.

[9] *Nouvelle biographie générale,* t. XXXVI, p. 28.

[10] *État général des biens meubles et immeubles de la Maison des Récollets.* Archives de l'Empire, série S, carton n° 4354.

300 LES ANCIENNES BIBLIOTHÈQUES DE PARIS.

Presque tous les volumes provenant de cette bibliothèque portent le nom du couvent écrit à la main, soit au milieu, soit en tête du titre :

EX LIBRIS RECOLLECTORUM CONVENTUS PARISIENSIS.
EX LIBRIS FF. MINORUM RECOLLECTORUM CONVENTUS PARISIENSIS.
RECOLL. PARIS.
EX CONVENTU PARISIENSI FF. MINORUM RECOLLECTORUM.
EX MANUSCRIPTIS RECOLLECTORUM CONVENTUS PARISIENSIS.

Les bâtiments du monastère des Récollets furent, en 1790, affectés à un hospice d'incurables. C'est aujourd'hui l'Hôpital militaire Saint-Martin, rues *des Récollets* et du Faubourg-Saint-Martin. Les bâtiments ont été récemment appropriés à cette nouvelle destination.

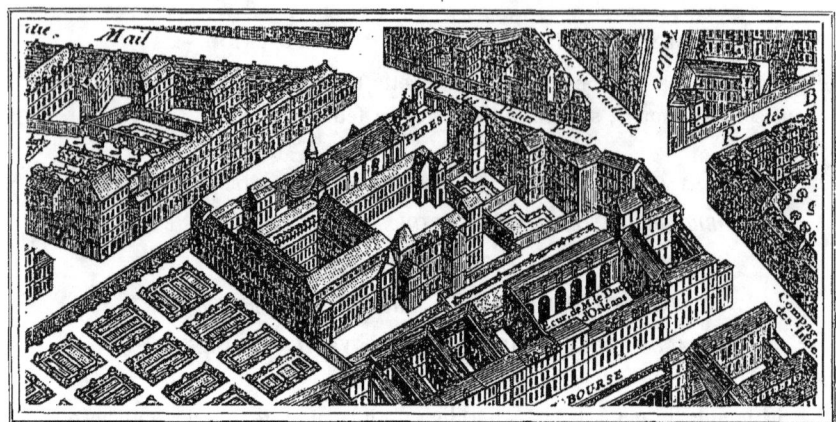

Fac-similé héliographique.   Plan dit de Turgot (1739).

AUGUSTINS DÉCHAUSSÉS.

Les Augustins déchaussés, ou Petits-Pères, furent introduits à Paris par Marguerite de Valois, première femme de Henri IV. Docile aux conseils du P. Amet, son confesseur, elle installa, en 1607, vingt de ces religieux dans une maison contiguë à son hôtel du faubourg Saint-Germain [1]; elle leur assura en outre une rente perpétuelle de 6,000 livres, et promit de leur faire élever sur l'emplacement qu'elle leur accordait un monastère qui porterait le nom de Couvent de Jacob. Ceux-ci, en retour, s'engageaient à chanter deux à deux, jour et nuit, sans jamais discontinuer, des hymnes et des cantiques sur des airs composés par Marguerite. Mais, cinq ans après, la princesse trouva que le P. Amet « la reprenoit avec trop de liberté au tribunal de la pénitence [2]; » elle révoqua alors les engagements qu'elle avait pris à son égard, le mit à la porte avec ses moines, et les remplaça par des Petits-Augustins [3].

Les religieux expulsés errèrent longtemps d'asile en asile, et finirent, en 1620, par acheter un terrain de huit arpents, situé sur l'emplacement qu'occupent aujourd'hui les constructions élevées à l'angle du passage des Petits-Pères et de la rue Notre-Dame-des-Victoires. Le 9 décembre 1629, Louis XIII posa la première pierre de leur église, et voulut que, en souvenir des succès qu'il venait d'obtenir à la Rochelle, elle fût dédiée à Notre-Dame-des-Victoires [4].

[1] J. Dubreul, *Théâtre des antiquitez de Paris*, p. 570.
[2] Piganiol de la Force, *Description historique de Paris*, t. III, p. 80.
[3] D. H. I. *Supplément aux antiquitez de Paris de Dubreul*, p. 43.
[4] Thiéry, *Guide des amateurs et des étrangers*, t. I, p. 297.

L'église fut terminée en 1632, et les Augustins s'établirent alors dans leur nouveau couvent. Ils n'avaient encore qu'un nombre très-restreint de volumes; mais la règle des Augustins déchaussés de France ordonnait que chaque maison de cet ordre possédât une bibliothèque, et que le soin en fût confié à un religieux qui, avec l'autorisation du prieur, prêterait les livres à ses confrères[1]. Les volumes furent réunis dans une des chambres du premier dortoir[2], et le P. Bonaventure de Sainte-Claire se chargea de les conserver. Peu à peu le goût des livres vint à ce religieux, puis la passion, et, vers 1650[3], il résolut d'enrichir le couvent d'une véritable bibliothèque[4].

L'argent manquait. Le P. Bonaventure, qui avait quelques relations dans le monde, alla solliciter des aumônes, déclarant partout que le produit était destiné à acheter des livres pour la communauté. De plus, afin de stimuler l'amour-propre de ceux auxquels il s'adressait, il avait soin d'annoncer qu'il ferait mettre par le relieur, sur le dos de chaque volume, le nom de la personne qui l'aurait procuré au couvent[5]. Il rassembla ainsi un grand nombre d'ouvrages, «atque «ita hanc bibliothecam fundavit,» dit Maichelius[6].

Le P. Bonaventure tenait d'ailleurs scrupuleusement l'engagement qu'il avait pris, et sur un nombre considérable de volumes provenant de ce couvent on lit, frappées en gros caractères par le relieur, des inscriptions comme celle-ci :

> D · D ·
> LE COMTE
> PLESSIS
> PRALIN.

ou encore :

> D · D ·
> LE DVC DE
> ROCLAVR.

Elles sont même souvent reproduites à la main sur le titre du volume. Ainsi le titre de ceux que nous venons de citer porte ces mots : «Ex dono comitis de

---

[1] «Erit in singulis conventibus bibliotheca clave «clausa, in qua omnes libri apte disponi possint, «cujus etiam cura committatur alicui fratri, qui «libros a pulvere, tinea et humiditate conservet; et «eos petentibus, sine murmure prioris, saltem non «contradicente, ministret.» (*Constitutiones fratrum Eremitarum discalceatorum congregationis Galliarum*, caput. XI, art. 1.)

[2] Piganiol de la Force, *Description historique de Paris*, t. III, p. 112.

[3] Durey de Noinville, *Dissertation sur les bibliothèques*, p. 53.

[4] Jugler, *Bibliotheca historiæ litterariæ selecta*, t. I, p. 226.

[5] Piganiol de la Force, *loc. cit.*

[6] Maichelius, *Introductio ad hist. liter.* p. 103.

« Plessis Pralin R. P. Bonaventuræ Aurelianiensi, » et : « Dono dedit D. dux de
« Roquelaure R. P. Bonaventuræ Aurelianiensi. »

Il y eut bientôt un moment d'arrêt. En 1656, les Augustins concentrèrent toutes leurs ressources sur un but qui leur tenait fort à cœur : ils ne trouvaient plus leur église assez belle, et voulaient la faire reconstruire. On se mit à l'œuvre. Dès que les travaux intérieurs furent un peu avancés, on transforma provisoirement l'ancienne église en bibliothèque, et, vers 1666, les livres du couvent y furent installés.[1]

Le P. Bonaventure surveilla le classement de sa chère collection dans le nouveau local, s'occupa encore de l'augmenter, et mourut plein de jours en 1675. Il fut remplacé par le P. Germain[2], qui se montra aussi zélé que son prédécesseur. Pour enrichir le dépôt qui lui était confié, il mit à contribution ses amis, sa famille même[3], et parvint à réunir une grande quantité d'ouvrages utiles, « amplam copiam librorum haud inutilium[4]. »

En 1682, cette collection prit un immense développement par le don que fit au couvent le sieur Le Croux de la Bretonnière, qui lui légua toute sa bibliothèque, riche de vingt à vingt-deux mille volumes[5]. A cette époque, les livres étaient encore conservés dans l'église primitive; mais celle-ci allait être transformée en sacristie, et, depuis plusieurs années, on travaillait à disposer un local pour la bibliothèque. Il fut achevé à la fin de 1682.

Le P. Léonard de Sainte-Catherine succéda au P. Germain; il hérita de son activité, et montra un amour encore plus décidé pour les livres. Il commença même un recueil de notes assez curieuses relatives aux diverses bibliothèques de Paris; ce travail, que nous avons souvent consulté, est resté manuscrit, et se trouve aujourd'hui à la Bibliothèque impériale[6]. Léonard de Sainte-Catherine inscrivait son nom sur presque tous les volumes qu'il achetait pour le couvent; il y joignait ordinairement la date et le prix de l'acquisition, et même les circonstances qui l'avaient accompagnée. Ces sortes de mentions se rencontrent donc très-fréquemment sur les ouvrages provenant de la bibliothèque des Petits-Pères, et nous pourrions en citer de nombreux exemples. On lit sur le feuillet de garde d'un manuscrit du quinzième siècle : « Achepté le 21 février 1704. Fr.

---

[1] Piganiol de la Force, *Description historique de Paris*, t. III, p. 112.

[2] Jugler, *Bibliotheca historiæ litterariæ selecta*, t. I, p. 226.

[3] Lemaire, *Paris ancien et nouveau*, t. I, p. 354.

[4] Maichelius, *Introductio ad historiam literariam*, p. 104.

[5] Durey de Noinville, *Dissertation sur les bibliothèques*, p. 53. — Jugler, *Bibliotheca historiæ litterariæ selecta*, t. I, p. 226. — Maichelius, *Introductio ad historiam literariam de præcipuis bibliothecis*, p. 104.

Piganiol de la Force, *Description de Paris*, t. III, p. 113, prétend que Le Croux possédait dix-neuf cents volumes seulement, et qu'ils lui furent achetés trois mille cinq cents livres; mais il a contre lui l'autorité de Durey de Noinville, de Jugler et de Maichelius.

[6] *Mémoires sur quelques bibliothèques de Paris*, rassemblés par le P. Léonard de Sainte-Catherine.

« Léonard, Aug. disc. ind. Priez Dieu pour moy [1]. » Sur un autre : « Achepté en
« 1696. Fr. Léonard de Ste Catherine de Sienne, Augustin deschaussé indigne.
« Priez Dieu pour moi [2]. » Et encore : « M. le Febvre, avocat, me fit présent de
« ce manuscrit le 28 avril 1701. Fr. Léonard de Ste Catherine de Sienne, Au-
« gustin deschaussé indigne. Priez Dieu pour moy [3]. » Sur un manuscrit du xiv^e
siècle : « J'acheptay ce manuscrit imparfait le 12 avril 1704. Quoyqu'on en ayt
« coupé les lettres dorées, il ne laisse pas que d'avoir son mérite et son uti-
« lité au jugement des sçavans, à cause de la matière qu'il traite. On le croit de
« prez de 500 ans. Je croy qu'il vient de l'Abbaye de Long Champs prez de Su-
« resnes, ou au moins qu'il a appartenu à une religieuse de ce monastère. Fr. Léo-
« nard, A. D. Priez Dieu pour moy [4]. »

En 1712 [5], les fonctions de bibliothécaire furent données au P. Eustache de
Sainte-Agnès, « grand connoisseur de livres, » dit Antonini [6], et l'un des hommes
les plus distingués qu'ait produits la communauté des Augustins. Il se voua d'abord
tout entier au service de la bibliothèque, et nul ne contribua plus que lui à l'enrichir [7]. Il fit ensuite, au nom du couvent, deux voyages à Rome, et obtint du
pape pour ses confrères l'autorisation de se couper la barbe et de porter, à la
place de leurs sandales, des bas et des souliers. Pendant les absences du P. Eustache, les livres étaient confiés aux soins d'un autre religieux nommé le P. Jérôme [8]. C'est de ce moment que paraît dater un catalogue très-soigné de la
collection des Petits-Pères; il forme cinq volumes in-folio, qui sont conservés
aujourd'hui à la bibliothèque Mazarine, et a pour titre : *Catalogus librorum bibliothecæ RR. PP. Augustinianorum Discalceatorum Conventus regij Parisiensis* [9].

A cette époque, les *Guides dans Paris* déclaraient que la collection rassemblée
aux Petits-Pères renfermait environ vingt-cinq mille volumes imprimés, et « étoit
« encore une bibliotéque qui donnoit de la satisfaction aux gens de letres [10]. »
Quant au règlement même de la bibliothèque, il était compris dans les *Constitutions* des Augustins déchaussés de France; le chapitre xi, qui est intitulé *De
libraria*, renferme huit articles très-sagement conçus. Nous avons déjà cité le
premier. Le troisième défendait, sous peine sévère, « sub pœna gravi, » de prendre
un volume dans la bibliothèque à l'insu du bibliothécaire. Lorsque celui-ci prêtait

---

Bibliothèque impériale, manuscrits, fonds français,
n° 22592, autrefois fonds des Petits-Pères, n° 17.

[1] Biblioth. Mazarine, manuscrits, n° T 1124.
[2] Biblioth. Mazarine, manuscrits, n° H 2854.
[3] Biblioth. Mazarine, manuscrits, n° H 2853.
[4] Biblioth. Mazarine, manuscrits, n° H 568.
[5] Maichelius, *Introductio ad historiam literariam*,
p. 104.
[6] *Mémorial de Paris et de ses environs*, t. I,
p. 201.

[7] Jordan, *Histoire d'un voyage littéraire fait en
1733*, p. 63. — Jèze, *État ou tableau de la ville de
Paris*, p. 197.
[8] De Valhebert, *L'agenda du voyageur à Paris*
(1736), p. 75.
[9] Bibliothèque Mazarine, manuscrits, n°^s 3145
à 3149.
[10] De Valhebert, *L'agenda du voyageur à Paris*,
p. 75.

un livre, il devait avoir soin d'inscrire sur un registre spécial le nom de l'emprunteur et la date exacte du prêt. Aux termes de l'article 4, le bibliothécaire doit mentionner sur chaque volume le nom du couvent auquel il appartient, et indiquer même la personne qui l'a donné à la Maison. Suivant l'article 5, s'il y a dans la bibliothèque des livres doubles ou inutiles, ils pourront, avec l'autorisation du Chapitre provincial, être vendus; et la somme qui en proviendra devra être consacrée à l'achat d'autres volumes [1].

Le vaste emplacement qu'occupait le couvent des Augustins, au centre d'un quartier devenu très-populeux, augmentait de prix chaque jour; les religieux ne tardèrent pas à en aliéner diverses parties, dont quelques-unes furent vendues jusqu'à 1,000 livres la toise carrée. Ils acquirent ainsi des revenus considérables; mais, en même temps, le désordre de leurs mœurs s'accrut à tel point que le roi dut intervenir [2].

Le P. Bernardin, qui paraît avoir succédé au P. Jérôme, fut lui-même remplacé, peu d'années avant la Révolution [3], par le P. Michel Labiche, qui occupait encore cette position en 1790, lors de la suppression de l'ordre [4]. Voici donc la liste des seuls bibliothécaires de ce couvent dont nous ayons pu retrouver les noms :

BONAVENTURE DE SAINTE-CLAIRE.
GERMAIN.
LÉONARD DE SAINTE-CATHERINE.
EUSTACHE DE SAINTE-AGNÈS.
JÉRÔME.
BERNARDIN.
Michel LABICHE.

Le local dans lequel, depuis 1682, la bibliothèque des Augustins était conservée, passait à bon droit pour un des plus beaux de Paris. Il se composait de trois vastes salles, situées au-dessus des dortoirs et directement sous le toit; on l'avait surélevé de trois pieds dans toute la longueur de la première pièce, afin

---

[1] «Art. III. Nullus fratrum librum ex libraria «extrahere audeat, bibliothecario absente, vel in-«scio, sub pœna gravi. Quotiescumque continget «fratrem aliquem librum, de licentia illius, ex li-«braria secum asportare, ipse vel certe bibliothe-«carius tenebitur in cathalogo ad hoc deputato «notare nomen suum, librum, annum, diem et «mensem quibus eum ex bibliotheca extraxit...

«Art. IV. Bibliothecarius scribet initio omnium . «librorum nomen conventus, cujus cathalogo ins-«cripti sunt, vel etiam nomen benefactoris qui «talem librum conventui donaverit...

«Art. V. Quod si in dicto cathalogo reperiantur «aliqui libri duplices et non necessarii, vendi po-«terunt, et eorum prætium in alios utiliores con-«verti, de expressa licentia Capituli provincialis...»
(*Constitutiones fratrum eremitarum discalceatorum congregationis Galliarum*, p. 108.)

[2] Dangeau, *Mémoires*, 7 janvier 1707, t. XI, p. 278.

[3] Archives de l'Empire, série M, carton n° 797.

[4] *État de la bibliothèque du couvent royal des Augustins réformés*, etc. Archives de l'Empire, série S, carton n° 3645.

d'y percer les fenêtres, qui, de cette manière, n'interrompaient point la série des tablettes le long des murs[1]. Ces fenêtres, de forme ovale, et disposées de six en six pieds, donnaient sur les jardins du couvent, qui passaient pour les mieux tenus de la capitale.

Les trois salles étaient, d'un bout à l'autre, entourées d'arcades assez étroites, et au fond de chacune d'elles se trouvait une armoire garnie de rayons; ces armoires étaient séparées les unes des autres par des pilastres corinthiens, hauts de sept pieds et demi, et, comme tout le reste de l'ornementation, « en menuiserie « travaillée fort proprement [2]. » Voici comment s'exprime à cet égard le prieur du couvent, dans le rapport qu'il adressa en 1790 à l'Assemblée nationale : « Laditte « bibliothèque est composée de trois ailes correspondantes de l'une dans l'autre, « dont deux plus basses de plafonds, et garnies, ainsi que celle du milieu, de « grandes armoires prenant d'en bas jusqu'à la hauteur des fenêtres fermées en « œils de bœuf, et distinguées dans deux ailes par des titres désignants les ma-« tières y contenües [3]. » La pièce d'entrée avait quatre-vingt-trois pieds de long sur quatorze de large et dix de hauteur; elle renfermait huit armoires de chaque côté. Une autre salle, absolument semblable à la précédente, avait été établie en 1736 [4], et venait à la suite de la galerie principale.

Celle-ci mesurait cent trente et un pieds de longueur sur dix-neuf de largeur [5]. Le plafond, en anse de panier, était orné d'une fresque très-belle, faite, dit-on, en dix-huit heures par le peintre napolitain Paolo de Matteis [6] : elle représentait la Religion s'unissant à la Vérité pour chasser l'Erreur [7]. Au-dessus de l'entrée, à l'intérieur, on voyait le portrait du P. Eustache [8] peint par Rigaud, et, entre les moulures de la porte, un Christ en croix, dû au pinceau de P.-J. Cazes, et d'une exécution très-remarquable [9]. Au milieu de la salle, qui était éclairée d'en haut par dix-huit fenêtres, figuraient deux beaux globes de Coronelli [10]; tout autour régnaient trente et une armoires, surmontées d'une large corniche d'ordre toscan, et fermées par des portes garnies de treillages en fil de laiton. Des portraits fort soignés reposaient sur les corniches; on remarquait surtout celui de Louis XIV par Cavin d'après le tableau original de Rigaud, ceux des papes

---

[1] Lerouge, *Curiosités de Paris*, t. I, p. 209.

[2] Piganiol de la Force, *Description historique de Paris*, t. III, p. 114 et 117.

[3] *État de la bibliothèque du couvent royal des Augustins réformés, près la place des Victoires, lors de la Déclaration exigée par le décret de l'Assemblée nationale, revêtu de la sanction royale et de l'enregistrement du Parlement, promulgué le 2 décembre 1789*. Archives de l'Empire, série S, carton n° 3645.

[4] Piganiol de la Force, *Description historique de Paris*, t. III, p. 119.

[5] Thiéry, *Guide des amateurs et des étrangers*, t. I, p. 300.

[6] G. Brice, *Nouvelle description de Paris*, t. I, p. 423.

[7] Leprince, *Essai historique sur la bibliothèque du Roi*, p. 353.

[8] *État de la bibliothèque*, etc. Archives de l'Empire, série S, carton n° 3645.

[9] Piganiol de la Force, *Description historique de Paris*, t. III, p. 118.

[10] Thiéry, *Guide des amateurs et des étrangers*, t. I, p. 300.

Clément XI et Clément XII, du duc du Maine, du comte de Toulouse, des cardinaux Jenson, de Noris et Imperiali; enfin celui du P. Jacques de Saint-Gabriel, qui avait formé dans le couvent un très-curieux cabinet d'antiquités [1]. A chaque extrémité de cette galerie, on avait percé une immense fenêtre qui donnait sur un balcon d'où l'on jouissait d'une vue magnifique; à droite et à gauche de la salle, se trouvaient encore plusieurs petites pièces garnies de livres [2].

Près de cette galerie s'ouvrait le cabinet d'antiquités, qui était dû surtout aux soins des PP. Jacques de Saint-Gabriel et Albert de Sainte-Eugénie. Il avait été longtemps conservé dans une petite salle dépendante de l'infirmerie, mais le développement qu'il prit lui fit accorder, en 1727, un grand pavillon, communiquant avec la bibliothèque, et qui mesurait vingt-quatre pieds carrés; il avait seize pieds et demi de hauteur et était éclairé par cinq croisées [3]. On y voyait des médailles, une riche collection d'histoire naturelle, des tableaux, des estampes et des curiosités de toute nature. Les tableaux formaient un musée vraiment admirable et où les plus grands noms de la peinture étaient représentés; on y remarquait surtout : un Bélisaire du Guerchin, une Sainte-Famille d'André del Sarto, deux cuisines de Schalkhen, quatre paysages de Wouwermans, une Vierge de Stella, deux ruines de Panini, deux tableaux de genre par Van der Meulen, Diogène et Héraclite par Valentin, et le David de Caravage [4]. Une armoire spéciale était réservée aux estampes, et une autre, garnie de quatre grands tiroirs, était remplie de coquilles rares. Parmi les antiques figuraient un grand nombre de bustes et de vases en marbre, en bronze, en terre, en albâtre, des poids, des porcelaines, etc. etc.

La série des médailles était très-complète; en voici la description, d'après un rapport officiel :

MÉDAILLES GRAND BRONZE. Un cabinet de bois de palixandre composé de 24 tiroirs contenants chacun dans leurs cartons 47 médailles; ce qui forme une suite, depuis Auguste jusqu'à Posthume inclusivement, de 1,118 médailles toutes bien conservées et de la plus sûre antiquité. Il faut observer que dans cette suite il s'en trouve de rares et de très rares, comme l'Othon [5] d'Antioche, 3 Pertinax, 4 Gordiens d'Afrique, etc.

MOYEN BRONZE. Un cabinet de 14 tiroirs comportant chacun dans son carton 62 médailles, toutes antiques et bien conservées.

---

[1] Durey de Noinville, *Dissertation sur les bibliothèques*, p. 53.

[2] Piganiol de la Force, *Description historique de Paris*, t. III, p. 116 et 118.

[3] Piganiol de la Force, *Description historique de Paris*, t. III, p. 119.

[4] Leprince, *Essai historique sur la bibliothèque du Roi et sur chacun des dépôts qui la composent*, p. 354.

[5] L'existence de cet Othon de bronze est également affirmée dans les deux ouvrages suivants : Jèze, *État ou tableau de la ville de Paris*, p. 197; Antonini, *Mémorial de Paris et de ses environs*, t. I, p. 208.

Petit bronze. 16 tiroirs du même cabinet, dont quatre contiennent chacun un grand carton contenant chacun 62 médailles, et 12 autres renfermant dans chacun de leurs petits cartons 48 médailles.

Médailles modernes de bronze. Un petit cabinet contenant une suite complette de Louis XIIII, plusieurs médailles de Louis XV et quelques-unes de la maison de Lorraine.

Médailles d'argent. Deux cabinets, de l'ouvrage de Boule, dont l'un contient le Haut et Bas Empire d'argent, et forme une suite de 1,238 médailles toutes vraiment antiques, bien conservées, parmi lesquelles il s'en trouve aussi de la plus grande rareté. Dans l'autre sont compris les rois grecs, tant en argent qu'en bronze, au nombre de 86; on remarque dans cette suite plusieurs *extradrachmes* très-bien conservés. Plus une petite suite de médailles de Ville. Ajoutez y encore une suite de consulaires en argent, au nombre de 233 [1].

Au milieu du xviiie siècle, ce cabinet était sous la garde du P. Cyrille, qui «le faisoit voir aux curieux et aux étrangers, avec beaucoup de politesse et «d'agrément [2].»

La bibliothèque, riche déjà de dix-huit mille volumes en 1727 [3], était regardée en 1735 comme «l'une des plus nombreuses de Paris [4].» Elle renfermait, au moment de la Révolution, trente-neuf mille cinq cent quarante-cinq volumes, ainsi divisés :

In-folio	5,972 volumes.
In-quarto	4,000
In-octavo	5,675
In-douze	23,898

Parmi lesquels on remarquait :

Dans l'armoire des Elzevirs	104 et 26 cartons.
Dans le cabinet des livres jansénistes	1,025
Dans le cabinet des journaux	3,599
Estampes	43 cartons.

On lit à la fin de cette énumération :

Signé : F. Michel Labiche, gardien de la bibliotèque des Augustins réformez établis près la place des Victoires, lors du décret.

Certifié véritable, signé et paraphé en vertu d'une déclaration reçue par nous ce jourd'hui vingt six mars mil sept cent quatre vingt dix. F. François de la Tour, prieur [5].

---

[1] *Déclaration de tous les biens et de toutes les charges des religieux Augustins réformés de la congrégation de France, établis près la place des Victoires, à Paris.* Arch. de l'Empire, série S, carton n° 3645.

[2] Piganiol de la Force, *Description historique de Paris*, t. III, p. 120. — De Valhebert, *L'agenda du voyageur à Paris*, p. 76.

[3] J.-C. Némeitz, *Le séjour de Paris, ou instructions curieuses*, etc. t. I, p. 269.

[4] D'Auvigny, etc. *Histoire de Paris*, t. V, p. 490.

[5] *État de la bibliothèque du couvent royal des Augustins réformés*, etc. Archives de l'Empire, série S, carton n° 3645.

Malgré tous ces certificats, la *Déclaration* était inexacte; car un rapport de Langlez, conservateur du dépôt littéraire des Capucins Saint-Honoré, nous apprend que, le 26 thermidor an II, on avait transporté dans ce dépôt cinquante mille volumes provenant des Augustins déchaussés [1].

En 1791, les religieux estimaient leur bibliothèque et les deux globes de Coronelli, « au plus moyen prix, » à 100,000 livres [2].

Les Petits-Pères possédaient les *Mémoires* de Vizé *pour servir à l'histoire de Louis XIV;* on sait que cet ouvrage, tiré à quarante exemplaires seulement, fut imprimé au Louvre, en dix volumes grand in-folio, avec un tel luxe que ces dix volumes pourraient ne former qu'un in-douze. Le couvent tenait son exemplaire du sieur Desgranges, maître des cérémonies de France [3]. Une rareté beaucoup plus précieuse était une collection de presque tous les journaux publiés jusqu'alors [4].

Cette bibliothèque était d'un accès facile. En 1685, le P. Germain « la mon« troit à tous ceux qui étoient curieux de la voir [5]; » et un *Guide*, imprimé en 1716, ajoute que « les étrangers avoient l'agrément d'y être bien reçus [6]. » Ces traditions furent conservées par le P. Eustache, qui était « fort complaisant pour « ceux qui vouloient satisfaire leur curiosité dans la bibliothèque [7]. »

Les Augustins déchaussés, malgré le développement qu'avait pris leur collection, ne marquèrent jamais leurs livres d'aucune estampille. En revanche, conformément à l'article 4 des *Constitutions* de l'ordre, presque tous les volumes portent des inscriptions manuscrites dont la plus fréquente est celle-ci :

AUG. DISC. PAR.

placée, en général, au bas du titre.

On rencontre encore assez souvent les deux formules suivantes :

AUGUSTINI. DISCAL. PARIS.
EX CATALOGO FRATRUM DISCALCEATORUM SANCTI AUGUSTINI CONVENTUS PARISIENSIS.

Les Petits-Pères furent supprimés en 1790, et leur église servit alors d'asile à

---

[1] Arch. de l'Emp. série F¹⁷, carton n° 1203.
[2] *Déclaration de tous les biens et de toutes les charges, etc.* Archives de l'Empire, série S, carton n° 3645.
[3] Piganiol de la Force, *Description historique de Paris,* t. III, p. 118.
[4] Leprince, *Essai historique sur la bibliothèque du Roi,* p. 353.
[5] Lemaire, *Paris ancien et nouveau,* t. I, p. 354.
[6] *Le voyageur fidèle,* etc. p. 318.
[7] Antonini, *Mémorial de Paris et de ses environs,* t. I, p. 201. — Voyez encore : *Almanach royal,* année 1709, p. 219; — G. Brice, *Nouvelle description de Paris,* t. I, p. 423; — Durey de Noinville, *Dissertation sur les bibliothèques,* p. 48.

des clubs et à des réunions électorales. Plus tard, la Bourse de Paris y fut installée. En 1809, elle fut rendue au culte et reprit son nom de Notre-Dame-des-Victoires. Sur l'emplacement qu'occupaient les bâtiments du couvent, on a percé la rue de la Banque, construit l'hôtel du Timbre, la mairie du troisième arrondissement et une caserne d'infanterie. Le cloître n'a été démoli qu'en 1853.

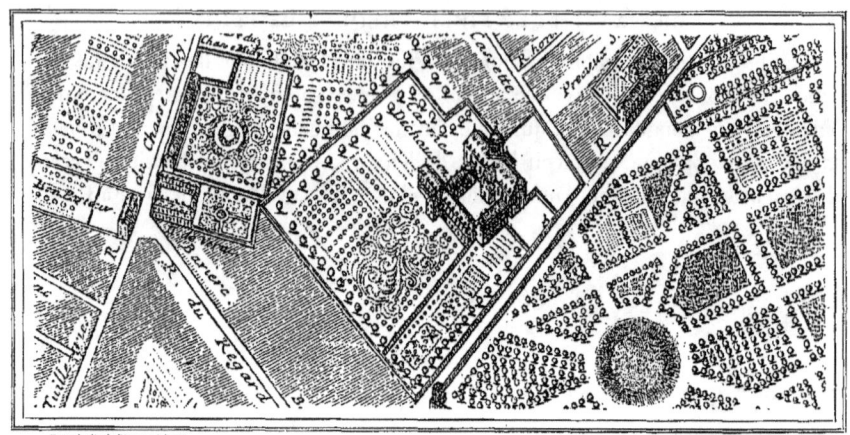

Fac-similé héliographique.   Plan de Lacaille (1714).

CARMES DÉCHAUSSÉS.

Les Carmes déchaussés, issus de la réforme faite dans l'ordre des Carmes par sainte Thérèse, arrivèrent à Paris peu de temps avant la mort de Henri IV. Ils furent logés d'abord au collége de Cluny. Nicolas Vivien, maître des comptes, leur donna en 1611 un vaste emplacement situé rue de Vaugirard; ils s'y installèrent à la hâte, et deux ans plus tard commencèrent la construction d'un couvent et d'une église, qui furent terminés vers 1620.

Ces religieux songèrent sans doute aussitôt à rassembler des livres, puisque, vingt ans après, ils possédaient déjà une «bibliothèque fameuse où étoient beaux «et bons livres[1].» Nous n'avons aucun détail sur sa fondation ni sur la manière dont elle s'augmenta; mais il est certain qu'elle rencontra des protecteurs généreux, car Michel de Marolles disait encore d'elle en 1677 :

> Les Carmes deschaussés avec leur pénitence
> Ont de plusieurs autheurs compilé les escrits,
> Où principalement les grands saints sont compris,
> Dont ils veulent puiser la solide science [2].

Un chapitre de la *Règle* des Carmes déchaussés[3] était consacré aux devoirs du

---

[1] L. Jacob, *Traicté des plus belles bibl.* p. 503.
[2] M. de Marolles, *Paris ou description succincte et néantmoins assez ample de cette grande ville*, p. 47.
[3] *Instructiones fratrum discalceatorum congregationis S. Eliæ ordinis Beatissimæ Virginis Mariæ de Monte Carmelo.* Rome, 1635, in-12.

bibliothécaire : dix-huit articles, classés sous le titre *Instructio bibliothecarii*, indiquaient dans le plus grand détail la nature de ses fonctions et les obligations qui lui étaient imposées. Les livres sacrés, «cœlestia dona quibus ad sapientiam «promovemur,» lui étaient spécialement recommandés [1]. La bibliothèque devait posséder un catalogue rédigé par ordre de matières [2], et la même disposition devait être adoptée pour le classement des volumes sur les rayons [3]. Il était ordonné au bibliothécaire d'avoir toujours sous les yeux la liste des livres défendus par l'Église, afin de n'en laisser entrer aucun dans la bibliothèque commune; des tablettes spéciales, soigneusement fermées à clef, leur étaient réservées [4]. Le bibliothécaire lui-même ne pouvait, sans l'autorisation du supérieur, emporter des livres hors de la salle [5]. Il devait encore veiller à la conservation des volumes, les délivrer de la poussière, des toiles d'araignées, et prendre toutes les mesures nécessaires pour les préserver des vers et des souris [6]. Il lui était en outre recommandé de battre de temps en temps les livres dont on se servait rarement [7]. Enfin c'est à lui qu'était confié le soin de pourvoir la salle d'encre, de plumes, de papier, de siéges, et de tenir le tout en bon état [8].

Le seul bibliothécaire de cette Maison dont nous ayons pu retrouver le nom est le P. Jacques Armand, qui remplissait ces fonctions en 1722 [9].

Suivant G. Brice, la bibliothèque des Carmes déchaussés était «petite et peu «nombreuse [10],» ce qui ne s'accorde guère avec le témoignage de Piganiol de la Force, qui, presque à la même époque, lui attribue douze mille volumes [11]; c'est encore le chiffre donné par Thiéry en 1787 [12]. Dans la *Déclaration* officielle faite le 1er janvier 1790 à la municipalité de Paris [13] par le couvent, nous n'avons rencontré aucune mention relative à la bibliothèque; mais lors du recensement fait dans les dépôts littéraires on trouva dix-huit mille cent quatre-vingt-un volumes

---

[1] Article 1er.

[2] «Codicem habeat, in quo omnes libri, tam «presentes quam futuri, per classes distincte no-«tentur.» (Article 2.)

[3] «Libros cujuscumque scientiæ distinctis re-«ceptaculis ita disponat, ut facile inveniri possint.» (Article 3.)

[4] «Indicem librorum prohibitorum perspectum «habeat, ne quis liber prohibitus per incogitan-«tiam admittatur... Quos vero ex prohibitis reti-«nendi erit licentia, seorsim clavi adhibita, pluteis «designatis includat.» (Article 4.)

[5] «Ne quidem ipse bibliothecarius, absque su-«perioris venia, e bibliotheca libros exportet.» (Article 9.)

[6] «Munditiam curet; pulverem aranearumque «telas abstergat; tinearum et murium remedia «provideat.» (Article 12.)

[7] «Moveat aliquando libros qui raro solent ape-«riri.» (Article 13.)

[8] «Cum in bibliotheca soleat esse mensa com-«modiori in loco, ibique parari atramentum, «chartas, et alia ad scribendum necessaria, necnon «aliqua sedilia, seu scabella, curet ut omnia sint «apta, munda et bene composita.» (Article 14.)

[9] G. Wallin, *Lutetia Parisiorum erudita sui temporis*, p. 120.

[10] G. Brice, *Nouv. descr. de Paris*, t. III, p. 367.

[11] Piganiol de la Force, *Description historique de Paris*, t. VII, p. 283.

[12] Thiéry, *Guide des amateurs et des étrangers*, t. II, p. 419.

[13] *Déclaration des biens meubles et immeubles, revenus et charges, dettes actives et passives du couvent des Carmes déchaussés, situé rue de Vaugirard, à Paris.* Archives de l'Empire, série S, carton n° 3728.

provenant de cette Maison[1]. On y remarquait surtout un manuscrit de la *Chronique de Flodoard* qui passait pour l'original de ce précieux ouvrage[2], et un manuscrit sur tablettes enduites de cire[3], semblables à celles que possédaient l'abbaye de Saint-Victor et celle de Saint-Germain-des-Prés[4]. On conserve à la bibliothèque Mazarine[5] un exemplaire des œuvres de sainte Thérèse traduites par Arnauld d'Andilly, sur lequel on lit cet envoi autographe : « Je prie les Révérends Pères « Carmes déchaussez du monastère de Paris de recevoir ce livre d'aussi bon cœur « que je le leur donne, et de prier Dieu pour moy. ARNAULD D'ANDILLY. »

Tous ces livres étaient distribués en deux salles assez jolies, qui donnaient sur la campagne, et d'où l'on jouissait d'une vue admirable[6]. Une troisième pièce renfermait une collection assez complète d'histoire naturelle, et un médaillier qui ne comprenait d'ailleurs que les papes et les rois de France[7].

Le catalogue de cette bibliothèque fut rédigé entre les années 1782 et 1789 par le P. Sigismond; il forme onze volumes in-folio, qui sont aujourd'hui conservés à la bibliothèque de l'Arsenal[8]. Les neuf premiers volumes contiennent la liste des ouvrages imprimés. Le dixième est le *Catalogue des manuscrits sur vélin, parchemin et papier, ainsi que des langues étrangères, et géographie, renfermés dans les armoires numérotés* (sic) *qui se trouvent sous les bureaux de la grande bibliothèque. Commencé le 25 may 1789.* Le onzième volume est intitulé : *Catalogue des livres contenus dans le buffet de la grande bibliothèque, et qui a pour titre* Opera miscellanea *sous la lettre V. Commencé le 15 mai 1789.*

Les livres provenant du couvent des Carmes déchaussés portent, suivant leur format, l'une des deux estampilles que nous reproduisons ici, et qui sont presque toujours tracées en bleu :

[1] *Recensement détaillé des livres des bibliothèques du département de Paris. 30 septembre 1791.* Archives de l'Empire, série M, carton n° 797.
[2] Piganiol de la Force, *Description historique de Paris*, t. VII, p. 283.
[3] *Nouveau traité de diplomatique*, t. I, p. 458.
[4] Voyez t. I, p. 169 et 131.

[5] Imprimés, n° 2086 E.
[6] J.-C. Némeitz, *Le séjour de Paris, ou instructions curieuses, etc.* t. II, p. 628.
[7] Thiéry, *Guide des amateurs et des étrangers*, t. II, p. 419.
[8] Bibliothèque de l'Arsenal, manuscrits in-folio, n° 839 K.

On y rencontre aussi des inscriptions manuscrites dont la formule varie peu :

CONVENTUS PARISIENSIS CARMELIT. DISCALCEATORUM.

CONVENTUS SANCTI JOSEPHI[1] *PARIS. CARMEL. DISCAL.*

EX ARCHIVIO CONVENTUS PARIS. CARM. DISCAL.

AUX CARMES DÉCHAUSSÉS DE PARIS.

Ce couvent fut supprimé en 1790, et les bâtiments qui le composaient furent vendus en 1808. Rachetés depuis, ils ont reçu diverses destinations, et sont occupés aujourd'hui par une maison d'éducation religieuse. L'église, rouverte depuis longtemps au culte, à titre privé, a été récemment restaurée et est devenue la chapelle de la nouvelle maison d'études.

---

[1] L'église du couvent était consacrée à Saint-Joseph.

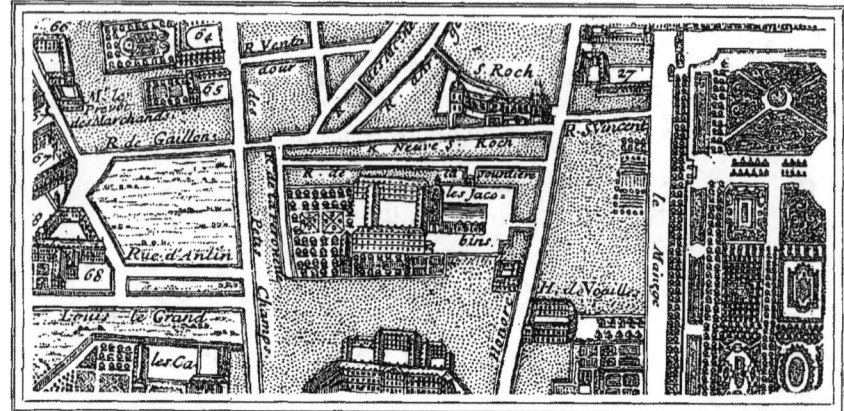

Fac-similé héliographique.   Plan de B. Jaillot (1717).

JACOBINS DE LA RUE SAINT-HONORÉ[1].

Vers le milieu de la rue Saint-Honoré, à distance égale de la place Vendôme et du Palais-Royal, et sur l'emplacement où se trouve aujourd'hui le vaste marché Saint-Honoré, on voyait encore en 1794 l'église et le couvent des Frères Prêcheurs, dits Jacobins.

Ces religieux avaient eu de très-bonne heure une Maison dans la rue Saint-Jacques[2]; mais il s'y était introduit de tels désordres, que leur général, Sébastien Michaelis, résolut de soumettre l'ordre à une réforme complète. L'ancien couvent ayant refusé de l'accepter, on fit venir d'Italie cinq nouveaux frères prêcheurs, et des lettres patentes de septembre 1611 autorisèrent leur établissement à Paris. On s'occupa aussitôt de la construction d'un couvent, et l'on s'adressa dans ce but un peu partout[3]; l'archevêque de Paris, Pierre de Gondi, grand-oncle du fameux cardinal de Retz, dépensa pour cet objet près de 50,000 livres.

Dès l'année 1613, les Jacobins de la rue Saint-Honoré commencèrent une bibliothèque[4]. Comme elle ne s'augmentait pas aussi vite qu'ils l'eussent désiré, ils eurent recours à une ruse assez grossière et dont ils attendaient sans doute

---

[1] Plan. Nos de renvoi : 27, l'Hôtel de Gesvres. — 64, l'Hôtel de Pont-Chartrain. — 65, M' de Montargis. — 66, l'Hôtel de M. le duc de Tresme, Gouverneur de Paris. — 67, l'Hôtel Chamillard. — 68, l'Hôtel d'Antin.

[2] Voyez t. I, p. 191.

[3] D. H. I. Supplément aux antiquitez de Paris de Dubreul, p. 49.

[4] Durey de Noinville, Dissertation sur les bibliothèques, p. 52.

un grand succès. Ils résolurent de la dédier au Dauphin, fils de Louis XIII, et, le lendemain de sa naissance, l'inscription suivante fut placée sur la porte d'entrée :

HÆC PRINCIPI DELPHINO BIBLIOTHECA

DICATA FUIT

DIE NATALI EJUS V SEPTEMBRIS 1638 [1].

Cette flatterie ne reçut aucune récompense. Les religieux ne se désespérèrent pourtant pas, et continuèrent à nommer leur collection BIBLIOTHÈQUE DE MONSEIGNEUR LE DAUPHIN [2].

La libéralité d'un médecin allemand, dont le fils était jacobin, les consola d'ailleurs un peu de cet échec, et en 1643 leur bibliothèque comptait environ quatre mille volumes [3]. Ils travaillèrent patiemment à la compléter [4], en provoquant des donations, et même par des achats, comme le prouve le mot « emptus, » suivi d'une date, qui accompagne assez fréquemment le nom du couvent sur leurs volumes. Nous avons pu retrouver aussi, grâce à d'autres inscriptions manuscrites, les noms de quelques bienfaiteurs de cette bibliothèque.

En décembre 1647, le dominicain belge Bruslé de Montplainchamp leur laissa un certain nombre d'ouvrages, qui reçurent cette mention ·

EX DONO D. D. BRUSLÉ, 31 DECEMB. 1647.

La même année, une donation beaucoup plus considérable fut faite au couvent par Pierre Quétif, parent sans doute du savant Jacques Quétif, à qui l'on venait de confier les fonctions de bibliothécaire; les manuscrits, en général fort précieux, qui proviennent de cette source, portent une inscription ordinairement précédée de la date du 9 mars 1647, et conçue en ces termes : « Ex dono domini « Petri Quetif, civis Parisiensis, pro bibliotheca; » ou encore : « Ex dono domini « P. Quetif et liberorum. » Jacques Quétif suivit cet exemple, puisque, d'après le P. Échard, il procura à la bibliothèque du couvent un nombre « incroyable » de bons livres [5].

En 1671, nouvelle libéralité due à François de Bosquet, qui fut successivement

---

[1] Millin, *Antiquités nationales*, t. 1, p. 53.

[2] Durey de Noinville, *Dissertation sur les bibliothèques*, p. 52.

[3] L. Jacob, *Traicté des plus belles bibliothèques*, p. 519.

[4] Legallois, *Traitté des plus belles bibliothèques de l'Europe*, p. 136.

[5] «Ut vir fuit rei litterariæ semper et, ut ita «dicam, ab incunabulis libraryque deditus, in- «credibile est quot et melioris notæ libros seu bi-

JACOBINS DE LA RUE SAINT-HONORÉ. 317

évêque de Lodève et de Montpellier; celle-ci se composait surtout de manuscrits, et devait être assez importante, si l'on en juge par le luxe d'inscription que reçurent les volumes : «Ex dono illustrissimi reverendissimique domini Francisci «Bosqueti, Narbonensis, episcopi Montispessulani, antea Lodovensis episcopi, die... «martii 1671. Pro bibliotheca FF. Prædicatorum conventus Parisiensis SS. An-«nunciationis B. M. V. via Sancti Honorati;» ou encore : «Ex dono illustrissimi «reverendissimique domini Francisci Bosqueti, Narbonensis, ex comite consisto-«riano regis christianissimi, episcopus primum Lodovensis, deinde episcopus Ma-«galonensis sive Montispessulani. Pro bibliotheca conventus Parisiensis sanctissimæ «Annunciationis Beatissimæ Mariæ Virginis, Sancti Honorati via, ordinis FF. Præ-«dicatorum. 1671[1].»

Onze ans après, un professeur du collége d'Harcourt, nommé Dufour, donna au couvent une géographie manuscrite qui était probablement son œuvre, et à la fin de laquelle on écrivit : «Finis totuis geographiæ datæ a domino Dufour, «professore humanistarum collegio Harcuriano, anno Domini millegimo sexen-«tegimo octogesimo secundo, 1682[2].»

En mai 1699, Louis Piques, savant docteur de Sorbonne, et l'un des premiers bibliothécaires de la bibliothèque Mazarine, légua aux Jacobins tous ses livres, qui comprenaient une très-riche collection d'ouvrages en langues orientales[3]. Sur la plupart de ces volumes on trouve la signature du donateur et ces mots : «Ex legato domini Piques[4], D. et S.[5] Sorbonici, maii 1699.»

Enfin, en 1703, le couvent fit un échange avec le monastère du même ordre établi à Caen; il lui donna des ouvrages modernes et en reçut de plus anciens, sur lesquels on inscrivit la note suivante : «Hoc volumen a conventu Cadomensi «nobis concessum est cum quibusdam aliis antiquis voluminibus, in quorum vicem «alia recensiora eisque commodiora ac utiliora opera a conventu Parisiensi re-«ponsa (sic) fuere.»

La bibliothèque de ce couvent, riche de vingt mille volumes en 1727[6], avait déjà pris rang en 1751 parmi les plus belles de Paris[7], et renfermait dix ans après environ vingt-cinq mille volumes[8]. En 1781, elle avait atteint le chiffre

---

«bliothecæ nostræ Parisiensi procurarit, seu le-«gerit.» (J. Échard, *Scriptores ordinis prædicatorum*, t. II, p. 746.)

[1] Bibliothèque impériale, manuscrits, fonds latin, n° 17531, autrefois fonds des Jacobins Saint-Honoré, n° 36. — Bibliothèque Mazarine, manuscrits, n° J. 463 A.

[2] Bibliothèque impériale, manuscrits, fonds latin, n° 18254; autrefois fonds des Jacobins Saint-Honoré, n° 58.

[3] Piganiol de la Force, *Description historique de Paris*, t. II, p. 443.

[4] Ou «Picques».

[5] Doctoris et socii; voyez t. I, p. 226.

[6] J.-C. Némeitz, *Le séjour de Paris, ou instructions curieuses*, etc. t. I, p. 268.

[7] Diderot, d'Alembert, *Encyclopédie*, t. II, p. 237.

[8] Piganiol de la Force, *Description historique de Paris*, t. II, p. 441.

G. Wallin, en 1722, lui attribue déjà vingt-cinq mille volumes imprimés et deux cents manuscrits (*Lutetia Parisiorum erudita sui temporis*, p. 119), mais cette évaluation nous paraît très-exagérée.

318 LES ANCIENNES BIBLIOTHÈQUES DE PARIS.

de trente mille[1]; enfin, en 1787, on lui attribuait trente-deux mille imprimés et deux cent trente-deux manuscrits[2]. Elle était depuis longtemps du nombre des bibliothèques conventuelles dans lesquelles les personnes lettrées avaient un facile accès[3].

L. Jacob accorde l'épithète de « très somptueuse » à la galerie qui avait été construite pour loger ces livres[4]. Elle était située au-dessus de l'église, bien aérée, voûtée, fort vaste[5], et ornée des portraits de dix-huit religieux célèbres de l'ordre de Saint-Dominique[6]. A droite et à gauche se trouvaient trois petites salles, dans l'une desquelles on avait pratiqué un escalier qui conduisait au cabinet des ouvrages imprimés sur vélin[7].

Au-dessus de la porte d'entrée de la grande galerie, on remarquait un tableau allégorique assez curieux, et que Piganiol croit être d'un élève de Simon Vouet. Il représentait saint Thomas d'Aquin, le plus illustre des théologiens dominicains, assis sur une fontaine qui jetait de l'eau par une multitude d'ouvertures; cette fontaine était entourée de moines appartenant aux différents ordres religieux, et qui tous s'empressaient d'aller remplir leur tasse de ce précieux breuvage; seul, sur le devant du tableau, un jésuite, sa cruche à la main, hésitait fort à s'approcher[8].

Au milieu de la même salle figuraient deux grands globes de Coronelli[9].

Les livres qui composaient cette bibliothèque étaient « bien choisis[10]. » La médecine, qui y était très-richement représentée[11], et la philosophie remplissaient un des cabinets qui ouvraient sur la grande galerie; dans les deux autres, on avait classé les historiens et les moralistes. Le legs de Louis Piques avait amplement fourni le couvent de livres appartenant aux littératures orientales; on y remarquait aussi une cinquantaine d'éditions du xve siècle. Les manuscrits étaient renfermés dans une armoire grillée; ils comprenaient des ouvrages en langues chinoise, japonaise, syriaque, grecque, hébraïque, persane, arménienne, turque et éthiopienne[12]; le Coran en arabe[13]; quelques traités de saint Au-

---

[1] Leprince, *Essai historique sur la bibliothèque du Roi*, p. 357.

[2] Thiéry, *Guide des amateurs et des étrangers*, t. I, p. 152.

[3] Durey de Noinville, *Dissertation sur les bibliothèques*, p. 48.

[4] L. Jacob, *Traicté des plus belles bibliothèques*, p. 519.

[5] Duval, *Souvenirs de la Terreur*, t. III, p. 134.

[6] *Procès-verbal d'inventaire dressé chez les Dominicains de la rue Saint-Honoré*. Archives de l'Empire, série S, carton n° 4222.

[7] Thiéry, *Guide des amateurs et des étrangers*, t. Ier, p. 152.

[8] Piganiol de la Force, *Description historique de Paris*, t. II, p. 441. L'inventaire officiel l'attribue à un peintre qu'il nomme Minet de Lertin.

[9] *Inventaire des biens meubles des Jacobins de la rue Saint-Honoré*. Archives de l'Empire, série S, carton n° 4222.

[10] Sauval, *Histoire et recherches des antiquités de la ville de Paris*, t. I, p. 411.

[11] L. Jacob, *Traicté des plus belles bibliothèques*, p. 519.

[12] Thiéry, *Guide des amateurs et des étrangers*, t. I, p. 152.

[13] Durey de Noinville, *Dissertation sur les bibliothèques*, p. 52.

gustin[1]; et le manuscrit autographe du catéchisme des Jésuites par Étienne Pasquier [2].

Le couvent possédait encore un cabinet de médailles et d'histoire naturelle qui était fort estimé[3], et avait été formé par les PP. Labat et Nicolson. Son mobilier est ainsi décrit dans l'inventaire dressé en 1790 :

Une table de bois tourné avec son dessus d'agate.

Trois fauteuils foncés, de canne.

Une table antique de bois d'acajou.

Trois tableaux, dont un moyen peint sur toile, représentant un Dominicain, et les deux autres plus petits sur bois, portraits inconnus, dans leur bordure de bois doré.

Un grand armoire, en face des croisées du cabinet, à neuf battans de bois peint en gris, chaque battant garni de six carreaux de verre garnis de tablettes en dedans, sur lesquelles sont différentes pièces d'histoire naturelle.

Cent soixante et treize médailles, dont une d'or très petite. Vingt-quatre tant antiques que modernes, d'argent; et le surplus tant en plomb qu'en bronze, tant antiques que modernes[4].

Un modèle en bois de bâtiment indien.

Quatre modèles en bois de moulins à sucre [5].

Le P. J. Échard fut bibliothécaire des Jacobins jusque vers 1721 [6]; il eut pour successeur le P. Michel Lequien [7]. Ce sont là, avec le P. Quétif, les seuls dont le nom nous ait été conservé.

Nous n'avons pu retrouver aucun des catalogues de cette bibliothèque, qui cependant en posséda plusieurs. Le 18 janvier 1790, le prieur déclarait « avoir « fait un relevé de tous les livres qui composent la bibliothèque desdits religieux, « contenu dans un catalogue écrit, contenant 58 pages et demie, lequel catalogue « est demeuré annexé à la minute des présentes[8] » (il en a malheureusement été séparé depuis); et l'on voit figurer dans l'inventaire dressé au mois de mai « sept « volumes in-folio qui sont le catalogue et un indice des livres de ladite biblio- « thèque, lequel catalogue indique l'année de l'édition et le lieu de l'impression, » et encore « un catalogue des manuscrits qui indique le format et l'ancienneté de « l'écriture [9]. »

---

[1] Legallois, *Traitté des plus belles bibliothèques de l'Europe*, p. 136.

[2] Leprince, *Essai historique sur la bibliothèque du Roi*, p. 357.

[3] *Almanach parisien à l'usage des étrangers pour 1763*, p. 67.

[4] Ces médailles sont décrites dans un cahier annexé à la pièce suivante: *Déclaration des religieux Dominicains de la rue Saint-Honoré, concernante leurs biens mobiliers et immobiliers, leurs revenus et leurs charges*. Archives de l'Empire, série S, carton n° 4222.

[5] *Procès-verbal d'inventaire dressé chez les Dominicains de la rue Saint-Honoré*. Archives de l'Empire, série S, carton n° 4222.

[6] G. Brice, *Nouvelle description de Paris*, t. I, p. 263.

[7] S. de Valhebert, *L'agenda du voyageur à Paris*, p. 74. — G. Wallin, *Lutetia Parisiorum erudita sui temporis*, p. 119.

[8] *Déclaration des religieux Dominicains de la rue Saint-Honoré*. Archives de l'Empire, série S, carton n° 4222.

[9] *Déclaration des religieux Dominicains de la rue*

L'estampille de ce couvent, la même qu'adopta plus tard le noviciat des Jacobins, était très-simple, comme on voit,

et n'avait aucune signification spéciale. Quant aux inscriptions manuscrites, peu de religieux en ont autant abusé; on rencontre :

EX BIBLIOTHECA CONVENTUS PARISIENSIS S^{tæ} ANNUNCIATIONIS ORDINIS
FF. PRÆDICATORUM, VIA SANCTI HONORATI.

EX LIBRIS BIBLIOTHECÆ CONVENTUS PARISIENSIS
SANCTISSIMÆ MARIÆ ANNUNCIATÆ[1] *ORDINIS FRATRUM PRÆDICATORUM*
STRICTIORIS OBSERVANTIÆ IN VICO NOVO SANCTI HONORATI.

Ces inscriptions sont presque toujours accompagnées d'une date et des indications nécessaires pour remettre le volume en place. Ces dernières indiquent à la fois l'armoire (*museum*) qui contient le volume, la tablette qui le supporte et le rang qu'il y occupe; elles sont ordinairement ainsi disposées :

mus— C.
Tab—73^a verso
n° 9 ?

Les Jacobins furent supprimés en 1790. Quand l'Assemblée nationale eut été transférée à Paris, le club dit *des Amis de la Constitution* l'y suivit, et choisit pour lieu ordinaire de ses séances la bibliothèque du couvent des Jacobins. Les livres ne furent enlevés que plus tard, sur la demande de l'administration des biens nationaux, et on les transporta au dépôt établi près de là dans le couvent des Capucins Saint-Honoré [2]. Aux deux extrémités de la bibliothèque des Jacobins, on pratiqua alors deux immenses tribunes capables de contenir chacune douze à quinze cents personnes [3]. Millin a publié, dans ses *Antiquités nationales*, une gravure que nous reproduisons, et qui représente la bibliothèque ainsi transformée [4].

Saint-Honoré. Archives de l'Empire, série S, carton n° 4222.

[1] L'église de ce couvent avait été dédiée sous le titre de l'Annonciation de la Vierge.

[2] Archives de l'Empire, série F¹⁷, cartons n°s 1163 et 1203.

[3] Duval, *Souvenirs de la Terreur*, t. III, p. 134.

[4] Tome I, *Jacobins Saint-Honoré*, p. 54.

— LES ANCIENNES BIBLIOTHÈQUES DE PARIS —

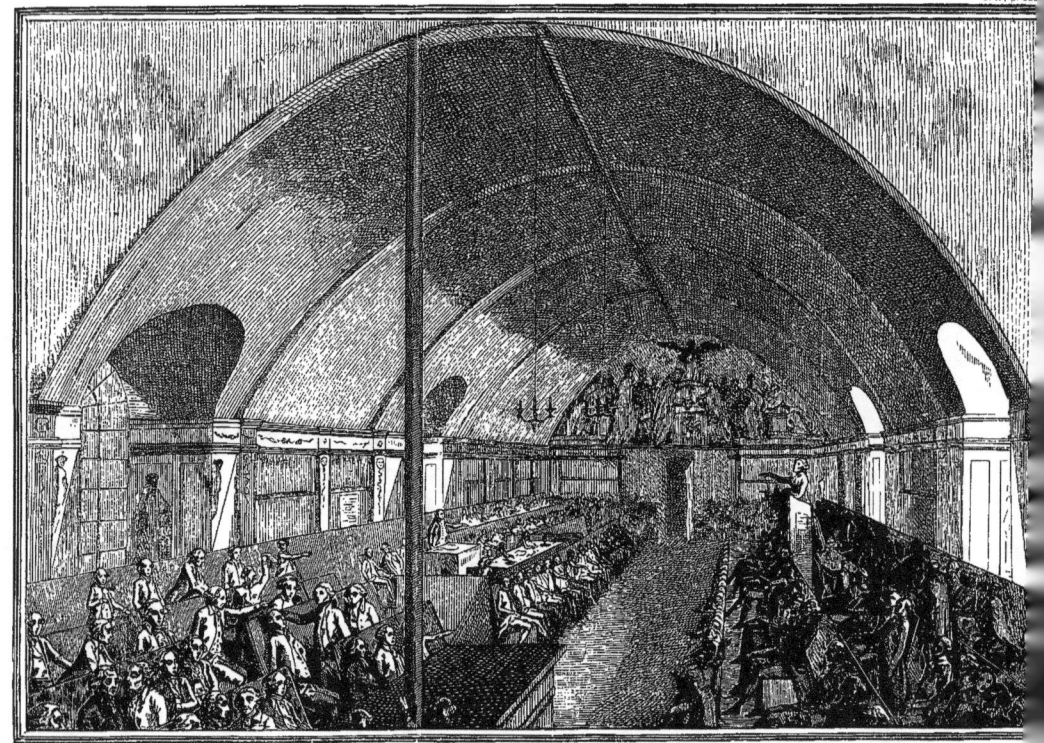

LA SALLE DE LA BIBLIOTHÈQUE DES JACOBINS
Servant de lieu de réunion au Club des Amis de la Constitution.

Ce club, qui avait à sa tête des députés de l'opinion la plus avancée, perdit peu à peu son nom primitif, et ne fut bientôt plus désigné que par celui du couvent où il s'était établi. Le club des Jacobins fut fermé en 1794; on démolit ensuite les bâtiments du couvent, et sur leurs ruines s'est élevé, en 1810, un marché, récemment reconstruit, qui s'est appelé d'abord marché des Jacobins, puis marché Saint-Honoré. Le couvent était plus rapproché des rues de la Sourdière et Saint-Hyacinthe.

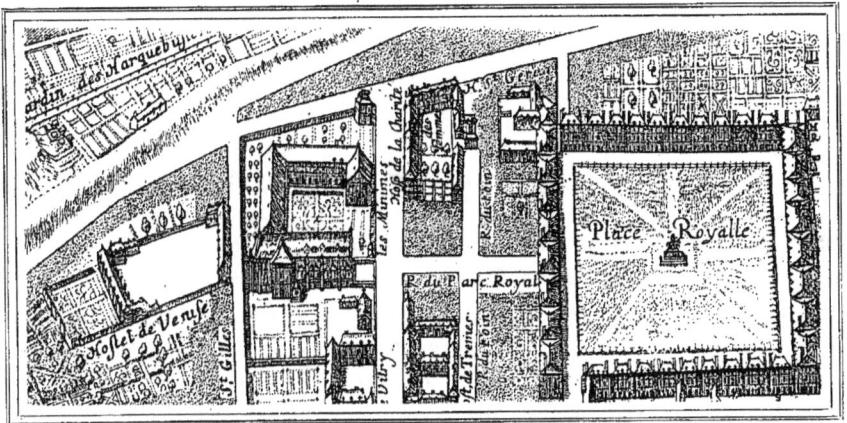

Fac-similé héliographique.   Plan de Gomboust (1652).

MINIMES DE LA PLACE ROYALE.

Vers la fin du règne de Henri IV, les Minimes avaient déjà deux couvents près de Paris, l'un à Passy, l'autre à Vincennes; ils voulurent en posséder un dans la capitale même, et s'établirent provisoirement sur l'emplacement qu'occupe aujourd'hui l'église Saint-Roch. Presque aussitôt un chanoine de Notre-Dame, nommé Olivier Chaillou, leur fournit les fonds nécessaires pour acheter un vaste terrain qui dépendait de l'ancien hôtel des Tournelles[1]. Marie de Médicis pourvut aux frais de la construction du monastère[2], et, le 18 septembre 1611, la première pierre de l'église fut posée par Henri de Gondi; mais les circonstances politiques retardèrent l'achèvement de cet édifice, qui ne fut terminé qu'en 1679.

Les Minimes n'avaient pas attendu jusque-là pour former une bibliothèque dans leur couvent. Ils la commencèrent de leurs propres deniers[3]; et, sans autre secours, elle s'augmenta rapidement, car l'argent ne leur manquait pas. On sait que ces religieux avaient su tirer un très-beau parti de leur nom si humble en apparence, et qu'ils prétendaient avoir été directement désignés par Jésus-Christ dans cette phrase : « Je compterai comme fait à moi-même le bien que vous aurez « fait au plus petit des miens, » *quod uni ex* MINIMIS *meis fecistis*. Il faut avouer que, pour un ordre mendiant, le commentaire était assez ingénieux. Il tourna d'ailleurs à la plus grande gloire de la bibliographie, car, dès 1644, les Minimes possé-

---

[1] *Annales de l'ordre des religieux Minimes et en particulier de la province de France*, pages 47 et 73. Bibliothèque impériale, manuscrits, fonds français, n° 23126, autrefois fonds des Minimes, n° 39.

[2] G. Brice, *Nouvelle description de Paris*, t. II, p. 213 et 214.

[3] Durey de Noinville, *Dissertation sur les bibliothèques*, p. 52.

daient huit mille volumes[1], et leur collection était regardée comme l'une des plus belles de Paris[2]. Elle avait renfermé, outre les livres, un certain nombre de médailles précieuses, dont la Maison s'était défait, en décembre 1641, pour la somme de 700 livres[3].

Elle s'enrichit successivement par les libéralités de plusieurs minimes distingués, dont les plus connus sont les PP. Hilarion de Coste, Jean-François Niceron, Robert Renaud, bibliophile instruit, et Marin Mersenne, le condisciple et l'ami de Descartes. Mersenne laissa au couvent, avec une précieuse collection d'ouvrages scientifiques[4], un grand nombre d'instruments de mathématiques; presque tous furent vendus : «après la mort de ce Révérend Père, dit un chroniqueur de la «Maison, on vendit la plus grande partie de ses instrumens de mathématiques, «dont il nous en est resté peu; comme Mr Cornuti, notre médecin, nous servoit «gratis, on crut lui devoir offrir en présent sa pierre d'ayman ou sa grande lunette; «il accepta la lunette[5].» En 1653, un conseiller de la Cour des aides, nommé Alexandre Letenneur, donna aux Minimes toute sa bibliothèque, qui était nombreuse et bien choisie. Les religieux, pour perpétuer le souvenir de ce bienfait, collèrent dans chacun des volumes qui en provenaient une bande de papier sur laquelle étaient imprimés ces mots :

> Ex dono clariffimi & eruditiffimi viri Domini D IACOBI ALEXANDRI LETENNEVR Parifini, Confiliarij Regis Chriftianiff. & in fuprema vectigalium Aquitaniæ Curia Senatoris integerrimi, qui obiit 10. Ianuarij anni 1653.

La même faveur fut accordée à un autre bienfaiteur de cette bibliothèque, le sieur Decombes :

> Ex dono honeftiffimi Viri Domini Decombes.
> Civis Parifienfis.

sur lequel nous n'avons pu trouver aucun renseignement.

---

[1] L. Jacob, *Traicté des plus belles bibliothèques*, p. 544.

[2] «La bibliothèque est des plus belles de Paris, «remplie de très-bons livres, en toutes sortes de «sciences, très-bien choisis et curieux, où plusieurs «grands hommes de lettres et de sçavoir se rendent «souvent pour en avoir la communication.» (D. H. I. *Supplément aux antiquitez de Paris* de J. Dubreul, p. 54.)

[3] *Annales des Minimes de la province de France*, où se trouve en particulier tout ce qui regarde le couvent de la place Roïale. Paris, M.DCC.LVI, p. 170. Bibliothèque Mazarine, manuscrits, n° 2881.

[4] Voyez la *Rymaille sur les plus célèbres bibliotières de Paris*, vers 28.

[5] *Annales de l'ordre des religieux Minimes et en particulier de la province de France*, p. 161. Bibliothèque impériale, manuscrits, fonds français,

Parmi les personnes qui vinrent encore augmenter la collection du couvent, il faut mentionner un célestin nommé de Goussencourt, qui lui donna un beau volume en partie écrit par lui, en partie imprimé, et intitulé : *Martyrologe des chevaliers de Saint-Jean de Jérusalem* [1].

Michel de Marolles, en 1676, déclarait la bibliothèque des Minimes tout simplement «admirable [2].» Cependant, faute d'une salle spéciale assez grande, les volumes étaient encore dispersés dans plusieurs chambres. Le 26 septembre de cette même année, une demoiselle Catherine de Varrège laissa une somme de 500 livres aux Minimes pour commencer la construction d'une galerie où tous les livres seraient réunis; elle accompagna sa donation de cette clause : «Si dans le terme «de six années la bibliothèque ne pouvoit s'entreprendre, lesdits 500 livres «resteroient toujours à la fin de chaque correctoriat [3] pour faire la provision de «vin pour l'année suivante [4].» Il va sans dire que la nouvelle galerie ne fut pas exécutée.

Cette collection prit, l'année suivante, un accroissement considérable, dû à la libéralité de Jean de Launoy, grand maître du collège de Navarre. Par son testament, en date du 10 mars [5], il légua aux Minimes une somme assez importante [6] et la moitié de sa bibliothèque [7], qui renfermait un précieux recueil de rituels [8].

Au mois de janvier 1689, l'abbé de Montigny donna au couvent la grande collection des Conciles qui avait été imprimée au Louvre. Il en existait déjà dans la bibliothèque de la Maison un exemplaire que les religieux cédèrent aux Minimes de Vincennes, et ceux-ci s'engagèrent à dire «huit mille messes à la décharge de

n° 23126, autrefois fonds des Minimes, n° 39. — «Octobre 1648. On est convenu de vendre «plusieurs instrumens de mathématiques venants «du R. P. Mersenne, entr'autres une pierre d'ay-«man et une grande lunette d'observation. Une de «ces deux pièces a été offerte en présent à notre «médecin, qui nous servoit gratuitement.» (*Annales des Minimes de la province de France*, etc. p. 172.)

[1] Nous avons trouvé ce volume à la Bibliothèque impériale, manuscrits, fonds français, n° 23124, autrefois fonds des Minimes, n° 59. On lit au bas du frontispice : «Donné par le R. P. de Goussen-«court, religieux Célestin, à la bibliothèque des «RR. Pères Minimes de la place Royale, pour «l'amitié qu'il leur porte.»

[2] Michel de Marolles, *Paris ou description succincte et néantmoins assez ample de cette grande ville*, p. 46.

[3] Temps d'exercice du *Correcteur*.

[4] *Annales de l'ordre des religieux Minimes*, etc. p. 89.

[5] Durey de Noinville, *Dissertation sur les bibliothèques*, p. 52.

[6] Piganiol de la Force, *Description de Paris*, t. IV, p. 464, et G. Brice, *Nouvelle description de Paris*, t. II, p. 217, disent : «deux cents écus d'or.» — Taisand, *Vies des Jurisconsultes*, p. 685, se prononce pour «huit cents livres.» Voyez la note suiv.

[7] «11 mars 1677. M. l'abbé de Launoy, cha-«noine de la cathédrale de Laon, docteur de la mai-«son de Navarre, fut inhumé en notre église. Il nous «a laissé six cents livres, tous les rituels qu'il avoit «recueillis et la moitié de ses autres livres; l'autre «au séminaire de la ville de Laon. M^r Le Camus «voulut lui faire mettre une épitaphe; il s'y trouva «de grandes difficultés : le roi l'empêcha.» (*Annales des Minimes de la province de France*, etc. p. 178.)

[8] Antonini, *Mémorial de Paris et de ses environs*, t. I, p. 60. — Leprince, *Essai historique sur la bibliothèque du Roi*, p. 362. — Mais voyez le *Journal des Savants* de décembre 1782, où la valeur de ce recueil est fort contestée.

«la sacristie⁽¹⁾. » Enfin, en avril 1693, le couvent acheta, moyennant 160 livres, à la vente après décès d'un prêtre de Saint-Germain-l'Auxerrois, la *Bibliothèque des Pères* en vingt-sept volumes in-folio⁽²⁾.

En 1705, une nouvelle occasion fut offerte aux Minimes pour faire construire leur bibliothèque. Le chroniqueur du couvent s'exprime ainsi : «Une personne, «en considération du Fr. Thimothé Chàlan, qui avoit succédé au R. P. Sergent, «mort le 2 juillet 1704, à l'apoticairerie, a donné 9,000 livres pour commencer «à faire bâtir une bibliothèque. » Mais, cette fois encore, la somme offerte reçut une destination différente : «On a acheté un contract sur la ville de 3,000 livres, «qui n'a coûté que 2,250 livres⁽³⁾. »

A partir de cette époque, il devient fort difficile de préciser les développements que prit la collection des Minimes; les documents sont nombreux, mais contradictoires. Suivant Lemaire, on y aurait compté quinze mille volumes en 1685⁽⁴⁾. Sauval, quarante ans plus tard, ne lui en accorde plus que huit⁽⁵⁾ à dix mille⁽⁶⁾. G. Wallin, en 1722, dit vingt mille⁽⁷⁾. G. Brice, en 1725⁽⁸⁾, se prononce pour quinze mille; et Némeitz, en 1727, pour vingt-quatre mille imprimés et sept cents manuscrits⁽⁹⁾. Nous approchons certainement de la vérité avec Piganiol de la Force, qui, vers 1765, attribue à cette bibliothèque vingt mille volumes⁽¹⁰⁾, en même temps que Jugler nous donne le nombre des manuscrits, qui, suivant lui, s'élevait à six cents⁽¹¹⁾. Ces chiffres coïncident en effet avec ceux que nous fournit un annaliste du couvent qui écrivait en 1758⁽¹²⁾. Un *Guide* de 1768 s'en tient également à vingt mille volumes⁽¹³⁾; et nous verrons plus loin que les appréciations de Leprince en 1781⁽¹⁴⁾ et de Thiéry en 1787⁽¹⁵⁾ sont, quoique logiques, inexactes.

S'il faut en croire Maichelius, cette bibliothèque avait trois bibliothécaires, «qui volontiers la montroient au public⁽¹⁶⁾, » dit Lemaire, et surtout aux étrangers, «peregrini qui eo se recipiunt, bibliothecæ perlustrandæ studio provocati, faci-

---

⁽¹⁾ *Annales des Minimes de la province de France*, etc. p. 181.

⁽²⁾ *Annales des Minimes de la province de France*, etc. p. 182.

⁽³⁾ *Annales des Minimes de la province de France*, etc. p. 184.

⁽⁴⁾ Lemaire, *Paris ancien et nouveau*, t. II, p. 174.

⁽⁵⁾ Sauval, *Histoire et recherches des antiquités de la ville de Paris*, t. III, p. 52.

⁽⁶⁾ Sauval, *Histoire*, etc. t. I, p. 443.

⁽⁷⁾ G. Wallin, *Lutetia Parisiorum erudita sui temporis*, etc. p. 120. — Le P. Thibouville était alors bibliothécaire du couvent.

⁽⁸⁾ G. Brice, *Nouvelle description de Paris*, t. II, p. 219.

⁽⁹⁾ J.-C. Némeitz, *Le séjour de Paris, ou instructions curieuses*, etc. t. I, p. 270.

⁽¹⁰⁾ Piganiol de la Force, *Description historique de Paris*, t. IV, p. 469.

⁽¹¹⁾ Jugler, *Bibliotheca historiæ litterariæ selecta*, t. I, p. 227.

⁽¹²⁾ *Annales de l'ordre des religieux Minimes de la province de France*, etc. p. 125.

⁽¹³⁾ *Le Géographe parisien*, t. I, p. 297.

⁽¹⁴⁾ Vingt-quatre mille volumes. Leprince, *Essai historique sur la bibliothèque du Roi*, p. 362.

⁽¹⁵⁾ Vingt-sept mille volumes. Thiéry, *Guide des amateurs et des étrangers*, t. Iᵉʳ, p. 687.

⁽¹⁶⁾ Lemaire, *Paris ancien et nouveau*, t. II, p. 174.

« lem in eam aditum experiri solent[1]. » Il paraît même que, dès 1639, plusieurs gens de lettres allaient régulièrement y travailler[2].

Les Minimes, qui avaient eu pendant longtemps un grand amour pour leur bibliothèque, finirent peu à peu par la négliger, et le désordre en vint à ce point que près de huit mille volumes disparurent durant les dix années qui précédèrent la Révolution[3].

En 1790, les Minimes, comme toutes les autres communautés religieuses, durent fournir à l'Assemblée nationale un état détaillé des livres que possédait leur couvent. Ce document, aujourd'hui conservé aux Archives de l'Empire, a pour titre : *État des livres qui forment la bibliothèque des Minimes du couvent de la place Royale, à Paris, 16 février 1790*; il se termine ainsi : « Je certifie le présent « état conforme à la vérité, en foy de quoy j'ay signé, ce 24 février 1790. Fr. « COURTEL, bibliothécaire[4]. » Cet inventaire présente la liste des livres classés par matières et par formats, et ces divisions fournissent les chiffres suivants :

In-folio	3,168 volumes.
In-quarto	3,433
In-octavo	3,488
In-douze	6,606
In-seize	370
In-dix-huit	30

Soit en total dix-sept mille quatre-vingt-quinze volumes, parmi lesquels nous remarquons deux cent soixante-trois exemplaires du texte complet de la Bible, et « huit cent trente-quatre livres hérétiques défendus. »

Le local qui renfermait cette collection se composa d'abord de deux[5], puis de trois salles situées autour de l'église[6]. Elles étaient, en 1791, dans un tel état de vétusté, qu'il fallut en retirer promptement les volumes. Ameilhon écrivait ce qui suit, le 14 novembre, à « Messieurs du Directoire de Paris : La bibliothèque des « Minimes de la place Royale n'est plus en sûreté dans cette maison, et court « risque de souffrir beaucoup des pluyes et des intempéries de l'hiver prochain, à « cause de l'état de délabrement où se trouve le bâtiment qu'elle occupe[7]. » Un des

---

[1] Maichelius, *Introductio ad historiam literariam*, p. 108.

[2] D. H. l. *Supplément aux antiquitez de Paris de Dubreul*, p. 54.

[3] *Déclaration que donne à Messieurs de la municipalité de Paris le correcteur des Minimes de cette ville*. Archives de l'Empire, série S, carton n° 4295.

[4] Archives de l'Empire, série S, carton n° 4295.

[5] Maichelius, *Introductio ad historiam literariam*, p. 107.

[6] *Annales des religieux Minimes de la province de France, où se trouve en particulier tout ce qui regarde*, etc. p. 125. — J.-C. Némeitz, *Le séjour de Paris, ou instructions curieuses*, etc. t. I, p. 270. — « Nous n'avons pas pu avoir jusqu'à présent un « vaisseau capable de pouvoir placer nos livres; on « a fait des cloisons dans les deux côtés des tribunes « de l'église. » (*Annales des Minimes de la province de France*, etc. p. 144.)

[7] Archives de l'Empire, série M, carton n° 797.

chroniqueurs que nous avons déjà cités en conviennent d'ailleurs très-franchement :
« Si nos Pères, dit-il, ont négligé cette partie de bâtiment si nécessaire dans une
« communauté religieuse, il n'en a pas été de même de ce qui compose une
« bonne bibliothèque. Leurs soins se sont étendus sur toutes les matières néces-
« saires et instructives, mais aussi sur les histoires prophanes et curieuses. Elle
« passe même pour être une des bonnes bibliothèques de Paris, et l'est en effet.
« Il s'y trouve de quoi satisfaire les écrivains sçavans et les curieux en tout genre[1]. »

La bibliothèque des Minimes était effectivement, suivant Sauval, la plus riche de Paris en ouvrages d'histoire[2], et le legs de de Launoy l'avait amplement fournie de livres relatifs à la théologie. Parmi les manuscrits, on remarquait surtout une histoire complète des cardinaux ornée de leurs armoiries[3]; un récit des négociations de la France avec les pays étrangers, et en particulier avec la Turquie[4]; la correspondance du P. Mersenne[5], qui avait été lié avec tous les savants de son temps. Mais le volume le plus curieux était un travail du minime Charles Plumier, célèbre botaniste, qui fit, par ordre de Louis XIV, trois voyages d'herborisation en Amérique. « Ce manuscrit, dit Piganiol, est intitulé *Herbarium vivum*, et con-
« tient une description de toutes les plantes rares que le P. Charles Plumier, qui
« avoit un goût déterminé pour la botanique, avoit vues en différentes fois dans
« plusieurs parties du monde, surtout en Amérique. Rien de plus exact que les
« descriptions que ce Père en donne, ni rien de plus proprement dessiné que les
« figures, qui sont toutes de sa main[6]. » Leprince ajoute que ce travail, soumis à l'impression, eût formé quinze ou seize volumes in-folio[7].

On montrait encore dans cette bibliothèque un tableau fort étrange. Il représentait les portraits de tous les princes contemporains de Louis XIII, et, « par le
« moyen d'un verre, tous ces portraits se réunissoient pour ne présenter que celui
« de ce monarque[8]. »

Nous avons dit que les Minimes durent envoyer, en 1790, à l'Assemblée nationale, un catalogue de leur collection. Ce travail formait trois volumes in-folio[9] que nous n'avons pu retrouver; mais nous possédons un grand nombre de catalogues rédigés antérieurement.

Nous les classerons par ordre chronologique.

[1] *Annales des religieux Minimes de la province de France*, où se trouve en particulier tout ce qui regarde le couvent de la place Roïale, p. 125.

[2] Sauval, *Histoire et recherches des antiquités de la ville de Paris*, t. I, p. 443.

[3] Maichelius, *Introductio ad historiam literariam*, p. 107.

[4] Durey de Noinville, *Dissertation sur les bibliothèques*, p. 53.

[5] Leprince, *Essai historique sur la bibliothèque du Roi*, p. 362.

[6] Piganiol de la Force, *Description historique de Paris*, t. IV, p. 469.

[7] Leprince, *Essai historique sur la bibliothèque du Roi*, p. 362.—En décembre 1767, les Minimes donnèrent cet ouvrage à la bibliothèque du Roi. Voyez le *Journal des Savants* de décembre 1782.

[8] Thiéry, *Guide des amateurs et des étrangers voyageurs à Paris*, t. I, p. 687.

[9] *État des effets mobiliers, argenterie, etc. de la maison des Minimes de Paris*. Archives de l'Empire, série S, carton n° 4295.

Catalogue alphabétique pour la Bibliothèque des RR. PP. Minimes de la place Royale, dont les livres doivent se trouver un jour rassemblez dans un seul vaisseau selon l'ordre que l'on va marquer, et qui se trouvent maintenant dispersez selon le même ordre, sous les titres suivants [1] :

1722.		
DU CÔTÉ DU CLOISTRE.	DU CÔTÉ DE L'INFIRMERIE.	AU-DESSUS DE LA CHAPELLE DE SAINT FRANÇOIS DE PAULE.
A. Biblia.	G. Spirituales.	F. Miscellanea.
B. Concordantiæ.	Γ. Casuistæ.	H. Libri hæretici et prohibiti.
C. Concilia.	Δ. Concionatores.	J. Manuscripta.
D. Doctores Legis.	Φ. Nuntii historici.	K. Particulares.
E. SS. Patres.	M. Historici Hispaniæ.	L. Numismata.
F. Interpretes.	A. Philosophi.	M. Ritualia et statuta synodalia.
H. Theologi.	B. Mathematici.	N. Breviaria et Libri ecclesiastici.
J. Controversistæ.	C. Geographi.	O. Mercures galants.
K. Historici sacri.	D. Medici.	P. Libri politici.
L. Historici Galliæ.	Π. Epistolæ.	Q. Regulæ monasticæ.
N. Historici Angliæ.	E. Dictionaria seu Lexica.	S. Libri particulares.
O. Historici Belgii.	Θ. Bibliothecæ.	* Diverses pièces de musique réduites en pratique.
P. Historici Germaniæ.	W. Funebria elogia.	
Q. Historici Græcorum.	F. Miscellanea.	
R. Historici Romanorum.	G. Humanistæ.	
S. Historici Italiæ.		
T. Historici diversi.		
V. Genealogiæ.		
X. Chronologi.		
Y. Jus canonicum.		
Z. Jus civile.		

Après ce tableau, commence un *Avertissement*, en quatre pages, qui débute ainsi :

Mais pour donner la clef de ce catalogue, notez qu'après avoir remarqué si les volumes sont in-folio, in-4°, in-8°, etc. le chiffre qui précède la lettre marque la classe et répond au chiffre qui se trouve marqué sur le dossier des livres, au-dessus des lettres, et le chiffre qui suit la lettre marque le rang que le volume tient dans la classe. Ainsy veut-on trouver l'*Abrégé historique, chronologique et moral* de M. Macé, on n'a qu'à chercher dans le catalogue : Macé, et l'on trouvera après ce mot : *Abrégé historique, chronologique et moral, etc.* in-4°, 1. K. 50. C'est-à-dire que ce livre est in-4°; le chiffre qui précède la lettre K marque la classe et répond au chiffre qui est sur le dos de ce dit livre au-dessus de cette lettre K. Le chiffre qui suit la lettre, par exemple icy 50, marque le rang que ce volume occupe en cette classe, et répond au chiffre qui s'y trouve sous cette lettre K, de cette manière $\frac{1}{50}$. La trace qui suit le dernier chiffre

---

[1] Bibliothèque Mazarine, manuscrits, n° 3221.

désigne qu'il y a plusieurs volumes de cet autheur, ou qu'il est traité de la même matière dans quelqu'autres volumes suivants.

D'ailleurs, parce que, premièrement, il y a des livres égarez qu'on espère recouvrer, pour cela lorsqu'on ne trouve pas l'auteur que l'on cherche dans la place marquée au Catalogue, il faut avoir recours à l'un des volumes de l'Index qui n'est pas alphabétique et qui sont au nombre de cinq, sçavoir : trois grands pour les grandes Bibliothèques, et deux petits dans la Bibliothèque au-dessus de la chapelle de Saint-François de Paule. Cherche-t-on par exemple la *Discipline de l'Église* par le P. Thomassin, on trouvera dans le second volume de l'Index de la grande Bibliothèque, à la lettre Y à la 4º classe n° 21 : *Ancienne et nouvelle Discipline de l'Église*, par le R. P. Thomassin de l'Oratoire, perdu.

Secondement, parce qu'il y a encore des livres soit dans la chambre de feu le R. P. Dubois, soit à l'apotiquairerie, nous les avons désignez, sçavoir : ceux de la chambre dudit P. Dubois, par un gros point rouge tel que celuy-cy posé vis à vis le nom de l'autheur[1]; et ceux de l'apotiquairerie, par un noir posé de la même manière que le rouge cy-dessus.

Troisièmement, quoique je ne doute pas que souvent je ne me sois mépris, mettant peut estre un chiffre pour un autre, il ne faut cependant pas le supposer si aisément, mais soigneusement feuilleter le volume auquel on sera adressé; car, outre qu'il y a des receüils qui renferment plusieurs autheurs traitants de la même matière, il y a aussy des volumes où l'on trouve des autheurs qui traitent de matières disparates : ainsy Lindanus, qui est un archevêque catholique, se trouve compris dans un volume qui ne présente d'abord qu'un autheur hérétique.

Quatrièmement, parce qu'on trouvera des titres et des noms d'auteurs sans citation, il faut remarquer que ce sont des livres qui sont comme des pierres d'attente, et qui étants à des Religieux qui en ont l'usage, les ont destinez pour la Bibliothèque.

....

Catalogue alphabétique des différents auteurs et pièces différentes qui se trouvent reliez ensemble dans nos Receüils sous différentes lettres. Fait par l'ordre du Révérend Père Provincial en 1725 [2].

Ce catalogue, qui est évidemment de la même main que le précédent, contient, comme lui, un *Avertissement*, en quatre pages, destiné à exposer le plan suivi par l'auteur. Cet *Avertissement* se termine ainsi :

Je ne doute pas qu'il ne se trouve quelque pièce mal indiquée, car, outre que j'ai l'expérience que mon copiste n'a pas toujours été fidel, j'ai aussi éprouvé que quelques fois j'ai écrit sur mon brouillon le chiffre d'une pièce pour celui d'une autre, et cela par méprise, de même que j'ai pû marquer sur ce brouillon un autre chiffre que celui que j'avois lû au commencement de la pièce que je voulois indiquer, vérifiant ainsi ce vieux proverbe :

Aliquando bonus dormitat Homerus.

Je prévois aussi qu'on trouvera mauvais que je ne me suis pas mis en peine d'énoncer des pièces en termes propres et en bon françois, usant même de propositions imparfaittes; mais qu'on se souvienne que je l'ai fait pour épargner le tems et le papier, qu'ainsi j'aurois souhaité indiquer chaque pièce par une seule ligne d'écriture, comme je l'ai fait pour l'ordinaire.....

---

[1] Un point rouge figure en cet endroit sur le manuscrit. — [2] Biblioth. Mazarine, manuscrits, n° 3221 A.

Si dans la suite quelques-uns des nôtres ont le courage de renouveller ce Cathalogue, ils auront l'avantage qu'ont tous ceux qui font réimprimer leurs ouvrages, c'est-à-dire de les rendre d'autant plus parfaits qu'on aura eu plus de soin de leur en faire remarquer les fautes. Pour moi, si j'ai le chagrin que le mien ne soit point correct, j'ai la consolation de l'avoir fait à peu de frais, puisque, m'étant servy pour faire mes brouillons de plusieurs Catalogues abandonnés et destinés à vendre aux beurrières, il n'a couté à la Maison que cinq ou six mains de papier, et la peine de ceux qui l'ont composé ou écrit; et plût à Dieu que j'en eusse emploié davantage, en laissant une plus grande distance entre chaque titre, il seroit d'un usage sinon plus long, au moins plus étendu. Mais quoi, il est de ces Catalogues alphabétiques comme des plus beaux édifices, dont on ne reconnoit les défauts que quand il n'est plus tems d'y remédier.

Index generalissimus omnium librorum Bibliothecæ conventus Patrum Minimorum Parisiensium. De mandato superiorum. Anno Domini M. D. CC. XXX [1].

Ce catalogue est rédigé par ordre de matières.

Index generalissimus omnium librorum Bibliothecæ conventus Patrum Minimorum Parisiensium. Tomus 3, continens... librorum capita quæ in pagina sequenti indicantur. De mandato superiorum. Anno Domini M. D. CC. LXXVI [2].

On lit à la fin ces curieuses annotations, toutes autographes :

Novum hunc indicem optimo ordine dispositum et præ se ferentem exactam musæi notitiam approbamus; insuper librorum ordinem et munditiem læti videmus, visitantes hac luce 26° Augusti 1777.

Fr. Nicolaus Dannel, provincialis.
Fr. Joannes Josephus Charpentier, collega.
Fr. Petrus Jos. Jooretz, collega.

Descriptorum in tribus Indicis tomis librorum nitori et ordini nihil addendum esse visum est nobis visitantibus hac die 20° Augusti 1778.

Fr. Franciscus Hubert, provincialis.
Fr. Ogerius Pourbaix, collega.
Fr. Ludovicus Antonius Sidoux, collega.
Fr. Joannes Dionysius Denis, collega.

Musæi curam et ordinem approbantes, nitorem et munditiam non actualem sed futuram multum laudavimus, visitantes hac luce 12° Julii 1780.

Fr. Franciscus Hubert, provincialis.
Fr. Ogerius Pourbaix, collega.
Fr. Ludovicus Antonius Sidoux, collega.
Fr. Jacobus Gallois, collega.

---

[1] Bibliothèque de l'Arsenal, manuscrits in-folio, n° 846. — [2] Bibliothèque Mazarine, manuscrits, n° 3209.

Musæum lustravimus, curam et ordinem probavimus, sed novam in novis libris dispositionem desideravimus, visitantes hac mensis Augusti 31ª luce.

> Fr. NICOLAUS DANNEL, provincialis.
> Fr. JOANNES JOSEPHUS CHARPENTIER, collega.
> Fr. PIERRE JACQUES COUSIN, collègue.
> Fr. JOANNES STEPHANUS DURAND, collega.

Bibliothecam visitantes curam et ordinem probavimus, in quorum fidem subscripsimus hac luce 30ª Augusti 1782.

> Fr. NICOLAUS DANNEL, provincialis.
> Fr. JOANNES JOSEPHUS CHARPENTIER, collega.
> Fr. JOANNES STEPHANUS DURAND, collega.
> Fr. PIERRE JACQUES COUSIN, collègue.

Musæum visitantes custodis diligentiam laudavimus hac luce Augusti nona anno 1783.

> Fr. NICOLAUS DANNEL, provincialis.
> Fr. JOANNES JOSEPHUS CHARPENTIER, collega.
> Fr. PETRUS JACOBUS COUSIN, collega.
> Fr. JOANNES STEPHANUS DURAND, collega.

Musæum visitantes ordinem desideratum non invenimus ob jacturam librorum anno superiori patefactam. Hortamur venerabiles patres qui Bibliothecis præsunt ut omnem curam, laborem et diligentiam impendant pro exacta librorum dispositione. Mandamus ut libri quos norunt apud sæculares et extraneos reperiri quam citius fieri poterit referantur, et si in posterum necessarium judicetur ad tempus sæcularibus libros commodari, id non fiat sine eorum scripto quod conventus superiori exhiberi debebit. Hac luce 31 Augusti 1786.

> Fr. OGERIUS POURBAIX, provincialis.
> Fr. PETRUS JOSEPHUS JOORETZ, collega.

Musæum visitantes non invenimus libros perditos sed solum paucos. Hortamur iterum qui præsunt ut curam impendant pro librorum dispositione. Hac luce octava Septembris 1786.

> Fr. OGERIUS POURBAIX, provincialis.
> Fr. NICOLAUS ELIAS MARICHAL, collega.

Bibliothecas lustravimus, illas invenimus ut in præcedentibus annis. De deperditis libris nondum repertis doluimus. Cæteros servari et ordinari mandavimus, visitantes hacce mensis Septembris septima die anni 1787.

> Fr. NICOLAUS DANNEL, provincialis.
> Fr. JOANNES JOSEPHUS CHARPENTIER, collega.
> Fr. JOANNES STEPHANUS DURAND, collega.
> Fr. PETRUS HUBERTUS THÉRY, collega.

Citons encore :

Un catalogue des ouvrages liturgiques conservés dans la bibliothèque des Minimes [1], un feuillet et un petit cahier ;

Un catalogue alphabétique, sans titre, mais sur lequel on lit : *Catalogue des Minimes* [2] ;

Un catalogue méthodique, sans titre ; le premier feuillet porte ces mots : « Des « Minimes de Paris [3]. »

Les Minimes n'eurent d'abord d'autre marque distinctive pour leurs volumes que des inscriptions manuscrites. Voici celles qui se rencontrent le plus fréquemment :

EX CONVENTU PARISIENSI PATRUM MINIMORUM.

DE PARISIENSI MINIMORUM COENOBIO.

DE CONVENTU PARISIENSI SANCTI FRANCISCI DE PAULA.

EX CONVENTU MINIMORUM PARISIENSIUM.

EX BIBLIOTHECA MINIMORUM PLATEÆ REGALIS.

EX BIBLIOTHECA CONVENTUS PARISIENSIS PP. MINIMORUM AD PLATEAM REGIAM.

DE LA BIBLIOTHÈQUE DES MINIMES DE LA PLACE ROYALLE DE PARIS.

DE LA LIBRAIRIE DES MINIMES DE PARIS.

AUX MINIMES DE PARIS.

Les Minimes ne possédèrent jamais d'estampille : on ne trouve dans l'intérieur de leurs volumes que des inscriptions ; mais presque toutes portent une marque frappée en or sur les plats. Celle que nous croyons la plus ancienne n'est guère encore qu'une inscription :

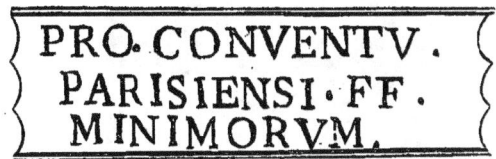

Bientôt après apparaît une marque assez élégante, un soleil surmonté de la

---

[1] Bibliothèque impériale, manuscrits, fonds latin, n° 16818, autrefois fonds de Saint-Magloire, n° 94, p. 44 à 48.

[2] Bibliothèque Mazarine, manuscrits in-4°, n° 3157.

[3] Bibliothèque Mazarine, manuscrits n° 3199.

couronne de France, et portant au centre le mot *Charitas,* puis en exergue : « Conventus Parisiensis Minimorum. »

C'est la marque des in-folio.

Sur les in-quarto, l'exergue seul est modifié; on y lit : « Minimes de Paris. »

La marque des in-octavo est plus simple,

et ressemble beaucoup au petit fer qui était frappé sur le dos des volumes :

L'église des Minimes fut démolie en 1798, et sur son emplacement on a prolongé la rue de la Chaussée-des-Minimes. Les autres bâtiments du monastère ont été convertis en caserne de gendarmerie.

Fac-simile héliographique. — Plan de Lacaille (1714).

ORATOIRE.

Le 11 novembre 1611, six prêtres instruits et pieux louèrent dans le faubourg Saint-Jacques une maison située sur l'emplacement qu'occupe aujourd'hui le Val-de-Grâce, et s'y établirent[1]. M. de Bérulle était à leur tête. Tels furent les commencements de la célèbre congrégation de l'Oratoire, où, suivant les expressions de Bossuet, « on obéissoit sans dépendre, et on gouvernoit sans commander[2]. »

Cinq ans après, M. de Bérulle acquit, dans la rue Saint-Honoré, près du Louvre, l'hôtel du Bouchage, fameux déjà pour avoir servi d'habitation à Gabrielle d'Estrées et de théâtre à l'attentat de Jean Chastel[3]. Il y fit ajouter une chapelle, à la construction de laquelle il s'employa de ses mains[4]; mais elle devint bientôt trop étroite pour la foule qui s'y pressait, et, le 22 septembre 1621, fut posée la première pierre de l'église qui existe aujourd'hui.

Une congrégation dont tous les membres se vouaient au travail de la pensée devait se constituer rapidement une bibliothèque. On y songea, en effet, dès le début[5]. Le premier fonds fut fourni par M. de Bérulle, qui possédait quelques volumes de controverse[6], et avait apporté d'Espagne un certain nombre d'ou-

---

[1] *Gallia christiana*, t. VII, col. 976 et 979. — Cl. Malingre, *Antiquités de Paris*, p. 777.

[2] Bossuet, *Oraison funèbre du P. Bourgoing*.

[3] A. Berty, *Topographie historique du vieux Paris*, t. I, p. 29.

[4] Lerouge, *Curiosités de Paris*, t. I, p. 156.

[5] Maichelius, *Introductio ad historiam literariam*, p. 100.

[6] Leprince, *Essai historique sur la bibliothèque du Roi*, p. 355.

338   LES ANCIENNES BIBLIOTHÈQUES DE PARIS.

vrages très-rares en France [1]. Les religieux contribuèrent ensuite « tous » à augmenter cette petite collection [2].

Chaque Père du sien y met abondamment,

dit Michel de Marolles [3].

Mais cette bibliothèque fut enrichie surtout par Achille de Harlay, baron de Sancy, qui, ambassadeur à Constantinople pendant dix ans, avait mis ce long séjour à profit pour réunir une magnifique collection de manuscrits orientaux. Rappelé en France à la suite de quelques intrigues, Harlay se fit oratorien et donna tous ses livres à la congrégation [4]. Sur beaucoup d'entre eux on rencontre l'inscription suivante :

qui est signée HENRY, bien qu'aucun recueil biographique n'attribue ce prénom à notre diplomate désillusionné. Le catalogue de ses manuscrits fut dressé par le savant Richard Simon, qui avait été mandé à Paris dans ce but [5].

L'établissement posséda bientôt plus de six mille volumes [6], auxquels le P. Ch. Lecointe, « doctor plane clarus [7], » qui resta vingt ans bibliothécaire, ajouta un grand nombre de bons livres d'histoire [8]; ceux-ci portent en général son nom, soit en latin, soit en français, et parfois même ces mots : « Ex dono R^{di} Patris Carolus « Le Cointe. »

---

[1] Piganiol de la Force, *Description historique de Paris*, t. II, p. 297.

[2] L. Jacob, *Traicté des plus belles bibliothèques*, p. 550.

[3] Michel de Marolles, *Paris ou description succincte et néantmoins assez ample de cette grande ville*, p. 46.

[4] Legallois, *Traitté des plus belles bibliothèques de l'Europe*, p. 135. — Thiéry, *Guide des amateurs et des étrangers voyageurs à Paris*, t. I, p. 325. — Antonini, *Mémorial de Paris et de ses environs*, t. I, p. 203.

[5] *Nouvelle biographie générale*, t. XLIV, col. 8.

[6] L. Jacob, *Traicté des plus belles bibliothèques* (1644), p. 550.

[7] Legendre, *Vita Harlæi*, p. 295.

[8] Maichelius, *Introductio ad historiam literariam*, p. 101.

ORATOIRE.

De nombreuses donations[1], dues surtout à des religieux de l'ordre[2], élevèrent assez rapidement à vingt-deux mille le chiffre des volumes réunis dans cette bibliothèque[3]. Il est d'ailleurs impossible de déterminer l'importance de ces libéralités, qui émanèrent de personnages très-peu connus, et nous sont révélées seulement par des inscriptions trouvées sur des volumes provenant du couvent. Les plus considérables paraissent avoir été faites par un chanoine de Notre-Dame nommé Payen de Montmor, et par le R. P. Dav. Ans. de Bardonenche. On voulut en conserver le souvenir, et une inscription imprimée fut ajoutée à chacun des volumes donnés par eux.

La première inscription est ainsi disposée :

```
EX DONO
Venerabilis Viri D. D.
Joannis - Baptistæ Mat-
thæi PAYEN de Montmor
Ecclesiæ Parisiensis Ca-
nonici.
```

La seconde se compose seulement de deux lignes :

```
Oratorii Parisiensis catalogo inscriptus,
ex dono. R. P. Dav. Ans. DE BARDONENCHE.
```

Citons encore le nom d'un Sr de Bessery, et la note suivante écrite à la main sur le feuillet de garde d'un manuscrit du xive siècle, en vélin :

« Ce manuscrit qui contient les Pseaumes en langage lorrain a esté donné
« à la Bibliothèque de l'Oratoire par Mr Nicolas, advocat au Parlement de
« Metz[4]. »

La bibliothèque de l'Oratoire fut placée de bonne heure sous la direction d'un des plus savants historiens qu'ait eus la France. En 1699, le P. Lelong fut nommé bibliothécaire, fonction qu'il remplit pendant vingt-deux ans[5], « lui consacrant

---

[1] Leprince, *Essai historique sur la bibliothèque du Roi*, p. 355.

[2] *Déclaration que donne à la municipalité de la ville de Paris le procureur général de la congrégation de l'Oratoire.* Archives de l'Empire, série S, carton n° 6749.

[3] G. Brice, *Nouvelle description de Paris*, t. I,
p. 221. — Piganiol de la Force, *Description historique de Paris*, t. II, p. 297.

[4] Bibliothèque Mazarine, manuscrits, cote T 798.

[5] *Abrégé de la vie du P. Lelong*, p. xxiv ; en tête de la *Bibliothèque historique de la France*, de Lelong et Fontette, édition de 1768.

« avec une assiduité remarquable la meilleure part de toutes ses journées [1]. » Il eut pour successeur le P. Desmolets, compilateur infatigable, qui ne se montra pas moins dévoué, et commença un volumineux catalogue de la collection. Grâce à ces soins, la bibliothèque, qui comptait vingt-quatre mille volumes en 1727 [2], et vingt-cinq mille en 1749 [3], jouissait déjà, en 1751, d'une réputation méritée [4] et attirait les regards des savants, auxquels d'ailleurs elle communiquait assez volontiers ses richesses [5].

L'histoire de cette bibliothèque, comme celle de la congrégation qui la possédait, est dépourvue d'événements; la première se résume dans les noms des différents bibliothécaires, et dans le chiffre toujours croissant des volumes dont ils avaient la garde. On y comptait trente mille volumes en 1782 [6], bien que le revenu annuel consacré à la collection ne fût encore que de 500 francs, après avoir été longtemps de 50 écus seulement [7].

Le P. J.-F. Adry fut le dernier bibliothécaire de cette Maison; il avait eu pour prédécesseurs :

Ch. LECOINTE.
Gérard DUBOIS.
Sébast. RAINSSANT.
Jacques LELONG.
P.-N. DESMOLETS.
JANNART.

Suivant Thiéry [8], la bibliothèque eût possédé au moment de la Révolution quarante-deux mille volumes; mais ce chiffre est certainement exagéré. Aux termes de la *Déclaration* faite en 1790 par les religieux à la municipalité de Paris, on y comptait seulement trente-sept mille sept cent cinquante volumes ainsi divisés :

In-folio.	5,712
In-quarto.	8,308
In-octavo.	7,859
In-douze.	14,291
Manuscrits.	1,580

[1] B. Hauréau, dans la *Nouvelle biographie générale*, t. XXX, col. 541.
[2] J.-C. Némeitz, *Le séjour de Paris, ou instructions curieuses*, etc. t. I, p. 263.
[3] Antonini, *Mémorial de Paris et de ses environs*, t. I, p. 203.
[4] Diderot, d'Alembert, *Encyclopédie*, t. II, p. 227.
[5] Durey de Noinville, *Dissertation sur les bibliothèques*, p. 49.

[6] Leprince, *Essai historique sur la bibliothèque du Roi*, p. 355.
[7] *Déclaration que donne à la municipalité de la ville de Paris le procureur général de la congrégation de l'Oratoire*. Archives de l'Empire, série S, carton n° 6749.
[8] *Guide des amateurs et des étrangers voyageurs à Paris*, t. I, p. 325.

Parmi ces derniers, trois cents étaient écrits en langues orientales et provenaient de Harlay de Sancy[1].

La salle qui renfermait cette bibliothèque était petite et très-simplement décorée[2]. On y voyait un beau Christ en ivoire, deux portraits, celui de Mallebranche et celui de Harlay de Sancy, et le buste en marbre du P. Delatour, un des généraux de l'ordre[3].

La collection était d'ailleurs «l'une des plus curieuses[4]» et «l'une des mieux «choisies de Paris[5].» Elle avait peu d'anciennes éditions[6]; mais en revanche, par suite de la donation de Harlay, «elle excelloit en langues orientales[7],» et possédait une admirable série de manuscrits hébreux, syriaques, arabes et persans[8]. On y remarquait surtout un précieux exemplaire des œuvres de saint Éphrem; un Pentateuque samaritain, qui avait été acheté à Damas par Pietro della Valle, et que le cardinal de Bérulle fit insérer dans la Bible polyglotte de Lejay; plusieurs Bibles hébraïques; «une chaîne sur Job et une autre sur l'évan- «géliste saint Jean, écrites en grands caractères grecs liés ensemble comme des «caractères arabes[9].»

Nous avons retrouvé un grand nombre des anciens catalogues de la collection de l'Oratoire.

Celui qui paraît le plus ancien est aujourd'hui conservé à la Bibliothèque impériale. On lit sur le dos : *Catalogus P. Le Long*, et sur la première page *Bibliothecæ Oratorianæ catalogus;* c'est un véritable inventaire par armoires et par rayons[10].

Le catalogue suivant a, selon toute apparence, été dressé aussi par le P. Lelong. Il est intitulé : *Bibliotheca Oratoriana, seu catalogus librorum Domus Parisiensis Oratorii Domini Nostri Jesu Christi, nova et expedita methodo dispositus, opera et studio R. P. ejusdem Domus sacerdotis, 1698;* les livres y sont classés par ordre de matières et forment un volume in-folio[11].

Le P. Desmolets a rédigé aussi plusieurs catalogues qui sont aujourd'hui disséminés dans les différentes bibliothèques de Paris.

---

[1] *Déclaration que donne à la municipalité de la ville de Paris, etc.* Archives de l'Empire, série S, carton n° 6749.

[2] J.-C. Némeitz, *Le séjour de Paris, ou instructions curieuses, etc.* t. I, p. 263.

[3] Thiéry, *Guide des amateurs et des étrangers*, t. I, p. 325.

[4] G. Brice, *Nouvelle description de Paris*, t. I, p. 224.

[5] J.-C. Némeitz, *Le séjour de Paris*, etc. t. Ier, p. 263.

[6] Durey de Noinville, *Dissertation sur les bibliothèques*, p. 52.

[7] Sauval, *Histoire et recherches des antiquités de la ville de Paris*, t. III, p. 52.

[8] Maichelius, *Introductio ad historiam literariam*, p. 101.

[9] Piganiol de la Force, *Description historique de Paris*, t. II, p. 297.

[10] Bibliothèque impériale, manuscrits, fonds latin, n° 17170, autrefois fonds de l'Oratoire, n° 273³.

[11] Bibliothèque impériale, manuscrits, fonds latin, n° 17169, autrefois fonds de l'Oratoire, n° 273².

Le premier a pour titre : *Catalogus librorum in quarto bibliothecæ Oratorianæ, a R. P. Petro Nicolas Des Molets cœptus, ab ejus successore absolutus;* c'est un volume in-folio divisé par ordre de matières. On trouve dans le même volume : *Bibliotheca Oratoriana domus Parisiensis. Pars prima, libri in folio*, puis à la fin : «Explicit catalogus bibliothecæ Oratorianæ, Deo favente, absolutus die «7ᵃ 7ᵇʳⁱˢ 1763 [1].»

La bibliothèque de l'Arsenal possède un autre catalogue en douze volumes in-folio, sur le premier feuillet duquel on lit : *Autorum Bibliothecæ Oratorianæ Parisiensis notitia alphabetica*. Ce premier volume a été fini en *1767*. Le douzième volume est plus mince et semble un brouillon; son premier feuillet porte, d'un côté, cette indication: *Catalogus librorum 8° bibliothecæ Oratorii D. N. J. C. ordinante P. Nicolas des Molets; partim ipse descripsit, partim ejus adjutores;* de l'autre côté, une mention semblable, mais pour les in-12 [2].

A la bibliothèque Mazarine, on trouve deux volumes in-folio dépareillés qui ont pour titre : *Bibliotheca Oratoriana Domus Parisiensis, pars quarta, libri in duodecimo* [3].

On conserve encore à la bibliothèque de l'Arsenal un magnifique catalogue de l'Oratoire, en neuf volumes in-folio. Il est dressé par ordre de matières et par formats, et a pour titre : *Bibliotheca Oratoriana Domus Parisiensis* [4].

Enfin Montfaucon a publié l'*Excerpta ex catalogo manuscriptorum R. R. Patrum Oratorii, in vico S. Honorati Lutetiæ Parisiorum, qui catalogus a R. P. D. des Molets eruditis notis illustratus est* [5].

Les inscriptions manuscrites sont très-fréquentes sur les livres qui proviennent de la bibliothèque de l'Oratoire, mais elles sont presque toujours conçues en ces termes :

ORATORII PARISIENSIS CATALOGO INSCRIPTUS,

ou

ORATORII PARISIENSIS AD LUPARAM,

et suivies d'une date.

La congrégation de l'Oratoire ne possédait pas d'estampille; mais on trouve assez fréquemment, frappés en or, soit sur les plats des volumes, soit sur le dos

---

[1] Bibliothèque impériale, manuscrits, fonds latin n° 17168, autrefois fonds de l'Oratoire, n° 273.
[2] Bibliothèque de l'Arsenal, manuscrits in-folio, n° 851.
[3] Bibl. Mazarine, manuscrits, n° 3141 et 3142.
[4] Bibliothèque de l'Arsenal, manuscrits, sans numéro d'ordre.
[5] B. de Montfaucon, *Bibliotheca bibliothecarum*, t. II, p. 1403.

entre chaque nerf, les mots Jesus Maria superposés au milieu d'une couronne d'épines.

Nous avons rencontré sur les plats d'un très-petit nombre de volumes cette inscription frappée en or :

EX BIBLIOTHECA ORATORII PARISIENSIS.

La congrégation de l'Oratoire fut supprimée en 1791. L'église, après avoir servi pendant la Révolution aux assemblées du district et de la section du quartier, fut concédée aux protestants, qui y célèbrent encore aujourd'hui leur culte. Le reste des bâtiments fut occupé par diverses administrations publiques, notamment par la caisse d'amortissement. L'église seule a échappé aux démolitions entreprises pour le prolongement de la rue de Rivoli.

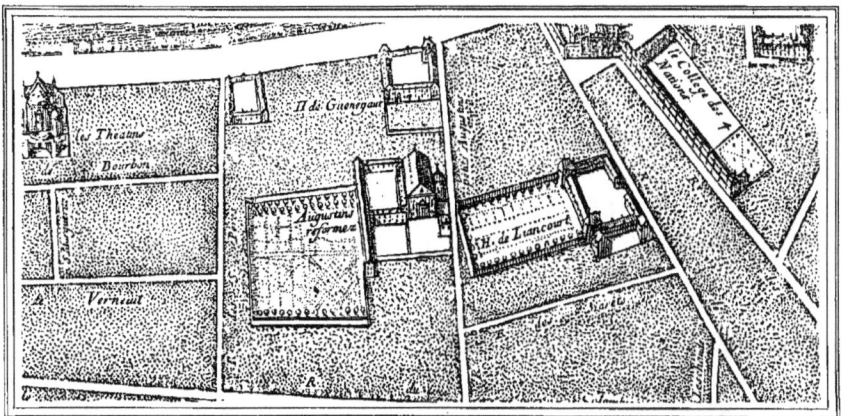

Fac-similé héliographique.   Plan de Jouvin de Rochefort (1690).

PETITS-AUGUSTINS.

Le couvent des Petits-Augustins était situé sur l'emplacement qu'occupe aujourd'hui le palais des Beaux-Arts, et l'entrée se trouvait dans la rue qui porte aujourd'hui le nom de rue Bonaparte [1]. Ces religieux furent appelés à Paris en 1612 par Marguerite de Valois, première femme de Henri IV; elle leur assura six mille livres de rentes [2], et les installa près de son propre hôtel, dans les bâtiments que les Augustins déchaussés venaient de quitter [3]. Marguerite promit à ses nouveaux protégés de leur faire élever un vaste couvent, mais elle mourut trois ans après, sans avoir eu le temps de réaliser cette pensée.

Les Augustins, subitement abandonnés de leur bienfaitrice, entreprirent des quêtes de tous côtés; ils s'adressèrent même à Anne d'Autriche, qui vint à leur secours et, le 15 mai 1617, posa la première pierre de leur église [4]. Le cloître et les autres bâtiments purent être terminés avec le produit de nombreuses aumônes.

Moins de trente ans après, ces religieux possédaient une bibliothèque de quatre mille volumes [5], dont une partie avait été achetée sur leurs propres épargnes [6]. Ce nombre doubla en un siècle [7]. Dans l'intervalle, le couvent avait

---

[1] C'était primitivement la rue de la Petite-Seine; elle devint ensuite, en 1664, rue des Petits-Augustins, et n'a pris son nouveau nom qu'en 1852.

[2] Cl. Malingre, *Théâtre des antiquités de Paris*, p. 376.

[3] Voyez ci-dessus, p. 301.

[4] Piganiol de la Force, *Description historique de Paris*, t. VIII, p. 246.

[5] L. Jacob, *Traicté des plus belles bibl.* p. 499.

[6] Leprince, *Essai historique sur la bibliothèque du Roi*, p. 360.

[7] Piganiol de la Force, *Description historique de Paris*, t. VIII, p. 262.

reçu deux donations assez considérables. Gilbert Mauguin, président à la cour des Monnaies, lui légua, en 1674, toute sa bibliothèque, composée de huit cent trente-cinq volumes, parmi lesquels se trouvait le manuscrit de son ouvrage intitulé *Vindiciæ prædestinationis et gratiæ*, qui est aujourd'hui très-recherché [1]. Plus tard, le casuiste Jean Pontas, docteur en droit, sous-pénitencier de Notre-Dame, et depuis longtemps fort attaché aux Augustins, leur laissa en mourant (27 avril 1728) deux cent cinquante volumes bien choisis. Les religieux reconnaissants consentirent à l'enterrer dans leur église, et gravèrent sur sa tombe une épitaphe d'assez mauvais goût, où il est qualifié de « vir pudore virgineo, sancta gravi-« tate, etc. » Son portrait fut mis dans la bibliothèque [2], et une inscription placée dans le cloître consacra encore le souvenir de ses libéralités :

> Illi claustra debent de saxo nitorem.
> Fornicem chorus. Frons aræ fulgorem.
> Hunc Bibliotheca laudat munificum [3].

La collection des Petits-Augustins eut, avant le xviiie siècle, deux catalogues qui furent représentés, le 9 février 1790, à la municipalité de Paris par le prieur François Roblain [4]. Le premier est conservé aujourd'hui à la bibliothèque de l'Arsenal. C'est un volume grand in-folio qui a pour titre : *Catalogus librorum majoris bibliothecæ Augustinianorum reginæ Margaritæ, cum notis criticis identidem adjunctis* [5]. Le second, que nous n'avons pu retrouver, était intitulé *Catalogus librorum minoris bibliothecæ*, et se composait de 592 pages.

Le local qui renfermait cette bibliothèque avait été augmenté au fur et à mesure des accroissements qu'elle avait pris. Elle se trouvait donc dispersée dans plusieurs pièces qui n'étaient pas même contiguës entre elles [6] ; de là ces expressions de « major bibliotheca, » et de « minor bibliotheca » qui figurent dans les

---

[1] Gilbert Mauguin fut un des hommes les plus estimés de son temps. Bien que président à la cour des Monnaies, il approfondit les questions d'histoire ecclésiastique qui alors passionnaient les esprits, « et devint aussi savant en théologie que les « docteurs qui l'enseignoient. » Animé d'un égal amour pour les livres et pour le jansénisme, il avait rassemblé dans sa maison de la rue de Seine une bibliothèque choisie avec un soin extrême. A sa mort, il légua la plus grande partie de ses biens à l'Hôpital général.

Sur la bibliothèque de G. Mauguin, voyez : L. Cousin, dans le *Journal des Savants*, numéro d'avril 1696 ; — Piganiol de la Force, *Description historique de Paris*, t. VII, p. 83, et t. VIII, p. 262 ; — Leprince, *Essai historique sur la bi-*

bliothèque du Roi, p. 360. — Ladvocat, *Dictionnaire historique*, t. II, p. 213.

[2] *État des peintures et sculptures de la Maison des Augustins de la reine Marguerite*. Archives de l'Empire, série S, carton n° 3641.

[3] Piganiol de la Force, *Description historique de Paris*, t. VIII, p. 255 et 258.

[4] Archives de l'Empire, série S, carton n° 3641. — La note suivante est jointe à sa déclaration : « Je reconnois que M. Racle m'a remis le catalogue « en deux volumes in-folio de la bibliothèque des « Augustins de la reine Marguerite. — Ameilhon. »

[5] Bibliothèque de l'Arsenal, manuscrits in-folio, n° 839 H.

[6] Thiéry, *Guide des amateurs et des étrangers*, t. II, p. 505.

titres que nous venons de reproduire. On lit au reste dans l'*Avertissement* qui précède le premier catalogue :

« Comme nous n'avons pas de vaisseau assez grand pour y placer tous nos
« livres, et que depuis plusieurs années nous sommes forcés d'en mettre un grand
« nombre ailleurs que dans cette bibliothèque, il nous a paru plus convenable
« d'avoir deux catalogues, l'un pour la grande bibliothèque, l'autre pour la petite
« ou pour celle des petits livres. Par là nous évitons l'inconvénient de transporter
« souvent un registre immense d'une bibliothèque à l'autre, et nous avons l'avan-
« tage de conserver plus longtemps nos catalogues, dont le changement cause
« beaucoup de dépenses et d'embarras. »

Le Provincial des Augustins faisait tous les deux ou trois ans l'inspection de la bibliothèque du couvent. Ce n'était pas une simple formalité. La date de ces visites, ainsi que les observations auxquelles elles donnaient lieu, étaient mentionnées à la fin du catalogue que nous avons décrit. On y trouve quelques détails curieux. La première visite est du 29 avril 1772; on avait vendu, trois ans auparavant, des livres réputés doubles ou inutiles, et ils avaient rapporté une somme de 483 liv. 5 sols, qui d'ailleurs avait trouvé son emploi dans la bibliothèque. Le Provincial interdit formellement pour l'avenir ces sortes d'opérations. Le bibliothécaire était alors le P. Gachet. De 1772 au 26 juillet 1774, la collection s'augmenta seulement de quatre-vingt-six volumes; mais, en 1777, le P. Cantrelle, ancien bibliothécaire, laissa au couvent tous ses livres, qui se composaient de trois cent quatre-vingts volumes reliés. On commença vers cette époque à prêter des ouvrages hors de la bibliothèque, et dès 1782 on constata l'absence de deux cent seize volumes. Le Provincial fut fort mécontent et ordonna la création d'un registre spécial pour inscrire les volumes qui sortiraient de la salle. Enfin, le 23 août 1788, le Provincial formulait ainsi un blâme encore plus sévère : « Nous avons trouvé un grand nombre de livres qui ne sont
« ni inscrits, ni étiquetés, ni classés, ce qui ne fait pas d'honneur au Père bi-
« bliothécaire [1]. »

Il est assez difficile d'indiquer exactement le développement que prit cette collection. Leprince, qui écrivait en 1780, lui accorde douze mille volumes [2], tandis que Thiéry, dans son *Guide* de 1787, imprime le chiffre de vingt mille volumes [3], et nous ne connaissons, entre ces deux dates, aucun événement qui ait pu donner une pareille extension à cette bibliothèque. On lit dans le procès-verbal officiel de visite qui fut dressé en 1790 :

Nous leur avons demandé (aux religieux) de nous conduire à la bibliothèque, où étants nous avons reconnu qu'elle pouvoit être composée, ainsi qu'il est porté en la susditte déclaration,

---

[1] Biblioth. de l'Arsenal, ms. in-folio, n° 839 H.
[2] Leprince, *Essai historique sur la bibliothèque du Roi*, p. 360.
[3] Thiéry, *Guide des amateurs et des étrangers*, t. II, p. 505.

d'environ dix mille volumes, presque tous d'anciennes éditions, et qui nous ont paru de peu de conséquence, ainsi que les manuscrits; pour quoi nous avons jugé pouvoir nous en rapporter audit état, et ne pas devoir en faire ici un détail particulier[1].

Lors du transport dans les dépôts littéraires, on constata la présence de dix mille trois cent dix-huit imprimés et deux cent huit manuscrits[2]. Les religieux avaient déclaré « environ 10,000 volumes imprimés et 185 manuscrits, » en ces termes :

1,761 volumes in-folio.	25 manuscrits in-folio.
1,930 ———— in-quarto.	110 ———— in-quarto.
1,984 ———— in-octavo.	23 ———— in-octavo.
3,051 ———— in-douze.	27 ———— in-seize.
1,089 ———— in-seize.	

NOTA. Le Père bibliothécaire a fait observer que, dez 1785, il se trouvoit 152 volumes d'égarés du nombre ci-dessus, qu'on n'a encore pu recouvrer[3].

On citait surtout, parmi les raretés que renfermait cette bibliothèque, deux volumes chinois imprimés sur soie et un exemplaire du catéchisme qui était distribué en Chine par les missionnaires jésuites; un livre de prières arabes manuscrites, pris, dit-on, sur un Turc à la bataille de Belgrade[4]. On voyait dans le chœur de l'église quatorze gros volumes de chant sacré qui avaient été écrits et enluminés par un religieux augustin nommé Antoine Trochereau. Cet immense travail était regardé comme un chef-d'œuvre; on admirait à la fois la netteté et la beauté de l'écriture, le goût et la délicatesse des miniatures[5]. Dans une des salles de la bibliothèque se trouvait un médaillier qu'avait donné au couvent l'électeur de Bavière, et qui contenait, en pièces d'un métal particulier alors appelé métal d'Angleterre, la série de tous les papes depuis saint Pierre jusqu'à Clément XII[6].

Le dernier bibliothécaire des Petits-Augustins fut le R. P. Courier, qui était en fonctions depuis l'année 1785[7].

On ne trouve aucune trace d'estampille sur les livres qui ont appartenu au

---

[1] *Procès-verbal de visite du couvent des Augustins de la reine Marguerite.* Archives de l'Empire, série S, carton n° 3641.

[2] *Recensement détaillé par formats des livres des bibliothèques du département de Paris.* Archives de l'Empire, série M, carton n° 797.

[3] *Déclaration de tous les biens dépendants du couvent des Augustins du fauxbourg Saint-Germain, dits de la reine Marguerite.* Archives de l'Empire, série S, carton n° 3641.

[4] Thiéry, *Guide des amateurs et des étrangers*, t. II, p. 505.

[5] Leprince, *Essai historique sur la bibliothèque du Roi*, p. 360.

[6] Piganiol de la Force, *Description historique de Paris*, t. VIII, p. 263.

[7] *Catalogus librorum majoris bibliothecæ Augustinianorum reginæ Margaritæ*, etc. Bibliothèque de l'Arsenal, manuscrits in-folio, n° 839 H.

couvent des Petits-Augustins; mais presque tous les volumes portent, au milieu du titre, une inscription manuscrite qui varia à différentes époques. Voici les formules le plus souvent employées :

POUR LES AUGUSTINS RÉFORMEZ DU FAUBOURG SAINCT GERMAIN DES PREZ À PARIS.

DE LA BIBLIOTHÈQUE DES AUGUSTINS RÉFORMEZ DU FAUXBOURG SAINT GERMAIN DE PARIS, DITS DE LA REYNE MARGUERITE.

BIBLIOTHECÆ CONVENTUS PARISIENSIS FRATRUM EREMITARUM ORDINIS SANCTI AUGUSTINI, VULGO REGINÆ MARGARITÆ VALESIÆ NUNCUPATORUM, IN SUBURBIO SANCTI GERMANI.

EX BIBLIOTHECA PATRUM AUGUSTINIANORUM MINORIS CONVENTUS PARISIENSIS IN SUBURBIIS SANCTI GERMANI.

EX BIBLIOTECA PATRUM AUGUSTINIENSIUM CONVENTUS SANCTI NICOLAI[1] *IN SUBURBIIS SANCTI GERMANI PARISIORUM.*

AUX AUGUSTINS DU QUARTIER SAINT GERMAIN.

Le couvent des Petits-Augustins fut fermé en 1790. On y installa l'année suivante le Musée des monuments français, où furent réunis tous les objets d'art provenant des églises et des maisons ecclésiastiques supprimées. Les bâtiments furent démolis en 1820 et firent place aux élégantes constructions de l'École des Beaux-Arts; on conserva seulement le vaisseau de l'église, contre laquelle fut appliquée la façade du château d'Anet.

---

[1] L'église des Petits-Augustins était dédiée à saint Nicolas de Tolentin.

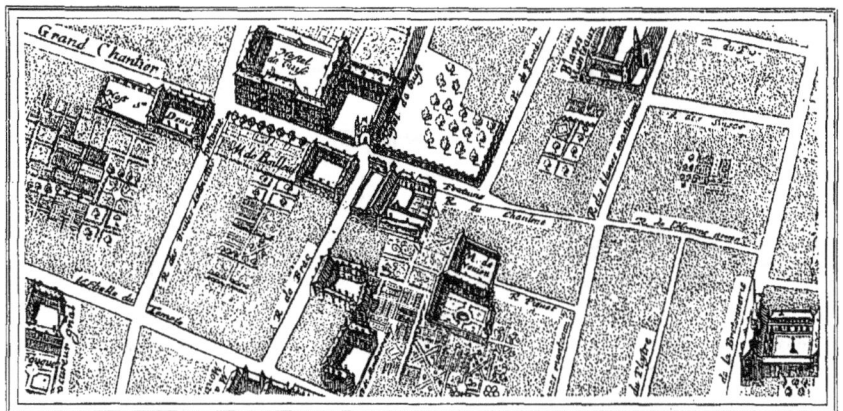

Fac-simile héliographique.   Plan de Gomboust (1652).

CONGRÉGATION DE LA MERCI.

Le couvent des Frères de la Merci était situé au coin de la rue du Chaume et de la rue de Braque. Dans cette dernière rue, Arnoul Braque avait établi au xive siècle une petite chapelle, qui était restée sous le patronage de sa famille. Celle-ci consentit, en 1613, sur la demande de Marie de Médicis, à la céder aux religieux de la Merci, qui la remplacèrent aussitôt par un monastère et une église [1].

Les moines de la rue du Chaume paraissent avoir eu pour les livres plus de goût que leurs confrères de la rue des Sept-Voies [2]. Les statuts de l'ordre étaient, au reste, très-sévères sur ce chapitre, et réglaient minutieusement les devoirs du bibliothécaire et l'ordre à établir dans la bibliothèque. Voici comment ils s'expriment [3] :

« Le devoir du bibliothécaire est de veiller avec tout le soin possible à ce que « les livres soient conservés dans un local bien disposé, sûr, vaste et bien aéré, « protégé contre la pluie et le mauvais temps. Il doit placer les livres, non pêle-« mêle, mais chacun séparément, dans l'ordre indiqué par les désignations écrites

---

[1] *Histoire de l'ordre sacré, royal et militaire de N. D. de la Mercy*, p. 649.

[2] Voyez plus loin notre notice sur le collége de la Merci.

[3] DE OFFICIO LIBRARII.

« Officium librarii est habere curam, ut potest, « quod habeatur bonus locus, et securus, et bene « aptus contra pluviam et intemperiem, et copiam « habens boni aëris, pro libris custodiendis, Repo-« nantur autem libri separatim, et non confuse : « cum signationibus debitis factis per scripturam, « quae applicanda est unicuique interstitio : ut scia-« tur ubi inveniatur quod quaeritur.

« Debet autem ipse custodire clavem hujus biblio-« thecae seu librariae, et aperire et claudere tempore « suo : et habere cellam pro studio, si locus est ap-

« à la main qui seront appliquées sur chaque division ; il trouvera facilement ainsi
« ce qu'on lui demandera.

« Il doit conserver la clef de la bibliothèque, l'ouvrir et la fermer à l'heure
« fixée ; si la disposition du local le permet, s'y réserver une chambre pour l'é-
« tude, ou au moins l'avoir tout auprès, afin qu'on le rencontre plus vite si l'on
« a besoin de lui pour affaire de service.

« Le bibliothécaire doit avoir un registre sur lequel soient mentionnés tous les
« livres du couvent ; il y inscrira les acquisitions nouvelles et y supprimera les ou-
« vrages disparus. Il doit transmettre à son successeur un registre semblable quand
« il abandonne ses fonctions et le recevoir de son prédécesseur quand il les re-
« prend ; il pourra ainsi toujours rendre compte des volumes au supérieur, et ne
« risquera pas de les laisser dépérir par oubli. C'est encore à lui de veiller à ce

« tus in ipsa, vel prope eandem, ut citius inveniatur
« cum quæritur pro aliquo negotio ad suum officium
« pertinente.

« Item ad ipsum pertinet habere chartam, in
« qua sint scripti omnes libri conventus, et, cum
« augmentantur, vel minuuntur, scribere vel abra-
« dere in charta illa. Hujusmodi autem chartam
« debet tradere successori suo cum dimittit officium,
« et accipere a prædecessore cum assumit officium
« de novo, ut sic semper possit reddi ratio de li-
« bris cum exigitur a prælato, ne per oblivionem
« eos deperire contingat. Ipsius etiam interest ha-
« bere curam quod per se, vel per alium, corri-
« gantur, reparentur, cooperiantur et bene ligentur,
« et signentur in unoquoque volumine in tergo
« cujusmodi libri, vel liber sit, vel cujus scriptum
« vel scripta contineantur in illo.

« Et si fuerit dignum quod donator libri in
« memoria habeatur, addatur, et dicatur : quem
« dedit talis pro anima sua. Debet etiam dare
« operam quod libri communes sub eo augmen-
« tentur, acquirendo eleemosynas ad hoc aliquas
« cum potest, vel a novitiis cum intrant libros
« aliquos acquirendo, vel procurando erga majores.

« Cum habentur aliqui duplices, vel triplices,
« de quibus fratres non multum indigent, retentis
« melioribus, alii cum licentia vendantur, et pretium
« in alios usus librorum qui non habentur conver-
« tatur ; et idem fiat de veteribus, vel male legibi-
« libus, vel alias parum valentibus. Item semel in
« anno, vel bis, debet omnes recolligere, et ad lo-
« cum idoneum reportare, cum sociis ad hoc sibi
« deputatis, ad vertendum et ad videndum ne aliquis
« perierit, vel ne aliquis a vermibus destruatur.

« Quod si aliquem invenerit deesse, debet diligenter
« laborare quod reinveniatur. Si autem aliquis læsus
« fuerit in aliquo, debet apponere curam quod re-
« paretur, et cavere deinceps ab his quæ libris in-
« venerit nocuisse. Et cum viderit aliquos libros de
« armario ociosos, debet illos ad armarium repor-
« tare. Item ad ipsum pertinet providere quod, in
« aliquo loco silentii et apto, sit aliquis pulpitus
« magnus, vel plures, in quibus ligentur aliqui libri
« bene legibiles, quibus frequentius fratres indigent
« cum habentur, ut est Biblia glossata, Biblia sine
« glossa, Summæ de casibus, et de vitiis et virtu-
« tibus, et de quæstionibus, Concordantiæ, Inter-
« pretationes, Decreta, Decretales, Disputationes
« morales, Sermones varii de festis, de dominicis
« per totum annum, Historiæ, Sententiæ, Chronica,
« Passiones et Legendæ sanctorum, Historia eccle-
« siastica, et similia multa, ut communitas fratrum
« in promptu possit illa habere. Armarium vero sic
« debet apertum tenere certo tempore, vel esse
« juxta eum vel in ipso, ut qui volunt aliquid in
« transitu videre in aliis libris, vel aliquem habere
« ad horam brevem, possint copiam eorum de facili
« habere. Porro cum aliqui fratres volunt habere
« aliquem librum, vel scriptum aliquod, non ad ho-
« ram, sed ad tenendum diu in cella, debet facere
« memoriale in scripto et sumere cautionem. Fra-
« tres vero qui libros deturpaverint, vel in eis ali-
« quid propria authoritate scripserint, vel deleve-
« rint, vel in quo negligenter seu male tractaverint,
« aut in aliquo offenderint, circa pertinentia ad
« suum officium, debet suo tempore proclamare, et
« admonitiones facere fratribus, et id suggerere
« prælato tempore opportuno. »

(*Instructio officiorum ordinis Beatæ Mariæ de Mercede Redemptionis Captivorum*, p. 42.)

« que, soit par lui-même, soit par d'autres, les livres soient corrigés, réparés,
« reliés, bien attachés, et qu'on marque sur le dos de chaque volume son titre,
« le nom de l'auteur, ou les différents écrits qu'il renferme.

« Si le donateur d'un livre mérite qu'on conserve son souvenir, son nom y sera
« ajouté, et l'on dira : un tel a donné ce volume pour le repos de son âme. Le biblio-
« thécaire doit également mettre tous ses soins à ce que la bibliothèque commune
« augmente pendant son administration, soit en récoltant à cette intention des
« aumônes, soit en obtenant quelques volumes des novices à leur arrivée, ou
« même des anciens.

« S'il existe en double ou en triple des ouvrages dont les frères ne font pas un
« grand usage, il conservera les meilleurs exemplaires, demandera l'autorisation
« de vendre les autres, et emploiera le prix à en acheter que la bibliothèque ne
« possède point; il fera de même pour les livres anciens, peu lisibles ou sans va-
« leur. Une ou deux fois par an il doit, avec quelques frères désignés dans ce but,
« rassembler tous les volumes, puis les remettre à leur place, afin de les exami-
« ner et de voir si aucun ne se détériore ou n'est attaqué par les vers. S'il cons-
« tate des absences, il s'empressera de faire réintégrer les volumes qui manquent.
« Si un livre a été gâté d'une manière quelconque, il le fera réparer et prendra
« des mesures pour préserver les autres du même sort. S'il rencontre hors de la
« bibliothèque quelques volumes dont on ne se serve point, il les y reportera. Il
« doit encore veiller à ce que, dans un endroit tranquille et bien disposé, on
« trouve une ou plusieurs grandes tables sur lesquelles soient attachés des volumes
« bien lisibles, choisis parmi ceux dont les frères ont le plus souvent besoin, afin
« qu'ils puissent les avoir sur-le-champ; tels sont la Bible commentée, la Bible sans
« commentaires, les Sommes des cas de conscience, des vices et des vertus et des
« questions, les Concordances, les Interprétations, les Décrets, les Décrétales, les
« Dissertations morales, les Sermons pour les fêtes et pour tous les dimanches de
« l'année, les Histoires, Sentences, Chroniques, Martyres et Légendes des saints,
« l'Histoire ecclésiastique et autres livres du même genre. Il doit laisser la biblio-
« thèque ouverte pendant un temps déterminé, et se tenir à portée, afin de pou-
« voir satisfaire promptement ceux qui veulent voir d'autres livres en passant ou
« ceux qui ne désirent les garder que peu de temps. Mais, si l'un des frères de-
« mande à emprunter un livre ou un manuscrit pour le conserver longtemps dans
« sa chambre, le bibliothécaire doit en prendre note par écrit et exiger une caution.
« Quant aux frères qui auraient détérioré les livres, auraient écrit sur les pages,
« les auraient détruits, maltraités ou gâtés d'une manière quelconque, il est du
« devoir du bibliothécaire de les dénoncer aussitôt, de les réprimander et de rap-
« peler le fait au supérieur en temps opportun. »

Les registres manuscrits des *Chapitres* tenus au couvent de la Merci sont aujourd'hui conservés à la Bibliothèque impériale, mais nous les avons vainement

parcourus ; on n'y trouve qu'un seul passage qui soit relatif à la bibliothèque. Par décision du 5 mai 1711, il fut interdit aux religieux et même au bibliothécaire de prêter aux séculiers les livres de la bibliothèque [1].

Malgré le silence gardé par les différents manuscrits que nous avons consultés, il est certain que cette bibliothèque s'augmenta assez rapidement. En 1790, les religieux déclarèrent que leur collection, qui ne renfermait d'ailleurs « aucun manuscrit ni livres rares, » possédait trois mille volumes [2]. Cette assertion n'était pas absolument exacte ; d'abord, le couvent possédait bien quelques manuscrits, puisque trois d'entre eux sont aujourd'hui à la Bibliothèque impériale [3] ; ensuite, un recensement détaillé, exécuté par ordre de la municipalité de Paris, fit découvrir cinq mille quatre-vingt-dix-sept volumes au lieu de trois mille [4]. L'inventaire officiel du mobilier qui garnissait alors la bibliothèque nous a été conservé ; il se compose des objets suivants :

Une table de sapin sur son pied quarré ;
Une échelle en marchepied de bois de chêne ;
Six corps de tablettes ;
Un fauteuil foncé de crin, couvert de vieille tapisserie fond brun ;
Un vieux globe céleste sur son pied en guéridon de bois de noyer ;
Un vieux tapis de drap ver ;
Un fauteuil et deux chaises de canne ;
Quatre vieux rideaux de toile de coton, absolument hors de service ;
Un tableau peint sur toile, représentant la mort de Sénèque ;
Un autre sans bordure, représentant les Arts [5].

Les religieux de la Merci n'avaient point d'estampille spéciale pour leur bibliothèque ; mais on rencontre fréquemment, frappées en or sur le dos ou les plats des volumes qui leur ont appartenu, soit la marque que nous reproduisons ici, et qui représente les armoiries de l'ordre,

---

[1] « 6° Prohibemus ne bibliotecæ præfectus, neque quivis alius religiosus, bibliotecæ libros sæcularibus commodare audeat. » (Livre des Chapitres de la congrégation de la Mercy. Bibliothèque impériale, manuscrits, fonds latin, n° 17054, autrefois fonds de la Merci, n° 1, p. 183.)

[2] État des biens et revenus de la congrégation de Paris de l'ordre de N. D. de la Mercy rédemption des captifs. Arch. de l'Empire, série S, carton n° 4285.

[3] Voy. le catalogue de l'ancien fonds dit de la Merci.

[4] Recensement détaillé des livres des bibliothèques du département de Paris. Archives de l'Empire, série M, carton n° 797.

[5] Procès-verbal de description et d'opposition de scellés au couvent de la Mercy. Archives de l'Empire, série S, carton n° 4285.

soit l'inscription suivante, qui est fréquemment accompagnée d'une date :

*DU CONVENT DE LA MERCY
DE PARIS.*

Sur les in-quarto et les in-octavo, la disposition des lignes est modifiée, et on lit :

Quant aux inscriptions manuscrites, elles sont nombreuses et variées. Voici celles qui se rencontrent le plus souvent :

*EX LIBRIS FRATRUM ORDINIS Bæ Mæ DE MERCEDE, REDEMPTIONIS CAPTIVORUM
CONVENTUS PARISIENSIS.*

EX LIB. CONV. PARIS. DE MERCEDE.

DU COUVENT DE LA MERCY DE PARIS.

On voit encore dans la rue du Chaume, au coin de la rue de Braque, la partie basse de la façade de l'ancienne chapelle du couvent de la Merci. Les bâtiments d'habitation étaient à côté, sur l'emplacement d'une maison portant une inscription récente qui rappelle ce fait.

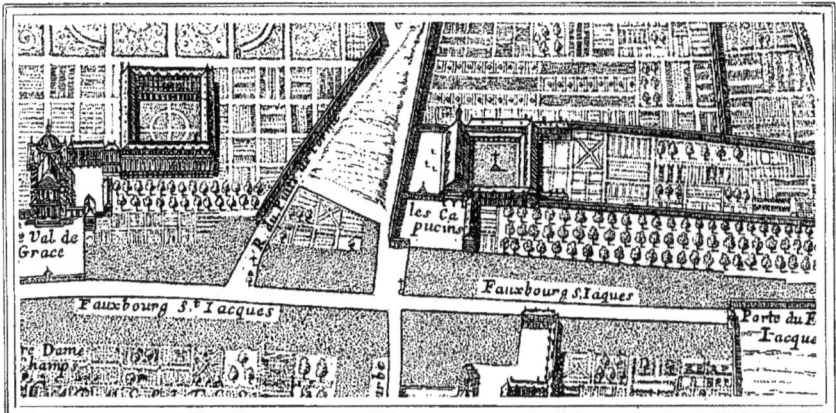

Fac-similé héliographique. Plan de Gomboust (1652).

CAPUCINS DE LA RUE SAINT-JACQUES.

Trente-sept ans après l'installation des Capucins dans leur grand couvent de la rue Saint-Honoré, une nouvelle Maison du même ordre fut fondée à Paris. Godefroy de La Tour, par son testament du 27 avril 1613[1], légua aux Capucins son habitation située dans la rue Saint-Jacques, un peu au-dessus du Val-de-Grâce, et les jardins qui en dépendaient. L'évêque de Paris, Pierre de Gondi, fournit un peu plus tard les fonds nécessaires à l'appropriation des bâtiments et à la construction d'une église[2].

Cette petite communauté paraît avoir eu presque aussitôt une bibliothèque, qui, au milieu du XVIIe siècle, égalait celle du couvent de la rue Saint-Honoré[3]. Mais elle fut loin de progresser avec la même rapidité, car, au moment de la Révolution, elle ne renfermait guère que trois mille volumes.

Ce monastère fut supprimé en 1783, et on transporta les religieux rue Sainte-

---

[1] Piganiol de la Force, *Description historique de Paris*, t. VI, p. 219.

[2] D. H. I. *Supplément aux antiquitez de Paris de J. Dubreul*, p. 45.

Pierre de Gondi possédait une belle bibliothèque, qu'il laissa aux Capucins de Joigny : « La reconnoissance que nous devons avoir pour Monseigneur l'eminentissime cardinal de Gondi, archevesque de Paris, pour les grands bienfaits qu'il nous a fait et fait procurer, nous aiant étably dans deux maisons ou convents dans la province de Paris, le premier à Joigny, en 1607, et une autre à Paris, au convent de la rue Saint-Jacques, l'an 1613..... Dans la première il y a joint sa belle bibliotèque, où il y avoit quantité de manuscrits. L'on mettra dans la sacristie du convent des Capucins, rue Saint-Jacques, une plaque où l'extrait de sa donation sera buriné. » (*Remarques curieuses et remarquables de ce qui s'est passé dans la province de Paris, depuis l'an 1593 jusques à l'an 1710*, p. 300. Bibliothèque Mazarine, manuscrits, cote H 2879.)

[3] L. Jacob, *Traicté des plus belles bibliothèques* (1643), p. 503.

Croix-de-la-Chaussée-d'Antin (aujourd'hui rue Caumartin). Dans ce nouveau local, la bibliothèque, composée d'une seule pièce, était située au premier étage, et les fenêtres donnaient sur une petite cour [1]. Le mobilier, qui fut inventorié en 1790, lors de l'apposition des scellés sur la collection, était fort simple; il est décrit en ces termes :

..... Nous avons procédé à la description des effets y contenus, ainsi qu'il suit : six chaises et un fauteuil de paille; un grand bureau garni de huit petits tiroirs et quatre volets, fermant avec ferrure et clef; une échelle à neuf échellons; deux pupitres de bois de chêne. Le pourtour de ladite pièce garni en boiserie composé de soixante neuf rayons sur lesquels sont placés deux mille sept cent quarante volumes de livres environ, de différents formats; une gravure représentant la Mort du Christ, et un petit dessin sous verre blanc représentant la Vierge; deux paquets de papiers... et un tas de journaux [2].

Constatons que, suivant Thiéry, qui écrivait en 1786, la bibliothèque de ces religieux renfermait « cinq à six mille volumes d'un bon choix, parmi lesquels on « remarquait la première Bible imprimée au Louvre [3]. » Mais, dans le recensement officiel de cette collection qui fut fait plus tard, après sa saisie, on constata seulement la présence de trois mille cent cinquante volumes [4].

Les Capucins de la Chaussée-d'Antin ne possédaient pas d'estampille, et nous n'avons même trouvé aucune inscription manuscrite portant le nom de ce couvent.

Les bâtiments dépendant du monastère des Capucins sont aujourd'hui occupés par le lycée Bonaparte; et l'église, qui a été conservée au culte sous le vocable de Saint-Louis-d'Antin, est une des succursales de la Madeleine. Quant aux constructions que les Capucins avaient occupées au faubourg Saint-Jacques, elles ont été transformées en un hôpital pour les vénériens.

---

[1] *Apposition de scellés chez les Capucins de Saint-Louis de la Chaussée d'Antin.* Archives de l'Empire, série S, carton n° 3706.

[2] *Apposition de scellés chez les Capucins*, etc. Archives de l'Empire, série S, carton n° 3706.

[3] Thiéry, *Guide des amateurs et des étrangers*, t. I, p. 140.

[4] *Recensement détaillé des livres des bibliothèques du département de Paris.* Archives de l'Empire, série M, carton n° 797.

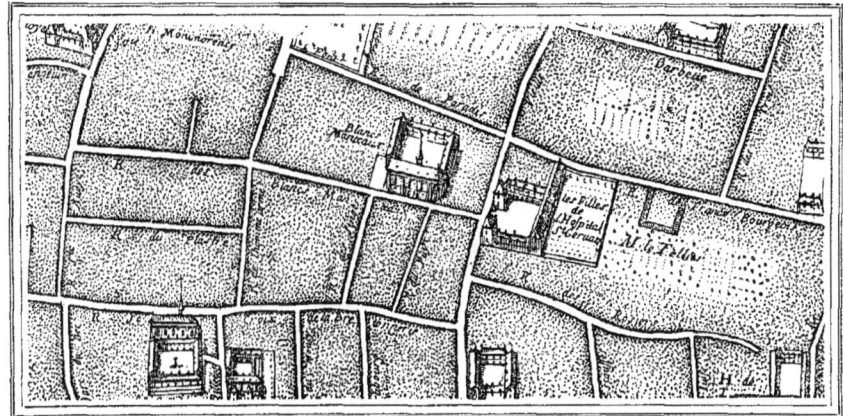

Fac-similé héliographique.   Plan de Jouvin de Rochefort. (1690).

BLANCS-MANTEAUX.

Les Serfs de la Vierge, appelés Blancs-Manteaux à cause de la couleur de leur vêtement[1], vinrent de Marseille, vers 1258, s'établir à Paris. Saint Louis, zélé protecteur de tous les moines, acheta pour eux « une mèson et vieilz places entour « pour eulz heberger, delez la viex porte du Temple, assés près des tissarans[2]. » Supprimés par Grégoire X en 1274, ces religieux furent remplacés par un autre ordre mendiant alors établi à Montrouge, « in monte rubeo »[3], les Guillelmites, qui devaient leur origine à l'ermite saint Guillaume de Malaval, mort en Italie vers 1157. Mais, bien que les Guillelmites portassent un costume noir, l'usage leur conserva le nom de leurs prédécesseurs.

Nous avons très-peu de renseignements sur la bibliothèque des Guillelmites. Il est cependant certain qu'ils en possédaient une; les inscriptions suivantes, que nous avons rencontrées sur d'anciens manuscrits, suffiraient à le prouver[4] :

*Iste liber est fratrū heremitarū
Sancti guillelmi parisius in vico
qui dicitur le parcheminerie dño
famulancium*

---

[1] Lebeuf, *Histoire du diocèse de Paris*, t. I, p. 147.

[2] Joinville, *Histoire de saint Louis*, éd. Didot, p. 233. — Dans le quartier des tisserands, qui était traversé par la rue de la Tisseranderie, devenue rue de la Tixeranderie, et aujourd'hui supprimée.

[3] J. Dubreul, *Théâtre des antiquitez de Paris*, p. 666.

[4] « Iste liber est fratrum heremitarum Sancti « Guillelmi, Parisius, in vico qui dicitur le Parce-« minerie, Domino famulancium. » (Bibliothèque Mazarine, manuscrits, n° H 1335.)

La rue actuelle des Blancs-Manteaux s'appelait, au XIIIe siècle, rue de la Parcheminerie.

Ces derniers mots[1] renferment une erreur historique qui a été très-fréquemment commise : l'auteur de cette note confond saint Guillaume de Malaval avec saint Guillaume, duc d'Aquitaine, qui fonda le monastère de Gellone [2].

Nous ne connaissons qu'un seul bienfaiteur de cette bibliothèque. En 1502, un sieur Maxence Favre ou Lefèvre lui donna un manuscrit in-folio sur vélin contenant un commentaire sur les douze petits Prophètes; on lit en effet à la fin de ce volume, qui est aujourd'hui à la bibliothèque Mazarine : « Anno Domini mil-« lesimo quingentesimo secundo, die julii mensis vicesima prima, Maxencius Fa-« bri-me donavit librarie conventus Alborum Mantellorum Parisius[3]. »

En 1618, les Guillelmites, s'étant fort relâchés de leur règle, furent réformés et remplacés par des Bénédictins de la congrégation de Saint-Maur. Enfin le monastère dut être entièrement reconstruit en 1685.

Les nouveaux Blancs-Manteaux, dont la réputation de dévouement à la science et d'érudition allait devenir proverbiale, augmentèrent rapidement la petite collection que leur avaient laissée les Guillelmites. Leur bibliothèque se forma cependant sans qu'il en coûtât rien au couvent, qui n'eut jamais de fonds spéciaux attribués aux achats de livres; mais « les religieux qui ont habité aux Blancs-« Manteaux, occupés de différentes entreprises littéraires, n'ont cessé d'enrichir « la bibliothèque de livres analogues à leur travail, autant qu'ils ont pu s'en « procurer de leurs économies ou du produit de leurs ouvrages, dans la vue de « s'épargner le désagrément de recourir aux grandes bibliothèques pour les livres « les plus usuels[4]. » Il faut ajouter à cette source abondante les nombreuses donations qui étaient faites au couvent par des particuliers. En 1703, le docteur

---

[1] « Liber iste sermonum pertinet conventui Al-«borum Mantellorum, Parisiensis civitatis et dyo-«cesis, ordinis Sancti Benedicti, secundum instituta «divi Guillelmi, comitis Pictavi ac ducis Acqui-«tanie, ipsius religionis premicerii. Aux Blans «Manteaux, à Paris.» (Bibliothèque Mazarine, incunables, n° 2030 B*.)

[2] Voyez Fleury, *Histoire ecclésiastique*, t. XV, p. 33.

[3] Bibliothèque Mazarine, manuscrits, cote T 116.

[4] *Déclaration des livres de la bibliothèque du monastère des Blancs-Manteaux*. Archives de l'Empire, série S, carton n° 3675.

Léger laissa sa bibliothèque aux Blancs-Manteaux. Dix ans après, libéralité de la même nature faite par l'ex-oratorien Gentil; puis, successivement, par l'avocat de Gouges en 1716, par J. Maillard et par le docteur de Sorbonne Pontas en 1728. « La reconnoissance, en inscrivant les noms des donateurs sur ces livres, « les a rendus reconnoissables [1]; » les mentions de ce genre qui se rencontrent le plus fréquemment sont celles-ci :

EX DONO R. P. DOMINI DIONYSII DE Ste MARTHE, HUJUSCE MONASTERII PRIORIS, 1705.

EX DONO D. GENTIL, 1713.

EX DONO D. MAILLARD.

EX DONO D. D. DES GOUGES [2], *1716.*

A l'époque où éclata la Révolution, il n'y avait au monastère des Blancs-Manteaux que douze religieux. Deux d'entre eux usèrent de la liberté qui venait de leur être accordée de rentrer dans le monde; mais les autres, occupés de vastes travaux d'érudition, opposèrent une énergique résistance au décret de l'Assemblée nationale qui supprimait le couvent et saisissait ses biens. Ils cherchèrent surtout à défendre leur bibliothèque. Le prieur, dans sa déclaration officielle à l'Assemblée, exposa ce qui suit :

« C'est l'ordinaire qu'un religieux occupé d'un ouvrage de longue haleine se
« fixe dans une maison pour le reste de ses jours. Ceux qui ont illustré la maison
« des Blancs-Manteaux y ont fini leur carrière; ceux qui vivent encore et qui ont
« succédé à leurs travaux, persuadés que rien ne les separeroit de leur solitude,
« n'ont pas attendu le moment de leur mort pour disposer de leurs livres. C'est
« dans cette confiance, et pour avoir plus de facilité de les retrouver au besoin,
« qu'ils ont inscrit sur le catalogue leurs livres à mesure qu'ils se les procuroient.
« Il seroit cruel pour eux que cet abandon de la confiance tournât aujourd'hui à
« leur préjudice, et qu'ils se vissent privés du fruit de leurs veilles dans un moment
« où les livres, qui n'étoient auparavant qu'un délassement pour eux, peuvent
« devenir une ressource [3]. »

Toutes ces allégations semblent parfaitement exactes. Elles sont confirmées par une lettre de D. Brial, adressée, le 26 mars 1791, « à Messieurs les administrateurs du département de Paris. » Il demande qu'on lui restitue des livres qui lui appartenaient personnellement, et qui avaient été saisis avec la bibliothèque de la Maison, entre autres la grande collection des *Historiens des Gaules*, com-

---

[1] *Déclaration des livres de la bibliothèque du monastère des Blancs-Manteaux.* Archives de l'Empire, série S, carton n° 3675.

[2] Le nom est parfois suivi de ces mots : « In consiliis regis advocati. »

[3] *Déclaration des livres,* etc.

mencée par D. Bouquet, et qu'il s'était chargé de continuer. D. Brial déclare qu'il a acheté ces livres chez le libraire Barrois, dont il fournit une quittance montant à 4,041 liv. 19 sols[1]. Il dit enfin que ces volumes n'ont pu être acquis avec les fonds de la communauté, puisque, «dans aucun temps, elle n'a «fourni d'argent pour achats de livres,» et que «c'étoit à chaque religieux à s'en «procurer.» Des protestations semblables furent également adressées au gouvernement par D. Clément, D. Labbat et D. Deforis[2]. La municipalité crut devoir faire droit dans une certaine mesure à ces réclamations, et elle restitua à ces quatre érudits une vingtaine de grandes collections.

Comme on le voit sur la gravure que nous reproduisons[3], la bibliothèque des Blancs-Manteaux occupait à cette époque tout le troisième étage d'un vaste bâtiment qui bordait la rue Paradis; elle renfermait, au dire du prieur, douze mille huit cents volumes, dont deux mille cinq cents in-folio, trois mille in-quarto et sept mille trois cents in-octavo et in-douze; plus cent vingt et un manuscrits, trente et un des XIIIe, XIVe et XVe siècles, et quatre-vingt-dix des trois siècles suivants. Il faut ajouter à cette énumération une importante série de portefeuilles contenant les notes et matériaux qu'avaient réunis les savants Bénédictins pour leurs vastes travaux; on y remarquait, entre autres, les documents relatifs à l'histoire de Bretagne aux XVe et XVIe siècles; ceux dont se servirent les PP. Martène et Durand pour la continuation du *Thesaurus anecdotarum;* tous les matériaux employés dans l'*Histoire littéraire de la France* et le *Recueil des historiens des Gaules;* huit portefeuilles remplis de lettres émanées des papes[4], et un carton contenant une collection de lettres adressées par des personnages célèbres à des religieux du couvent des Blancs-Manteaux[5]; nous en avons remarqué qui ont été écrites par Louis XIV, Santeuil, B. de Montfaucon, Bouhier, Sainte-Marthe, Mabillon, etc. Parmi les manuscrits, il faut citer encore toute la collection des sermons de Bossuet, dont un seul, celui qu'il prononça à l'assemblée du clergé, fut publié de son vivant. Après sa mort, ils échurent à son neveu, l'abbé Bossuet, puis au pré-

---

[1] Cette quittance existe aux Archives de l'Empire. Elle comprend la liste des livres fournis à D. Brial du 30 décembre 1776 au 25 mai 1789. On lit à la fin :

«Je reconnois avoir vendu au R. P. dom Brial «tous les livres énoncés dans les quatre pages cy-«dessus, et dont l'extrait est conforme à mon «journal. Je reconnois de plus lui en avoir vendus «plusieurs autres antérieurement à ceux-ci, du «temps que le commerce se faisoit au nom et pour «le compte de ma mère, et dont je ne puis donner «note, n'ayant point les registres de ce temps. A «Paris, ce cinq mars mil sept cent quatre-vingt-«onze. BARROIS l'aîné.»

(*Mémoire des livres fournis à dom Brial par Barrois l'aîné, libraire.* Archives de l'Empire, série M, carton n° 797.)

[2] *Procès-verbal du monastère des Blancs-Manteaux.* Archives de l'Empire, série S, carton n° 3675.

[3] Elle est extraite des *Icones monasteriorum congregationis Sancti Mauri.*

[4] Aujourd'hui à la Bibliothèque impériale, manuscrits, fonds latin, n°^{s} 16983 à 16990, autrefois fonds des Blancs-Manteaux, n° 71$^{1 à 8}$.

[5] Aujourd'hui à la Bibliothèque impériale, manuscrits, fonds français, n°^{s} 25537 et 25538, autrefois fonds des Blancs-Manteaux, n°^{s} 77$^{1 et 2}$.

sident Chassot, qui les donna aux Blancs-Manteaux. D. Deforis en commença la publication en 1772 [1].

Il est remarquable que Thiéry, en 1786, attribuait à la bibliothèque des Blancs-Manteaux « vingt mille volumes d'un bon choix [2]; » faut-il donc supposer que, suivant l'exemple de bien d'autres communautés, les Bénédictins avaient fait disparaître avant la saisie une partie de leur collection?

La bibliothèque des Blancs-Manteaux a eu plusieurs catalogues.

Dans un cahier conservé aux Archives, et qui est intitulé *Manuscrits de la bibliothèque des ci-devant religieux dits Blancs-Manteaux*, nous voyons inscrits, sous le numéro 180, « trois vieux catalogues de la bibliothèque... in-folio, par-«chemin, » et sous le numéro 181, *Catalogus librorum monasterii Beatæ Mariæ Alborum Mantellorum, 1740, pars 2ᵃ* [3]. Nous avons retrouvé trois de ces précieux documents, qui furent tous, le 5 ventôse an III, transportés au dépôt de Saint-Louis-la-Culture.

Le premier est un immense volume in-folio sur les plats duquel on lit : BIBLIOTHECA ALBO-MANTELLIANA. Il a pour titre : *Index Alphabeticus Auctorum Bibliothecæ Albo-Mantellianæ. Accedit Systema Bibliographicum ejusdem Bibliothecæ. Anno Reparatæ Salutis M.DCC.XL.* A la page 39 commence l'*Index Authorum Codicum Manuscriptorum*, et à la page 41 le *Systema Bibliographicum Bibliothecæ Albo-Mantellianæ*. Le volume se termine par ces mots : « Explicit die XXIII septembris, anno « M.DCC.XL [4]. »

Un autre catalogue, conservé aussi à la bibliothèque Mazarine, date de la même année. Il est in-folio, couvert en parchemin, et on lit en tête : *Bibliotheca seu Catalogus librorum monasterii Beatæ Mariæ Alborum Mantellorum, ordinis S. Benedicti, congregationis S. Mauri. Cum indice authorum alphabetico. Anno reparatæ salutis M.DCC.XL* [5].

Le troisième de ces catalogues appartient aujourd'hui à la bibliothèque Sainte-Geneviève, et lui a été donné en 1836 par M. de Monmerqué. C'est un petit volume sans date, très-haut et très-étroit, qui a absolument la forme d'un ancien livre de dépenses; la couverture de parchemin porte ce titre : *Index librorum hujus bibliothecæ in varias classes distinctus*. Puis en tête de la première page : *Catalogus librorum bibliothecæ monasterii Alborum Mantellorum in proprias classes distinctorum* [6].

Les Blancs-Manteaux ne possédaient point d'estampille; ils se contentaient

---

[1] Ern. Bersot, dans le *Journal des Débats*, numéro du 29 septembre 1862.

[2] Thiéry, *Guide des amateurs et des étrangers voyageurs à Paris*, t. I, p. 574. — Millin donne le même chiffre dans ses *Antiquités nationales* (1792), t. IV, p. 20.

[3] Archives de l'Empire, série F¹⁷, carton n° 1197.

[4] Bibliothèque Mazarine, manuscrits, n° 3287.

[5] Bibliothèque Mazarine, manuscrits, n° 3229.

[6] Bibliothèque de Sainte-Geneviève, manuscrits, n° Q¹ 5¹⁰.

d'inscrire le nom du couvent sur le titre de chacun de leurs volumes. Ces inscriptions varient peu ; voici les formules les plus usitées :

ALBORUM MANTELLORUM CONG. S^{ti} MAURI.

MONAST. B. M. ALBO-MANTELLORUM ORD. S. BENED. CONGR. S. MAURI.

MONASTERII ALBORUM MANTELLORUM ORDINIS ET CONGREGATIONIS S^{ti} BENEDICTI.

AUX BLANCS-MANTEAUX, A PARIS.

Le monastère des Blancs-Manteaux a été entièrement détruit en 1797, et sur son emplacement on a ouvert la rue dite des Guillemites. L'église sert aujourd'hui de succursale à la paroisse Saint-Merry.

La rue des Guillemites passe dans les cours du couvent; sur le côté oriental de cette rue, on voit encore une ligne de bâtiments qui en dépendaient, et à l'angle de la rue des Blancs-Manteaux il est resté une porte ornée de symboles religieux sculptés. La partie qui touche à l'église sert aujourd'hui de presbytère.

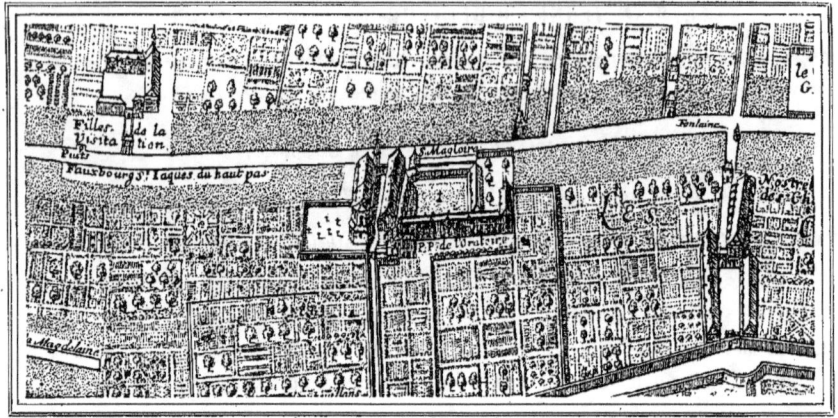

Fac-similé héliographique. — Plan de Gomboust (1652).

SÉMINAIRE DE L'ORATOIRE.

Vers la fin du XIIIe siècle, l'ordre des Frères Pontifes ou constructeurs de ponts vint s'établir à Paris, et y fonda, dans le faubourg Saint-Jacques, un hôpital qui prit le nom de Saint-Jacques-du-Haut-Pas[1], « Sanctus Jacobus de alto passu. » Vers 1580, l'ordre était près de s'éteindre, et la Maison ne comptait plus que deux religieux[2]; Catherine de Médicis s'entendit avec eux, et ils abandonnèrent leur local aux Bénédictins de Saint-Magloire, qui lui donnèrent leur nom. Enfin, en 1618, l'évêque de Paris, Henri de Gondi, transforma l'abbaye de Saint-Magloire en séminaire, et confia la direction du nouvel établissement aux prêtres de l'Oratoire.

Comme la Maison de la rue Saint-Honoré, celle-ci eut promptement une bibliothèque. Nous ne savons rien de ses commencements; mais, dès 1674, elle avait un bibliothécaire instruit et dévoué, le R. P. Pierre Delaplanche, qui en dressa un double catalogue et lui donna tous ses livres, formant un total de quatre cents volumes environ. L'un de ces catalogues est aujourd'hui conservé à la bibliothèque de l'Arsenal; il a pour titre : *Catalogus alter librorum Bibliothecæ Sammaglorianæ, in tres classes divisus, silicet* (sic) *in-folio, in-quarto et in-octavo, ordine alphabetico. Petrus de la Planche, clericus Parisiensis, ordinavit et scripsit anno 1674. Item, compilatio librorum hebraice, græce, italice et hispanice excusorum hujus bibliothecæ.* On lit à la fin : « Le septiesme jour d'avril 1684. Mémoire des livres « que Pierre de la Planche a donnés à la bibliothèque de Saint-Magloire, et qui

---

[1] J. Dubreul, *Theatre des antiquitez de Paris*, p. 435.

[2] Piganiol de la Force, *Description historique de Paris*, t. VI, p. 142.

« sont escrits sur les deux catalogues. » Suit l'énumération de quatre cents volumes environ, qui est accompagnée de cette note : « le Pierre de la Planche, ecclésias-« tique demeurant en la maison des R. P. Prestres de l'Oratoire de Saint-Magloire, « à laquelle j'ay donné tous mes livres qui sont escrits cy-dessus, contenant douze « pages, pour demeurer dans la bibliothèque, à condition qu'on ne les poura « vendre, donner ny eschanger en fasson quelquonque. Fait à Paris, ce vingt « sixiesme de may mille six cent quatre vingt quatre.

« DE LA PLANCHE [1]. »

Presque tous les volumes provenant de la donation de Delaplanche portent sa signature

et ces armoiries :

La bibliothèque continua, après lui, à s'enrichir des libéralités que lui firent les savants Oratoriens qui habitèrent le séminaire. Le P. Louis Thomassin s'y retira, à la suite de ses violents démêlés avec les Jansénistes, et laissa en mourant (1695) tous ses livres à la Maison; de là l'origine de l'inscription

EX DONO R. PATRIS THOMASSINI,

qui se rencontre sur un grand nombre de volumes provenant de l'établissement. Il dut aussi de précieux manuscrits à Abel-Louis de Sainte-Marthe [2] (1697), général de l'ordre et l'un des principaux auteurs du *Gallia christiana*. En 1703, La Poterie, le dernier bibliothécaire de Mazarin, qui avait obtenu en 1688 une

---

[1] Bibliothèque de l'Arsenal, manuscrits in-4°, n° 842 *ter*.

[2] Thiéry, *Guide des amateurs et des étrangers*,

t. II, p. 248. On y trouve assez fréquemment cette inscription :

EX DONO R. P. DE Ste MARTHE.

pension de retraite[1] et s'était sans doute alors réfugié au séminaire, lui légua sa bibliothèque. Ses confrères ne purent, à ce qu'il paraît, s'accorder sur l'orthographe de son nom, car les inscriptions qui mentionnent son legs portent tantôt :

EX DONO DOMINI DE LA POTERYE,

et tantôt :

EX DONO DOMINI DE LA POTHERIE.

L'année précédente, une libéralité de la même nature, mais plus considérable encore, et qui enrichissait l'établissement de plusieurs beaux manuscrits, lui avait été faite par Louis Fouquet[2], évêque d'Agde et frère du fameux surintendant des finances. Les inscriptions qui le constatent sont presque toutes conçues en ces termes :

EX DONO ILLUSTRISSIMI ET REVERENDISSIMI D. D. LUDOVICI FOUQUET[3],
EPISCOPI AGATHENSIS.

Deux autres Oratoriens célèbres, le P. Charles Bordes en 1706 et le P. Lebrun en 1729, laissèrent encore leurs livres au séminaire, comme l'indiquent ces inscriptions très-fréquentes :

EX DONO CAR. BORDESII P. O. D. J.

et

EX DONO R. P. LE BRUN.

Ce dernier possédait un grand nombre de précieux manuscrits, presque tous relatifs aux matières canoniques.

On voit que les Oratoriens du séminaire inscrivaient, autant que possible, sur chaque volume le nom de la personne qui l'avait procuré à l'établissement; parfois même, quand le nom leur manquait, ils y suppléaient par cette mention :

EX LIBRIS BENEFACTORUM.

Malheureusement beaucoup d'inscriptions sont trop concises pour qu'on puisse aujourd'hui être bien fixé sur les personnages qu'elles désignent; nous citerons cependant celles qui se rencontrent le plus fréquemment :

EX DONO DOMINI POITEVIN.
EX DONO D. D. FR. CLERMONT[4].
EX DONO R. P. FURSÆI.
EX DONO R. P. DE LA BARRE.

---

[1] Voyez ci-dessous notre notice sur la bibliothèque du collége Mazarin.
[2] *Gallia christiana*, t. VI, col. 702.
[3] Parfois *Foucquet*.
[4] Peut-être François de Clermont-Tonnerre, évêque de Noyon, mort en 1701.

EX DONO D. DE FONTAINE, D. SORB.

EX DONO CLARISS. VIRI R. MORELLI[1].

EX DONO R. BOUCHÉ. P. O. D. J.

Toutes ces donations arrivèrent à constituer une bibliothèque bien choisie, et qui, au moment de la Révolution, renfermait, non pas de dix-huit à vingt mille volumes, comme le dit Thiéry[2], mais seulement quatorze mille cent soixante-sept volumes[3].

Les Pères de Saint-Magloire étaient, de toute manière, très-prodigues d'inscriptions sur leurs volumes; il y a aussi une grande variété dans celles qui sont destinées à établir sur chaque ouvrage la propriété du séminaire. La plus fréquente est celle-ci :

ORATORII SAMMAGLORIANI.

Mais on trouve encore :

ORATORII D. JESU DOMUS MAGLORII.

EX BIBLIOTHECA ORATORII S^{ti} MAGLORII.

DE LA BIBLIOTHÈQUE DE St MAGLOIRE.

Les bâtiments de ce séminaire furent, en 1792, affectés à l'institution des sourds-muets; ils ont été entièrement reconstruits en 1823.

---

[1] Peut-être D. Robert Morel, bibliothécaire de l'abbaye de Saint-Germain-des-Prés, mort en 1731.

[2] Thiéry, *Guide des amateurs et des étrangers*, t. II, p. 248.

[3] *État général des livres de 162 maisons ecclésiastiques et relligieuses du département de Paris, selon les déclarations reçues.* Archives de l'Empire, série M, carton n° 797.

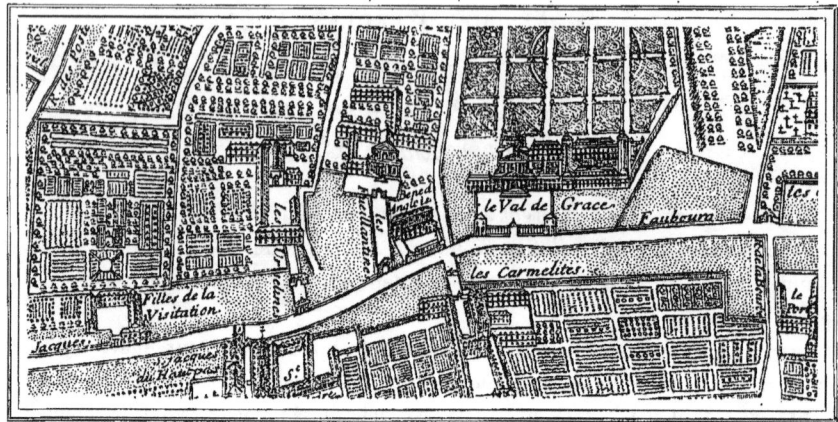

Fac-simile héliographique.   Plan de B. Jaillot. (1717).

BÉNÉDICTINS ANGLAIS.

Lors de la réforme religieuse opérée par Henri VIII en Angleterre, quelques Bénédictins de ce royaume vinrent se réfugier en France, mais ils n'y trouvèrent pas tout l'appui sur lequel ils avaient compté. Accueillis d'abord au collége de Montaigu, ils durent se transporter ensuite dans une pauvre maison du faubourg Saint-Jacques. Le chef de la congrégation des Bénédictines anglaises prit alors leur sort en pitié, et leur procura un logement rue de Vaugirard; ils l'abandonnèrent bientôt pour se transporter rue d'Enfer. Enfin, en 1640, le P. Gifford, archevêque de Reims, leur acheta trois maisons situées rue Saint-Jacques, auprès du Val-de-Grâce, et les Bénédictins anglais s'y établirent définitivement. Vingt-quatre ans après, Joseph Shiburne, leur prieur, homme actif et intelligent, leur créa de puissantes protections qui leur permirent de reconstruire les bâtiments et d'entreprendre l'érection d'une église, qui fut achevée en 1677 et consacrée sous l'invocation de saint Edmond.

Aucun ouvrage imprimé ne mentionne l'existence d'une bibliothèque dans cette Maison; mais nous pouvons y suppléer au moyen de quelques documents manuscrits.

De nombreuses donations particulières servirent certainement de premier fonds aux Bénédictins anglais. Nous n'avons cependant trouvé qu'un seul volume qui en conservât le souvenir. Il appartient aujourd'hui à la bibliothèque Mazarine, et le feuillet de garde porte ces trois inscriptions : « Hieronymus Collot, « regis litothomista. 1664. » — « De Woolhouse, camerarius regius, ophthal- « miator anglicus, Darbiensis. » — « Ex dono Joannis Thomæ de Woolhouse,

«regi Magnæ Britanniæ Jacobo 2ᵈᵒ ex admissionalibus, sive a camera privata
«groom, secundum idioma anglicanum. 1699[1].» La famille Collot fournit, de
pères en fils, à la France d'habiles chirurgiens qui, depuis Louis XI, se consa-
crèrent presque exclusivement à la lithotomie : Germain, Laurent, Philippe et
François eurent successivement le titre de lithotomistes du roi[2], mais Jérôme ne
figure dans aucun recueil biographique. Jean-Thomas Woolhouse, célèbre ocu-
liste anglais et auteur de nombreux ouvrages d'ophthalmologie, passa, quoique
médecin de Guillaume III et de Jacques II, la plus grande partie de sa vie à
Paris; il mourut vers 1720[3].

Au moment de la Révolution, la bibliothèque des Bénédictins anglais renfermait cinq mille trois cent six volumes[4], divisés en deux collections distinctes.
Un certain nombre de religieux qui, en 1749, s'étaient constitués en académie,
possédaient quatre cent vingt-huit volumes, dont quatre manuscrits, et l'on
comptait dans la bibliothèque de la Maison quatre mille huit cent soixante et
dix-huit volumes, savoir : huit cent vingt-trois in-folio, sept cent cinq in-quarto,
onze cent dix-huit in-octavo et deux mille deux cent trente-deux in-douze.

Le catalogue de la collection avait été dressé en 1702. Il forme un volume in-
folio rédigé avec beaucoup de soin et qui a pour titre :

Catalogus librorum Bibliothecæ Benedictinorum anglorum sancti Edmundi, Parisius,
M.DCC.II[5].

Il contient :

1° (Index des livres classés par ordre de matières);
2° Catalogus alphabeticus authorum;
3° Catalogus alphabeticus librorum anonymorum;
4° Catalogus alphabeticus librorum hujus conventus monachis nostris cellensibus accommodatorum;
5° Catalogus alphabeticus librorum anonymorum hujus conventus monachis nostris cellensibus accommodatorum;
6° Catalogus alphabeticus librorum cellensium sumptibus hujus monasterii emptorum;
7° Catalogus alphabeticus librorum anonymorum cellensium sumptibus hujus monasterii
emptorum;
8° Catalogus alphabeticus librorum quos legavit D. Salo monachis cellensibus.

Les Archives de l'Empire possèdent trois inventaires partiels des livres de cette
collection. Voici les titres de ces documents :

État des livres trouvés dans la bibliothèque des ci-devant Bénédictins anglais, rue

---

[1] Bibliothèque Mazarine, nouveau fonds, théologie, salle des doubles.

[2] Éloy, *Dictionnaire historique de la médecine*,
t. I, p. 250 et suiv.

[3] Bayle et Thillaye, *Biog. médicale*, t. II, p. 197.

[4] *État général des livres de 162 maisons ecclésiastiques et relligieuses du département de Paris*,
selon les déclarations reçues. Archives de l'Empire,
série M, carton n° 797.

[5] Bibliothèque Mazarine, manuscrits, n° 3269.

Jacques, d°ⁿ de l'Observatoire, et soi-disant appartenans au citoyen Schaw; remis le 11 brumaire an VIII par le citoyen de Lassaux, commissaire du département, en présence du citoyen Cardin, commissaire de la municipalité du 11ᵉ arrondissement[1].

Cet état comprend soixante et dix-sept volumes, qui furent transportés au dépôt des Cordeliers.

Bibliothèque des Bénédictins anglais, rue Jacques. État sommaire des livres soi-disant réclamés comme appartenant à une société particulière du couvent[2].

Enfin :

État des livres provenant de la bibliothèque des ci-devant Bénédictins anglais, rue Jacques, et choisis par le citoyen Barbier[3] *pour la bibliothèque du Directoire exécutif*[4].

Cette pièce, qui est datée de brumaire an VIII, contient l'énumération détaillée de cinq cents volumes environ.

L'estampille que l'on trouve dans les livres provenant de cette bibliothèque

est toujours frappée en rouge.

Les inscriptions manuscrites sont très-fréquentes, mais à peu près uniformes. On ne rencontre guère que ces deux formules :

BENEDICTINORUM ANGLORUM SANCTI EDMUNDI PARISIIS.

AUX R. P. BÉNÉDICTINS ANGLOIS.

Les bâtiments occupés par ces religieux furent vendus le 13 fructidor an VII, mais un arrêté du 3 messidor an XI les leur restitua. Ils sont devenus, depuis, une propriété particulière, comprise entre la rue Saint-Jacques et la rue actuelle des Feuillantines.

---

[1] Archives de l'Empire, série F¹⁷, carton n° 1194, pièce n° 3.

[2] Archives de l'Empire, série F¹⁷, carton n° 1194, pièce n° 4.

[3] Sur la formation de la bibliothèque du Directoire exécutif par Barbier, voyez : Louis Barbier, *Notice biographique et littéraire sur Ant.-Alex. Barbier*, p. 5; et A.-F. A.-A. Barbier, dans le *Bibliophile français*, numéro du 1ᵉʳ janvier 1869, p. 144.

[4] Archives de l'Empire, série F¹⁷, carton n° 1162.

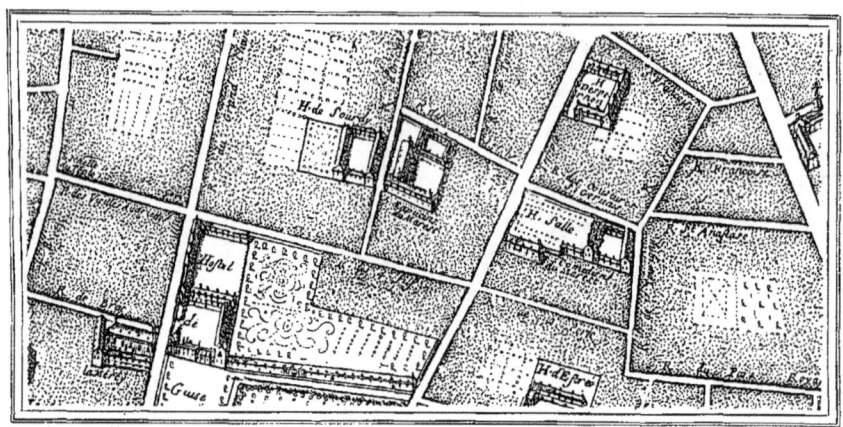

Fac-similé héliographique.   Plan de Jouvin de Rochefort (1690).

CAPUCINS DU MARAIS.

Le P. Athanase Molé, frère du célèbre premier président, était capucin. En 1623, il réussit à doter les religieux de son ordre d'un nouveau couvent, qui s'éleva au Marais, au coin de la rue du Perche et de la rue d'Orléans [1].

Cette Maison eut dès l'origine une bibliothèque, car elle fut construite en même temps que le monastère, par les soins du P. Molé.

Les ouvrages imprimés restent muets à l'égard de cette collection; mais on peut en suivre le développement dans un registre in-folio très-curieux, qui est conservé aux Archives de l'Empire et qui a pour titre : *Livre des Archives du convent des Capucins du Marais*. Il débute ainsi : « Au nom de Nostre Seigneur J.-C., « de la bien heureuse Vierge et de nostre séraphique père saint François, com- « mencent les archives du convent du Marais, étably l'année 1623, soubz le tiltre « de la Conception de Nostre-Dame, à laquelle l'église est dédiée [2]. »

Nous lisons dans ce manuscrit qu'entre les années 1623 et 1625 on bâtit « l'église, le chœur, le cloistre, la bibliotèque... [3]. » Cette dernière paraît cependant n'avoir été achevée qu'en 1630 [4].

Le premier fonds de livres fut sans doute fourni par le P. Molé, car c'est en 1652 seulement que nous voyons mentionner une donation de quelque importance; elle consistait en ouvrages manuscrits et provenait du P. Barthélemy de la Haye [5]. Puis, le 2 février 1676, mourut le P. Esprit d'Ivoy Sabatier, confes-

---

[1] D. H. I. *Supplément aux antiquitez de Paris* de Dubreul, p. 50.
[2] Archives de l'Empire, série S, carton n° 3706.
[3] *Livre des archives*, etc. p. 13.
[4] *Livre des archives*, etc. p. 16.
[5] *Livre des archives*, etc. p. 29.

seur du couvent. Son frère donna à la Maison, « en sa considération, une bonne « partye des livres de nostre bibliotèque, dont la plupart sont marquez à ses « armes [1]. » D'autres libéralités du même genre succédèrent certainement à celles-ci, car, en 1703, la bibliothèque se trouva trop petite pour contenir tous les livres que possédait le couvent, et l'on dut y faire d'importants changements : « Au mois « de may, la bibliothèque fut agrandie de tout le costé qui joint la chapelle de Saint-« Joseph, laquelle contenoit tout cette espace assez inutilement. L'on ne fit qu'ab-« batre la cloison qui la séparoit de la bibliothèque, et reculer le retable de l'autel. « L'on osta les tabletes qui estoient du costé des fenêtres, et elles servirent à garnir « le nouveau costé comme il est. On la reblanchit toutte entière; l'on fit les lambris « en peinture, et l'on renouvela toutes les serges vertes des tablettes. La dépense « a esté d'environ cinquante écus; mais cet accomodement rend ladite bibliothèque « beaucoup plus commode et plus belle. Les deux grands globes de Coronelly qui « y ont esté mis, après avoir esté deux ou trois ans dans le cloître, appartiennent « à M. Truden, maître des requêtes, qui demeure proche les Enfans Rouges. Il a « comme fait entendre au P. Marc qu'il nous les donnoit, et c'est sur cela qu'on les « a fait monter dans la bibliothèque [2]. » Ces embellissements étaient à peine terminés quand mourut, en août 1704, le P. Philippe Duret, qui laissa au couvent plus de cinq cents volumes [3]. Il fallut bientôt songer à augmenter encore le local consacré à la collection, et en 1717 « on fit faire plusieurs tablettes dans la « bibliothèque pour y mettre des livres, au costé gauche en entrant qui est sur le « jardin du cloître [4]. » Enfin la dernière donation dont le souvenir nous ait été conservé date de 1742; le 22 mai de cette année, le P. Jean-François Sautreau laissa « quantité de livres » au couvent [5].

La bibliothèque des Capucins du Marais avait alors une certaine réputation, puisque Durey de Noinville, le seul auteur qui l'ait mentionnée, la met au nombre de celles où les érudits étaient facilement admis [6]. Mais il est probable qu'à partir de cette époque les religieux commencèrent à négliger leur collection, car, en 1790, elle ne renfermait, « sauf erreur de calcul, » que huit mille deux cents volumes. Le dernier bibliothécaire du couvent, le R. P. Romain Joly, en religion Romain de Saint-Claude, déclarait en outre à la municipalité que la bibliothèque ne possédait « ni manuscrit, ni aucun livre rare [7], » et il énumérait ainsi qu'il suit ses principales richesses :

---

[1] *Livre des archives*, etc. p. 51.
[2] *Livre des archives*, etc. p. 163.
[3] *Livre des archives*, etc. p. 168.
[4] *Livre des archives*, etc. p. 200.
[5] *Livre des archives*, etc. p 225.
[6] Durey de Noinville, *Dissertation sur les bibliothèques*, p. 54.
[7] Cette déclaration fut confirmée en ces termes par les officiers de la municipalité : « Nous nous « sommes fait conduire ensuite à la bibliothèque, « composée de deux ailes de bâtiment donnant « sur l'ancien cloître; elle nous a parue propre à « contenir huit à neuf mille volumes, et mesdits « sieurs les religieux nous ont attesté qu'elle en « renfermoit environ huit mille deux cents, qu'elle « ne contenait ni manuscrits, ni livres rares. Ils

« L'Écriture sainte, les divers expositeurs et commentaires, Dom Calmet et la
« Bible d'Avignon n'y sont pas; une bonne partie des saints Pères d'ancienne
« édition; tous les ouvrages de saint Thomas et de saint Bonaventure... Les
« dictionnaires de Moréri, Trévoux, de Baile, et divers livres concernants la
« grammaire. Quelques anciens orateurs et poëtes, avec un très petit nombre de
« modernes. L'histoire de l'Église par Monsieur de Fleury, celle de Monsieur de
« Choisi, l'histoire de l'Église gallicane, Baronius, etc.; plusieurs histoires saintes
« et vies des Saints. L'histoire de France, grand Mézeray et son abrégé, le
« P. Daniel et autres de cette espèce. Plusieurs histoires de diocèses, nations, et
« celle en particulier de Monsieur Rolin. L'histoire des voyages et quelques livres
« concernants la géographie... Il y a des livres défendus sous clef, les uns
« concernent les jansénistes et les autres les protestants [1]... » Tout cela, il faut
l'avouer, ne constituait pas une bibliothèque bien brillante.

Il avait été dressé deux catalogues de cette collection. Le premier date de
1746 et forme un volume in-folio d'une très-belle écriture; il a pour titre :
*Catalogue des autheurs qui composent la Bibliotèque des Pères Capucins du Marais,
distribué par ordre alphabétique, sous le gouvernement du R. P. Robert de Paris, définiteur et gardien de ce couvent, par le Père Jean-Baptiste de Béthune, bibliothécaire.
A Paris, 1746* [2]. Ce catalogue, qui semble n'avoir pas été terminé, est rédigé
par ordre de matières : mais on ne trouve guère, sous chaque rubrique, que les
noms d'auteurs; les titres des ouvrages y sont très-rarement joints.

Le second travail de ce genre est beaucoup plus complet; il comprend successivement : le catalogue des livres par ordre de matières, le catalogue alphabétique
des auteurs et le catalogue alphabétique des ouvrages anonymes. Il se compose
de deux volumes in-folio, en tête desquels est écrit : *Catalogue des livres de la
Bibliothèque des Capucins du Marais, dressé et mis en ordre en 1775* [3]. On lit en
tête de l'*Avertissement* qui le précède : « Pour remplir les devoirs de l'emploi qui
« nous a été confié, et en même tems pour répondre aux intentions de nos supé-
« rieurs, nous nous sommes déterminés à composer ce nouveau Catalogue, mais
« sans nous flatter de le porter à sa perfection. Nous avons pris pour modèles ceux
« qui avant nous ont été faits par d'habiles maîtres, et nous nous sommes surtout
« appliqués à conserver l'ordre et la précision qui y règnent. Ce Catalogue sera
« divisé en trois parties... »

« nous ont également attestés qu'ils ne possédaient
« point de médailles. Cette bibliothèque est rangée
« par ordre de matière. » (*Procès-verbal de visite des
Capucins du Marais.* Archives de l'Empire, série S,
carton n° 3706.)

[1] *État du produit, charges, dettes actives et passives du couvent des Capucins du Marais, à Paris,* présenté à Messieurs les officiers municipaux, conformément au décret de l'Assemblée nationale sanctioné par le roi le 18 novembre 1789. Archives de l'Empire, série S, carton n° 3706.

[2] Bibliothèque Mazarine, manuscrits, n° 3241.

[3] Bibliothèque Mazarine, manuscrits, n°ˢ 3275 et 3276.

Les Capucins du Marais ne possédaient point d'estampille; ils faisaient seulement frapper en or sur les plats de la plupart de leurs volumes ces mots en grandes capitales, et ainsi disposés :

Une inscription analogue se trouve très-fréquemment écrite à la main sur le titre des ouvrages; c'est tantôt :

AUX CAPUCINS DU MAREST,

et tantôt :

AUX CAPUCINS DES MARETS DU TEMPLE, A PARIS.

Les bâtiments de ce couvent furent vendus en 1790. L'église, restituée au culte en 1802, devint alors, sous le nom de Saint-François-d'Assise, une des succursales de Saint-Merri; elle a été reconstruite vers 1820, et porte aujourd'hui le titre de Saint-Jean-Saint-François.

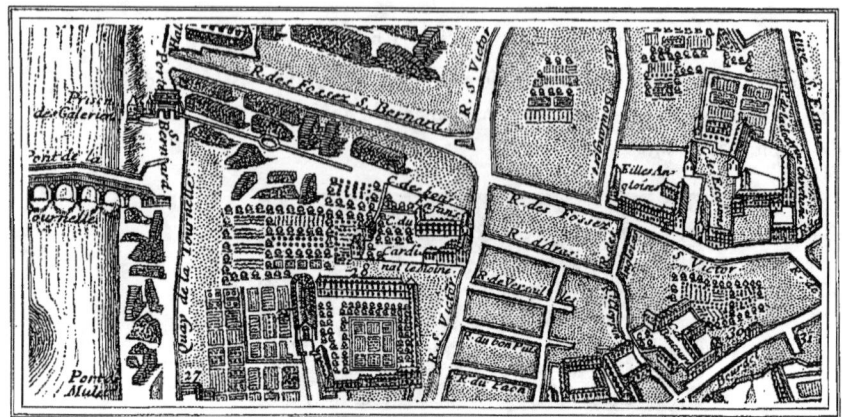

Fac-similé héliographique.   Plan de B. Jaillot (1717).

SÉMINAIRE SAINT-FIRMIN[1].

Le collége des Bons-Enfants, situé rue Saint-Victor, était contigu au collége du cardinal Lemoine. On ignore la date de sa fondation; mais il existait certainement avant 1257, puisque, à cette époque, l'évêque de Paris Renaud autorisa les boursiers à posséder une chapelle. Cet établissement semble avoir joui alors d'une certaine réputation, car il est mentionné dans le testament de saint Louis, qui lui légua une somme de quarante livres[2]. Cette prospérité ne se soutint pas; le collége, mal administré, tomba peu à peu, et au commencement du XVIIe siècle il était presque abandonné.

En 1624, l'archevêque de Paris, Jean-François de Gondi, en donna la direction à Vincent de Paul[3], et celui-ci y jeta les fondements de la célèbre congrégation des Missions, qui, sept ans plus tard, établit son chef-lieu dans le grand prieuré de Saint-Lazare. En même temps, l'ancien nom de l'établissement fut supprimé et remplacé par celui de Séminaire Saint-Firmin.

Nous n'avons trouvé aucune trace de l'existence d'une bibliothèque dans le collége des Bons-Enfants; mais le séminaire en eut une de très-bonne heure. Le règlement de la Maison voulait que tout nouvel admis apportât avec lui «un Bré-«viaire ou un Diurnal parisien, un ordinaire de la messe, une Bible, un Nouveau «Testament détaché, une Imitation de Jésus-Christ et quelques autres livres de

---

[1] Plan. Nos de renvoi : 27. Communauté de Ste Geneviève. — 28. Les Bernardins. — 30. Colége de Tournay. — 31. Cour de Bavière.

[2] «Item legamus Bonis-pueris Paris. XL libr.» (*Testamentum regis Ludovici IX*, dans *Historiæ Francorum scriptores*, édit. André Duchesne, t. V, p. 439.)

[3] Abelly, *Vie de Vincent de Paul*, p. 67.

« piété [1]. » Ce fut probablement là le premier fonds de cette collection, qui n'acquit de l'importance que sous l'administration du P. Julien Barbé. Il fut supérieur de l'établissement jusqu'à 1711, et, connaissant bien les livres, il n'épargna rien, dit G. Brice, « pour en avoir des mieux conditionnez [2]. »

La règle de la Maison recommandait en ces termes la lecture aux élèves :

« Ils s'attacheront à la lecture des livres qui leur seront prescrits par le supé« rieur ou par leurs professeurs. Ils veilleront attentivement sur eux-mêmes pour « bannir de leur cœur l'amour de toute autre étude que de celle qui les peut aider « à connaître et à aimer de plus en plus le Seigneur, et les mettre en état de tra« vailler utilement à le faire connaître et à le faire aimer des autres; telle est l'étude « des Saintes Écritures, des Conciles, des Pères, de l'Histoire ecclésiastique, de la « Discipline de l'Église et de la Morale chrétienne. Exempts de prévention dans « leurs études, ils ne chercheront qu'à connaître la vérité, et ils s'y attacheront « fidellement [3]. »

Il est difficile de déterminer quelle était, au moment de la Révolution, l'importance de la bibliothèque. Le supérieur du séminaire s'exprimait ainsi dans la *Déclaration* qu'il fit, le 27 février 1790, à la municipalité de Paris : « ... Une « bibliothèque renfermée dans deux salles, au troisième étage du bâtiment vieux « du séminaire, contenant environ quatre mille volumes, dont huit cents in-folio, « et traitant, presque tous, de matières relatives à l'étude de la théologie, tels que « des autheurs sacrés, des commentateurs, quelques bonnes éditions des Pères, « saint Augustin, saint Jérôme, Tertulien, saint Ambroise, des Conciles, des Rubri« quaires, quelques autheurs de Droit civil et canonique, et autres ouvrages propres « à former les jeunes ecclésiastiques du séminaire. Cette bibliothèque ne renferme « aucun manuscrit [4]. » Thiéry, en 1787, attribue cependant à cette collection « quatorze ou quinze mille volumes d'un bon choix [5]. » Le supérieur du séminaire s'est-il donc rendu coupable d'une fraude alors bien fréquente? Nous ne le pensons pas. Piganiol de la Force présente en effet cette bibliothèque comme « plus « distinguée par la qualité que par la quantité des livres qui la composent [6]; » et en présence de ce témoignage, que rien ne contredit, nous pencherions à voir une faute d'impression dans le chiffre fourni par Thiéry.

---

[1] *Règlement du séminaire de Saint-Firmin, de la Congrégation de la Mission, établi au collège des Bons-Enfans*, p. 39.

[2] G. Brice, *Nouvelle description de Paris*, t. II, p. 458.

[3] *Règlement du séminaire de Saint-Firmin*, etc. p. 24.

[4] *Déclaration que donnent au greffe de la commune de Paris, conformément au décret de l'Assemblée nationale, du treize novembre dernier, les supérieur et prêtres de la congrégation de la Mission, du séminaire Saint-Firmin, établi dans l'ancien collége des Bons-Enfants, scis ruë Saint-Victor...., des biens et revenus...., des charges et du mobilier dépendants dudit séminaire*. Archives de l'Empire, série S, carton n° 6849.

[5] *Guide des amateurs et des étrangers voyageurs à Paris*, t. II, p. 148.

[6] Piganiol de la Force, *Description historique de Paris*, t. V, p. 289.

Les personnes studieuses obtenaient assez facilement l'autorisation de travailler dans cette bibliothèque [1].

Comme les Pères de Saint-Lazare, les religieux du séminaire Saint-Firmin possédaient, au lieu d'estampille, un *ex libris* charmant,

composé avec esprit et très-finement gravé.

Les inscriptions manuscrites se rencontrent du reste beaucoup plus fréquemment que cet *ex libris;* en voici trois spécimens :

EX LIB. SEMIN. MISS. BONORUM PUERORUM.

EX LIB. CONG. MISSIONIS SEM^{rij} BON. PUERORUM.

EX LIBRIS SEMINARII PARISIENSIS CONGREGATIONIS MISSIONIS DOMUS BONORUM PUERORUM.

La Révolution transforma le séminaire Saint-Firmin en maison d'arrêt, et, pendant les journées de septembre, quatre-vingt-onze prêtres y furent massacrés; dans le nombre figurait l'abbé J.-Ch.-M. Bernard, le dernier bibliothécaire de l'abbaye Saint-Victor [2].

Depuis, les bâtiments de ce séminaire, qui étaient voisins du chemin de ronde intérieur de l'enceinte de Philippe-Auguste, furent occupés par l'institution des Aveugles, à laquelle succéda une caserne. Ils sont aujourd'hui une propriété particulière, contiguë au dépôt du Domaine de l'État.

---

[1] Durey de Noinville, *Dissertation sur les bibliothèques*, p. 54.

[2] *Martyrologe du clergé français pendant la Révolution*, p. 24.

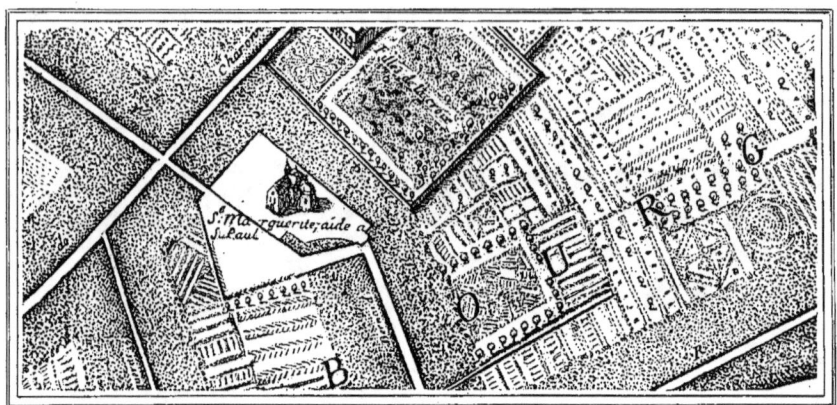

Fac-similé héliographique.   Plan de Jouvin de Rochefort (1690).

ÉGLISE SAINTE-MARGUERITE.

Jusqu'au milieu du xviie siècle, les faubourgs de Reuilly, de Picpus, de la Roquette et de Popincourt eurent l'église Saint-Paul pour paroisse [1]. Antoine Fayet, conseiller au Parlement et curé de Saint-Paul, attribua l'indifférence religieuse de ses ouailles à leur éloignement de tout lieu de culte, et résolut de fonder une chapelle au milieu du faubourg Saint-Antoine. Le roi, voulant s'associer à cette entreprise, lui concéda un terrain vague, situé entre la rue de Charonne et la rue Saint-Bernard; et, dès 1625, la nouvelle chapelle fut consacrée sous l'invocation de sainte Marguerite [2]. Dix ans après, elle fut érigée en succursale de Saint-Paul [3], et une assez vaste église s'éleva à côté de la chapelle. Enfin, en 1712, l'église Sainte-Marguerite, distraite de toute dépendance, forma une cure particulière [4], qui fut confiée à Jean-Baptiste Goy, docteur en théologie et promoteur général de l'archevêque de Paris.

Il était impossible, sous tous les rapports, de faire un meilleur choix. Placé au milieu de l'un des quartiers les plus peuplés et les plus pauvres de la capitale, M. Goy sut se concilier, par sa charité et son zèle, l'affection de tous ses paroissiens. Son testament, daté du 26 novembre 1737, fut une nouvelle preuve de l'intérêt éclairé qu'il portait aux malheureux. Il avait amassé une très-riche bibliothèque, qu'il divisa, quelque temps avant sa mort, en deux collections distinctes, et qu'il légua à son église. La première collection se composait de nombreux ouvrages d'érudition : M. Goy ordonna qu'elle serait ouverte au public les lundis, mercredis et vendredis. La seconde, qui ne renfermait guère que des

---

[1] Pig. de la Force, *Descr. de Paris*, t. V, p. 126.
[2] Thiéry, *Guide des amateurs et des étrangers voyageurs à Paris*, t. Ier, p. 649.
[3] D'Auvigny, etc. *Histoire de Paris*, t. V, p. 194.
[4] Lerouge, *Curiosités de Paris*, t. Ier, p. 339.

livres de piété en langue vulgaire, devait être mise à la disposition des ouvriers du faubourg; mais, comme ceux-ci ne pouvaient consacrer à la lecture que peu d'instants dans la journée, le testateur voulait que les volumes leur fussent prêtés, afin qu'ils les emportassent chez eux. M. Goy laissait en outre quatre cents livres de rente destinés à l'entretien de ces bibliothèques, et huit cents livres pour le traitement des deux «prêtres confesseurs,» qui rempliraient les fonctions de bibliothécaires. Ceux-ci devaient être choisis parmi les prêtres habitués de la communauté, en donnant toujours la préférence à ceux qui seraient nés sur le territoire de la paroisse. Le catalogue de la collection devait être vérifié par eux tous les ans, et les livres perdus aussitôt remplacés. Goy exigeait en outre que les bibliothèques restassent dans le local qu'elles occupaient de son vivant, et que les bibliothécaires eussent leur appartement près des collections qu'ils étaient chargés de conserver. Il plaçait ensuite cette fondation sous la haute surveillance du recteur de l'Université et du bâtonnier de l'ordre des avocats. Il les priait de s'y transporter chaque année pour en faire la visite, et réglait d'avance les frais que pouvait entraîner cette cérémonie, y compris «un petit raffraichement» destiné aux deux inspecteurs[1]. L'inventaire des livres de J.-B. Goy, qui fut dressé le 22 janvier 1738[2], comprend la liste des ouvrages qu'il laissait à son église. Il avait mis à part, pour la «bibliothèque paroissiale,» cinq cent soixante-neuf volumes, qui furent estimés 908 livres 15 sols; ceux qu'il avait destinés à former la «grande bibliothèque» furent divisés en seize lots, ainsi composés :

1er lot...............	114 volumes, estimés...............	1,117 l. 10 s.
2e lot...............	262............................	628 5
3e lot...............	275............................	2,267 10
4e lot...............	352............................	1,661 00
5e lot...............	543............................	1,909 00
6e lot...............	524............................	1,116 00
7e lot...............	264............................	1,203 00
8e lot...............	310............................	2,050 5
9e lot...............	426............................	1,289 00
10e lot...............	157............................	2,015 10
11e lot...............	85............................	324 15
12e lot...............	118............................	169 00
13e lot...............	169............................	1,978 00
14e lot...............	218............................	569 00
15e lot...............	158............................	458 00
16e lot...............	175............................	319 00
Soit........	4,142 volumes, estimés...............	19,074 l. 15 s.

[1] Voir le testament de J.-B. Goy, que nous reproduisons ci-dessous. L'abbé Lebeuf, *Histoire de la ville et du diocèse de Paris*, t. II, p. 537; Piganiol de la Force, *Description historique de Paris*, t. V, p. 141, et Leprince, *Essai historique sur la bibliothèque du Roi*, ont mentionné cette fondation.

[2] *Inventaire après le décès de messire Jean-Batiste Goy, prêtre, docteur de Sorbonne, curé de la paroisse*

Les marguilliers de Sainte-Marguerite, chargés d'assurer l'exécution du testament de Goy, apportèrent quelques modifications aux dernières volontés du testateur. La délibération la plus importante eut lieu le 18 janvier 1739. On y représenta d'abord que deux ecclésiastiques ne pourraient suffire aux soins qu'exigeraient les fonctions réunies de bibliothécaire, de prêtre habitué et de confesseur des enfants; l'assemblée décida, en conséquence, qu'un seul bibliothécaire serait placé à la tête de la collection, et que son traitement serait réduit de 800 à 400 livres. Les 400 livres restant devaient être partagées entre deux ecclésiastiques auxquels serait dévolue la charge de confesseurs des enfants. Sur les 400 livres que Goy avait attribuées à l'augmentation de la bibliothèque, on accorda au bibliothécaire 60 livres, afin qu'il pût «avoir à ses dépens un garçon qui nétoye «la bibliotèque et époudre les livres.» On arrêta, en outre, que le bibliothécaire serait nommé de concert par le curé et les marguilliers, et les deux confesseurs par le curé seul. La désignation des heures d'ouverture et de l'époque des vacances de la bibliothèque fut abandonnée au choix du procureur général[1].

Nous avons rencontré quelques volumes qui portent écrits à la main, au milieu du titre, ces mots :

EX BIBLIOTH. SAN MARGARETANA.

C'est là la seule preuve que nous possédions de l'existence de cette bibliothèque. Pendant longtemps même nous avons dû supposer que les dernières volontés de Goy n'avaient point été exécutées, et que sa collection, livrée au pillage, n'avait jamais reçu d'organisation sérieuse. Le clergé actuel de l'église Sainte-Marguerite n'a pu nous fournir à cet égard aucun renseignement, et il ne s'est conservé, dans le quartier, aucune tradition relative à cette fondation populaire.

---

de Sainte-Marguerite du fauxbourg Saint-Antoine, à Paris. Archives de l'Empire, série S, carton n° 3437.

[1] Nous donnons plus loin le procès-verbal de cette séance.

TESTAMENT DE MESSIRE JEAN-BAPTISTE GOY,

PRÊTRE, DOCTEUR DE SORBONNE,

CURÉ DE LA PAROISSE SAINTE MARGUERITE, FAUXBOURG SAINT ANTOINE, À PARIS[1].

TESTAMENT DE MA DERNIÈRE VOLONTÉ.

1° Je recommande mon âme à Dieu, mon créateur...; je le supplie de m'accorder la rémission de tous mes péchez, par les mérites de la passion de Nôtre Seigneur.....

2° Je demande que mon corps soit enterré le matin, dans ma paroisse, devant l'autel des Charniers.....

....

12° Je donne et lègue cent livres à l'Hôpital général, une fois payé.

13° Je donne et lègue cent livres à l'Hôtel-Dieu...

14° Je donne et lègue cent livres aux Enfans trouvez.

15° Je donne et lègue à La Forest, mon domestique, cent livres..... et deux cens livres de rentes viagères sa vie durant.....

16° Je laisse et lègue au cuisinier de la communauté de messieurs nos ecclésiastiques de la paroisse cent livres...

17° Je lègue au portier de ladite communauté... cent livres...

18° Je lègue ce qui se poura trouver d'argent comptant à moy appartenant....., un tiers à la communauté de messieurs nos ecclésiastiques y demeurant et habituez, un tiers aux pauvres malades, et un tiers aux deux assemblées des ménages et des veuves.

19° Je remets génerallement aux personnes à qui j'ai presté de l'argent, soit qu'il se trouvent des billets ou non, tout ce qu'ils me doivent.....

20° Je lègue à l'œuvre et fabrique de Sainte Marguerite, ma paroisse, ma bibliotèque enfermée dans les armoires fermant à clefs, dans l'appartement que j'occupe, qui a été par moi acquis, tant les chambres par moi occupées que celles qui sont occupées par Monsieur le vicaire, en contr'échange d'une maison bâtie par moi, que j'ai donné à cet effet à l'œuvre et fabrique de ma paroisse. Le tout ainsi qu'il est homologué par arrest du Parlement, suivant lequel ledit appartement en entier restera pour le service de la bibliotèque, laquelle servira à l'usage de messieurs les ecclésiastiques de la paroisse, qui y seront tous les jours pour y travailler, sans pouvoir emporter aucuns livres hors la bibliotèque.

On fera tous les ans la révision du catalogue des livres, et on remplira ceux qui auront été perdus.

21° Je lègue les livres de piété en langue vulgaire, qui sont à part, pareillement à l'œuvre et fabrique de ma paroisse, pour être presté par messieurs les confesseurs à leurs pénitens et pénitentes qui n'auroient pas le moyen d'en acheter, à condition que lesdits sieurs confesseurs se chargeront eux mêmes de les r'apporter, au plus tard un mois après, sinon ils en payeront le prix pour en acheter de semblables.

[1] Nous reproduisons ce testament d'après une copie qui est conservée parmi les manuscrits de la Bibliothèque impériale, et cotée fonds français, n° 25696 (ancien fonds de la Merci, n° 3), p. 299. Il a été imprimé, mais les exemplaires en sont fort rares; la bibliothèque Mazarine en possède un qui est compris dans le recueil de pièces catalogué sous le n° 274 A[11]; on trouve, en outre, ce document, imprimé et manuscrit, aux Archives de l'Empire, dans les cartons cotés S 3435 et 3437.

Les personnes studieuses seront reçus dans la bibliotèque les lundis, mécredis et vendredis de châque semaine; on leur communiquera les livres qu'ils demanderont, qui ne sortiront point de la bibliotèque.

22° Je fais mes légataires universels les écoles de charitez de ma paroisse, à la charge de payer six cens livres châque année pour l'honnoraire de deux maîtres de chaque école de deux écoles de charité des pauvres garçons, lesquels six cens livres seront prises sur les trois cens livres à moi dus par la fabrique de ma paroisse et sur les loyers de ma maison de la cour d'Albret.

Plus, à la charge de payer huit cens livres chaque année pour l'honnoraire de deux prêtres confesseurs qui seront tenus de confesser, l'un les garçons de la charité des écoles pendant le cours d'une semaine, et l'autre les filles, pendant la semaine suivante, ce qui continuëra ainsi alternativement, en sorte que châque confesseur aura une semaine destinée à la confession, et une dans laquelle il ne confessera point, et que les garçons auront une semaine différente pour leurs confessions de celle des filles. Lesquelles confessions se feront les lundis, mécredis et vendredis après midis.

Seront aussi tenus lesdits confesseurs, la semaine qu'ils seront de fonctions pour lesdites confessions, de dire la messe les festes et dimanches, sous les charniers, à l'heure que les enfans des écoles de charité viennent l'entendre, dans laquelle ils annonceront les festes et jours d'abstinence, et feront une exortation à ces enfans comme on a coutume de la faire.

Ils recevront l'honnoraire de la messe à la sacristie comme par le passé.

Ils seront pareillement obligé de faire la fonction de bibliotéquaire, chacun alternativement, dans la semaine dans laquelle ils ne seront point occuppez aux confessions des pauvres enfans des écoles de charitez, et, à cet effet, ils auront leur logement : l'un dans la chambre que j'occupe et où je couche, l'autre dans l'appartement occupé par monsieur le vicaire, attendu que ces chambres font partie de l'appartement que j'ai âquis pour la bibliotèque, comme il est marqué cy-dessus.

Celui qui logera dans l'appartement de monsieur le vicaire ne joüira que des deux premières chambres. La troisième sera réunie à la bibliotèque pour y placer les livres qui y seront ajoûtez à l'avenir.

Et pour contribuer à cette augmentation des livres de ladite bibliotèque, je charge mesdits légataires universels de payer tous les ans, entre les mains de monsieur le Curé et des deux bibliotéquaires, quatre cens livres châque année, pour augmenter le nombre des livres de piété en langue vulgaire, pour être presté aux pauvres paroissiens par les confesseurs de la paroisse.

Monsieur le Curé et les deux bibliotéquaires choisiront lesdits livres selon qu'ils jugeront les plus convenables; on les inscrira en même tems sur les catalogues de la bibliotèque.

Et pour l'exacte exécution de tout ce qui regarde ladite bibliotèque, monsieur le Recteur de l'Université et monsieur le Bâtonnier de messieurs les avocats seront priez de se transporter tous les ans, le jour qu'ils conviendront, ou l'un d'eux en cas d'empêchement de l'autre, pour prendre connoissance si tout est exactement exécuté conformément à ce qui est dit cy dessus. Si ils trouvent quelques contraventions, ils sont priez d'en donner part à monsieur le procureur général et à messieurs les avocats généraux qui y pourvoyeront, et on sera obligé de s'i soumetre comme à un arrest de la Cour.

Mes légataires universels seront chargez de donner tous les ans, le jour de cette visite, vingt cinq livres pour le carosse de monsieur le Recteur, vingt cinq livres pour le carosse de monsieur le Bâtonnier, et vingt cinq livres pour un petit raffraichement qu'ils seront priez d'accepter le jour de leur visite.

Monsieur le Curé avec un prêtre de la communauté, députez à cet effet par toute la communauté, et le marguillier actuellement en charge, auront la nomination desdits confesseurs des pauvres enfans et bibliotéquaires.

Ils ne pourront choisir qu'un prêtre habitué dans la communauté, et, s'il est possible, né sur la paroisse, pourvû qu'il ait les qualitez nécessaires pour ces fonctions.

En cas de contestation, on s'en r'apportera à monsieur le procureur général et à messieurs les avocats généraux.

Ne pourront lesdits bibliotéquaires, après leur nomination, se charger d'autres fonctions dans la paroisse, exceptez celle des prestres habituez et de confesseurs des enfans, sous peine d'être révoquez et d'autres nommés à leur place, s'ils manquent à s'acquitter de ces deux fonctions, le pouvant, ou s'ils veulent y en joindre d'autres.

23° Je charge encore mes légataires universels de payer tous les ans trois cens livres pour servir de titre ecclésiastique à deux enfans de la paroisse qui auront de la vocation à l'état ecclésiastique..

....

26° Les revenus du legs universel seront reçus par monsieur le trésorier des pauvres de ma paroisse, qui aura soin d'acquitter toutes les dispositions cy dessus marquées..... Il rendra compte, tous les ans, de son administration devant monsieur le Curé, les bibliotéquaires et marguilliers en charge.

27° .... Les autres sommes qui resteroient, après toutes les charges acquittées..... seront employées à donner des livres aux enfans de la charité dans les écoles de l'un et de l'autre sexe, principalement des Nouveaux Testamens et des Pseautiers de Monseigneur nôtre archevêque à l'usage du Bréviaire nouveaux.

....

30° Je révoque tous autres testamens. Je veux que le présent soit exécuté comme ma dernière volonté.

A la plus grande gloire de Dieu. Ainsi soit-il.

Fait à Paris, le vingt six novembre mil sept cens trente six.

Signé GOY.

DÉLIBÉRATION

DU

BUREAU DE L'OEUVRE ET FABRIQUE DE LA PAROISSE SAINTE-MARGUERITTE,

AU FAUXBOURG SAINT-ANTOINE, À PARIS [1].

RÉDIGÉE PAR M^e LE CHANTEUR, NOTAIRE À PARIS ET GREFFIER DUDIT OEUVRE.

Au registre des délibérations de messieurs les curé et marguilliers en charge et anciens de l'œuvre et fabrique de la paroisse Sainte-Margueritte au fauxbourg Saint-Antoine, à Paris, est inscritte une délibération du dimanche dix-huit janvier mil sept cent trente neuf, quatre heures de relevée, de l'assemblée générale de messieurs les marguilliers de présent en charge de l'œuvre et fabrique de l'église Sainte-Margueritte au fauxbourg Saint-Antoine, et de messieurs les anciens marguilliers, tenüe en la salle du bureau de l'œuvre, convoquée par billets en la

---

[1] Archives de l'Empire, série L, carton n° 682.

manière ordinaire, où étoient monsieur Legaré, desservant, représentant monsieur le curé, messieurs Acloque, Senart, Flaust, Dupont et Hauguel, marguilliers de présent en charge, et les anciens marguilliers qui signeront la présente délibération, de laquelle a été extrait ce qui suit :

Lechanteur, notaire dudit œuvre et fabrique, aiant fait lecture du testament et ordonnance de dernière volonté de défunt messire Jean-Batiste Goy, prestre, docteur de Sorbonne, curé de ladite paroisse, du vingt six novembre mil sept cent trente six, déposé audit Lechanteur le vingt deux janvier mil sept cens trente huit, controllé le vingt-quatre par Blondelu, l'exécution duquel testament a été consentie et la délivrance de tous les legs y portés faite par la dame veuve François, sœur dudit feu sieur curé, et restée la seule et unique héritière par bénéfice d'inventaire, au moyen des renonciations faites à sa succession par ses autres présomptifs héritiers, suivant l'acte de ladite délivrance passé devant ledit Le Chanteur et son confrère, le vingt huit may dernier, il paroit que ledit feu sieur Goy a légué audit œuvre et fabrique sa bibliothèque enfermée dans des armoires fermantes à clefs dans l'apartement qu'il occupoit qui a été par luy acquis, tant les chambres qu'il occupoit que celles qui sont occupées par monsieur le vicaire, en contr'échange d'une maison par luy bastie, qu'il avoit donné à cet effet à l'œuvre et fabrique de sa paroisse, le tout omologué par arrest du Parlement, suivant lequel ledit appartement, en entier, restera toujours pour le service de la bibliothèque, laquelle servira à l'usage de messieurs les eclésiastiques de la paroisse, qui y seront receus tous les jours pour y travailler, sans pouvoir emporter aucuns livres hors de la bibliothèque, à l'effet de quoy on fera tous les ans la révision du catalogue des livres, et on remplacera ceux qui auront été perdus.

Par ce mesme testament, ledit sieur curé institüe ses légataires universelles, les écoles de charité de ladite paroisse, à la charge de paier huit cent livres chaque année pour l'honoraire de deux prestres confesseurs, qui seront tenus de confesser, l'un les garçons des écoles de charité pendant le cours d'une semaine, et l'autre les filles pendant la semaine suivante, ce qui continuera ainsi alternativement, en sorte que chaque confesseur aura une semaine destinée à la confession et une dans laquelle il ne confessera point, et que les garçons auront une semaine différente pour leurs confessions que celle des filles, lesquelles confessions se feront les lundis, les mercredis et vendredis après midy, et lesdits confesseurs seront tenus, la semaine qu'ils seront de fonction, de dire la messe les festes et dimanches sous les charniers, à l'heure que les enfans des écoles de charité viennent l'entendre; ils seront pareillement obligés de faire la fonction de bibliotéquaire chacun alternativement dans la semaine dans laquelle ils ne seront point occupés aux confessions des pauvres enfans des écoles de charité, et à cet efet auront leur logement, l'un dans la chambre que ledit feu sieur curé occupoit et où il couchoit, l'autre dans l'apartement occupé par monsieur le vicaire, attendu que ces chambres font partie de l'apartement qu'il avoit acquis pour la bibliothèque, comme il est cy dessus marqué; que celuy qui logera dans l'apartement de monsieur le vicaire ne joüira que des deux premières chambre, la troisième sera réünie à la bibliothèque pour y placer les livres qui y seront ajoutés à l'avenir. Ce même testament porte que monsieur le curé avec un prestre de la communauté député à cet efet par toute la communauté, et le marguillier actuellement en charge, auront la nomination desdis confesseurs des pauvres enfans et des bibliotéquaires, qu'ils ne pouront choisir qu'un prestre habitué dans la communauté, et, s'il est possible, né sur la paroisse, pourvu qu'il ait les qualités nécessaires pour ces fonctions, et qu'en cas de contestation on s'en raportera à monseigneur le procureur général et à messieurs les avocats généraux.

Et après la lecture dudit testament lesdits marguilliers en charge ont représenté à l'assemblée, qu'aiant consulté plusieurs personnes, tant de jurisprudence qu'au fait des bibliotèques, elles leur ont fait part de leurs réflexions sur les dificultés qui se trouvoient dans l'exécution précise et litérale dudit testament, en ce qui concerne la dite bibliothèque.

La première, qu'il n'est pas possible que deux eclésiastiques puissent sufire aux soins qu'exige la charge de bibliotéquaire, de prestre habitué et de confesseur des pauvres enfans des écoles, qui sont en très grand nombre; et que, s'ils veulent s'acquitter de leurs devoirs, ils n'auront pas de tems pour s'apliquer à l'étude et vacquer aux affaires indispensables qui leur surviendront.

La seconde, que l'inconvénient de deux bibliotéquaires est considérable, et ne peut aller qu'au dépérissement de la bibliotèque, parce que, s'il n'y a entr'eux aucune subordination, le premier se déchargera sur le second, qui seul portera tout le poids.

Que le désir de prévenir ces dificultés a fait naître auxdits sieurs marguilliers en charge le dessein de mettre un seul bibliotéquaire à la nomination de messieurs les curé et marguilliers, dans une assemblée convoquée à l'ordinaire, ce qui paroist convenable, la bibliotèque étant léguée audit œuvre et fabrique, lequel bibliotéquaire aura soin des livres et en sera chargé par un catalogue.

Quant à la nomination des deux confesseurs des pauvres enfans des écoles de charité, de la laisser déférée à monsieur le curé de la paroisse.

Que par cet arrangement chacun sera en état de se mieux acquiter de son employ.

Que l'exécution en sera d'autant plus aisée que les huit cent livres léguées par ledit feu sieur curé sufliront, sçavoir : quatre cent livres pour le bibliotéquaire, et deux cent livres à chacun des deux confesseurs, lesquels assisteront indépendamment de cette rétribution à tous les convois de la communauté, auront encore l'honoraire de leurs messes et seront chargés de la messe de l'exhortation des charniers les jours de festes et de dimanches, selon qu'il est marqué plus au long dans ledit testament.

Que ces confesseurs auront à peu près le même revenu que les autres postes de la paroisse; qu'il y en a même plusieurs qui, outre l'honoraire des messes et l'assistance aux convois, ne produisent point deux cens livres à ceux qui les occupent; par exemple, les postes de diacre et sousdiacre ne produisent pas cent soixante livres, et les deux confesseurs des pauvres malades n'ont chacun que cent trente livres.

Qu'il faudroit, en ce cas, que, pour la seureté des livres et le service du public, le bibliotéquaire ne pût être détourné pour aucune fonction du ministère, et qu'il fût obligé de dire sa messe dans un tems où il ne seroit point occupé à la bibliotèque, qu'il ne se chargeât point d'un jour pour aller aux malades et n'assistât point aux convois qui se feroient lorsque la bibliotèque seroit ouverte, mais seulement aux convois de communauté qui se feroient dans un autre tems.

Que, comme il n'est pas possible que le bibliotéquaire, avec un revenu modique de quatre cens livres, puisse avoir à ses dépens un garçon qui nétoye la bibliotèque et époudre les livres, il conviendroit luy assigner au moins soixante livres sur les quatre cent livres destinées par ledit testament à l'augmentation de la bibliotèque, et le charger de faire nétoyer la bibliotèque par une personne dont il sera sûr, et qu'il mettra à son gré.

Que, la fonction de bibliotéquaire étant entièrement indépendante de la confession, il est essentiel de marquer que la cessation des pouvoirs ne poura le faire révocquer, d'autant que, s'il faloit nécessairement confesser pour occuper l'employ de bibliotéquaire, messieurs les marguilliers ne pouroient presque point compter sur les personnes qui en seroient chargées; qu'il est cependant nécessaire que le bibliotéquaire soit leur homme de confiance et qu'il ne change point aisément, étant à leur égard par raport à la bibliotèque (qui est un de leurs principaux efets dont il sera le dépositaire) dans le même cas que le clerc de l'œuvre par raport aux efets de la fabrique qui luy sont confiés, lequel clerc de l'œuvre n'est point astraint à confesser et même pouroit être simple clerc : les autres oficiers, comme diacre, soudiacre et chantres n'étant point aussi obligés par leurs places de confesser, les peuvent occuper sans avoir de pouvoirs, et que le bibliotéquaire qui se trouve dans les mêmes circonstances doit aussi pouvoir garder son poste, quand même il n'auroit point de pouvoirs.

Que cet arrangement ne fait qu'expliquer l'intention de feu monsieur le Curé, qui veut que les bibliotéquaires ne soient révocables que s'ils manquent à s'acquiter de leurs fonctions le pouvant.

Lesdits sieurs marguilliers en charge ont en outre observé que monsieur le Curé n'a eu d'autre intention que de procurer des confesseurs aux enfans des écoles et de pourvoir au soin de sa bibliotèque; que cette intention se trouve entièrement remplie par le plan cy dessus proposé, et qu'on peut y ajouter que le bibliotéquaire sera chargé de donner aux enfans des billets pour estre admis aux écoles de charité des garçons, suivant l'usage de la paroisse, selon lequel, pour ôter tout prétexte de plaintes aux maîtres de quartiers, on ne reçoit dans les écoles de charité aucun enfant sans le billet d'un prestre préposé pour en donner aux enfans qui désirent y être admis.

Qu'il est aussi à propos de fixer l'heure de l'ouverture et de la closture de la bibliotèque, tant pour les jours où les eclésiastiques de la communauté ont droit d'y venir que pour les jours où les personnes studieuses y seront admises; qu'il soit marqué dans chaque semaine quelques après diner dans lesquels le bibliotéquaire puisse aller à ses afaires, et les vaccances qu'il poura prendre.

Et sur tout l'exposé cy dessus lesdits sieurs marguilliers en charge requièrent la compagnie de vouloir bien donner son avis.

Et ledit Le Chanteur aiant recueilli les voix, la compagnie, d'une voix unanime, a délibéré et arrêté qu'il n'y aura qu'un seul bibliotéquaire, dont les honoraires demeureront fixés à quatre cent livres par an, outre soixante livres qui lui seront paiées, aussi par chacun an, pour faire nétoyer la bibliotèque et époudrer les livres; lequel bibliotéquaire sera à la nomination de messieurs les curé et marguilliers, dans une assemblée au bureau de l'œuvre, et ne poura être révoqué qu'en cas qu'il manque à s'acquiter de ses fonctions le pouvant. Et par une délibération prise dans une assemblée au bureau dudit œuvre, ledit bibliotéquaire se chargera de la bibliotèque par un catalogue, et ne poura estre détourné par aucunes fonctions du ministère dans les heures où la bibliotèque sera ouverte.

Sera tenu de dire sa messe dans un tems où il ne sera point occupé à la bibliotèque, et n'assistera point aux convois qui se feront lorsque la bibliotèque sera ouverte, mais seulement aux convois qui se feront dans un autre tems, et demeurera chargé de donner aux enfans des billets pour être admis aux écoles de charité des garçons, suivant l'usage de la paroisse.

Que les heures pour l'ouverture et closture de la dite bibliotèque et les jours de vaccances seront réglés et fixés ainsi qu'il plaira à monseigneur le procureur général.

Que la nomination des deux confesseurs des pauvres des écoles de charité sera déférée et apartiendra à monsieur le curé de la dite paroisse et à un eclésiastique député de la communauté, et que les honoraires de chacun desdits confesseurs demeureront fixés à deux cent livres par an, paiables sur les revenus du legs universel, aux charges et conditions portées par le testament dudit feu s^r Goy.

Et pour faire omologuer la présente délibération, la compagnie a autorisé messieurs les marguilliers en charge à présenter requette en la Cour, et de faire toutes les diligences nécessaires.

Fait, arrêté et rédigé par ledit Le Chanteur, notaire, conformément aux règlemens, les jours, an et heure que dessus, et ont signé. *Signé* Legaré, desservant de Sainte-Margueritte; au-dessus de laquelle signature est écrit : « Je consens aux deux articles concernant la disposition des six « mille livres, à l'élection de M. Du Chesne pour trésorier; quant à l'élection du bibliotéquaire, je « la remet à monseigneur le procureur général, pour s'en tenir aux termes du testament. » Au-dessous sont les signatures suivantes : Aclocque, Senart l'aîné, Hauguel, Flaust, Dupont, Boulzicourt, Pierre Muyron, P. Hue, Du Chesné, Naudier, Guitton, Tingault, J.-P. Bridault, Petit, P. Muyron et Simon, avec Le Chanteur, notaire, avec paraphes.

    Extrait et collationné par moy, conseiller du Roy, notaire au Châtelet de Paris et greffier du dit œuvre soussigné, sur ledit registre représenté, ce fait rendu cejourd'huy vingt neuf janvier mil sept cent trente neuf.

LE CHANTEUR.

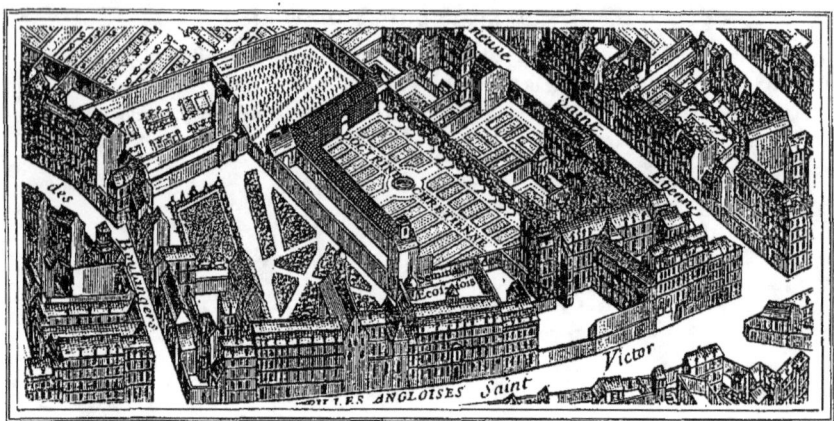

Fac-similé héliographique.   Plan dit de Turgot (1739).

CONGRÉGATION DE LA DOCTRINE CHRÉTIENNE.

La congrégation de la Doctrine chrétienne a été instituée en 1562 par César de Bus [1]. Elle reçut une organisation nouvelle en 1616, puis en 1647, mais dès 1627 elle était représentée à Paris; les religieux avaient acheté, rue des Fossés-Saint-Victor, presque au coin de la rue Neuve-Saint-Étienne, l'hôtel de Verberie, l'avaient agrandi et s'y étaient installés [2].

Il y eut presque aussitôt une bibliothèque dans cette Maison,

<blockquote>La Doctrine chrestienne aime sa Caroline,</blockquote>

dit Michel de Marolles [3].

Saint Charles Borromée était le patron des Pères de la Doctrine chrétienne; de là l'épithète de « Caroline » donnée à la bibliothèque de l'établissement, qui était lui-même souvent désigné sous le nom de Maison Saint-Charles.

Nous avons trouvé aux Archives de l'Empire le catalogue des livres que possédait la congrégation en 1684; il forme quatorze cahiers in-folio et a pour titre : *Catalogus librorum Biliothecæ* (sic) *Patrum Doctrinæ christianæ Domus S^{ti} Caroli Parisiensis, anno 1684* [4]. Il a été revu avec soin en 1696; on a alors ajouté en marge les titres de plusieurs volumes achetés dans l'intervalle, et l'on a consacré les deux der-

---

[1] *Gallia christiana*, t. VII, col. 966 et 968. — Cl. Malingre, *Antiquités de Paris*, p. 429.

[2] G. Brice, *Nouvelle description de Paris*, t. II, p. 408.

[3] M. de Marolles, *Paris ou description succincte et néantmoins assez ample, etc.* (1677), p. 47.

[4] Archives de l'Empire, série M, carton n° 793.

nières pages à l'énumération des livres qui n'ont point été retrouvés lors de cette révision.

Cette bibliothèque n'acquit cependant une importance réelle qu'à partir de 1705. A cette époque, Jean Miron, docteur de la maison de Navarre, qui avait réuni une collection de livres assez nombreuse, la légua aux prêtres de la Doctrine chrétienne. Un fait curieux, c'est que Miron « avoit offert, de son vivant, ce legs « à différentes communautés, et qu'il en avoit toujours été refusé, soit à cause des « charges qu'il ne vouloit point en séparer, soit à cause du revenu trop modique « qu'il assuroit pour l'augmentation des livres et pour leur entretien [1]. »

Les conditions de ce legs étaient cependant fort acceptables.

Jean Miron avait dressé lui-même l'inventaire de sa bibliothèque; elle renfermait, au jour de son décès, trois mille neuf cent vingt-quatre volumes, qui se divisaient comme il suit :

    Volumes in-folio.. 1,053
    Volumes in-quarto...................................... 749
    Volumes in-octavo...................................... 922
    Volumes in-douze....................................... 1,000
    Volumes in-seize et in-vingt-quatre................... 200

Il faut y ajouter les « manuscrits de la main du dit feu sieur Jean Miron, au « nombre de quinze liasses de quinze rames in-quarto, » comme s'exprime dédaigneusement le notaire chargé de rédiger le contrat de donation [2].

Miron laissait en outre au couvent de la Doctrine chrétienne un capital de vingt mille livres, dont le revenu annuel était alors de mille livres. Cette somme devait être employée ainsi : trois cents livres au profit de la Maison, « pour la dédommager « aucunement des frais et embarras de la bibliotèque publique, » trois cents livres « pour le prestre qui aura soin de la bibliothèque, » et les quatre cents livres restant pour « l'entretien, accroissement et augmentation de ladite bibliotèque. »

Les seules charges que le testateur imposait en retour à la congrégation étaient d'abord de dresser un inventaire exact des livres, puis de les placer dans un lieu convenable et assez spacieux pour y permettre l'admission du public, « afin, disait « Miron, que les personnes de lettres en puissent tirer tous les fruits nécessaires; » enfin de faire graver en lettres d'or, sur une plaque de marbre noir, une inscription destinée à conserver le souvenir de cette libéralité et le nom du donateur [3].

Ces dispositions, très-naturelles et très-sages, furent singulièrement compliquées par les exécuteurs testamentaires, qui les interprétèrent d'une manière fort défa-

---

[1] De Vismes, *Éloge du R. P. Baizé*, dans le *Mercure de France* de juin 1746, p. 95.

[2] *Acte de fondation de M' Miron, en 1705, d'une Bibliothèque publique en la maison des prêtres de la Doctrine chrétienne ditte de Saint Charles.* Archives de l'Empire, série M, carton n° 794.

[3] Voyez plus loin un extrait du testament de Miron.

vorable à la congrégation. Ainsi, dans un contrat passé le 19 septembre 1705 entre les héritiers de Miron et les Pères de la Doctrine chrétienne, ceux-ci durent souscrire aux conditions suivantes, qui peuvent être regardées comme les véritables bases de la nouvelle fondation.

Ils promirent donc, «à peine d'estre décheus du legs»:

En premier lieu, de composer et faire imprimer à leurs frais et dépends un catalogue desdits livres dans six mois de ce jour, à la teste duquel seront les noms et qualitez dudit feu s^r Miron, aveq mention de ladite fondation; duquel ils fourniront huit exemplaires, sçavoir : cinq ausdits sieurs et dames héritiers, un audit sieur exécuteur testamentaire, un autre pour estre et demeurer joint à la minutte dudit inventaire, et le dernier à la minutte des présentes; duquel catologue (sic) la vérification en sera faite par l'un desdits sieurs héritiers comparans, et par ledit sieur Le Berche, exécuteur testamentaire, sur celuy escrit de la main dudit feu sieur Miron que lesdits Révérends Pères reconnoissent avoir par devers eux, contenant quatre vins treize feuillets paraphez sur chacun d'iceux de la main dudit sieur Le Berche... qu'ils promettent de représenter lors de ladite vérification, ensemble sur le suplément fait par lesdits Révérends Pères qu'ils raporteront pareillement.

En second lieu, de rendre la bibliothèque publique à commancer du premier jour de may de ladite année prochaine, et estre ouverte, pour la commodité des estudians et gens de lettres, les mercredys et samedys de chacune semaine, sçavoir : depuis la Saint Remy jusques à Pasques, les matins depuis huit heures jusqu'à onze, et de relevée depuis une heure jusques à quatre; et depuis Pasques jusqu'au premier octobre, les matins depuis sept heures jusques à onze, et et de relevée depuis deux jusqu'à six : le tout à perpétuité.

En troisième lieu, d'entretenir un bibliotéquaire, qui se trouvera dans la bibliothèque lesdits jours et heures qu'elle sera ouverte cydessus marquez, pour donner à ceux qui y seront les livres qu'ils désireront; et à cet effet lesdits Révérends Pères mettront dans ladite bibliothèque quatre exemplaires dudit catalogue imprimé, relié proprement en parchemin, pour la commodité de ceux qui demanderont des livres, aveq des siéges et tables en nombre convenable, pour en pouvoir prendre lecture et mesme pour en tirer des extraits.

En quatrième lieu, de faire apposer, dans le premier jour de l'année prochaine mil sept cent six, une inscription en lettres d'or, sur marbre noir, au dessus de la porte de ladite bibliotèque, contenant les nom, surnom, patrie et qualitez dudit sieur testateur et la fondation par luy faite pour l'utilité du publiq, conformément au désir dudit testament.

En cinquième lieu, d'employer quatre cent livres annuellement et à perpétuité, suivant ledit testament, à l'entretien, augmentation et accroissement de ladite bibliotèque, et dont lesdits Révérends Pères tiendront un registre pour en justifier au chef ou à l'aisné de la famille, ou à l'un des héritiers et leurs descendans, en la maison des dits Révérends Pères, de deux ans en deux ans, s'ils en sont requis.

Et en sixième et dernier lieu, les frères, neveux, petits neveux et autres descendans des héritiers dudit testateur auront droit d'entrer dans ladite bibliotèque, mêmes aux jours et heures ausquels elle ne sera pas ouverte pour le publicq; et en outre s'obligent lesdits Révérends Pères de fournir, à leurs despens, auxdits sieurs héritiers, une expédition du présent acte [1].

---

[1] «Car ainsy le tout a esté convenu entre les parties..... Fait et passé à Paris, en la maison desdits Révérends Pères, en leur chapitre, l'an mil sept cens cinq, le dix neufiesme jour de septembre après midy.» (*Acte de fondation*, etc. Archives de l'Empire, série M, carton n° 794.)

Le transport[1] et le classement de cette importante donation retardèrent jusqu'en 1718[2] l'exécution de la clause principale imposée par le testateur. C'est seulement le 24 novembre[3] de cette année que la bibliothèque put être mise à la disposition du public. L'inauguration eut lieu d'une manière solennelle. Elle avait été annoncée par des affiches, et la salle était richement décorée. Le P. Baizé, qui avait été nommé bibliothécaire[4], prononça, en présence du duc de Noailles, archevêque de Paris, et d'une nombreuse assemblée, un long discours que, par modestie, dit-on, il ne voulut jamais laisser imprimer[5].

Cette cérémonie entraîna des frais assez considérables pour l'époque, et dont nous trouvons le détail curieux dans un cahier conservé aux Archives de l'Empire :

Pour les affiches et programes.............................	19 l.	0 s.
Au tapissier Guilleaumeau.................................	201	0
Aux archers de ville......................................	12	2
Pour l'ode du P. Maugras..................................	4	0
Pour six lustres..	16	0
Au froteur qui mit la bibliothèque en couleur.............	24	0
En carosses pour faire les invitations et porter les programmes. (Les PP. Toubeau et d'Ardennes en furent chargés.).............	25	0
Pour le menuisier..	60	0
Aux garçons tapissiers...................................	1	10
Pour le marbre mis à la porte de la bibliothèque..........	135	0[6]
Total...	497	12

Dès la semaine suivante, la collection fut ouverte à toutes les personnes studieuses le mardi et le vendredi[7], et non les mercredis et les samedis comme s'y étaient engagés les religieux. Suivant G. Brice, ces deux jours avaient été choisis

---

[1] Jean Miron demeurait rue de la Montagne-Sainte-Geneviève.

[2] *Déclaration de tous les biens et revenus de la Maison de la Doctrine chrétienne*, déposée le 26 février 1790. Archives de l'Empire, série S, carton n° 6838.

[3] Piganiol de la Force, *Description historique de Paris*, t. V, p. 202.

[4] J.-C. Némeitz, *Le séjour de Paris, ou instruction curieuses*, etc. t. Ier, p. 272.

[5] De Vismes, *Éloge historique du R. P. Baizé*, dans le *Mercure de France* de juin 1746, p. 96. — *Déclaration de tous les biens*, etc. Archives de l'Empire, série S, carton n° 6838.

[6] *Mémoire instructif dressé par le procureur de la Maison de Saint Charles, après le décès du R. P. Noël-Philippe Baizé, premier bibliotécaire de la bibliotèque publique de la ditte Maison depuis sa fondation, sur les brouillons, registres et mémoires du dit R. P. Baizé, au sujet de la recepte et dépense de la bibliothèque publique.* 1746. Archives de l'Empire, série M, carton n° 794.

[7] S. de Valhebert, *L'agenda du voyageur à Paris* (1736), p. 69. — Antonini, *Mémorial de Paris et de ses environs* (1749), t. Ier, p. 202. — De la Chesnaie des Bois, *Dictionnaire des mœurs, coutumes et usages des François* (1767), t. Ier, p. 281. — B. Jaillot, *Recherches critiques, historiques et topographiques sur Paris* (1774), quartier de la place Maubert, p. 173. — Hurtaut et Magny, *Dictionnaire historique de Paris* (1779), t. II, p. 661. — *Déclaration de tous les biens et revenus de la Maison de la Doctrine chrétienne*, etc. (1790). Archives de l'Empire, série S, carton n° 6838.

« afin qu'il n'y en eût aucun dans la semaine qui manquât de bibliothèque, les
« autres jours étant marquez par d'autres bibliothèques qui sont aussi publiques[1]. »
Nous avons constaté ailleurs l'exactitude de cette remarque. Les portes étaient ouvertes en hiver de huit à onze heures, puis de une à quatre heures; en été de sept à onze heures et de deux à six heures. Les vacances duraient depuis la saint Barthélemy (24 août) jusqu'au mardi qui suit la fête de saint Charles Borromée[2] (4 novembre).

Cette bibliothèque, qui nous est présentée comme «fort propre et remplie de « livres curieux[3], » renfermait environ douze mille volumes en 1722[4]. Elle reçut alors un notable accroissement par le legs que lui fit Jacques Pinssonnat, professeur d'hébreu au Collége de France. Le catalogue des ouvrages compris dans cette donation est conservé aux Archives de l'Empire, il remplit 48 pages in-folio d'une superbe écriture, et porte en titre :

Catalogus
librorum quos moriens
Clar. Vir Jacobus Pinssonat
Gallo-Burgundus
Doctor Theol. Paris.
Regius hebr. linguæ Professor
Librorumque censor
ad utilitatem publicam
Bibliothecæ S. Caroli Paris.
legavit an. 1723[5].

L'*ex libris* de Pinssonnat, gravé avec soin,

figurait sur presque tous les volumes compris dans cette donation.

[1] G. Brice, *Nouvelle description de Paris*, t. II, p. 409.

[2] Jèze, *État ou tableau de la ville de Paris, relativement à l'utile, etc.* p. 195. — Deharme (1763) se trompe évidemment quand il dit : «Depuis la «Saint-Martin (4 juillet) jusqu'à la Saint-Louis» (25 août); voyez la légende qui accompagne son *Plan de Paris*.

[3] Lerouge, *Curiosités de Paris*, t. I*ᵉʳ*, p. 419.

[4] G. Wallin, *Lutetia Parisiorum erudita sui temporis*, p. 120.

[5] Archives de l'Empire, série M, carton n° 794.

396 LES ANCIENNES BIBLIOTHÈQUES DE PARIS.

S'il faut s'en rapporter à un mémoire rédigé en 1746 par les Pères de la Doctrine chrétienne, l'administration de la bibliothèque était fort onéreuse pour le couvent. Les 20,000 livres léguées par Miron avaient été payées en titres de rentes sur le Trésor, et le produit diminuait chaque année; en 1710, il était tombé de 1,000 livres à 923 livres 19 sols; en 1720, il n'était plus que de 412 livres 10 sols. Il fallut réduire à 200 livres la somme réservée pour les acquisitions nouvelles, et à 150 livres les appointements du bibliothécaire[1]. Celui-ci, jusque-là, n'avait pas changé; c'était toujours le P. Baizé, et il ne se souciait guère qu'on diminuât son traitement; il ne vivait que pour la bibliothèque, et tout l'argent dont il pouvait disposer, même celui qu'il recevait de sa famille, il l'employait à acheter des livres, sur lesquels il apposait sa signature

Baizé

mais qu'il ajoutait aussitôt à la collection du couvent. Il est vrai qu'en retour la congrégation, dit un document officiel, « l'a entretenu de tout sans exception, « allant avec empressement au devant de tous ses besoins, fournissant même à ses « petites récréations avec la même abondance que s'il eût été absolument sans « ressource du côté de sa famille[2]. »

Mais les ouvriers ne se montraient pas aussi désintéressés que le bibliothécaire, et le couvent dut dépenser, pour organiser et entretenir la bibliothèque, des sommes bien supérieures au revenu qui lui avait été assigné dans ce but. Voici le détail curieux des frais qu'occasionna la bibliothèque pendant les trente-huit premières années de sa publicité :

POUR LE BÂTIMENT DE LA BIBLIOTÈQUE.

Au maçon	872 l.	16 s.
Au charpentier	1,360	16
Au couvreur	120	0
Au serrurier, pour portes et croisées et ferrures du bâtiment	68	4
Au menuisier, pour portes et croisées	217	0
Au peintre, pour les croisées	7	2

POUR LE DEDANS DE LA BIBLIOTÈQUE.

Au menuisier, pour armoires et les bureaux	774 l.	12 s.
Au serrurier, pour tablettes et bureaux	1,383	16

---

[1] *Mémoire instructif dressé par le procureur de la Maison de Saint-Charles*, etc. Archives de l'Empire, série M, carton n° 794; et *Déclaration de tous les biens et revenus de la Maison de la Doctrine*, etc. Archives de l'Empire, série S, carton coté 6838.

[2] *Mémoire instructif dressé par le procureur de la Maison de Saint-Charles*, etc. Archives de l'Empire, série M, carton n° 794.

CONGRÉGATION DE LA DOCTRINE CHRÉTIENNE.

A l'épinglier, pour les treillages....................................	287 l.	5 s.
Au tapissier, pour les tablettes et bureaux........................	559	18
TOTAL...............	5,551	9

DÉPENSES.

En livres aquis...	9,626 l.	10 s.
En relieures..	1,973	11
Les frais pour l'ouverture de la bibliotèque......................	497	12
En menues dépenses, tables, chaises, portefeuils, etc.............	76	2
Papier, plumes, ancre pour les catalogues.......................	147	6
Frais d'insinuation du legs de M. Pinsonnat.....................	12	0
Les deux globes avec leurs axes................................	60	0
En décri de monnoye en 1709, 1714, 1720 et 1724............	9	8 6d.[1]
TOTAL...................	12,402	9 6

La salle qui renfermait cette bibliothèque semble avoir été très-simplement meublée; une grande table à double pupitre et entourée de chaises très-communes la partageait dans toute sa longueur, et à l'une de ses extrémités se trouvaient les deux globes, l'un céleste, l'autre terrestre, dont nous venons de parler.

En 1790, la bibliothèque de la Doctrine chrétienne renfermait vingt mille cent quarante-six volumes, savoir : trois mille deux cent quatre-vingt-trois volumes in-folio, quatre mille cinq cent trente et un in-quarto, douze mille trois cent trente-deux in-octavo et in-douze.

Bien que, dans leur Déclaration officielle à l'Assemblée nationale, les religieux aient soin de dire qu'on ne trouvait chez eux «ni manuscrits, ni éditions rares et «recherchées,» mais surtout des «Bibles, des commentaires sur l'Écriture sainte, «ouvrages des Pères, droit canonique, histoire ecclésiastique, etc.[2],» il est certain que cette bibliothèque possédait d'excellents ouvrages et de précieux manuscrits, ceux entre autres que leur avait légués l'abbé Lebeuf[3], le savant auteur de l'*Histoire du diocèse de Paris*.

Le P. Baizé[4] avait rédigé avec un soin extrême le catalogue de ces richesses bibliographiques en dix-neuf volumes in-folio qui sont conservés aujourd'hui à la bibliothèque de l'Arsenal[5]. Ce travail ne porte point de titre, mais on lit sur la

---

[1] *Mémoire instructif dressé par le procureur de la Maison de Saint-Charles, etc.* Archives de l'Empire, série M, carton n° 794.

[2] *Déclaration de tous les biens et revenus de la Maison de la Doctrine chrétienne, déposée le 26 février 1790.* Archives de l'Empire, série S, carton n° 6838.

[3] Thiéry, *Guide des amateurs et des étrangers*, t. II, p. 166. — H. Cocheris, *L'abbé Lebeuf, sa vie et ses œuvres*, p. 57.

[4] «Doctissimus bibliothecæ Parisiensis Doctrinæ «christianæ præfectus,» dit le *Gallia christiana*, t. VII, col. 968.

[5] Manuscrits, in-folio.

couverture : « Cet excellent catalogue est celui de la bibliothèque des Pères de la « Doctrine chrétienne ; il est très-précieux pour les notes et les extraits qu'il con- « tient, et les renvois aux journaux où il est parlé des ouvrages dont les titres sont « insérés dans ce catalogue ; » puis au-dessous, d'une autre écriture : « Il a été fait « en grande partie par le Père Baizé, religieux bibliothécaire, qui a écrit presque « toutes les notes critiques[1]. »

La bibliothèque possédait encore deux autres catalogues que nous n'avons pu retrouver. Le premier, composé de quatre volumes in-folio, était disposé par noms d'auteurs et par ordre alphabétique ; le second, également in-folio, était le plus fréquemment employé pour répondre aux demandes du public[2].

Le couvent de la Doctrine chrétienne eut fort tard une estampille gravée,

et on ne la trouve que sur un petit nombre de volumes ; mais on voit souvent sur le plat des volumes, ou sur le dos, entre chaque nerf de la reliure,

une S et un C entrelacés.

Les indications manuscrites sont très-fréquentes et très-variées. Sur le feuillet de garde d'un grand nombre d'ouvrages, on rencontre l'inscription suivante, toujours exactement conçue de la même manière :

EX LIBRIS LUDOVICI MIRON.

---

[1] On a, en outre, collé avec quatre pains à cacheter, sur la première page, une lettre conçue en ces termes :

CLASSE DE LITTÉRATURE et BEAUX ARTS.

INSTITUT NATIONAL DES SCIENCES ET DES ARTS.

Paris, le 28 pluviôse, an VII de la République française.

Respectable citoyen,

L'auteur du catalogue qui vous a paru si bien fait se nomme Bézé. Il joignait à un rare mérite une modestie encore plus rare. Il est mort en 1746.

Le citoyen Boullanger m'a promis de vous indiquer la source où vous pouvez puiser des renseignemens certains sur le compte d'un homme qui a rendu aux sciences et aux lettres un service très-signalé.

Je saisis avec empressement l'occasion de vous renouveller les sentimens d'estime et de vénération dont je suis pénétré pour vous......

Votre dévoué concitoyen,

VILLAT.

[2] *Déclaration de tous les biens et revenus, etc.* Archives de l'Empire, série S, carton n° 6838.

Il s'agit sans doute ici d'un parent du fondateur de la bibliothèque, car, dans les nombreux actes officiels qui nous ont passé sous les yeux, ce dernier n'est jamais désigné sous un autre nom que Jean.

Les anciennes inscriptions, qui se rapportent en général à la bibliothèque primitive de la Maison, sont ainsi rédigées :

EX LIBRIS PP. DOCTR. XNÆ DOMUS S. CAROLI PARIS.

ou

EX LIBRIS P.P. DOCTRINÆ XNÆ DOMUS SANCTI CAROLI PARISIENSIS;

ou encore

EX BIBLIOTHECA DOMUS S^{ti} CAROLI PARISIENSIS.

Ces formules furent ainsi modifiées après le legs de J. Miron :

EX BIBLIOTHECA PUBLICA SACERDOTUM DOCTRINÆ CHRISTIANÆ PARISIENSIUM.

EX BIBLIOTHECA PUBLICA DOCTRINÆ CHRISTIANÆ PARIS.

Ces dernières inscriptions sont presque toujours accompagnées du chiffre d'inscription du volume ;

Par exemple : Y 696, H $\frac{41}{203}$, etc. etc.

L'indication suivante :

EX LIBRIS SEMINARII DIVI CAROLI CONGR. MISS. PARIS.

n'appartient point à la congrégation de la Doctrine chrétienne, mais à une autre Maison de Saint-Charles, qui relevait des prêtres de la Mission de Saint-Lazare et dont nous parlerons plus loin.

Les bâtiments qu'occupait le couvent de la Doctrine chrétienne forment aujourd'hui une propriété particulière.

EXTRAIT

DU

TESTAMENT DE MESSIRE JEAN MIRON,

PRESTRE, DOCTEUR EN THÉOLOGIE DE LA FACULTÉ DE PARIS [1].

Ce testament est reçu par Bobuffe et Fromont, notaires à Paris, le 22ᵉ avril 1705; et M. Le Berche, notaire à Paris, y est eslu exécuteur testamentaire.

Ce qui concerne la bibliothèque est conçu en ces termes :

Item, donne et lègue ledit sʳ testateur aux Pères de la Doctrine chrestienne, establis en cette ville de Paris, près le boulevart de la porte Saint Marcel, sa bibliothèque, qui est composée de tous les livres qui sont ès lieux qu'il occupe en la maison où il demeure, dans lesquels livres seront compris les manuscrits qui s'y trouveront. Outre ladite bibliothèque, ledit sʳ testateur donne et lègue auxdits PP. de la Doctrine chrestienne la somme de 20,000 livres tournois, laquelle somme produira mille livres de rentes, dont 300 livres pour la congrégation desdits Pères de la Doctrine chrestienne, vulgairement appelée de la Maison de Saint Charles; pareilles 300 livres pour le prestre d'entre eux qui aura le soin de ladite bibliothèque, et les 400 livres de reste, fesant le surplus, seront employées à l'entretien, accroissement et augmentation de la dite bibliothèque, à la charge par lesdits Pères de la Doctrine chrestienne de Saint Charles de mettre ladite bibliothèque et manuscrits dans un lieu convenable et assez spatieux pour mettre au jour, au nom dudit sʳ testateur, ladite bibliothèque et manuscrits, et les communiquer et en aider le public, afin que les personnes de lettres en puissent tirer tous les fruits nécessaires; et à cette fin seront mis les nom, surnom et qualitez dudit sʳ testateur en lettres d'or sur un marbre noir, à la porte du lieu où seront mis lesdits livres et manuscrits, et au bas sera mis une inscription, aussi en lettres d'or sur un marbre noir, portant que lesdits livres et manuscrits ont esté donnez et léguez par ledit sʳ Miron par le présent testament; desquels livres et manuscrits lesdits prestres de la Maison de Saint Charles seront seulement les gardiens et dépositaires pour l'utilité et instruction du public au nom dudit sʳ testateur. Et au cas que lesdits prestres de la Maison de Saint Charles fissent difficulté d'aider et communiquer au public ladite bibliothèque et manuscrits, l'exécuteur du présent testament poura faire transporter icelle bibliothèque et manuscrits en telle autre communauté de prestres réguliers que bon luy semblera; et, en ce cas, lesdites 20,000 livres de la succession dudit sʳ testateur seront donnez à la communauté où seront transportez lesdites bibliothèque et manuscrits aux mesmes conditions cy dessus stipulées. Et pour connoistre à l'avenir le prix et valeur desdites bibliothèque et manuscrits, en sera fait une exacte description par les noms des auteurs et inscriptions desdits livres dans l'inventaire qui sera fait après le décèds dudit sʳ testateur; et seront lesdits manuscrits paraphez en fin de chacun d'iceux de la main du notaire qui fera ledit inventaire........................

....

[1] Archives de l'Empire, série M, carton n° 794.

CHANGEMENTS ET CORRECTIONS.

Page 2, ligne 8, *au lieu de :* sitan, *lisez :* sitam.
Page 120, ligne 20, *au lieu de :* Daussonval, *lisez :* d'Arssonval.
Page 176, note 7, *au lieu de :* 1653, *lisez :* 1573.
Page 178, ligne 3, *au lieu de :* en 1670, *lisez :* en 1679.
Page 194, ligne 28, *au lieu de :* Louis XIV, *lisez :* Louis XV.
Page 195, ligne 9, *au lieu de :* maréchal, *lisez :* cardinal.
Page 206, ligne 9, *au lieu de :* Van-Praet, *lisez :* Van Pract.
Page 210, ligne 23, *au lieu de :* 1368? à 1411, *lisez :* 1373 à 1410.
Page 315, ligne 11, *au lieu de :* archevêque, *lisez :* évêque.

TABLE DES MATIÈRES.

	Pages.
Sommaires.	v
Origine des sujets gravés sur bois et sur acier.	XIII
Carmes de la place Maubert.	1
Faculté de médecine.	13
Collége de Tours.	67
Collége d'Autun.	69
Collége de Chanac ou de Saint-Michel.	87
Célestins.	89
Collége de Justice.	101
Collége de Boissy.	105
Bibliothèque du Roi.	107
Collége de la Marche.	219
Collége de maître Gervais.	225
Collége de Fortet.	229
Collége de Séez.	233
Capucins de la rue Saint-Honoré.	235
Collége Louis-le-Grand.	245
Collége des Grassins.	267
Maison professe des Jésuites.	269
Feuillants de la rue Saint-Honoré.	281
Pénitents de Picpus.	287
Frères de la Charité.	293
Récollets.	297
Augustins déchaussés.	301
Carmes déchaussés.	311
Jacobins de la rue Saint-Honoré.	315
Minimes de la place Royale.	323
Oratoire.	337
Petits-Augustins.	345
Congrégation de la Merci.	351
Capucins de la rue Saint-Jacques.	357
Blancs-Manteaux.	359
Séminaire de l'Oratoire.	365
Bénédictins anglais.	369
Capucins du Marais.	373
Séminaire Saint-Firmin.	377
Église Sainte-Marguerite.	381
Congrégation de la Doctrine chrétienne.	391
Changements et corrections.	401

www.ingramcontent.com/pod-product-compliance
Lightning Source LLC
Chambersburg PA
CBHW050913230426
43666CB00010B/2149